Bastian Hein
Elite für Volk und Führer?

Quellen und Darstellungen zur Zeitgeschichte

Herausgegeben vom Institut für Zeitgeschichte

Band 92

Oldenbourg Verlag München 2012

Bastian Hein

Elite für Volk und Führer?

Die Allgemeine SS
und ihre Mitglieder 1925–1945

Oldenbourg Verlag München 2012

Gefördert mit Mitteln der DFG. Die Arbeit wurde im Jahr 2011 von der Universität Regensburg als Habilitationsschrift zur Erlangung der Lehrbefähigung im Fachgebiet Neueste Geschichte / Zeitgeschichte angenommen.

Bibliografische Information der Deutschen Nationalbibliothek

Die Deutsche Nationalbibliothek verzeichnet diese Publikation in der Deutschen Nationalbibliografie; detaillierte bibliografische Daten sind im Internet über http://dnb.d-nb.de abrufbar.

Rosenheimer Straße 145, D-81671 München
Tel: 089 / 45051-0
www.oldenbourg-verlag.de

Konzept und Herstellung: Karl Dommer
Einbandgestaltung: hauser lacour
Satz: Typodata GmbH, München
Druck und Bindung: Memminger MedienCentrum, Memmingen

Dieses Papier ist alterungsbeständig nach DIN/ISO 9706

ISBN 978-3-11-048517-2
eISBN 978-3-486-71650-4
ISSN 0481-3545

Für Linus und Benjamin

Inhalt

Einleitung

Von November 1945 an saßen die vier Siegermächte des Zweiten Weltkrieges über die beispiellosen Verbrechen der Deutschen zu Gericht. Angeklagt waren nicht nur einzelne Repräsentanten des Dritten Reiches wie Hermann Göring, Rudolf Heß, Albert Speer, Baldur von Schirach oder Wilhelm Keitel, sondern auch mehrere NS-Organisationen.[1] Als knapp ein Jahr später der Urteilsspruch erging, wurde als einzige der vielen nationalsozialistischen Massenorganisationen die Schutzstaffel in toto für „verbrecherisch" befunden. Das bedeutete, dass ihre Angehörigen allein wegen der SS-Mitgliedschaft strafverfolgt werden konnten.[2]

Die Nürnberger Richter entschieden sich dafür, nicht nur die KZ-Wächter, die Mörder in den Einsatzgruppen und Vernichtungslagern oder die hauptberuflichen Schreibtischtäter des Reichssicherheitshauptamtes schuldig zu sprechen, sondern auch die Männer, die bei Kriegsbeginn der sogenannten Allgemeinen SS angehört und als normale Berufstätige nur in ihrer Freizeit SS-Dienst geleistet hatten. Das waren zu diesem Zeitpunkt deutlich über 200 000 Männer und damit rund 90% aller SS-Mitglieder. Die Richter folgten mit diesem Urteil der Bewertung des amerikanischen Anklagevertreters Major Warren F. Farr. Dieser hatte im Anschluss an ähnliche Formulierungen des Reichsführers-SS, Heinrich Himmler, die Allgemeine SS als „den Hauptstamm" und „das Rückgrat" der Schutzstaffel bezeichnet.[3]

Das vorliegende Buch widmet sich der Geschichte dieser Organisation und ihrer Angehörigen. Es geht der Frage nach den Verfahren nach, die bei der Anwerbung, Auslese und Aufnahme in den „Schwarzen Orden" zur Anwendung kamen. Es untersucht, den „praxeologischen" Forschungen Sven Reichardts zur SA der „Kampfzeit" folgend,[4] was konkret die SS-Männer nach ihrem Beitritt in Himmlers „Orden" taten und zwar sowohl hinsichtlich ihrer eigenen Ausbildung, Schulung und Gemeinschaftsbildung als auch im propagandistischen und gewalttätigen Dienst des NS-Regimes. Schließlich nimmt es in den Blick, wie sich das Verhältnis zwischen der Allgemeinen SS und den Sonderformationen der Schutzstaffel bis 1939 entwickelte und wie es sich im Zuge der Mobilmachung für den zunehmend „totalen" Zweiten Weltkrieg veränderte.

1 Ursprünglich hatten 14 Organisationen angeklagt werden sollen, tatsächlich machte man nur sechs den Prozess: der Reichsregierung, dem Generalstab und Oberkommando der Wehrmacht, der Geheimen Staatspolizei, dem Führerkorps der NSDAP, der SA und der SS – vgl. Weinke, S. 27–28. Einen konzisen Überblick über den Prozess bietet auch Steinbach.

2 Der Prozess gegen die Hauptkriegsverbrecher, Bd. 1, S. 13, 110 und 302–307. Ausdrücklich ausgenommen von diesem Verdikt wurde nur die sogenannte Reiter-SS. Zu dieser vgl. Wilson.

3 Der Prozess gegen die Hauptkriegsverbrecher, Bd. 4, S. 188. Zu den Einschätzungen Himmlers zur Allgemeinen SS vgl. Rede Himmlers vor den SS-Gruppenführern vom 8. 11. 1938, in: Smith/Peterson, S. 29–30; Rede Himmlers vor hochrangigen SS- und Polizeiführern vom 9. 6. 1942, in: Smith/Peterson, S. 157.

4 Zur methodischen Konzeption Reichardt: Praxeologische Geschichtswissenschaft. Zur praktischen Umsetzung Reichardt: Kampfbünde.

Trotz der hohen Bedeutung, die sowohl die Spitze der Schutzstaffel selbst als auch die alliierten Sieger der Allgemeinen SS zumaßen, hat sie in der mittlerweile sehr umfangreichen und stark ausdifferenzierten SS-Forschung[5] ausgesprochen wenig Beachtung gefunden.[6] Das hat mehrere Gründe. Erstens behandelten die Historiker die Bereiche der „Herrschaft" und der „Gesellschaft" des Dritten Reiches lange Zeit dichotom.[7] Die SS wurde als nationalsozialistische Terrororganisation und Funktionselite des Regimes dem ersten Bereich zugerechnet,[8] wodurch die Allgemeine SS als bei weitem umfangreichste Schnittstelle zwischen der Schutzstaffel und der deutschen Gesellschaft aus dem Blick geriet. Zweitens entwickelte die SS nach ihrer Abspaltung von der SA im Sommer 1934 eine ausgesprochen verwirrende Organisationsstruktur mit zahlreichen Ämtern, Hauptämtern, Sonder- und Unterorganisationen, so dass es den Forschern zunächst einmal darum ging, einen gesicherten Überblick über das Gesamtgebilde zu erarbeiten.[9] Drittens richteten Spezialstudien, nicht selten angeregt durch NS-Prozesse,[10] den Blick anschließend vor allem auf diejenigen SS-Verbände und die in der Regel hauptberuflichen SS-Täter, die unmittelbar für einen Großteil der während des Dritten Reichs verübten Massenverbrechen verantwortlich waren.

Die Frage nach dem gesellschaftsgeschichtlichen Ort der Schutzstaffel wurde dagegen stiefmütterlich behandelt. Wie schwer dieser zu bestimmen ist, kann anhand zweier sehr gegensätzlicher Episoden aus dem Frühjahr 1933 verdeutlicht werden. Am 30. März schrieb Josias, Erbprinz des deutschen Fürstenhauses derer zu Waldeck und Pyrmont, einen Brief an Heinrich Himmler. Waldeck, der einen Tag später seinen Dienst im Auswärtigen Amt in der Berliner Wilhelmstraße antrat, kannte Himmler gut. Er hatte dem Reichsführer-SS in den vorangegangenen knapp drei Jahren als Adjutant bzw. Stabsführer gedient und bekleidete selbst den Rang eines SS-Gruppenführers. Er sei, so Waldeck, in der Reichshauptstadt soeben seinem Vetter, Friedrich Christian Prinz zu Schaumburg-Lippe, über den Weg gelaufen. Dieser, wie er schon seit 1929 bekennender Nationalsozialist und seit kurzem Adjutant des neuen Reichsministers für Volksaufklärung und Propaganda, Joseph Goebbels, habe die Uniform eines SS-Standartenführers getragen. Waldeck wisse aber genau, dass sein Vetter gar kein Mitglied des „Schwarzen Or-

5 Einen exzellenten und aktuellen Überblick zum Forschungsstand bietet SCHULTE: Geschichte, weshalb hier darauf verzichtet werden kann, diesen im Einzelnen darzulegen.

6 Der einzige Forscher, der sich speziell mit der Allgemeinen SS auseinandergesetzt hat, war der amerikanische Doktorand Robert John SHALKA. Allerdings untersuchte er mit Fulda-Werra nur einen einzigen ihrer zuletzt 17 Oberabschnitte und nur die Jahre 1937 bis 1939. Seine Dissertation von 1972 wurde bezeichnenderweise nicht in Buchform publiziert.

7 Vgl. z. B. BROSZAT: Bayern.

8 Vgl. u. a. den Titel von BUCHHEIM: Herrschaftsinstrument.

9 Vgl. die frühen Gesamtdarstellungen von NEUSÜSS-HUNKEL und HÖHNE: Orden sowie v. a. die noch immer beste, weil analytisch klarste Gesamtdarstellung zur Geschichte der SS, die leider nur in englischer Sprache vorliegt, von KOEHL: Black Corps. Einen brauchbaren, wenn auch wenig originellen Überblick auf neuestem Stand bietet nun auch WEALE.

10 Vgl. zum Beispiel die bahnbrechende Rolle der 1965 unter dem Titel *Anatomie des SS-Staates* veröffentlichten Gutachten für den Frankfurter Auschwitz-Prozess von BUCHHEIM/BROSZAT/JACOBSEN/KRAUSNICK.

dens“ sei. Auch besitze er einen „außerordentlich schlechten Charakter“. Himmler solle, so bat Waldeck dringlich, diese Anmaßung schnellstmöglich unterbinden.[11]

Szenenwechsel in die nordhessische Provinz, weitab von den Berliner Korridoren der Macht und den Intrigenspielen des Hochadels. Im Dorf Altenlotheim, etwa auf halber Strecke zwischen Marburg und Korbach am Rand des heutigen Nationalparks Kellerwald-Edersee gelegen, fielen am Abend des 15. Mai vier SS-Männer ins Haus der jüdischen Familie Oppenheimer ein. Drei der vier konnten später identifiziert werden: Friedrich Best, ein 39-jähriger, wegen Diebstahls und Hehlerei vorbestrafter Müller, Georg Wolf, ein 27-jähriger Landwirt und Adolf Bremmer, ein gleichaltriger Schreinergeselle. Die vier Eindringlinge zwangen den Viehhändler Max Oppenheimer, in ihr Auto zu steigen, und fuhren mit ihm in Richtung Korbach davon. In der Nähe des Dorfes Schmittlotheim ließen sie ihn aussteigen, schlugen ihn zu Boden, traten auf ihn ein und zwangen ihn, ein Fläschchen Rizinusöl auszutrinken. Nachdem ihre Gewaltlust befriedigt war, ließen sie ihr Opfer im Straßengraben liegen. Kurz darauf erpressten sie von der Familie Oppenheimer zehn Reichsmark für die bei der „Aktion“ angefallenen Transportkosten sowie dreißig Reichsmark für die Reinigung eines SS-Mantels, auf dem Max Oppenheimers Blut Flecken hinterlassen hatte.[12]

Die hochgradige soziale Heterogenität der Schutzstaffel, die sich in diesen beiden Ereignissen aus dem Frühjahr 1933 spiegelt, wurde durch den Zulauf, den sie in den nächsten Monaten und Jahren verzeichnete, eher noch größer. In den Reihen der Allgemeinen SS fanden sich Arbeitslose, Hilfsarbeiter und kleinbürgerliche Handwerker ebenso wie Adelssöhne, hohe Beamte und Professoren. Dieses Phänomen hat zu einiger Verwirrung hinsichtlich der Verortung der Schutzstaffel in der deutschen Gesellschaftsgeschichte geführt. In seinem bereits 1946 erschienenen Buch *Der SS-Staat* zeichnete der katholisch-konservative Publizist Eugen Kogon das impressionistische Bild einer randständigen, durch und durch kriminellen Organisation aus „Minderbegabten“, „Gescheiterten“, krankhaften Sadisten und „Macht-“ bzw. „Habgierigen“. Kogon, bis 1945 selbst langjähriger Häftling im Konzentrationslager Buchenwald, tat dies auch in volkspädagogischer Absicht. Er hielt die große Mehrheit seiner Landsleute für verführte Opfer der vom NS-Regime und der SS ausgehenden Mischung aus Propaganda und Terror. Den vielen Mitläufern wollte er ein „Recht auf politischen Irrtum“ und eine zweite Chance zum demokratischen Neuanfang einräumen.[13]

[11] Schreiben zu Waldecks an Himmler vom 30. 3. 1933, in: Heiber: Akten, Teil I, Blatt 30600967. Zu Waldeck Schmeling; Petropoulos; Menk, S. 101–102, 113–124 und 298–301. Zu seinem Dienst im Auswärtigen Amt Conze/Frei/Hayes/Zimmermann, S. 56–57. Zu Schaumburg-Lippe Malinowski, S. 565 ff.

[12] Die Akten zum ergebnislos eingestellten Strafverfahren in dem Fall, in StA Marburg, Bestand 274 Marburg, Bd. 389, Acc. 1981/57. Vgl. auch Menk, S. 62–63, 130–137 und 277–278. Zu den beteiligten SS-Männern BA Berlin, SSO Friedrich Best und RS Adolf Bremmer. Zur Verabreichung von Rizinusöl als gängiger Folter- und Demütigungspraxis italienischer Schwarz- und deutscher Braunhemden vgl. Bernhard, S. 235–236.

[13] Kogon: Der SS-Staat, S. 361; Kogon: Recht. Zur Deutung des *SS-Staates* aus heutiger Sicht Knigge.

Schon Mitte der 1950er Jahre kam Kritik an Kogons Interpretation auf. Die junge Politwissenschaftlerin Ermenhild Neusüss-Hunkel stellte in ihrer knappen Strukturanalyse der SS-Organisation klar, dass es Himmler durchaus gelungen sei, auch „Eingang in die ‚gute Gesellschaft' zu finden". Eine allgemeingültige „Typologie des SS-Mannes" hielt sie für unmöglich.[14] Der englische Autor Gerald Reitlinger wies auf eine Gefahr hin, die mit Kogons Deutung einherging. Die marginalisierte, gewissermaßen aus der deutschen Gesellschaft herausgeschriebene Schutzstaffel diene den Deutschen nun, so Reitlinger, als „Alibi einer Nation". Mit der Distanzierung von den Männern in Schwarz erübrige sich allzu leicht die Frage nach der gesamtgesellschaftlichen Verantwortung für die im Dritten Reich verübten Massenverbrechen.[15]

In den 1970er Jahren griffen Historiker, die sich der damals relativ jungen Schule der „kritischen Sozialgeschichte" zuordnen lassen, die Frage nach der Sozialstruktur der Schutzstaffel mit neuen, quantitativen Methoden wieder auf. Auch sie verfolgten, ähnlich wie Kogon knapp 30 Jahre vorher, einen Ansatz, in dem sich wissenschaftliche und geschichtspolitische Interessen vermischten. Ihnen ging es darum, die Hauptverantwortung der „alten Eliten" in der Politik, der Wirtschaft, den Wissenschaften, dem Militär und der Verwaltung für den Erfolg und die Verbrechen des Nationalsozialismus herauszuarbeiten und die aus Sicht der betreffenden Historiker skandalöse Elitenkontinuität nicht nur über 1918 und 1933, sondern auch über 1945 hinweg zu thematisieren. Entsprechend akzentuierten sie ihre Ergebnisse.

In seinem 1975 publizierten Aufsatz *Zum gegenseitigen Verhältnis von SA und SS in der Sozialgeschichte des Nationalsozialismus* betonte Michael Kater, wie stark sich die SS von der „vulgären SA" und der „egalitären NSDAP" unterschieden habe. Sie sei im Verlauf des Dritten Reiches zu einer Organisation geworden, in der Akademiker, Besserverdienende und Angehörige der Oberschicht deutlich überrepräsentiert gewesen seien. 1978 ließ Gunnar Charles Boehnert, der sich explizit auf Kater bezog, eine soziografische Analyse des SS-Führerkorps folgen. Er stellte fest, dass rund 19% der SS-Führer aus Familien der oberen Mittel- und Oberschicht kamen und nicht weniger als 43% das Abitur besaßen.[16] Die Befunde Katers und Boehnerts prägen bis heute maßgeblich die Sicht auf die SS. In ihrem Sammelband zur *Elite unter dem Totenkopf* aus dem Jahr 2000 behaupteten Ronald Smelser und Enrico Syring, die Schutzstaffel habe eine „Brückenfunktion zur Einbindung der oberen Mittel- und der Oberklasse in das Regime" gehabt.

[14] NEUSÜSS, S. 15 und 117. Vgl. Helmut Heibers 1968 publizierte Aufzählung von „SS-Typen" inkl. Landsknechten, Juristen, Gläubigen, Konjunkturrittern, adeligen Standesherren, Kampfzeit-Rabauken, Wissenschaftlern, Scharlatanen, Soldaten, Henkern, Ideologen, Technokraten, Puristen und Lebemännern sowie sein Urteil, die SS sei ein „Sammelsurium von Männern unterschiedlichster Provenienz, Interessen und Ziele" gewesen – HEIBER: Reichsführer, S. 13–14 und 20.

[15] REITLINGER: Alibi. Bezeichnenderweise wurde diese höchst unbequeme These in der deutschen Übersetzung ausgeblendet, die unter dem Titel *Die SS. Tragödie einer Nation* erschien – REITLINGER: SS.

[16] KATER: SA und SS, S. 354–357 und 374–377; BOEHNERT, S. 116 und 206.

Und in seiner 2008 erschienenen Himmler-Biografie urteilte Peter Longerich, das Spezielle an der Rekrutierung der SS sei ihr Erfolg bei „Männern aus ‚besseren' Bevölkerungskreisen" gewesen.[17]

Vergleichsweise wenig Beachtung fand hingegen die Kritik an Kater und Boehnert. So bestätigte Herbert Ziegler in einer zweiten Untersuchung zum SS-Führerkorps Boehnerts Ergebnisse zwar weitgehend, interpretierte sie jedoch völlig anders. Bemerkenswert sei eben nicht die Zahl privilegierter und gebildeter Männer unter den SS-Führern, sondern der Anteil derjenigen, die ohne solche Voraussetzungen höhere Ränge erreicht hätten.[18] Detlef Mühlberger konstatierte, dass die Befunde zur SS-Führerschaft nicht auf die einfachen SS-Mitglieder übertragen werden können, und stellte Katers Ergebnisse zu diesen in Frage.[19] Somit ist festzustellen, dass noch immer offen ist, wie die Schutzstaffel in der Gesellschaft des Dritten Reiches zu verorten ist. Die vorliegende Arbeit soll dazu beitragen, diese Frage zu klären. Da die Quellenlage zu den Unterführern und Mannschaften der SS weit schlechter ist als diejenige zu den Führern,[20] kommt dabei nicht die von Boehnert, Ziegler und Mühlberger eingesetzte soziografisch-statistische Methode zur Anwendung, sondern ein auf das Mitgliederwesen fokussierter organisationsgeschichtlicher Ansatz.

Über die SS-Forschung hinaus sind Erkenntnisse über die Allgemeine SS auch für die sogenannte neue Täterforschung[21] relevant. Nach 1945 wurden die zumindest im Hinblick auf den Holocaust singulären Verbrechen, die während des Dritten Reiches begangen wurden, zunächst dadurch erklärt, dass man den bekannten Hauptverantwortlichen dämonische oder psychopathische Eigenschaften zuschrieb. Die wissenschaftliche Untermauerung durch die psychiatrische Untersuchung verurteilter NS-Täter scheiterte jedoch mehrfach.[22] Auch der Ansatz Hannah Arendts, die Taten der Nationalsozialisten philosophisch als Kehrseite der hoch arbeitsteiligen Moderne zu fassen, die den einzelnen Täter zum machtlosen und letztlich banalen Rädchen im Getriebe des industrialisierten Tötens gemacht habe,[23] überzeugte nicht, da er außer Acht ließ, wie viel individuellen Handlungsspielraum beispielsweise die Mörder in den Einsatzgruppen und Polizeibataillonen besaßen. Gegen die komplexen Theorien deutscher Sozialhistoriker wie Hans Mommsen, die die Massenverbrechen in den 1970er und 1980er Jahren als Ergeb-

17 Smelser/Syring, S. 18–19; Longerich: Himmler, S. 131.

18 Ziegler, S. XIV–XV und 103–120.

19 Mühlberger: Hitler's Followers, S. 181–201.

20 Zwar lagern im Bundesarchiv Berlin neben 61 000 SS-Führerpersonalakten, die Boehnert und Ziegler stichprobenartig ausgewertet haben, auch rund 290 000 Akten zu SS-Unterführern und einfachen SS-Männern. Diese sind jedoch bei weitem weniger umfangreich und enthalten somit nicht genügend „Rohdaten" für eine entsprechende Analyse. Zur Quellenlage im Detail s. u.

21 Zur Genese und zum Stand dieses Spezialfeldes vgl. den Beitrag von Peter Longerich unter www.bpb.de/publikationen/QWIKM5.html [Zugriff 6. 11. 2009] sowie Paul und Mallmann/Paul: Sozialisation.

22 Dicks, S. 230–234 und 253–255; Welzer, S. 7–11.

23 Arendt.

nisse einer „kumulativen Radikalisierung" beschrieben,[24] ist eingewandt worden, dass diese hochgradige Abstraktion ihrerseits exkulpatorisch wirke und den Blick auf die Täter als handelnde Individuen verstelle.[25]

Diese detailliert in den Blick zu nehmen, ist seit den 1990er Jahren Ziel der neuen Täterforschung. Aus deren Kontext heraus sind drei weitere Erklärungen für die deutschen Massenverbrechen präsentiert worden. Daniel Noah Goldhagen behauptete in *Hitlers willige Vollstrecker*, die Deutschen seien kollektiv von einem „eliminatorischen Antisemitismus" besessen gewesen, der nahezu jeden „ganz normalen Deutschen" zum prädestinierten Judenmörder gemacht habe. Dieser monokausale Ansatz machte öffentlich Furore, wurde jedoch von der Fachwissenschaft recht einhellig zurückgewiesen.[26] Christopher Browning, Harald Welzer und andere fokussierten dagegen vor allem auf die konkreten Tatsituationen sowie die biografische Heterogenität der Täter und kamen zu dem Schluss, dass diese mitunter „ganz normale Männer" gewesen seien, die sich wie tendenziell alle Menschen unter Gruppendruck mehrheitlich autoritätshörig verhalten hätten. Ihre Ergebnisse passen zu sozialpsychologischen Experimenten und Studien von Stanley Milgram, Philip Zimbardo, Herbert Kelman und anderen.[27] Ulrich Herbert und Michael Wildt schließlich riefen mit ihren Arbeiten zum Führungspersonal des Reichssicherheitshauptamtes[28] in Erinnerung, welch große Rolle trotz aller strukturellen Tatzusammenhänge auch die nationalsozialistische Weltanschauung zumindest für die Kerngruppe der NS-Täter spielte.

Allerdings waren die von Herbert und Wildt untersuchten Männer weit überdurchschnittlich gebildet und sowohl in der Lage als auch bereit, sich das nationalsozialistische Gedankengut selbstständig anzueignen. Teilweise entwickelten sie sogar eigene Varianten zu den entsprechenden Ideologemen. Das traf keinesfalls auf alle, nicht einmal auf die Mehrheit der Männer der Allgemeinen SS zu. Vielmehr wurden diese, ob sie wollten oder nicht, durch die Selbstbilder und Rollenideale, die im Rahmen der SS-Imagepflege entworfen wurden, sowie mittels eines dezidierten Schulungsprogramms indoktriniert, das laut einer provokanten Formulierung von Jürgen Matthäus dem „Ausbildungsziel Judenmord" diente.[29] Die Untersuchung der Wirkung, die diese Anstrengungen auf die über 200 000 Männer der Allgemeinen SS hatten, sowie der Verbindung zwischen dieser Großgruppe und den tatausführenden SS-Sonderverbänden, verspricht weitere Bausteine zur Erklärung der Genese des Holocaust zu liefern.

[24] Eine aktuelle Zusammenfassung dieser Interpretation bietet Hans Mommsen unter www.bpb.de/publikationen/MKUWND,2,0,Forschungskontroversen_zum_Nationalsozialismus.html#art2 [Zugriff 19.5.2011].

[25] Berg: Holocaust.

[26] Goldhagen. Zur „Goldhagen-Debatte" u. a. Schneider; Frei: Goldhagen.

[27] Browning: Ganz normale Männer; Welzer. Eine Zusammenfassung der sozialpsychologischen Studien bieten Kelman/Hamilton.

[28] Herbert: Best; Wildt: Generation.

[29] Matthäus: Ausbildungsziel.

Wie die Täterforschung hat sich auch die Arbeit an einer allgemeinen Gesellschaftsgeschichte des Dritten Reiches seit den 1990er Jahren grundlegend gewandelt. Bis dahin war im Rahmen der bereits erwähnten Dichotomie von „Herrschaft" und „Gesellschaft" vor allem der repressive bzw. propagandistisch-verführerische Charakter des Regimes und der NS-Organisationen betont und intensiv nach Formen deutscher Widerständigkeit bis hin zur zumindest teilweisen „Resistenz" gesucht worden. Nun wurde verstärkt nach den „beträchtlichen sozialen Bindekräften", die „Bewegung" und Regime entfalteten, und den Gründen für das hohe „Ausmaß an Mitmachbereitschaft und Mitmachen der Vielen" gefragt.[30]

Ian Kershaw bot in seiner großen Hitler-Biografie in Anlehnung an Max Weber eine Deutung des Dritten Reiches als „charismatische Herrschaft" an. Das Millionenheer der NSDAP-Anhänger habe an Hitler glauben wollen und habe ihm Autorität und außergewöhnliche Fähigkeiten zugeschrieben. Das Verhältnis zwischen „Führer" und „Gefolgschaft" habe immer wieder durch rauschhafte Erfolgserlebnisse erneuert werden müssen, was zur letztlich zerstörerischen Selbstüberbietungsdynamik des Regimes geführt habe. Die vielen Unterführer der „Bewegung" hätten enorme Eigeninitiative entfaltet, um dem „Führer" oder dem, was sie für seinen Willen hielten, „entgegenzuarbeiten".[31]

Seit einigen Jahren versuchen Michael Wildt, Detlef Schmiechen-Ackermann und andere darüber hinaus, das von den Nationalsozialisten propagierte Gesellschaftsmodell der „Volksgemeinschaft" zur Erforschung des Dritten Reiches analytisch fruchtbar zu machen. Ihrer Auffassung nach hofften sehr viele Deutsche weitgehend unabhängig von den tatsächlichen sozioökonomischen Entwicklungen zwischen 1933 und 1945, dass die nationalsozialistische „Bewegung" ihnen eine harmonischere und gerechtere Gesellschaftsordnung bringen und Klassen- und Konfessionsunterschiede ihre Bedeutung verlieren würden. Dass die neue Einheit der „Volksgenossen" in scharfer Abgrenzung zu den „Gemeinschaftsfremden" wie zum Beispiel Juden, Behinderten, „Asozialen" und „Zigeunern" konstituiert wurde, hätten die Deutschen zumindest billigend in Kauf genommen. Allzu häufig hätten sie selbst gewalttätig oder als Profiteure am Doppelspiel von Inklusion und Exklusion nach rassistischen Kriterien mitgewirkt.[32]

Die Untersuchung der Allgemeinen SS wirft im Hinblick auf das „Volksgemeinschaftskonzept" interessante Fragen auf. Wie vertrug sich die Existenz einer so dezidiert elitären Ausleseorganisation, die für sich beanspruchte, einen „Neuadel" des deutschen Volkes zu bilden,[33] mit der teilweise egalitär verstandenen, zumindest Aufstiegsgerechtigkeit verheißenden „Volksgemeinschaft"? Unterlief

30 Frei: Volksgemeinschaft, S. 107–110; Lüdtke, S. 228.

31 Kershaw: Hitler; Kershaw: Hitler-Mythos. In Anlehnung an Kershaw Wehler: Gesellschaftsgeschichte, Bd. 4. Ein „Charisma-Ansatz" mit eigenen, stärker die „Führerpropaganda" betonenden Akzenten bei Herbst.

32 Bajohr/Wildt; Schmiechen-Ackermann.

33 Zu den Adelskonzepten der SS Conze. Zu soziologischen Elitekonzepten einführend Hartmann und Hradil/Imbusch. Zu möglichen methodischen Übertragungen auf die Geschichtswissenschaft Seemann.

die Schutzstaffel als Quasi-Tarnorganisation der „alten Eliten" die versprochene Neuordnung oder war sie der Modellfall einer neuen, „volksgemeinschaftlichen" Elitenrekrutierung? Wie verhielt sich die von der SS im Extremen verkörperte und praktizierte nationalsozialistische „Rassenlehre", die die gewaltsame „Ausmerze" vermeintlich „Minderwertiger" ebenso beinhaltete wie die menschenzüchterische „Aufnordung" des deutschen „Volkskörpers", zum sozialharmonischen Ideal der „Volksgemeinschaft"? Wie schließlich passt eine so große und eindeutig mit Herrschafts- und Repressionsaufgaben betraute Funktionselite wie die Allgemeine SS zu den Thesen, das Dritte Reich sei summa summarum eine „Zustimmungsdiktatur"[34] bzw. gar eine „Gefälligkeitsdiktatur"[35] gewesen?

Die folgende Geschichte der Allgemeinen SS, mit der diesen Fragen nachgegangen werden soll, basiert auf dem Studium von vier größeren Quellenbeständen. Erstens wurde die Überlieferung der zentralen Institutionen der SS herangezogen. Neben dem Persönlichen Stab Himmlers waren vor allem das SS-Hauptamt, das Rasse- und Siedlungshauptamt und das Personalhauptamt bzw. ihre jeweiligen Vorgängerorganisationen für die Steuerung der Allgemeinen SS zuständig. Der Großteil ihrer Akten wurde, soweit sie der Zerstörung infolge des Bombenkrieges, der chaotischen Auslagerung der Dienststellen bzw. der Vertuschungsbemühungen der Kriegsendphase und unmittelbaren Nachkriegszeit entgangen waren, von den einmarschierenden Amerikanern beschlagnahmt. Diese sortierten sie zur Vorbereitung der Kriegsverbrecherprozesse und zur geheimdienstlichen Auswertung vielfach um und lagerten sie anschließend im Berlin Document Center (BDC) bzw. in einem Sammellager in Alexandria im US-Bundesstaat Virginia. Von dort wurden sie seit Mitte der 1950er Jahre schrittweise ans Bundesarchiv zurückgegeben. Einen Abschluss fand dieser Prozess 1994 mit der Übergabe der BDC-Bestände.[36]

Um zu überprüfen, ob und wie die Vorgaben der SS-Zentrale in den Oberabschnitten, Abschnitten, Standarten, Sturmbannen und Stürmen umgesetzt wurden, galt es zweitens, regionale bzw. lokale Quellenbestände der Schutzstaffel zu nutzen. Allerdings ließ sich aufgrund der besonderen Quellenproblematik hier kein methodisch-systematisches Sample konstruieren, das das Deutsche Reich etwa hinsichtlich der konfessionellen Verteilung, der föderalen Traditionen oder der Stadt-Land-Gegensätze „sauber" repräsentiert hätte. Die erhaltenen Akten der Basis der Allgemeinen SS erwiesen sich nämlich als noch fragmentarischer und ungeordneter als die der Reichsführung. Das liegt wohl daran, dass die Allgemeine SS außerhalb ihrer Münchner bzw. Berliner Zentrale bis zur Mitte der 1930er Jahre so gut wie keine hauptamtlichen Mitarbeiter beschäftigte. Auch danach gab es solche allenfalls bis hinunter zu den Sturmbannen, nicht aber bei den Stürmen.[37] Zudem

34 Bajohr: Zustimmungsdiktatur.

35 Aly: Volksstaat, S. 35–36.

36 Vgl. allgemein Henke; Eckert. Speziell zum BDC Browder: Problems; Krüger: Archiv.

37 Durchführungsverordnung des Chefs des Verwaltungsamtes-SS, Pohl, zur Haushaltsplanung 1935 für die Allgemeine SS vom 1. 6. 1935, in BA Berlin, NS 3, Bd. 465, Bl. 4.

wurde durch diverse Reorganisationen infolge des extrem schnellen Wachstums der SS in den Jahren 1930 bis 1934/35 das Schriftgut mehrfach verschoben. Nicht zuletzt deshalb gingen vielfach Papiere verloren.[38] Gegen die schließlich im Sommer 1938 in SS-typischer Manier erlassenen peniblen Registratur-Vorschriften[39] wurde häufig verstoßen. Beispielsweise rügte der Oberabschnitt Fulda-Werra eine seiner Standarten dafür, dass sie ihre Altakten derart schlampig verwahrt hatte, dass diese „von spielenden Kindern bündelweise entwendet" worden waren.[40] Angesichts dieser Lage[41] erschien es sinnvoll, sich auf die drei mit Abstand größten regionalen Quellenbestände zur Allgemeinen SS zu beschränken, die sich in den Staatsarchiven Ludwigsburg und Marburg bzw. im Archiv des polnischen Instituts für Nationales Gedenken (IPN) in Warschau befinden und die erhaltenen Akten der Oberabschnitte Südwest, Rhein, Fulda-Werra und Südost sowie der ihnen unterstellten Einheiten umfassen.

Drittens wurde die Sammlung mehrerer hunderttausend personenbezogener SS-Akten im Bundesarchiv Berlin herangezogen, die durch eine Datenbank gut erschlossen ist. Diese Kollektion basiert einerseits auf dem bereits erwähnten, 1994 übernommenen Material des BDC, andererseits auf den sogenannten „Z-Akten" des Ministeriums für Staatssicherheit der DDR, die nach der Wiedervereinigung ins Bundesarchiv gelangten.[42] Sie wurde aus den genannten Gründen nicht massenhaft und statistisch-soziografisch ausgewertet, sondern punktuell und gezielt zur Ergänzung der zentralen und regionalen Organisationsbestände. Die so gewonnenen konkreten Informationen zu den handelnden Akteuren geben der Geschichte der Allgemeinen SS eine biografische Dimension. Deren Einbeziehung ist vor allem deshalb wichtig, weil es nur ausgesprochen wenige sogenannter Egodokumente, also private Korrespondenzen, Tagebücher, Nachlässe usw., von Männern oder Führern der Allgemeinen SS gibt.[43]

38 Zu entsprechenden Klagen vgl. u. a. Schreiben des Führers des Abschnitts XI an den Oberabschnitt Rhein vom 20. 9. 1934, in StA Marburg, 327/2a, Bd. 134; Schreiben des Chefs des SS-HA, Berger, an den persönlichen Referenten Himmlers, Brandt, vom 10. 8. 1942, in BA Berlin, NS 19, Bd. 522, Bl. 4–5.

39 Vorschrift des Chefs des SS-HA, Heißmeyer, über den gesamten inneren Dienst auf Dienststellen und Schreibstuben der Allgemeinen SS vom 29. 6. 1938, in IfZ-Archiv, DC 02.01.

40 Befehl des Verwaltungsamts des Oberabschnitts Fulda-Werra vom 30. 8. 1938, in StA Marburg, 327/2b, Bd. 51.

41 Zur regionalen Überlieferung der Allgemeinen SS Boberach, Bd. 1, S. 162–164, und Bd. 2, S. 122–125.

42 Zum „NS-Archiv" der „Stasi" Hollmann; Dumschat/Möhlenbeck.

43 Nachfragen bei den drei wichtigsten einschlägigen deutschen Spezialarchiven, dem Archiv Deutsches Gedächtnis in Lüdenscheid, dem Deutschen Tagebucharchiv in Emmendingen und dem Kempowski-Archiv für europäische Tagebücher in Berlin haben Fehlanzeigen, der Abgleich des Organisationshandbuchs zur Allgemeinen SS von Yerger mit der Nachlassdatenbank des Bundesarchivs nur einige wenige Treffer ergeben. Für die vorliegende Studie wurden davon nur der Teilnachlass Himmlers im Bundesarchiv Koblenz, der Nachlass Richard Walther Darrés im Stadtarchiv Goslar und der Nachlass des Archivars des Ehemaligenverbands der Waffen-SS, Wolfgang Vopersal, im Bundesarchiv-Militärarchiv Freiburg verwendet.

Um eine Antwort auf die Frage zu erhalten, welche Kenntnisse die von der Schutzstaffel umworbenen deutschen Männer im Allgemeinen über diese besitzen konnten bzw. welches Image die Reichsführung-SS ihrer Organisation zu geben versuchte, wurde viertens ein umfangreiches Pressesample ausgewertet. Für die Zeit vor der „Machtergreifung", in der die Schutzstaffel noch nicht über eigene Periodika verfügte, wurde zu den großen politischen Grundrichtungen der Weimarer Republik je eine Tageszeitung konsultiert. Diese bildeten trotz des Aufstiegs neuer Alternativen wie der Illustrierten, des Rundfunks und des Films bis 1945 noch immer das mit Abstand wichtigste Medium. Circa 70 bis 80% der deutschen Haushalte bezogen täglich eine Zeitung.[44] Im Einzelnen wurden das KPD-Blatt *Die Rote Fahne*, die sozialdemokratische *Münchner Post*, die liberale *Frankfurter Zeitung*, die *Germania* als Stimme des politischen Katholizismus, das Flaggschiff des DNVP-nahen Hugenberg-Konzerns *Der Tag* und der nationalsozialistische *Völkische Beobachter* inklusive seiner Beilage *Der SA-Mann* auf ihre Berichterstattung über die SS hin untersucht. Für die Zeit des Dritten Reiches waren dann vor allem die ab 1934 intern verteilte *FM-Zeitschrift. Monatsschrift der Reichsführung SS für fördernde Mitglieder* sowie *Das Schwarze Korps* relevant, das ab 1935 als offizielles Organ der Reichsführung-SS erschien und bis 1944 eine Auflage von bis zu 750000 Exemplaren erreichte.[45]

Ergänzend wurden SS-Drucksachen wie die Befehlsblätter, die Dienstvorschriften, die statistischen Jahrbücher oder die Leithefte als wichtigstes Lehrmaterial der SS-Schulung verwendet, die im Archiv des Münchner Instituts für Zeitgeschichte gesammelt wurden. Im IfZ existiert des Weiteren eine Datenbank, in der sämtliche deutsche Strafverfahren wegen NS-Verbrechen erfasst sind. Diese machte es möglich, gezielt Prozessunterlagen zu einzelnen Gewalttaten heranzuziehen, die Männer der Allgemeinen SS verübt hatten. Einen Sonderfall derartiger Ahndungsversuche stellten die Spruchkammerverfahren in der Britischen Zone dar, wo man im Gegensatz zu den Gebieten unter amerikanischer bzw. französischer Kontrolle deutsche Männer auf der Grundlage des Nürnberger Urteilsspruchs speziell wegen des „Organisationsverbrechens" der Zugehörigkeit zur Allgemeinen SS zur Rechenschaft zog.[46] Für die vorliegende Studie wurden einhundert derartige Spruchkammerakten untersucht, die im Bundesarchiv Koblenz liegen und nach dem Zufallsprinzip ausgewählt wurden.

Will man verstehen, wie deutsche Männer auf die Idee kamen, sich dem Nationalsozialismus und speziell seinem radikalsten politischen Kampfbund, der Schutzstaffel, anzuschließen, sollte man jedoch nicht bei der juristischen Aufarbeitung und dem hier unleugbar gewordenen verbrecherischen Charakter der SS beginnen, sondern bei der facettenreichen Krise, in die Deutschland im ersten Drittel des 20. Jahrhunderts geraten war. Entsprechend geht es im *Kapitel I* um

[44] Vgl. zur neueren deutschen Pressegeschichte allgemein Ross und Dussel, speziell zur Weimarer Presse Fulda, zu der des Dritten Reiches Führer: Tageszeitung.

[45] Zur SS-Publizistik und speziell zum *Schwarzen Korps* Zeck, Combs und Heiber: Facsimile.

[46] Vgl. Römer; Wember.

eine Analyse der gesellschaftlichen Zustände während der Spätphase des Kaiserreichs und während der Weimarer Republik aus einer geschlechter-, genauer gesagt männergeschichtlichen Perspektive.[47] Dabei soll allerdings eine sexual- bzw. psychohistorische Engführung, für die sich zum Beispiel Klaus Theweleit oder Todd Ettelson entschieden haben,[48] vermieden werden. Im Fokus steht vielmehr die Frage, wie das im 19. Jahrhundert etablierte bürgerliche Männlichkeitsideal[49] auch in den Bereichen Religion, Politik, Militär und Wirtschaft in Frage gestellt wurde.

Im *Kapitel II* wird beschrieben, wie es dazu kam, dass in der nationalsozialistischen „Bewegung" als Antwort auf diese Herausforderung nicht nur die Sturmabteilung, sondern auch die Schutzstaffel entstand und bestehen blieb, obwohl die SS zunächst der SA untergeordnet wurde. Durch die Analyse der Geschichte der Schutzstaffel als Teilorganisation der Sturmabteilung wird deutlich, wo bis 1934 die Gemeinsamkeiten und wo die Unterschiede zwischen der vermeintlich plebejischen SA und der angeblich vornehmeren SS im Bezug auf ihre Rekrutierung, die Organisationsformen, die propagandistischen Aufgaben, das Alltagsmilieu und die Gewaltpraxis lagen.

Kapitel III behandelt, wie die Reichsführung-SS schon ab 1930/31 begann, die Differenzen zu betonen und die Schutzstaffel nach innen und außen als einen elitären „Orden" zu konstruieren, der „treuer", „härter" und „rassisch reiner" als alle anderen Teile der „Bewegung" und der „Volksgemeinschaft" sein sollte. Die Kenntnis der hierbei eingesetzten Methoden lässt Rückschlüsse auf die Entstehung der Herrenmenschenattitüde zu, mit der die Männer der Schutzstaffel im Dritten Reich und vor allem in den im Krieg besetzten Gebieten auftraten. Die Selbstverpflichtung auf das verführerische Elite-Image kann als Faktor ihrer Motivation zum unbedingten Gehorsam auch gegenüber den zunehmend verbrecherischen „Befehlen in Weltanschauungssachen"[50] gedeutet werden.

Kapitel IV skizziert, welche Probleme sich aus den Wurzeln der SS in der SA, der Absurdität des rassistischen Auslesekonzepts, dem Massenzulauf auch zur SS sowie der Übernahme immer neuer Herrschaftsfunktionen durch die Schutzstaffel für den „Ordensgedanken" einerseits, die „Volksgemeinschaftsideologie" des Dritten Reiches andererseits ergaben. Die älteren Befunde hinsichtlich der Sozialstruktur der Schutzstaffel werden einer kritischen Revision unterzogen. Mit den fördernden Mitgliedern und den Ehrenführern, die größtenteils zur Allgemeinen SS gehörten, werden zwei weitere Gruppen in den Blick genommen, durch die der „Schwarze Orden" mit der deutschen Gesellschaft verbunden war.

In *Kapitel V* wird analysiert, wie die SS-Führung versuchte, die eingegangenen Kompromisse dadurch zu kompensieren, dass sie die SS-Mitglieder, die in viel-

47 Zu entsprechenden methodischen Überlegungen KÜHNE: Männergeschichte; MARTSCHUKAT/STIEGLITZ.

48 THEWELEIT; ETTELSON.

49 FREVERT: Soldaten.

50 BUCHHEIM: Befehl und Gehorsam, S. 216–230.

facher Hinsicht eben nicht dem nach außen stets hochgehaltenen Idealtypus entsprachen, durch eine ausgeklügelte Mischung aus Bestrafung und Belohnung, körperlicher Ertüchtigung, weltanschaulicher Schulung und kultisch-seelischer Beeinflussung formte und erzog. Hierbei wird deutlich, welche Vorteile der organisationsgeschichtliche Ansatz im Vergleich zur Soziografik bietet. Denn die SS-Männer werden so nicht im Wesentlichen statisch und nach sozialstatistischen Kriterien untersucht, sondern als Menschen, die sich durch das, was sie taten, bzw. das, was mit ihnen getan wurde, veränderten.

Durch die Entstehung der SS-Sonderformationen und dann vor allem durch die Einziehungen zur Wehrmacht und Waffen-SS wurde die Allgemeine SS personell und organisatorisch ausgezehrt. Andererseits bot der nun geforderte Einsatz für das Regime und seinen weltanschaulichen Vernichtungs- und Eroberungskrieg den SS-Männern die Chance zur „Bewährung“ und der SS-Führung die Gelegenheit zur auslesenden Leistungsprüfung. Diese Prozesse bzw. die teils praktischen, teils nur geplanten Kompensationsversuche, mit denen die Allgemeine SS als „Fundament des Ordens“ am Leben gehalten bzw. reanimiert werden sollten, behandelt *Kapitel VI*, bevor in einem abschließenden Resümee noch einmal die in dieser Einleitung aufgeworfenen weiterführenden Fragen aufgegriffen werden.

I. Deutsche Männer in der Krise

1920 veröffentlichte der erst 25 Jahre alte, aber bereits mit höchsten militärischen Auszeichnungen geehrte Reichswehrleutnant Ernst Jünger seine literarisch überarbeiteten Tagebücher aus dem Ersten Weltkrieg unter dem Titel *In Stahlgewittern.* Sein Vorwort begann mit der Feststellung, dass in der „Urkatastrophe des 20. Jahrhunderts“[1] nicht der mannhaft kämpfende Soldat, sondern das zur Verfügung stehende Kampfmaterial von entscheidender Bedeutung gewesen sei. „Und doch“, so fährt Jünger fort, hätten die heldischen „Draufgänger“ unter den Frontsoldaten eine „brutale Größe“ erreicht und sich ein Denkmal in der Größe des höchsten Gipfels der Alpen verdient.[2]

Dieses trotzige „und doch“ kann ebenso wie der durchgängig maskulin-heroisierende Tonfall Jüngers als eine Art Pfeifen im Walde angesichts der tiefen Verunsicherung interpretiert werden, die deutsche Männer in der für sie in vielerlei Hinsicht „verkehrten Welt“[3] der Nachkriegszeit verspürten. Im 19. Jahrhundert hatten vermeintlich eindeutige, dichotome Geschlechterrollen einen Siegeszug gefeiert. Eine „echte Frau“ hatte schön, keusch, fromm, emotional und fürsorglich zu sein und sich um Haushalt und Kinder zu kümmern. Ein „ganzer Mann“ dagegen sollte körperlich stark und heterosexuell potent, zugleich rational und beherrscht, in jedem Fall aber erfolgreich sein. Ihm kam es zu, den Unterhalt der Familie zu verdienen und diese nach außen, zum Beispiel in rechtlichen, politischen oder die Kirchengemeinde betreffenden Angelegenheiten zu vertreten.[4] Die Herausforderung dieser scheinbar komplementären, tatsächlich aber hierarchischen, die Männer bevorzugenden Ordnung in der Zwischenkriegszeit ist unter anderem von Klaus Theweleit und George Mosse als einer der Gründe für den Aufstieg des Nationalsozialismus beschrieben worden, zu dessen Versprechungen es gehörte, die Deutschen „von der Entmännlichung zu neuer Männlichkeit“ zu führen.[5]

Da gerade die Anziehungskraft der SS deutliche geschlechtergeschichtliche Komponenten aufwies,[6] sollen im Folgenden einige zentrale Aspekte der Männlichkeitskrise im Deutschland der 1920er und 1930er Jahre skizziert werden. Dadurch wird deutlich, vor welchem gesellschaftlichen Erfahrungshintergrund sich 300 000–400 000[7] deutsche Männer entschlossen, Mitglied der Allgemeinen SS zu

[1] Dieser seitdem viel verwendete Ausdruck zuerst in: KENNAN, S. 12.
[2] JÜNGER, S. II–VII.
[3] GEYER: Verkehrte Welt.
[4] Zur Frauenrolle FREVERT: Frauen-Geschichte und SCHASER. Zur Männerrolle KÜHNE: Männergeschichte und MARTSCHUKAT/STIEGLITZ. Zur Geschlechtergeschichte allgemein OPITZ-BELAKHAL.
[5] THEWELEIT und MOSSE: Bild des Mannes. Zitat aus einer Rede Goebbels vom 27. 9. 1929, wiedergegeben in einer Referentendenkschrift des preußischen Innenministeriums vom Mai 1930, in: MAURER/WENGST, S. 51–81, hier S. 51.
[6] S. dazu bislang DIEHL: Macht und ETTELSON. Vgl. Kap. III.2.
[7] Diese Zahl stellt eine äußerst grobe Schätzung dar. Eine genauere Quantifizierung ist aus mehreren Gründen nicht möglich. Vgl. Kap. IV.3.

werden – ganz anders als Ernst Jünger, der sich nach vorübergehender Nähe zum Nationalsozialismus im Dritten Reich zunächst in eine Art innere Emigration zurückzog und dann ins Umfeld des militärischen Widerstands gelangte[8].

1. Eine Krise des „Gottvertrauens"

Wie für Jünger stellte der „Große Krieg" für viele der späteren SS-Männer eine prägende Erfahrung dar.[9] Dabei ist grundsätzlich zu unterscheiden zwischen dem Erleben der Mitglieder der „Frontgeneration", zu denen im Allgemeinen die Jahrgänge 1891-1900 gezählt werden, und denen der „Kriegsjugendgeneration", die aus denen bestand, die zwischen 1901 und 1910 geboren wurden.[10] Aus der „Frontgeneration" gehörten Ende 1938 19312 Männer zur Allgemeinen SS, aus der „Kriegsjugend" 73897.[11]

Zahlreiche Frontsoldaten griffen zunächst bereitwillig zu den Waffen, wobei neben euphorischer Begeisterung und Radaupatriotismus auch ernstes nationales Pflichtgefühl ausschlaggebend war. Zwar waren Städter tendenziell kriegswilliger als Landbewohner und Bürger als Arbeiter, jedoch hat die Forschung das zwischenzeitlich grundsätzlich in Frage gestellte „Augusterlebnis" einer Mehrheit der Deutschen jüngst bei aller notwendigen Differenzierung wieder bekräftigt.[12] Die aus heutiger Sicht kaum noch begreifliche positive Grundeinstellung zum Krieg lag nicht zuletzt daran, dass die vorherigen größeren preußischen bzw. deutschen Waffengänge gegen Dänemark 1864, Österreich 1866 und Frankreich 1870/71 nicht nur allesamt kurz und erfolgreich verlaufen waren, sondern vergleichsweise lange zurücklagen und in den Kriegervereinen und Sedansfeiern des Kaiserreichs nostalgisch überhöht worden waren.[13]

Bei den meisten der circa 13 Millionen deutschen Männer, die tatsächlich als Kriegsfreiwillige oder Wehrpflichtige im Ersten Weltkrieg kämpften, erkaltete die anfängliche Hochstimmung rasch, als sie in den Kasernen gedrillt und mit dem Hochmut ihrer Offiziere konfrontiert wurden. Die ebenso triste wie tödliche Realität des bald einsetzenden Stellungskriegs im Westen mit dem Wechsel zwischen Nichtstun in den Schützengräben bzw. in der Etappe und mörderischem Trommelfeuer bzw. Sturmangriffen unter MG-Beschuss, der Erich Maria Remarque 1929 mit *Im Westen nichts Neues* ein zeitloses literarisches Denkmal gesetzt hat,[14] führte

[8] KIESEL, S. 578–672, und BERGGÖTZ.

[9] Zur Erfahrungsgeschichte des Ersten Weltkriegs zusammenfassend MOMMSEN: Weltkrieg, S. 137–154. Zur Bedeutung der Kriegserfahrung für die Nationalsozialisten KRASSNITZER.

[10] Zu den für den NS maßgeblichen Generationen HERBERT: Generationen, S. 97–102. Zum in seiner Reichweite, jedoch kaum noch grundsätzlich strittigen Konzept der historischen Generation allgemein JUREIT und FIETZE.

[11] Statistisches Jahrbuch der Schutzstaffel der NSDAP 1938, S. 63, in: IfZ-Archiv, Bestand DC 01.06

[12] Zusammenfassend NEITZEL, S. 27–30.

[13] ROHKRÄMER und FREYTAG.

[14] REMARQUE.

dazu, dass Überlebenswille und Apathie zu den vorherrschenden Gefühlslagen wurden. Rund zwei Millionen deutsche Männer fielen, rund vier Millionen wurden verletzt, davon eineinhalb Millionen so schwer, dass sie mittel- bis langfristig als Kriegsversehrte versorgungsbedürftig blieben.[15] Nachdem sie dieses Inferno überstanden hatten, waren viele ehemalige Frontsoldaten nicht bereit, eine Entwertung ihres Opfergangs durch die Niederlage, den Versailler Vertrag und das aus ihrer Sicht ungenügende Gedenken der Weimarer Gesellschaft hinzunehmen.[16]

Noch enttäuschender stellte sich das Kriegsende für die Angehörigen der „Kriegsjugendgeneration" dar. Diese hatten, so die Erinnerung des 1907 geborenen Publizisten Sebastian Haffner, den Krieg trotz der wachsenden Not auch im Reich mehrheitlich als „großes, aufregend-begeisterndes Spiel der Nationen" wahrgenommen. Täglich hatten sie die selektiv aufbereiteten Heeresmeldungen verschlungen und gehofft, es bald ihren großen Brüdern gleichtun zu können. Dadurch, dass Negativmeldungen wie der amerikanische Kriegseintritt oder die zunehmend desolate Lage im Westen verschwiegen oder kleingeredet, Positives wie der Annexionsfriede von Brest-Litowsk aufgebläht wurden, glaubten sie vielfach bis in den Herbst 1918 an einen deutschen „Siegfrieden". Angesichts dieser propagandistisch geschürten Erwartungshaltungen erschienen Geschichtsfälschungen wie die „Dolchstoßlegende" wenig später plausibler als die komplexe Realität der schleichenden militärischen Niederlage auf feindlichem Boden.[17]

Neben dem staatlichen Kriegspresse- bzw. Bild- und Filmamt stellten 1914–1918 die beiden großen Kirchen Hauptakteure der Kriegsverherrlichung dar. Auf Seiten der evangelischen Kirche lag das angesichts der traditionellen Nähe zu den gekrönten Häuptern nahe, die sich im Kaiserreich zu einer „Dreiheit von Thron, Nation und Altar"[18] erweitert hatte. Zahlreiche Geistliche stellten den Weltkrieg als zivilisatorische Mission dar, die Gott den rechtgläubigen Deutschen im Kampf gegen den westlichen Liberalismus und die östliche Barbarei übertragen habe. Zudem sahen sie im Krieg eine Chance zur Reinigung und Bewährung, nachdem gerade das protestantische Milieu seit der Mitte des 19. Jahrhunderts von einer schleichenden Entkirchlichung erfasst worden war, die sich im Rückgang der Teilnahme an Gottesdienst und Abendmahl äußerte. Seit der Jahrhundertwende war es zudem erstmals zu einer größeren Zahl von formalen Kirchenaustritten gekommen, die neben dem marxistischen Materialismus und dem naturwissenschaftlichen Skeptizismus auch auf die Vermeidung der 1905 in Preußen eingeführten Kirchensteuer zurückzuführen waren. Der 1913 erreichte Spitzenwert von

15 Ulrich: Kriegsopfer, Cohen und Kienitz.

16 Zum exemplarischen Streit um die zentrale Kriegsgedenkstätte der Weimarer Republik, die Neue Wache in Berlin, s. Forner und Kruse. Zum Weimarer Kriegsgedenken allgemein Mosse: Gefallen.

17 Haffner: Geschichte, S. 13–27, Zitat S. 21. Zur Kriegspropaganda Jeismann, zur Dolchstoßlegende Barth: Dolchstoßlegenden und Sammet.

18 Nipperdey: Deutsche Geschichte, S. 488.

23000 Austritten hatte enormes Aufsehen erregt und war als Zeichen eines allgemeinen Sittenverfalls interpretiert worden.[19]

Dass sich auch die katholischen Pfarrer und Bischöfe, im Bismarckschen Kulturkampf noch als ultramontane „Reichsfeinde“ angegriffen, eifrig an Kriegspredigten, Waffensegnungen und Frontseelsorge beteiligten, erscheint auf den ersten Blick überraschend, zumal sich ja Papst Benedikt XV. eher für einen Vermittlungsfrieden aussprach. Für den deutschen Katholizismus bot jedoch die demonstrative Reichstreue die Chance, den alten marginalen Status abzulegen. Zudem befürwortete man die deutsche „Nibelungentreue“ zur erzkatholischen Habsburgermonarchie. Schließlich hoffte man, durch die Annexion belgischer bzw. polnischer Gebiete das katholische Lager im Reich vergrößern zu können. Christlich-pazifistische Stimmen blieben in beiden Konfessionen bis 1918 eine kleine Minderheit.

Zunächst schien die Rechnung der Kirchen aufzugehen. Die Extremsituation des Krieges rief an der Front und bei den Daheimgebliebenen eine Art „religiöses Erweckungserlebnis“[20] hervor. Die Kirchen waren so voll wie seit langem nicht mehr. Als jedoch der von den Kanzeln als Gottes Wille verheißene Sieg ausblieb, schlug die religiöse Begeisterung in ihr Gegenteil um. Ein Seelsorgebericht aus dem Bistum Passau vom Sommer 1916 konstatierte: „Die scheinbare Erfolglosigkeit des Gebetes, die lange Dauer und schreckliche Grausamkeit des Krieges haben bei vielen Zweifel an Gottes Gerechtigkeit und Allwissenheit und religiöse Gleichgültigkeit hervorgerufen. Gotteslästerliche Äußerungen werden nicht selten gehört.“[21]

Diese Stimmung verstärkte sich enorm, als die Niederlage 1918 besiegelt war. Jetzt kam es zu einer echten und anhaltenden Welle von Kirchenaustritten, die 1920 mit 314000 einen ersten Höhepunkt erreichte. Bis 1933 verließen insgesamt circa 2,7 Millionen evangelische und 440000 katholische Christen ihre Kirchen, so dass mit gut drei Prozent „Dissidenten“ erstmals eine größere nicht-christliche Minderheit in Deutschland existierte.[22] Männer waren an dieser Entkirchlichung wie schon vor 1914 überproportional beteiligt.

Die deutsche Gesellschaft der Zwischenkriegszeit stellte – wie ein zeitgenössischer Beobachter konstatierte – religiös eine „Welt von Suchenden“[23] dar, in der neben atheistischen Vereinigungen wie dem Deutschen Freidenkerbund auch zahlreiche Sekten und esoterische Gruppen Zuspruch fanden. En vogue waren unter anderem Hellseherei, Spiritismus, Kabbala, Theosophie, Anthroposophie, Hinduismus und germanentümelndes Neuheidentum. Die entsprechenden Zirkel und Gruppen waren zwar noch recht klein und meist fluide, verschafften sich aber durch ihren publizistischen Aktivismus zum Beispiel im Umfeld des Eugen-Diede-

19 Zur Haltung der Kirchen zum Krieg Mommsen: Weltkrieg, S. 168–180, Becker, Meier und Hürten. Zur beginnenden Entkirchlichung Nipperdey: Deutsche Geschichte, S. 507–528, Hering und Groschopp. Zur zeitgenössischen Rezeption der ersten Kirchenaustrittswelle Violet.

20 Mommsen: Weltkrieg, S. 173.

21 In: Ulrich: Frontalltag, S. 77.

22 Groschopp, S. 9–12.

23 Schlund, S. 7.

richs-Verlags überproportional Gehör und erschütterten die bis 1918 bestehende nahezu selbstverständliche Gleichsetzung von Religiosität und christlichen Amtskirchen.[24] Ein Beispiel für einen jungen Mann, der die Gewissheiten seiner christlichen Erziehung hinter sich ließ und zu einem religiös haltlos Suchenden wurde, war der spätere Reichsführer der SS Heinrich Himmler. In den Jahren 1923–1925 las er neben zwei Werken, die mit dem Jesuitenorden bzw. der katholischen Zentrumspartei abrechneten, Bücher über Astrologie, Hypnose, Spiritismus, Telepathie und Pendelmagie, die ihn allesamt faszinierten. Lediglich mit Ernst Haeckels atheistischem Traktat *Die Welträtsel* wusste er nichts anzufangen.[25]

2. Eine Krise des „Ordnungssinns"

Im November 1919 erschien nach einer rund vierjährigen Verzögerung aufgrund der Kriegszensur Heinrich Manns Roman *Der Untertan*. Dabei handelte es sich um eine satirisch-literarische Generalabrechnung mit der patriarchalischen Gesellschaft des wilhelminischen Kaiserreichs. Der höchst unsympathische Protagonist Diederich Heßling verkörperte all das, was Mann am bürgerlichen Milieu, in dem er selbst aufgewachsen war, verachtete. Heßling verhielt sich gegenüber jeder Form von Obrigkeit hörig und kriecherisch, strebte bedingungslos nach materiellem Aufstieg und Sozialprestige, verachtete und erniedrigte alle, die er auf der sozialen Hierarchieleiter unter sich wähnte, und hatte bei all dem stets das reinste Gewissen, da er sich selbst für durch und durch modern, liberal und rechtschaffen hielt.[26]

Die Geschichtsschreibung hat sich mehrfach mit dem *Untertan* auseinandergesetzt und den Roman mit ihren Forschungsergebnissen verglichen. Dabei ist Hans-Ulrich Wehler zu dem Schluss gekommen, dass Mann das Sozialklima des Kaiserreichs, vor allem den bürgerlichen Militarismus so glänzend porträtiert habe, wie das kein Historiker eindringlicher vermöge. Thomas Nipperdey urteilte differenzierter und sah in der Erzählung von der „Untertanen-Gesellschaft" allenfalls eine „Teilwahrheit". Andreas Wirsching schließlich bescheinigte Mann, den „realsatirischen Kern der deutschen Verhältnisse" eingefangen zu haben.[27] Wie lassen sich diese Befunde im Bezug auf die wilhelminische Gesellschaft zusammenfassen?

Diese war, so erneut Nipperdey, „sozial tief zerklüftet" und „voller Spannungen". Alte regionale bzw. landsmannschaftliche Gegensätze überschnitten sich mit den konfessionellen Lagern. Überresten der ständischen Ordnung wie den fortbestehenden Adelsprivilegien standen neue, durch die Industrialisierung geschaffene Klassenkonflikte gegenüber. Schließlich wuchsen die Unterschiede zwischen

[24] Pöhlmann, S. 36–52.
[25] Maschinenschriftliche Übertragung der Leseliste Himmlers 1919–1934, in: BA Koblenz, N 1126, Bd. 9, Blatt 36–52.
[26] Mann: Untertan.
[27] Wehler: Kaiserreich, S. 93, Nipperdey: Wilhelminische Gesellschaft und Wirsching: Kronzeuge. Vgl. zum Streit zwischen Wehler und Nipperdey über den *Untertan* Alter.

der rasant zunehmenden Zahl der Stadtmenschen und der Landbevölkerung.[28] Sie alle jedoch waren – und hier lag ein Spezifikum, das sich in Richtung eines „deutschen Sonderwegs" interpretieren lässt – noch immer politisch überformt durch die Kontinuität des monarchischen Prinzips. Staatliche Autorität ging in Deutschland weiterhin ausschließlich von den gekrönten Häuptern aus. Gewählten Volksvertretern kam dagegen allenfalls ein gewisses Maß an Partizipation im Rahmen der Verfassungen zu, die die Herrscher von Gottes Gnaden erlassen hatten. Die monarchische Autorität wurde in aufwendigen Zeremonien inszeniert und durch das akklamierende Volk bestätigt. Ein hervorragendes Beispiel stellt die in Manns *Untertan* beschriebene Feier zur Enthüllung eines Kaiserdenkmals dar.[29] Die so etablierte Herrschergewalt strahlte auf sämtliche Inhaber staatlicher Ämter aus: „Sie gebot, […] dem Leutnant auf dem Bürgersteig mit gezogener Kappe auszuweichen [und] noch auf dem kleinen Dorfgendarmen den Abglanz des Staates ruhen zu sehen."[30] Somit existierte über allen beschriebenen sozialen Differenzen ein „Obrigkeits-Untertanen-Verhältnis"[31], das zwar Verteilungskämpfe bzw. individuelle Mobilität zwischen den einzelnen Gruppen nicht ausschloss, dem Gesamtsystem jedoch ein hohes Maß an Stabilität bescherte.

Diese von Heinrich Mann scharf kritisierten „geordneten Verhältnisse" wurden von anderen, wohl von der Mehrheit der deutschen Bürger, durchaus geschätzt. So verteidigte zum Beispiel sein Bruder Thomas in den *Betrachtungen eines Unpolitischen*, die er während des Ersten Weltkriegs verfasste und die wenige Wochen vor dem *Untertan* auf den Buchmarkt kamen, den „viel verschrieenen Obrigkeitsstaat" als „die dem deutschen Volk angemessene, zukömmliche und von ihm im Grunde genommen gewollte Staatsform". Nur in ihm könnten die Bürger unter dem Schutz des liebevoll-ironisch gezeichneten „General Dr. von Staat" in Ruhe ihren Interessen nachgehen.[32]

Beide Bücher der zu diesem Zeitpunkt über ihre politischen Anschauungen völlig zerstrittenen Gebrüder Mann wurden noch im Kaiserreich verfasst und kommentierten dessen Verhältnisse. Beide waren zum Zeitpunkt ihres Erscheinens bereits überholt von den sich überschlagenden Ereignissen des Herbstes 1918. Im September hatte die Oberste Heeresleitung überraschend die Unhaltbarkeit der militärischen Lage eingestanden und einen schnellen Waffenstillstand gefordert. Die kaiserliche Admiralität jedoch zog es vor, ehrenvoll unterzugehen anstatt zu verhandeln, und wollte die deutsche Flotte in ein sinnloses letztes Gefecht gegen England führen. Daraufhin meuterten die Matrosen und bildeten revolutionäre Räte. Im ganzen Reich schlossen sich Arbeiter und Soldaten Ende Oktober, Anfang November ihrem Beispiel an. Die erst wenige Wochen zuvor zur Stabilisierung der Heimatfront gebildete Reformregierung unter Max von Baden,

[28] Nipperdey: Deutsche Geschichte, S. 414–427, Zitat, S. 427, und Wehler: Gesellschaftsgeschichte. Bd. 3, S. 843–847.

[29] Mann: Untertan, S. 433–450.

[30] Wehler: Kaiserreich, S. 133.

[31] Nipperdey: Deutsche Geschichte, S. 419.

[32] Mann: Betrachtungen, S. XXXII und 230–231.

an der sich die Mehrheitssozialdemokratie, die Fortschrittliche Volkspartei und das katholische Zentrum beteiligt hatten, war unter diesen Umständen ebenso wenig zu halten wie die Monarchie an sich. Am 29. Oktober floh Kaiser Wilhelm II. aus Berlin, am 7. November König Ludwig III. aus München. Am 8. November rief der Pazifist und Sozialist Kurt Eisner dort den republikanischen „Freistaat Bayern“ aus, tags darauf in Berlin der Sozialdemokrat Philipp Scheidemann die „Deutsche Republik“, der Linkssozialist Karl Liebknecht die „Freie Sozialistische Republik Deutschland“. Mit dem nahezu widerstandslosen Abtreten der deutschen Monarchen war quasi über Nacht das symbolische Zentrum der politischen und sozialen Ordnung in Deutschland verschwunden.[33]

Die folgende „Revolutionsperiode“, die laut Heinrich August Winkler bis zur Niederschlagung des Kapp-Putsches im März 1920 andauerte,[34] war gekennzeichnet von einem bizarren Nebeneinander revolutionär-chaotischer Vorgänge und schneller Renormalisierung bzw. dem Fortgang des „ganz normalen Lebens“. Bis ins Jahr 1919 hinein bestanden revolutionäre Räte und es war nicht immer klar, inwieweit die Macht bei diesen oder bei der Übergangsregierung lag, die zunächst aus dem von der Mehrheits- und Unabhängigen Sozialdemokratie gebildeten Rat der Volksbeauftragten bestand, dann aus dem von der frei gewählten Nationalversammlung eingesetzten ersten Reichspräsidenten Friedrich Ebert bzw. der von ihm ernannten Koalitionsregierung aus MSPD, DDP und Zentrum. Mehrfach versuchten Links- wie Rechtsradikale die sich etablierende parlamentarische Ordnung zu stürzen, so zum Beispiel im sogenannten Spartakusaufstand vom Januar 1919, in der Münchner Räterepublik vom April und Mai 1919 oder im Kapp-Putsch vom März 1920. Die politische Gewalttätigkeit lag weit über dem Niveau, das in den frühen 1930ern als latenter Bürgerkrieg interpretiert wurde.[35] Andererseits gelang es, die rund sieben Millionen deutschen Soldaten, die 1918 noch im Feld standen, relativ geordnet in die Heimat zurückzuführen und in einen geregelten Arbeitsprozess zu reintegrieren.[36] Die Wahl zur Nationalversammlung fand am 19. Januar 1919 ohne größere Zwischenfälle statt und die Konstituante arbeitete im abgelegenen Weimar weitgehend störungsfrei.

Der Wegfall der vertrauten monarchischen Ordnung, die potenzielle Offenheit der Situation, der Kontrast zwischen revolutionärer Unruhe und alltäglicher Normalität sowie die nach der Aufhebung der Kriegszensur rasch unübersichtlich gewordene Nachrichtenlage[37] führten zu einer tiefen politischen Desorientierung. Thomas Mann beispielsweise, eben noch der selbstgewisse Verteidiger des Obrigkeitsstaats, machte, bevor er 1922 zu einer klaren pro-republikanischen Haltung

[33] Zur Zusammenfassung der neueren Forschung zur Novemberrevolution Neitzel, Gallus und Grebing. Zum Untergang der deutschen Monarchie Machtan: Abdankung.

[34] Winkler: Vom Kaiserreich zur Republik, S. 264.

[35] Schumann: Politische Gewalt, S. 306–307. Zur Bürgerkriegsangst der frühen 1930er Jahre Blasius.

[36] Bessel: Heimkehr.

[37] Am Beispiel der Neuigkeiten über die russische Revolution, den Bürgerkrieg und die UdSSR demonstriert bei Müller. Allgemein zur Weimarer Presselandschaft Fulda.

fand, eine Phase des „Experimentierens" durch, die sein Biograf Hermann Kurzke folgendermaßen beschrieben hat: „Die Monarchie, die Sozialdemokratie, die Räterepublik, der Kommunismus und allerlei radikalkonservative Bestrebungen: wir finden Äußerungen für und wider alles."[38]

Auch nach der Verabschiedung der neuen Verfassung im August 1919 lagen die vielfältigen, bislang vom Überbau der Monarchie und dem gemeinsamen Untertanenstatus kaschierten sozialen Verwerfungen offen, da sich kein Mehrheitskonsens für eben diese republikanische Ordnung fand.[39] In der ersten Reichstagswahl vom 6. Juni 1920 wurde die Weimarer Koalition abgestraft. In den folgenden zwölf Jahren amtierten meist Minderheitsregierungen. Zwar war Weimar nie eine „Demokratie ohne Demokraten"[40], jedoch hegten wichtige Gruppen, die an sich grundsätzlich gegen extremistische Strömungen waren, anhaltende Vorbehalte gegen den Verfassungskompromiss. Zahlreiche Liberale und sehr viele Konservative waren allenfalls „Vernunftrepublikaner", die im Herzen noch immer nostalgisch am vermeintlichen Glanz der Vorkriegszeit hingen. Die sozialdemokratische Basis war vielfach enttäuscht, dass den politischen Reformen keine Sozialisierungen folgten und die alten Besitzverhältnisse nicht grundlegend angetastet wurden.[41] Zudem breitete sich rasch eine nostalgische, Mythen bildende Erinnerung an das „Augusterlebnis" und den angeblich folgenden „Burgfrieden" aus, die sich darin niederschlug, dass nahezu alle Weimarer Parteien die Parole von der eng zusammenstehenden „Volksgemeinschaft" gebrauchten, ohne sich jedoch auch nur annähernd darüber einig zu sein, was darunter zu verstehen war. Das wiederum führte dazu, dass viele Deutsche den Gruppen- und Interessendissens, der in einem parlamentarischen System bzw. einer pluralistischen Gesellschaft den Normalzustand darstellt, als unerträglich wahrnahmen. Dadurch wurden sie anfällig für gesellschaftliche Harmoniemodelle, wie sie Kommunisten und Nationalsozialisten anboten.[42] Somit waren auch die vermeintlich goldenen zwanziger Jahre der Weimarer Republik politisch und sozial eher eine Phase der vorübergehenden Beruhigung als der echten Neuordnung.

Als Beleg dafür, dass die deutsche Gesellschaft in der Weimarer Republik nicht in der Lage war, einen kleinsten gemeinsamen Nenner zu finden, kann der Streit um die Nationalsymbole gelten. Das begann bei der Benennung des neuen Staatswesens. Seit der Verfassung von 1871 hatte der kleindeutsche Nationalstaat schlicht „Deutsches Reich" geheißen. Nach dem Vorpreschen Scheidemanns und Liebknechts am 9. November 1918 standen, wie erwähnt, die Alternativen „Deutsche Republik" und „Freie Sozialistische Republik Deutschland" im Raum. In seinem im Auftrag des Rats der Volksbeauftragten erarbeiteten Verfassungsentwurf griff Hugo Preuß dagegen wieder auf den alten Reichsbegriff zurück, weil er überzeugt

38 Kurzke, S. 272–273. Zur gesamten politischen Entwicklung Thomas Manns Görtemaker und Möller: Meinecke, Stresemann, Mann, S. 265–269.

39 Zur stark fragmentierten politischen Kultur Weimars s. Lehnert/Megerle: Teilkulturen.

40 Thoss.

41 Wirsching: Vernunftrepublikanismus, Potthoff und Haffner: Verratene Revolution.

42 Verhey und Wildt: Ungleichheit.

war, dass die Mehrheit der Deutschen nicht bereit sei, diesen lieb gewonnenen Namen aufzugeben. In der Nationalversammlung wurde intensiv um den Staatsnamen gestritten, letztlich setzte sich jedoch die Preußsche Auffassung durch. Artikel Eins der Weimarer Verfassung begann mit dem Satz „Das Deutsche Reich ist eine Republik“. Doch dieser Formelkompromiss führte keineswegs zu einer Beruhigung. Die sozialdemokratische Presse ignorierte die Entscheidung und verwendete stets weiterhin die Formel von der „Deutschen Republik“. Diese bürgerte sich nach und nach auch bei den Liberalen und dem Zentrum ein. Die Konservativen und Rechtsradikalen dachten gar nicht daran, den ihnen heiligen Reichsbegriff mit dem neuen Staat in Verbindung zu bringen und zogen es vor, diesen als „Novemberrepublik“ oder gar „Judenrepublik“ zu verunglimpfen. Ende der 1920er Jahre kam in diesem abwertenden Sinn auch die Bezeichnung „Weimarer Republik“ auf, die sich allerdings erst in der Geschichtsschreibung nach 1945 durchsetzte, nunmehr mit neutraler Konnotation. Die radikale Linke schließlich präferierte Formeln wie die „Geldsackrepublik“ oder die „Ebert-“ bzw. „Hindenburgrepublik“.[43]

Auch über die neue Flagge kam es zu intensiven Auseinandersetzungen. Während die republikanischen Kräfte in Anlehnung an die Revolution von 1848/49 und die Paulskirchenversammlung Schwarz-Rot-Gold als Reichsfarben wünschten, wollten die Konservativen unbedingt am kaiserlichen Schwarz-Weiß-Rot festhalten. Wieder kam es in der Nationalversammlung zu einem Kompromiss. Diesmal überwog jedoch die Diskontinuität. Die offizielle neue Fahne bestand aus den Revolutionsfarben. Lediglich die Handelsflagge behielt die alte Farbgebung, ergänzt durch eine kleine schwarz-rot-goldene Ecke. Auch diese Regelung der Nationalversammlung brachte keine Befriedung. Konservative und rechtsradikale Gruppen schmückten ihre Umzüge und Häuser weiterhin mit den alten Farben. Als jedoch Reichspräsident Hindenburg und der parteilose, bürgerliche Reichskanzler Hans Luther im Mai 1926 gemeinsam den Gebrauch der Handelsflagge auf die außereuropäischen deutschen Botschaften ausweiteten, kam es zu heftigem Protest der pro-republikanischen Kräfte und einem erfolgreichen Misstrauensvotum gegen Luther. Zu einer Einigung in der Flaggenfrage kam es dagegen nicht.[44]

Während Staatsname und Fahne immerhin in der Verfassung festgeschrieben und damit zumindest formell festgelegt waren, blieb der Nationalfeiertag völlig strittig. Im Kaiserreich hatten sich zwei Anlässe diesen Rang inoffiziell geteilt: der Geburtstag des Kaisers, unter Wilhelm II. alljährlich am 27. Januar begangen, und der Sedanstag zur Erinnerung an die entscheidende Schlacht im deutsch-französischen Krieg am 2. September. In der neuen Republik forderte zunächst die Arbeiterbewegung ihr Recht. Am 1. Mai 1919 wurde zum ersten und bis zur Wiedereinführung durch Hitler 1933 auch zum letzten Mal der „Tag der Arbeit“ als offizieller Feiertag begangen. Kommunisten und Sozialdemokraten hielten an den Maifeiern auch zwischen 1920 und 1932 fest, ohne jedoch die staatliche Aner-

43 Ullrich und Schlosser.
44 Erman, Zechlin und Buchner.

kennung durchsetzen zu können. Zum wichtigsten regelmäßig begangenen prorepublikanischen Staatsakt wurde ab 1921 der Verfassungstag am 11. August. Trotz zahlreicher entsprechender Initiativen fand sich jedoch nie eine Mehrheit für die Verankerung als gesetzlicher Feiertag. Die Weimarer Konservativen hatten für die entsprechenden Feierlichkeiten meist nur Spott übrig und begingen ihrerseits weiter den Sedanstag bzw. den Gründungstag des Kaiserreichs am 18. Januar. Die Nationalsozialisten schließlich schufen sich mit dem „Führergeburtstag" am 20. April bzw. dem Jahrestag des Hitlerputsches am 9. November eigene Feiertage.[45]

Das einzige Staatssymbol, über das in Weimarer Zeit halbwegs Einigkeit herrschte, war die Nationalhymne. Da das Kaiserreich noch keine offizielle besessen hatte, fiel hier die tückische Kontinuitätsfrage weg. 1922 wählte Reichspräsident Friedrich Ebert das Deutschlandlied aus, das August Heinrich Hoffmann von Fallersleben 1841 auf die Melodie der alten Haydnschen Kaiserhymne gedichtet hatte. Dieses bot allen Seiten etwas an. Während sich die Republikaner vor allem an die dritte Strophe mit ihrer Beschwörung von „Einigkeit und Recht und Freiheit" halten konnten, orientierten sich die Konservativen und Rechtsradikalen an der ersten, in der „Deutschland, Deutschland über alles, über alles in der Welt" besungen wurde.[46] Auch hier handelte es sich also um einen trügerischen Konsens. Der historische Bund von Nationalismus und Liberalismus war längst zerbrochen und bot sich nicht mehr als Richtschnur eines neuen „Ordnungssinns" an.

3. Eine Krise der „Wehrhaftigkeit"

Diederich Heßling, Heinrich Manns prototypischer Untertan, war ein weicher, dicklicher Mann, dem jede körperliche Anstrengung verhasst war. Dennoch wartete er nicht auf seine Einberufung zum Wehrdienst, sondern meldete sich freiwillig. Nach seiner Musterung war er erleichtert, dass er trotz seiner körperlichen Defizite für tauglich befunden wurde und einrücken durfte. Die Tatsache, dass er die Strapazen schon bald darauf nicht mehr ertrug und sich durch Beziehungen zu einem Oberstabsarzt doch noch nachträglich ausmustern ließ, hinderte ihn nicht daran, in Zukunft mit Anekdoten aus seiner Soldatenzeit zu renommieren. Endlich konnte er auf die Frage „Haben Sie gedient?" die richtige Antwort geben.[47] Warum spielten die wenigen Wochen, die Heßling in der Kaserne verbracht hatte, eine so zentrale Rolle in seinem Selbstbild bzw. seiner Selbstdarstellung?

Das Militär nahm in der Gesellschaft des deutschen Kaiserreichs eine Sonderstellung ein, seine Angehörigen genossen höchstes Ansehen, die Offiziere bildeten laut Thomas Nipperdey gar eine Art „Herrenstand".[48] Das ganze Ausmaß des

[45] LEHNERT/MEGERLE: Politische Identität und HOERES, S. 14–21.
[46] KNOPP/KUHN, S. 72–82.
[47] MANN: Untertan, S. 42–56.
[48] NIPPERDEY: Deutsche Geschichte, S. 417. Zum Gesamtphänomen des Militarismus im Kaiserreich WETTE: Militarismus, S. 35–100.

wilhelminischen Kults um alles Militärische wird in einem weiteren literarischen Klassiker deutlich, der anders als Manns *Untertan* auf einer wahren Begebenheit beruht: Carl Zuckmayers *Der Hauptmann von Köpenick*. Im Oktober 1906 verkleidete sich der 57-jährige, arbeitslose und mehrfach wegen Diebstahls vorbestrafte Schuster Wilhelm Voigt mittels einer bei mehreren Trödlern zusammengekauften Uniform als Hauptmann des preußischen Garderegiments. So ausgestattet nahm er auf offener Straße mehrere Soldaten und Gendarmen unter seinen Befehl, besetzte mit ihrer Hilfe das Rathaus der damals noch selbstständigen Kleinstadt Köpenick bei Berlin, „verhaftete“ den Oberstadtsekretär und den Bürgermeister und „beschlagnahmte“ die Stadtkasse. Niemand wagte es, sich dem vermeintlichen Hauptmann in den Weg zu stellen oder seinen behaupteten „allerhöchsten Befehl“ in Frage zu stellen.[49]

Das Militär war jedoch nicht nur für die Sozialhierarchie des Kaiserreichs essenziell, sondern auch für das vorherrschende männliche Rollenkonstrukt.[50] Im Grundsatz war jeder Mann zu einem zunächst drei-, später zweijährigen Wehrdienst verpflichtet, der eine tiefe Zäsur in seinem Leben darstellte. Vielfach zum ersten Mal verließen die noch nicht mündigen Zwanzigjährigen ihre Heimat und tauchten ins Soldatenleben der Garnisonsstädte ein. Zahlreiche unter ihnen machten hier erste sexuelle Erfahrungen. Die körperliche und psychische Härte des Drills wurde durch die neue Bezugsgruppe der Kameraden sowie das hohe Ansehen ausgeglichen, das die Rekruten genossen. Bei Verabschiedungsfeiern wurden sie öffentlich geehrt. Wenn sie Ausgang oder Heimaturlaub hatten, durften sie Uniform und Säbel tragen, die ihnen den Respekt der Männer und das Interesse der Frauen sicherten. Auch nach der aktiven Dienstzeit blieben sie bis zum Alter von 45 Jahren als Reservisten, Landwehr- und Landsturmmänner in militärische Strukturen eingebunden. Anschließend traten viele in die weit mehr als 20 000 lokalen Veteranen- und Kriegervereine des Kyffhäuserbundes ein, denen 1913 annähernd drei Millionen deutsche Männer angehörten. Bei vielen staatlichen und gesellschaftlichen Feiern trugen sie hier wieder ihre alten Uniformen und marschierten meist an der Spitze der Festumzüge. Schließlich lag in der staatstragenden, mit Blick auf die Bismarckschen Einigungskriege gar staatsbildenden Rolle als Soldat eines der zentralen Argumente für die Überlegenheit des Mannes gegenüber der Frau. So kam es, dass das Militär im Kaiserreich im Ruf stand, die eigentliche „Schule der Männlichkeit“ zu sein.[51]

War die tatsächliche Wehrdiensterfahrung angesichts der recht hohen Ausmusterungsquoten von 70–80% bis 1914 noch einer Minderheit vorbehalten gewesen, so wurde die Initiationsfunktion des Militärs für junge Männer mit dem Ersten Weltkrieg, in dem, wie erwähnt, insgesamt 13 Millionen Deutsche kämpften, zu einem genuinen Massenerlebnis. Umso dramatischer fiel der Schock aus, als nach

[49] Zuckmayer. Zur wahren Geschichte noch immer v. a. Löschburg.

[50] Frevert: Soldaten.

[51] Frevert: Kasernierte Nation, S. 193–301, und Förster. Der zeitgenössische Ausdruck von der „Schule der Männlichkeit“ bei Paulsen, S. 471.

dem Kriegsende die Wehrpflicht zunächst ausgesetzt und dann infolge der von den Siegern diktierten Bestimmungen des Versailler Vertrags ganz abgeschafft wurde. Das zuletzt mehr als 700 000 Mann starke Friedensheer des Kaiserreichs wurde durch die neue Reichswehr ersetzt, der nicht mehr als 100 000 Soldaten des Reichsheeres und 15 000 der Reichsmarine angehören durften. Da sich diese zudem langfristig, das heißt auf mindestens zwölf Jahre verpflichteten, wurde militärische Betätigung schlagartig zu einem gesellschaftlichen Randphänomen. Die zusätzlichen Versailler Rüstungsbeschränkungen, die der Reichswehr unter anderem schwere Artillerie, Panzer, U-Boote, Großkampfschiffe und Flugzeuge untersagten und von einer alliierten Kommission kontrolliert wurden, waren ein weiterer Schlag gegen die deutsche „Wehrhaftigkeit". Hält man sich vor Augen, wie bedroht sich viele Bürger von den tatsächlichen bzw. befürchteten Revanchegelüsten des siegreichen alten Erzfeinds Frankreich, den Gebietsansprüchen des neuen Nachbarn Polen, den Gräuelgeschichten über die Taten der russischen Bolschewisten und der revolutionären Unordnung im Innern fühlten, so wird deutlich, wie schmerzhaft der Verlust der nationalen „Wehrkraft" empfunden wurde.[52]

In dieser Perspektive überrascht es nicht, dass – so Hans Mommsen – „als kompensatorische Reaktion eine weitreichende zivile Militarisierung"[53] eintrat. Dabei sind grundsätzlich zwei Phänomene zu unterscheiden: die bewaffneten Soldatenräte, Einwohnerwehren und Freikorps der „Revolutionsperiode" 1918–1920 und die Wehrverbände bzw. politischen Kampfbünde der Folgezeit.

Wie viele Soldaten sich aktiv an der Novemberrevolution beteiligten bzw. wie viele weiterhin ihren Offizieren gehorchten, ist nicht genau festzustellen. Tatsache ist jedoch, dass zumindest in Deutschlands Großstädten bewaffnete Revolutionäre zwischen Oktober und Dezember 1918 zum Straßenbild gehörten. Gegen dieses Phänomen, das sich jedoch mit der Wiedereingliederung der zurückkehrenden Truppen ins Berufsleben rasch verflüchtigte, bildeten sich im bürgerlichen Lager sogenannte Einwohnerwehren, die sich den Erhalt bzw. die Wiederherstellung von Ruhe und Ordnung zum Ziel setzten. Sie umfassten etwa eine Million Männer und konnten auf riesige Waffenbestände des Weltkriegs zurückgreifen, die ihnen teilweise von der militärischen Führung überlassen wurden. Ihre Mitglieder waren ins normale Berufsleben eingebunden und daher nicht mobil. Ihr antirevolutionärer, paramilitärischer Wirkungskreis war daher auf ihre jeweiligen Heimatstädte und -gemeinden begrenzt. Ihre Aktivitäten beschränkten sich in der Regel darauf, durch ihre bloße Existenz radikale Revolutionäre abzuschrecken und damit eine bolschewistische oder linkssozialistische Entwicklung in Deutschland zu verhindern.[54]

52 Zum Versailler Vertrag zusammenfassend Kolb: Frieden. Zur Abrüstung Salewski. Zur Angst vieler, wenn auch nicht aller Deutschen vor dem Bolschewismus Baur und differenziert Koenen.

53 Mommsen: Militär, S. 265.

54 Zu diesem noch immer vergleichsweise schlecht erforschten Phänomen v. a. Nusser, Large und Bergien.

Wesentlich aktiver waren die sogenannten Freikorps. Dabei handelte es sich um circa 100–200 Formationen mit insgesamt rund 250 000–400 000 Mitgliedern, die sich als freiwillige, dauerhaft mobilisierte Kampfverbände um charismatische militärische Führerfiguren scharten. Diese waren zumeist ehemalige höhere Offiziere, wie zum Beispiel Franz von Epp, Georg Maercker oder Hermann Ehrhardt. Hinsichtlich ihrer sozialen Herkunft und der Motive ihres Handelns stellten die Freikorps heterogene Gruppen dar, in denen sich entwurzelte Frontsoldaten ebenso wiederfanden wie Kriegsjugendliche, die die entgangene Fronterfahrung zu kompensieren suchten, profitorientierte Söldner ebenso wie brutale Landsknechtstypen, die nicht von der Gewalt lassen konnten, oder politisch meist rechts stehende Überzeugungstäter. Der Rat der Volksbeauftragten duldete diese irregulären Privattruppen nicht nur, sondern förderte ihre Bildung unter anderem durch die Bereitstellung von Sold und Waffen, da nur die Freikorps, die auf dem Prinzip persönlicher Gefolgschaft basierten, in Zeiten der zerrütteten militärischen Disziplin zuverlässige Truppen zu bieten schienen.[55]

Einerseits ging die Rechnung auf, für die vor allen Dingen der sozialdemokratische Volksbeauftragte für Heer und Marine und spätere erste Reichswehrminister der Weimarer Republik Gustav Noske mit dem lapidaren Satz „Einer muss der Bluthund werden“ verantwortlich zeichnete.[56] In seinem Auftrag waren Freikorpskämpfer maßgeblich an der Niederschlagung linksradikaler Putschversuche gegen die neue republikanische Ordnung beteiligt, so etwa im Januar und März 1919 in Berlin oder im Mai 1919 in München. Andererseits verletzten sie dabei vielfach das Prinzip der Verhältnismäßigkeit und delegitimierten damit die neue Ordnung, als sie zum Beispiel die bereits festgenommenen Anführer des Spartakusaufstands Rosa Luxemburg und Karl Liebknecht ermordeten oder indem sie München nach der Auflösung der Räterepublik mit einer Welle „weißen Terrors“ überzogen. Zudem erwiesen sie sich als politisch höchst unzuverlässig und vielfach antirepublikanisch. Als im März 1920 der ostpreußische Generallandschaftsdirektor Wolfgang Kapp zusammen mit General Walther von Lüttwitz erstmals einen ernst zu nehmenden Umsturzversuch von rechts unternahm, stellten Freikorps das Gros ihrer Truppen.[57]

Nach dieser Erfahrung und auf Druck der alliierten Abrüstungskommissare wurde im Sommer 1920 der Großteil der Freikorps aufgelöst. Die Mehrzahl ihrer Mitglieder reintegrierte sich, indem sie reguläre Stellen etwa bei Polizei und Reichswehr annahmen. Eine Minderheit setzte ihre Aktivitäten jedoch illegal, oft unter Tarnnamen fort und machte durch politische Terrorakte wie zum Beispiel die Ermordung des Zentrumspolitikers Matthias Erzberger im August 1921 oder des liberalen Reichsaußenministers Walther Rathenau im Juni 1922 von sich re-

[55] Zur Ereignis- und Organisationsgeschichte der Freikorps klassisch Schulze: Freikorps. Einen neueren Überblick bietet Barth: Freiwilligenverbände.

[56] Zur Person Wette: Noske. Das Zitat bei Noske, S. 68.

[57] Zum Fall Luxemburg-Liebknecht Gietinger. Zum weißen Terror in München Hillmayr. Zum Kapp-Lüttwitz-Putsch Erger.

den. Erst als daraufhin die staatliche Verfolgung intensiviert wurde bzw. als sich ab 1924 die politische Lage etwas beruhigte, zerfielen auch diese Reste der Freikorps. Inwiefern von ihnen nicht nur einzelne personelle, sondern auch grundlegende ideelle und strukturelle Kontinuitäten zum Nationalsozialismus führen, ist bis heute umstritten. Eine inhaltliche Traditionslinie kann angesichts der politischen Heterogenität der Freikorps, in denen Monarchisten ebenso zu finden waren wie Vertreter der konservativen Revolution oder durchaus republikanisch gesinnte Antikommunisten, zumindest pauschal nicht gehalten werden. Jedoch ist unbestreitbar, dass zahlreiche später führende Nationalsozialisten wie Rudolf Heß, Heinrich Himmler, Richard Walther Darré und viele andere Freikorpserfahrung sammelten. Auch darf der Effekt der Freikorps auf die Enthemmung von radikaler Gewaltanwendung in der innenpolitischen Auseinandersetzung keinesfalls unterschätzt werden.[58]

Nachdem sich Ende 1923, Anfang 1924 die politische Lage in der Republik stabilisierte und deutlich wurde, dass mit ihrem schnellen, durch einen Putsch herbeigeführten Ende nicht zu rechnen war, entstand anstelle der ersten Generation von Gewaltorganisationen ein neuer Typus, die Wehrverbände und politischen Kampfbünde. In ihnen ging es zum einen vermeintlich apolitisch um „Wehrsport". Mit allgemeiner körperlicher Ertüchtigung, aber auch mit paramilitärischen Übungen im Grenzbereich des im Rahmen des Versailler Vertrags Zulässigen wie zum Beispiel Exerzieren, Kleinkaliber-Schießen und Geländeübungen sollte die „Wehrkraft" der Frontsoldaten auch nach ihrer Demilitarisierung aufrecht erhalten und an die Nachkriegsjugend weitergegeben werden, der eine regelgerechte militärische Grundausbildung durch die Rüstungsbeschränkungen verwehrt war. Zum anderen wurde in den Kampfbünden die in Deutschland traditionell hoch angesehene militärische Formensprache mit Uniform, Fahne, geschlossener Formation, Parademarsch usw. für politische Werbung instrumentalisiert. Allerdings blieb der Übergang von der inszenierten Gewaltbereitschaft zur realen Gewalttätigkeit stets fließend. Handfeste Auseinandersetzungen mit der Polizei und häufiger noch mit dem jeweiligen politischen Gegner stellten eher den Regelfall als die Ausnahme dar.[59]

Die Kampfbünde entstanden zuerst am rechten Rand des politischen Spektrums. Neben der Sturmabteilung der NSDAP, auf die später noch ausführlich eingegangen wird,[60] gingen aus dem Umfeld der Einwohnerwehren und Freikorps diverse kleinere Gruppen wie zum Beispiel die Reichsflagge, der Bund Oberland, der Wehrwolf, der Bund Wiking, der Sportverein Olympia, die Schill-Jugend, der Tannenbergbund, der Jugendbund Albert Leo Schlageter, die Organisation Ross-

[58] Die Kontinuitäten zum NS hervorhebend Waite und Jones. Differenzierend Sprenger.

[59] Einen Überblick über das Organisationsspektrum und die Aktionsformen der politischen Kampfbünde bieten Diehl: Paramilitary Politics und Weisbrod. Zu ihrer Rolle in der Endphase der Weimarer Republik mit verschiedener Akzentsetzung hinsichtlich der Schuldzuweisung an Rechts- bzw. Linksradikale bzw. beide Schumann: Politische Gewalt, Swett, Brown, Wirsching: Weltkrieg, und Striefler.

[60] Vgl. Kap. II. 1. und II.2.

bach, die Organisation Pittinger oder der Jungdeutsche Orden hervor. Am bedeutsamsten und mit Abstand am größten jedoch war der Stahlhelm. Dieser war im November 1918 in Magdeburg als eine Mischung aus Einwohnerwehr und Interessenverband der zurückkehrenden Weltkriegsveteranen gegründet worden. Im Jahr darauf hatte er sich als „Bund der Frontsoldaten" mit Gliederungen auf lokaler, regionaler, Landes- und Reichsebene konstituiert. Seit 1923/24 nahm er auch Heranwachsende und junge Männer im Scharnhorst-Bund (13–16-Jährige) bzw. im Jungstahlhelm (17–21-Jährige) sowie ältere ungediente Männer auf, die sich dem „Wehrgedanken" verpflichten wollten. Mitte der 1920er Jahre gehörten ihm rund 200 000, Anfang der 1930er sogar 300 000–400 000 Aktive in 26 Landesverbänden, 121 Gauen und 7000 Ortsgruppen an. Neben Wehrsport und verbandsinterner Fürsorge betrieb der Stahlhelm unter anderem ein umfangreiches Publikationswesen und mischte sich zum Beispiel durch die Organisation von Volksbegehren in die Politik ein, formal überparteilich, faktisch in großer Nähe zur nationalkonservativen DNVP. Die Frontsoldatentage des Stahlhelm, an denen seit Mitte der 1920er Jahr für Jahr mehr als 100 000 Männer in feldgrauer Uniformierung in wechselnden deutschen Großstädten antraten, waren machtvolle und viel beachtete Demonstrationen der Militarisierung der Weimarer Gesellschaft.[61]

Diese griff schon 1924 auch auf die republiktreue Mitte bzw. den linken Rand des politischen Spektrums aus. Auf Initiative der Sozialdemokratie, aber anfangs noch unter Einschluss von Anhängern des Zentrums und der DDP wurde ebenfalls in Magdeburg das Reichsbanner Schwarz-Rot-Gold gegründet, das sich den kämpferischen Republikschutz aufs Panier schrieb und wie seine rechten Gegenstücke auf eine paramilitärische Formensprache zurückgriff. Es ist schwer festzustellen, wie viele Männer genau dem Reichsbanner angehörten. Seine sicherlich übertriebenen Selbstaussagen nennen bis zu drei Millionen Mitglieder. Die Historiker gehen von maximal einer Million wirklich aktiver Angehöriger aus. Ebenfalls 1924 wurde schließlich auch der kommunistische Rote Frontkämpferbund ins Leben gerufen, der sich sowohl gegen das Reichsbanner als auch gegen die rechten Kampfbünde positionierte und als eine Art Vorhut der kommenden Roten Armee gerierte. Allerdings setzten auch die gut 100 000 Rotfrontkämpfer eher auf Symbolpolitik und offene Straßenschlachten als auf die klandestine Vorbereitung der proletarischen Revolution.[62]

Die Tatsache, dass die Politiker der Weimarer Republik, abgesehen von einigen Einzelmaßnahmen wie zeitweisen Publikations- oder Uniformverboten, nicht entschlossen gegen das Phänomen der politischen Kampfbünde vorgingen,[63] ist mit zwei Faktoren zu erklären. Erstens war die Reichswehr an der Breitenförderung des „Wehrsports" durchaus interessiert, um dadurch die Bestimmungen des

[61] Zum Jungdo Hornung und Ganyard. Zum Wehrwolf Berg: Wehrwolf. Zum Stahlhelm Klotzbücher, Berghahn und Tautz.

[62] Zum Reichsbanner Rohe und Herlemann. Zum Roten Frontkämpferbund Schuster: Frontkämpferbund und Hinze. Zu beiden im Vergleich Voigt.

[63] Zu Ansätzen des Staatsschutzes u. a. Gusy, Dams und Faatz.

Versailler Vertrags zu umgehen und eine Art Ersatz-Reserve für die etwaige schnelle Wiederaufrüstung zu erhalten.[64] Zweitens wurde ein entschiedenes Durchgreifen dadurch blockiert, dass alle Gruppierungen eigene Kampfbünde unterhielten. So konnten, wenn die republiktreuen Kräfte ein Einschreiten gegen den Stahlhelm oder die SA forderten, die rechten Kreise auf das Reichsbanner verweisen, das doch auch toleriert würde. Lediglich der Rote Frontkämpferbund wurde 1929 dauerhaft verboten, was aber nichts am aggressiven öffentlichen Auftreten geschlossener kommunistischer Gruppen änderte.

Die Krise der „Wehrhaftigkeit", in die die deutschen Männer durch die Abschaffung der Wehrpflicht geraten waren, wurde von ihnen durch den Beitritt zu paramilitärischen Organisationen kompensiert. Durch diese kam es zu einer anhaltenden Militarisierung der politischen Kultur. Das wiederum führte dazu, dass eine normale parlamentarische Praxis, die auf die Kraft der Argumente und den Ausgleich der Interessen setzte, sich vor allem hinter den Kulissen etablieren konnte.[65] In der öffentlichen Inszenierung von Politik spielte dagegen kämpferische Dramatik eine zentrale Rolle. Die entsprechende Formensprache der politischen Kampfbünde war für junge Männer ungleich attraktiver als die überalterten republikanischen Parteien. In den maskulinen Domänen der Wehrverbände fanden sie einen Ersatz für die 1919 in Versailles verlorene „Schule der Männlichkeit".[66]

4. Eine Krise der „Tüchtigkeit"

Der große historische Essayist Sebastian Haffner wurde im Dezember 1907 unter seinem bürgerlichen Namen Raimund Pretzel in äußerst geordnete Verhältnisse hineingeboren: Seine Mutter kümmerte sich um die vier Kinder und um den Haushalt. Für das Einkommen der Familie sorgte sein Vater als Direktor einer Berliner Volksschule. Das „standesgemäße" Leben, das unter anderem die Hilfe eines Dienstmädchens umfasste, wurde neben den väterlichen Bezügen auch aus den Zinsen bestritten, die die stetig anwachsenden Ersparnisse abwarfen. Wirtschaftliche Nöte waren im Hause Pretzel unbekannt.[67]

So privilegiert die bildungsbürgerliche Familie auch war, so gut passte ihr ökonomisch sorgenfreies Leben dennoch in die Gesamtsituation des späten Kaiserreichs, das seit den 1890er Jahren bei allen kleineren konjunkturellen Auf und Abs laut Hans-Ulrich Wehler ein „erstes deutsches ‚Wirtschaftswunder'" erlebte. Die Industrieproduktion und die Welthandelsanteile wuchsen rasant. In beiden Bereichen nahm Deutschland am Vorabend des Ersten Weltkriegs im globalen Ver-

64 Vgl. zu entsprechender Kooperation am Beispiel der SA Kap. II.1.
65 Mergel und Raithel.
66 Zur Attraktivität des Weimarer Paramilitarismus speziell für junge Männer Olenhusen.
67 Zur Biografie Haffners s. Soukup, Beck: Trauriger Patriot und, erstmals auf den Nachlass Haffners gestützt, Schmied.

gleich den zweiten Platz ein, übertroffen nur von den USA bzw. Großbritannien. Trotz der fortbestehenden sozialen Ungleichheit war das durchschnittliche Volkseinkommen enorm gestiegen. In Europa wiesen in Sachen „Wohlstandsstatistik“ nur noch Großbritannien, Dänemark, Belgien und die Schweiz höhere Werte auf. Bei den Briten lag das daran, dass ihre Industrialisierung lange vorher eingesetzt hatte, bei den übrigen drei Staaten daran, dass sie ihr Bruttosozialprodukt auf deutlich weniger Köpfe aufzuteilen hatten als das Reich mit seinen circa 65 Millionen Einwohnern. Selbst die wachsende Arbeiterschaft, in vielen Punkten eindeutig auf der Verliererseite der neuen kapitalistischen Wirtschaftsweise, war infolge der Bismarckschen Sozialgesetzgebung gegen existenzielle Risiken wie Krankheit, Unfall oder altersbedingte Erwerbsunfähigkeit auf einem niedrigen Niveau abgesichert. Zudem war eine begrenzte soziale Aufstiegsmobilität zwischen den Klassen und Schichten gegeben und Arbeitslosigkeit, abgesehen von Übergangsphasen bei Arbeitsplatzwechseln oder saisonalen Phänomenen in der Bau- und Landwirtschaft, noch unbekannt. Thomas Nipperdey hat die aus diesen Verhältnissen resultierende sozioökonomische Zeiterfahrung folgendermaßen zusammengefasst: „Im Vergleich über die Jahrzehnte war alles besser geworden, die mittleren Positionen waren offen, Arbeit und Ehrgeiz lohnten sich [...].“[68]

Im Ersten Weltkrieg jedoch verschlechterte sich die wirtschaftliche Lage dramatisch. Der Konsum litt unter der Umstellung auf die Kriegswirtschaft und der britischen Seeblockade. Die Währung verfiel durch die Kriegsfinanzierung per Notenpresse bzw. Kriegsanleihen. Die Arbeitskraft der eingezogenen Männer fehlte in der Produktion. Eine stetig wachsende Zahl von Witwen, Waisen und Kriegsversehrten musste versorgt werden. Nach der Niederlage gingen zudem mit Elsass-Lothringen und Teilen Oberschlesiens wichtige Industriegebiete verloren. Auch waren infolge des Versailler Vertrags für die von den Deutschen auf fremdem Boden angerichtete Verwüstung Reparationen in Sach- und Geldwerten zu leisten, die in den Anfangsjahren fast zehn Prozent des deutschen Volkseinkommens ausmachten.[69]

Im Hause Pretzel allerdings war von derartiger Unbill nicht allzu viel zu spüren. Vielmehr wurde hier relativ rasch wieder an die vermeintliche Normalität und soziale Sekurität angeknüpft. Der reformpädagogisch orientierte Vater wurde von den neuen Machthabern ins preußische Kultusministerium berufen. Durch seine Beförderung zum Oberregierungsrat gelang sogar ein weiterer sozialer Aufstieg. Der junge Raimund besuchte selbstverständlich das Gymnasium, betätigte sich in seiner Freizeit vor allem sportlich und verlor das Interesse an der durch Krieg und Revolution eine Zeit lang so faszinierenden Politik. Er plante, wie sein Vater eine sichere Beamtenlaufbahn einzuschlagen, sich daneben aber auch als Schriftsteller zu verwirklichen.

[68] Wehler: Gesellschaftsgeschichte. Bd. 3, S. 610–620, und Nipperdey: Deutsche Geschichte, S. 426. Zur noch fehlenden Arbeitslosigkeit Lewek, S. 210.

[69] Zur deutschen Wirtschaft im Ersten Weltkrieg zusammenfassend Ritschl. Zur ökonomischen Ausgangslage nach der Niederlage Wehler: Gesellschaftsgeschichte. Bd. 4, S. 241–252.

Doch dann „kam das Jahr 1923“ und mit ihm die für den mittlerweile 16-Jährigen völlig neue Erfahrung zeitweise „wie der Ärmste der Armen“ dazustehen, „nicht einmal im Stande, eine einfache Straßenbahnfahrt oder eine Zeitung zu bezahlen“.[70] Was war geschehen? Um die beschriebenen wirtschaftlichen Startschwierigkeiten zu überwinden, hatten sich die Führer der jungen Weimarer Republik für eine Fortsetzung der inflationären Politik entschieden. Ab 1919 setzte tatsächlich ein schnelles, zeitweise boomartiges Wachstum bei niedriger Arbeitslosigkeit ein, mit dem Deutschland sich im damaligen internationalen Vergleich sehr gut zu entwickeln schien.[71] Ab dem Sommer 1922 begann sich jedoch die bis dahin vermeintlich kontrollierte Inflation zu beschleunigen, 1923 setzte eine Hyperinflation ein. Der Geldwert verfiel derart schnell, dass die Reichsbank trotz der Ausgabe von Hunderttausend-, Millionen- und schließlich Milliarden-Mark-Scheinen allein 30 Papierfabriken und 130 Druckereien beschäftigen musste, um den Bedarf an Papiergeld zu decken. Die Menschen eilten, sobald sie ihren Lohn erhielten, zu den Händlern, um die Scheine auszugeben, bevor sie ihren Wert verloren. Die Produzenten und Händler ihrerseits begannen sich zu weigern, die offizielle Währung anzunehmen. In zahlreichen Kommunen wurde lokales Notgeld ausgegeben, vielfach fiel man in Tauschhandel zurück. Alle Ersparnisse verloren ihren Wert, was zu einem ungebremsten Konsumismus, einem Kauf- und Lebensrausch führte, der in scharfem Kontrast zum wachsenden Elend derjenigen stand, die über gar nichts mehr verfügten. Andererseits waren alle Schuldner über Nacht saniert und gewiefte Geschäftemacher, im Zeitjargon „Schieber“ und „Raffkes“ genannt, kamen zu riesigen Vermögen, nicht mehr durch harte Arbeit und beharrliche Tüchtigkeit, sondern durch den richtigen Riecher und schnelles Handeln. Die Rechtssicherheit verfiel, da die Juristen einige bestehende Verträge nach den Grundsätzen von „Treu und Glauben“ bzw. „Billigkeit“ an die Geldentwertung anpassten, in anderen Fällen am Prinzip „Mark ist gleich Mark“ festhielten. Angesichts derartiger Ungerechtigkeiten vermag es kaum zu verwundern, dass auch die Kleinkriminalität in ungeahnte Höhen stieg und alles geklaut wurde, „was nicht niet- und nagelfest war“.[72] Raimund Pretzel alias Sebastian Haffner hat den traumatischen Gesamteindruck der Hyperinflation, in der nicht mehr nur Arbeiter, sondern erstmals auch massenhaft Angestellte und Beamte die Erfahrung existenzieller Not machten, im Rückblick als „groteskes Saturnalienfest“, beschrieben, „in dem nicht nur das Geld, in dem alle Werte entwertet wurden.“[73]

Für den jungen Mann aus gutbürgerlichem Haus war der Spuk mit der Währungsreform vom November 1923 rasch wieder vorbei. Er machte sein Abitur und konnte, unterstützt vom Vater, sein Jurastudium mit der Promotion abschließen. Erst als er sich 1933 weigerte, den neuen nationalsozialistischen Machthabern

70 Haffner: Geschichte, S. 53 und 60.

71 Wehler: Gesellschaftsgeschichte. Bd. 4, S. 244, und Widdig, S. 41–43.

72 Zur gesellschaftlichen Wahrnehmung und Auswirkung der Inflationserfahrung Rowley, Feldman, S. 513–575, und zeitgenössisch Ostwald. Das Zitat zum Diebstahl bei Geyer: Verkehrte Welt, S. 263.

73 Haffner: Geschichte, S. 53.

zu dienen, und den Staatsdienst quittierte, brachen für ihn wieder ökonomisch sorgenvollere Zeiten herein. Diese ließ er jedoch 1942 erneut hinter sich, als er, mittlerweile im britischen Exil und unter neuem Namen, eine Festanstellung bei der renommierten Wochenzeitung *The Guardian* fand. Für die deutsche Gesamtgesellschaft beruhigte sich die wirtschaftliche Lage ab 1924, da auf die Einführung der Rentenmark mit dem Dawes-Plan das alliierte Einlenken in Sachen Reparationen folgte und mit Hilfe amerikanischer Großkredite eine fünfjährige Wachstumsphase eingeleitet wurde.[74]

Allerdings trat bald das neue Phänomen der Massen- und Langzeitarbeitslosigkeit auf, von der 1925 knapp 700000, 1927 1,3 und 1929 bereits 1,9 Millionen Menschen betroffen waren, darunter besonders viele junge Männer. Trotz einer Zunahme der insgesamt bestehenden Beschäftigungsverhältnisse war der Arbeitsmarkt nicht in der Lage, die geburtenstarken Vorkriegsjahrgänge zu absorbieren. Selbst hervorragende individuelle Tüchtigkeit und eine exzellente Ausbildung, im Kaiserreich noch der wichtigste Transmissionsriemen gesellschaftlichen Aufstiegs, sicherten jetzt kein gedeihliches Auskommen mehr, da erstmals auch Akademiker keine Anstellung fanden. Zwar wurde 1927 mit der Arbeitslosenversicherung versucht, das neue Phänomen sozialpolitisch einzuhegen, diese half aber gerade jungen Arbeitssuchenden aufgrund entsprechender Sperrfristen und Anwartschaftszeiten nicht.[75]

Als 1929 auch Deutschland in den Sog der von den USA ausgehenden Weltwirtschaftskrise geriet, explodierte die Zahl der Arbeitslosen bis 1932 auf offiziell 5,3 Millionen. Tatsächlich waren die Verhältnisse wohl noch weit schlimmer, als es die amtliche Statistik vermeldete: Nur noch 7,6 Millionen Vollbeschäftigten standen rund 5,2 Millionen Kurzarbeiter und 8,5 Millionen Arbeitslose gegenüber. Unter Letzteren waren gut 1,7 Millionen unter 25 Jahre alt. Neben der Ausweitung der Arbeitslosigkeit verschlimmerte sich auch ihre Wirkung auf die Betroffenen, da die Regierungen Brüning und Papen mehrmals die Sozialleistungen kürzten, um das kollabierende Versicherungssystem zu stabilisieren. Seit Sommer 1932 dauerte es nur noch sechs Wochen, bis der Verlust des Arbeitsplatzes zum Abrutschen auf Fürsorgeniveau führte. Der Journalist Hubert Knickerbocker, der in den frühen 1930ern als Berlinkorrespondent einer amerikanischen Presseagentur arbeitete, versuchte selbst eine Zeit lang von dieser „Stütze" zu leben und kam zu dem Urteil: „In gewissem Sinne lässt sich von ihr leben; man braucht nämlich zehn Jahre, um bei dieser Verpflegung zu sterben."[76]

Angesichts derartiger Verhältnisse waren alte Sprichwörter wie „Jeder ist seines Glückes Schmied" oder „Das Glück ist mit dem Tüchtigen" absurd geworden. Zahlreiche Männer waren nicht mehr in der Lage, Familien zu gründen oder,

[74] Zu den sogenannten goldenen Zwanzigern differenziert Wehler: Gesellschaftsgeschichte. Bd. 4, S. 252–257.

[75] Ausführlich Lewek. Zahlen nach Kaiser, S. 41 und 44.

[76] Zahlen nach Wehler: Gesellschaftsgeschichte. Bd. 4, S. 317. Zitat bei Knickerbocker, S. 15–16. Zu den sozialen Auswirkungen der Arbeitslosigkeit im Überblick Winkler: Weg in die Katastrophe, S. 19–55.

wenn sie schon welche hatten, diese zu versorgen. Die männliche Ernährerrolle war damit grundsätzlich in Frage gestellt, die Männer vor ihren Frauen, die Väter vor ihren Kindern ein Stück weit „entmannt". Während das Schicksal der Arbeitslosigkeit in der Abgeschiedenheit und sozialen Homogenität der niederösterreichischen Arbeitersiedlung Marienthal, die Anfang der 1930er Jahre der Gegenstand einer ersten entsprechenden soziologischen Studie wurde, zu Apathie führte, bildete sich in der heterogenen Gesellschaft der Weimarer Republik, in der zu den Betroffenen die Bedrohten kamen, enormer gesellschaftlicher Zündstoff.[77]

5. Eine Krise der „Mannhaftigkeit"

Kurz bevor er sich 1942 das Leben nahm, schrieb der in Wien geborene, lange Jahre in Salzburg lebende und im Leipziger Insel-Verlag publizierende Schriftsteller Stefan Zweig in seiner Autobiografie *Die Welt von gestern*, dass sich „vielleicht auf keinem Gebiet des öffentlichen Lebens [...] innerhalb eines einzigen Menschenalters eine so totale Verwandlung vollzogen [habe] wie in den Beziehungen der Geschlechter zueinander."[78]

Als Zweig 1881 geboren wurde, hatte sich in Deutschland ebenso wie in Österreich bei gewissen Abweichungen im ländlichen bzw. proletarischen Milieu im Kernbereich des Geschlechterverhältnisses weitgehend eine bürgerlich-viktorianische Moral durchgesetzt. Im Rahmen des Projekts der allgemeinen Affektkontrolle waren auch Sexualität und Fortpflanzung stark reglementiert worden. Als normal galt nur noch der eheliche Verkehr zwischen Mann und Frau, der allerdings nicht nur der Fortpflanzung, sondern auch der lustvollen Stabilisierung der Paarbeziehung dienen sollte. Dagegen galten Masturbation, vor- oder außerehelicher Geschlechtsverkehr oder gar homosexuelle Beziehungen als verpönt und wurden, wenn sie ans Licht kamen, mit sozialen Sanktionen geahndet, die vom Verlust der Ehrbarkeit bis zur strafrechtlichen Verfolgung reichen konnten. Das Strafgesetzbuch des Kaiserreichs stellte beispielsweise „widernatürliche Unzucht" zwischen Männern bzw. Sodomie (§ 175) oder Abtreibung (§ 218) unter Strafe. Besonders streng waren die Sitten im Bezug auf die weibliche Sexualität, von der man annahm, dass sie insgesamt weniger ausgeprägt sei als die der Männer. Mädchen hatten keusch und rein zu sein und jungfräulich in die Ehe zu gehen. Als Gattinnen sollten sie vor allem mütterlich-fürsorglich und sexuell komplementär sein. Ihrer eigenen Lust wurde dagegen wenig Bedeutung beigemessen. Für Männer aber war eine gewisse Doppelmoral zumindest lässlich. Dass sie sich vor der Ehe „die Hörner abstießen" oder neben dieser ihren Triebüberschuss auslebten, wurde, solange es mit „einfachen" oder „leichten Mädchen" und nicht mit solchen „aus gutem Hause" geschah und nicht ruchbar wurde, stillschweigend toleriert. Als Beleg kön-

[77] Zur Marienthal-Studie Jahoda. Zur zeitgenössischen Wahrnehmung der Krise neben Knickerbocker auch Nellissen-Haken und Treue: Deutschland.
[78] Zweig, S. 84.

nen die Häufigkeit von Geschlechtskrankheiten unter Studenten oder die für 1914 geschätzte Zahl von 330 000 Prostituierten in Deutschland gelten.[79]

Diese für Männer klare und vorteilhafte sexuelle Rollenverteilung wurde seit der Jahrhundertwende und verstärkt im permissiveren Klima der Weimarer Republik doppelt in Frage gestellt, zum einen durch die Frauenbewegung und die von ihr erreichten emanzipatorischen Fortschritte,[80] zum anderen durch eine intensive Debatte über Homosexualität.[81] Zweigs Einschätzung von 1942 war die Folge des Wandels, der von diesen beiden Phänomenen angestoßen wurde und zur Verunsicherung vieler Männer beitrug.

Seit der Mitte des 19. Jahrhunderts hatten auch in Deutschland gebildete Frauen, die sich nicht mehr mit der Beschränkung auf „Kinder, Küche und Kirche“ zufrieden geben wollten, begonnen, sich zu organisieren, so zum Beispiel im Allgemeinen Deutschen Frauenverein unter Führung der Schriftstellerin Louise Otto-Peters und im Allgemeinen Deutschen Lehrerinnenverein um Helene Lange. Seit 1894 gab es mit dem Bund Deutscher Frauenvereine einen Dachverband, der zunächst 34 Organisationen repräsentierte. Die Mehrheit der bürgerlichen Frauenrechtlerinnen forderte noch gar nicht die volle Gleichberechtigung und Aufgabe des polaren Geschlechterrollenmodells, sondern zunächst bessere Bildungschancen für Mädchen und die Möglichkeit für alle jungen Frauen, vor der Ehe einem Beruf nachzugehen. Bis dahin hatten Arbeiterinnen, die aus sozialer Not zum Hinzuverdienen gezwungen waren, das Gros der 1895 bereits 6,5 Millionen erwerbstätigen Frauen ausgemacht.

Ab der Jahrhundertwende machten jedoch „radikalere“ Gruppierungen wie der Verband fortschrittlicher Frauenvereine, der Bund für Mutterschutz und Sexualreform unter dem Vorsitz der Publizistin Helene Stöcker sowie sozialistische Arbeiterinnenvereine um Führungsfiguren wie Clara Zetkin und Rosa Luxemburg von sich reden. Sie traten unter anderem für die volle rechtliche Gleichstellung der Frau inklusive Wahlrecht und die Streichung des § 218 ein. Gleichzeitig kam es zu ersten bescheidenen Erfolgen der Emanzipation. So wurden ab 1899 bzw. 1900 Frauen zum Abitur bzw. zum Universitätsstudium zugelassen, ab 1908 durften sie politischen Parteien beitreten.

Diese Neuerungen führten zu hysterischer Kritik konservativer Männer und auch Frauen, die sich 1912 im Deutschen Bund zur Bekämpfung der Frauenemanzipation zusammenschlossen.[82] Dass diese Vereinigung mit nur 5000 Mitgliedern recht klein blieb, war wohl vor allem der Tatsache geschuldet, dass sich bis auf die SPD noch keine größere politische Kraft hinter die weitergehenden Forderungen der Frauenbewegung stellte und somit kein dringender Handlungsbedarf gegeben schien. Wie groß der gesellschaftliche Resonanzboden des Antifeminismus insgesamt war, zeigen die Erfolge von aus heutiger Sicht so unerträgli-

[79] Nipperdey: Deutsche Geschichte, S. 95–112.
[80] Dazu allgemein Frevert: Frauen-Geschichte, S. 63–199, und Schaser.
[81] Hierzu v. a. Stümke, S. 21–91, und die verschiedenen Aufsätze in Zur Nieden: Homosexualität.
[82] Zu diesem Bund Guido. Zur antiemanzipatorischen Bewegung insgesamt Planert.

chen Traktaten wie Otto Weiningers *Geschlecht und Charakter* oder Paul Möbius' *Über den physiologischen Schwachsinn des Weibes*, in denen die Unterlegenheit der Frau pseudowissenschaftlich begründet wurde.[83]

Das Kräfteverhältnis zwischen emanzipatorischer und antifeministischer Bewegung wandelte sich mit dem Ersten Weltkrieg. Durch ihre Leistungen an der Heimatfront, die in der Versorgung der Familien trotz der Ernährungskrise, in der freiwilligen Fürsorgearbeit hunderttausender Frauen im Nationalen Frauendienst und schließlich im Ersatz der männlichen Arbeitskräfte in der Kriegswirtschaft bestanden, hatten sich die deutschen Frauen enormes Ansehen erworben und bewiesen, dass sie eben nicht minderwertig waren, sondern durchaus – so die leider immer noch übliche absurde Formulierung – „ihren Mann stehen" konnten.[84]

Die Belohnung folgte in Form der Gewährung des aktiven und passiven Wahlrechts durch den Rat der Volksbeauftragten. Am 19. Januar 1919 gaben bei der Wahl zur Nationalversammlung erstmals in Deutschland auch Frauen ihre Stimmen ab, 41 Volksvertreterinnen wurden gewählt. Artikel 109 der von ihnen miterarbeiteten Verfassung legte fest, dass „Männer und Frauen [...] grundsätzlich dieselben staatsbürgerlichen Rechte und Pflichten" genossen.[85] Im Lauf der Weimarer Republik wuchs die Frauenbewegung weiter. Schon 1921 repräsentierte der Bund Deutscher Frauenvereine 57 Verbände, 3778 Vereine und rund eine halbe Million Mitglieder. In vielen Städten fanden Frauen in selbst organisierten Rechtsschutz-, Ehe- und Sexualberatungsstellen Hilfe. Die Zahl der Studentinnen stieg bis 1932 auf rund 20 000 und Hochschulabsolventinnen drangen in immer mehr Männerdomänen vor. Beispielsweise wurden 1922 die ersten Richterinnen bestellt und 1923 die ersten beiden ordentlichen Professorinnen berufen. Seit 1926 übernahm der Deutsche Akademikerinnenbund die Vertretung der bereits 7000 in entsprechenden Berufen tätigen Frauen. Für besonders viel Aufsehen sorgte der Typus der „neuen Frau": junge, Frauen, die meist in größeren Städten selbstständig wohnten und arbeiteten und sich in Kleidung, Frisur und Habitus betont modern gaben.[86]

Zwar gab es in Weimar nach dem Zerfall des Bundes zur Bekämpfung der Frauenemanzipation keine spezielle antifeministische Organisation mehr. Jedoch blieben die entsprechenden Ressentiments weiterhin bestehen, was die fortgesetzten Neuauflagen der Werke Weiningers und Möbius' ebenso belegen wie die Anti-Doppelverdiener-Kampagnen, in denen selbstverständlich gefordert wurde, dass die betreffenden Ehefrauen, nicht die Ehemänner ihre Berufe aufgeben sollten, oder der Versuch, die Frauen im Rahmen des seit 1922 begangenen Muttertags an ihre „eigentliche Bestimmung" zu erinnern.[87]

[83] WEININGER und MÖBIUS.

[84] Ausführlich DANIEL: Arbeiterfrauen. Knapp und konzis DANIEL: Frauen.

[85] Die Weimarer Verfassung im Volltext unter www.dhm.de/lemo/html/dokumente/verfassung/index.html [Zugriff 30.9.2010].

[86] Zu den diversen medialen Repräsentationen der „neuen Frau" die Beiträge in MESKIMMON/WEST.

[87] Zur Debatte um die Doppelverdiener FREVERT: Frauen-Geschichte, S. 192–195. Zum Muttertag HAUSEN.

Während den heterosexuellen deutschen Männern mit den trotz aller fortbestehenden Ungleichheiten[88] gegebenen Fortschritten der Frauenemanzipation die Objekte ihres Begehrens zu entgleiten begannen, drohten sie durch das offenere Auftreten der Homosexualität selbst zu Sexualobjekten zu werden. Im Kaiserreich war Erotik zwischen Männern zunächst noch ein Tabuthema gewesen. Obwohl laut ersten zeitgenössischen sexualwissenschaftlichen Studien um 1900 circa 3,2% der deutschen Männer bisexuell und 2,2% homosexuell aktiv gewesen sein sollen, kam es selten zu mehr als 500 Verurteilungen nach § 175 pro Jahr.[89] Die erste Organisation, die sich gegen diese Kriminalisierung einsetzte, das 1897 vom Arzt Magnus Hirschfeld gegründete Wissenschaftlich-humanitäre Komitee, blieb mit 1906 gerade einmal 408 Mitgliedern sehr klein und setzte auf stille Aufklärung und dezenten Rechtsschutz, nicht aber auf öffentliche Großkampagnen. Erst die Skandale um homosexuelle Aktivitäten des Industriellen Friedrich Krupp im Jahr 1902 bzw. des Kaiservertrauten Philipp zu Eulenburg und Hertefeld zwischen 1906 und 1908 brachen die Tabuisierung, entfachten hitzige Debatten und zogen viel Aufmerksamkeiten auf die bis dahin relativ wenig beachteten Szenelokale zum Beispiel in Berlin.

Im Gegensatz zur rechtlichen Lage der Frauen verbesserte sich die der Homosexuellen nach 1918 formal nicht. Jedoch führte die allgemeine Liberalisierung dazu, dass viele ihre Neigungen offener auslebten. In Dresden, Köln und Berlin wurden jährlich spezielle Ballveranstaltungen gefeiert. In nahezu jeder deutschen Großstadt entstanden entsprechende Lokale und Treffpunkte. Mit dem 1922 gegründeten Bund für Menschenrechte, der es auf bis zu 48 000 Mitgliedern brachte, entstand eine im Vergleich zum Wissenschaftlich-humanitären Komitee nicht nur ungleich größere, sondern auch lautstärkere Interessenvertretung unter dem Vorsitz des Berliner Verlegers Friedrich Radszuweit. An Homosexuelle gerichtete Zeitschriften wie *Der Eigene* oder *Die Insel* verzeichneten wachsende Auflagen.

Die neue Offenheit forderte starke Abwehrreaktionen heraus. 1920, 1921 und 1923 wurden Attentate auf Magnus Hirschfeld verübt. Die Zahl der Verurteilungen nach § 175 stieg bis auf 1107 im Jahr 1925[90] an. Im gleichen Jahr legte eine Gruppe von Ministerialbeamten einen Entwurf zur Verschärfung dieses Paragrafen vor, der nur knapp scheiterte. Dass selbst die offiziell für eine Entkriminalisierung eintretende sozialistische Linke homophobe Ressentiments hegte, zeigte sich in den Kampagnen gegen den homosexuellen NS-Führer Ernst Röhm in den frühen 1930er Jahren. Seit dessen Wiedereinsetzung als Stabschef der SA Ende 1930, Anfang 1931 publizierte vor allem die SPD-nahe *Münchner Post* wiederholt teils echte, teils fingierte Beweise für Röhms Veranlagung und spottete über die Doppelmoral der Nationalsozialisten, die sich zuvor öffentlich als Schwulenfresser inszeniert hatten.

[88] Um nur einige Defizite zu benennen: Im Ehe- und Familienrecht blieb die Letztentscheidung des Mannes etwa in Sachen Wohnort oder Arbeitstätigkeit der Frau bestehen. Tarifverträge sahen weiterhin niedrigere Löhne für Frauen auch bei gleicher Arbeit vor. Die parlamentarische Vertretung von Frauen im Reichstag erreichte nie wieder das Niveau der Nationalversammlung.

[89] Zahlen nach Stümke, S. 26 und 48.

[90] Zahl nach Stümke, S. 90.

Eine auch für die SS wenig schmeichelhafte Vorwärts-Karikatur, in: Der Abend. Spätausgabe des Vorwärts *vom 8. 3. 1932.*

Man beließ es aber nicht bei der Kritik dieses widersprüchlichen Verhaltens, sondern setzte selbst auf homosexuellenfeindliche Klischees und Witze, was den Linksintellektuellen Kurt Tucholsky zu der Ermahnung veranlasste, man solle „seinen Gegner nicht im Bett aufsuchen“. Seine Worte verhalten allerdings ungehört. Auch zahlreiche kommunistische und bürgerliche Publizisten sprangen auf die Schmutzkampagne auf und setzten sie nach 1933 aus dem Exil fort.[91]

Der antifeministische und der homophobe Diskurs überschnitten sich in der Weimarer Republik in den Debatten um den angeblich drohenden „Volkstod“. Im 19. Jahrhundert hatten zahlreiche deutsche Gelehrte angesichts des rasanten Bevölkerungswachstums, das vor allem auf der fortschrittsbedingten sinkenden Sterblichkeit beruhte, im Anschluss an den britischen Ökonomen Thomas Robert Malthus noch vor Überbevölkerung und drohender sozialer Verwahrlosung gewarnt. Nun richtete sich das öffentliche Augenmerk eher auf das ebenfalls mit der Modernisierung einhergehende und durch die krisenhafte ökonomische Entwicklung beschleunigte Sinken der Geburtenziffern. Waren 1914 auf 1000 Einwohner 26,8 Entbindungen gekommen, so waren es 1920 nur noch 25,9, 1930 17,6 und

[91] Zitat bei Ignaz Wrobel alias Kurt Tucholsky: „Röhm“, in: Die Weltbühne vom 26. 4. 1932. Zum Röhm-Skandal Zur Nieden: Aufstieg und Fall und Zur Nieden/Reichardt. Zum aus der Dauerkampagne hervorgegangenen Stereotyp des homosexuellen Nationalsozialisten Zinn.

1933 gar nur 14,7. Gerade im Vergleich mit noch fruchtbareren Völkern wie den Polen oder den Russen, so warnten selbst ernannte „Bevölkerungswissenschaftler“ wie der Statistiker Friedrich Burgdörfer, gerieten die Deutschen hoffnungslos ins Hintertreffen. Die bei Burgdörfer vor dem Dritten Reich in solchen Aussagen nur zögerlich betretene Grauzone zwischen Nationalismus und Rassismus hatten andere Vertreter des neuen Fachs, wie der spätere SS-Statistik-Chef Richard Korherr längst hinter sich gelassen. Schuld an dem Dilemma, hier waren sich Nationalisten und Rassisten einig, sei einerseits die Emanzipation, die die Frauen zu Egoistinnen mache und der Mütterlichkeit beraube, andererseits die fortschreitende Effeminierung der Männer, zu der das ansteckende Laster der Homosexualität beitrage und die die „Herren der Schöpfung“ an ihrer eigentlichen völkischen Pflicht, der Zeugung, hindere.[92]

6. Weimar – eine Krisengesellschaft?

In den vorangegangenen fünf Unterkapiteln wurde eine „Männerkrise“ beschrieben, die in den ersten drei Jahrzehnten des 20. Jahrhunderts entstand. Damit sollte der allgemeine Erfahrungshorizont skizziert werden, aus dem heraus ein Bruchteil der deutschen Männer sich dafür entschied, in die Allgemeine SS einzutreten. Diese Darstellung schließt aus einer geschlechtergeschichtlichen Perspektive an die dominante Tradition der älteren Weimarforschung an, die vor allem nach den Gründen für das Scheitern der Republik fragte.[93] Für diesen Fokus gab es verschiedene Gründe. Erstens knüpfte er an den auch unter Zeitgenossen weit verbreiteten Krisendiskurs an, der sich zwischen 1918 und 1933 in nicht weniger als 370 deutschen Monografien niederschlug, die diesen Begriff im Titel führten.[94] Zweitens waren die stabileren Aspekte und Phasen der jungen Demokratie schlicht langweiliger als ihre Krisen und zogen entsprechend weniger Aufmerksamkeit auf sich. Drittens war die Geschichte Weimars lange Zeit primär eine Vorgeschichte des Dritten Reiches, da nach 1945 zunächst die Frage drängte, wie es jemals zur „Machtergreifung“ hatte kommen können.[95] Viertens galt es vorrangig, Lehren für

[92] Einen Überblick über die Weimarer Bevölkerungswissenschaft geben VOM BROCKE, S. 66–98, und die Beiträge in MACKENSEN: Bevölkerungslehre. Zu Burgdörfer als Star der Szene BRYANT. Zur ausgelösten öffentlichen Debatte WEIPERT und REINECKE. Zahlen zur Geburtenziffer bei dieser, S. 213. Zu den Kontinuitäten ins Dritte Reich und darüber hinaus ETZEMÜLLER und die Aufsätze in MACKENSEN: Ursprünge.

[93] Dabei wurde zunächst politikgeschichtlich (u. a. BRACHER: Auflösung), dann sozialgeschichtlich (u. a. MOMMSEN: Verspielte Freiheit), alltagsgeschichtlich (u. a. PEUKERT: Weimarer Republik) und schließlich international vergleichend (zum entsprechenden Großprojekt des IfZ u. a. MÖLLER/KITTEL) vorgegangen. Eine Zusammenfassung der Forschung bieten WIRSCHING: Weimarer Republik und KOLB.

[94] Vgl. FÖLLMER/GRAF, S. 9–11.

[95] Die Frage „Wie konnte das geschehen?“ ist noch immer ein zentrales Motiv der deutschen Zeitgeschichtsforschung, allerdings mittlerweile weniger mit Blick auf 1933 als vielmehr im Bezug auf den Holocaust.

die zweite deutsche Demokratie zu ziehen bzw. diese unter dem Motto „Bonn ist nicht Weimar“[96] durch die Abgrenzung zur Vorgängerrepublik zu stabilisieren.

Seit der Jahrtausendwende hat eine neuere Weimarforschung, die von kulturgeschichtlichen Methoden inspiriert wurde, darauf hingewiesen, dass der alte Krisenbegriff verengt war, einseitig nur Negativfaktoren aufgriff und die „Krise“ als zugespitzte, aber durchaus noch offene Entscheidungssituation mit entsprechenden Chancen vernachlässigte. Infolge dieses neuen Zugriffs wurde Weimar nunmehr als „unterschätzte Demokratie“ behandelt, deren Erfolge und Zukunftsaussichten Augenmerk verdienten.[97]

Dieser Impuls ist auch für das Verständnis der vorangegangenen Skizze zu den „deutschen Männern in der Krise“ wichtig. Die hier gewählte Perspektive stellte nur eine mögliche Wahrnehmungsform des rasanten und widerspruchsvollen Geschehens in Deutschland zwischen Jahrhundertwende und „Machtergreifung“ dar, keineswegs die einzige. Viele deutsche Männer waren wohl auch erfreut über die Verringerung des religiösen Konformismus, den Wegfall der Untertänigkeit sowie die Tatsache, dass sie jetzt nicht mehr nur einen machtlosen Reichstag, sondern ein souveränes Parlament und ihr Staatsoberhaupt wählen durften und nicht länger Jahre ihres Lebens in der Kaserne verbringen mussten. Die arbeitsrechtlichen und sozialpolitischen Neuerungen wie die zumindest nominelle Einführung des Achtstundentags gaben ihnen in Kombination mit der Entstehung des Rundfunks und des Kinos ganz neue Möglichkeiten der kulturellen Teilhabe und der Freizeitgestaltung. Es ist bezeichnend, dass ungleich mehr Männer lieber in Sportvereine eintraten als in politische Kampfbünde, lieber ins Fußballstadion gingen als auf die Straße.[98] Die neue, wenn auch zaghafte Pluralisierung der Geschlechter- und Sexualrollen schließlich konnte auch von heterosexuellen Männer als Chance aufgefasst werden, die Heimlichkeiten der alten Doppelmoral hinter sich zu lassen bzw. in den „neuen Frauen“ gleichberechtigtere Partnerinnen zu finden.

Diese Erweiterung des Bildes, die hier, wo es speziell um die soziokulturellen Voraussetzungen des SS-Beitritts geht, nicht weiter ausgeführt werden soll, ist dennoch auch in diesem Zusammenhang bedeutsam. Denn sie verdeutlicht, dass es sich bei der männlich-krisenhaften Weltsicht ebenso wie bei der Entscheidung für die SS um eine Wahloption handelte, die keineswegs alternativlos und unvermeidlich war und entsprechend individualbiografische Verantwortung und Schuld nach sich zog. Das Bewusstsein für die Kontingenzen der Weimarer Geschichte stellt somit ein Antidot gegen mögliche exkulpatorische Tendenzen eines zu stark hermeneutischen, auf Verstehenwollen ausgerichteten Ansatzes dar.

[96] Diese Formel wurde geprägt von Allemann.

[97] Lehnert, Büttner, Graf und die Beiträge in Föllmer/Graf.

[98] Zum Weimarer Sport im Überblick Eisenberg, S. 342–386. Zum neuen Volkssport Fußball Eggers und Oswald.

II. Im braunen Hemd mit schwarzen Knöpfen

1. Unter dem Befehl der Obersten SA-Führung

Eine Geschichte der SS sollte mit Adolf Hitler beginnen, der die Schutzstaffel 1925 ins Leben rief und auf dessen Person diese nationalsozialistische Gewaltorganisation voll und ganz ausgerichtet war. Der Deutschösterreicher Hitler war 1913 von Wien nach München übergesiedelt, hatte sich kurz darauf als Kriegsfreiwilliger gemeldet und bis 1918 als Meldegänger an der Westfront gedient, was ihm zwar keine Beförderung über den Rang eines Gefreiten hinaus einbrachte, immerhin aber das Eiserne Kreuz I. und II. Klasse. Da das die ersten nennenswerten Erfolge im Leben des mittlerweile 29-Jährigen waren, empfand er Kriegsniederlage, Revolution und Demilitarisierung als tiefen Schock, der ihn in die Politik trieb. Ab 1919 agierte er als „Trommler", ab 1921 als Vorsitzender der Nationalsozialistischen Deutschen Arbeiterpartei, die sich von München aus in Bayern ausbreitete und 1923 immerhin schon 20000 Mitglieder zählte. Der Fokus Hitlers lag aber zunächst nicht auf der Partei-, sondern auf der Putschpolitik. Am 8. und 9. November 1923 versuchte er nach dem Vorbild Benito Mussolinis an der Spitze einer Koalition rechter Wehrverbände von München aus die Weimarer Republik zu stürzen. Hitlers „Marsch auf Berlin" scheiterte kläglich am Polizeikordon an der Feldherrnhalle, brachte ihm aber zusammen mit seinen Auftritten im Rahmen des anschließenden Hochverratsprozesses erstmals nationale Aufmerksamkeit ein.[1] Obwohl er wegen Hochverrats zu fünf Jahren Festungshaft verurteilt worden war,[2] wurde Hitler schon am 20. Dezember 1924 wieder aus der „Festungshaft" in Landsberg am Lech entlassen. Dort hatte er während seiner kurzen Haftzeit seine Weltanschauung in einem Manuskript mit dem Arbeitstitel *Viereinhalb Jahre Kampf gegen Lüge, Dummheit und Feigheit. Eine Abrechnung* niedergeschrieben, das im Sommer 1925 bzw. Ende 1926 in zwei Teilen und unter dem sehr viel eingängigeren Titel *Mein Kampf* publiziert wurde.[3]

Auch für Hitler steckte seine Wahlheimat Deutschland in einer tiefen Krise: Politisch sah er sie von außen unterjocht durch das „Diktat von Versailles" und von innen zersetzt durch die sozialistisch-revolutionären „Novemberverbrecher" und die Befürworter des westlichen, „undeutschen" Parlamentarismus, dessen Streitkultur die im „Augusterlebnis" bzw. in der „Kameradschaft" der Schützengräben konstituierte deutsche „Volksgemeinschaft" zerfresse. Dass Deutschland ökonomisch am Boden lag, schrieb er einerseits den Reparationen zu, die die verhassten „Erfüllungspolitiker" allzu bereitwillig bezahlten, andererseits der kapitalistischen Wirtschaftsweise, die man ebenfalls gedankenlos vom Westen übernom-

1 Zur Person Hitler Hamann, Fest: Hitler und Kershaw: Hitler.
2 Das Urteil vom 1.4.1924 online editiert unter www.dhm.de/lemo/html/weimar/gewalt/urteil/index.html [Zugriff 8.11.2010].
3 Zu *Mein Kampf* Zehnpfennig und Plöckinger.

men habe und in der „Eigennutz" Vorrang vor „Gemeinnutz" genieße. Soziokulturell schließlich gebe das Weimarer „System" die Deutschen einer „entarteten" Kunst und Literatur preis, schalte die natürliche, sozialdarwinistische Auslese durch eine „verweichlichende" Sozialpolitik aus und fördere die Vermischung des „arischen Bluts" der Deutschen mit dem „fremder Rassen".

Im Gegensatz zu vielen seiner Zeitgenossen maßte Hitler, ein Mann ohne Schul- oder Berufsabschluss, aber mit einem ebenso manischen wie erratisch-autodidaktischen Bildungswillen ausgestattet, sich an, nicht nur die Wurzel all dieser Übel erkannt, sondern auch ein Heilmittel gefunden zu haben. Letztursächlich war in seinen Augen eine „Weltverschwörung" der Juden, die er nicht für eine Religionsgemeinschaft, sondern für eine Rasse hielt. Die Juden hätten es sich zum Ziel gesetzt, alle anderen Völker und Rassen zu versklaven. Dazu bedienten sie sich laut Hitler vor allem zweier Mittel: Erstens zersetzten sie den völkischen bzw. nationalen Zusammenhalt und damit die Widerstandskraft ihrer Opfer durch die Förderung von Ideen wie dem sozialistischen Internationalismus, dem auf das Individuum ausgerichteten Liberalismus oder den Streit kultivierenden Parlamentarismus bzw. durch die systematische „Schändung" nichtjüdischer Frauen, die zur weiteren „Rassenmischung" und damit zur „rassischen Degeneration" führe. Zweitens würden die Juden als „Parasiten" ihre „Wirtsvölker" schwächen, indem sie sie durch jüdisch geführte Handelsunternehmen und Kapitalgesellschaften materiell ausbeuteten. „Der Jude", so die Überzeugung Hitlers, stecke hinter dem „raffenden Kapital", das es von den „schaffenden" Wirtschaftskräften streng zu unterscheiden gelte. Das Heilmittel sah er, auf den Punkt gebracht, in seiner persönlichen, charismatischen „Führerschaft". Wenn sich die Deutschen zu seiner Gefolgschaft formierten, würde er alle genannten Missstände abstellen und sie – so die höchst vagen Verheißungen – zu „völkischer Erneuerung", „nationalem Sozialismus" und neuem „Lebensraum" führen.[4]

Nachdem er somit die ideologische Basis des Nationalsozialismus ein für alle Mal festgeschrieben hatte,[5] ging es nach Hitlers Haftentlassung primär um die Organisation einer neuen „Bewegung" zur Eroberung der Macht. Dabei verfolgte er angesichts des gescheiterten Putschs, der noch immer potenziell drohenden Ausweisung Hitlers[6] und der mittlerweile eingetretenen relativen wirtschaftlichen und politischen Stabilität der Republik offiziell einen streng legalen Kurs. Dennoch wollte Hitler nicht völlig auf organisierte Gewalttätigkeit durch einen eigenen politischen Kampfbund verzichten und rief daher am 26. Februar 1925 nicht nur zur Neugründung der NSDAP, sondern auch zu der der Sturmabteilung auf,

[4] Zu Hitlers Weltanschauung, in der die extremen Ressentiments, die Anti-Elemente stark überwogen, noch immer maßgeblich JÄCKEL.

[5] Neben *Mein Kampf* ist noch das offiziell „unabänderbare" 25-Punkte-Programm der NSDAP vom 24. 2. 1920 als Fundament des Nationalsozialismus zu nennen, mittlerweile online editiert unter www.dhm.de/lemo/html/dokumente/nsdap25/index.html [Zugriff 18. 10. 2010].

[6] Die österreichische Staatsbürgerschaft gab Hitler 1925 zurück. Die deutsche Staatsbürgerschaft erhielt der seitdem staatenlose „Führer" erst kurz vor seiner Kandidatur um das Amt des Reichspräsidenten 1932.

die schon zwischen 1921 und 1923 den paramilitärischen Arm der Nationalsozialisten gebildet hatte.[7]

Bei der Wiederbelebung der SA stieß der „Führer“ allerdings auf erhebliche Probleme. Zum einen war diese in vielen deutschen Ländern noch immer verboten. Zum anderen war Hitlers Verhältnis zu Ernst Röhm, der die SA während Hitlers Inhaftierung interimistisch im Rahmen seines eigenen Wehrverbands Frontbann weitergeführt hatte, ambivalent. Der ehemalige Generalstabsoffizier und Hauptmann a. D. Röhm, der von 1919 bis 1923 aus der Reichswehr heraus die Rolle eines mächtigen Förderers und Mentors nicht nur Hitlers, sondern der gesamten rechten Szene in Bayern gespielt hatte, war nicht bereit, sich dem zwei Jahre jüngeren Ex-Gefreiten bedingungslos zu unterwerfen. Außerdem zweifelte Röhm, dessen Denken stets militärisch geprägt blieb, am Legalitätskurs und wollte die SA keinesfalls in einem rein subalternen Verhältnis zur Parteiorganisation führen.[8] Infolge dieses Dissenses trat Röhm am 1. Mai 1925 von all seinen Ämtern zurück. Hitler entschied, sich zunächst ganz auf die Reorganisation der NSDAP zu konzentrieren und die SA sich selbst bzw. den lokalen und regionalen NS-Führern zu überlassen.[9]

Um aber zumindest eine Hand voll gewaltbereiter Männer zu seiner persönlichen Verfügung zu haben, erteilte Hitler im Frühjahr 1925 seinem Intimus und späteren Chauffeur Julius Schreck[10] den Auftrag, eine kleine Stabswache bzw. Schutzstaffel zu gründen. Schreck begann mit der Aufbauarbeit in München und griff dabei auf alte Kameraden aus dem sogenannten Stoßtrupp Hitler wie Emil Maurice oder Erhard Heiden zurück. Der Stoßtrupp war 1923 als Sondereinheit der SA entstanden, hatte schon damals die Funktion als Hitlers Leib- und Prügelgarde übernommen und war nach dem Hitler-Putsch aufgelöst worden.[11] Im September 1925 versuchte Schreck auf Anordnung Hitlers, die Gründung entsprechender Schutzstaffeln aus je zehn Mann unter einem Führer in jeder NSDAP-Ortsgruppe zu veranlassen. Ihm, Schreck, sollte die „Oberleitung“ dieser Staffeln zukommen.[12]

Wie schwach jedoch die erste SS-Führung um Schreck, Heiden, Maurice und Schrecks „rechte Hand“, den arbeitslosen Arbeiter Alois Rosenwink[13], und damit letztlich auch die SS zunächst blieben, zeigen zwei Episoden aus dem Winter

7 Gründungsaufrufe aus dem *Völkischen Beobachter* vom 26. 2. 1925, in: Hitler, Bd. I, S. 1–9.

8 Zur Person Röhm Hancock. Zum Streit um Frontbann oder SA hier, S. 71–83, und Werner, S. 206–324.

9 Bezeichnend ist ein Schreiben der Parteizentrale an den westfälischen SA-Führer Viktor Lutze vom 11. 8. 1925, in BA Berlin, NS 23, Bd. 509: „Im Übrigen bestehen einheitliche Richtlinien für die SA noch nicht. Solche werden erst nach Einsetzung einer SA-Leitung ergehen. Bis dahin ist die SA örtlich aufzuziehen und untersteht den einzelnen Ortsgruppenleitungen […]“.

10 Zu Schreck, Jg. 1898, in München geboren, ursprünglich Schauspieler, seit 1921 in der NSDAP und im persönlichen Umfeld Hitlers, später bis zu seinem krankheitsbedingten Tod 1936 dessen Chauffeur, gibt es so gut wie keine Literatur. Seine SS-Führerakte ist nicht erhalten. Am umfangreichsten noch die Information bei Sigmund, S. 87–91 und 241–242.

11 Zum Stoßtrupp Koehl: Black Corps, S. 11–15, und Hermann, S. 611–612.

12 Rundschreiben Nr. 1 der Oberleitung der Schutzstaffel der NSDAP an alle Gauleitungen und selbstständigen Ortsgruppen vom 21. 9. 1925 und Richtlinien zur Aufstellung von Schutzstaffeln (o. D.; 1925), in BA Berlin, NS 19, Bd. 1934, Bl. 3–4.

13 Alois Rosenwink, wie Schreck Jg. 1898, gehörte ebenfalls 1923 schon zum Stoßtrupp Hitler. 1927 verließ er München, weil er Arbeit im thüringischen Auma gefunden hatte. Dort und an

1925/26. Als sich in der NSDAP-Ortsgruppe München-Schwabing unter einem gewissen Josef Lidl ein Konkurrenzverband namens Schutzabteilung bildete, musste Schreck Hitler bitten, Derartiges zu unterbinden. Als der „Führer" zunächst nicht eingriff, kam es bei einer nationalsozialistischen Weihnachtsfeier zur verbalen Konfrontation zwischen Heiden und den Schwabingern, bei der Ersterer androhte, Letzteren die selbst gemachten Abzeichen vom Braunhemd zu reißen. Daraufhin wurden Schreck, Heiden und Rosenwink im Februar 1926 am Rande einer Münchner Hitler-Veranstaltung von Lidls Männern überfallen und zusammengeschlagen.[14] Als Schreck den westfälischen SA-Führer Viktor Lutze mehrfach schriftlich bat, ihm geeignete Schutzstaffel-Führer aus seinem Gau zu benennen, ignorierte Lutze den Münchner schlicht.[15]

Angesichts dieser Verhältnisse überrascht es nicht, dass Hitler Schreck im April 1926 die SS-Führung entzog. Als neuen Oberleiter, dem er bald darauf den klingenderen Titel Reichsführer-SS verlieh, berief er Joseph Berchtold. Dieser verfügte mit dem Abitur und einem abgebrochenen Studium der Volkswirtschaftslehre nicht nur über mehr Bildung als Schreck, sondern als Weltkriegsleutnant a.D. und ehemaliger Führer des Stoßtrupps Hitler auch über größere (para)militärische Meriten. Nach dem Hitler-Putsch hatte er München, wo er ein Zigarren- und Schreibwarengeschäft sein Eigen nannte, verlassen und war in Österreich abgetaucht. Im Frühjahr 1926 war er, nachdem die Strafverfolgung seiner alten Taten im Zuge der sogenannten Hindenburg-Amnestie ausgesetzt worden war, nach München zurückgekehrt.[16]

Berchtold machte sich durch eine aggressivere Anwerbungskampagne, bei der er auf eine ganze Reihe von Bekanntmachungen im *Völkischen Beobachter* setzte, daran, die SS zu vergrößern. Bis zum Weimarer Reichsparteitag im Juli 1926 gelang es ihm, circa 75 lokale Staffeln mit insgesamt rund 1000 Mitgliedern ins Leben zu rufen. Hitler dankte es ihm, indem er in Weimar die sogenannte Blutfahne, die beim Hitler-Putsch mitgeführt worden war und die wichtigste „Reliquie" des Nationalsozialismus darstellte, in die Obhut der SS gab. Bei einer Veranstaltung in München am 10. August 1926 kündigte der „Führer" gar an, die SS werde „in allernächster Zeit unendlich wachsen und dann bald die Mitgliederzahl von einer Million erreichen".[17]

seinen folgenden Wohnsitzen Amberg und Berlin war er nicht mehr in der SS, sondern nur noch in SA und NSDAP tätig – BA Berlin, PK Alois Rosenwink.

14 Rösch: Münchner NSDAP, S. 125; Koehl: Black Corps, S. 22–23; Schreiben Schrecks an Hitler vom 27.11.1925, in BA Berlin, NS 19, Bd. 1934, Bl. 10; Aussagen Lidls und Rosenwinks von 1925 bzw. 1926, in BA Berlin, OPG Georg Seidenschwang.

15 Eine entsprechende Beschwerde im Schreiben Berchtolds an Lutze vom 29.4.1926, in BA Berlin, NS 19, Bd. 1934, Bl. 1.

16 Zu Berchtold SSO Joseph Berchtold, in BA Berlin, und Lilla, S. 32–33. Nach seinem Rücktritt als RFSS 1927 wechselte Berchtold zur SA, wo er es bis zum Obergruppenführer brachte. Beruflich war er Hauptschriftleiter von deren Zeitschrift *Der SA-Mann* bzw. Chef vom Dienst und stellvertretender Hauptschriftleiter des *Völkischen Beobachters.* 1962 verstarb er in Herrsching am Ammersee.

17 Rundschreiben Nr. 1 Berchtolds vom 14.4.1926, in BA Berlin, NS 19, Bd. 1934, Bl. 14; Bekanntmachungen Berchtolds im *Völkischen Beobachter* vom 30.4., 8.5., 15.6. und 1.7.1926; Koehl: Black Corps, S. 24–26; Hitler, Bd. II/1, S. 40.

Allerdings hatte die SA noch immer ein ungleich größeres Startpotenzial zur Schaffung einer derart riesigen Parteiarmee. Sie hatte mehr Mitglieder[18] und war bis zur Ebene der Gaustürme besser organisiert. Dieses Potenzial wollte Hitler nicht vergeuden bzw. nicht länger allein den Gauleitern überlassen. Daher entschied er sich im September 1926, einen Obersten SA-Führer mit Sitz in München zu berufen, um eine zentrale Kontrolle über die SA zu etablieren. Seine Wahl fiel auf Franz von Pfeffer, einen 1888 in Düsseldorf geborenen Berufsoffizier, der es im Weltkrieg bis zum Hauptmann und Bataillonskommandeur gebracht, danach sein eigenes Freikorps befehligt und sich am Kapp-Putsch und den Sabotageakten gegen die französische Ruhrbesetzung führend beteiligt hatte. Seit 1925 war Pfeffer einer der wichtigsten Organisatoren der neugegründeten NSDAP in Westdeutschland, zuerst als Gauleiter und SA-Führer von Westfalen, dann an der Seite von Joseph Goebbels und Karl Kaufmann als Führer des Großgaues Ruhr.[19] Um diesen „Hochkaräter" dazu zu bewegen, seine relative Selbstständigkeit an Rhein und Ruhr aufzugeben, musste Hitler Pfeffers Forderung nachgeben, ihm alle nationalsozialistischen Kampfbünde, also auch die 1926 in Weimar unter Kurt Gruber gegründete Hitler-Jugend und die SS unter Joseph Berchtold zu unterstellen. Drei Tage nach seinem offiziellen Dienstantritt in München am 1. November 1926 erließ der neue „OSAF" den grundsätzlichen SA-Befehl Nr. 4 zur Rolle der SS. Diese wurde zwar als „selbstständige Organisation neben den SA-Verbänden" bezeichnet, jedoch wurden die Funktionen nur höchst schwammig abgegrenzt und die SS bei gemischten Einsätzen dem jeweiligen SA-Führer unterstellt. Schließlich wurde die bestehende Organisationsstruktur der SS, die lediglich aus Zehnerstaffeln und der Reichsführung bestand, festgeschrieben.[20]

Im März 1927 trat Joseph Berchtold, der erkannt hatte, dass die SS in den Planungen Pfeffers allenfalls noch eine marginale Rolle spielte, von seinem Amt als Reichsführer-SS zurück. Zu seinem Nachfolger wurde sein bisheriger Stellvertreter Erhard Heiden bestellt. Heiden, 1901 geboren und von Beruf Kaufmann, war zwar, wie erwähnt, ein SS-Mitglied der allerersten Stunde, verfügte jedoch nicht über besondere Führungsqualitäten, so dass unter ihm die SS zahlenmäßig stagnierte bzw. sogar schrumpfte und keinerlei eigenständige Rolle spielte.[21] Prompt wurde beim Reichsparteitag in Nürnberg im August 1927 aus mehreren Gauen die Forderung erhoben, die SS als eigentlich überflüssige Parallelorganisation zur SA aufzulösen. Auch Reichsorganisationsleiter Gregor Straßer scheint mit diesem Gedanken gespielt zu haben.[22] Dass es dazu nicht kam, lag wohl vor allem daran,

[18] Allein Röhms Frontbann hatte Anfang 1925 schon 30 000 Mann gezählt.

[19] Zu Pfeffer Weiss und Campbell, S. 50–56.

[20] SA-Befehl Nr. 4 vom 4.11.1926, in BA Berlin, NS 23, Bd. 509.

[21] Zu Heiden existieren noch weniger konkrete Angaben als zu Schreck. Splitter bei Koehl: Black Corps, S. 24–31, und Sigmund, S. 213–216. Heidens SS-Akte ist nicht erhalten. Die in der SS-Überlieferung genannte Mitgliederzahl von nur noch 280 Anfang 1929 – vgl. Alquen, S. 7 – erscheint jedoch untertrieben, um die folgende Aufbauleistung Himmlers in noch besseres Licht zu setzen.

[22] Bericht über die Sondertagung für Organisationsfragen im Rahmen des Nürnberger Reichsparteitags am 20.8.1927, in: Hitler, Bd. II/2, S. 477; zu Straßers Überlegungen Wagener, S. 97 und 132.

dass die schwache SS keinen Ärger machte und es somit durch ihre Abschaffung außer einer formalen Organisationsbereinigung nichts zu gewinnen gab, während man Gefahr gelaufen wäre, frühe SS-Männer vor den Kopf zu stoßen, die an ihren Einheiten hingen.

Im Januar 1929 kam es zu einem neuerlichen Wechsel an der Spitze der SS. Erhard Heiden trat aus noch immer nicht restlos geklärten Gründen zurück.[23] Die Nachfolge wurde wiederum durch eine interne „kleine Lösung", nämlich durch die Beförderung von Heidens Stellvertreter Heinrich Himmler geregelt.[24] Die Amtsübernahme des 1900 geborenen, aus gutbürgerlichen Verhältnissen stammenden Diplomagrariers Himmler wurde in der späteren SS-eigenen Historiografie zum Beginn der „eigentlichen Geschichte der SS" stilisiert.[25] Tatsächlich jedoch erledigte Himmler, der bereits 1923 am Hitler-Putsch teilgenommen, seit 1925 als Sekretär und Stellvertreter Gregor Straßers in Landshut agiert hatte und seit 1926 in der Münchner Parteizentrale tätig war, zunächst die Aufgabe als Reichsführer-SS nur nebenbei. Ungleich wichtiger und zeitraubender war sein Amt als stellvertretender Reichspropagandaleiter, das er zuerst unter Hitler selbst und von April bis September 1930 unter Goebbels innehatte. Dass Himmler in der NSDAP-Reichsleitung trotz seines neuen Titels 1929/30 nicht als eigenständiger Akteur, sondern als Zuarbeiter galt, belegen die Tagebucheinträge seines neuen Chefs, in denen er Himmler als „Straßerprodukt", „kleinen, braven Mann" und „nicht übermäßig klug, aber fleißig und brav" bezeichnete und bedauerte, dass diesem die „große Ader" abgehe. Den Rang als Reichsführer-SS erwähnte Goebbels – noch – gar nicht.[26]

Auch im Bezug auf die Organisation der Schutzstaffel änderte sich unter Himmler kurzfristig wenig. Vielmehr beschnitt Pfeffer in seinen Grundsätzlichen Anordnungen Nr. VI und VII vom April 1929 die Selbstständigkeit der SS weiter, die jetzt nur noch als „Sonderformation der SA" galt, ihren „Innendienst" regeln durfte und in Sachen Neuaufstellungen und Gesamtstärke stets auf die Zustimmung des „OSAF" angewiesen war.[27] Die Reichsführung-SS war weiterhin im gleichen Gebäude in der Münchner Schellingstraße 50 untergebracht wie die Oberste SA-Führung und bestand immer noch im Wesentlichen aus dem Reichsführer, Himmler,

[23] Laut der SS-internen Verlautbarung Hitlers vom 20.1.1929 waren „familiäre sowie wirtschaftliche Gründe" ausschlaggebend – in Hitler, Bd. III/1, S. 391. Plausibler erscheint allerdings, dass an den in der *Münchner Post* vom 16.1.1929 unter der Überschrift „Juden als Hitlerlieferanten" kolportierten Gerüchten, Heiden habe SS-Gelder veruntreut und bei der zentralen Beschaffung der SS-Uniformen wirtschaftliche Kontakte zu Juden gepflegt, etwas dran war. Vgl. zum „Fall Heiden" auch Longerich: Himmler, S. 122. Zum weiteren Geschick Heidens s. u. Kap. II.2.

[24] Zu Himmlers jungen Jahren Smith; zu seinem Aufstieg in der NS-„Bewegung" Mües-Baron; zu seiner Weltanschauung Ackermann; zur Gesamtbiografie Padfield und v. a. Longerich: Himmler.

[25] Alquen, S. 8.

[26] Einträge vom 22.11.1929, 28.4.1930 und 24.5.1930, in: Goebbels, Bd. 1/III, S. 377, Bd. 2/I, S. 144–145 und Bd. 2/I, S. 163.

[27] GRUSA VI vom 9.4.1929 und GRUSA VII vom 12.4.1929, in: Hitler, Bd. III/2, S. 163–164 und 194–196.

und einem einzigen Geschäftsführer. Hier hieß der Nachfolger Rosenwinks zunächst Hans Hustert, ab September 1929 Georg Aumeier.[28] Zwischen der Reichsführung und den lokalen Zehnerstaffeln gab es zu diesem Zeitpunkt lediglich eine einzige Hierarchieebene, die sogenannten Scharführer in den Gauen.[29]

Diese aus Sicht der SS höchst defizitäre Situation verbesserte sich erst ab Herbst 1930. Im August war Franz von Pfeffer als Oberster SA-Führer zurückgetreten, da er sich in einem Mehrfrontenkampf aufgerieben und nicht genügend Rückhalt bei Hitler gefunden hatte.[30] Einerseits hatten ihm die Gauleiter, die unwillig waren, die regionale SA dem zentralen Kommando zu unterstellen, das Leben schwer gemacht. Andererseits wurde die SA-Basis zunehmend ungeduldig, zweifelte am Legalitätskurs und glaubte, dass ihr eigener Aktivismus von den „verbonzten" NSDAP-Funktionären nicht genug gewürdigt würde.[31] Das Amt als „OSAF" übernahm Hitler selbst, Stabschef und damit nun der eigentliche Führer der SA blieb zunächst Otto Wagener. In dieser Situation hoffte Himmler, die SS unabhängiger machen, ja unter Umständen ganz von der SA trennen zu können.[32] Er wurde enttäuscht, als im Januar 1931 Ernst Röhm, der sich zwischenzeitlich in Bolivien als Militärberater verdingt hatte, Otto Wagener ablöste. Der Organisator der frühen SA und des Frontbanns bestand ähnlich wie Pfeffer 1926 darauf, das Oberkommando über alle paramilitärischen NS-Verbände zu bekommen. In Röhms SA-Befehl Nr. 1 vom 16. 1. 1931 wurde die SS dem neuen Stabschef unterstellt, allerdings jetzt zumindest wieder als „selbstständiger Verband mit eigenem Dienstwege".[33]

Bereits im Herbst 1930 war Himmler aus der Reichspropagandaleitung ausgeschieden, was es ihm ermöglichte, sich ganz auf die SS zu konzentrieren, die nach dem Reichstagswahlerfolg der NSDAP im September 1930 parallel zur SA rasch wuchs.[34] Nun baute Himmler auch die Reichsführung zielstrebig aus. Unmittel-

[28] Zum Stabwechsel Rundschreiben Himmlers an die Referenten der NSDAP-Reichsleitung vom 2. 9. 1929, in BA Berlin, NS 19, Bd. 1934, Bl. 47. Über Hustert ist außer seinem Amt nichts bekannt, da seine SS-Akte nicht erhalten ist. Aumeier, Jg. 1895, war ein Arbeitersohn und gelernter Kaufmann. Er trat der SS 1928 bei und wurde schon 1929 zum hauptamtlichen Mitarbeiter – SSO Georg Aumeier, in BA Berlin.

[29] Lagebericht der politischen Polizei München an die Regierung von Oberbayern zur SS von 1929, in BA Berlin, NS 19, Bd. 1934, Bl. 37.

[30] Abschiedsschreiben Pfeffers an die SA-Männer vom 29. 8. 1930 mit einem erläuternden vertraulichen Vermerk Pfeffers, in BA Berlin, NS 23, Bd. 509.

[31] Symbolische Bedeutung hatte der Streit um den Kauf des Palais Barlow in der Münchner Briennerstraße und seine Umgestaltung zum Braunen Haus der NSDAP-Reichsleitung – vgl. die langen Rechtfertigungstexte des „Führers", in: Hitler, Bd. III/3, S. 207–218.

[32] Zu entspr. Signalen Wageners und Hitlers s. Brief Wageners an die OSAF-Stellvertreter, Himmler, v. Ulrich und die Gauleiter vom 3. 10. 1930, in: BA Berlin, NS 23, Bd. 509, und Rundschreiben Hitlers an alle SA- und SS-Führer vom 7. 11. 1930, in: Hitler, Bd. IV/1, S. 64. Am 1. 12. 1930 erklärte Himmler in einem SS-Befehl fälschlich: „Die restlose Trennung von SS und SA in Organisation und Aufgabenbereich ist vollzogen." – in BA Berlin, NS 19, Bd. 1934, Bl. 53.

[33] SA-Befehl Nr. 1 Röhms vom 16. 1. 1931, in BA Berlin, NS 23, Bd. 509.

[34] Eine offizielle Mitgliederstatistik wurde in der „Kampfzeit" weder für die SA noch für die SS geführt. Stark variierende Zahlen sind u. a. darauf zurückzuführen, dass die Nationalsozialisten bewusst falsche Angaben zur Irreführung ihrer Gegner streuten. Sinnvoll gerundet und

bar nachdem er den Dienst bei Goebbels quittiert hatte, stellte er mit dem hochadeligen Erbprinzen Josias zu Waldeck und Pyrmont einen Adjutanten ein, der ein ganz anderes gesellschaftliches und politisches Format hatte als Georg Aumeier.[35] Josias wiederum rekrutierte Ende 1931 Ernst Bach als Chef des neuen SS-Amts. Bach, ein 1878 geborener Major a. D., hatte in Josias altem Infanterieregiment gedient, trug neben dem Eisernen Kreuz I. und II. Klasse auch das Waldecksche Verdienstkreuz und hatte seit seinem Ausscheiden aus der Reichswehr 1924 in Fürstenfeldbruck eine Geflügelfarm betrieben.[36] Die vierte Schlüsselfigur der wachsenden Reichsführung war Siegfried Seidel-Dittmarsch, Jahrgang 1887 und wie Bach ein hochdekorierter Major a. D., der bis 1921 im Reichswehrministerium tätig gewesen war und sich danach als Geschäftsführer bzw. Vertreter verschiedener Firmen durchgeschlagen hatte.[37] Im November 1931 trat er in Berlin in die SS ein, im Sommer 1932 wechselte er als Chef des neuen Führungsstabs in die Reichsführung. Diese bezog bald darauf die ehemalige Residenz des englischen Konsuls in München, ein repräsentatives, zweistöckiges Haus in der unmittelbaren Nähe der Parteizentrale.[38] Dort hatte die bis 1933/34 prägende Führungsspitze der SS um Himmler, Waldeck, Bach und Seidel-Dittmarsch[39] ihre Büros im ersten Stock, während der mittlerweile zum Chef des SS-Verwaltungsamts ernannte Georg Aumeier und seine Nachfolger als Reichsgeschäftsführer, Paul Weickert bzw. Gerhard Schneider[40], mit ihren Hilfskräften im Erdgeschoss arbeiteten. Damit hatte die SS erstmals eine relativ leistungsfähige Zentrale, auch wenn die offizielle Geschäftsordnung der Reichsführung, der zufolge es angeblich schon fünf Abteilungen und zehn Referate gab, noch lediglich auf dem Papier bestand.[41]

auf interne Quellen zurückgehend scheinen die Angaben Koehls zur SS und Longerichs zur SA, die diesen jeweils zum Jahreswechsel folgende Stärken zuschreiben: 1930/31 SS 4000 / SA 88 000 – 1931/32 SS 10 000 / SA 260 000 – 1932/33 SS 52 000 / SA 427 000 – Koehl: Black Corps, S. 36, 43 und 53–54, und Longerich: SA, S. 111 und 159. Zum Konnex zwischen dem Wachstum von SA und SS vgl. Kap. II.2. Zur Mitgliederentwicklung der SS vgl. Kap. IV.3.

35 Zur Person Waldeck vgl. die Einleitung.

36 SSO Ernst Bach, in BA Berlin.

37 SSO Siegfried Seidel-Dittmarsch, in BA Berlin.

38 Gunther d'Alquen: „Das neue Heim der Reichsführung SS" in *Der SA-Mann* vom 3. 12. 1932.

39 Im Juni 1933 wechselte Josias zu Waldeck als politischer Kommissar ins Auswärtige Amt. Kurz darauf verstarb Ernst Bach an einer Krankheit. Im Februar wurde Siegfried Seidel-Dittmarsch zum SA-Inspekteur Mitte ernannt, kurz darauf verstarb auch er überraschend an einer Krankheit.

40 Weickert, Jg. 1898, Absolvent einer Handelsschule und ehemaliger Unteroffizier hatte die Stelle als Reichsgeschäftsführer der SS nur von Juli bis November 1932 inne. Dann wurde er wegen unsauberer Verwaltung bzw. persönlich ungeschickten Verhaltens entlassen und vorübergehend aus der SS ausgeschlossen – BA Berlin, SSO Paul Weickert. Schneider, Jg. 1890 und wie Aumeier gelernter Kaufmann, trat ebenfalls im Juli 1932 in den Stab der Reichsführung ein. Er wurde im März 1934 wegen Unterschlagung aus der SS ausgestoßen – BA Berlin SSO Gerhard Schneider (6. 4. 1890).

41 Geschäftsordnung für den Stab der SS vom 12. 5. 1931, in BA Berlin, NS 19, Bd. 1935, Bl. 91. Hier war selbst Himmler persönlich noch für den Referentendienst eingeteilt.

Auch in den Regionen bildete sich ab 1931 eine komplexere SS-Hierarchie aus, die an den Aufbau der SA angelehnt war. Die Zehnerstaffeln wurden zu größeren Stürmen ausgebaut. Idealtypisch, aber nicht immer ganz konsequent umgesetzt bildeten je vier Stürme einen Sturmbann, je drei Sturmbanne eine Standarte. Diese wiederum waren in Abschnitte zusammengefasst, denen ab 1932 sogenannte Gruppen übergeordnet waren. Die führenden Rollen in den regionalen Strukturen spielten einerseits ganz „alte Kämpfer" wie Sepp Dietrich oder Fritz Weitzel[42], andererseits, wie auch in der Reichsführung-SS, rasch avancierende Ex-Offiziere wie Udo von Woyrsch, Friedrich Jeckeln oder Karl Zech.[43]

Wichtiger als diese ersten Ansätze einer organisatorischen Emanzipation der SS aber war die Tatsache, dass, wie es eine Denkschrift des preußischen Polizeiinstituts Ende 1931 zutreffend ausdrückte, „die Tätigkeit der SS praktisch derjenigen der SA angegliedert" blieb, das heißt, dass sich SA und SS in ihren tatsächlichen Aktivitäten im Dienst des Nationalsozialismus weder in der „Kampfzeit" noch in der anschließenden Phase der „Machtergreifung" wesentlich voneinander unterschieden.[44]

In unserem Zusammenhang sind dabei weniger diejenigen Tätigkeitsbereiche von Interesse, die sich obendrein mit denen der NSDAP-Parteigenossen überschnitten, wie die Propaganda in Form der Verteilung von Flugblättern und Broschüren, des Klebens von Plakaten, der politischen Demonstration, der Abonnentenwerbung für die NS-Presse, der Spendensammlung oder der ständigen Rekrutierung neuer Mitglieder der „Bewegung". Diese tägliche Kleinarbeit gehörte selbstverständlich auch zu den Pflichten von SA und SS.[45] Dem hochgradigen Aktivismus der Mitglieder dieser Verbände waren wohl in der Tat auch in diesen

[42] Sepp Dietrich wurde 1892 geboren, erlernte das Metzgerhandwerk, kämpfte im Ersten Weltkrieg in einer Eliteeinheit und war danach Polizist. Nachdem er schon 1923 für den NS aktiv war, trat er 1928 der SS bei und stieg rasch zum Führer der Gruppe Süd auf. Ab 1933 befehligte er die Leibstandarte Adolf Hitler und wurde einer der führenden Generale der Waffen-SS – Clark. Der 1904 geborene Schlosser und Mechaniker Fritz Weitzel gründete 1926 die Frankfurter SS, führte dann die hessische SS und wurde schließlich zum Führer der SS-Gruppe bzw. des Oberabschnitts West, bevor er 1940 als HSSPF nach Norwegen versetzt wurde – SSO Fritz Weitzel, in BA Berlin.

[43] Udo v. Woyrsch, Jg. 1895, beendete den 1. Weltkrieg als Oberleutnant und diente noch bis 1920 in der Reichswehr. Danach übernahm er das Gut seines Vaters. In die NSDAP trat er 1929, in die SS 1930 ein. Schon 1931 hatte er es zum unumstrittenen Führer der schlesischen SS im Rang eines Oberführers gebracht – BA Berlin, SSO Udo v. Woyrsch. Friedrich Jeckeln, Jg. 1895, war bei Kriegsende Fliegerleutnant und fand in der Weimarer Republik nie wieder den Anschluss ans bürgerliche Leben. Auch er schloss sich 1929 der NSDAP und 1930 der SS an, wo er rasch bis zum Abschnittsführer avancierte – Breitmann: Jeckeln. Karl Zech, Jg. 1892, diente im 1. Weltkrieg als Hauptmann. Er engagierte sich 1921–1929 beim Stahlhelm. In die SS trat er erst 1931 ein, wo er es noch im gleichen Jahr zum Standartenführer, ein Jahr darauf zum Abschnittsführer brachte – SSO Karl Zech, in BA Berlin.

[44] Zitat in: Maurer/Wengst, S. 234. Vgl. zur funktionalen Kongruenz auch Reitlinger: SS, S. 35, und Koehl: Black Corps, S. 56 und 62–64.

[45] Entsprechende Aufgabenkataloge z. B. in der Satzung der Sturmabteilung der NSDAP vom 31.5.1927, in BA Berlin, NS 23, Bd. 509, und in der Vorläufigen Dienstordnung der SS vom Juni 1931, in: Reichskommissar, Fiche Nr. 374, S. 113a–117.

Bereichen „90% der gesamten Parteiarbeit" und damit „der Löwenanteil am Erfolg" des nationalsozialistischen Aufstiegs zuzuschreiben, wie der hochrangige SA-Führer, August Schneidhuber, in einer Denkschrift vom 19. September 1930 konstatierte.[46] Im Folgenden soll es vielmehr um diejenigen Aktionsformen gehen, die ausschließlich in die Zuständigkeit der beiden nationalsozialistischen Kampfbünde fielen, nämlich erstens um den Wehrsport, wie ihn auch zahlreiche andere paramilitärische Organisationen der Weimarer Republik betrieben,[47] und zweitens um die, wie es Hitler im Oktober 1926 in seinem Beauftragungsschreiben an Pfeffer formuliert hatte, „Eroberung der Straße" im „Kampf gegen den heutigen Staat" und im „weltanschaulichen Vernichtungskrieg gegen den Marxismus".[48]

Die wehrsportlichen Aktivitäten der SA unterlagen noch größerer Geheimhaltung als diejenigen ihrer Konkurrenz wie zum Beispiel des Stahlhelms, da die Nationalsozialisten diese nicht nur vor den alliierten Rüstungskontrolleuren verbergen mussten, die die Einhaltung des Versailler Vertrags überwachten, sondern zusätzlich auch vor den deutschen Republikanern, die misstrauisch beobachteten, ob die Hitler-Anhänger nicht doch wieder geheime Putschvorbereitungen betrieben. Trotz der entsprechend eher dürftigen Quellenlage zeichnet sich ab, welch großen Raum die von Ex-Offizieren dominierte SA-Führerschaft[49] paramilitärischen Übungen einräumte, mit denen sie drei Ziele verfolgte. Erstens gingen Röhm und Konsorten wohl tatsächlich davon aus, dadurch die „Schmach von Versailles" zumindest teilweise wettmachen und zum Erhalt der deutschen „Wehrkraft" bzw. der späteren Wiederauferstehung eines neuen deutschen „Volksheeres" beitragen zu können.[50] Zweitens stellte gerade der intensiv betriebene Wehrsport, den wie beschrieben viele deutsche Männer attraktiv fanden, ein wichtiges Werbemittel der SA dar.[51] Drittens verfolgte die SA-Führung in der Tat ein Putschkonzept, das allerdings im Unterschied zu dem von 1923 nicht revolutionär, sondern konterrevolutionär ausgerichtet war und daher Hitlers Legalitätskurs nicht direkt widersprach, sondern eher ergänzte. Was das konkret bedeutete, geht aus einem persönlichen Rundschreiben Röhms an die Gruppenführer der SA und der SS vom 17. August 1932 hervor: „Die politische Entwicklung kann dahin führen, dass sich der legalen Machtergreifung illegale Kräfte entgegensetzen. [Röhm meinte die Kommunisten – B.H.]. Das Unrecht der anderen wird damit unser Recht. Der Schwerpunkt der Bewegung geht damit auf die SA über, die einen gewaltsamen Angriff oder Widerstand auch zu brechen in der Lage sein muss."[52]

[46] In BA Berlin, NS 23, Bd. 509, und gekürzt in: Tyrell, S. 336–339.
[47] Vgl. Kap. I.3.
[48] Abgedruckt im SABE Nr. 1 vom 1.11.1926, in BA Berlin, NS 23, Bd. 509.
[49] Zur Rekrutierung des SA-Führerkorps vgl. Jamin und Campbell.
[50] Zu den entsprechenden Ambitionen Röhms Absolon, S. 101–110.
[51] Vgl. Kap. I.3.
[52] In BA Berlin, NS 23, Bd. 543.

Folglich bestand der regelmäßige SA-Dienst zu einem großen Teil aus Exerzieren, Geländeübungen und dem Hantieren mit Waffen bzw. Waffenattrappen. Daneben besuchten SA-Männer spätestens ab 1929 paramilitärische Wochenendkurse, die in Kooperation mit bestehenden bzw. in eigenen „Sportschulen" durchgeführt wurden. Diese lagen meist in abgelegenen Gutshöfen, alten Mühlen o. ä., in deren Umfeld es gelegentlich zu regelrechten SA-Manövern kam.[53] Dass die hier an Hand von Broschüren wie Bodo Zimmermanns *Soldatenfibel*, Fritz Kühlweins *Felddienst-ABC für den Schützen* oder Fritz Schieles *Wehrsport-Fibel* vermittelte Ausbildung meist nur rudimentäre und militärisch kaum verwertbare „Soldatenspielerei" blieb, belegen spöttische Berichte von Polizeibeobachtern, die genüsslich beschrieben, wie SA-Männer bei Geländeübungen im Wald verloren gingen und langwierig gesucht werden mussten.[54]

Zu einer deutlichen Verbesserung in Niveau und Umfang kam es, als Röhm im März 1931 den Chef des Ministeramts im Reichswehrministerium Kurt von Schleicher überzeugte, auch die SA in die „Geheimrüstung" der Reichswehr einzubeziehen. Nun wurden tausende SA-Männer im Rahmen des Grenzschutzes Ost bzw. in den von der Reichswehr finanzierten „Geländesportschulen" der General-Vogt-Arbeitsgemeinschaft sachgerecht und fachkundig von Berufssoldaten ausgebildet.[55] Diese Kooperation wurde unterbrochen, als die SA im Umfeld der Reichspräsidentenwahl im Frühjahr 1932 erneut und, wie die Funde der vom preußischen Innenminister Carl Severing veranlassten Großrazzia am 17. März 1932 belegten, nicht zu Unrecht in Putschverdacht geriet[56] und in der Folge vom 13. April bis 16. Juni 1932 ebenso wie die SS reichsweit verboten wurde. Nach der Aufhebung des Verbots unter dem neuen Reichskanzler Franz von Papen wurde die Zusammenarbeit zwischen SA und Reichswehr wiederbelebt, ja sogar intensiviert. In den Lehranstalten des im September 1932 gegründeten Reichskuratoriums für Jugendertüchtigung wurden bis zum Sommer 1933 rund 10000 SA-Männer militärisch ausgebildet. Der SA-„Gruppenführer z. b. V." Friedrich-Wilhelm Krüger vertrat die Nationalsozialisten im Kuratorium.[57]

Im Juli 1933 wurde dieses Programm, das stets auch anderen Wehrverbänden und Kampfbünden offen gestanden hatte, aufgelöst. Die neue Reichswehrspitze des Dritten Reichs unter Werner von Blomberg und Walter von Reichenau akzeptierte ein Monopol der SA in Sachen Wehrsport. Die Zusammenarbeit bzw. die staatliche Finanzierung wurden nun über die allein Krüger unterstehende Organisation Chef des Ausbildungswesens abgewickelt. Dieser konnte dabei über deutlich mehr Geld verfügen: 118 Millionen Reichsmark für 1933, zunächst gar 200 Millionen für 1934. Sein Ziel, 250000 Männern eine jeweils vierwöchige militäri-

53 Den SA-Wehrsport beschreibt am Beispiel der Region Berlin-Brandenburg detailliert SCHUSTER, S. 183–214 und 253–259.

54 ZIMMERMANN, KÜHLWEIN und SCHIELE. Zu den Polizeiberichten SCHUSTER, S. 193–195.

55 HÜRTER, S. 291–293.

56 „Severings Aktion gegen die NSDAP", in: *Der Tag* vom 18. 3. 1932 und „Die Aktion gegen Hitlers Privatarmee", in: *Frankfurter Zeitung* vom 19. 3. 1932.

57 SCHUSTER, S. 210–211.

sche Grundausbildung zukommen zu lassen, die unter anderem den Gebrauch von Gewehr, Handgranate und MG, offensives und defensives Operieren im Gelände in Kampfgruppen von je acht Mann, das Verhalten gegen Flieger und Panzer und den Dienst als Melder und Späher umfassen sollte, konnte Krüger erreichen. Bis Ende 1934 wurden in circa 270 Schulen mit rund 13 000 Ausbildern gut 291 000 Männer an das militärische Handwerk herangeführt.[58]

Auch in der SS wurde bis 1934 intensiv Wehrsport betrieben. In zahlreichen „Ausbildungsplänen" für den regelmäßigen SS-Dienst traten explizit „die Aufgaben in rein wehrsportlicher Beziehung in den Vordergrund". Ein Großteil der zur Verfügung stehenden Zeit sollte auf Exerzieren, Waffenlehre und Geländeübungen verwendet werden.[59] Bei Inspektionen durch höhere SS-Führer wurden die erworbenen Kenntnisse vorgeführt. Auf eine derartige Demonstration reagierte Himmler im Februar 1933 mit der stolzen Aussage, die SS sei „längst über die Aufgaben einer politischen Propaganda- und Schutzorganisation hinausgewachsen [...]. Soldaten des Vaterlandes stehen bereit."[60]

Auch SS-Männer besuchten in der „Kampfzeit" und den ersten Jahren des Dritten Reichs längere Wehrsportkurse. 1932 wurde in Kreiensen die erste SS-eigene „Lehrschule" mit sechs Mann Ausbildungspersonal unter dem Kommando eines 65-jährigen Oberstleutnants a. D. eröffnet, die eine Kapazität von 110 Ausbildungsplätzen hatte. SS-Angehörige nahmen zudem an den Kursen des Reichskuratoriums für Jugendertüchtigung teil.[61] Im Rahmen der Organisation Chef des Ausbildungswesens wurden unter anderem in Klinge, Mihla, Leisnig, Kerbach, Fürth, Gräfenheinichen, Korbach, Wolfenbüttel, Reutlingen, Sternberg, Cosel und Kuhberg bei Geislingen spezielle SS-„Sportschulen" betrieben. Unter den vom „Chef AW" ausgebildeten Teilnehmern waren insgesamt 7828 SS-Männer.[62] Das bedeutet, dass zwischen zwei und drei Prozent aller damaligen SS-Angehörigen an dem Programm teilnahmen, während dieser Anteil bei der SA mindestens sieben Prozent ausmachte.[63] Der Wehrsport besaß in der SS also einen durchaus beachtlichen, im Vergleich zur SA aber geringeren Stellenwert.

[58] Vogelsang: Chef; Grundsatzvermerk Krügers vom 23. 2. 1934, in: Der Prozess gegen die Hauptkriegsverbrecher, Dok. PS-1849, Bd. 28, S. 588 ff.; Zusammenstellung über die Tätigkeit im SA-Ausbildungswesen 1933/34 (o. D., ca. Anfang 1935), in BA Berlin, NS 23, Bd. 540, Bl. 7 ff.

[59] Geheimer Befehl Himmlers betr. Richtlinien für die Ausbildung der SS im ersten Vierteljahr 1934 vom 13. 1. 1934, in BA Berlin, NS 31, Bd. 337, Bl. 2–7; SS-Gruppen-Befehl Nr. 10 der SS-Gruppe Süd vom 29. 11. 1932, in BA Berlin, NS 26, Bd. 330; geheimer Befehl des Führers der 81. Standarte in Schwäbisch-Hall vom 26. 9. 1934, in StA Ludwigsburg, PL 506, Bd. 71.

[60] In *Der SA-Mann* vom 25. 2. 1933.

[61] Zu Kreiensen *Der SA-Mann* vom 5. 4. 1932; zum Reichskuratorium Absolon, S. 97–100.

[62] Befehl des SS-HA vom 16. 4. 1934, in BA Berlin, NS 31, Bd. 347, Bl. 1; Befehl des Chefs des SS-HA, Wittje, vom 6. 6. 1934, in BA Berlin, NS 31, Bd. 347, Bl. 8–9; Zusammenstellung über die Tätigkeit im SA-Ausbildungswesen 1933/34 (o. D., ca. Anfang 1935), in BA Berlin, NS 23, Bd. 540, Bl. 7 ff.

[63] Bei dieser groben Schätzung wird von insg. durchschnittlich rd. 300 000 SS- und 3,5–4 Mio. SA-Männern 1933/34 ausgegangen. Genauere Angaben sind aufgrund des enormen „Wild-

Genau anders herum stellt sich das Verhältnis bei der zweiten kampfbund-spezifischen Aufgabe dar, die Hitler SA und SS gestellt hatte, der „Eroberung der Straße" bis 1932 bzw. der terroristischen Durchsetzung der totalen Machtansprüche der Nationalsozialisten nach der Ernennung Hitlers zum Reichskanzler 1933/34. Hier war die SS, wie im Folgenden gezeigt werden soll, tendenziell aktiver als die SA.

In der „Kampfzeit" verfolgten die Nationalsozialisten ein Doppelkonzept der Gewalt. Erstens suchten sie gezielt die Auseinandersetzung mit den Kommunisten, das heißt vor allem dem Roten Frontkämpferbund bzw. seinen illegalen Nachfolgeorganisationen. Indem die „Braunen" Aufmärsche, Sprechabende usw. gerade im Kiez der „Roten" abhielten, provozierten sie deren vielfach gewaltsame Gegenwehr,[64] um anschließend selbst zuschlagen zu können. Diese Strategie hatte den Vorteil, dass sich die Nationalsozialisten so einerseits in den Augen des antibolschewistisch eingestellten Bürgertums profilieren, andererseits gegenüber dem Staat als verfolgte Unschuld darstellen konnten. Nur so war der Widerspruch zwischen extremer Gewaltbereitschaft und Legalitätsfassade zu kaschieren.[65] Zweitens zielte die Militanz der SA- und SS-Männer, obwohl sie im Gegensatz zu den Kommunisten offene Angriffe auf die von der Polizei verkörperte Staatsgewalt meist vermieden, auf die Destabilisierung der Republik. Mit der von ihnen beschleunigten „Spirale der Gewalt" stellten sie permanent das staatliche Gewaltmonopol in Frage, schufen eine latente Bürgerkriegsatmosphäre und untergruben die Staatsautorität.[66]

Das Musterbeispiel einer entsprechenden SA-Aktion stellte der sogenannte Altonaer Blutsonntag dar. Am 17. Juli 1932 zogen circa 7000 Nationalsozialisten, mehrheitlich in SA-Uniform, durch die verwinkelte Altstadt der zu Preußen gehörenden, damals noch selbstständigen und als ausgesprochen „rot" geltenden Stadt Altona bei Hamburg. Prompt kam es zuerst zu einer Massenschlägerei, dann wurde aus den umliegenden Häusern auf den Zug geschossen. Durch das anschließende Eingreifen der Polizei eskalierte das Geschehen weiter, so dass es insgesamt 18 Tote und 285 Verletzte zu beklagen gab. Das wiederum lieferte dem nach rechts tendierenden Reichskanzler Franz von Papen den Vorwand zum „Preußenschlag", das heißt zur Entmachtung der geschäftsführenden preußischen Regierung unter dem Sozialdemokraten Otto Braun und damit zur Beseitigung des letzten und stärksten prorepublikanischen Bollwerks.[67]

wuchses" in der Zeit unmittelbar nach der „Machtergreifung" nicht möglich. Für die SS vgl. Kap. IV.3.

64 Zur Bedeutung der Verteidigung ihres „Terrains" für die Kommunisten ROSENHAFT.

65 Zu einem krassen Beispiel dieser Doppelzüngigkeit vgl. das Schreiben Hitlers an Groener vom 14.11.1931, in BA Berlin, NS 23, Bd. 542.

66 Zitat bei WIRSCHING: Weltkrieg, S. 575; vgl. auch SCHUMANN: Politische Gewalt und BLASIUS: Weimars Ende.

67 Zum Altonaer Blutsonntag mit deutlich zu niedrigen Zahlen BLASIUS: Weimars Ende, S. 65–67, detailliert, aber tendenziös SCHIRMANN, konzis BÜTTNER/JOCHMANN, S. 30–31. Zur Sonderrolle Preußens in Weimar und damit zur Bedeutung des „Preußenschlags" SCHULZE: Otto Braun und MÖLLER: Parlamentarismus.

Zahlreiche Erfahrungsberichte, die nach 1933 in der *FM-Zeitschrift* der SS erschienen, belegen, dass diese im „Versammlungskleinkrieg", den sich Nationalsozialisten und Kommunisten lieferten, keineswegs passiver war als die SA oder, wie das ihr Verteidiger Horst Pelckmann 1946 bei seinem Plädoyer im Nürnberger Prozess behauptete, „gemäß ihrem Namen – Schutzstaffel – einen rein defensiven Charakter" gehabt hätte.[68] In den Erzählungen der SS-Veteranen finden sich nicht nur stereotype Narrative von heldenhaft gewonnenen Saalschlachten gegen kommunistische Aggressoren, die sich natürlich stets in der Überzahl befanden,[69] sondern auch das unverblümte Eingeständnis, zum Beispiel die „Watte-Taktik" praktiziert zu haben, für die die SA berüchtigt war. Dabei begleiteten Männer in Zivil den uniformierten Marsch auf dem Trottoir und lösten dort gezielt Schlägereien aus.[70] Nicht minder offenherzig wurde eingeräumt, dass sich die SS-Männer eben nicht nur mit Kommunisten, sondern auch mit dem wesentlich weniger aggressiven, prorepublikanischen Reichsbanner prügelten.[71] Dass die SS sogar überproportional an der Gewalt der „Kampfzeit" beteiligt war, macht die Tatsache deutlich, dass ihre Verletztenquote rund 50% über der der SA lag.[72]

Nach der Ernennung Hitlers zum Reichskanzler schwächte sich die Gewalttätigkeit von SA und SS keineswegs ab. Vielmehr wurde sie noch einmal gesteigert, um die eigentliche „Machtergreifung" terroristisch durchzusetzen. Zu Opfern wurden weiterhin die „Roten", deren Verfolgung jetzt nicht mehr als individuelle Selbstverteidigung getarnt wurde, sondern – im Rückblick höchst durchsichtig, für zahlreiche Zeitgenossen vermeintlich plausibel – als Konterrevolution gegen einen kommunistischen Aufstand, dessen Startschuss angeblich der Reichstagsbrand bilden sollte. Neben und eigentlich im Widerspruch zu dieser Konterrevolutions-Behauptung – hier wird deutlich, dass es eben nur um die Vertuschung des eigentlichen Prozesses, nämlich der Errichtung der totalitären NS-Diktatur ging – stand das Schlagwort von der „nationalen Revolution". Unter der so legitimierten Gewalt hatten allerdings zunehmend auch prononciert nationale Kräfte wie die Anhänger der DNVP oder des Stahlhelms zu leiden, wenn sie sich kritisch äußerten, noch immer meinten, Hitler „zähmen" zu können, und sich daher der „Gleichschaltung" widersetzten.[73]

Viele der entsprechenden Taten gingen auf das Konto von SA-Kommandos, die Gewerkschaftshäuser und linke Redaktionen verwüsteten, Amtsgebäude besetzten, mit dem Hakenkreuzbanner beflaggten und von jüdischen Beamten „säuber-

[68] Der Ausdruck „Versammlungskleinkrieg" bei Schumann: Politische Gewalt, S. 335. Zu Pelckmanns Behauptung s. Der Prozess gegen die Hauptkriegsverbrecher, Bd. 21, S. 654.

[69] *FM-Zeitschrift* Ausgaben vom Dezember 1934, Januar 1935, Januar 1936 und Mai 1936.

[70] *FM-Zeitschrift* Ausgaben vom Dezember 1934 und Mai 1935; zur „Watte" in der SA Longerich: SA, S. 118.

[71] Bericht über die Aachener SS in der „Kampfzeit" (o. D.), in BA Berlin, NS 19, Bd. 1845, Bl. 1–17.

[72] Kater: SA und SS, S. 345–348.

[73] Zu der von den zeitgenössischen Begriffen ausgelösten analytischen Verwirrung um Revolution und Konterrevolution vgl. Möller: Nationalsozialistische Machtergreifung. Zur Gewalt gegen Konservative Beck: Fateful Alliance, S. 219ff.

ten", den Boykott jüdischer Geschäfte organisierten, Gegner auf offener Straße demütigten, verprügelten oder in über 100 „Inquisitionsstätten" bzw. „wilde Konzentrationslager" verschleppten.[74] Die SA-Männer wurden dabei von ihren Führern zu rücksichtsloser Gewaltausübung angestachelt, zum Beispiel in einem Befehl Röhms von Ende Juli 1933, in dem er versprach, „jede Handlung [zu decken], die zwar den geltenden gesetzlichen Bestimmungen nicht entspricht, aber dem ausschließlichen Interesse der SA dient".[75] Auch die neue Staatsführung entfesselte die Gewaltwelle anfangs gezielt und verteidigte sie gegenüber rechtsstaatlichen Ahndungsversuchen. Ausgehend von Preußen, wo Hermann Göring das Innenministerium übernommen hatte, wurden im Frühjahr 1933 im ganzen Reich SA-Männer zu Hilfspolizisten ernannt und mit Gummiknüppeln und Pistolen bewaffnet. Zwar wurden diese Einheiten am Ende des Sommers 1933 wieder aufgelöst, jedoch konnten sie bei Bedarf lokal und temporär reaktiviert werden.[76] Zudem gab es mehrere Amnestien für Exzess-Taten, so zum Beispiel am 21. März 1933 für alle strafbaren Handlungen im „Kampf für die nationale Erhebung des deutschen Volkes" oder am 7. August 1934 für Delikte, „zu denen sich der Täter durch Übereifer im Kampfe für den nationalsozialistischen Gedanken hat hinreißen lassen". Angesichts dieser Faktenlage resignierten viele Polizei- und Justizdienststellen auch ohne entsprechende gesetzliche Vorschriften und setzten die Strafverfolgung gegen die SA 1933/34 faktisch außer Kraft, so dass, wie die Kasseler Gestapo im Mai 1934 konstatierte, in „unzähligen Fällen von Übergriffen und Ausschreitungen gerichtlich nichts" geschah.[77]

Einen der traurigen Höhepunkte dieser Explosion der SA-Gewalt, in deren Rahmen allein bis Ende Oktober 1933 mindestens 500 bis 600 Menschen ermordet wurden,[78] bildete die sogenannte Köpenicker Blutwoche. Am 21. Juni 1933 war der Führer der dort ansässigen SA-Standarte 15, Herbert Gehrke, mit der lokalen Durchsetzung des Verbots der Deutschnationalen Kampfringe beauftragt worden. Dazu wurden ihm und seinen Männern hilfspolizeiliche Befugnisse übertragen. Gehrke nutzte diesen Anlass, um ein weiteres Mal gegen alle ihm unliebsamen Personen vorzugehen. Zahlreiche stadtbekannte NS-Gegner wurden in das örtliche Amtsgerichtsgefängnis sowie mehrere SA-Sturmlokale verschleppt und dort, vielfach unter Gewaltanwendung, verhört. Die Aktion eskalierte, als ein Reichsbanner-Mitglied sich gegen die „Verhaftung" zur Wehr setzte, zwei SA-Männer erschoss und floh. Das anschließende sadistische Wüten der Männer der SA-Standarte 15 bzw. des zu „Hilfe" eilenden Berliner SA-Sturms 33, die willkür-

[74] LONGERICH: SA, S. 172–174.
[75] Befehl Röhms vom 31. 7. 1933, in BA Berlin, NS 23, Bd. 546.
[76] Befehle Röhms zur Übernahme dieser Aufgabe durch die SA vom 27. 2. und 14. 3. 1933, in BA Berlin, NS 23, Bd. 544; Rundschreiben des Leiters der Staatspolizeistelle Kassel vom 20. 4. 1934, in: KLEIN: Lageberichte, Bd. 2, S. 644.
[77] Lagebericht der Staatspolizeistelle Kassel für Mai 1934, in KLEIN: Lageberichte, Bd. 1, S. 103; zum Gesamtphänomen der Ausschaltung bzw. Selbstgleichschaltung der Justiz GRUCHMANN, S. 325–346.
[78] GRUCHMANN, S. 322–325.

lich prügelten und einige Opfer regelrecht hinrichteten, zog sich bis in die Morgenstunden des 26. Juni 1933 hin und kostete rund 20 Menschen das Leben.[79]

In der Forschung wird diese „wilde" SA-Gewalt der Jahre 1933/34 vom systematischen, wenn auch immer noch völlig extralegalen Terror unterschieden, mit dem Gestapo und SS ab 1934 das Dritte Reich zu beherrschen halfen.[80] Dabei wird vielfach übersehen oder zumindest zu wenig akzentuiert, dass auch die SS die „wilde" Gewalt in vollem Umfang mittrug. So wurden SS-Männer überproportional häufig zu Hilfspolizisten ernannt. Beim Aufbau dieser Einheiten, so legte Ernst Röhm im März 1933 fest, seien jeweils circa 50% des Personals aus der SA, 30% aus der viel kleineren SS und nur 20% aus dem noch größeren Stahlhelm zu rekrutieren. Allein in der im Februar von Göring aufgestellten 50000 Mann starken preußischen Hilfspolizei dienten 15000 SS-Männer.[81] In dieser Rolle stürmten sie an der Seite der SA-Angehörigen „Volkshäuser" zum Beispiel in Zittau, Reichenbach und Hannover oder nahmen unter anderem in Sulzbach-Rosenberg und Bamberg die „Roten" in „Schutzhaft".[82]

Neben dem Konzentrationslager Dachau, das die SS am 10. April 1933 von der Münchner Schutzpolizei übernahm und das zum Kern des von Theodor Eicke organisierten SS-Lagersystems wurde, ist die Beteiligung der SS in mindestens elf „wilden KZs" nachgewiesen.[83] Diese improvisierten Haft- und Folterstätten wurden in leer stehenden Industrieanlagen, bereits von der SS genutzten Gebäuden oder als Unterabteilungen bestehender Gefängnisse eingerichtet. Sie wurden keineswegs – wie nach 1945 behauptet – durchgehend strikt geheim gehalten und von der Umwelt abgeschirmt, sondern lagen teilweise, so zum Beispiel in Witten, mitten in den Innenstädten bzw., so in Neustadt a. d. Haardt, in unmittelbarer Nachbarschaft zu Wohnanlagen. Die entsprechenden Klagen der Anwohner über die deutlich zu hörenden Schreie der Opfer oder gar den verstörenden Anblick der Prügelei führten teilweise zur Verlegung bzw. Schließung der Lager. In Reichenbach dagegen spendete die NS-Frauenschaft ein „Abdämpfkissen", in das die SS-Männer fortan den Kopf des jeweiligen Opfers pressten, um die „Lärmbelästigung" zu verringern. Der Impuls zur Einrichtung der „wilden KZs" kam teils von der schnell gleichgeschalteten Polizei, teils von lokalen NSDAP-Funktionären, die

[79] Penibel zwischen den Fakten und der späteren Übertreibung durch die DDR-Justiz und -Geschichtsschreibung unterscheidend FLICK.

[80] Vgl. z. B. SCHUMANN: Gewalt als Methode, S. 136–137.

[81] Befehl Röhms vom 14. 3. 1933, in BA Berlin, NS 23, Bd. 544; KOEHL: Black Corps, S. 65–69.

[82] Entspr. Berichte in der *FM-Zeitschrift* vom April 1935 und im *Völkischen Beobachter* vom 10. und 13. 3. 1933.

[83] Diese lagen in Witten (dazu KLEIN: Witten), Essen (ZIMMERMANN), Neustadt a. d. Haardt (MEYER/ROTH), Reichenbach (BAGANZ), Moringen (HESSE), Hammerstein (RUDORFF: Hammerstein), Esterwegen (GRUCHMANN, S. 362–363), Berlin-Tempelhof (SCHILDE und SCHILDE/TUCHEL), Stettin-Bredow (GRUCHMANN, S. 348–353; RUDORFF: Stettin-Bredow; DROBISCH/WIELAND, S. 98), Hamburg-Fuhlsbüttel (GRUCHMANN, S. 374–379; DIERCKS: Hamburg-Fuhlsbüttel) und Ahrensbök-Holstendorf (WOLLENBERG; STOKES: Eutiner Schutzhaftlager). Zur Frühzeit in Dachau ZÁMEČNÍK, S. 233–237, und DILLON. Vgl. zu den frühen bzw. „wilden KZs" auch BENZ/DISTEL: Terror ohne System und GOESCHEL/WACHSMANN.

Fotografie von Häftlingen des KZ Dachau bei der Zwangsarbeit unter Aufsicht eines SS-Manns vom Mai 1933, in Bundesarchiv-Bilddatenbank, Signatur Bild 152-01-26.

staatliche Positionen usurpiert hatten, vielfach aber auch aus den Reihen der SS selbst. Als Wachmannschaften dienten arbeitslose SS-Männer, die teilweise durch SA-Angehörige bzw. – meist in einer kurzen Anfangsphase – durch reguläre Polizeibeamte ergänzt wurden.

In allen frühen SS-KZs wurde exzessiv Gewalt angewendet. In Neustadt und Dachau wurden neue Häftlinge systematisch durch „Begrüßungsprügel" entmenschlicht. In der Regel wurden spezielle Verhör- und Folterräume eingerichtet wie der Wittener „Tränenkeller", der Essener „Blutskeller", das Moringer „Freudenzimmer" oder der Dachauer „Bunker". Schriftlich fixierte Lagerordnungen, die es zum Beispiel in Hammerstein und Dachau gab, wurden systematisch missachtet. Selbst Todesfälle in Folge schwerer Misshandlungen bzw. gezielte Morde wurden als „Herzinfarkte", „Selbstmorde", oder „Erschießungen auf der Flucht" vertuscht. Zu einem erfolgreichen Einschreiten der Justiz kam es nur im Fall Stettin-Bredow. Hier hatten die SS-Wachen nicht nur exzessiv geprügelt, sondern zudem ein Erpressungssystem geschaffen, in dem gezielt wohlhabende Bürger zuerst inhaftiert und dann gegen Lösegeld freigelassen wurden. Auch waren mehrere Häftlinge schwerstverletzt ins öffentliche Krankenhaus gekommen. Schließlich hatten sich mit dem Stettiner Regierungspräsidenten Konrad Göppert und dem ehemaligen Generalfeldmarschall August von Mackensen hochrangige Beschwerdeführer gefunden. Das Lager wurde geschlossen und im Frühjahr 1934 unter Ausschluss der Öffentlichkeit ein Prozess gegen den Kommandanten SS-Sturmführer Joachim Hoffmann, seine beiden Stellvertreter Fritz Pleines und Karl Salis sowie vier weitere SS-Wachmänner geführt. Die drei Erstgenannten wurden zu mehrjährigen Haftstrafen verurteilt, kurz darauf aber von der SS selbst aus dem Gefängnis geholt und ermordet.[84] Dass nicht die Taten in Bredow an sich, sondern die Tatsache, dass sie für einen Skandal gesorgt und die SS „beschmutzt" hatten, zu diesen Morden geführt hatte, belegt die Tatsache, dass der eigentliche Spiritus Rector des KZs, der kommissarische Stettiner Polizeipräsident und SS-Oberführer Fritz Karl Engel rechtzeitig aus der Schusslinie gebracht, mit einem lukrativen Posten bei der Berliner Müllabfuhr versorgt und im Zweiten Weltkrieg in Ehren wieder in die SS aufgenommen wurde.[85]

Außerhalb der „wilden KZs" bekamen von Anfang an besonders die deutschen Juden die entfesselte SS-Gewalt zu spüren. Im März hatten SS-Angehörige jüdische Mitbürger in Göttingen, Duisburg und München in Prangermanier durch die Stadt getrieben.[86] Den Männern der Schutzstaffel war nicht nur selbst jeder „persönliche oder geschäftliche Verkehr mit Juden" streng verboten.[87] Vielmehr halfen einzelne SS-Männer oder ganze SS-Einheiten, den reichsweiten Judenboykott vom April 1933 zu organisieren, wobei sie teilweise Kunden und Geschäftsinhaber verletzten.[88] Im Mai 1933 wurde, wie bereits in der Einleitung beschrieben, Max Oppenheimer, ein jüdischer Viehhändler aus Altenlotheim, von vier SSlern entführt, zusammengeschlagen, zum Trinken von Rizinusöl gezwungen und anschließend erpresst. Das von der Ehefrau des Opfers gegen seinen Willen eingeleitete Strafverfahren wurde im August 1933 eingestellt.[89] Im selben Monat verschleppten SS-Männer in Hörstein bei Alzenau drei Juden auf ein Feld und verprügelten sie dort. Ein Mittäter wurde verhaftet, kam aber auf Intervention Himmlers wieder frei.[90]

Dass die SS wie schon vor der „Machtergreifung" auch 1933/34 insgesamt gewalttätiger agierte als die SA, geht aus einer Statistik über unerledigte Strafverfahren hervor, die die Oberste SA-Führung am 11. Mai 1934 dem Reichsjustizministerium übergab. Obwohl die SA zu diesem Zeitpunkt rund zehnmal mehr Mitglieder hatte als die SS, standen 3373 Verfahren gegen SA-Männer 664 gegen SS-Angehörige gegenüber.[91] Letztere waren also rund doppelt so häufig derart brutal vorgegangen, dass sie trotz der beschriebenen allgemeinen Passivität der Innen- und Justizbehörden mit dem Gesetz in Konflikt geraten waren.

[84] Das geschah im Zuge des sog. Röhm-Putschs.

[85] SSO Fritz Karl Engel, in BA Berlin.

[86] Longerich: Politik, S. 36, und Wildt: Volksgemeinschaft als Selbstermächtigung, S. 119–120.

[87] Monatlich zu verlesender Befehl Himmlers vom 25.8.1935 im SS-Befehlsblatt (3. Jg.; Nr. 8), in IfZ-Archiv DC 27.01; zu Ausschlüssen aufgrund von Kontakten zu Juden Schreiben des Führers des Sturmbanns III/81 an die 81. Standarte vom 18.5.1937, in StA Ludwigsburg, PL 506, Bd. 77; Schreiben des Abschnitts XXX an den SS-Mann K. F. vom 23.1.1935, in StA Marburg, 327/2a, Bd. 24.

[88] *Völkischer Beobachter* vom 3.4.1933; *FM-Zeitschrift* vom April 1935; Menk, S. 72.

[89] Menk, S. 62–63 und 130–137; Justizakten zu dem Fall in StA Marburg, Bestand 274 Marburg, Bd. 389, Acc. 1981/57.

[90] Gruchmann, S. 393–396.

[91] Gruchmann, S. 428.

Wie sehr die Förderung oder zumindest Duldung hemmungsloser Gewalt bei den SS-Männern den Eindruck beförderte, über dem Recht zu stehen und sich tendenziell alles erlauben zu können, zeigt sich an der Aussage eines SS-Manns, der 1934 nach einer Schlägerei in Korbach von der Polizei bzw. einem Untersuchungsrichter verhört wurde: „Bei dieser Gelegenheit möchte ich sagen, dass ich immer meinen SS-Kameraden gegenüber die Ansicht vertreten habe, dass die SS ebenso wie jeder andere Bürger die Gesetze des Staates beachten müsse, dass ich aber dann immer ausgelacht wurde [...] Es ist schon mehrfach vorgekommen, dass Leute von SS-Leuten geschlagen worden sind. Man hat aber nie gehört, dass die Sache dann gerichtlich verfolgt worden ist."[92]

2. Kameraden der SA

Die für den Aufstieg des Nationalsozialismus so zentrale politische Gewalttätigkeit der SA war für diejenigen, die sie ausführten, keineswegs nur eine lästige Pflicht, die der harte Dienst eben mit sich brachte. Vielmehr war sie Teil einer umfassenden „Männlichkeitskultur".[93] In der Forschung ist diese in Vielem proletarisch anmutende Kultur bislang unterschieden worden von dem „etwas feineren" bzw. „etwas respektableren" Klima in der SS.[94] Im Folgenden soll dargelegt werden, dass die Unterschiede auch in dieser Hinsicht zumindest bis 1934 weniger bedeutsam waren als die Gemeinsamkeiten, dass die SS-Männer also in ihrem ganzen Habitus, um einen zeitgenössischen Leitbegriff zu gebrauchen,[95] enge „Kameraden" der SA-Angehörigen waren.

Im übertragenen Sinn war der „Ort" der SA-Kultur der Sturm als kleinste Einheit unter einem eigenen Führer. Die Stürme, in denen der Großteil des SA-Diensts geleistet wurde, bestanden aus je einigen Dutzend Männern.[96] Sie waren bewusst so konstruiert, dass sie von zwei Kohäsionskräften zusammengehalten wurden: Zum einen verband sie die persönliche Nähe zwischen den Männern. Die Mannschaft verbrachte nicht nur viel Zeit im SA-Dienst miteinander, sondern war gezielt aus Nachbarn, Kollegen und Freunden zusammenzustellen.[97] Das zweite Bindeglied war der Sturmführer, der große, möglichst charis-

[92] Protokolle der Vernehmungen W.E.s durch die Polizei Korbach bzw. den zuständigen Korbacher Amtsgerichtsrat von Dezember 1934, in StA Marburg, 274 Kassel, Bd. 23/I, Acc. 1983/86, Bl. 10–13, 24–25 und 77–78.

[93] SCHUMANN: Gewalt als Methode, S. 137–138.

[94] BUCHHEIM: Herrschaftsinstrument, S. 31, und KOEHL: Black Corps, S. 229 [Übersetzung B.H.].

[95] Zum Kameradschaftsdiskurs im Deutschland der Zwischenkriegszeit KÜHNE: Kameradschaft, S. 27–112.

[96] Zur Schwankung der Stärke der SA-Stürme REICHARDT: Kampfbünde, S. 402. Stürme mit mehreren hundert Mitgliedern waren die Ausnahme. Sie fanden sich v. a. während rascher Expansionszeiten, kurz vor Teilungen.

[97] Entspr. Vorgaben u. a. in SABE Nr. 6 vom 6. 11. 1926 und GRUSA Nr. IV vom 4. 6. 1927, in BA Berlin, NS 23, Bd. 504.

matische Autorität mit persönlicher Nähe zu seinen Männern kombinieren sollte. Er hatte jedes einzelne Neumitglied per Handschlag in den Sturm aufzunehmen und sollte mit den privaten Lebensumständen seiner Männer vertraut sein.[98] Dass diese Konstruktion der kameradschaftlichen Bindung in einer kleinen Einheit unter paternalistischer Führung[99] nicht nur auf dem Papier der OSAF-Befehle stand, sondern in der Praxis tatsächlich funktionierte, so dass die Stürme für die SA-Männer vielfach zu einer Art Ersatzfamilie wurden, belegen nicht nur zahlreiche Selbstbeschreibungen „alter Kämpfer"[100], sondern auch die Mikrostudien Sven Reichardts zum Charlottenburger SA-Sturm 33 unter seinen Führern Friedrich Eugen Hahn und Hans Eberhard Maikowski.[101]

Die SS setzte auf die gleiche Konstruktion aus Führertum und Kameradschaft, die Hans Buchheim abwertend als „Kameraderie" bezeichnet hat.[102] Wie stark auch ihre Stürme „ganz auf den Sturmführer zugeschnitten"[103] waren, zeigt das Beispiel der SS-Einheit in Winnenden bei Stuttgart. Diese war 1931 als unselbstständiger Trupp mit nur sieben Mann gegründet worden und bis 1933 trotz des Fehlens von örtlichen Kommunisten und des damit relativ geringen Ausmaßes der für die Werbung so wichtigen Gewaltpraxis zu einem selbstständigen Sturm mit 80 Mann unter der Führung des Gründungsmitglieds Georg Riedel angewachsen.[104] Unmittelbar nach dessen Beförderung und Versetzung kam es 1935 zu einer schweren Krise im nun zwar nicht formal, aber de facto führerlosen Sturm. Diese kam unter anderem in folgendem bemerkenswerten Wortgefecht zwischen dem Interimsführer H., der nach einer durchzechten Nacht einen frühmorgendlichen Dienst hatte ausfallen lassen, und W., einem seiner Männer, vor versammelter Mannschaft zum Ausdruck: „W., Sie brauchen nicht zu grinsen." – „Ich habe nicht gegrinst." – „Halten Sie Ihre Gosch." – „So schnell halte ich mei Gosch nett, Recht muss Recht bleiben." – „Ich sage nochmals, Sie sollen ruhig sein." – „Vor einem, der vor der Front besoffen ist und zu feige ist, das einzugestehen, halte ich mei Gosch nicht." – „W., ich stoße Sie mit sofortiger Wirkung aus der SS aus, machen Sie, dass Sie wegkommen." – „So siehst Du aus, dass ich mich von Dir wegschicken lasse, das bringst Du gar nicht fertig, das werde ich doch noch sagen dürfen, dass Du mit einem Rausch gekommen bist." – „Wenn Sie jetzt nicht ruhig sind, schieße ich Sie über den Haufen." – „Wenn Du mit mir persönlich etwas auszumachen hast, dann geh mit mir hier hinter die Schule, dann können wir es ausmachen." Der neue Mann, H., konnte sich als Führerfigur bei seinen Kameraden nicht durchsetzen, obwohl er im Auftrag der höheren SS-

98 U.a. Befehl Röhms vom 7.3.1932, in BA Berlin, NS 23, Bd. 543.

99 Zur entspr. Definition von Kameradschaft Kühne: Kameradschaft, S. 12–13.

100 Schmidt, S. 31, und Merkl: Political Violence, S. 31.

101 Reichardt: Kampfbünde, S. 418–426 und 490–497.

102 Buchheim: Befehl und Gehorsam, S. 257–260. Zu entspr. Vorgaben der SS-Führung vgl. *Der SA-Mann* vom 7.10.1933 und Grundsatzbefehl des Führers der 34. SS-Standarte betr. Kameradschaft vom November 1936, in BA Berlin, NS 31, Bd. 319, Bl. 42–47.

103 Schulte: SS-Mentalität, S. 81.

104 „Kampfzeit"-Chronik des SS-Sturms 5/81 in Winnenden vom 27.2.1936, in StA Ludwigsburg, PL 506, Bd. 72.

Führung handelte. Die daraus resultierende Uneinigkeit zersetzte die Disziplin und damit die politische Funktionsfähigkeit des Sturmes. Kurz darauf wurde W. aus der SS ausgestoßen und H. abgesetzt, um beides wieder herzustellen.[105]

In diesem Dialog wird eine weitere „kulturelle" Überschneidung zwischen SA und SS deutlich: die intern übliche derbe Sprache, die in Vielem dem Jargon von Jugendbanden ähnelte. Typische Elemente waren das Duzen, der Gebrauch von Spitznamen sowie eine Tendenz zur betont lässigen Großsprecherei, vor allem wenn es um die eigene Gewalttätigkeit ging. Dass es so etwas eben nicht nur in der „proletenhaften" SA gab,[106] sondern dass der Winnender Tonfall auch in der frühen SS eher die Regel als die Ausnahme darstellte, zeigen nach der „Machtergreifung" verfasste „Kampfzeit"-Berichte von SS-Angehörigen. Hier tauchen Spitznamen wie „Faust", „Dicker", „Pavian" oder „Teddy" auf. Die Gegner vom Reichsbanner wurden als „Reichsbananen" verunglimpft, die es zu „vermöbeln" galt. Nach derartigen Überfällen musste man vor der „Polente" „verduften". Die Schuss- und Stichwaffen, die neben den für SA und SS typischen Schlagwerkzeugen wie Spazierstöcken, Fackeln und vor allem den mit zwei schweren Karabinern versehenen ledernen Schulterriemen[107] und entgegen den offiziellen Beteuerungen der NS-Führung[108] in einer Vielzahl von Fällen verwendet wurden, tarnte man durch Code-Bezeichnungen. Ein derart ausgestatteter SS-Mann war „warm angezogen" bzw. hatte er einen „Lautsprecher" dabei, was nichts anderes bedeutete, als dass er eine „anständige Knarre" mit sich führte.[109]

In dieser Sprache wurden – auch hier stand die SS der SA in nichts nach – Gewalttaten systematisch glorifiziert und Gewalttäter heroisiert. Saalschlachten mit zahlreichen Verletzten wurden beispielsweise mit den folgenden Sätzen lustvoll beschrieben: „Ja so war es, wenn SS räumte, da blieb kein Auge trocken." – „Ganze Arbeit leistete die SS. Wie die Fliegen legte sie die Kommunisten um." – „Wir waren wieder einmal richtig in Form." – „War das ein herrliches Gefühl, Kameraden, drauf und nochmals drauf, durch die Fenster müssen sie, oder sie kommen

105 Protokoll der SS-Vernehmung des Rottenführers W. vom 28.8.1935, in StA Ludwigsburg, PL 506, Bd. 71; Zur Fortsetzung der Krise in der Winnender SS, deren erste Führerfigur nicht so leicht zu ersetzen war, StA Ludwigsburg, PL 506, Bd. 76.

106 Zum SA-Jargon Reichardt: Kampfbünde, S. 418, 421 und 457.

107 Zu deren Einsatz u. a. Stokes: Meine kleine Stadt, S. 291–292, und Schreiben des Führers der SS-Standarte Nordmark an die RFSS vom 2.6.1931, in BA Berlin, NS 19, Bd. 3870, Bl. 10–12.

108 Vgl. das Waffenverbot in der GRUSA Nr. II vom 31.5.1927, in BA Berlin, NS 23, Bd. 509, mit der Behauptung: „Die Waffe [...] des SA-Mannes ist eine gesunde Faust und Vaterlandsliebe im Herzen."

109 Alle in Anführungszeichen gesetzten Begriffe aus dem SS-Jargon in der *FM-Zeitschrift* von Dezember 1934, Februar 1935, Juli 1935 und Februar 1936 bzw. im undatierten Bericht über die Aachener SS in der „Kampfzeit", in BA Berlin, NS 19, Bd. 1845, Bl. 1–17. Zur während der „Kampfzeit" üblichen „wilden" Bewaffnung von SA und SS höchst aufschlussreich die Serie zum „korrekten" Waffengebrauch als Hilfspolizisten unter dem Titel „Waffe und Waffengebrauch. Was der SA- und SS-Mann darüber wissen muss!", in *Der SA-Mann* vom 18.3.1933, 25.3.1933 und 1.4.1933.

hier nicht lebend raus."[110] Die Tatsache, dass, wie in der SA auch,[111] das Gewaltniveau bei ländlichen Einheiten eher unter dem der Städte lag, wurde von den dortigen SS-Männern nicht begrüßt, sondern eher bedauert, weil man dadurch länger auf die ersehnte „Feuertaufe" bzw. „Blutsweihe" warten musste.[112]

Dass die so überhöhte und im Dienstalltag wie beschrieben nahezu allgegenwärtige Gewalt den Männern der SA wie der SS auch infolge „gruppendynamischer Zurichtung"[113] zur zweiten Natur wurde, hatte zur Folge, dass sie sich nicht nur gegen die erklärten politischen Feinde der „Bewegung" richtete, sondern auch auf die eigenen Kameraden bzw. das private Umfeld zurückfiel. Für die SA gab Franz von Pfeffer die nach innen gerichtete Gewaltform der Feme schon am 7. November 1926 mit folgendem Befehl faktisch frei: „Wenn [...] Kameraden persönliche Rache an einem Missetäter nehmen, so hat das mit dienstlichen Maßnahmen nichts zu tun. Dienstlich darf weder dazu aufgerufen, noch nahegelegt werden. Jede Einmischung eines Vorgesetzten [...] ist vielmehr streng zu vermeiden."[114] Ernst Röhm hieß das 1933 nicht nur gut, sondern schloss bei schweren Verfehlungen explizit auch Mord in den Bereich des Denkbaren ein.[115] Dass solche Fememorde in der SA in Einzelfällen als „soziale Sanktionen von unten", die großen „Konformitätsdruck" erzeugten, tatsächlich vorkamen, hat Sven Reichardt nachgewiesen.[116]

Auch in der Schutzstaffel war Feme nicht unbekannt. Als es 1930/31 Streit um die Führung der Kieler SS gab, schlug der zuständige Standartenführer vor, dem größten Unruhestifter eine „Abreibung" zu verpassen.[117] Einige Jahre später beschwerte sich ein Mitglied der SS-Wache Straubing nach einem internen Streit um Geld und gegen den ausdrücklichen Befehl seines unmittelbaren Vorgesetzten, über die Sache Stillschweigen zu bewahren, bei einem außenstehenden SS-Führer. Daraufhin schlugen ihn seine Kameraden krankenhausreif. Noch während er dort wegen des erlittenen Schädelbruchs behandelt wurde, versuchte sein Vorgesetzter, allerdings vergeblich, ihn obendrein aus der SS ausschließen zu lassen.[118] Der im vorigen Kapitel geschilderte Mord an den drei am Skandal um das Konzentrationslager Stettin-Bredow beteiligten SS-Männern macht deutlich, dass auch in der SS die Feme tödlich sein konnte. Das prominenteste Opfer stellte Erhard Heiden dar, der dritte Reichsführer der SS, den sein ehemaliger Stellvertreter

110 In der *FM-Zeitschrift* von Dezember 1934, Januar 1935 und Mai 1936.

111 Longerich: SA, S. 97–100, und Reichardt: Kampfbünde, S. 80–81 und 267–271.

112 Diese Ausdrücke in der *FM-Zeitschrift* von Februar 1935 und August 1935. Zum Bedauern der Gewaltlosigkeit „Kampfzeit"-Chronik des SS-Sturms 5/81 in Winnenden vom 27. 2. 1936, in StA Ludwigsburg, PL 506, Bd. 72.

113 Reichardt: Kampfbünde, S. 426–427.

114 SABE Nr. 7 vom 7. 11. 1926, in BA Berlin, NS 23, Bd. 509.

115 Befehl Röhms vom 31. 7. 1933, in BA Berlin, NS 23, Bd. 546.

116 Reichardt: Kampfbünde, S. 429–432.

117 Schreiben des Führers der SS-Standarte Nordmark an die RFSS vom 2. 6. 1931, in BA Berlin, NS 19, Bd. 3870, Bl. 10–12.

118 Die Akten zu dem Vorgang aus dem Jahr 1937 in BA Berlin, RS Ludwig Perzl, SSO Eberhard Ries, SSM / SSUF Fritz Krenner.

und Nachfolger Heinrich Himmler im April 1933 im Münchner Kaffee Orlando „festnehmen" ließ und dessen Leiche wenig später aus der Isar gefischt wurde.[119]

Wie stark in der Sturmabteilung hinsichtlich der Gewalt gegen Außenstehende die Grenzen zwischen dem Politischen und dem Privaten verschwammen, belegen die beiden wohl bekanntesten Einzelfälle ihrer Geschichte: die Ermordung des Berliner SA-Sturmführers Horst Wessel durch den Kommunisten Albrecht Höhler und dessen Genossen im Januar 1930 und der Mord, den mehrere Männer der SA und des ehemaligen Freikorps Selbstschutz Oberschlesien im August 1932 in Potempa am Arbeiter Konrad Pietzuch begingen. Wessel wurde nicht nur deshalb zum Opfer, weil er als SA-Führer eine Hassfigur für die örtlichen Kommunisten darstellte, sondern auch, weil seine Freundin, Erna Jänicke, eine ehemalige Prostituierte und dem Mörder Albrecht Höhler in dessen Profession als Zuhälter bekannt war. Zudem hatte es zwischen Wessel und seiner der KPD nahestehenden Vermieterin, Elisabeth Salm, vor dem Mordanschlag Auseinandersetzungen über Wessels neue Mitbewohnerin gegeben.[120] Pietzuch wurde in Anwesenheit seiner Mutter und seines Bruders zu Tode getrampelt, weil er polnischstämmig und ein Kommunist war, aber auch weil er persönlichen Streit mit dem örtlichen Gastwirt und Anführer der Nationalsozialisten, Paul Lachmann, hatte. Unter anderem hatte Pietzuch gedroht, Lachmann wegen dessen Wilderei anzuzeigen. Lachmann seinerseits versorgte die SA-Schläger vor dem Mord mit reichlich Schnaps, um sie für die Drecksarbeit in seinem Auftrag „in Stimmung" zu bringen.[121]

Derartige zumindest teilweise privat motivierte Gewalttätigkeit gegen Dritte ist auch für die frühe SS in zahlreichen Fällen belegbar. 1931 versuchte ein Münchner Wirt mehrere völlig betrunkene SS-Männer vor die Tür zu setzen, was in einer Massenschlägerei endete, bei der ein Mann niedergestochen wurde.[122] Im bereits erwähnten Korbacher Beispiel von 1934 verprügelten drei SS-Männer den örtlichen Kinobetreiber Heinrich Löwenstein deshalb so schwer, dass dieser ein Auge verlor, weil ein guter Freund von ihm im betrunkenen Zustand den örtlichen SS-Sturmführer beleidigt und Löwenstein zudem Gerüchte über dessen Liebesleben in die Welt gesetzt hatte.[123] Ebenfalls 1934 kam es in Kassel zu einem nächtlichen Zusammenstoß zwischen vier völlig betrunkenen SS-Männern und zwei Polizisten in Zivil. Diese hatten drei der SSler, die vor einem Bordell auf ihren dort als Freier verkehrenden Kameraden warteten, aufgefordert, weiter zu gehen. Es kam zu einem Wortgefecht, in dem einer der SS-Angehörigen auf die Drohung „Das melde ich dem Polizeipräsidenten!" mit „Wir scheißen auf den Polizeipräsidenten!" antwortete. Schließlich entwickelte sich eine Schlägerei bzw.

119 Sigmund, S. 212–216.
120 Siemens, S. 15–32.
121 Zum Fall Potempa allgemein Kluke und Bessel: Potempa; zu den privaten Hintergründen hier, S. 244–246.
122 *Münchner Post* vom 3. 3. 1931.
123 Die Akten des betr. Strafverfahrens in StA Marburg, 274 Kassel, Bd. 23/I und 23/II, Acc. 1983/86.

Messerstecherei, bei der ein SS-Mann nicht nur einen Polizisten, sondern auch einen Kameraden, der ihn besänftigen wollte, erheblich verletzte.[124]

Wie die geschilderten Taten deutlich machen, bestand ein enger Zusammenhang zwischen der Gewaltkultur der SA und SS und der großen Rolle, die Alkoholkonsum in beiden Organisationen spielte. In der Sturmabteilung gehörte das Trinken von Bier, weniger von Schnaps, zur „Männlichkeitskultur" unbedingt dazu und spielte bei der Entfesselung der Gewalttätigkeit eine wichtige Rolle. Einer gegen entsprechende Exzesse gerichteten Ermahnung Röhms vom Mai 1934 konnte man die allgemeine Akzeptanz deutlich anhören: „Insbesondere werde ich künftig alles, was in der Trunkenheit geschieht, besonders hart bestrafen. Wer alkoholische Getränke nicht verträgt oder über ihrem Genuss die Haltung verliert, soll Milch trinken."[125]

Dass das in der Schutzstaffel wenig anders war, soll nicht anhand weiterer Trunkenheitsfälle, sondern anhand der nicht abreißenden Folge der SS-Vorschriften gegen das Trinken belegt werden. In seinem Befehl zum Verhalten beim Nürnberger Reichsparteitag von 1929 betonte Himmler nicht weniger als dreimal, dass dort absolutes Alkoholverbot herrsche.[126] Vor dem Reichsparteitag 1933 versuchte die SS-Führung diese noch immer gültige Norm dadurch durchzusetzen, dass sie den SS-Männern als Kompensation Gratiszigaretten und Schokolade versprach. Dennoch wurde wieder getrunken, wie Erlebnisberichte von Teilnehmern aus der SS zeigen.[127] 1934 erließ Himmler auch für die Schutzstaffel einen Befehl, der dem Röhms inhaltlich entsprach, ohne dessen augenzwinkernden, machistischen Tonfall zu übernehmen. Kurz darauf erfand der Reichsführer-SS die Regel, künftig allen SS-Männern, die unter Alkohol Dummheiten machten, zusätzlich zur Disziplinarstrafe ein Jahr Abstinenz auf Ehrenwort abzuverlangen.[128]

Der Alkoholkonsum führt, und hier soll die Schilderung der Parallelen zwischen SA und früher SS enden, zurück zum Ort der „Männlichkeitskultur", diesmal allerdings im eigentlichen Sinn des Worts. Die Sturmlokale der SA befanden sich in öffentlichen Gaststätten, deren Wirtsleute die Nutzung als Treffpunkt, für Büroarbeiten und die Durchführung des „Innendiensts" ebenso gestatteten wie die in aller Regel erfolgte Ausstattung der Räume mit Hakenkreuzfahnen, Hitlerbildern und Waffenverstecken. Die Motive der Gastwirte waren teils politischer, teils angesichts des Bierkonsums der SA-Männer ökonomischer Natur. Während

124 Mehrere SS-interne Vernehmungsprotokolle und Schreiben der SS u.a. an die örtliche Polizei von November 1934 bis Februar 1935, in StA Marburg, 327/2a, Bd. 24.

125 Verfügung Röhms vom 4.5.1934, in BA Berlin, NS 23, Bd. 550. Zum Alkoholkonsum in der SA auch SCHUMANN: Gewalt als Methode, S. 137–138, LONGERICH: SA, S. 127, und REICHARDT: Kampfbünde, S. 466.

126 SS-Befehl zum Parteitag 1929 vom 6. und 26.7.1929, in BA Berlin, NS 19, Bd. 1934, Bl. 39–46.

127 Befehl des Chefs des SS-Führungsstabs, Seidel-Dittmarsch, vom 14.8.1933, in StA Marburg, 327/2a, Bd. 78; Erlebnisberichte vom Reichsparteitag 1933 in *Der SA-Mann* vom 23.9. und 7.10.1933.

128 Befehl Himmlers vom 11.12.1934, in StA Marburg, 327/2a, Bd. 78; SS-Befehlsblatt 3. Jg.; Nr. 8, in IfZ-Archiv, DC 27.01.

Fotografie eines Berliner SS-Sturmlokals von 1934, in Bundesarchiv-Bilddatenbank, Signatur Bild 183-W0319-508.

auch die Weimarer Kommunisten derartige politische Stammlokale frequentierten, war der zweite typische Ort der SA eine Einrichtung, über die kein nichtnationalsozialistischer Kampfbund verfügte: das SA-Heim. Hierunter waren umgebaute Wohnungen, Wohnhäuser und Gewerbeflächen zu verstehen, die Büros und Diensträume der SA mit Schlafplätzen, sanitären Einrichtungen und Küchen verbanden, in denen eine bestimmte Anzahl von SA-Männern dauerhaft untergebracht und versorgt werden konnte. Dadurch wurde diesen meist arbeitslosen Männern in ihrer sozialen Not geholfen. Die SA-Führung ihrerseits verfügte somit über quasikasernierte, rund um die Uhr zur Verfügung stehende Einsatzkräfte. Die große Bedeutung der Sturmlokale und SA-Heime, von denen es allein in Berlin 1931 circa 150 bzw. 50 gab, für den Zusammenhalt der SA-Einheiten ebenso wie für ihre Gewaltpraxis ist in der Forschung vielfach betont worden.[129]

Ähnliche Heime der SS lassen sich für 1931–1933 auch in Braunschweig, Essen, München und Oppeln nachweisen. Die ausführlichsten Beschreibungen finden sich für das Heim in Varel bei Oldenburg, wo in einem leeren Lagerhaus ein Schlafsaal für 30 Personen, eine Küche, ein Geschäftszimmer und ein Aufenthaltsraum bereit standen, und für Wilhelmshaven, wo die örtliche SS das abgewrackte

[129] Am systematischsten behandelt bei REICHARDT: Kampfbünde, S. 449–461 (zu den Sturmlokalen) und 468–475 (zu den SA-Heimen).

Schiff *Ostfriesland* zum schwimmenden SS-Heim umgebaut hatte.[130] Wie wichtig Sturmlokale für die SS waren, belegen zum einen „Kampfzeit"-Berichte aus Hannover und Aachen, in denen die Männer liebevoll von ihrer „zweiten Heimat" erzählen. In besonders guter Erinnerung hatten sie *Dubes Gesellschaftshaus* in Hannover, wo sie nach dem Dienst beim Singen und Kartenspielen zusammengesessen hatten. „Muttchen Dube" hatte sie nicht nur großzügig anschreiben lassen, sondern auch dafür gesorgt, dass sie unter sich blieben.[131] Zum anderen geht der hohe Stellenwert der Sturmlokale für die frühe Schutzstaffel aus zwei SS-Befehlen hervor. 1934 wies das SS-Amt alle Einheiten ausdrücklich darauf hin, dass man noch immer auf die Sturmlokale angewiesen sei und dass es deshalb Ehrenpflicht jedes SS-Manns sei, diese auch privat zu nutzen, damit die Wirte auf ihre Kosten kämen.[132] 1937 hatte sich die Lage geändert. Da mittlerweile der SS ausreichende Räumlichkeiten in Rathäusern, Schulen, Polizeidienststellen, Gerichten, Zollämtern usw. zur Verfügung standen, befahl die SS-Führung, nun für eine klare Trennung von Dienst und Gasthausbetrieb zu sorgen. Das wurde aber nicht voll umgesetzt, wohl weil die SS-Männer in nostalgischer Treue und Bierseligkeit an ihren alten Sturmlokalen hingen. Noch 1938 fanden zum Beispiel im Oberabschnitt Südwest zahlreiche Dienste in öffentlichen Gaststätten statt.[133]

Die ausführlich beschriebene Tatsache, dass die Männer der SS bis 1934 funktional und habituell gute „Kameraden" der SA-Angehörigen waren, lag nicht zuletzt daran, dass sie in vielen Fällen zuerst selbst der SA angehörten, bevor sie zur SS wechselten. Obwohl dieser Sachverhalt aufgrund der fragmentarischen Quellenlage nicht genau quantifiziert werden kann, haben soziografische Studien an Hand einzelner erhaltener Mitgliederlisten[134] ergeben, dass die SA die ganze „Kampfzeit" über das wichtigste Rekrutierungsbecken der SS darstellte. Schon in der Gründungsphase der Schutzstaffel 1925/26, als es noch gar keine zentral organisierte SA gab, warb die SS-Oberleitung gezielt um Männer, die bis 1923 der alten Sturmabteilung angehört hatten.[135]

Als der neue Reichsführer-SS Heinrich Himmler 1929 zunächst noch zaghaft auf eine Expansion der SS zu drängen begann, legte der Oberste SA-Führer Franz von Pfeffer fest, dass für jede mit seiner Zustimmung neu gegründete Schutzstaffel fünf bis zehn Mann aus der örtlichen SA abzugeben seien.[136] Nach den Erinnerungen von Pfeffers Stabschef, Otto Wagener, legten Himmler, Pfeffer und Wagener irgendwann im Lauf der Jahre 1929/30 auf einer Deutschlandkarte fest,

130 Erwähnung bzw. Beschreibung der SS-Heime in *Der SA-Mann* vom 26.1.1932, 10.8.1932, 12.11.1932, 31.12.1932, 25.2.1933 und 1.4.1933.

131 *FM-Zeitschrift* von Dezember 1934 und Januar 1935; undatierter Bericht über die Aachener SS in der „Kampfzeit", in BA Berlin, NS 19, Bd. 1845, Bl. 1–17.

132 Rundschreiben des Chefs des SS-A vom 17.12.1934, in BA Berlin, NS 31, Bd. 337, Bl. 195.

133 Befehl des Chefs des SS-HA vom 18.11.1937, in BA Berlin, NS 31, Bd. 339, Bl. 198; Übersicht über die Dienste und Dienstorte des Oberabschnitts Südwest (o. D.; 1938), in StA Ludwigsburg, PL 506, Bd. 17.

134 Mühlberger: Hitler's Followers, S. 181.

135 *Völkischer Beobachter* vom 10.12.1925.

136 GRUSA Nr. VII vom 12.4.1929, in: Hitler, Bd. III/2, S. 194–196.

wo überall neue SS-Verbände entstehen sollten. Dabei sei auch – so Wagener – zum ersten Mal überhaupt ein Gesamtüberblick geschaffen worden, wo die unter Heiden vernachlässigte Schutzstaffel schon präsent war.[137] Dass tatsächlich Neugründungen in dieser Form stattfanden, belegt der Fall Würzburg, wo Anfang 1930 eine erste SS-Staffel durch die Abgabe von fünf SA-Männern entstand. Die betreffenden Männer wurden abkommandiert, ohne sie zuvor groß um ihre eigene Meinung zu dieser Versetzung zu befragen, wie das Beispiel des späteren SS-Rassereferenten Albert Stahlmann zeigt.[138]

Zu einer Ausweitung der Personalabgaben von der SA an die SS kam es ab Anfang 1931. Ernst Röhm griff, unter Umständen als Entschädigung dafür, dass sich Himmler seinem Kommando unterordnen musste, einen Vorschlag Wageners vom Oktober 1930 auf und legte in seinem SA-Befehl Nr. 1 vom 16. Januar 1931 die Sollstärke der SS auf zehn Prozent derjenigen der SA fest.[139] Das stellte keinesfalls eine „Deckelung" der Schutzstaffel dar, sondern vielmehr einen ambitionierten Wachstumsplan, da das Kräfteverhältnis von SS und SA zu diesem Zeitpunkt rund 4000 zu 88 000 Mann betrug, die SS somit nicht einmal fünf Prozent der SA-Stärke erreichte.[140] Um der SS die Chance zu geben, die avisierten zehn Prozent trotz des ständigen Weiterwachsens der SA zu erreichen, legte Röhm im gleichen Befehl fest, dass für jede neu zu gründende SS-Einheit 50% der Sollstärke aus der lokalen SA abzugeben sei. Die zweite Hälfte solle die SS dann von außen und nicht aus der Sturmabteilung anwerben. Jedoch könnten auch nach den Gründungsabgaben einzelne SA-Männer, die das aus eigenem Antrieb wünschten, zur SS wechseln.

Das ganze Jahr 1931 über übte die SS-Führung Druck auf ihre Einheitsführer aus, damit diese zu entsprechenden Einigungen mit den örtlichen SA-Führern kamen bzw. darüber hinaus aktiv Männer anwarben. Als Beispiel kann Himmlers Auftreten bei einer SS-internen Führertagung im Juni 1931 gelten, als er für eine Reihe von Standarten konkrete und überaus ambitionierte Wachstumsziele vorgab. So sollte unter anderem die 9. Standarte, die zu diesem Zeitpunkt gerade einmal über 23 vollwertige Mitglieder und circa 100 potenzielle Anwärter verfügte, auf 455 Mann ausgebaut werden, die 15. Standarte mit 27 SS-Männern und circa 20 Anwärtern auf 319 Mann, die 22. Standarte mit nur sechs Vollmitgliedern und fünf Nachwuchskandidaten auf 200 Mann und die 27. Standarte, die es formell noch gar nicht gab, auf 400 Mann.[141] Derart hoch gesteckte Ziele ließen sich trotz des wachsenden Zulaufs, den die Nationalsozialisten unter den Bedin-

137 WAGENER, S. 75–77.

138 Bericht über die Geschichte der Würzburger SS in *Der SA-Mann* vom 25. 2. 1933; undatierter Lebenslauf (ca. 1933), in BA Berlin, SSO Albert Stahlmann.

139 Brief Wageners an die OSAF-Stellvertreter, Himmler, v. Ulrich und die Gauleiter vom 3. 10. 1930, in: BA Berlin, NS 23, Bd. 509; SA-Befehl Nr. 1 Röhms vom 16. 1. 1931, in BA Berlin, NS 23, Bd. 509.

140 Zahlen nach KOEHL: Black Corps, S. 43, und LONGERICH: SA, S. 111.

141 Protokoll über die SS-Führerbesprechung am 13./14. 6. 1931, in BA Berlin, NS 19, Bd. 1934, Bl. 94–105 und 109–113.

gungen der Weltwirtschaftskrise und nach ihrem Durchbruch bei den Reichstagswahlen vom September 1930 erhielten,[142] auf die Schnelle nicht vollständig erreichen. Ende 1931 war die SS zwar auf rund 10000 Mann gewachsen, die SA aber auf circa 260000 Mann, so dass sich das relative Kräfteverhältnis eher noch verschlechtert hatte.[143]

Entsprechend machten Himmler und Röhm erneut Druck. „Abgaben aus der SA", so legte Röhm in zwei Befehlen von Ende 1931 fest, seien unbedingt nötig, um die Schutzstaffel innerhalb des nächsten Vierteljahres auf wenigstens 22000 Mann auszubauen, was „durch freie Werbung allein [...] nicht erreicht werden" könne. Röhm schrieb für zwölf Regionen genaue Zuwachsstärken der SS fest und verpflichtete die SA-Gruppenführer, endlich konkrete Abkommandierungsvereinbarungen mit den SS-Abschnittsführern zu treffen.[144] Wie schon seit Anfang 1931 gab es in zweierlei Hinsicht Streit um den gewollten Wechsel von SA-Männern zur SS. Deren Führer beschwerten sich, dass die SA-Kommandanten versuchten, ihnen jeweils die schlechtesten Männer unterzujubeln.[145] Diese dagegen beklagten sich vielfach, dass die SS-Führer nach den Abkommandierungen entgegen der Vorschriften weiter gezielt SA-Angehörige abwarben und dann behaupteten, diese hätten sich individuell und ganz von sich aus für den Wechsel entschieden.[146] Unterm Strich jedenfalls bleibt trotz solcher Querelen festzuhalten, dass ein großer Teil, wahrscheinlich sogar die Mehrheit der rund 52000 Männer, die unmittelbar vor der „Machtergreifung" zur SS gehörten, aus der SA gekommen war und zwar vielfach nicht primär auf eigene Initiative hin, sondern auf Befehl der Obersten SA-Führung. Da die Sturmabteilung selbst zu diesem Zeitpunkt über „nur" 427000 Mann verfügte, war die Anfang 1930 ausgegebene Zehn-Prozent-Quote damit sogar übererfüllt worden.[147]

Auch nach dem 30. Januar 1933 gingen SA und SS in Sachen Rekrutierung keineswegs schlagartig getrennter Wege. Beide Organisationen nahmen jetzt in großer Zahl einzelne „Märzgefallene" auf, die aus Angst davor, selbst Opfer zu werden, aus schierem Opportunismus oder aus Begeisterung für die vermeintliche „nationale Revolution" Anschluss an die nationalsozialistische „Bewegung" suchten und in alle NS-Organisationen drängten.[148] Deren rasantes Wachstum mit einer Vervielfachung der jeweiligen Mitgliedschaft in nur wenigen Wochen wurde von der NS-Führung trotz des zunehmenden Zähneknirschens der „alten Kämp-

[142] Broszat: Struktur der NS-Massenbewegung, S. 60–62.

[143] Zahlen nach Koehl: Black Corps, S. 53–54, und Longerich: SA, S. 111.

[144] Befehle Röhms vom 6.11. und 2.12.1931, in BA Berlin, NS 26, Bd. 306.

[145] U. a. Schreiben des Führers des Sturmbanns III/13 an die 13. Standarte vom 26.12.1931, in StA Ludwigsburg, PL 506, Bd. 52.

[146] Bericht des Führers der SA-Untergruppe Unterfranken an Röhm vom 21.9.1932, in BA Berlin, NS 23, Bd. 474, Bl. 105106–105107; Bericht des Führers der SA-Gruppe Sachsen, v. Killinger, an die OSAF vom 22.9.1932, in BA Berlin, NS 23, Bd. 474, Bl. 105203–105205; Bericht des Führers der SA-Untergruppe Thüringen Süd an Röhm vom 21.9.1932, in BA Berlin, NS 23, Bd. 474, Bl. 105233–105234.

[147] Zahlen nach Koehl: Black Corps, S. 36, und Longerich: SA, S. 159.

[148] Kater: Sozialer Wandel, Falter: Die „Märzgefallenen" und Weigel.

fer" bewusst zugelassen bzw. sogar ermuntert, um die noch fragile „Machtergreifung" abzusichern. Beispielsweise erklärten Hitler und Röhm im März 1933, es sei „jetzt notwendig, dass die wehrhaften Gliederungen der Partei in jedem Haus der Großstädte, in jedem kleinsten Dorf unseres Vaterlandes Fuß fassen. Der lang ersehnte und heiß erkämpfte Augenblick ist gekommen, in welchem kein vaterländisch gesinnter deutscher Mann mehr zurückschrecken braucht vor dem Eintritt in die SA oder SS [...] lediglich aus Sorge um den Verlust seiner wirtschaftlichen Existenz. [...] Jeder wahrhaft deutsche Mann soll uns als Mitkämpfer willkommen sein."[149] Speziell für die SS hatte der damalige Führer der Gruppe Süd, Friedrich Jeckeln, schon im Februar verlautbaren lassen: „Für uns SS-Führer und Männer heißt das Gebot der Stunde: Ausbau der Schutzstaffeln."[150]

Gerade in die paramilitärischen Verbände des Nationalsozialismus traten 1933 besonders viele „Märzgefallene" ein, da diese trotz der durchaus wahrgenommenen Gefahr, die eigene Organisation und Kampfkraft durch allzu viele bloße „Mitläufer" zu verwässern, ihre Mitgliedschaft erst zum 10. Juli 1933 sperrten, eine Maßnahme, die die NSDAP schon zum 1. Mai 1933 ergriffen hatte.[151] Dass die SA- und SS-Führung auch dann noch immer keineswegs rigide gegen weitere Neuaufnahmen war, sondern mit dieser Maßnahme lediglich mehr Kontrolle über den Erweiterungsprozess gewinnen wollte, zeigen zwei Details dieser Mitgliedersperre. Erstens waren explizit schon Ausnahmeregelungen vorgesehen, das heißt, es handelte sich nur um eine „grundsätzliche", nicht um eine absolute Norm. Zweitens wurde die Sperrung nicht von heute auf morgen erlassen, sondern Tage vor ihrem In-Kraft-Treten im *Völkischen Beobachter* angekündigt, so dass weitere Kurzentschlossene noch rechtzeitig ihre Aufnahmeanträge einreichen konnten.[152]

Neben der Absorption der „Märzgefallenen" bestand eine weitere Gemeinsamkeit zwischen SA und SS in Sachen Rekrutierung in den Jahren 1933/34 darin, dass beide Organisationen im Zuge der „Gleichschaltung" der deutschen Gesellschaft auch zu kollektiven Übernahmen griffen, das heißt ganze Organisationen „schluckten". Gemeinsam taten sie das im Fall der Vereinigung der ländlichen Reit- und Fahrvereine Deutschlands, der im Frühjahr 1933 circa 60 000 Mitglieder angehörten. Die Pferdesportvereine wurden im April 1933 von Röhm entsprechend der Anfang 1931 festgelegten Quotenregelung fein säuberlich aufgeteilt. 90% gingen an die SA und zehn Prozent an die SS. Umgesetzt wurde das durch eine territoriale Abgrenzung zwischen Gebieten, die jeweils vollständig der SA- bzw. der SS-Reiterei zugeteilt wurden.[153] Es entspricht somit nicht den Tatsa-

149 OSAF-Verfügung vom 20.3.1933, in BA Berlin, NS 23, Bd. 544.
150 Befehl des Führers der SS-Gruppe Süd, Jeckeln, vom 24.2.1933, in BA Berlin, NS 26, Bd. 330.
151 Zur Mitgliedersperre der NSDAP Ende April / Anfang Mai 1933 Wetzel, S. 74. Zu der in SA und SS Anordnung Röhms vom 4.7.1933, in BA Berlin, NS 23, Bd. 546.
152 *Völkischer Beobachter* vom 6.7.1933. Zur weiteren Entwicklung in der SS vgl. Kap. IV.1.
153 Befehle Röhms vom 24.4. und 5.7.1933, in BA Berlin, NS 23, Bd. 511; Sauer: Mobilmachung, S. 892.

chen, dass, wie Heinz Höhne postuliert hat, hier vor allem die Schutzstaffel profitiert, sich die „fetteste Portion“ gesichert und ihre soziale Zusammensetzung durch die Aufnahme wohlhabender Pferdebesitzer und adeliger „Herrenreiter“ einseitig „nach oben“ korrigiert habe.[154]

Bei der Überführung des ungleich größeren nationalkonservativen Wehrverbands Stahlhelm in die SA zwischen März 1933 und Januar 1934 ging die SS dagegen trotz zwischenzeitlicher Überlegungen Röhms, Himmler „ein zahlenmäßig begrenztes Kontingent des Stahlhelms“ zu überlassen, weitgehend leer aus.[155] Weiterhin kam es jedoch, wie schon seit Anfang der 1930er Jahre, zum Übertritt zahlreicher einzelner Stahlhelm-Männer in die SS.[156]

Gewissermaßen als Kompensation für die Nichtberücksichtigung der Schutzstaffel bei der „Gleichschaltung“ des riesigen Stahlhelms stimmte Röhm im Sommer 1933 der Integration der Brigade Ehrhardt in die SS zu. Diese war 1918 als Freikorps unter dem Kommando des Korvettenkapitäns Hermann Ehrhardt entstanden und hatte 1920 während des Kapp-Putsches das Berliner Regierungsviertel besetzt. Nach dem Scheitern des Putsches war die Brigade offiziell aufgelöst worden, bestand aber unter Tarnnamen wie Organisation Consul, Wikingbund oder Gefolgschaft e.V. fort und wurde für politische Terrorakte wie die Morde an Matthias Erzberger und Walther Rathenau berühmt und berüchtigt.[157] Die SS bekam durch die Aufnahme der Brigade somit nicht nur circa 3000 bis 4000 Neumitglieder, sondern konnte vor allem auch den Nimbus der lange Zeit radikalsten Antirepublikaner vereinnahmen. Dass es hier ganz wesentlich um eine symbolische Stabübergabe ging, zeigte die aufwendige Inszenierung des Beitritts. Am Sonntag, den 16. Juli 1933, fast auf den Tag genau elf Jahre nachdem die beiden Rathenau-Mörder Erwin Kern und Hermann Fischer bei einem Schusswechsel mit der Weimarer Polizei ums Leben gekommen und damit zu Märtyrern des deutschen Rechtsradikalismus geworden waren, traten rund 400 ausgewählte Ehrhardt-Männer in feldgrauer Uniform an deren Grab im sachsen-anhaltinischen Saaleck an, wo sie von Röhm und Himmler persönlich in die SS übernommen wurden.[158] Die Attraktivität der so konstruierten Verbindung zwischen dem legendären Freikorps und den neuen Machthabern zeigte sich daran, dass in den folgenden Monaten, noch bevor die Verschmelzung von SS und Brigade abge-

[154] Höhne, S. 129–130.

[155] Zur „Gleichschaltung“ des Stahlhelms allg. Berghahn, S. 261–269, Klotzbücher, S. 278–305 und Bessel: Political Violence, S. 119ff. Zur Überlegung Röhms, die SS zu beteiligen, Befehl Röhms vom 26.9.1933, in: BA Berlin, R 72, Bd. 443, Bl. 174. Eine kollektive „Überführung“ aus dem Stahlhelm in die SS ließ sich im Rahmen der Studien zur vorliegenden Monografie nur im Fall kleiner schlesischer Motoreinheiten nachweisen – zu entsprechenden Personalakten s. IPN-Archiv, GK 812, Bd. 242, Bl. 39–51, Bd. 347, Bl. 8–10 und Bd. 688.

[156] Zu einem Bsp. von 1930 Rösch: Münchner NSDAP, S. 449, zu einem Bsp. von 1933 Wildt: Generation des Unbedingten, S. 158–162.

[157] Zur Geschichte der Brigade Ehrhardt veraltet, aber immer noch konkurrenzlos Krüger: Brigade.

[158] Zur gezielten Vereinnahmung des Freikorps-Mythos durch die Nationalsozialisten insg. Sprenger.

schlossen werden konnte, tausende deutscher Männer in die noch organisatorisch selbstständigen Einheiten Ehrhardts eintraten. Himmler ließ dies im November 1933 stoppen, um die Kontrolle über den Aufnahmeprozess zurückzugewinnen. Anfang 1934 wurde die Integration der Brigade abgeschlossen, erneut parallel zur Fusion zwischen SA und Stahlhelm.[159]

3. Die SS als unbekannte NS-Formation

„In der Darstellung des Nationalsozialismus nach außen" spielte die SS bis 1934 nur eine „sekundäre Rolle".[160] Ihre 1926/27 in kleiner Auflage gedruckten Hefte *Die Schutz-Staffel* dienten vorrangig der internen Kommunikation und wurden rasch wieder eingestellt.[161] Die Zeitschrift *Der SA-Mann,* die ab März 1928 zunächst als Beilage des *Völkischen Beobachters,* ab Januar 1932 eigenständig erschien, unterschied nicht systematisch zwischen Artikeln, die die SA bzw. die SS betrafen oder von SA- bzw. SS-Angehörigen verfasst waren.[162] Erst ab Februar 1932 gab es eine gesonderte SS-Rubrik in Form der Themenseite „Die Schutzstaffel", die aber nur in unregelmäßigen Abständen enthalten war.[163] Hier waren Berichte über Einheiten und Veranstaltungen der SS zu finden, in denen aber zumeist explizit die Gemeinsamkeiten und die gute Kameradschaft zwischen SA und SS betont wurden.[164]

Im offiziellen Leitmedium der nationalsozialistischen „Bewegung", dem *Völkischen Beobachter,* wurde der SS nach ihrer Gründung nur gut ein Jahr lang größeres Augenmerk gewidmet. Unter anderem stellte Joseph Berchtold, der erste offizielle Reichsführer-SS, im Januar 1926 die Organisation unter dem Titel „Was sind und was wollen die Schutzstaffeln der N.S.D.A.P.?" vor und erläuterte im August 1926 die von ihm gewünschte Unterscheidung zwischen SS, SA und dem Parteiapparat der NSDAP.[165] Außerdem durfte die Oberleitung der SS das Parteiorgan in dieser Zeit, in der ihr, wie beschrieben, Mittlerinstanzen zwischen sich und den einzelnen Staffeln noch völlig fehlten, als eine Art Schwarzes Brett zur

159 Zur Übernahme der Brigade Ehrhardt durch die SS Meinl, S. 216–237, Salomon, S. 432–436, und Hielscher, S. 251–254; vgl. auch *Völkischer Beobachter* vom 18. 7. 1933; Befehl Röhms vom 10. 8. 1933, in BA Berlin, NS 23, Bd. 546; Befehl Himmlers vom 2. 11. 1933, in BA Berlin, NS 31, Bd. 356, Bl. 43; Befehl Röhms vom 25. 1. 1934, in BA Berlin, R 187, Bd. 470; Befehl Himmlers vom 1. 2. 1934, in BA Berlin, BS 31, Bd. 303, Bl. 3–4.

160 Diehl: Macht, S. 157.

161 Rösch: Münchner NSDAP, S. 126 und 222, und Koehl: Black Corps, S. 27. Das laut Koehl einzige erhaltene Exemplar findet sich in BA Berlin, NSD 41/81.

162 Z. B. wurden die Grundsatzartikel „Kameradschaft in der SA" in der Ausgabe von November 1928 und „Von der Erkenntnis zur Tat!" in der Ausgabe von Januar 1929 von SSlern verfasst, richteten sich aber explizit an die ganze SA.

163 Erstmals in der Ausgabe vom 23. 2. 1932.

164 Vgl. z. B. die Darstellung des großen SS-Aufmarschs in Döberitz und Berlin im August 1933 in der Ausgabe vom 19. 8. 1933.

165 *Völkischer Beobachter* vom 29. 1. und 6. 8. 1926.

Bekanntmachung von Terminen, Adressen, Formalia usw. benutzen.[166] Nach dem Antritt Franz von Pfeffers und der Unterordnung der SS unter den Obersten SA-Führer verschwand auch diese großteils nach innen gerichtete Form der Berichterstattung über die Schutzstaffel wieder. Selbst ganz zentrale Personalia wie die Wechsel in der Reichsführung von Berchtold zu Heiden und von diesem zu Himmler wurden mit keiner Zeile gewürdigt. Ein erstes kürzeres Himmler-Porträt lieferte der ansonsten dem Personenkult durchaus nicht abgeneigte *Völkische Beobachter* erst im Oktober 1933 anlässlich seines 33. Geburtstags, ausführlich vorgestellt wurde den Anhängern der „Bewegung" der Reichsführer-SS gar erst im Januar 1934 unter einem Titel, der die bisher fehlende Publizität verdeutlichte: „Die Person und das Amt: Heinrich Himmler".[167]

Auch als Gliederung der NSDAP bzw. Untergliederung der SA fand die SS zunächst wenig Beachtung. Als im April 1930 die allererste Ausgabe der *Nationalsozialistischen Monatshefte* einen Überblick über „Die nationalsozialistische Bewegung im Frühjahr 1930" gab, zeichnete dafür zwar der ehemalige Reichsführer-SS Joseph Berchtold journalistisch verantwortlich. Die SS wurde dennoch nur mit einem einzigen Halbsatz im Rahmen der Skizze zur SA erwähnt.[168] Im Januar 1934 wurde zum zweiten Mal eine derartige Gesamtschau der Bewegung angeboten. Nun durfte Himmler immerhin einen kurzen eigenen Beitrag über „Die Aufgaben der SS" beisteuern. Dieser nahm jedoch nur ein Fünftel des Raums von Röhms vorangegangenem Artikel zu den „braunen Bataillonen der deutschen Revolution" ein.[169]

Angesichts der Tatsache, dass selbst die nationalsozialistischen Printmedien die SS bis 1933/34 oft nur unter ferner liefen behandelten, überrascht die Tatsache wenig, welch geringe Aufmerksamkeit die nichtnationalsozialistischen Periodika der Weimarer Republik der Schutzstaffel schenkten. In der kommunistischen *Roten Fahne*, der SPD-nahen *Münchner Post*, der liberalen *Frankfurter Zeitung*, dem Zentrums-Organ *Germania* und dem deutschnationalen Blatt *Der Tag* waren bis einschließlich 1932 zur SS meist allenfalls kurze Ereignismeldungen über gewaltsame Konflikte mit dem Roten Frontkämpferbund und dem Reichsbanner, provokante Verstöße gegen das Uniformverbot oder Ähnliches zu finden. Dabei wurde kaum zwischen SA und SS differenziert, diese vielmehr häufig in einem Atemzug genannt bzw. unter Sammelbezeichnungen wie „Hitler-Mordbuben", „Landsknechte Hitlers" oder „Hakenkreuzler" subsumiert.[170]

[166] So u.a. im *Völkischen Beobachter* vom 7.11.1925, 10.12.1925, 30.4.1926, 8.5.1926 und 15.6.1926.

[167] *Völkischer Beobachter* vom 7.10.1933 und 21.1.1934.

[168] *Nationalsozialistische Monatshefte* 1 (1930), Heft 1, S.34–45, die Erwähnung der SS auf S.36.

[169] *Nationalsozialistische Monatshefte* 5 (1934), Heft 46, S.5–10, der Beitrag Röhms auf S.5–9, der Himmlers auf S.10.

[170] Vgl. z.B. die folgenden Artikel: „Hitler-Mordbuben" in *Münchner Post* vom 3.3.1931; „Landsknechte Hitlers" in *Münchner Post* vom 11.6.1931; „Wer bestimmt in Bayern?" in *Münchner Post* vom 22.6.1931; „Ausschreitungen von Hakenkreuzlern" in *Frankfurter Zei-*

Typisch für die stark partikularisierte, primär auf Meinungsmache im Sinn des eigenen politischen Lagers ausgerichtete Weimarer Presse[171] war dabei, dass es meist weniger um die analytische Aufklärung der Leser über die NS-Bewegung und ihre besonders gefährlichen paramilitärischen Verbände ging, als vielmehr um die Kommentierung der ergriffenen bzw. unterlassenen Gegenmaßnahmen der jeweiligen Reichs- oder Landesregierung. Dies soll am Beispiel der Debatte um das Verbot von SA und SS im April 1932 dargelegt werden. Die *Rote Fahne* meldete die Entscheidung des Reichspräsidenten bzw. der Regierung Brüning knapp, diffamierte sie aber, ohne ihre Leser über die Hintergründe zu informieren, als taktische Spielerei. Damit solle bloß von der kurz bevorstehenden Bildung einer „Regierung SPD-Hitler" abgelenkt werden. Der Kampf gegen die verhassten „Sozialfaschisten" von der SPD war den KPD-Redakteuren wichtiger als die Aufklärung über die SA oder gar über die viel kleinere SS.[172]

Am anderen Ende des politischen Spektrums druckte der zum Presseimperium des DNVP-Vorsitzenden Alfred Hugenberg gehörende *Tag* zwar die amtliche Begründung der Maßnahme ab, konterte aber mit einer Dokumentation über Gewalttaten, die von Kommunisten und angeblich auch von Reichsbanner-Leuten verübt worden seien und die als Fanal für einen kommenden „Bürgerkrieg für den sozialistischen Staat" gewertet wurden. Dass Hindenburg „drei Tage nach seiner Wahl die Organisation der Haupthelfer seines Gegenkandidaten vernichtet" habe, sei unglaublich. Man wähnte sich mit der „überwiegenden Mehrheit des deutschen Volkes" darin einig, dass es eine „politisch [...] verhängnisvolle Einseitigkeit" darstelle, SA und SS zu verbieten, das Reichsbanner aber nicht.[173]

Die *Germania* als Leitmedium des politischen Katholizismus beschränkte sich im Wesentlichen darauf, die staatliche Pressemeldung abzudrucken und lapidar zu kommentieren, das Verbot sei „in jeder Hinsicht berechtigt und dringend erforderlich".[174] Die liberale *Frankfurter Zeitung* versuchte immerhin, anlässlich der Berichterstattung über das Verbot ihre Leser über das Innenleben von SA und SS aufzuklären, musste jedoch eingestehen, dass man darüber aufgrund der Geheimniskrämerei der Nationalsozialisten eigentlich selbst noch nicht allzu viel wisse. Bei dem Versuch, zwischen den beiden Organisationen zu unterscheiden, kam man daher nicht über recht pauschale Aussagen wie die Angabe des ungefähren Größenverhältnisses von eins zu zehn hinaus. Kurz darauf beklagte man schon wieder ebenso zu Recht wie undifferenziert den gewalttätigen „Geist der SS und SA".[175]

tung vom 7. 9. 1929; „Schwere politische Schlägerei" in *Frankfurter Zeitung* vom 15. 5. 1930; „Krawalle in München" in *Frankfurter Zeitung* vom 6. 7. 1931.

171 Vgl. Fulda und Ross, S. 20–33, 142–149 und 174–181.

172 „SA verboten!" in *Die Rote Fahne* vom 14. 4. 1932.

173 „Reichsbanner – Hilfspolizei gegen SA. Unerhörter Übergriff eines roten Bürgermeisters in Thüringen" in *Der Tag* vom 15. 4. 1932; „Die Begründung des Auflösungsdekretes" in *Der Tag* vom 15. 4. 1932; „Im Geiste der Gerechtigkeit" in *Der Tag* vom 17. 4. 1932.

174 „SA und SS verboten" in *Germania* vom 14. 4. 1932; „SA-Verbot durchgeführt" in *Germania* vom 15. 4. 1932.

175 „Die Organisation der aufgelösten Armee" in *Frankfurter Zeitung* vom 15. 4. 1932; „Geist der SS und SA" in *Frankfurter Zeitung* vom 20. 4. 1932.

Im Vergleich noch am besten informiert über die SS waren die Leser der *Münchner Post*, die wohl auch aufgrund der räumlichen Nähe zu Braunem Haus, Oberster SA-Führung und Reichsführung-SS intime Kenntnisse über die NS-Bewegung besaßen. Die sozialdemokratische *Post* hatte schon seit längerem mit Überschriften wie „Wie lange lässt sich der Staat das bieten?“ und „Warum muss gegen die SA und SS vorgegangen werden?“ die Werbetrommel für das Verbot gerührt und „Dokumente für die Illegalität des Nationalsozialismus“ veröffentlicht.[176] Das Einschreiten im April 1932 kommentierte man daher stark zustimmend.[177] Allerdings vermittelte die Redaktion der *Post* trotz der in aller Offenheit bezogenen antinationalsozialistischen Position ihren Lesern ein nicht unproblematisches Bild von den NS-Kampfbünden und vor allem von der SS. Noch 1932 glaubte man diese mit dem Verweis auf das klägliche Scheitern des Hitler-Putsches von 1923 „nicht allzu tragisch nehmen“ zu müssen, machte sich über die krude Ideologie und „Führer“-Hörigkeit einzelner SS-Männer lustig und verspottete sie als Möchtegern-Soldaten und „Kriegsgöttlein“.[178] Eine entschiedene Warnung vor der Schutzstaffel war also auch hier nicht zu finden.

Die somit insgesamt ausgesprochen dürftige öffentliche Nachrichtenlage zur SS fassen zwei Artikel zusammen, die im Sommer 1934 publiziert wurden. Heinrich Himmler, so war im Prager Zentralorgan der Exil-SPD zu lesen, sei „ein sehr mächtiger Mann des Dritten Reiches, den man lange nicht genügend beachtet hat“. Die SS insgesamt bezeichnete ein Journalist der renommierten *Neuen Zürcher Zeitung* als einen „in seinem Aufbau noch wenig bekannten Apparat“.[179]

Ein weiterer Faktor, der zur bis 1934 vorherrschenden Unwissenheit über die SS beitrug und vielen deutschen Zeitgenossen den Blick auf die zutiefst aggressive, gewalttätige Natur der SS verstellte, war deren Uniformierung. In der kollektiven Erinnerung, gestützt auf die Propagandaaufnahmen in Leni Riefenstahls Film über den Reichsparteitag von 1934, *Triumph des Willens*, oder die mittlerweile in vielen Hollywood-Streifen verwendete prototypische Figur des SS-Manns, tritt dieser zu Beginn des 21. Jahrhunderts „ganz in Schwarz“ auf. Er trägt also schwarze Stiefel, eine schwarze Hose und einen schwarzen Uniformrock mit der doppelten Sig-Rune am Kragenspiegel. Unter diesem ist das Braunhemd der „Bewegung“, das zudem von der schwarzen Krawatte verdeckt wird, kaum noch sichtbar. Seinen Kopf schließlich bedeckt eine schwarze SS-Mütze mit dem Totenkopfsymbol bzw. ein schwarzer Stahlhelm.[180] Eine derartige „einheitlich korrekte“ Uniformie-

[176] *Münchner Post* vom 26.1.1932, 23.3.1932 und 4.4.1932.

[177] „Hitlers Privatarmee aufgelöst“ in *Münchner Post* vom 14.4.1932; „Hitlers blutrünstige Landsknechte“ in *Münchner Post* vom 20.4.1932.

[178] „Hitler-Prätorianer“ in *Münchner Post* vom 23./24.1.1932; „Was ein SS-Mann vor der Prüfung wissen muss“ in *Münchner Post* vom 15.3.1932; „Hoppla, jetzt kommt er!“ in *Münchner Post* vom 14.12.1932.

[179] Himmler-Porträt im Zentralorgan der Deutschen Sozialdemokratischen Arbeiterpartei in der Tschechoslowakischen Republik vom 28.9.1934, in BA Koblenz, ZSG 117, Bd.72; „Himmler und die SS“ in der NZZ vom 13.7.1934, in BA Koblenz ZSG 117, Bd.110.

[180] Vgl. zum fast schon popkulturellen Stereotyp des SS-Manns DIEHL: SS-Uniform.

rung wurde zwar von Himmler 1933 bereits gefordert,[181] war jedoch noch keineswegs erreicht.

1925 hatte Julius Schreck festgelegt, dass die SS-Männer im Dienst das Braunhemd, eine schwarze Krawatte, eine Hakenkreuz-Armbinde und eine schwarze Mütze zu tragen hatten, auf der ihr wichtigstes Symbol, der Totenkopf, angebracht war. Dieses Kennzeichen hatten schon das preußische fünfte Husarenregiment, die deutschen Flammenwerfereinheiten im Ersten Weltkrieg, verschiedene Freikorps sowie der Stoßtrupp Hitler verwendet. Es sollte unbedingten Kampfwillen und Todesverachtung ausdrücken.[182] Ab 1928 waren zusätzlich schwarze Hosen, ab 1929 eine Spezialanfertigung des Braunhemds mit schwarzen Knöpfen für die Brusttaschen vorgeschrieben. Der berühmt-berüchtigte schwarze Uniformrock wurde erst 1932 eingeführt.[183]

Diese Vorgaben der Reichsführung ließen sich jedoch nur langsam durchsetzen. Beim Reichsparteitag 1929 trugen noch zahlreiche bayerische SS-Männer kurze Leder- statt schwarzer Uniformhosen. Beim Großaufmarsch der SS-Gruppe Ost in Döberitz und Berlin im August 1933 paradierten allenfalls rund 50% der Teilnehmer im schwarzen Rock. Selbst 1934 gab es vereinzelte SS-Männer, die nur über ein Braunhemd, aber noch nicht einmal über die Totenkopfmütze verfügten.[184] Die zähe und allmähliche Umsetzung der sehr detaillierten Vorschriften beruhte vor allem darauf, dass die SS-Männer ihre Uniformen selbst anschaffen mussten. Die entsprechenden Preise waren für damalige Verhältnisse und angesichts der Aus- und Nachwirkungen der Weltwirtschaftskrise gesalzen. Himmler selbst hatte 1926 für seine erste Komplettausstattung als SS-Mann knapp 34 Reichsmark bezahlt. 1933 kostete allein der Dienstrock in der billigsten Ausführung 24, die Uniformhose 13 Reichsmark. Erst 1934 gelang es dem neuen SS-Beschaffungsamt, die Preise leicht zu senken, für Hosen zum Beispiel auf gut acht, für Uniformröcke auf 15 Reichsmark.[185]

Ein weiterer Grund für die Uneinheitlichkeit war, dass die SS-Männer dazu neigten, die Uniformierung zu unterlaufen, indem sie ihrer Ausstattung eine individuelle Note gaben, beispielsweise dadurch, dass sie alte Freikorpsabzeichen oder

[181] Befehl Himmlers vom 3.8.1933, in BA Berlin, NS 31, Bd. 356, Bl. 20.

[182] Rundschreiben Nr. 1 der SS-Oberleitung vom 21.9.1925 und Richtlinien zur Aufstellung von Schutzstaffeln (o. D.; 1925), in BA Berlin, NS 19, Bd. 1934, Bl. 3–4; zum Totenkopf-Symbol Diehl: Macht, S. 181–182, und Sprenger, S. 212–213.

[183] Befehl Nr. 5 der SS-Oberleitung vom 15.3.1928, in BA Berlin, NS 19, Bd. 1934, Bl. 32; Befehl Nr. 2 Himmlers vom 4.11.1929, in BA Berlin, NS 19, Bd. 1934, Bl. 28–29; Longerich: Himmler, S. 146.

[184] Befehl Nr. 2 Himmlers vom 4.11.1929, in BA Berlin, NS 19, Bd. 1934, Bl. 28–29; „Parade of 10,000 Storm Troopers" in *The Star Johannesburg* vom 9.5.1933, in BA Koblenz, ZSG 117, Bd. 110; Übersicht über den Stand der Uniformierung und Ausrüstung des Sturms 11/9 am 25.9.1934, in IPN-Archiv, GK 762, Bd. 8, Bl. 7.

[185] Rechnungen des Münchner Sportversands Schill an Himmler vom 29.6. und 16.8.1926, in BA Koblenz, NL 1126, Bd. 18, Bl. 12 und 14; Anzeigen der Firma Peek & Cloppenburg bzw. der SA-Reichszeugmeisterei in *Der SA-Mann* vom 30.9.1933; Preistabelle des SS-Beschaffungsamts im SS-Befehlsblatt 2. Jg. Nr. 6, in IfZ-Archiv, DC 27.01.

bürgerliche Statussymbole wie goldene Uhrketten oder weiße Krägen hinzufügten.[186] Schließlich verkomplizierte sich die Lage, wie beschrieben, 1933/34 zeitweise noch dadurch, dass die Männer der Brigade Ehrhardt zwar schon der SS angehörten, aber noch ihre alten grauen Uniformen trugen.

Auch die SA war zu diesem Zeitpunkt noch ein ziemlich bunter Haufen. Ihre Uniform bestand in den ersten Jahren des Dritten Reichs offiziell aus Braunhemd, brauner Dienstmütze, brauner Krawatte und Hakenkreuzarmband. Der ebenfalls 1932 eingeführte braune Dienstrock stellte anfangs explizit nur ein Kann, kein Muss dar. Zudem existierte in der Sturmabteilung ebenfalls eine große Differenz zwischen Soll und Ist durch die hohen Anschaffungskosten und die vorschriftswidrige Individualisierung der Uniform. Schließlich waren auch in der SA in der Phase der „Machtergreifung" graue Uniformen zu finden, in ihrem Fall getragen von den ehemaligen Angehörigen des Stahlhelms.[187]

Angesichts dieser Sachlage sowie der geschilderten organisatorischen, funktionalen und habituellen Überschneidungen zur SA war die SS bis einschließlich 1933/34 für den Außenstehenden kaum von dieser zu unterscheiden. Als Beleg dafür kann eine falsche Tatzuschreibung dienen, die sich bis in die neuere Forschungsliteratur gehalten hat. Am 9. März 1933 war in München, unmittelbar nach der „Gleichschaltung" der bayerischen Landeshauptstadt, der jüdische Kaufhausbesitzer Max Uhlfelder zusammen mit rund 280 seiner Glaubensgenossen in „Schutzhaft" genommen worden. Am darauf folgenden Tag begab sich sein ebenfalls jüdischer Anwalt Dr. Michael Siegel ins städtische Polizeipräsidium, um Beschwerde gegen diese Maßnahme einzulegen.

Dort wurde er allerdings von Mitgliedern der neuen Hilfspolizei in Empfang genommen, die ihn verprügelten, ihm seine Schuhe und Strümpfe abnahmen, die Hosenbeine abschnitten und ein Schild mit einer demütigenden Aufschrift um den Hals hängten. Anschließend trieben sie ihn durch die Münchner Innenstadt. Dieser Umzug wurde fotografiert, die Bilder gelangten als früher Beweis für den NS-Terror an die Weltpresse. Da die Aufschrift des Schilds auf den Fotos nicht deutlich zu lesen war und mehrere Bildredaktionen per Retouche nachhalfen, dabei aber verschiedene Texte produzierten, nutzten allerdings auch die Nationalsozialisten selbst die Bilder propagandistisch – als Beispiel für die angeblich systematisch betriebene „Greuelhetze" des Auslands gegen das Dritte Reich. Die Plakatbeschriftung war jedoch nicht das Einzige, was falsch kolportiert wurde. Die Täter gehörten eben nicht zu den entfesselten und undisziplinierten „SA-Rowdys" bzw. „SA-Horden", wie noch im Jahr 2000 in der *Süddeutschen Zeitung*

[186] Befehl Himmlers vom 3.8.1933, in BA Berlin, NS 31, Bd. 356, Bl. 20; Befehl Himmlers vom 19.4.1934, in BA Berlin, NS 31, Bd. 368, Bl. 94–95; zur langsamen Entwicklung der SS-Uniformen vgl. auch die Militaria-Nachschlagewerke von Mollo und Lumsden.

[187] Werner, S. 209–210 und 391–393; Reichardt: Kampfbünde, S. 579–585; Rundschreiben Röhms vom 19.11.1931, in BA Berlin, NS 23, Bd. 542; Befehl Röhms vom 7.7.1932, in BA Berlin, NS 23, Bd. 543; Befehl Röhms vom 19.4.1933, in BA Berlin, NS 23, Bd. 545.

Fotografie der Misshandlung Michael Siegels durch SS-Männer in München am 10. 3. 1933, in Bundesarchiv-Bilddatenbank, Signatur Bild 183-R99542.

zu lesen war, sondern waren SS-Männer, die unter dem Kommando des neuen Münchner Polizeipräsidenten Heinrich Himmler standen.[188]

Dieses Fallbeispiel verdeutlicht, wie wenig man noch 1933 über die Schutzstaffel wusste, wie schwammig die Grenzen zwischen dieser und der SA für Außenstehende waren. Diese Unschärfe erleichterte es der SS-Führung, für ihre sich zuerst langsam abnabelnde, dann offen mit der SA brechende Organisation ein elitäres Image zu konstruieren.

[188] Die falsche Behauptung, die Täter hätten zur SA gehört, u. a. bei Hanke, S. 79–81, Angermair/Haerendel, S. 115, Weber, S. 50, und in der Artikelserie der *Süddeutschen Zeitung* vom 22./23. 1., 11./12. 3. und 21. 3. 2000; die mittlerweile korrigierte Zuschreibung u. a. in der digitalen Datenbank des Bundesarchivs unter www.bild.bundesarchiv.de mit den Signaturen 183-R99542 und 146-1971-006-02 [Zugriff 28. 10. 2010]; zum Fall Siegel ausführlich der leider anonym veröffentlichte Aufsatz „Zwei Photos machen Geschichte. Der 10. 3. 1933 im Leben des Dr. Michael Siegel“ unter www.rijo.homepage.t-online.de/pdf/DE_MU_JU_siegel.pdf [Zugriff 28. 10. 2010].

III. Die Konstruktion des „Schwarzen Ordens"

1. Der Bruch mit der SA

Eigentlich war Walther Stennes[1] ideales „SS-Material". Der 1895 geborene ehemalige preußische Kadettenschüler und hochdekorierte Frontoffizier war „soldatisch" durch und durch. Als Gründer und Führer des Freikorps Hacketau bzw. als Hauptmann einer schwer bewaffneten Berliner Polizeihundertschaft zur besonderen Verwendung, die 1919 zum Schutz des Regierungsviertels gegen linke Revolutionäre geschaffen worden war, hatte er sich bis 1922 erhebliche Meriten um die Sache der Weimarer Rechtsradikalen erworben. Auch nach seinem Ausscheiden aus der Polizei, in der er wegen seines politischen Extremismus in den Innendienst versetzt werden sollte, und während seiner Zeit als nicht besonders erfolgreicher Taxiunternehmer blieb er in rechten paramilitärischen Kreisen aktiv, zum Beispiel im Umfeld der „Schwarzen Reichswehr".[2] Ob er tatsächlich kein Antisemit war, wie sein ihm persönlich befreundeter Biograf Charles Drage behauptet,[3] sei dahingestellt. Jedenfalls schloss er sich schon Ende 1927 der nationalsozialistischen „Bewegung" an.

Allerdings hatte Stennes aus Sicht der Schutzstaffel zwei Fehler, die dazu führten, dass er nicht zu einem der Ihren, sondern zu ihrem ersten bedeutsamen Feind aus den Reihen der Nationalsozialisten und in seiner Niederlage zu einem ihrer wichtigsten Geburtshelfer wurde. Erstens gehörte Stennes eben nicht der SS an, sondern der SA, wo er seit 1928, angeworben von Franz von Pfeffer bzw. sogar von Hitler persönlich, die Berliner Sturmabteilung befehligte. Seit 1929 hatte er den Rang eines „OSAF-Stellvertreters" inne, von denen es nur fünf gab, und war zuständig für ganz Ostdeutschland und damit für rund ein Drittel aller damaligen SA-Männer.[4] Zweitens war Stennes Hitler gegenüber nicht willfährig. Er war eigenen Aussagen zufolge deshalb nicht „führergläubig", weil er Hitler wegen dessen feigen Verhaltens am 9. November 1923 verachtete. Der Vorsitzende der NSDAP war, als es an der Feldherrenhalle zum Schusswechsel mit der Polizei kam, in Deckung gegangen, hatte sich dabei die Schulter ausgekugelt und war dann im Auto eines SA-Arztes ins Haus seines Freundes Ernst Hanfstaengl in Uffing geflohen, wo er sich zwei Tage später widerstandslos verhaften ließ.[5] Entsprechend beließ es Walther Stennes, als es 1930 zu ernsthaften Spannungen zwischen der SA-Führung und den Parteifunktionären der NSDAP kam, im Gegensatz zu seinem

[1] Zu Stennes Janssen, Drage und Personendossier der Berliner Polizei, in BA Berlin, NS 26, Bd. 1368.

[2] Zu dieser Organisation Sauer: Schwarze Reichswehr.

[3] Drage, S. 106.

[4] Brown, S. 66. Zu Stellung und Rang der OSAF-Stellvertreter in der SA 1929 s. u. a. Tagesbefehl für den Festzug der SA in Nürnberg am 4. 8. 1929, in BA Berlin, NS 23, Bd. 509.

[5] Zu Hitlers Verhalten Kershaw, Bd. 1, S. 265–266. Zu Stennes' Wertung desselben Schreiben Stennes' an das IfZ München vom 12. 11. 1956, in IfZ-Archiv, ZS 1147, Bd. 1, Bl. 5.

für die süddeutsche SA zuständigen Kollegen August Schneidhuber nicht bei flehenden Bittschriften an Hitler[6], sondern versuchte, den „Führer“ bzw. den Berliner Gauleiter Joseph Goebbels zu erpressen.[7]

Worum ging es in diesem Konflikt in der Sache? Einerseits waren die politischen Leiter erzürnt darüber, dass ihnen Franz von Pfeffer und die von ihm eingesetzten, vielfach von außen rekrutierten höheren SA-Führer die direkte Kontrolle über die aktivistische Basis der Sturmabteilung entzogen hatten.[8] Andererseits war die SA in mehrfacher Hinsicht unzufrieden mit der politischen Leitung. Viele ihrer Männer und Führer misstrauten dem „Legalitätskurs“ Hitlers, der diesen in militärischen Freund-Feind-Kategorien denkenden Haudegen vielfach zu komplex war und ihnen Kompromisse wie etwa die Annäherung an den seit Oktober 1928 amtierenden DNVP-Vorsitzenden Alfred Hugenberg bzw. den altkonservativen Wehrverband Stahlhelm oder die Koalition mit der DVP und der DNVP in Thüringen ab Januar 1930 abverlangte.[9] Zudem fühlte man sich zu wenig für den eigenen aufopferungsvollen Aktivismus gewürdigt, den beispielsweise Schneidhuber scharf mit der „im Ganzen grundfaulen Masse der P[artei] g[enossen]“ kontrastierte. Umso weniger Grund hätten die Parteifunktionäre, so wieder Schneidhuber, zu ihrem zum Teil anmaßenden, „eine Art Gottähnlichkeit“ beanspruchenden Auftreten.[10] Schließlich ging es um Geld. Die SA-Führer hielten es für unhaltbar, dass der Masse ihrer Männer, die zu diesem Zeitpunkt mehrheitlich der Unterschicht bzw. unteren Mittelschicht entstammten und schwer unter den Auswirkungen der Weltwirtschaftskrise zu leiden hatten,[11] Beiträge zur NSDAP, zur SA und zur SA-Versicherung sowie die Finanzierung der eigenen Ausrüstung abverlangt wurden, während die Politische Organisation Gelder in Prestigeprojekte wie das prachtvolle „Braune Haus“ in München steckte. Für die neue Parteizentrale hatte man im Frühsommer 1930 das feudale Palais Barlow in der Brienner Straße 45 gekauft, das mit größtem Aufwand renoviert wurde[12] – für viele SAler ein krasses Beispiel für die „Verbonzung“ der Partei.[13]

[6] Zu Schneidhubers Position, der im September 1930 formulierte „Die SA ringt mit dem Führer um seine Seele und hat sie bisher nicht. […] Die SA kann dem Führer, wenn er ihr seine Seele schenkt, niemals entgleiten!“ s. Stellungnahme des OSAF-Stellvertreters Süd, Schneidhuber, zur vorgesehenen Umorganisation der SA-Führung vom 19.9.1930, in BA Berlin, NS 23, Bd. 509; gekürzt in: Tyrell, S. 336–339.

[7] Zu einem ersten derartigen Erpressungsversuch, bei dem Stennes mit seinem Austritt aus SA und NSDAP gedroht hatte, s. Goebbels, Bd. 1/II, S. 355, und Bd. 1/III, S. 65, 68 und 82; auf S. 68 Goebbels‘ prägnant formuliertes Urteil: „Wenn Krieger anfangen, eigene Politik zu machen, dann gibt das immer Blödsinn.“

[8] Vgl. Goebbels Klage über „diese Jungen, die bei uns noch nicht warm geworden sind“, in: Goebbels, Bd. 1/II, S. 355.

[9] Brown, S. 60–61.

[10] Stellungnahme des OSAF-Stellvertreters Süd, Schneidhuber, zur vorgesehenen Umorganisation der SA-Führung vom 19.9.1930, in BA Berlin, NS 23, Bd. 509; gekürzt in: Tyrell, S. 336–339.

[11] Mühlberger: Hitler's Followers, S. 178–180; Longerich: SA, S. 81–86.

[12] Vgl. die ausführlichen Artikel Hitlers zur Rechtfertigung des Projekts im *Völkischen Beobachter* vom 28.5.1930 und 21.2.1931, in: Hitler, Bd. III/3, S. 207–209, und Bd. IV/1, S. 206–218.

[13] Vgl. u. a. die Presseerklärung Stennes‘ vom 2.4.1931, in: Michaelis/Schraepler, Bd. 7, S. 398–399.

Im Vorfeld der Reichstagswahl am 14. September 1930 eskalierte die Situation, da die SA einerseits besonders viel Wahlkampfarbeit zu leisten hatte, sich andererseits bei der Aufstellung der Kandidatenlisten übergangen fühlte. Drei der fünf OSAF-Stellvertreter, Stennes, Schneidhuber und der für Mitteldeutschland zuständige Manfred von Killinger, sowie Franz von Pfeffer selbst protestierten im Juli 1930 bei Hitler. Als dieser sich weigerte nachzugeben und bedingungslose Unterordnung forderte, sah Goebbels „eine kleine Palastrevolution" kommen.[14] Es wurde etwas mehr als das, nämlich eine ausgewachsene SA-Revolte und die Geburtsstunde der eigenständigen SS.

Am 12. August 1930 drohte Pfeffer seinen Rücktritt an. Am 23. August reiste Stennes zusammen mit vier ostdeutschen SA-Führern nach München, um persönlich bei Hitler vorzusprechen. Doch sie wurden trotz „zweitägigen Wartens im Vorzimmer" nicht zum „Führer" vorgelassen.[15] Fünf Tage später kündigte der Berliner OSAF-Stellvertreter an, den Wahlkampfdienst einzustellen bzw. die nächste Goebbels-Versammlung sogar selbst zu sprengen, wenn seine dringlichsten Forderungen – eine Verbesserung der SA-Finanzierung, drei Plätze auf der NSDAP-Liste für die Reichstagswahl und die sofortige Absetzung des Gaugeschäftsführers Franz Wilke – nicht erfüllt würden. Der solchermaßen erpresste Berliner Gauleiter wandte sich Hilfe und Rat suchend unter anderem an seinen ehemaligen Stellvertreter Kurt Daluege.[16] Dieser, Jahrgang 1897 und nach dem Notabitur von 1916 bis 1918 im Kriegseinsatz, war 1921 als Student des Ingenieurswesens nach Berlin gekommen. Dort hatte er sich zunächst dem Freikorps Rossbach und dem antisemitischen Deutschvölkischen Schutz- und Trutzbund, schon 1922 aber der NSDAP angeschlossen. Während der Verbotszeit hatte er den Berliner Frontbann, danach bis zu Stennes' Antritt die Berliner SA geführt. Weil er sich durch dessen Bevorzugung zurückgesetzt fühlte, wechselte Daluege im Juli 1930 zur SS. Durch seine enge persönliche Bekanntschaft zu Goebbels und auch Hitler wurde er sofort zur dominanten Figur der Berliner Schutzstaffel, zumal der Gauleiter der Reichshauptstadt vom offiziellen Führer der SS vor Ort, Kurt Wege, ausgesprochen wenig hielt.[17] Über den persönlichen Kontakt zwischen Goebbels und Daluege wurde die Schutzstaffel zum Akteur in der sich anbahnenden Krise.

Unter anderem übernahm nun in Abstimmung mit Goebbels und Wilke eine kleine SS-Wache den Schutz der Berliner Gaugeschäftsstelle in der Hedemannstraße 10, ein Schritt, den Stennes, der sich als OSAF-Stellvertreter auch als Kom-

[14] Longerich: SA, S. 103–104; Goebbels, Bd. 2/I, S. 214–215.

[15] 17-seitige Broschüre „Wie es zur Stennes-Aktion kam", hg. von Walther Stennes [o. D., 1931], in BA Berlin, NS 26, Bd. 83.

[16] Goebbels, Bd. 2/I, S. 228–229.

[17] Zur Person Daluege vgl. Cadle: My honor, und ders.: Kurt Daluege. Zu Wege s. BA Berlin, SSO Kurt Wege. Zu Goebbels, Einschätzung Weges als reinem „Feldwebeltyp" s. Goebbels, Bd. 2/I, S. 321. Erst im Februar 1931 wurde Daluege formell mit der Führung des ostdeutschen SS-Abschnitts III betraut. Diese Ernennung wurde aber bezeichnenderweise auf Juli 1930 zurückdatiert – Cadle: My honor, S. 83 und 88.

mandeur der SS fühlte, als schwere Provokation empfand.[18] Am 29. August trat Pfeffer tatsächlich zurück. Diesen Schritt, der zunächst noch vor der Öffentlichkeit geheim gehalten wurde, begründete er damit, dass ihm „die moralische und materielle Unterstützung der Parteileitung“ fehle.[19] In der Nacht vom 30. auf den 31. August entdeckten die Berliner SA-Führer, dass ihre Krisensitzung vom Nachbarraum aus durch einen SS-Mann belauscht wurde, was für Stennes das Fass zum Überlaufen brachte. Er schickte ein circa 25-köpfiges SA-Kommando unter der Führung von Standartenführer Erich Döbrich in die Hedemannstraße, um die dortige SS-Wachmannschaft abzulösen. Obwohl Döbrich einen schriftlichen Befehl Stennes‘ dabei hatte, weigerten sich die SS-Männer zu gehorchen. Sie stellten damit den Auftrag der Berliner NSDAP- bzw. SS-Führung über einen direkten Befehl des OSAF-Stellvertreters, was der offiziellen Befehlshierarchie widersprach. Aus seiner Sicht zu Recht ließ Döbrich die Tür mit Gewalt aufbrechen und es kam zu einer „ziemlich ernsthaften Keilerei“, bei der die Geschäftsstelle verwüstet und zwei SS-Männer schwer verwundet wurden. Erst die vom SS-Angehörigen Walter Kern herbeigerufene Berliner Polizei beendete die Schlägerei zwischen den nationalsozialistischen „Kameraden“.[20]

Am folgenden Tag eilte der von Goebbels alarmierte Hitler aus Bayreuth nach Berlin. In seiner Begleitung befand sich auch Heinrich Himmler.[21] Um die schwere Krise so kurz vor der Wahl in den Griff zu bekommen, verfolgte Hitler eine raffinierte Doppelstrategie. Zum einen setzte er auf das persönliche Charisma, das die Mehrheit der einfachen Berliner SA-Männer dem „Führer“ zuschrieb. Am Abend des 31. Augusts zog er in Begleitung Himmlers und Goebbels, durch die Sturmlokale und versprach den Männern, sich persönlich ihrer Sorgen anzunehmen. Zum anderen bot er anschließend in einer nächtlichen Sitzung den SA-Führern finanzielle Konzessionen an.[22] Am Abend des 1. Septembers 1930 kam es im Berliner Kriegervereinshaus zur feierlichen Aussöhnung zwischen Stennes und Hitler. Die rund 2000 anwesenden SA-Männer brachen in Jubel aus, als der „Führer“ erklärte, dass er von nun an persönlich als „Oberster SA-Führer“ agieren würde.[23] Kurz vor diesem Auftritt hatten Hitler und Goebbels allerdings die Berliner SS besucht und ihr dafür gedankt, dass sie „treu geblieben“ sei und sich

[18] Abschrift einer handschriftlichen Aufzeichnung Stennes’ vom 29.7.1968, in IfZ-Archiv, ZS 1147, Bd. 2, Bl. 5.

[19] Rücktrittsschreiben Pfeffers vom 29.8.1930, in BA Berlin, NS 23, Bd. 509.

[20] 17-seitige Broschüre „Wie es zur Stennes-Aktion kam“, hg. von Walther Stennes [o. D., 1931], in BA Berlin, NS 26, Bd. 83; vgl. zum Ablauf Brown, S. 61–62, Werner, S. 480, Reichardt: Kampfbünde, S. 167–168 und Mües-Baron, S. 421–428.

[21] Gedächtnisprotokoll Himmlers über den Rücktritt von Pfeffers / die 1. Stennes-Revolte 1930 vom 24.5.1941, in BA Berlin, NS 19, Bd. 2817, Bl. 3–7.

[22] Die Parteiaufnahmegebühr sollte zugunsten der SA um 1,- Reichsmark steigen. Jedes Parteimitglied sollte 20 SA-Pfennige monatlich zahlen und die Partei die Rechtsschutzversicherung der SAler übernehmen. Schließlich sollten 50% der „Kampfschatz-Spenden“ an die SA abgetreten werden – Werner, S. 484–485.

[23] Bericht des LKA Berlin über die Veranstaltung vom 1.9.1930 und Befehl Hitlers an die SA und SS vom 2.9.1930, in: Hitler, Bd. III/3, S. 378–380.

als „Garde" erwiesen habe.[24] Ab diesem Zeitpunkt genoss die Schutzstaffel einen Sonderstatus. Hitler erkannte ihr als besonders zuverlässiger Einheit die Rolle als „Polizeidienst innerhalb der Partei" zu und machte ihre Entwicklung – so Joseph Goebbels in einem Tagebucheintrag vom März 1931 – zu seinem persönlichen „Steckenpferd".[25]

Die Funktion als disziplinierende Parteipolizei gegenüber der SA, die die SS erstmals, wenn auch noch erfolglos, im Rahmen der Stennes-Revolte von 1930 wahrgenommen hatte, übernahm sie auch in weiteren SA-Revolten der „Kampfzeit". Im Frühjahr 1931, nachdem er Kurt Daluege Zeit gegeben hatte, die ostdeutsche SS gegen den hinhaltenden Widerstand Stennes' auszubauen,[26] bzw. nachdem er Ernst Röhm veranlasst hatte, Stennes Zuständigkeitsbereich zu verkleinern,[27] schritt Hitler zur Rache an dem aus seiner Sicht untreuen und opportunistischen Führer der ostdeutschen SA, „der von Anfang seiner Tätigkeit an in der NSDAP keinen Handgriff ohne Rechnung und Quittung getan" habe und der „im Inneren nie Nationalsozialist gewesen" sei.[28] Am 1. April 1931 enthob der „Führer" Stennes all seiner SA-Ämter. Stennes weigerte sich, diese aufzugeben, ließ erneut die Berliner NSDAP-Gaugeschäftsstelle sowie die Redaktionsräume der Goebbels-Zeitschrift *Der Angriff* besetzen und verwüsten und warf Hitler seinerseits „Treubruch" vor. Er rief nicht nur die Männer der Sturmabteilung, sondern alle Parteigenossen auf, mit ihm zusammen für den wahren Nationalsozialismus und gegen die „bürgerlich-liberalistischen Tendenzen" der Parteiführung zu kämpfen.[29] Der Großteil der höheren SA-Führerschaft sowie circa 8000–10 000 der zu diesem Zeitpunkt ungefähr 25 000 SA-Männer seines Bereichs stellten sich zunächst hinter ihn und seine neu gegründete „Nationalsozialistische Kampfbewegung Deutschlands".[30]

Hitler beauftragte vor allem vier Männer damit, gegen die neuerliche Insubordination und die drohende Zersplitterung der „Bewegung" vorzugehen, wobei er erneut eine Doppelstrategie verfolgte. Paul Schulz, Oberleutnant a. D., Veteran der Freikorpskämpfe im Baltikum und des Kapp-Putsches, seit seiner Verurteilung zum Tode wegen der Beteiligung an Fememorden 1927 ein Idol der rechtsextremen Weimarer Szene und seit seiner Begnadigung und Haftentlassung 1930 Mitglied der NSDAP, wurde als kommissarischer Nachfolger Stennes' eingesetzt und damit beauftragt, möglichst viele der abtrünnigen SAler zurückzuholen, was ihm angesichts des raschen Zusammenbruchs der „Kampfbewegung" offensichtlich

24 Goebbels, Bd. II/1, S. 229–231.
25 Befehl Hitlers vom 7. 11. 1930, in BA, NS 23, Bd. 509; Goebbels, Bd. II/1, S. 357–358.
26 Zu Stennes' Klagen über die dabei angewandten aggressiven Abwerbungsmethoden s. die 17-seitige Broschüre „Wie es zur Stennes-Aktion kam", hg. von Walther Stennes [o. D., 1931], in BA Berlin, NS 26, Bd. 83.
27 Reichardt: Kampfbünde, S. 170.
28 *Völkischer Beobachter* vom 4. 4. 1931: „Adolf Hitlers Abrechnung mit den Rebellen", in: Hitler, Bd. IV/1, S. 248–258.
29 Presseerklärung Stennes' vom 2. 4. 1931, in: Michaelis/Schraepler, Bd. 7, S. 398–399.
30 Brown, S. 62 ff.

gut gelang.[31] Für die „Säuberung“ der SA und Partei von wirklich hartnäckigen Stennes-Anhängern waren dagegen für Berlin Joseph Goebbels als Gauleiter, für den Rest Ostdeutschlands Hermann Göring als „Politischer Kommissar Oberost“ zuständig. Die Aufgabe, die Betreffenden ausfindig zu machen, oblag dabei vor allem der SS unter der Führung Kurt Dalueges, der dazu formal als Adjutant Schulz zugeordnet war. Die Männer der Schutzstaffel beobachteten die Stennes-Versammlungen und halfen so, knapp 1000 Ausschlüsse aus SA und NSDAP vorzubereiten.[32]

Noch im April 1931 schrieb Hitler einen Dankesbrief an Daluege, in dem die pathetische Formulierung vorkam: „SS-Mann, Deine Ehre heißt Treue!“ Als Heinrich Himmler davon erfuhr, war er so begeistert, dass er noch im gleichen Jahr veranlasste, die SS-Uniform um eine Gürtelschnalle zu ergänzen, die die Formulierung „Meine Ehre heißt Treue“ trug.[33] Spätestens nach der zweiten Stennes-Revolte war die Schutzstaffel durch ihre nunmehr fest etablierte besondere Beziehung zu Hitler zu einem ernstzunehmenden Machtfaktor innerhalb der „Bewegung“ geworden. Das belegt unter anderem Goebbels Tagebucheintrag vom 30. Juni 1931: „Himmler hasst mich. Jetzt werde ich ihn zum Sturz bringen. Dieses hinterlistige Vieh muss verschwinden. Da stimmt auch Göring mit mir überein.“[34]

Die Vorgänge in der SA im April 1931 fanden in der linken und liberalen Weimarer Presse große Beachtung und riefen bei Politikern unter anderem der SPD und des Zentrums die fatale Vorstellung hervor, man sollte staatlicherseits keineswegs entschieden gegen SA oder SS einschreiten, da diese bald von selbst zerfallen und durch Außendruck eher stabilisiert werden würden.[35] Eine weitere Auseinandersetzung zwischen undisziplinierten SA-Angehörigen und zu ihrer Disziplinierung eingesetzten SS-Männern fand dagegen völlig abseits der Öffentlichkeit gegen Ende des Jahres 1932 in Augsburg statt. An ihr lässt sich das hohe Gewaltpotenzial erkennen, das in dieser Konfrontation unter „Kameraden“ angelegt war, hier allerdings noch nicht zum Ausbruch gelangte.

[31] Zur Person Schulz’ SAUER: Schwarze Reichswehr, S. 291–293, und die umfang- und materialreiche „Biografie“, die sein Sohn 2009 unter dem Pseudonym Alexander DIMITRIOS veröffentlicht hat. Zu Schulz‘ Aktivität als kommissarischer Führer der ostdeutschen SA s. den Faksimile-Abdruck des vertraulichen Berichts von Schulz an die Parteiführung vom 10. 4. 1931, in: DIMITRIOS, Bd. 3, S. 219–227, Dok. 31.1.

[32] Zur Tätigkeit Görings s. BROWN, S. 68–71; zur Beauftragung Goebbels‘ s. Schreiben Hitlers an Goebbels vom 2. 4. 1931, in HITLER, Bd. IV/1, S. 247–248; zur Rolle Dalueges bzw. der SS s. u. a. anonymer und undatierter Bericht eines SS-Manns an den neuen OSAF-Stellvertreter Paul Schulz, in BA Berlin, NS 23, Bd. 1249; zum Ablauf der sog. 2. Stennes-Revolte insgesamt MÜES-BARON, S. 453–458.

[33] CADLE: My honor, S. 85.

[34] GOEBBELS, Bd. 2/II, S. 48–49.

[35] *Münchner Post* vom 3. 4. 1931: „Papiergranaten Hitlers gegen die nordischen SA-‚Meuterer‘“; *Frankfurter Zeitung* vom 3. 4. 1931: „Die Rebellion gegen Hitler“; Schreiben des preußischen Innenministers, i.V. Dr. Abegg [eigentlich Carl Severing (SPD)], an den Reichsinnenminister vom 9. 4. 1931 und Schreiben des Reichsinnenministers, Joseph Wirth (Zentrum), an den badischen Innenminister vom 25. 4. 1931, in: MAURER/WENGST, S. 192–193 bzw. 195–196.

Anfang November entband der Führer der SA-Untergruppe Schwaben, Ludwig Fürholzer, ein Major a. D. und NS-Quereinsteiger, den mit dem Kommando über die 3. SA-Standarte beauftragten Sturmbannführer Hermann Seiler wegen mangelnder Führungsqualitäten von seinem Amt. Daraufhin entstand große Unruhe in der Augsburger Sturmabteilung, da Seiler eine Lokalgröße war, in dessen Milchhandlung zahlreiche „Kameraden" beschäftigt waren.[36] In dieser angespannten Situation sollte Fürholzer am Abend des 18. November 1932 einen SA-Appell im Sturmlokal *Blaues Krügle* abnehmen. Zu Fürholzers Sicherheit, aber auch um ein Exempel zu statuieren, ergriff der Führer der SA-Gruppe Hochland, Friedrich Karl von Eberstein, drastische Maßnahmen. Eberstein war seinerseits ein ehemaliger Weltkriegsveteran und Reichswehrleutnant, der sich im Frühjahr 1929 der NSDAP und der SS angeschlossen hatte, bevor ihn Röhm Anfang 1932 als höheren SA-Führer einsetzte.[37] Er beauftragte den Führer des Augsburger SS-Sturmbanns, Hans Loritz,[38] zum Schutz Fürholzers während des besagten SA-Appells eine größere Menge SSler zusammenzuziehen, die nötigenfalls alle SA-Rebellen „krumm und lahm schlagen" sollten.[39]

Während im Saal gut 350 SA-Männer, die großteils in der einen oder anderen Form bewaffnet waren, darauf harrten, ihrem Unmut Luft machen zu können, hielten sich circa 100 SS-Angehörige in den Nebenräumen bereit. Als Fürholzer die Versammlung eröffnen wollte, störte vor allem ein SAler so penetrant, dass Loritz ihn zusammen mit zwei SS-Männern aus der Menge zog und aus dem Saal warf. Daraufhin wurden Rufe „SS raus!" laut. Fürholzer bat Loritz, mit seinen Männern abzuziehen, und beendete den Appell vorzeitig, da es sonst „ohne Zweifel zur Saalschlacht gekommen" wäre. Das hätte laut Fürholzer dazu geführt, „dass sich die Kluft zwischen SS und SA nicht nur in Augsburg, sondern wohl im ganzen Reich ganz unverantwortlich vergrößert hätte". Schließlich wollte Fürholzer verhindern, dass „seine" SA-Männer, die er zu 95% für anständig und zuverlässig hielt, von der SS „niedergeknüppelt" würden.[40] Obwohl in den nächsten Wochen „die Wogen des Aufruhrs wieder verebbten"[41] und sich Fürholzers Deeskalationsstrategie somit als im Nachhinein richtig erwies, verlor er aufgrund des negativen Berichts, den Loritz an Eberstein richtete, seinen Posten als Führer der SA-Untergruppe Schwaben und wurde in den Innendienst beim Stab Röhms

[36] Handschriftliches und persönliches Schreiben des Führers des SA-Motorsturms I/3 an den Chef der Abt. II der OSAF, Willy Schmid, vom 5. 12. 1932, in BA Berlin, NS 23, Bd. 1248.

[37] Zu Eberstein Birn: HSSPF, S. 332. Im Februar 1933 wechselte Eberstein zurück zur SS, wo er als Abschnitts- und Oberabschnittsführer bzw. Polizeipräsident Münchens Karriere machte.

[38] Zu Loritz ausführlich Riedel, der allerdings die hier beschriebenen Vorgänge nur mit einem Halbsatz streift (S. 80). Loritz wurde später berüchtigt als KZ-Kommandant in Esterwegen, Dachau und Sachsenhausen.

[39] Schreiben Fürholzers an Röhm vom 20. 12. 1934, in BA Berlin, NS 23, Bd. 1248.

[40] Schreiben Fürholzers an die SA-Gruppe Hochland bzw. Röhm vom 19. bzw. 30. 11. 1932, in BA Berlin, NS 23, Bd. 1248.

[41] Handschriftliches und persönliches Schreiben des Führers des SA-Motorsturms I/3 an den Chef der Abt. II der OSAF, Willy Schmid, vom 5. 12. 1932, in BA Berlin, NS 23, Bd. 1248.

versetzt. Die Führung über die 3. SA-Standarte erhielt kommissarisch ausgerechnet ein SS-Unterführer übertragen.[42]

Die letzte SA-Revolte der „Kampfzeit“, die hier behandelt werden soll,[43] spielte sich in Franken ab. Hier hatte sich im Januar 1933, unmittelbar vor der „Machtergreifung“, der Führer der SA-Gruppe, Wilhelm Stegmann, derart heftig mit dem Gauleiter Julius Streicher zerstritten, dass er trotz persönlicher Versöhnungsversuche Hitlers aus SA und NSDAP austrat und das Freikorps Franken gründete, dessen 2000–3000 Mitglieder zwar gegen Streicher hetzten, aber absurderweise noch im Februar und März 1933 in Eigenregie Wahlkampf für Hitler und den aus ihrer Sicht „wahren Nationalsozialismus“ betrieben.[44] In unserem Zusammenhang interessiert vor allem die Rolle, die die SS in diesem Konflikt spielte, da sich daran die besondere Ausrichtung der „Treue“ der Schutzstaffel nachvollziehen lässt.

Der Führer der SS-Gruppe Süd, Sepp Dietrich, hielt sich zunächst betont zurück, da Streicher im Gegensatz zu Goebbels keineswegs als hundertprozentig „führertreu“, sondern vielmehr als im hohen Maße eigenmächtig und selbstherrlich galt[45], und da die Vorwürfe, die Stegmann ihm gegenüber zum Beispiel in Sachen der Unterschlagung der von Hitler zugesagten SA-Finanzierung erhob, durchaus plausibel erschienen. Dietrichs Befehl an die fränkische SS lautete: „Die Schutzstaffel erklärt sich weder gegen den Gauleiter Streicher, noch für den ehemaligen SA-Gruppenführer Stegmann, da sie sich bedingungslos und ausschließlich nur den Befehlen des obersten Führers Adolf Hitler bzw. des von ihm eingesetzten Reichsführers der Schutzstaffeln unterzuordnen hat.“[46] Die unbedingte Loyalität und Treue der SS galt also nur noch Hitler und Himmler selbst. Röhm, dem die Schutzstaffel als SA-Chef formal weiter unterstellt war, wurde hier dagegen mit keinem Wort erwähnt.

Kurz darauf schickte Hitler Dietrich als Schlichter nach Nürnberg. Als seine Mission an der Unnachgiebigkeit beider Seiten gescheitert war und Stegmann nicht dem Willen des „Führers“ entsprechend zurückgetreten war, bezog die SS dann doch eindeutig Stellung. Allerdings zeigt der Befehl des Nürnberger Standartenführers Johann Beck deutlich, dass ihr das angesichts der Fehden, die sie selbst schon seit längerem mit Streicher ausgetragen hatte,[47] nicht leicht fiel: „Seid

[42] Bericht des SS-Sturmbannführers Hans Loritz über den Appell des SA-Sturmbanns V/3 vom 18.11.1932 und Vermerk des Chefs der Abt. II der OSAF, Willy Schmid, betr. Beurteilung des Falles Fürholzer – Künanz [o. D., ca. Dezember 1932], in BA Berlin, NS 23, Bd. 1248.

[43] Zu weiteren Unruhen in der SA in München, Stuttgart, Kiel, Bremen, Leipzig, Hannover, Frankfurt, Hamburg, Düsseldorf, Dachau, Hanau, Kassel und Köln s. Brown, S. 76; Reichardt: Kampfbünde, S. 173–174; Longerich: SA, S. 163–164; Longerich: Himmler, S. 127 und 131–132.

[44] Zur Stegmann-Revolte Pridham, S. 291–294; Hambrecht, S. 317–328 und 370–393; Reiche, S. 179–210.

[45] Zu Streicher v. a. die Skizze von Baird. Eine umfassende wissenschaftliche Biografie Streichers stellt ein großes Desiderat der Forschung dar.

[46] Wiedergegeben im Befehl des Führers des Sturmbanns I/3 vom 16.1.1933, in BA Berlin, NS 26, Bd. 330.

[47] S. dazu den Bericht des Führers der SS-Gruppe Süd, Dietrich, aus München an Hitler vom 21.9.1932 betr. Stimmung der SS, in BA Berlin, NS 19, Bd. 1934, Bl. 209–210.

ihr nicht auch davon überzeugt, dass die größte Freude an den Vorkommnissen in Mittelfranken in erster Linie der Jude haben wird? Dass es für die ganze Bewegung […] vernichtend wäre, wenn selbst die Schutzstaffel – die Elitetruppe der Bewegung – uneins würde? Soweit darf und wird es niemals kommen! […] Kameraden der 3. SS-Standarte! Der Kern der Bewegung in Mittelfranken seid ihr! […] Für uns gibt es keinen Fall Stegmann! Für uns gibt es keinen Fall Streicher! Für uns gibt es nur Disziplin unserem Obersten Führer gegenüber, ganz gleich, ob uns das oder jenes passt."[48] Als das Freikorps Franken am 13. März 1933 verboten und gewaltsam aufgelöst und Stegmann in ein Konzentrationslager gebracht wurde, führten in erster Linie SS-Männer diese Aufgabe durch. Allerdings sorgte Himmler dafür, dass sein ehemaliger Kommilitone Stegmann nicht umgebracht, sondern außerhalb Frankens inhaftiert und 1938 freigelassen wurde. 1944 gab der Reichsführer-SS Stegmann sogar eine Chance zur „Bewährung" als Obersturmführer der Waffen-SS in der berüchtigten „Brigade Dirlewanger", in deren Dienst er kurz darauf fiel.[49]

Die „restlose Trennung von SS und SA", die Himmler schon nach der ersten Stennes-Revolte erhofft hatte,[50] erhielt die Schutzstaffel trotz all dieser Treuebeweise jedoch zunächst noch nicht. Vielmehr blieb sie, wie bereits erwähnt, auf Befehl Hitlers dem Stabschef der SA, Ernst Röhm, unterstellt. Ihr Motto unbedingter Treue und bedingungslosen Gehorsams gegenüber dem „Führer" zog es nach sich, dass die SS-Führung offene Kritik an diesem Zustand unterdrückte und bei zahlreichen Anlässen den Geist der „guten Kameradschaft" beschwor, der zwischen SA und SS zu herrschen hatte.[51] Als beispielsweise Hans Loritz sich beim Reichsparteitag in Nürnberg Ende August, Anfang September 1933 im Gefühl der Überlegenheit über die Sturmabteilung zu einem offenen Streit mit einem höheren SA-Führer hinreißen ließ, versetzte ihn Himmler zur Strafe ins Dachauer Hilfswerklager für die aus Österreich geflohenen SS-Männer. Loritz' bereits genehmigte Beförderung zum Standartenführer wurde eingefroren. Die Begründung der Strafe lautete, dass Loritz dem „Zusammengehörigkeitsgefühl der Gesamt-SA" schwer geschadet habe.[52]

Die trotz derartiger Camouflage angestrebte Unabhängigkeit von der Sturmabteilung erlangte die Schutzstaffel schließlich erneut im Rahmen der Niederschlagung einer SA-Revolte – allerdings nur einer vermeintlichen, bei der Himmler kräftig nachhelfen musste, um Hitler davon zu überzeugen, dass eine solche überhaupt vorlag.[53] Im Frühjahr und Frühsommer 1934 spitzte sich die Lage der

[48] Befehl des Führers der 3. Standarte vom 24.1.1933, in BA Berlin, Bd. 330.

[49] Hambrecht, S. 570, Anm. 182.

[50] Befehl Himmlers vom 1.12.1930, in BA Berlin, NS 19, Bd. 1934, Bl. 53.

[51] Vgl. u. a. Heinrich Himmler: „SS und SA", in: *Der SA-Mann* vom 5.1.1932; *Der SA-Mann* vom 19.8.1933: „Der Tag der SS-Gruppe Ost. 11000 SS-Männer marschieren"; *Völkischer Beobachter* vom 14.–15.8.1933: „Der große SS-Appell im Berliner Stadion".

[52] Strenger Verweis Himmlers an Loritz vom 20.11.1933, in BA Berlin, SSO Hans Loritz; vgl. Riedel, S. 83–84.

[53] Zum Folgenden allgemein Höhne: Mordsache und Fallois.

Sturmabteilung bzw. des gesamten NS-Regimes in mehrfacher Hinsicht zu. Durch den Erfolg des eigenen „Kampfes“ hatte die aktivistische, durch die „Gleichschaltung“ des Stahlhelms und anderer Wehrverbände auf rund eine Million junger, aktiver und weitere dreieinhalb Millionen älterer, passiver Mitglieder angeschwollene SA[54] ihre angestammten Aufgaben verloren. Nachdem die terroristische Durchsetzung der „Machtergreifung“ weitgehend abgeschlossen war, hatte Hitler schon am 6. Juli 1933 in einer Rede vor den Reichsstatthaltern die „nationale Revolution“ für beendet erklärt und davor gewarnt, die Autorität der staatlichen Organe weiter zu untergraben, da diese nunmehr dem Dritten Reich dienten.[55] Die Propaganda war in einem eigens geschaffenen Reichsministerium unter Joseph Goebbels und dank des per Notverordnung bzw. durch das „Schriftleitergesetz“ geschaffenen Zugriffs auf alle Medien professionalisiert worden.[56] Schließlich war Hitler unwillig, der SA die von Röhm angestrebte Rolle als milizartiges „Volksheer“ zu übertragen. Bei einer Besprechung mit Göring, Röhm, Himmler und der Reichswehrspitze am 28. Februar 1934 machte der „Führer“ klar, dass er nicht auf dieses Konzept, sondern auf die Wiedereinführung der Wehrpflicht setzte.[57]

Andererseits waren nach der „Machtergreifung“ keineswegs über Nacht wirtschaftlich paradiesische Zustände eingetreten. Im Frühjahr 1934 gab es noch immer rund vier Millionen Arbeitslose. Zudem hatte das zumindest nominell auch sozialistische Regime nicht in die alten Besitzverhältnisse eingegriffen, was zur wachsenden Unzufriedenheit der Männer führte, die sich von ihrem Anschluss an die „Bewegung“ bzw. ihrem zum Teil jahrelangen ehrenamtlichen Dienst für diese eine raschere und größere auch materielle Dividende versprochen hatten.[58] Unruhig waren aber auch die konservativen Koalitionspartner der Regierung Hitler bzw. die Beamten und Unternehmer, die einerseits mit dem Regime zu kooperieren suchten, andererseits ab dem Sommer 1933 selbst vielfach zu Opfern wurden bzw. sich die Eingriffe der zahllosen SA-Sonderkommissare nicht mehr gefallen lassen wollten. In diesen Kreisen kursierte unter anderem die Idee, im Falle des Todes des alten und kranken Paul von Hindenburg zur Monarchie zurückzukehren. Derartige Stimmungen verdichteten sich in der Marburger Rede des Vizekanzlers Franz von Papen am 17. Juni 1934 zu relativ unverblümter Regimekritik und zu Ansätzen eines politischen Gegenprogramms.[59]

Ernst Röhm stellte ein ideales Bauernopfer dar, mit dessen Hilfe dieser gordische Knoten zerschlagen und das NS-Regime stabilisiert werden konnte. Der SA-Chef war angreifbar wegen seiner gleichgeschlechtlichen Neigung, die er seit 1924

[54] Zahlen nach Sauer: Mobilmachung, S. 893.

[55] Longerich: SA, S. 182; Redetext bei Jacobsen/Jochmann (chronologisch geordnete Loseblattsammlung).

[56] Vgl. u. a. Ross, S. 266 ff., und Mühlenfeld: Kommissariat.

[57] Sauer: Mobilmachung, S. 937–944; Hancock, S. 144–145.

[58] Longerich: SA, S. 188–190 und 207; Hancock, S. 141–142; Deutschlandberichte, Bd. 1, S. 19 und 144.

[59] Bauer, S. 235–240; Sauer: Mobilmachung, S. 948–952; Longerich: SA, S. 211–213. Der Text der Marburger Rede bei Papen.

relativ offen auslebte[60] und die, wie beschrieben,[61] seit seiner Einsetzung als Stabschef im Januar 1931 vor dem Hintergrund der weit verbreiteten Homophobie öffentlich skandalisiert wurde. Obwohl Hitler Röhm mit wiederholten Ehrenerklärungen deckte,[62] war es für viele Nationalsozialisten unfassbar, dass Röhm nicht nur selbst homosexuell war, sondern auch andere Homosexuelle wie Edmund Heines oder Karl Ernst in hohen SA-Führerstellen unterbrachte und im Anschluss an den Schriftsteller und Philosophen Hans Blüher die Homoerotik zu einer Art konstitutivem Element des Männerbundes SA zu erheben schien.[63] Zudem war Röhm politisch ungeschickt, da er sich trotz der wachsenden Zahl seiner Gegner in- und außerhalb der NS-„Bewegung" hartnäckig für eine zweite, nicht mehr nur „nationale", sondern genuin „nationalsozialistische Revolution" aussprach und sich somit in einen Gegensatz zu Hitler brachte.[64]

Durch die Sammlung und Anordnung bzw. Fälschung entsprechender „Beweise" gegen den SA-Chef seit dem Frühjahr 1934 schafften es Himmler, Göring und die Reichswehrspitze im Juni 1934, den „Führer" davon zu überzeugen, dass sein Duzfreund Röhm eine ernsthafte Gefahr für das Regime darstelle und zusammen mit der höheren SA-Führung beseitigt werden müsse.[65] Mit der Durchführung der entsprechenden Maßnahmen, in deren Zusammenhang auch mit konservativen NS-Gegnern wie Kurt von Schleicher oder Papens Redenschreiber Edgar Julius Jung bzw. „Abtrünnigen" wie Gregor Straßer, der sich im Dezember 1932 von allen Parteiämtern zurückgezogen hatte, abgerechnet werden sollte, wurde die Schutzstaffel betraut, während Polizei und Reichswehr nur assistieren sollten.[66]

Am 30. Juni 1934 wurde die gesamte SS alarmiert und zusammengezogen. Männer, die unentschuldigt nicht erschienen, wurden danach rigoros bestraft, in zahlreichen Fällen mit dem Ausschluss aus der SS.[67] Die meisten SS-Angehörigen dienten in den folgenden drei Tagen dazu, die SA-Basis handlungsunfähig zu machen, indem sie deren Dienststellen besetzten und Waffen, Fahrzeuge, Fernspre-

[60] U. a. war Röhm Mitglied der Liga für Menschenrechte, die sich für die Abschaffung des § 175 einsetzte. Er war mehrfach verwickelt in Strichjungenaffären und besuchte 1931 mit einem britischen Journalisten ungeniert eine Travestiebar – HANCOCK, S. 85–90.

[61] Vgl. Kap. I.5.

[62] Vgl. Hitlers berühmtes SA-Rundschreiben vom 3.2.1931, demzufolge die SA „keine moralische Anstalt zur Erziehung von höheren Töchtern, sondern ein Verband rauer Kämpfer" war – in HITLER, Bd. IV/1, S. 183; eine Erklärung von 1932 bei DOMARUS, Bd. 1/I, S. 102.

[63] Zur Männerbund-Ideologie Blühers BRUNS. Zur strittigen Frage, wie „schwul" die SA wirklich war, s. die Kontroverse in der ZfG zwischen WAHL: Männerbünde bzw. WAHL: „National-Päderasten" und REICHARDT: Homosexualität bzw. PRETZEL: Homophobie.

[64] Vgl. u. a. Ernst Röhm: „SA und deutsche Revolution!", in: *Nationalsozialistische Monatshefte*, 4 (1933), Heft 39 (Juni), S. 11–14, hier S. 14; Ernst Röhm: „Die braunen Bataillone der deutschen Revolution", in: *Nationalsozialistische Monatshefte*, 5 (1934), Heft 46 (Januar), S. 5–9, hier S. 9.

[65] LONGERICH: SA, S. 202–209.

[66] U. a. gab die Reichswehr die nötigen Waffen an die SS aus – SAUER: Mobilmachung, S. 948ff.

[67] Entspr. Fälle in IPN-Archiv, GK 813, Bd. 24; StA Marburg, 327/2a, Bd. 122–123.

cher usw. beschlagnahmten.[68] Eine Minderheit bildete dagegen „Rollkommandos“, die gegen diejenigen vorgingen, die auf den von der SS-Führung erstellten schwarzen Listen standen.[69] Als die „Aktion“ am 2. Juli 1934 beendet und die SS-Männer wieder entlassen wurden, war es zu über 1100 wilden „Verhaftungen“ gekommen, deren Opfer vielfach misshandelt worden waren. Circa 150 bis 200 Personen, von denen ungefähr die Hälfte der SA angehört hatten, waren ermordet worden.[70]

Am 3. Juli 1934 erklärte die Reichsregierung all diese Handlungen, die ohne jede gesetzliche Basis erfolgt waren, zur legitimen „Staatsnotwehr“. Zehn Tage später rechtfertigte Hitler sie im Reichstag, wobei er behauptete, man habe mit dem „rücksichtslosen und blutigen Zugreifen“ ein größeres Blutbad im Rahmen eines von Röhm geplanten Putsches verhindert. Er habe als „des deutschen Volkes oberster Gerichtsherr“ standrechtlich handeln müssen.[71] Die Mehrheit der Deutschen war keineswegs empört über diese dreiste Selbstermächtigung, die einer pauschalen Lizenz zum politischen Mord gleichkam, sondern feierte vielmehr die Reinigung der „Bewegung“ und die vermeintliche Wiederherstellung von Ruhe und Ordnung durch die „rücksichtslose Entschlossenheit“ des „Führers“.[72]

Obwohl SS-Einheiten zum Beispiel in Ostpreußen und Schlesien die „Aktion“ in einigen Fällen ganz offensichtlich genutzt hatten, um gänzlich eigenmächtig Juden, mindestens fünf Missliebige aus den eigenen Reihen[73] und andere persönliche Feinde zu ermorden,[74] akzeptierte die Justiz den „Führerbefehl“ bzw. die nachträgliche Absegnung durch Hitler als „Rechtsquelle“.[75] Nur in einem einzigen Fall – im schlesischen Waldenburg hatte ein „Rollkommando“ einen völlig unbeteiligten Mann erschossen und im Straßengraben liegen gelassen, dessen einziges „Verbrechen“ darin bestand, eine berufliche Auseinandersetzung mit dem Bruder eines der SS-Männer gehabt zu haben – kam es zu einer Verurteilung. Die SS-Angehörigen Hermann Jenke, Kurt Förster und Fritz Deponte wurden wegen Totschlags zu einem, zwei bzw. fünf Jahren Gefängnis verurteilt,[76] kamen aber dank

[68] Vgl. u. a. den Befehl des Führers des Sturmbanns III/70 vom 13. 7. 1934, die entsprechenden Materialien wieder zurückzugeben, in IPN-Archiv, GK 809, Bd. 21, Bl. 17.

[69] Koehl: Black Corps, S. 98–101.

[70] Gruchmann, S. 478–479; Kaienburg: Wirtschaft, S. 81.

[71] Domarus, Bd. I/1, S. 410–424, bzw. neuerdings online unter www.reichstagsprotokolle.de [Zugriff 30. 11. 2010].

[72] Deutschlandberichte, Bd. 1, S. 197–199; geheimer Lagebericht des Potsdamer Regierungspräsidenten an den Reichsminister des Inneren vom 6. 8. 1934, in: Hinze, S. 141; Lagebericht der Staatspolizeistelle Kassel vom 5. 7. 1934, in: Klein, Bd. 1, S. 116.

[73] Neben den drei erwähnten Bredow-Tätern wurden auch der ostpreußische Reiter-SS-Führer Anton von Hohberg und Buchwald sowie der ehemalige schlesische SS-Abschnittsführer Emil Sembach umgebracht.

[74] Gruchmann, S. 457–470; zu den Fällen in Schlesien s. IPN-Archiv, GK 812, Bd. 644, 768 und 769.

[75] Schreiben des Führers des Abschnitts VI, Berkelmann, an den Oberabschnitt Südost vom 12. 9. 1934, in IPN-Archiv, GK 812, Bd. 769, Bl. 4; vgl. auch den berüchtigten Aufsatz von Carl Schmitt.

[76] Urteil des Schwurgerichts Breslau gegen Deponte u. a. vom 26. 9. 1934, in IPN-Archiv, GK 812, Bd. 768, Bl. 9–24.

der intensiven Lobbyarbeit der SS-Führung im Reichsjustizministerium bzw. bei Hitler alle schon bis 1936 wieder auf freien Fuß. Während ihrer Haftzeit hatten sich ihre „Kameraden" intensiv und mit erheblichem finanziellem Aufwand um ihre Familien gekümmert und sie selbst regelmäßig besucht.[77] Die Schutzstaffel wurde für ihre Rolle während des „Röhm-Putsches" also keineswegs bestraft. Vielmehr stieg das „Ansehen der SS" infolge des offenen Bruchs mit der SA[78] und auch der „Führer" zeigte sich erkenntlich, indem er am 20. Juli 1934 die SS zur eigenständigen Gliederung der Bewegung erklärte. Somit war die Schutzstaffel in ausdrücklicher Anerkennung ihres neuerlichen „Treue"-Beweises vom 30. Juni bis 2. Juli 1934 nicht mehr dem neuen SA-Stabschef Viktor Lutze unterstellt, sondern nur noch Himmler und Hitler selbst.[79]

Parallel zu diesem „Abnabelungsprozess" waren 1933/34 bis auf Himmler alle zentralen Führungspersonen der alten Reichsführung-SS ausgefallen. Josias zu Waldeck und Pyrmont war im April 1933 als eine Art Sonderkommissar für die Gleichschaltung ins Auswärtige Amt gewechselt. Erst ab 1935 konzentrierte er sich als regionaler SS-Führer in den Oberabschnitten Rhein bzw. Fulda-Werra wieder auf die Schutzstaffel. Ernst Bach war im Juni 1933 an einer plötzlichen Erkrankung verstorben. Einer ähnlich überraschenden Krankheit war im Februar 1934 Siegfried Seidel-Dittmarsch erlegen, nachdem er wenige Tage zuvor von Röhm als „Inspekteur Mitte" in den Stab der Obersten SA-Führung abberufen worden war. Nur einen Monat darauf, im März 1934, hatte Himmler den Reichsgeschäftsführer der SS, Gerhard Schneider, aus der SS ausgeschlossen, da dieser rund 1100 Reichsmark veruntreut und weitere 2100 Reichsmark verschwendet hatte.[80]

Damit war der Weg auch personell frei für eine umfassende Reorganisation der Schutzstaffel als eigenständiger NS-Gliederung. 1934/35 zog die Reichsführung komplett nach Berlin um. Die wichtigsten SS-Ämter bezogen Gebäude in der Prinz-Albrecht-Straße unweit des Potsdamer Platzes.[81] Der alte „Führungsstab" Himmlers wurde ersetzt durch seinen „Persönlichen Stab", zu dessen Leiter Karl Wolff aufstieg. Dieser gehörte wie Himmler dem Jahrgang 1900 an, hatte im Gegensatz zu ihm aber noch im Ersten Weltkrieg gedient, den er im Rang eines Leutnants und ausgezeichnet mit dem Eisernen Kreuz I. und II. Klasse beendete. Nach Freikorps-Aktivitäten absolvierte er eine Banklehre und arbeitete als Angestellter eines Kreditinstituts bzw. einer Werbeagentur, bevor er sich 1925 in diesem Metier selbstständig machte. Als seine Firma 1931 in ernste wirtschaftliche

77 Unterlagen zu dieser SS-Betreuung in IPN-Archiv, GK 812, Bd. 644 und 768.

78 Lagebericht des Hildesheimer Regierungspräsidenten an den Reichsminister des Inneren für den Monat Juli 1934 vom 8. 8. 1934, in: Mlynek, S. 201.

79 Befehl Hitlers vom 20. 7. 1934, in: Der Prozess gegen die Hauptkriegsverbrecher, Bd. 29, S. 28, Dok. 1857-PS.

80 Schmeling, S. 42 ff.; BA Berlin, SSO Ernst Bach und SSO Siegfried Seidel-Dittmarsch; Schreiben Himmlers an Schneider vom 24. 3. 1934, in BA Berlin, SSO Gerhard Scheider (6. 4. 1890).

81 Kaienburg: Wirtschaft, S. 88 und 101; Koehl: Black Corps, S. 110. Seit 1951 ist die Straße nach einer 1944 im KZ Ravensbrück verstorbenen kommunistischen Widerstandskämpferin Niederkirchnerstraße benannt. 2010 wurde hier nach langem Ringen die neue Dauerausstellung der Gedenkstätte Topographie des Terrors eröffnet.

Schwierigkeiten geriet, schloss sich Wolff in München der NSDAP und der SS an. Er wurde rasch zum Führer eines Sturms bzw. zum Adjutanten eines Sturmbanns. Im März 1933 übernahm er eine Stelle als Adjutant beim bayerischen Reichsstatthalter Franz von Epp, bevor er im Juni in gleicher Position zu Himmler wechselte. In dessen Dienst machte sich der geschmeidige Strippenzieher Wolff rasch unentbehrlich, so dass er schon im Januar 1934 als „1. Adjutant", seit November 1935 als „Chefadjutant" und ab November 1936 als „Chef des Persönlichen Stabes" fungierte.[82]

Das „SS-Amt", das 1935 zu einem „Hauptamt" umgewandelt wurde, übernahm nach dem Tod Bachs zunächst Seidel-Dittmarsch, nach dessen Tod der bisherige Führer der norddeutschen SS, Curt Wittje. Dieser war 1894 geboren worden und hatte bis 1929 ununterbrochen als Berufsoffizier gedient, zuletzt im Rang eines Hauptmanns. Nach seinem Ausscheiden aus der Reichswehr wurde er einerseits ein recht erfolgreicher Geschäftsmann, der mehreren AG-Vorständen angehörte, andererseits reüssierte er seit 1930 in der NSDAP bzw. seit 1931 in der SS, wo er noch im selben Jahr die Führung des Ansbacher Sturmbanns übernahm, den er bis 1932 zu einem selbstständigen SS-Abschnitt ausbaute. 1933 vertraute ihm Himmler die Führung der norddeutschen SS an, bevor er ihn 1934 in die Reichsführung berief.[83]

Zum „Verwaltungschef" der gesamten SS bestimmte Himmler schon kurz vor der Trennung von Schneider Oswald Pohl, der 1892 geboren worden war und nach dem Abitur zwischen 1912 und 1934 bei der Marineverwaltung gedient hatte, zuletzt als Stabszahlmeister. Schon 1922 bzw. erneut seit 1926 hatte sich Pohl aber auch in der NSDAP und SA engagiert, wobei er Himmler aufgefallen war, der ihn als ersten wirklich qualifizierten Verwaltungsexperten für die SS-Führung anwarb.[84]

Ebenfalls 1934 systematisierte Himmler die „wilden" Sonderverbände der SS, die seit 1933 zur Bewachung der Konzentrationslager bzw. als kasernierte „politische Bereitschaften" der regionalen SS-Führer entstanden waren.[85] Im Mai 1934 beauftragte Himmler Theodor Eicke mit der Führung der KZ-Truppen. Dieser war 1892 im Elsass geboren worden, hatte von 1909 bis 1919 nach dem Abbruch der Realschule als Schreiber und Zahlmeister in der kaiserlichen Armee gedient und war anschließend wegen seines politischen Extremismus nicht dauerhaft bei der Polizei untergekommen. Von 1923 bis 1932 arbeitete er stattdessen beim Werkschutz der BASF bzw. IG Farben in Ludwigshafen. Seit 1928 gehörte er der NSDAP und SA an, seit 1930 der SS, deren Aufbau in der Rheinpfalz er führend gestaltete. 1932 wurde Eicke wegen Sprengstoffbesitzes und Attentatsvorbereitungen verhaftet und floh nach Italien. 1933 geriet er nach seiner Rückkehr in derart harte Auseinandersetzungen mit dem pfälzischen Gauleiter

[82] Zu Wolff Lang, Simms, und BA Berlin, SSO Karl Wolff.
[83] Kleist, S. 196–197; BA Berlin, SSO Curt Wittje.
[84] Zu Pohl Schulte: Zwangsarbeit, S. 33–36, Pohl: Oswald Pohl und Allen: Oswald Pohl.
[85] Vgl. Kap. II.1.

Fritz Sauckel, dass ihn dieser in die Psychiatrie einweisen ließ. Dort holte ihn Himmler heraus und machte ihn zum Kommandanten des mit Abstand größten bayerischen Konzentrationslagers in Dachau. Unmittelbar nachdem Eicke persönlich Röhm erschossen hatte, wurde er von Himmler mit den Titeln „Inspekteur der Konzentrationslager" und „Führer der SS-Wachverbände" ausgestattet. Seit 1936 hießen diese nunmehr professionalisierten Wachtruppen SS-Totenkopfverbände.[86]

Im September 1934 akzeptierte die Reichswehrführung unter Minister Werner von Blomberg wohl auch als Teil der Belohung der SS für die am 30. Juni geleisteten Dienste, dass die „politischen Bereitschaften" zu einer bewaffneten und kasernierten „Verfügungstruppe" in Stärke von zunächst drei Regimentern ausgebaut wurden. Zur Heranziehung eines qualifizierten Führernachwuchses dieser Einheiten, aber auch der gesamten SS wurden in Bad Tölz und Braunschweig zwei sogenannte Junkerschulen eröffnet. Zentraler Akteur dieses Nukleus der späteren Waffen-SS wurde einerseits Sepp Dietrich[87], der das Kommando über die in Berlin stationierte Leibstandarte Adolf Hitler übernahm, andererseits Paul Hausser. Dieser gehörte dem Jahrgang 1880 an und hatte von 1892 bis 1932 als preußischer Kadett bzw. Offizier gedient, bevor er aus Altersgründen im Rang eines Generalleutnants ausschied. 1932/33 war Hausser im Stahlhelm tätig und wurde mit diesem in die SA überführt. 1934 wechselte er zur SS und wurde dort reaktiviert: zunächst als Leiter der Junkerschule Braunschweig, ab November 1936 als erster „Inspekteur der Verfügungstruppe".[88]

Schon 1931 hatte Himmler die dritte große Sondergruppierung der SS ins Leben gerufen, den „Sicherheitsdienst", der die Funktion als Polizei der Bewegung wahrnehmen sollte, die Hitler der SS übertragen hatte. Als Leiter des SD, damals noch unter dem Namen „Ic-Dienst", hatte der Reichsführer-SS den jungen, 1904 geborenen Reinhard Heydrich angeworben, der kurz zuvor wegen „unehrenhafter" Frauengeschichten aus der Marine entlassen worden war, wo er als Funkoffizier gedient hatte. Allerdings blieb der SD bis zur Mitte der 1930er Jahre zahlenmäßig recht klein. Wichtiger wurde Heydrich zunächst dadurch, dass er 1933/34 im Auftrag Himmlers und mit Billigung Hitlers die politischen Polizeien der Länder an sich zog und schließlich zu einer reichsweit einheitlich geführten Geheimen Staatspolizei, kurz Gestapo, unter der Kontrolle der Reichsführung der SS vereinigte.[89]

In einem geheimen Rundschreiben vom 14. Dezember 1934 definierte Himmler, dass alle SS-Einheiten, die weder zu den Wachverbänden, noch zur Verfü-

86 Zu Eicke SYDNOR: Theodor Eicke. Einen Überblick über die KZ-Wachmannschaften bieten ORTH: Bewachung und KAIENBURG: Militär- und Wirtschaftskomplex, S. 37–73.

87 Zu ihm vgl. Kap. II.1.

88 Zur Gründung von Verfügungstruppe und Junkerschulen HATHEWAY, S. 68–72. Zu Hausser SYRING: Paul Hausser bzw. HAUSSERS eigene apologetische Schriften.

89 Zu Heydrich GERWARTH und SYDNOR: Reinhard Heydrich. Zur Geschichte des frühen SD v. a. ARONSON. Zu seiner weiteren Entwicklung WILDT: Nachrichtendienst und SCHREIBER: Elite. Zur Gestapo s. u. a. DAMS/STOLLE und GELLATELY: Gestapo.

gungstruppe oder dem SD gehörten, künftig die Bezeichnung „Allgemeine SS“ tragen sollten.[90] Auch diese wurde 1934 noch einmal reorganisiert und systematischer unterteilt. Als oberste regionale Einheit ersetzten die „Oberabschnitte“ die zuvor von der SA entlehnten „Gruppen“. Ende 1934 gliederte sich die Allgemeine SS somit in 10 Oberabschnitte, 29 Abschnitte, 130 Standarten, 449 Sturmbanne und 1777 Stürme.[91]

2. Der elitäre Anspruch

Die in den SA-Revolten nachgewiesenen besonderen Qualitäten der Schutzstaffel – unbedingte Treue zum und bedingungsloser Gehorsam gegenüber dem „Führer“ – sowie die bereits erwähnte Anerkennung durch Hitler, Goebbels und andere NS-Granden brachten die SS-Führung dazu, ab 1930/31 immer offener den Anspruch zu erheben, eine „Elitetruppe der Bewegung“[92] darzustellen. In zahlreichen Selbstbeschreibungen aus den Federn hochrangiger SS-Führer finden sich entsprechende Ansammlungen von Superlativen. So bezeichnete Heinrich Himmler im Juni 1931 in der „Vorläufigen Dienstordnung für die Arbeit der SS“ den einzelnen SS-Mann als das „vorbildlichste Parteimitglied, das sich denken lässt“, und die Schutzstaffel insgesamt als die „leistungsfähigste und opferwilligste Propagandaorganisation“, deren Ziel es sei, „dass die Bewegung immer mit Stolz auf die SS blicken kann“.[93] Im Jahr 1935, als die nunmehr selbstständige Reichsführung-SS nicht mehr dazu gezwungen war, in ihren Äußerungen Rücksicht auf die SA zu nehmen, forderte Reinhard Heydrich kategorisch, die SS müsse „auf allen Gebieten die Besten“ stellen. Himmler ergänzte wenig später: „Wir haben von jeher den Ehrgeiz gehabt, in jedem Kampf und an jeder Stelle die Besten sein zu wollen.“[94] Im Februar 1937 schließlich beschrieb der Schriftsteller und Präsident der Reichsschrifttumskammer Hanns Johst, ein enger Freund Heinrich Himmlers, der seit 1935 selbst der Allgemeinen SS angehörte,[95] in einem nur zweiseitigen Text die Schutzstaffel als „Neuadel“, „neue Elite“, „revolutionäre Elite“, „Garde“, „Garde du Coeur“, „Gelöbnisbund“, „geweihten Raum männlichen Einsatzes“, „Orden“ und „neuen Orden“.[96]

Die Tatsache, dass die SS-Führung einen Elitestatus für ihre Organisation reklamierte, stand in einem doppelten Kontext. Zum einen grenzte sie die Schutzstaffel damit konzeptionell, wenn auch kontrafaktisch[97] vom Rest der SA ab, die gerade im Bürgertum „als eine Truppe von plebejischen Rabauken verschrien“

[90] In BA Berlin, NS 19, Bd. 1934, Bl. 183.

[91] Kaienburg: Wirtschaft, S. 87; Neusüss-Hunkel, S. 24–25; Nolzen: Freimaurerei, S. 30.

[92] Befehl des Führers der 3. Standarte vom 24. 1. 1933, in BA Berlin, NS 26, Bd. 330.

[93] Vorläufige Dienstordnung für die Arbeit der SS vom Juni 1931, in BA Berlin, NS 26, Bd. 306.

[94] Heydrich, S. 19; Himmler, S. 23–24.

[95] Zur Person Düsterberg, zum Verhältnis zur SS hier v. a. S. 287–321.

[96] Hanns Johst: „Unser Ziel“ in *SS-Leitheft* vom 26. 2. 1937, S. 29–30, in: IfZ-Archiv, DC 29.01.

[97] Vgl. Kap. II.1. und II.2.

war, als chronisch unzuverlässig und ideologisch wenig sattelfest galt und im Ruf eines „lauten, draufgängerischen Landsknechtstums" stand, das an Hooliganismus grenzte.[98] Zum anderen griffen die SS-Führer damit einen intensiven Diskurs auf, der in der Weimarer Republik angesichts des Wegfalls der angestammten Sozialhierarchien und der weit verbreiteten Skepsis gegen „Massenkultur" und demokratischen Egalitarismus[99] um Begriffe wie „Führer", „Führertum", „Elite" und „neuen Adel" bzw. „Neuadel" kreiste und Ulrich Herbert zu dem Urteil gebracht hat, die Weimarer Rechte sei insgesamt von „Elitismus" geprägt gewesen.[100] Gerade der Ordensbegriff, den nicht nur Johst, sondern immer wieder auch Himmler im Bezug auf die Schutzstaffel gebrauchte und der sich vor allem auf zwei historische „Vorbilder" der SS – den Deutschen Ritterorden und den Jesuitenorden – bezog, stellte ein wichtiges Topos des zeitgenössischen Elitediskurses dar.[101]

Argumentativ untermauert wurde die Behauptung, elitär zu sein, durch Himmler und die höhere SS-Führerschaft in vierfacher Hinsicht: Erstens überhöhten sie die unbedingte Loyalität der SS zu einem Leitbild extremen „politischen Soldatentums". Zweitens stilisierten sie die SS zu einer „Weltanschauungselite". Drittens schrieben sie der Schutzstaffel besondere „rassische" Qualitäten zu. Viertens und letztens konstruierten sie ein spezifisches Geschlechterrollenideal, demzufolge SS-Angehörige besonders männlich waren.[102]

Schon im Juni 1931 stellte Himmler bei einer internen Führerbesprechung fest, die SS sei Hitler „die liebste und wertvollste Organisation, denn wir haben ihn noch nie enttäuscht."[103] In den folgenden Jahren wurden Treue und Gehorsam immer wieder als die wichtigsten Grundwerte der Schutzstaffel beschrieben und ihre Ausprägung in der SS in höchsten Tönen gelobt. Im August 1933 rühmte ein Artikel in *Der SA-Mann* den „blinden Gehorsam" und die „höchste Treue" der Schutzstaffelmänner.[104] 1933 bezeichnete Hitler die SS in einem veröffentlichten Brief an Himmler als „beste Auslese treuester Fanatiker", „blind ergebene Stoßtruppe" und „unerschütterliche politische Garde".[105] 1935 forderte Reinhard Heydrich schlicht, die SS habe die „Treuesten" zu vereinen.[106]

98 Reichardt: Kampfbünde, S. 319; Fest: Einführung, S. 18; Bessel: Political Violence, S. 152.

99 Vgl. Kap. I.2.

100 Vgl. Malinowski: Vom König, S. 293–310, Gerstner und Herbert: Wer waren die Nationalsozialisten?, S. 28. Zur Verbindung zwischen diesem Diskurs und den Ideen der SS vom „Neuadel" Conze, S. 153–154.

101 Wippermann, S. 242–283; zur Ordensrhetorik der SS v. a. S. 258 ff.

102 Vgl. zur Ideologie bzw. Mentalität der SS allgemein Wegner: Hitlers politische Soldaten, S. 25–75, und Buchheim: Befehl und Gehorsam, S. 231–246.

103 Protokoll über die Führerbesprechung der SS am 13.–14. 6. 1931, in BA Berlin, NS 19, Bd. 1934, Bl. 94–105 und 109–113.

104 Adolf Will: „‚Meine Ehre heißt Treue!' Die Entwicklung der Thüringer Schutzstaffeln" in *Der SA-Mann* vom 26. 8. 1933.

105 Brief Hitlers an Himmler vom 31. 12. 1933 im *Völkischen Beobachter* vom 1.–3. 1. 1934 bzw. in: Domarus, Bd. I/1, S. 339.

106 Heydrich, S. 19.

Untreu zu werden oder den Dienst in der SS zu quittieren, müsse, so Himmler in der „Vorläufigen Dienstordnung“ von 1931, „undenkbar“ sein.[107] Passend zu diesem Anspruch wurde ab November 1933 zunächst die aus den Reihen der SS gebildete „Leibstandarte Adolf Hitler“, ab August 1934 die gesamte SS mit einer Formel vereidigt, die jeden SS-Mann zu „Gehorsam bis in den Tod“ gegenüber dem „Führer“ oder den von ihm bestimmten Vorgesetzten verpflichtete.[108] Mit diesem Schwur gestand jeder einzelne SS-Mann der Schutzstaffel zumindest verbal einen „uneingeschränkten Verfügungsanspruch“ über sich zu.[109]

Der von Himmler geforderte „Gehorsam, der nicht überlegt, nicht bedenkt, abwägt oder fragt“, wurde in zweierlei Hinsicht unterschieden von bloßem „Kadavergehorsam“: Erstens beruhe er nicht auf einer hierarchischen, durch militärische Zwangsdisziplin gesicherten Stellung, sondern auf „höchster Freiwilligkeit“.[110] Zweitens warte der „politische Soldat“ im Unterschied zum rein militärischen Soldaten nicht passiv auf Befehle, sondern versuche sie, wo irgend möglich, zu antizipieren bzw. nicht nur ihrem Wortlaut, sondern auch ihrem tieferen Sinn gemäß auszuführen. Im *SS-Leitheft* vom 5. Oktober 1937 wurde entsprechend gefordert: „So wollen wir es, meine Kameraden, nicht immer auf einen Befehl ankommen lassen, sondern wollen unseren Gehorsam denen entgegentragen, die uns zu befehlen haben.“[111] Die SS hatte also das Prinzip zu verkörpern, dass jeder gute Nationalsozialist „dem Führer entgegenarbeiten“ sollte.[112]

Dieser besondere „Gehorsam aus höchster Freiwilligkeit“ wurde, so der zweite Eliteanspruch, den die SS-Führung erhob, deshalb geleistet, weil die Schutzstaffel eine „Weltanschauungselite“ darstelle.[113] Jeder SS-Mann müsse, so forderte Himmler 1931, als „bester und überzeugtester Propagandist für die Bewegung“ auftreten.[114] Die Schutzstaffel insgesamt habe, so Karl Motz, der erste Chef des Schulungsamts des RuSHA am 15. Juli 1935 in einem Vortrag vor den SS-Gruppenführern, als „weltanschauliches Bollwerk“ des Nationalsozialismus zu fungieren.[115] In der ideologischen Sicherung des Reichs liege, so das *SS-Leitheft* vom

[107] Vorläufige Dienstordnung für die Arbeit der SS vom Juni 1931, in BA Berlin, NS 26, Bd. 306.

[108] „Der Abschluss des Gedenktages: Vereidigung der SS-Leibstandarte ‚Adolf Hitler‘“ im *Völkischen Beobachter* vom 10. 11. 1933; undatierter Geheimbefehl Himmlers mit dem Eingangsstempel des Sturms 12/3 vom 2. 8. 1934, in BA Berlin, NS 31, Bd. 378, Bl. 1.

[109] Buchheim: Befehl und Gehorsam, S. 240; vgl. auch Wegner: Aristocracy, S. 432–434.

[110] Rede Himmlers vom 12. 11. 1935 in „Die innere Sicherung des Reiches“ in *Das Schwarze Korps* vom 21. 11. 1935; Rede Himmlers vom 11. 12. 1938, in: Smith/Peterson, S. 80.

[111] *SS-Leitheft* vom 5. 10. 1937, S. 48, in IfZ-Archiv, DC 29.01.

[112] Vgl. Kershaw: Hitler, Bd. 1, S. 663 ff. Bezeichnenderweise war Werner Willikens, dessen Rede vom Februar 1934 Kershaw diese Formulierung entnimmt, ein hochrangiger SS-Führer.

[113] Zu einer entsprechenden Deutung des SD s. Schreiber: Elite, S. 450, der HSSPF s. Köhler. Zur allgemeinen Bedeutung von Weltanschauungseliten für den Nationalsozialismus bzw. das Dritte Reich Raphael.

[114] Vorläufige Dienstordnung für die Arbeit der SS vom Juni 1931, in BA Berlin, NS 26, Bd. 306.

[115] Rede des Chefs des Schulungsamts des RuSHA, Motz, vor den Gruppenführern der SS am 10. 7. 1935, in BA Berlin, NS 2, Bd. 135, Bl. 15–25.

17. November 1936, „die eigentliche Aufgabe der Allgemeinen SS". Jedes ihrer Mitglieder müsse sich folgende Frage stellen: „SS-Mann, tust Du alles, was in Deinen Kräften steht, um die Weltanschauung des Nationalsozialismus im Volke zu verankern?"[116]

Entsprechend wurden die SS-Angehörigen einerseits aufgerufen, in politischen Diskussionen für Ideen wie den „deutschen Sozialismus", der streng vom „internationalen Bolschewismus" zu unterscheiden sei, die „Volksgemeinschaft", mit der Klassenunterschiede, landsmannschaftliche Zugehörigkeitsgefühle oder konfessionelle Differenzen transzendiert werden sollten, oder das rechte „Rassenbewusstsein" gerade im Umgang mit Juden einzutreten. Andererseits sollten sie diese „Werte" selbst verkörpern und tatkräftig vorleben, etwa indem SS-Akademiker materiell schlechter gestellten Arbeitern ohne jeden Dünkel unter die Arme griffen oder indem alle SS-Männer ihre Arbeits- und Kampfkraft für „Volk und Führer" durch gesunde Lebensführung bewahrten bzw. stetig vergrößerten.[117]

Dass die SS der ihr zugedachten umfassenden weltanschaulichen Vorbildfunktion gerecht werden könne, liege – das war die dritte elitäre Eigenschaft, die die SS-Führerschaft postulierte – daran, dass sie eine „rassische Auslese" darstelle. Diesen Status reklamierte Heinrich Himmler, der nachweislich seiner im Bundesarchiv erhaltenen Leseliste schon in den frühen 1920er Jahren zum fanatischen Rassisten geworden war,[118] erstmals im Sommer 1931. In einer internen Führerbesprechung definierte er die Schutzstaffel als „Auslese besonders ausgesuchter Menschen" auf der Basis der „Blutsgemeinschaft" der „nordischen Rasse".[119] Mit diesen Aussagen legte Himmler die SS auf eine ganz bestimmte Variante der Vielzahl völkischer Rassismen fest, die in der Weimarer Republik kursierten.[120] Für viele Anhänger derartiger Ideen blieben „positive" rassistische Leitbegriffe wie Arthur de Gobineaus „Arier" oder Houston Steward Chamberlains „Germanen" vage, austauschbar und in ihrem Verhältnis zum „deutschen Volk" bzw. zur „Nation" höchst unbestimmt. Allenfalls unwesentlich klarer waren die entsprechenden Negativstereotypen wie „die Juden" oder „die Slawen". Selbst fanatische Anhänger des „Rassengedankens" wie die Mitglieder des Deutschvölkischen Schutz- und Trutzbundes mussten eingestehen: „Wie viele Menschenarten es gibt, aus welchen Rassen sie sich zusammensetzen, welche Völker zu den einzelnen Rassen

116 *SS-Leitheft* vom 17.11.1936, S. 3–4, in IfZ-Archiv, DC 29.01.

117 Vgl. u.a. folgende Artikel aus *Das Schwarze Korps*: „Lebensgestaltung, wie wir sie wollen" vom 27.3.1935; „Das Kampferlebnis von heute" vom 7.11.1935; „Das ist unsere Aufgabe" vom 16.1.1936; „Rückschau auf geleistete Arbeit" vom 19.3.1936; vgl. auch „Wir sind eins!" in *FM-Zeitschrift* vom September 1937.

118 BA Koblenz, NL 1126, Bd. 9 – hier finden sich u.a. begeisterte Kommentare zu Büchern von Theodor Fritsch, Houston Steward Chamberlain und Hans F.K. Günther. Allgemein zur Entwicklung des jungen Himmler SMITH, zu Himmlers ideologischen Fixierungen ACKERMANN.

119 Protokoll über die Führerbesprechung der SS am 13.–14.6.1931, in BA Berlin, NS 19, Bd. 1934, Bl. 94–105 und 109–113.

120 Vgl. zur breiten Palette rassistischen Denkens u.a. WEINGART/KROLL/BAYERTZ oder ESSNER: Irrgarten.

und Arten zu zählen sind, alle diese Fragen [...] erschöpfend auszuführen ist nicht möglich, da die Wissenschaft sich in diesen Punkten vielfach selbst noch nicht einig ist.“[121]

Ungleich selbstgewisser gab sich dagegen der Mann, auf den Himmler sich mit dem Bekenntnis zur „nordischen Rasse“ bezog: Hans F. K. Günther[122] war 1891 in Freiburg geboren worden, hatte 1914 sein Studium der Germanistik und der Sprachwissenschaften mit einer Promotion über die volkstümliche Erzählung von *Fortunatus* abgeschlossen und im Ersten Weltkrieg als Sanitäter gedient, da ihm die körperliche Eignung zum Soldaten fehlte. Diese Zurücksetzungserfahrung hatte Günther wohl dazu gebracht, 1920 ein Buch zum „heldischen Gedanken“ unter dem Titel *Ritter, Tod und Teufel* zu veröffentlichen, durch das der Münchner Verleger Julius Friedrich Lehmann, eine Schlüsselfigur der völkisch-rassistischen Szene, auf ihn aufmerksam wurde. In Lehmanns Auftrag schrieb Günther, obwohl ihm jegliche formale naturwissenschaftliche Qualifikation abging, eine erste *Rassenkunde des Deutschen Volkes.*

Obwohl der Amateuranthropologe eingestand, dass die *Rassenkunde* nicht auf gesichertem Wissen basiere und er daher intuitiv und nach Augenschein vorgehen müsse,[123] definierte er zunächst vier, in späteren Ausgaben bis zu sieben „Rassen“, aus denen sich das „Mischvolk“ der Deutschen zusammensetze. Am edelsten und mit circa 60% am umfangreichsten sei der Anteil der „nordischen Rasse“. Dieser Typus, der sich in hochwüchsigen, hellhäutigen, blonden und blau-, grau- oder grünäugigen Menschen niederschlage, sei im Raum um die Nordsee entstanden und habe im Kampf mit den rauen Naturbedingungen beste körperliche, geistige und seelische Eigenschaften ausgebildet, die ihn zum eigentlichen „Kulturschöpfer“ der Menschheitsgeschichte machen würden.[124] Das deutsche Volk sei, wenn auch nicht mehr der „reinrassigste“, so doch noch immer der zahlenmäßig wichtigste Vertreter „nordischen Bluts“.

Den nächstgrößten Anteil maß Günther mit circa 20% der „ostischen Rasse“ zu, die ursprünglich aus dem Alpenraum stamme. Von diesem „Bluteinschlag“ geprägte Menschen seien klein und gedrungen, hätten helle Haut, aber dunkle Augen und Haare. Sie seien insgesamt mittelmäßig veranlagt, fleißig und geduldig, aber geistig begrenzt und wenig kriegerisch. Die Bezeichnung „ostisch“, die viele Günther-Leser offensichtlich mit östlich, also slawisch verwechselten, führte zu diversen Missverständnissen.

Eine nachhaltige Bedeutung mit einem circa 15-prozentigen Anteil an den Deutschen billigte Günther schließlich noch der „dinarischen Rasse“ zu. Sie sei auf den Balkanraum zurückzuführen und zeichne sich durch großen, schlanken

121 Deutschvölkischer Schutz- und Trutzbund, S. 8.

122 Zur Person Weisenburger.

123 Günther: Rassenkunde, S. 160–161.

124 Unter Anhängern der „nordischen Idee“ war die Tautologie beliebt, dass überall dort, wo es zu hochkulturellen Leistungen gekommen sei, phasenweise „nordische“ Menschen den Ton angegeben hätten. Der Nieder- oder gar Untergang z. B. der griechischen bzw. römischen Welt wurde jeweils dem Rückgang des „nordischen“ Anteils zugeschrieben.

Wuchs, aber dunkle Tönung von Haut und Haar aus. „Dinarische“ Menschen seien intelligent und tapfer, aber potenziell überschwänglich und gewalttätig. Nur kleine, aber immerhin bemerkenswerte Anteile am deutschen „Volkskörper“ hätten Günther zufolge „fälisches“, „westisches“, „ostbaltisches“ und „sudetisches Blut“. Während Ersteres eine Unterart des „nordischen“ Typus bilde, sei der „westische“ Mensch mediterran geprägt. Die letzten beiden Bezeichnungen betrafen Varianten des „ostischen“ Typs.

Gänzlich außereuropäische, „fremdvölkische Bluteinschläge“, zu denen Günther in einer separaten Publikation von 1930 auch die Juden zählte, seien glücklicherweise nur bei zwei bis drei Prozent der Deutschen zu finden. Dennoch sei das deutsche Volk äußerst bedroht, da es durch „Rassenmischung“ bzw. die im Vergleich zu anderen „Volksgruppen“ zu geringe Geburtenrate der „nordischen Menschen“ zu einer schleichenden „Entnordung“ komme. Am Ende seiner *Rassenkunde* forderte Günther dazu auf, dieser durch ein Programm der „Wiedervernordung“ aktiv zu begegnen, für das er vor allem breite Aufklärung über seine „Rassenlehre“ und eine entsprechend bewusste „Gattenwahl“ zentral hielt.

Sein eigenes Werk war von ihm und Lehmann als Teil dieses Projekts konzipiert. Entsprechend vermied es allzu viele Fachausdrücke, war reich bebildert und erschien 1928 in einer gekürzten und deutlich billigeren Version, die bald den Spitznamen „Volks-Günther“ erhielt. Bis 1942 verkaufte sich die große *Rassenkunde* immerhin 124 000-mal, der „Volks-Günther“ gar 295 000-mal, was zu Günthers Status als einer Art „Rassenpapst“ führte. Die aktivistische „Nordische Bewegung“, die im Anschluss an die Publikation der *Rassenkunde* entstand, blieb allerdings eine Randerscheinung der rechten Weimarer Szene. Ihre wirkliche Bedeutung erhielt sie erst durch das Bündnis mit den Nationalsozialisten im Allgemeinen und der SS im Speziellen.[125]

Ersteres kam im November 1930 zustande, als Wilhelm Frick, in Thüringen nationalsozialistischer Landesminister für Inneres und Volksbildung, Günther gegen den Willen der Selbstverwaltungsorgane der Universität Jena zum Professor für Sozialanthropologie berief und Hitler selbst der Antrittsvorlesung zum Thema „Ursachen des Rassenverfalls des deutschen Volkes“ beiwohnte. 1932 wurde Günther zudem Parteigenosse der NSDAP. Allerdings ging seine „nordische Rassenlehre“ nie in die offizielle Programmatik der „Bewegung“ ein, die ja „unabänderlich“ aus den 25 Punkten von 1920 sowie den Äußerungen Hitlers bestand.[126] Während das Parteiprogramm nur die grobe Unterscheidung zwischen „Volksgenossen deutschen Blutes“ und Juden enthielt,[127] vermied es Hitler selbst stets, sich auf eine bestimmte „Rassenlehre“ festzulegen und gebrauchte die Begriffe

125 GÜNTHER: Rassenkunde; GÜNTHER: Kleine Rassenkunde; GÜNTHER: Rassenkunde des jüdischen Volkes. Eine Zusammenfassung der Güntherschen Lehre bieten SEIDLER/RETT, S. 49–58. Zur „Nordischen Bewegung“ LUZTHÖFT und BREUER.

126 Vgl. Kap. II.1.

127 Punkt 4 des 25-Punkte-Programms der NSDAP vom 24. 2. 1920, online editiert unter www.dhm.de/lemo/html/dokumente/nsdap25/index.html [Zugriff 18. 10. 2010].

„arisch“, „germanisch“, „nordisch“ und „deutschblütig“ ebenso vage wie synonym.[128]

Himmler dagegen war ein früher und begeisterter Günther-Leser. Im März 1924 kommentierte er das Werk *Ritter, Tod und Teufel* mit folgendem Satz: „Ein Buch, das mir das ausdrückt [...], was ich fühle und denke, seit ich denke.“[129] Die Festlegung der SS auf den „nordischen Gedanken“ fand dennoch erst statt, als mit Richard Walther Darré ein zweiter Verehrer Günthers in die Spitze der NSDAP und kurz darauf auch der Schutzstaffel Aufnahme fand. Der Deutsch-Argentinier hatte als Kriegsfreiwilliger am Ersten Weltkrieg teilgenommen und den Rang eines Leutnants und das Eiserne Kreuz II. Klasse erworben. Anschließend ließ er sich an der Kolonialschule Witzenhausen bzw. an der Universität Halle zum Diplomlandwirt und Tierzuchtexperten ausbilden. Als ihm die angestrebte akademische Karriere versagt blieb, begann Darré, sich als Aktivist der „Nordischen Bewegung“ zu betätigen.[130]

In seinem Werk *Neuadel aus Blut und Boden*, das 1930 von Lehmann publiziert wurde, erweiterte Darré das Günthersche Programm der „Wiedervernordung“ durch rassistische Aufklärung forsch zu einer Utopie der Menschenzüchtung. Durch „Zuchtwarte“ nach ihrer „rassischen“ Qualität ausgelesene Paare sollten auf privilegierten „Hegehöfen“ angesiedelt werden, die ihnen ein Auskommen sichern und sie zu Kinderreichtum und der Wahrnehmung der Führung des deutschen Volkes befähigen sollten. Im Gegensatz zum alten, historischen Adel sollte dieser „rassische Neuadel“ stets befähigten Aufsteigern offen stehen. Mit diesem Forderungskatalog, in dem er sich explizit auf ein zeitgenössisches Standardwerk zur Tierzucht von Carl Kronacher bezog, das auch Himmler kannte, griff Darré Ideen auf, die im Führungszirkel der „Nordischen Bewegung“ kursierten, die man dort jedoch noch mehrheitlich für zu radikal hielt, um sie zu veröffentlichen.[131]

Im Sommer 1930 schloss sich Darré auf Vermittlung Lehmanns der NSDAP an und wurde von Hitler umgehend mit dem Aufbau eines „Agrarpolitischen Apparats“ beauftragt, mit dessen Hilfe landwirtschaftliche Verbände unterwandert und die NS-Propaganda zur Landbevölkerung gebracht werden sollten. In der damals noch kleinen Reichsleitung lernten sich Darré und Himmler persönlich kennen. Im Februar 1931 trat Darré im Rang eines Sturmbannführers der SS bei. Spätestens ab November 1931 und nicht erst gut einen Monat später, wie Darré nach dem verlorenen Krieg behauptete, um seine Mitverantwortung für diese Schlüsselentscheidung der Geschichte der SS zu verschleiern, begann er mit Himmler

128 Kroll: Rassenutopien, S. 244–246; Lutzhöft, S. 87–88.

129 Maschinenschriftliche Übertragung der Leseliste Himmlers 1919–1934, in BA Koblenz, NL 1126, Bd. 9, Bl. 48.

130 Zur Person Corni und Haushofer. Zur Ideologie Darrés Eidenbenz.

131 Darré: Neuadel, v. a. S. 144–197. Zu den Zuchtideen in der „Nordischen Bewegung“ s. Protokoll Prof. Otto Reches über die Besprechung über erbbiologische und Zuchtfragen in Saaleck am 30. 9. 1930, in StA Goslar, NL Darré, Bd. 87a, Bl. 251–252. Zu Himmlers Lektüre Kronachers s. maschinenschriftliche Übertragung der Leseliste Himmlers 1919–1934, in BA Koblenz, NL 1126, Bd. 9, Bl. 50.

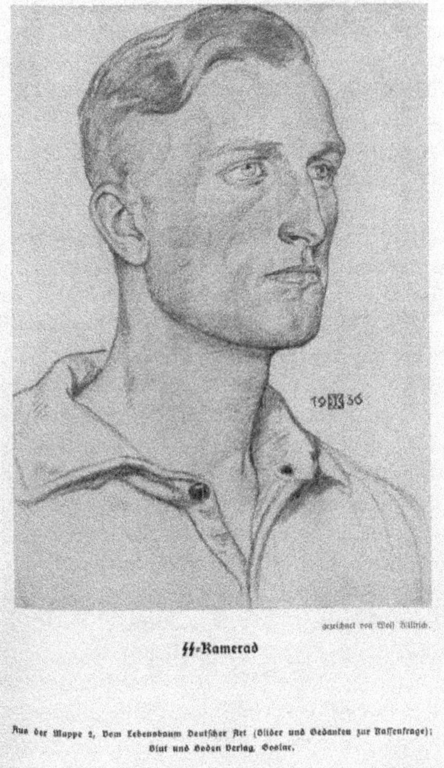

Zeichnung des Idealtypus eines „nordischen SS-Kameraden" von Wolf Willrich aus dem Jahr 1936, in: SS-Leitheft *9/1938, S. 60a.*

darüber zu sprechen, die Schutzstaffel zu dem elitären „Rassekern" des deutschen Volkes zu machen, von dem die „Nordische Bewegung" schon länger träumte.[132]

Am 31. Dezember 1931 erließ Himmler den „Heiratsbefehl" der SS, den Günther wenige Tage darauf als Werk Darrés, dieser seinerseits als ersten und entscheidenden Schritt vom „Rassegedanken zur Rassentat" rühmte.[133] Der Befehl war schon formal als Beginn einer neuen Ära gestaltet. Neben dem symbolhaft gewählten Erlassdatum zeigte das die Gestaltung als Dekalog an, die inhaltlich nicht nötig gewesen wäre. Explizit rühmte der Text sich selbst als „Schritt von

132 BA Berlin, SSO Richard Walther Darré; eidesstattliche Erklärung Darrés zur Entstehung des RuSHA vom 22.10.1947, in IfZ-Archiv, MB 30/23; Eintrag zum 13.11.1931 in den Tagebüchern R. Walther Darrés 1930–1945. Für einen engen Kreis der „Gesellschaft Freunde des Deutschen Bauerntums" bearbeitet von Hans Deetjen, in StA Goslar, NL Darré, Bd. 484.

133 Befehl Himmlers vom 31.12.1931, online ediert unter: http://germanhistorydocs.ghi-dc.org/pdf/deu/German14.pdf [Zugriff 7.12.2010]; Schreiben Günthers an Darré vom 30.12.1931, in StA Goslar, NL Darré, Bd. 87b, Bl. 118–119; Schreiben Darrés an Gerhardt Quandt vom 4.1.1932, in StA Goslar, NL Darré, Bd. 87a, Bl. 91.

großer Bedeutung". An seinem Ende stand das Bekenntnis zur Rolle der Schutzstaffel als Avantgarde des Rassismus: „Spott, Hohn und Missverstehen berühren uns nicht; die Zukunft gehört uns!" Der eigentliche Inhalt lässt sich in nur zwei Sätzen zusammenfassen: Erstens wurde die SS nun auch offiziell als „ein nach besonderen Gesichtspunkten ausgewählter Verband deutscher nordisch-bestimmter Männer" definiert, wobei offen blieb, was genau unter der kryptischen Formulierung „deutsch nordisch-bestimmt" zu verstehen war. Zweitens wurde jedem noch unverheirateten SS-Mann vorgeschrieben, seine Braut vor der Verlobung durch ein neues „Rasseamt" begutachten und genehmigen zu lassen, um eine „erbgesundheitlich wertvolle Sippe deutscher nordisch-bestimmter Art" zu schaffen.

Die eigentliche Intention und Tragweite dieses Befehls geht aus erläuternden Schreiben Darrés, den Himmler zum ersten Chef des Rasseamts bzw. Rasse- und Siedlungsamts ernannte, sowie Artikeln hervor, die nach der „Machtergreifung" dazu veröffentlicht wurden. Der „Heiratsbefehl" führte für die SS-Männer selbst eine „Auslese" nach „rassischen" Kriterien ein und fundierte ihren Status als „rassische Elite". Durch die Erweiterung der Selektion auf die Bräute und Frauen der SS-Männer machte er die Schutzstaffel zum Vorbild einer züchterischen „Rassenpolitik", die sich durch die Bestleistungen der Schutzstaffel in den Augen der „Volksgenossen" legitimieren sollte.[134] Angesichts der hier vorgenommenen Selbstbestimmung als die radikalste und entschiedenste rassistische Organisation der „Bewegung" in Sachen „Auslese" erscheint es nur folgerichtig, dass die Schutzstaffel nach 1933 auch an allen wesentlichen Programmen der nationalsozialistischen „Ausmerze" wie den Euthanasiemorden, der Ermordung der Sinti und Roma sowie dem Holocaust führend beteiligt war. Die dahinterstehende „Moral" der SS wurde im Februar 1936 im *SS-Leitheft* in einer einfachen Maxime auf den Punkt gebracht: „Gut ist, was dem Blute nützt, böse, was ihm schadet."[135] Der Status der Schutzstaffel als „rassischer Elite" des Nationalsozialismus wurde ab 1932 nicht nur in einer Vielzahl von Reden und Publikationen der SS-Führung hervorgehoben, sondern auch von Hitler wiederholt anerkannt.[136]

Der vierte und letzte Bereich, in dem die Schutzstaffel unter Himmlers Führung eine elitäre Stellung beanspruchte, hing eng mit dem „Heiratsbefehl" zusammen. Indem Himmler die SS hier in Richtung einer „Sippengemeinschaft" erweiterte, grenzte er sie deutlich gegen die „männerbündisch" strukturierte SA und ihre

[134] Schreiben Darrés an Horst Rechenbach vom 22.12.1931, in StA Goslar, NL Darré, Bd. 87a, Bl. 132–134; Alfred Eydt: „Der Sinn der Heiratsgenehmigung bei der SS" in *Nationalsozialistische Monatshefte* 4 (1933), Heft 38, S. 24–30; „‚SS-Vollblut'?" in *Das Schwarze Korps* vom 25.3.1937.

[135] *SS-Leitheft* vom 22.2.1936, S. 7–14, in IfZ-Archiv, DC 29.01. Zur pervertierten „Moral" des Nationalsozialismus im Allgemeinen und der SS im Speziellen vgl. Gross.

[136] Vgl. u. a. Brief Hitlers an Himmler vom 31.12.1933 im *Völkischen Beobachter* vom 1.–3.1.1934 bzw. in: Domarus, Bd. I/1, S. 339; „Die innere Sicherung des Reiches" in *Das Schwarze Korps* vom 21.11.1935; „Rasse und SS" im *Völkischen Beobachter* vom 2.3.1936; Aussagen Hitlers im „Tischgespräch" vom 23.4.1943, in: Picker, S. 234–235.

Nähe zur Homoerotik[137] ab. Himmler selbst hat sich sowohl früh als auch kontinuierlich homophob geäußert. Nach der Lektüre von Hans Blühers *Die Rolle der Erotik in der männlichen Gesellschaft* vermerkte er im März 1923: „Dass es eine männliche Gesellschaft geben muss, ist klar. Ob man es als Erotik bezeichnen kann, bezweifele ich. Auf jeden Fall ist die reine Pederastie eine Verirrung eines degenerierten Individuums, da sie naturzweckwidrig ist."[138] In der SS-Zeitschrift *Das Schwarze Korps* ließ er wiederholt die Todesstrafe für Homosexuelle fordern, da er deren Aktivitäten für eine „Volksseuche" hielt.[139] Am 8. November 1937 schmähte er Homosexuelle in einer Rede vor den Gruppenführern der Schutzstaffel als psychisch krank, chronische Lügner und Feiglinge. SS-Männer, die sich Verfehlungen nach § 175 zuschulden kommen ließen, lasse er nach der Gefängnisstrafe in ein KZ stecken und „auf der Flucht" erschießen.[140] Im November 1941 gelang es Himmler, Hitler davon zu überzeugen, der SS- und Polizeigerichtsbarkeit tatsächlich die Todesstrafe für homosexuelle Handlungen zuzugestehen.[141]

Der SS-Mann sollte also in seiner sexuellen Ausrichtung keinesfalls „schwul" und weich, sondern hart und heterosexuell sein.[142] Frauen hatten für ihn nicht nur Objekte zur sexuellen Befriedigung darzustellen, sondern Partnerinnen zur Erhaltung bzw. „Aufnordung" des deutschen Volkes. Die Angehörigen der Schutzstaffel sollten, wie es der „Heiratsbefehl" vorschrieb, nicht nur Vorbilder in Sachen „rassebewusster Gattenwahl" sein, sondern auch dazu beitragen, „das Zwei-Kinder-System, jene mörderische Erfindung des Liberalismus" zu besiegen.[143] Im Dezember 1934 rief Himmler alle SS-Führer zu Kinderreichtum auf. Im September 1936 legte er fest: „Ich erwarte, dass auch hier die SS und insbesondere das SS-Führerkorps beispielgebend vorangehen. Als Kindermindestzahl einer guten und gesunden Ehe sind vier Kinder erforderlich." In einer Denkschrift des SS-Personalamts von Anfang 1939 findet sich die Begründung dieser Zielvorgabe: Zwei Kinder seien nötig „für den eigenen Ersatz, ein Kind für den Ausfall in der eigenen Familie und ein Kind für die Nichtskönner bzw. Unverbesserlichen".[144] Die Mitglieder der SS sollten also nicht nur in ihrer körperlich-„rassischen" Konstitution besonders männlich sein, sondern auch dadurch, dass sie dazu beitrugen, der klassischen Rolle als Ehemänner, Väter und Ernährer wieder zu uneingeschränkter Gültigkeit zu verhelfen.[145]

137 Vgl. Kap. III.1.

138 Maschinenschriftliche Übertragung der Leseliste Himmlers 1919–1934, in BA Koblenz, NL 1126, Bd. 9, Bl. 34.

139 „Widernatürliche Unzucht ist todeswürdig" in *Das Schwarze Korps* vom 22.5.1935; „Das sind Staatsfeinde!" in *Das Schwarze Korps* vom 4.3.1937.

140 Smith/Peterson, S. 93–98.

141 Giles, S. 265–270.

142 Vgl. allgemein Ettelson, S. 204–233.

143 „Der deutschen Mutter" in *Das Schwarze Korps* vom 25.1.1940.

144 Schreiben Himmlers an alle SS-Führer vom 13.12.1934, in BA Berlin, NS 19, Bd. 3902, Bl. 32–33; Schreiben Himmlers an alle SS-Führer vom 13.9.1936, in BA Berlin, NS 19, Bd. 3973, Bl. 2–3; Denkschrift der SS-Personalkanzlei zur Bevölkerungspolitik im SS-Führerkorps nach dem Stand vom 1.12.1938, in BA Berlin, NS 34, Bd. 30.

145 Vgl. zu deren Krise Kap. I.4. und I.5.

3. Die Imagepflege

Die SS-Führerschaft betonte häufig, dass die Schutzstaffel nicht nur eine weltanschauliche, körperliche, „rassische“ und besonders maskuline Auslese sei, sondern auch eine „Tat-Elite“, die durch ihr Handeln und nicht durch ihre Worte besteche. In der bereits mehrfach erwähnten Besprechung der Reichsführung vom Juni 1931 stellte man übereinstimmend fest, dass die Schutzstaffel „stets durch ihre Leistungen wirken soll“. Im April 1934 formulierte der Chef des SS-Amts Curt Wittje apodiktisch: „Die SS huldigt dem Grundsatz der Tat, nicht dem des Wortes, das von ihr nur notgedrungen ergriffen wird.“ Eine im Herbst des gleichen Jahres zum Wirken der SS beim Reichsparteitag herausgegebene Broschüre begann mit den Worten: „Es widerspricht dem Wesen der Schutzstaffel, von ihrem Auftreten großes Aufheben zu machen. Sie steht auf dem Platze, auf den sie hinbefohlen ist, Tag und Nacht. Ohne zu sprechen.“[146]

Schon das letzte Zitat aus einer hunderttausendfach verbreiteten Publikation belegt aber, dass sich die SS-Führer keineswegs streng an diese Maxime hielten, sondern doch – zunächst mit einer gewissen Zurückhaltung, die der Rücksichtnahme auf das „Zusammengehörigkeitsgefühl der Gesamt-SA“ geschuldet war,[147] ab 1934 mit wachsender Intensität – begannen, den Anspruch publik zu machen, dass die SS-Angehörigen aus dem Durchschnitt der „Volksgemeinschaft“ herausragten. In der entsprechenden Öffentlichkeitsarbeit, die sowohl nach innen, das heißt auf die Vergrößerung des Korpsgeists der SS, als auch nach außen, also auf die Darstellung der Schutzstaffel gegenüber der deutschen Gesellschaft, zielte, lassen sich fünf Elemente unterscheiden.

Erstens wurden „Heldentaten“ und Höchstleistungen einzelner Mitglieder als Beleg für die Qualitäten der gesamten SS herausgestellt. Zweitens bemühte sich die SS-Führung, Aufsehen über individuelles Fehlverhalten zu minimieren, um „eine Schädigung des Ansehens der Schutzstaffel“[148] zu vermeiden. Drittens investierte die SS erhebliche Energie in die sorgfältige Inszenierung kollektiver „Auftritte“ auf möglichst großen „Bühnen“. Viertens wurden organisatorische Strukturen geschaffen, mit deren Hilfe die öffentliche bzw. veröffentlichte Wahrnehmung der Schutzstaffel beobachtet und beeinflusst werden sollte. Fünftens entstand eine SS-eigene Publizistik, die den elitären Anspruch der Schutzstaffel selbst mit großer Reichweite verbreiten konnte. Im Folgenden sollen zunächst diese fünf Komponenten der Imagepflege des „schwarzen Ordens“ beschrieben werden. Anschließend wird – soweit die Quellenlage es zulässt – der Frage nachgegangen, wie erfolgreich diese war.

[146] Protokoll über die Führerbesprechung der SS am 13.–14.6.1931, in BA Berlin, NS 19, Bd. 1934, Bl. 94–105 und 109–113; Befehl des Chefs des SS-Amts, Wittje, vom 19.4.1934, in BA Berlin, NS 31, Bd. 354, Bl. 7–10; Sonderheft der *FM-Zeitschrift* zum Reichsparteitag 1934.

[147] Vgl. Kap. III.1.

[148] Befehl des RFSS, i.V. Heißmeyer, vom 4.11.1935, in BA Berlin, NS 7, Bd. 2, Bl. 30.

Fotografie von Reinhard Heydrich mit dem Siegerpokal der SS-Fechtmeisterschaft 1936, in Bundesarchiv-Bilddatenbank, Signatur Bild 183-N0221-502.

In der Schutzstaffel wurden, wie auch im Rest der nationalsozialistischen „Bewegung“, die höheren Führer glorifiziert. Heinrich Himmler beispielsweise stilisierte man zum treuesten, nimmermüden und dabei persönlich stets bescheidenen ersten Diener Hitlers.[149] Reinhard Heydrich, der nicht nur als Organisator des Sicherheitsdienstes und später der gesamten deutschen Sicherheitspolizei administratives Geschick bewies, sondern auch groß, blond, ein erfolgreicher Wettkampfsportler, Kampfpilot und vierfacher Vater war, wurde, insbesondere nachdem ihn tschechische Attentäter im Mai 1942 umgebracht hatten, gar als „idealer Nationalsozialist“ verherrlicht.[150]

Heydrich pries man somit nicht nur in seiner Eigenschaft als Führer, sondern auch als „Märtyrer“ der Schutzstaffel. Auch im „Kult um die toten Helden“ blieb die SS im Rahmen dessen, was im gesamten Nationalsozialismus gängig war.[151] Besonders verehrt wurden die „im Kampfe für Deutschlands Wiedergeburt ge-

149 Vgl. u.a. „Brief an den Reichsführer SS“ in *Das Schwarze Korps* vom 5.1.1939 und „Heinrich Himmler: 10 Jahre Reichsführer SS“ im *Völkischen Beobachter* vom 6.1.1939.

150 Diesen Ehrentitel behielt in kritischer Wendung Charles SYDNOR: Reinhard Heydrich bei. Zum „Führerkult“ der SS allgemein COMBS, S. 370–381.

151 BEHRENBECK, S. 502–506.

fallenen SS-Männer“, also die nach SS-eigener Zählung insgesamt 34 Mitglieder, die während der „Kampfzeit“ oder im Prozess der „Machtergreifung“ Opfer der selbst entfesselten politischen Gewalt wurden.[152] Karl Radke beispielsweise, der am 9. November 1931 in einer Schlägerei zwischen Nationalsozialisten und Mitgliedern des Reichsbanners auf dem Marktplatz der Kleinstadt Eutin in Schleswig-Holstein erstochen wurde, gaben vier Tage später rund 1000 „Kameraden“ der SA und SS das letzte Geleit. Seit 1934 wurde in Eutin mit einer Bronzetafel und jährlichen Kranzniederlegungen an seinen Tod erinnert. Bis 1945 benannte man einen SS-Sturm, ein SS-Heim, eine Wohnsiedlung und eine Straße nach Radke.[153]

Bernd Rosemeyer, der seit Herbst 1933 der Schutzstaffel angehörte, verkörperte wie Heydrich zwei Varianten des „SS-Helden“. Zunächst wurden die Spitzenleistungen herausgestellt, die er als Rennfahrer erzielte. 1936 gewann Rosemeyer für die „Silberpfeile“ der Auto-Union sieben von zehn Rennen um den Europameistertitel, der in etwa der heutigen Formel-1-Weltmeisterschaft entsprach. Ein Jahr später stellte er auf einem Teilstück der Reichsautobahn mit 410 km/h einen spektakulären Temporekord auf.[154] Welch außerordentlich großen Wert die Schutzstaffel auf die Mitgliedschaft dieses Superstars der 1930er Jahre legte, zeigte sich, als Rosemeyer 1936 die kaum weniger prominente Sportfliegerin Elly Beinhorn heiraten wollte. Während gewöhnliche SS-Angehörige infolge des Prüfungsverfahrens, das durch den „Heiratsbefehl“ eingeführt worden war, zum Teil monate- oder sogar jahrelang auf die Erlaubnis zur Eheschließung warten mussten, entschied im Fall Rosemeyer Himmler persönlich innerhalb von nur sechs Tagen, obwohl Rosemeyer den entsprechenden Antrag dreist erst eine Woche vor dem Hochzeitstermin gestellt und völlig ungenügende Unterlagen beigefügt hatte.[155]

Wirklich kultische Verehrung wurde Rosemeyer in der SS aber erst zuteil, als er im Januar 1938 beim Versuch ums Leben kam, seinen Geschwindigkeitsrekord zurückzuholen, den ihm das Mercedesteam um den Starpiloten Rudolf Caracciola abgejagt hatte. Damit war Rosemeyer aus Sicht der SS-Führung zu einem „Märtyrer“ des „stetigen Kampfs“ bzw. des Höchstleistungsprinzips geworden, auf dem der elitäre Ruf der Schutzstaffel aufbauen sollte. Der Leichnam des Rennfahrers wurde von der Unfallstelle ins Frankfurter „Haus der SS“ gebracht, wo eine erste improvisierte Trauerfeier stattfand. Einen Tag später würdigte der Reichsführer-SS selbst Rosemeyer in einem Nachruf im *Völkischen Beobachter*.

[152] In jedem FM-Mitgliedsbuch war eine entsprechende „Ehrentafel“ abgedruckt. Das Exemplar mit der Nr. 607 049 in BA Berlin, R 187, Bd. 245a, Bl. 164–175.

[153] Stokes: Meine kleine Stadt, S. 289–312. Zu weiteren Denkmälern für „SS-Märtyrer“ in Berlin, Limbach, Wattenscheid und Burgscheidungen vgl. *FM-Zeitschrift* von November 1934, Dezember 1934, Januar 1935 und Februar 1935.

[154] Zur Person Rosemeyer allgemein Willhardt und Langenfeldt. Speziell zu seiner SS-Mitgliedschaft Bechtluft. Zur zeitgenössischen Glorifizierung seiner sportlichen Erfolge Hornickel, Beinhorn und Bretz.

[155] Die Unterlagen in BA Berlin, RS Bernd Rosemeyer. Zur spektakulären „Promi-Ehe“ Rosemeyer-Beinhorn allgemein Frilling.

Von Frankfurt aus wurde der Tote in einem Sonderwaggon der Reichsbahn in Begleitung eines SS-Standartenführers nach Berlin überführt. Am dortigen Potsdamer Bahnhof nahm man den Sarg mit einem Musikzug und einem SS-Spalier in Empfang. In der Kapelle des Dahlemer Waldfriedhofs, wo er erneut aufgebahrt wurde, standen rund um die Uhr sechs SS-Männer Ehrenwache. Am 1. Februar 1938 wurden Rosemeyers sterbliche Überreste durch ein Fackelspalier von der Kapelle zum Grab getragen, wo der Chef des SS-Hauptamts, August Heißmeyer, die Trauerrede hielt. Für die musikalische Untermalung sorgte das Musikkorps der SS-Leibstandarte Adolf Hitler. Die Beerdigung endete mit dem „Treuelied" der Schutzstaffel.[156]

Ein weiterer Sportstar, mit dem sich die SS schmückte, war der Springreiter Günter Temme. Er war der erfolgreichste einer ganzen Staffel von Turnierreitern, die Hermann Fegelein in der Münchner SS-Hauptreitschule im Auftrag Himmlers um sich scharte, um vom traditionell elitären Nimbus des Oberschichtensports Reiten zu profitieren. Im Gegensatz zu Rosemeyer, der fast ausschließlich entweder die einheitlich weiße Rennfahrerkluft oder Zivil trug, errang Temme seine Erfolge[157] stets in SS-Uniform und wurde in den entsprechenden Zeitungsberichten durchgehend als SS-Führer gewürdigt. In Anerkennung von Temmes Verdiensten um das Ansehen der Schutzstaffel beförderte Himmler ihn seit seinem Wechsel von der SA zur SS 1934 nahezu jährlich, zuletzt 1944 zum Standartenführer.[158]

Besonders intensiv renommiert wurde mit den Olympioniken der SS. Der Langläufer und Nordische Kombinierer Willy Bogner, der sich im April 1933 der Schutzstaffel angeschlossen hatte, wurde im Januar 1936 Deutscher Meister und sprach knapp einen Monat später den Eid der Athleten bei der Eröffnungsfeier der Olympischen Winterspiele in Garmisch-Partenkirchen. Obwohl er dort angesichts der überlegenen Konkurrenz aus Skandinavien nicht besonders erfolgreich war, durfte er kurz darauf in der SS-Zeitschrift *Das Schwarze Korps* ausführlich von seinem Weg in die Weltspitze berichten. Als Bogner im Februar 1937 heiratete, ohne vorher die SS um Erlaubnis zu bitten, sah ihm deren Führung diesen Mangel an Disziplin nach und erteilte ohne eine Bestrafung die nachträgliche Genehmigung. Bogners neuerlicher Sieg bei der Deutschen Meisterschaft 1939, den er im Trikot der Schutzstaffelmannschaft und mittlerweile im Rang eines SS-Un-

156 „Sein Leben hieß: ‚Angreifen, kämpfen, siegen!'" im *Völkischen Beobachter* vom 29.1.1938; „Bernd Rosemeyer kehrte heim" im *Völkischen Beobachter* vom 31.1.1938; „Abschied von Bernd Rosemeyer" im *Völkischen Beobachter* vom 1.2.1938; „Im Kampf um den Sieg" in *Das Schwarze Korps* vom 3.2.1938.

157 Unter anderem gewann Temme 1937 den Großen Preis von Ostpreußen und 1938 das Königsberger Hallenturnier, den Preis der Nationalsozialistischen Erhebung in Berlin und das Deutsche Derby.

158 Zur Reiter-SS allgemein Wilson. Hier speziell zu Temme S. 23–24 und 80–82. Zur Außendarstellung von dessen Erfolgen vgl. die Zeitungsausschnittsammlung in BA Berlin, SSO Günter Temme.

tersturmführers errang, wurde im SS-Befehlsblatt als leuchtendes Beispiel für seine Kameraden belobigt.[159]

Als bei den Olympischen Sommerspielen von Berlin, die ebenfalls 1936 ausgetragen wurden, insgesamt vier SS-Athleten Medaillen holten – zwei Ruderer brachten es zu Gold, je ein Wasserball- und ein Hockeyspieler zu Silber – wurde ihre sofortige Beförderung in der gesamten SS per Rundschreiben bekannt gegeben. Allerdings forderte Himmler wenige Monate später anlässlich einer Rede vor den Gruppenführern der SS, dass bei künftigen Olympischen Spielen mindestens die Hälfte der deutschen Mannschaft und Medaillengewinner aus den Reihen der Schutzstaffel kommen müsse.[160]

Um dem Anschein vorzubeugen, dass lediglich wenige Einzelkönner den hohen Ansprüchen der Reichsführung gerecht würden, feierte die SS stets auch „Alltagshelden“. Beispielsweise wurden in einer Vielzahl von Fällen die Namen von SS-Männern veröffentlicht, die bei Schwimm- oder Bergunfällen als Lebensretter eingegriffen hatten.[161] Besonders gerühmt wurde der SS-Sturmmann Wilhelm Rosenbaum. Dieser lag, zumindest stellte es der SS-Bericht so dar, im Januar 1937 in Wahn bei Köln schwer krank im Bett. Als jedoch in einer nahegelegenen Lagerhalle ein Großbrand ausbrach, hielt ihn auch das gute Zureden seiner Mutter nicht im Krankenlager. Um seinen „Volksgenossen“ den Verlust wertvoller Nahrungsmittel zu ersparen, soll Rosenbaum ganz allein mehrere Doppelzentnersäcke aus dem brennenden Gebäude geschleppt haben, bevor er einem Herzschlag erlag.[162] Kaum weniger rührselig war die Geschichte eines anonymen SS-Manns, die im November 1935 publiziert worden war. Um ein Zeichen der Solidarität zwischen den privilegierten „Arbeitern des Kopfes“ und den beispielsweise hinsichtlich der Urlaubsansprüche schlechter gestellten „Arbeitern der Faust“ zu setzen, will ein SS-Angehöriger, der im Zivilberuf leitender Angestellter war, eine Woche seines Urlaubs unentgeltlich in einer Fabrik malocht haben. Der von ihm ersetzte Arbeiter habe eine Erholungsreise der NS-Organisation Kraft durch Freude antreten können. All seine Kollegen, darunter auch zahlreiche Ex-Kommunisten, seien restlos begeistert gewesen.[163]

Angesichts der rauen Usancen und der kriminellen Gewalttätigkeit, die die SS seit der „Kampfzeit“ in mindestens ebenso hohem Maß wie die SA prägten,[164] galt es zu verhindern, dass Undiszipliniertheiten den mühsam etablierten elitären Ruf der Schutzstaffel beschädigten. Schon Ernst Röhm hatte in seiner Eigenschaft

159 BA Berlin, SSO und RS Willy Bogner; Willy Bogner: „Heute hat es endlich geklappt!“ in *Das Schwarze Korps* vom 15.2.1936; SS-Befehlsblatt vom 25.3.1939, in IfZ-Archiv, DC 27.01, Bd.2.

160 Rundschreiben des RFSS, i.V. Heißmeyer, vom 21.8.1936, in BA Berlin, NS 19, Bd.3902, Bl.82; Smith/Peterson, S.76.

161 SS-Befehlsblatt vom 20.12.1932, 25.8.1934, 25.5.1936 und 25.9.1936, in IfZ-Archiv, DC 27.01, Bd.1; Berichte in der *FM-Zeitschrift* vom Juni 1935, November 1935 und März 1936; „In Kürze“ in *Das Schwarze Korps* vom 3.7.1935; Combs, S.377–378.

162 SS-Befehlsblatt vom 25.3.1937, in IfZ-Archiv, DC 27.01, Bd.1.

163 „Das Kampferlebnis von heute“ in *Das Schwarze Korps* vom 7.11.1935.

164 Vgl. Kap.II.1. und II.2.

als Stabschef der SA Befehle zum Schutz des „Ehrenkleids" der „Bewegung" erlassen, die auch für die SS galten. Seit Mai 1933 war es allen SA- und SS-Männern, die vor Gericht landeten, verboten, dort Uniform zu tragen. Wurden sie wegen Straftaten schuldig gesprochen, die nicht im politischen Interesse ihrer Führer lagen, sondern persönlich motiviert waren, sollten sie ausgeschlossen werden.[165]

In der SS wurden in der Folgezeit noch strengere Regeln eingeführt. Um nach Möglichkeit zu vermeiden, „dass oft durchaus geringfügige Angelegenheiten durch Gendarmerie, Ortsbehörden usw. untersucht und zum Schaden des Ansehens der Schutzstaffel breit getreten" würden, waren alle strafbaren Vorkommnisse umgehend beim betreffenden Einheitsführer zu melden, der sich um ein „kurzhändiges Niederschlagen" der Untersuchung bemühen sollte. Waren die Geschehnisse so gravierend, dass sie „erhebliches Aufsehen in der Öffentlichkeit erregt haben oder zu erregen geeignet sind", musste sofort die Reichsführung eingeschaltet werden.[166] Im Januar 1936 erließ Heinrich Himmler für Fälle, in denen die Strafvereitlungsbemühungen nicht fruchteten, einen Befehl, der dem Imageschutz eindeutig Vorrang vor der Unschuldsvermutung zugunsten des Angeklagten einräumte: „Ist mit einer gerichtlichen Verurteilung des beschuldigten SS-Angehörigen zu rechnen und sind die ihm zur Last liegenden Verfehlungen so schwerer Natur, dass seine Zugehörigkeit zur SS noch zu Beginn der gerichtlichen Hauptverhandlung eine erhebliche Schädigung des Ansehens der SS bedeuten würde, so ist das Disziplinarverfahren [...] rechtzeitig mit der Entfernung des beschuldigten SS-Angehörigen aus der SS abzuschließen [...]."[167]

Neben den Maßnahmen zur Imagepflege, die sich auf das Verhalten einzelner SS-Mitglieder bezogen, wurden auch kollektive „Auftritte" der Schutzstaffel genutzt, um ihren Eliteanspruch zu fundieren. Die wichtigste „Bühne" boten dabei die Reichsparteitage der NSDAP, denen eine doppelte Funktion zukam.[168] Zum einen wurden hier in einer Art „Hofzeremoniell" die internen Hierarchien der „Bewegung" abgesteckt und deren Anhänger auf den Willen Hitlers eingeschworen. Zum anderen stellten die Reichsparteitage eine Leistungsschau des Nationalsozialismus dar, die als „Konsensfabrik" des Regimes im Bezug auf das ganze deutsche Volk fungieren sollte.[169]

Der Schutzstaffel kam ab 1933 eine besondere Rolle im Rahmen der Reichsparteitage zu, da sie allein für den Ordnerdienst verantwortlich war und daher im Vergleich zu allen anderen Teilorganisationen der NSDAP die größte Präsenz zeigen konnte. Die entsprechenden Absperr- und Schutzmannschaften wuchsen

165 Befehl der OSAF, v. Krausser, vom 20.5.1933, in BA Berlin, NS 23, Bd. 1308; Befehl Röhms vom 31.7.1933, in BA Berlin, NS 23, Bd. 546.

166 Befehl des Führers der SS-Gruppe Süd, Schmauser, vom 6.10.1933, in BA Berlin, NS 7, Bd. 2, Bl. 1–3; SS-Befehlsblatt vom 25.4.1935, in IfZ-Archiv, DC 27.01, Bd. 1; Befehl des Stabsführers des Oberabschnitts Südost vom 9.5.1935, in IPN-Archiv, GK 809, Bd. 2, Bl. 8–11.

167 Befehl Himmlers vom 31.1.1936, in BA Berlin, NS 7, Bd. 2, Bl. 40.

168 Zur Geschichte der Reichsparteitage allgemein THAMER: Faszination, ZELNHEFER und URBAN.

169 URBAN, S. 82–92 und 416–422.

parallel zum Gesamtprogramm, das der Überbietungslogik der NS-Propaganda folgend Jahr für Jahr umfangreicher wurde. 1934 gehörten ihnen circa 10000 Mitglieder der Allgemeinen SS an, 1935 11000, 1936 25000 und 1938 26000.[170]

Ab 1934 nahm die nunmehr unabhängige Schutzstaffel auch beim sonntäglichen Abschlussaufmarsch eine Vorrangstellung vor der SA ein. Im Jahr zuvor war bei der „Totenehrung“ im Luitpoldhain nur Ernst Röhm an die Seite Hitlers getreten. Nach dessen Sturz und Ermordung kam Heinrich Himmler der Platz zu Hitlers Rechten zu, während der neue Stabschef der SA, Viktor Lutze, mit dem zur Linken Vorlieb nehmen musste. Zudem marschierte die SS zuletzt in die Luitpoldarena ein und beanspruchte im Rahmen der anschließenden Parade durch Nürnberg die privilegierte Schlussposition.[171] Auch die „Aufmarsch-SS“ wurde von Jahr zu Jahr größer. 1933 bestand sie aus rund 8000, 1934 aus 11000, 1935 aus 19000, 1936 aus 22000 und 1938 schließlich aus 25000 Mann.[172]

Zum Dienst in Nürnberg, der als ausgesprochen ehrenvoll galt und auch deshalb beliebt war, weil er manchem Nationalsozialisten zum ersten Mal überhaupt eine Fernreise ermöglichte,[173] wurde allerdings nicht jeder SS-Mann zugelassen. Vielmehr trafen die regionalen Führer spätestens ab 1935 eine zum Teil mehrstufige Vorauswahl, deren erklärtes Ziel es war, „die Elite nach Nürnberg zu bringen“ und „auch rassisch einen hervorragenden Eindruck zu machen“. Für 1937 und 1938 lassen sich zudem mehrtägige Vorbereitungslager in den SS-Oberabschnitten belegen, in denen die Teilnehmer intensiv gedrillt wurden, um möglichst schneidig zu wirken. Im Vorfeld der Reichsparteitage wurden jeweils sehr umfangreiche und detaillierte SS-Befehle erlassen, in denen die Kontrolle der Haarschnitte der Teilnehmer ebenso geregelt war wie die Tatsache, dass die Enden der Lederbänder, mit denen Kochgeschirre und Mäntel zusammengehalten wurden, nicht aufzurollen, sondern gerade durchzustecken waren. Diese Anordnungen zeigen in ihrer Gesamtheit, wie wichtig der SS-Führung der Nürnberger „Auftritt“ als Elitetruppe der NSDAP war.[174]

170 Urban, S. 70–74; „Rückblick auf Nürnberg: ‚Dank an den unbekannten SS-Mann‘“ im *Völkischen Beobachter* vom 16.9.1933; „Deutschlands schwarze Garde und die Reichsparteitage“ im *Völkischen Beobachter* vom 10.9.1935; „Im Lager der SS“ im *Völkischen Beobachter* vom 8.9.1936; „Großeinsatz der SS in Nürnberg“ im *Völkischen Beobachter* vom 20.8.1938.

171 Urban, S. 62–63 und 115–117.

172 Die Zahlen nach denselben Quellen wie diejenigen zur „Absperr-SS“.

173 Urban, S. 109–112.

174 Die Zitate zum Ziel der Inszenierung im Befehl des Führers der 81. Standarte vom 14.7.1939, in StA Ludwigsburg, PL 506, Bd. 74. Vgl. auch Richtlinien für die Ausbildung der Allgemeinen SS für die Zeit vom 1.5.–31.10.1935 des Chefs des SS-HA, Wittje, mit mehreren Anlagen, in BA Berlin, NS 31, Bd. 178, Bl. 149–155; Befehl des Stabsführers des Oberabschnitts Rhein vom 6.8.1936, in StA Marburg, 372/2a, Bd. 180; Befehl Nr. 3 des Oberabschnitts Südost betr. Reichsparteitag 1937 vom 4.8.1937, in IPN-Archiv, GK 812, Bd. 180, Bl. 10–13; Befehl des Führers des Oberabschnitts Rhein vom 28.5.1938, in StA Marburg, 327/2a, Bd. 82; Befehl des Führers des Oberabschnitts Fulda-Werra vom 30.6.1938, in StA Marburg, 327/2b, Bd. 51; Befehl des Oberabschnitts Südost vom 24.8.1938, in IPN-Archiv, GK 812, Bd. 184, Bl. 35. Umfangreiche Befehle zu den Reichsparteitagen auch in BA Berlin, NS 31, Bd. 338–341 und IPN-Archiv, GK 809, Bd. 13–15.

Dass dieser Inszenierungswille sich keinesfalls lediglich auf die Reichsparteitage beschränkte, belegen weitere SS-Befehle. Als im Mai 1934 Heinrich Himmler den schlesischen Abschnitt XXI inspizierte, ordnete dessen Führer an, „mittelmäßiges Menschenmaterial ins zweite Glied und beim Vorbeimarsch auf [die] linke Seite der Scharkolonnen" zu stellen.[175] Der Wille, nötigenfalls auf potemkinsche Dörfer zurückzugreifen, um den elitären Eindruck zu bewahren, betraf also auch den Innenbetrieb der Schutzstaffel. Im November 1935 befahl der Reichsführer-SS, dass der „schwarze Orden" künftig prinzipiell auch bei allen lokalen und regionalen NS-Paraden am Schluss zu marschieren habe. Drei Jahre später schärfte Himmler seinen Gruppenführern ein weiteres Mal ein, bei allen Aufmärschen genauestens die Form zu wahren.[176]

Um zu gewährleisten, dass derart sorgsam gestaltete Aktionen auch genügend Aufmerksamkeit fanden, gab die Reichsführung der SS Ende 1932 ihre Zurückhaltung gegenüber den Medien auf. Das neu eingerichtete zentrale Pressereferat in München appellierte an alle Einheiten, gute Bilder und Berichte über die eigenen Aktivitäten einzuschicken, die anschließend in den Zentralorganen der „Bewegung", also im *Völkischen Beobachter*, im *Illustrierten Beobachter* und in der Zeitschrift *Der SA-Mann* platziert werden sollten.[177] Im April 1934 wandelte der Chef des SS-Amts, Curt Wittje, das Pressereferat in eine Presseabteilung um und schuf einen regionalen und lokalen Unterbau, indem er anordnete, in allen Oberabschnitten, Abschnitten und Standarten „Pressereferenten", in allen Stürmen „Presse-Mitarbeiter" einzusetzen. Sie alle waren zu monatlichen Meldungen an die jeweils nächsthöhere Ebene verpflichtet und sollten einerseits die Berichterstattung über die Schutzstaffel vor Ort beobachten, andererseits diese durch eigene Artikel bzw. durch Kontaktpflege zu Lokaljournalisten beeinflussen. In den folgenden Jahren wurde dieses weitverzweigte Netz mehrfach von den zuständigen regionalen SS-Führern zu noch höherem Engagement angehalten. Beispielsweise forderte Josias zu Waldeck, mittlerweile Chef des Oberabschnitts Fulda-Werra, im Februar 1937, dass „laufend Artikel in den Zeitungen veröffentlicht werden, die geeignet sind, der SS zu nützen und ihr Ansehen in der Öffentlichkeit zu stärken".[178]

Im Oktober 1935 gründete Richard Walther Darré im Rasse- und Siedlungshauptamt mit dem Amt für Archiv- und Zeitungswesen eine Konkurrenzeinrichtung zur Presseabteilung des SS-Hauptamts. Um die „einheitliche Vertretung der SS und Polizei gegenüber der Presse" sicherzustellen, löste Himmler im Juni 1937 beide Einrichtungen auf und rief eine zentrale Dienststelle in seinem Persönlichen Stab ins Leben, die bis 1942 Gerhard Radke unterstand. Ab Februar 1938

175 Befehl des Führers des Abschnitts XXI vom 18.5.1934, in IPN-Archiv, GK 809, Bd. 3, Bl. 2.

176 SS-Befehlsblatt vom 25.11.1935, in IfZ-Archiv, DC 27.01, Bd. 1; Smith/Peterson, S. 28–29.

177 SS-Befehlsblatt vom 4.11.1932, in IfZ-Archiv, DC 27.01, Bd. 1.

178 Befehl des Chefs des SS-Amts, Wittje, und Richtlinien für Pressereferenten und Mitarbeiter vom 19.4.1934, in BA Berlin, NS 31, Bd. 354, Bl. 7–10; Befehl des Führers des Oberabschnitts Fulda-Werra, zu Waldeck, vom 11.2.1937, in StA Marburg, 327/2b, Bd. 58; Richtlinien an die Pressemitarbeiter der 81. Standarte vom 22.1.1938, in StA Ludwigsburg, PL 506, Bd. 74.

durfte prinzipiell kein Artikel über die SS mehr ohne Genehmigung dieser Stelle erscheinen. Auch Rundfunkinterviews und Filmaufnahmen unterlagen ihrer Kontrolle.[179]

Als problematisch für die aktive Imagepflege erwies sich allerdings die Tatsache, dass alle Mitarbeiter des SS-Presseapparats außerhalb der genannten zentralen Einrichtungen ehrenamtlich tätig waren, was teilweise zu erheblichen Qualitätsproblemen führte. Als Beispiel kann der folgende Auszug aus einer Pressemitteilung dienen, die ein Stettiner SS-Angehöriger, im Hauptberuf Versicherungsangestellter, 1934 über eine Führerbesprechung seines Sturmbanns verfasste: „Alsdann fanden noch der Aufmarsch in Treptow a/Rg. sowie die FM-Werbung Erwähnung. Zum Schluss seines Referats gab der Stubaf. seiner Zufriedenheit über den Aufmarsch in Stargard Ausdruck. Alsdann hielt der Adjutant Kasus über Verwaltungsfragen ein entsprechendes Referat."[180]

Angesichts dieser Leseprobe erscheint es wenig verwunderlich, dass die SS-Führung 1934/35 eigene, zentral und professionell hergestellte Publikationen ins Leben rief. Seit April 1934 erschien die *FM-Zeitschrift. Monatsschrift der Reichsführung SS für fördernde Mitglieder*. Dieses erste SS-Organ diente dazu, denjenigen Menschen, die sich zu einer monatlichen Spende an die Schutzstaffel verpflichtet hatten,[181] aber auch potenziellen Neumitgliedern mit „Schilderungen aus der Kampfzeit", Veranstaltungsberichten und zahlreichen Bildern „ein getreues Spiegelbild des Lebens und Treibens in der SS" zu bieten oder sie mit „schöngeistigen Arbeiten" bzw. „Plaudereien ernsten oder heiteren Inhalts" zu unterhalten. Die *FM-Zeitschrift* wurde gratis verteilt und war nicht im Handel erhältlich. 1939 erreichte sie, bevor sie kriegsbedingt eingestellt wurde, eine Auflage von 365 000 Stück.[182]

Stärker nach außen gerichtet und noch weit erfolgreicher war *Das Schwarze Korps*, das ab Februar 1935 per Abonnement bzw. am Kiosk vertrieben wurde und sich zu einer Art „Stimme der SS" entwickelte.[183] Die Auflage lag anfangs bei noch recht bescheidenen 80 000 Exemplaren, verdoppelte sich aber bis Ende 1935 und stieg in den nächsten zwölf Monaten auf 340 000 Stück an. Zwischen 1938 und 1944 verkaufte sich *Das Schwarze Korps* relativ konstant zwischen 500 000–

179 RuSHA-Stabsbefehle vom 17.4.1936 und 7.6.1937, in BA Berlin, NS 2, Bd. 5, Bl. 19–20 und 48; Befehl des Chefs des SS-HA, Heißmeyer, vom 15.4.1936, und Befehl Himmlers vom 17.8.1936, in IPN-Archiv, GK 809, Bd. 1, Bl. 113 und 130; Befehl Himmlers vom 20.6.1937, in BA Berlin, NS 19, Bd. 3909, Bl. 1–2; Befehl Himmlers vom 26.2.1938, in BA Berlin, NS 19, Bd. 3901, Bl. 51.

180 Pressemitteilung über eine Führerbesprechung des Sturmbanns III/9 am 22.4.1934 und Eignungsdarstellung des Pressemitarbeiters des Sturmes 3/III/9 E. S. vom 17.5.1934, in IPN-Archiv, GK 762, Bd. 11, Bl. 3–4.

181 Zur FM-Organisation vgl. Kap. IV.4.

182 Befehl des Chefs des SS-Amts, Wittje, vom 7.4.1934, in BA Berlin, NS 31, Bd. 354, Bl. 2–3; Befehle des Chefs des SS-Amts, Wittje, vom 18.8.1934 und 29.9.1934, in StA Marburg, 327/2a, Bd. 78; Skizze zur FM-Organisation der SS von Wolfgang Vopersal (o. D.), in BA Freiburg, NL 756, Bd. 46b.

183 Dieser Zeitschrift widmen sich die Monografien von COMBS und ZECK. Einen leicht zugänglichen Originaleindruck bietet HEIBER: Facsimile-Querschnitt.

und 750 000-mal. Die „Reichweite" der Zeitschrift wurde zudem dadurch erhöht, dass sie an vielen SS-Dienststellen in Straßenschaukästen ausgestellt wurde. Damit war das Hausorgan der SS nach der NS-Edel-Postille *Das Reich*, die 1940–1945 erschien, die zweitgrößte Wochenzeitschrift des Dritten Reichs, fast doppelt so erfolgreich wie beispielsweise Julius Streichers antisemitisches Hetzblatt *Der Stürmer*.[184]

Verantwortlich dafür war in erster Linie Gunter d'Alquen, der eigentliche Macher des *Schwarzen Korps*, den Himmler und Wittje Ende 1934, Anfang 1935 vom *Völkischen Beobachter* abgeworben hatten. Zu diesem Zeitpunkt konnte der erst 24jährige Mann schon auf eine beeindruckende Karriere als nationalsozialistischer Starjournalist zurückblicken. Bereits 1926 hatte sich der Sohn eines wohlhabenden Essener Textilhändlers der SA, 1927 der NSDAP angeschlossen. Nach seinem Abitur 1930 begann er für eine Bremer NS-Zeitschrift zu schreiben. 1932 wechselte d'Alquen, der im Jahr zuvor von der SA zur SS übergetreten war, zum *Völkischen Beobachter* in München. Dort reüssierte er als Sonderberichterstatter zu Hitlers Wahlkämpfen und brachte es rasch zum Leiter des Innenressorts und Chef vom Dienst. Da er jedoch mit der zunehmend regierungsoffiziösen Linie des NS-Leitorgans unzufrieden war, entschied er sich, das Angebot der SS anzunehmen.[185]

In der Tat ließ Heinrich Himmler Gunter d'Alquen viel Freiraum. Er konnte seine engsten Mitarbeiter – Rudolf aus den Ruthen, den er aus Bremen kannte, und seinen jüngeren Bruder Rolf d'Alquen – selbst anwerben und dem neuen Blatt ein für die damalige Zeit hoch modernes Layout verpassen. Vor allem aber gestattete der Reichsführer-SS trotz zahlreicher Proteste betroffener Granden des Dritten Reichs, dass *Das Schwarze Korps* sich als eine Art „Reichsbeschwerdestelle" gerierte und die „Verbonzung" der politischen Organisation der NSDAP ebenso angriff wie Residuen der „konservativen Reaktion" in den Organen des Staates. Diese recht unverblümte, freche Kritik trug nicht nur zum kommerziellen Erfolg der Zeitung bei, sondern verlieh auch dem Anspruch der SS Ausdruck, eine weltanschauliche Avantgarde und die Gralshüter des „wahren" Nationalsozialismus zu sein. Auch die anderen Facetten des postulierten Elitestatus der Schutzstaffel wurden in den zahlreichen Artikeln und Bildern des *Schwarzen Korps* über die Aktivitäten der SS unters Volk gebracht.[186]

Die Frage, ob bzw. in welchem Maß es der SS insgesamt gelang, ihr elitäres Image in der deutschen Bevölkerung zu etablieren, kann leider nicht systematisch oder mit der eigentlich wünschenswerten zeitlichen Differenzierung beantwortet werden. Das liegt daran, dass es bis 1945 in Deutschland noch keine moderne Demoskopie gab bzw. entsprechende Ansätze erst ab 1938 vom Sicherheitsdienst der SS in Form der „Meldungen aus dem Reich"[187] entwickelt wurden. Da me-

184 Zeck, S. 93–97; Augustinovic/Moll, S. 103–106.
185 Zur Person Augustinovic/Moll.
186 Zeck, S. 91–92, 102–107, 124–137 und 440–444.
187 Ediert von Boberach.

thodisch komplexe Ersatzlösungen, wie sie beispielsweise Götz Aly 2006 für die Frage nach dem Ausmaß des allgemeinen Regimekonsenses vorgeschlagen hat,[188] zu weit vom Kern der vorliegenden Arbeit wegführen würden, sollen im Folgenden nur punktuelle Belege für die These wiedergegeben werden, dass die Imagepflege der SS während der Zeit des Dritten Reichs Alles in Allem recht erfolgreich war.

In seinen Memoiren erinnerte sich Theodor Eschenburg, nach 1945 einer der Mitbegründer der westdeutschen Politologie und Zeitgeschichtsforschung, daran, wie er 1933 im Alter von 28 Jahren als ehemaliger Aktivist der DVP bzw. der Deutschen Staatspartei glaubte, aus Selbstschutz einer NS-Formation beitreten zu müssen. Ausgerechnet die SS habe er aus folgendem Grund gewählt: „Der sagte man nach, dass sie ein elitäres und intellektuelles Gegenstück, sogar ein Konkurrent des proletarischen Millionenheeres der SA sein solle.“[189] Ganz ähnliche Motive äußerte Hans-Otto Meissner, der Sohn des Leiters der Präsidialkanzlei unter Ebert, Hindenburg und Hitler, der 1933 seinen Dienst im Auswärtigen Amt antrat und aufgefordert wurde, sich der „Bewegung“ anzuschließen. Er habe sich für die Schutzstaffel entschieden, weil diese als „besser und korrekter als die Braunhemden“ gegolten habe.[190] Im Gegensatz zu Eschenburg fand Meissner allerdings nicht den Mut, nach kurzer Zeit wieder auszutreten. Vielmehr blieb er bis 1945 im „Schwarzen Orden“ und im diplomatischen Dienst des Dritten Reiches.

In den Akten der Spruchkammern der britischen Besatzungszone, in denen nach 1945 mehrere Tausend Verfahren wegen der Mitgliedschaft in der Allgemeinen SS geführt wurden, die als „Organisationsverbrechen“ galt,[191] finden sich zahlreiche ähnliche Aussagen. So gab zum Beispiel der Bauingenieur H. B. zu Protokoll, er sei der Schutzstaffel beigetreten, weil er diese „im Vergleich zur SA“ für „die weitaus sauberste und einwandfreiste der beiden“ gehalten habe.[192] Die Vorstellungen, die Eschenburg, Meissner oder auch B. äußerten und die, wie beschrieben, keinesfalls mit der Realität korrespondierten, müssen neben der erfolgreichen Öffentlichkeitsarbeit der SS wohl auch einem teilweise erschreckenden Maß an Naivität und Ignoranz gegenüber der nationalsozialistischen „Bewegung“ zugeschrieben werden. So brachte der damalige Gerichtsreferendar und spätere Landgerichtsdirektor R. B. Folgendes zur Entschuldigung seines Eintritts in die SS vor: „Derzeit wusste ich offen gestanden nicht einmal den Unterschied zwischen den einzelnen Organisationen, weil ich mich bedauerlicherweise nie um diese politischen Dinge gekümmert habe.“[193]

188 Aly: Volkes Stimme.

189 Eschenburg: Letzten Endes, S. 23–24.

190 Meissner, S. 381.

191 Zu dieser Ahndung vgl. Wember und Römer. Im Gegensatz zu den Briten führten die Amerikaner keine gesonderten Verfahren wegen „Organisationsverbrechen“ durch, sondern behandelten diese im Rahmen der allgemeinen „Entnazifizierung“ mit – vgl. Niethammer.

192 Lebenslauf B.'s mit ausführlichen Erläuterungen vom 4. 4. 1948, in BA Koblenz, Z 42 IV, Fall 6090, Bl. 10–15.

193 Protokoll der Vernehmung B.'s durch Staatsanwalt Dr. Beier im Lager Eselheide am 15. 4. 1947 und schriftliche Erklärung B.'s vom 15. 4. 1947, in BA Koblenz, Z 42 IV, Fall 3008, Bl. 8–12.

Derartige Selbstzeugnisse aus der Zeit nach 1945, die sich auf Ignoranz oder einen elitären, „guten" Ruf der SS ab 1933 beziehen, stehen zu Recht unter einem starken Exkulpationsverdacht. Sie können nur dann Glaubwürdigkeit gewinnen, wenn sich Überschneidungen mit anderen, unverdächtigeren Quellen finden lassen. Als solche können zweifelsohne die „Deutschlandberichte" gelten, die der Exilvorstand der SPD ab 1934 aus den Meldungen von sozialdemokratischen Informanten zusammenstellte, die in der Heimat geblieben waren. In der Tat befassten sich diese auch mit dem Ansehen, in dem die Schutzstaffel im Reich stand. Im Juli und August 1935 hieß es dort, dass die SS allgemein als „eine Art Elitetruppe" des Nationalsozialismus anerkannt werde und rege bemüht sei, diesen Ruf gerade in den eigenen Reihen zu festigen: „Die Führung macht auch den Versuch, den Mannschaften das Bewusstsein beizubringen, dass sie eine Elitetruppe darstellen."[194] Ein Jahr später war zu lesen: „Die SS ist wirklich eine auserlesene Truppe. Bei ihr sind viele Idealisten, die ihren Dienst ernst nehmen und ehrlich an ihre Mission glauben. Der Stolz auf die Uniform lebt in jedem."[195] Im Januar 1938 wurde zur Schutzstaffel lapidar vermerkt: „Sie ist gefürchtet und geachtet."[196] Der Erfolg der Pflege des elitären Images der SS hielt ex negativo noch im Nürnberger Prozess gegen die Hauptkriegsverbrecher an. Hier bezeichnete der US-Ankläger Major Warren F. Farr die Himmlersche Organisation im Dezember 1945 als „Essenz des Nazismus" und „Elite der Partei [...] aus den draufgängerischsten Anhängern der Nazi-Idee".[197]

4. Das Ideal von Anwerbung, Auslese und Aufnahme

Das elitäre SS-Konzept, das Himmler und seine engeren Mitarbeiter zu Beginn der 1930er Jahre entwickelten, war keineswegs ausschließlich ein hohles Propagandakonstrukt, das es vermittels ausgeklügelter Öffentlichkeitsarbeit unters Volk zu bringen galt. Die Tatsache, dass zumindest die Akteure selbst darin ein ernst zu nehmendes Projekt sahen, wird durch ihren Versuch belegt, der Schutzstaffel ein entsprechendes Rekrutierungsprogramm zu geben. Die aufeinander abgestimmten Verfahren von Anwerbung, Auslese und Aufnahme sollten zum einen alle anderen nationalsozialistischen Organisationen ausstechen, um den Status der SS in der „Bewegung" hervorzuheben. Zum anderen sollte eine Mitgliedschaft geschaffen werden, die im Sinn der rassistischen NS-Ideologie tatsächlich weit aus dem Bevölkerungsdurchschnitt herausragte.[198]

Hinsichtlich der Anwerbung legte Himmler im Juni 1931 die Schutzstaffel auf eine „vornehme" Zurückhaltung fest, die seiner Auffassung nach einer Elite gut

194 Deutschlandberichte, Bd. 2, S. 765 und 949–951.
195 Deutschlandberichte, Bd. 3, S. 859.
196 Deutschlandberichte, Bd. 5, S. 10.
197 Der Prozess gegen die Hauptkriegsverbrecher, Bd. 4, S. 182.
198 Zum Auslese- und Beitrittsverfahren der Allgemeinen SS vgl. Hein.

zu Gesicht stand. Die SS sollte nicht ausdrücklich und aggressiv möglichst viele Männer zu einer Bewerbung auffordern, um eine große Zahl von Kandidaten zu generieren. Vielmehr hatte sie ganz auf ihr allgemeines Image zu setzen. „Die besten Soldaten, überhaupt die besten Deutschen", so Himmler bei einer hochrangig besetzten Führertagung in Berlin, „kommen von selbst zu uns, wir brauchen sie nicht zu holen, in dem Augenblick, in dem sie sehen, dass die SS richtig aufgebaut ist, dass die SS wirklich gut ist."[199]

Dieser Vorgabe entsprechend ließ Himmler streng verbieten, mit Plakaten oder Handzetteln bzw. in der Presse oder im Rundfunk offen für einen Beitritt zur Schutzstaffel zu werben. Zuwiderhandlungen einzelner SS-Einheiten wurde jeweils rasch ein Riegel vorgeschoben.[200] Diese neuen Regeln stellten einen klaren Bruch im Vergleich zur Strategie der früheren Reichsführer der SS dar. Joseph Berchtold beispielsweise hatte, wie erwähnt, auf Anzeigenkampagnen im *Völkischen Beobachter* gesetzt.[201] Der Verzicht Himmlers auf ähnlich explizite Werbemaßnahmen steht jedoch nicht nur im Zusammenhang mit dem Elitekonzept, sondern ist auch damit zu erklären, dass die gesamte nationalsozialistische „Bewegung" seit dem Erfolg bei der Reichstagswahl vom September 1930 und in nochmals verstärktem Maße nach der „Machtergreifung" einen „scheinbar unaufhaltsamen Massenzulauf"[202] genoss. Das führte offenbar dazu, dass die Reichsführung der Schutzstaffel glaubte, sich eine derart passive Haltung in Sachen Rekrutierung leisten zu können.

Passend zu dieser Ausrichtung wurde das SS-Mitgliederwesen ausgestaltet und rein verwaltenden Organisationen bzw. entsprechend qualifizierten Personen übertragen. Die erste zentrale Einrichtung dieser Art war die „SS-Kartothek", für die in der Reichsführung der Arbeitersohn und gelernte Kaufmann Georg Aumeier verantwortlich war. Dieser behielt die Zuständigkeit bis zum Frühjahr 1935, als im Zuge der Erhebung des SS-Amts zum SS-Hauptamt ein eigenständiges „Ergänzungsamt" geschaffen wurde. Erst jetzt wurde Aumeier, dessen „Fähigkeiten in organisatorischer Hinsicht" sein Chef Curt Wittje für sehr begrenzt hielt, geschasst und auf einen nachrangigen Posten im SS-Übungslager Dachau abgeschoben.[203] Seine Nachfolge trat der 1898 geborene Friedrich Hauser an, der wie Aumeier eine

199 Protokoll über die Führerbesprechung der SS am 13.–14.6.1931, in BA Berlin, NS 19, Bd. 1934, Bl. 94–105 und 109–113; vgl. auch LONGERICH: Himmler, S. 132–134.

200 Vgl. u. a. Befehl des Führers des Oberabschnitts Rhein vom 16.5.1934, in StA Marburg, 327/2a, Bd. 134; Befehl des Chefs des SS-HA, Wittje, vom 1.10.1934, in BA Berlin, NS 31, Bd. 368, Bl. 180; Befehl des Stabsführers des Oberabschnitts Rhein vom 4.6.1936, in StA Marburg, 327/2a, Bd. 134. Ausnahmen wurden lediglich für die Rekrutierung der Verfügungstruppe bzw. der Totenkopfverbände gemacht – vgl. u. a. „Wer will unter die Soldaten ..." in *Das Schwarze Korps* vom 17.12.1936 und „Musterung für die SS" in *FM-Zeitschrift* vom Januar 1937. Zu deren Sonderrolle vgl. Kap. VI.1.

201 Vgl. Kap. II.1.

202 BROSZAT: Struktur der NS-Massenbewegung, S. 52.

203 BA Berlin, SSO Georg Aumeier; das Zitat dort in einer dienstlichen Beurteilung Aumeiers durch den Chef des SS-Hauptamts, Wittje, vom 14.5.1935. Zur Person Aumeier vgl. auch Kap. II.1.

Ausbildung zum Kaufmann absolviert hatte, im Gegensatz zu diesem aber nicht früh arbeitslos geworden, sondern bis 1934 ununterbrochen bei der BASF bzw. IG Farben tätig gewesen war. Der Schutzstaffel gehörte Hauser seit 1930 an. Er hatte sich als Führer der Verwaltung der 10. Standarte, des Abschnitts XXIX und schließlich, seit 1934 hauptamtlich, des Oberabschnitts Rhein bewährt und es bis zum Obersturmbannführer gebracht. Einen weiteren Gegensatz zu Aumeier stellte die Tatsache dar, dass Hauser über „ohne Zweifel große verwaltungstechnische Fähigkeiten" verfügte, die es ihm ermöglichten, in den folgenden Jahren das Mitgliederwesen der SS durch eine Systematisierung der Stärkemeldungen, die Einführung der Stammkarten als Erfassungsmittel und schließlich der *SS-Statistik* bzw. der *Statistischen Jahrbücher der Schutzstaffel* effizienter zu gestalten.[204]

Ab Mitte 1936 konnte sich Hauser dabei auf einen Unterbau aus hauptamtlichen Sachbearbeitern stützen, zunächst nur in den Oberabschnitten, ab 1938 auch in den Abschnitten und Standarten. Das entsprechende Personal wurde meist auf dem „kleinen Dienstweg", also innerhalb der bereits bestehenden SS-Verwaltung rekrutiert. Die betreffenden Männer besaßen, soweit die erhaltenen Quellenfragmente diesen Schluss zulassen, keine akademische Bildung, sondern kamen aus kaufmännischen, buchhalterischen oder verwaltenden Berufen zur SS. Zudem waren sie zumeist „Märzgefallene", die erst spät den Anschluss an die „Bewegung" gesucht hatten.[205]

Eine weit gewichtigere Rolle im Elitekonzept als die somit im Vergleich zur allgemeinen Imagepflege nachrangige Anwerbung spielte die SS-Auslese. Bis Ende 1931 existierte eine solche faktisch allenfalls auf lokaler Ebene und in improvisierter Form. Die ersten beiden Reichsführer der Schutzstaffel, Schreck und Berchtold, hatten nur einige wenige Aufnahmebedingungen erlassen. Zum Beispiel sollten SS-Männer gesund und kräftig sowie politisch und persönlich zuverlässig sein, was sie durch zwei Bürgen nachzuweisen hatten. In der Amtszeit Heidens kam als erste Besonderheit der Schutzstaffel innerhalb der „Bewegung" eine Mindestgröße von 1,70 m hinzu, was damals etwas über dem Bevölkerungsdurchschnitt lag und einen ersten Schritt in Richtung der Gestaltung der SS als „Garde" darstellte. Allerdings gab es hinsichtlich der Größe wie auch aller anderen Auswahlkriterien noch explizite Ausnahmebestimmungen.[206]

204 BA Berlin, SSO Friedrich Hauser; das Zitat dort in einer dienstlichen Beurteilung Hausers vom 23.2.1934. Zum Ersatz der alten Stammrollen durch die neuen Stammkarten s. Befehl des Chefs des Ergänzungsamts im SS-HA, Hauser, vom 12.11.1936, BA Berlin, NS 31, Bd. 364, Bl. 130. Zur SS-Statistik s. IfZ-Archiv, DC 01.06.

205 Befehl des Chefs des SS-HA, Heißmeyer, vom 11.11.1936, in BA Berlin, NS 31, Bd. 278, Bl. 4–5; Aufstellung der neu eingesetzten Sachbearbeiter VI im Oberabschnitt Rhein vom November 1936, in StA Marburg, 327/2a, Bd. 25; Befehl des Chefs des SS-HA, Heißmeyer, vom 17.1.1938, in IPN-Archiv, GK 812, Bd. 241, Bl. 15; BA Berlin, SSO bzw. SSM / SSUF Erich Wolpold, Fritz Pfister, Erich Götting, Paul Kästner und Karl Hübenthal.

206 Richtlinien zur Aufstellung von Schutzstaffeln, versandt mit dem Rundschreiben Nr. 1 Julius Schrecks vom 21.9.1925, in BA Berlin, NS 19, Bd. 1934, Bl. 4; Neufassung der Richtlinien der Schutzstaffeln durch Josef Berchtold [o. D.; ca. 1926], in BA Berlin, NS 19, Bd. 1934, Bl. 13; Befehl Himmlers vom 15.3.1928, in BA Berlin, NS 19, Bd. 1934, Bl. 32. Zur Einordnung der

Eine echte Auslese unter den Bewerbern trafen anfangs allenfalls die Sturmführer, die diese bzw. die Bürgen persönlich kannten. Das einzige Dokument, das bis 1931 auch höheren Ebenen einen gewissen Einblick in die Personalia gewährte, war der Aufnahme- und Verpflichtungsschein, kurz „AV-Schein“ genannt, den jeder Bewerber ausfüllen musste. Er forderte neben Angaben zu Alter, Konfession, Beruf, Familienstand und militärischem sowie politischem Werdegang einen kurzen handschriftlichen Lebenslauf, ein Foto und schließlich folgende Erklärung: „Ich verpflichte mich, mich für die Idee Adolf Hitlers einzusetzen, strengste Parteidisziplin zu wahren und die Anordnungen der Oberleitung der Schutzstaffeln und der Parteileitung gewissenhaft auszuführen. Ich bin Deutscher, bin arischer Abstammung, gehöre keiner Freimaurerloge und keinem Geheimbunde an und verspreche, die Bewegung mit allen meinen Kräften zu fördern.“[207] Angesichts der bis zur „Machtergreifung“ höchst dürftigen personellen Ausstattung der Stäbe von den Sturmbannen bis zur Reichsführung[208] ist jedoch – abgesehen von Führerpersonalien – nicht davon auszugehen, dass diese auch nur die somit zumindest theoretisch gegebenen begrenzten Eingriffsmöglichkeiten systematisch nutzten.

Erst seit Anfang 1932 griff auf Befehl Himmlers neben den Sturmführern eine zweite größere Personengruppe in die SS-Auslese ein – die Ärzte des SS-Sanitätswesens, die sich bis dato vor allem um die Versorgung verwundeter Straßenkämpfer gekümmert hatten. Zum Aufbau des SS-Sanitätsdienstes, der seit 1930 parallel zu demjenigen der Gesamt-SA unter der Leitung des Reichsarztes der Sturmabteilung, Paul Hocheisen, stattfand, ist bislang ausgesprochen wenig bekannt.[209] Die Schlüsselfigur der ersten Jahre stellte Georg Jung-Marchand dar, der erste Reichsarzt der SS. Dieser gehörte dem Jahrgang 1886 an und war schon als Medizinstudent zum überzeugten Rassisten geworden. Im Ersten Weltkrieg diente er als Militärarzt, danach als Polizeiarzt in Wiesbaden. Nachdem er – angeblich wegen seiner rechtsradikalen politischen Überzeugungen – frühpensioniert worden war, eröffnete er eine Praxis in Frankfurt am Main. Obwohl er erst 1929 offen der NSDAP und SS beitrat, war er in der „Bewegung“ gut vernetzt. Im Krieg hatte er im Regiment Curt von Ulrichs gedient, des „OSAF-Stellvertreters West“ bzw. ab 1930 Generalinspekteurs von SA und SS. Zudem war Jung-Marchand eigenen Aussagen zufolge ab 1925 Hitler persönlich bekannt. Ab Juli 1930 wurde er in der Parteisektion „Reichsleitung“ geführt. Bis 1932 gelang es ihm – allerdings verfügen wir auch dafür im Wesentlichen nur über seine eigenen Angaben –, in Zu-

1,70 m Bericht des Reichsarbeitsführers, Hierl, an die Reichskanzlei über knapp 150000 junge Männer des Jg. 1915, die 1935 zum RAD eingezogen wurden, vom 18.1.1936, in Akten der Reichskanzlei, Bd. III, S. 53–62. Vgl. auch Floud, S. 109–110.

207 3 Exemplare des SS-Aufnahme- und Verpflichtungsscheins von Mitte der 1920er, Anfang der 1930er und Mitte der 1930er Jahre mit nur kleinen formalen Änderungen, in BA Berlin, NS 31, Bd. 395, Bl. 5–7.

208 Vgl. Kap. II.1.

209 Zum Forschungsstand vgl. Hahn, S. 71–80.

sammenarbeit mit dem NS-Ärztebund in ganz Deutschland rund 600 Ärzte als ehrenamtliche Mitarbeiter der Schutzstaffel zu gewinnen.[210]

Ihnen übertrug Himmler per Befehl vom 24. Januar 1932 die Aufgabe, alle SS-Bewerber einer medizinischen Musterung zu unterziehen. Dabei sollten sie sich einerseits an die Praktiken militärischer Tauglichkeitsprüfungen anlehnen, andererseits eine von Jung-Marchand entwickelte Mannschafts-Untersuchungs-Liste verwenden, die im SS-Jargon kurz „Mula" genannt wurde. In dieser wurden rund 50 Faktoren abgefragt. Dabei wählten die Ärzte zumeist aus drei bis vier vorgegebenen Kategorien aus, die grob mit ihrem „Schlussurteil" korrespondierten, das „tauglich", „beschränkt tauglich", „zeitlich untauglich" oder „untauglich" lauten konnte. Neben objektiv feststellbaren Kriterien wie Größe, Gewicht, Brustumfang etc. sollten auch Dinge wie Intelligenz („klug / befriedigend / beschränkt / verlegen"), Gesichtseindruck („offen / gehemmt / psychopathisch / lauernd") und Geltungsbedürfnis („bescheiden / vermindert / gesteigert / renommierend") in die Beurteilung eingehen.[211] Bis Mitte 1934 bildeten „AV-Schein" und „Mula" die dokumentarische Grundlage, auf deren Basis über einen SS-Bewerber entschieden wurde.

Während die beschriebene Form der ärztlichen Musterung sich im Rahmen dessen bewegte, was auch in der Gesamt-SA 1931/32 eingeführt wurde,[212] beschritten Jung-Marchand und die SS Neuland mit einem Abschnitt zur Bewertung der „Rassemerkmale" der Bewerber, der der „Mula" im Lauf des Jahres 1932 hinzugefügt wurde. Hier sollten die SS-Ärzte Angaben unter anderem zur Schädel- und Gesichtsform machen und gegebenenfalls entsprechende „Messungen" anstellen. Auf dieser Basis hatten sie die Untersuchten in Günthersche Kategorien wie „nordisch", „mediterran" bzw. „westisch" oder „ostisch" einzuordnen und auf „Beimengungen" der Arten „negroid", „mongoloid" oder „vorderasiatisch" hinzuweisen.[213] Die so erweiterte „Mula" stellte die erste Basis der einzigartigen „rassischen" SS-Auslese dar, die der „Heiratsbefehl" vom 31. Dezember 1931 mit seiner Definition der Schutzstaffel als ein „nach besonderen Gesichtspunkten ausgewählter Verband deutscher nordisch-bestimmter Männer" vorgeschrieben hatte.[214]

210 BA Berlin, OPG Georg Jung-Marchand; Formular zur Rekrutierung von SS-Ärzten von 1931, in StA Ludwigsburg, PL 506, Bd. 50.

211 Befehl Himmlers vom 24. 1. 1932, in BA Berlin, NS 19, Bd. 1934, Bl. 154; Muster der SS-Mannschafts-Untersuchungs-Liste des Reichsarztes-SS Dr. Jung-Marchand für die Annahme-Untersuchung mit einer Erläuterung des Formulars [o. D., 1932], in BA Berlin, NS 31, Bd. 357, Bl. 2. Zur geringfügigen Adaption der SS-ärztlichen Musterung ab Mitte der 1930er Jahre, in deren Rahmen u. a. die „Mula" durch einen kürzeren Untersuchungsbogen für Neueinstellung in die SS ersetzt wurde, Sanitätsvorschrift für die Allgemeine SS (SS-Dv. Nr. 8) vom 16. 8. 1935, in IfZ-Archiv, DC 02.09a.

212 Anweisung Nr. 4 des SA-Reichsarztes, Paul Hocheisen, vom 21. 9. 1931, in: Reichskommissar, Fiche 373–374, S. 88–90a.

213 Entsprechende „Mula"-Exemplare von 1932–1934, in StA Ludwigsburg, PL 506, Bd. 137, und in IPN-Archiv, GK 817, Bd. 4–7.

214 Vgl. Kap. III.2.

Allerdings stellte die Delegierung der „rassischen" Musterung an die SS-Ärzte aus Sicht von Richard Walther Darré, den Himmler im Rahmen des „Heiratsbefehls" zum Chef des neuen „Rassenamts" berufen hatte, allenfalls ein Provisorium dar. Das lag daran, dass er keine Kontrolle über die ehrenamtlich tätigen und dem Reichsarzt der SS unterstellten Mediziner ausüben konnte und dass deren „rassenkundliche" Qualifikation im Sinn der von Darré vertretenen „Nordischen Idee" keinesfalls feststand. Als Beispiel kann Georg Jung-Marchand selbst gelten, der bevorzugt nicht mit Hans F.K. Günthers Termini hantierte, sondern mit selbst erdachten, wirren Begrifflichkeiten wie der Unterscheidung von „cultur-fähigen" und „cultur-unfähigen" Menschen bzw. der Auslesemethode des „seelischen Fern-Kontakts", durch den sich Erstere quasi von selbst erkennen könnten.[215]

Um Abhilfe zu schaffen, machte sich Darré daran, einen eigenständigen Apparat für die „rassische" Auslese der Schutzstaffel zu schaffen.[216] Dabei wurde er 1932/33 noch durch seine vielfältigen anderweitigen Verpflichtungen als Chef des agrarpolitischen Apparats der NSDAP, der in den NS-Wahlkämpfen auf Hochtouren lief, bzw. durch chronische Finanzierungsprobleme gebremst.[217] Entsprechend bestand das „Rassenamt", das 1933 in „Rasse- und Siedlungsamt" umbenannt wurde, in den ersten beiden Jahren aus einem ausgesprochen kleinen Kreis von Mitstreitern, die Darré persönlich auf Grund seiner Kontakte in der „Nordischen Bewegung" angeworben hatte.

Drei von fünf der führenden Mitarbeiter der Anfangszeit schieden zudem nach relativ kurzer Zeit aus. Erich Suchsland, ein preußischer Hauptmann a. D., der als Stabschef und „Referent für das Sippenbuch" agieren sollte, ging, weil er mit den ihm gewährten Zuständigkeiten unzufrieden war.[218] Erich Darré, Richard Walthers jüngerer Bruder, der sein Studium abgebrochen und sich seit 1927 als Antiquar in Leipzig durchgeschlagen hatte, konnte die vorgesehene Rolle als „Referent für Familienforschung" nicht ausfüllen und nahm Anfang 1933 seinen Hut.[219] Lothar Stengel von Rutkowski, ein begabter Münchner Medizinstudent und fanatischer Jungnationalsozialist, der als „Referent für Gesundheitszeugnisse" vorgesehen war, zog es vor, doch sein Staatsexamen zu machen und wechselte danach ans

[215] Denkschrift „Civilsation contra Cultur" von Georg Jung-Marchand [o.D., ca. 1925] und Nachtrag zum Lebenslauf Jung-Marchands vom 1.9.1937, in BA Berlin, OPG Georg Jung-Marchand.

[216] Zur Entstehung und Geschichte des RuSHA vgl. allgemein Gies, Weingartner: Race and Settlement, und vor allem, allerdings mit Fokus auf die Zeit des Zweiten Weltkriegs, Heinemann: Rasse.

[217] Zur zeitlichen Überlastung vgl. Schreiben Darrés an Horst Rechenbach vom 26.3.1932, in Stadtarchiv Goslar, NL Darré, Bd.87a, Bl.120. Zu den Finanzierungsproblemen vgl. Schreiben Darrés an Gerhardt Quandt vom 4.1.1932, in Stadtarchiv Goslar, NL Darré, Bd.87a, Bl.91; Schreiben Darrés an Bruno Kurt Schultz vom 24.2.1933, in BA Berlin, SSO Bruno Kurt Schultz.

[218] Korrespondenz zwischen Darré und Suchsland von Dezember 1931 bis September 1932, in Stadtarchiv Goslar, NL Darré, Bd.87a, Bl.176–188.

[219] BA Berlin, SSO Erich Darré.

thüringische „Landesamt für Rassewesen“ bzw. an die Universität Jena, wo er mit „rassenkundlichen“ Arbeiten promoviert und habilitiert wurde.[220]

Die entscheidende Rolle im Aufbau des „Rasse- und Siedlungsamtes“ spielten die verbliebenen beiden „Männer der ersten Stunde“: Horst Rechenbach war 1895 geboren worden und hatte es im Ersten Weltkrieg bis zum Hauptmann gebracht. Anschließend hatte er sein Landwirtschaftsstudium mit der Promotion abgeschlossen und an landwirtschaftlichen Schulen der Reichswehr unterrichtet. Er war, als Darré ihn Ende 1931 kontaktierte, weder Mitglied der NSDAP noch der SS. Allerdings war Rechenbach einer der führenden Vertreter von Menschenzüchtungsideen in der „Nordischen Bewegung“, hatte 1930 eine Denkschrift zum Thema „Wege zur Aufartung des Deutschen Volkes“ verfasst und im Rahmen seiner Tätigkeit für die Reichswehr Musterungserfahrung gesammelt. In einem Brief bescheinigte Darré ihm, „dass Sie in Ausbildung und Denken mir sehr gleich sind“, was Rechenbach als Stellvertreter des vielbeschäftigten Darré in der praktischen Leitung des „Rassen-“ bzw. „Rasse- und Siedlungsamts“ prädestinierte.[221]

Bruno Kurt Schultz war rund sechs Jahre jünger als Rechenbach und gebürtiger Österreicher. Nach seiner Promotion zum Thema „Beiträge zu den Jenseitsvorstellungen der Germanen“ an der Universität Wien zog es ihn nach Deutschland, wo er seit 1927 als Assistent am Anthropologischen Institut der Universität München an seiner Habilitation über „Rassenkunde und menschliche Erblehre“ arbeitete. Nebenbei agierte er als Schriftleiter der Zeitschrift *Volk und Rasse* und Führer der Münchner Ortsgruppe des „Nordischen Rings“. Auch Schultz, der nach seiner Habilitation 1934 gut zwei Jahre hauptamtlich für das „Rasse- und Siedlungsamt“ arbeitete und danach als Professor in Berlin bzw. Prag reüssierte, trat erst nach seiner Anwerbung durch Darré als „Referent für Rassenkunde“ der NSDAP und der SS bei.[222]

Gemeinsam arbeiteten die beiden NS-Quereinsteiger Rechenbach und Schultz 1932/33 ein neuartiges Verfahren zur „rassischen“ Musterung der SS-Männer aus, wobei sie sich unter anderem auf ein zeitgenössisches Handbuch zur Pferdezucht von Rudolf Disselhorst stützten.[223] Die Kandidaten sollten im nackten Zustand untersucht und durch kurze Sport- und Intelligenztests geprüft werden. Anschließend waren sie in drei verschiedenen Kategorien zu bewerten. Erstens sollte auf ihren Körperbau eine von neun Zahlennoten vergeben werden: 9 *Idealkörper*,

220 Schreiben Darrés an Stengel v. Rutkowski vom 25.2.1932, in Stadtarchiv Goslar, NL Darré, Bd. 87a, Bl. 284; BA Berlin, SSO Lothar Stengel von Rutkowski.

221 HEINEMANN: Rasse, S. 55–56; umfangreiche Korrespondenz zwischen Rechenbach und Darré von 1930 bis 1932, in Stadtarchiv Goslar, NL Darré, Bd. 87a, Bl. 112–154; BA Berlin, SSO und RS Horst Rechenbach.

222 BA Berlin, SSO Bruno Kurt Schultz; Briefwechsel zwischen Schultz und Darré von Dezember 1931 und Januar 1932, in Stadtarchiv Goslar, NL Darré, Bd. 87a, Bl. 226–227; HARTEN: Rassenhygiene, S. 276–279; HEINEMANN: Ambivalente Sozialingenieure, S. 79–80 und S. 85.

223 DISSELHORST (zu dessen Verwendung vgl. das Literaturverzeichnis bei RECHENBACH). Eine ausdrückliche Empfehlung Darrés, sich an Pferdezuchtmethoden zu orientieren, auch in dessen Schreiben an den Leiter des RuSHA-Schulungsamts, Karl Motz, und Rechenbach vom 15.4.1935, in BA Berlin, NS 2, Bd. 37, Bl. 150ff.

8 *vorzüglich*, 7 *sehr gut*, 6 *gut*, 5 *genügend*, 4 *kaum genügend*, 3 *mangelhaft*, 2 *ungenügend*, 1 *Missgestalt*. Zweitens galt es, ihre „rassische“ Qualität mit einem von fünf Buchstaben nach den Güntherschen Kategorien einzustufen: a *rein Nordisch*, b *überwiegend Nordisch* oder *Fälisch*, c *ausgeglichener Mischling* oder *überwiegend Dinarisches* bzw. *Westisches Blut*, d *unausgeglichener Mischling* oder *überwiegend Ostisches* bzw. *Ostbaltisches Blut*, e *Vermutung außereuropäischen Rasseneinschlages*. Drittens sollte die „soldatische“ Haltung und Gesamtwirkung einer von sechs Gruppen zugeteilt werden: A I *sehr gut*, A II *gut*, A III *genügend*, B I *kleine Bedenken*, B II *größere Bedenken*, C *unmöglich*.[224]

Durch die Kombination der drei Komponenten entstand eine kurze, scheinbar exakte und bürokratisch handhabbare „Musterungsformel“, an Hand derer über Tauglichkeit oder Untauglichkeit entschieden werden sollte. Allerdings verzichteten Schultz und Rechenbach auf exakte Definitionen und Kriterien für die jeweiligen Notenskalen. In einer Jahre später im Auftrag Darrés verfassten Denkschrift über die „Beurteilung des menschlichen Körpers“ betonte Letzterer vielmehr, „dass Einzelmerkmale allein nichts Endgültiges besagen, sondern dass stets die Gesamtwirkung ausschlaggebend ist, […] das uns Ansprechende oder das uns Abstoßende.“ Die „rassische“ Musterung blieb also trotz vermeintlich wissenschaftlicher „Formeln“ eine Sache der Intuition oder, anders ausgedrückt, der rassistischen Vorurteile. „Der eine Mensch hat“, so Rechenbach weiter, „die Fähigkeit, in anderen Menschen zu lesen, der andere hat sie nicht und wird sie nie erlernen.“[225] Im Lauf des Jahres 1933 erprobte Rechenbach die Praxistauglichkeit des Verfahrens in ersten Musterungen in SS-Einheiten aus dem Münchner Raum.[226] Im März 1934 stellte er das Procedere den Oberabschnittsführern der SS im Rahmen einer Tagung vor.[227]

Währenddessen war es Darré dank der neuen finanziellen Möglichkeiten, die sich ihm nach der „Machtergreifung“ bzw. seiner Ernennung zum Reichsbauernführer und Reichsminister für Ernährung und Landwirtschaft im Frühsommer 1933 boten, gelungen, das „Rasse- und Siedlungsamt“ nach Berlin zu verlagern und zu einer mittelgroßen Institution mit zunächst sieben Abteilungen auszubauen.[228] Ab Mai 1934 war genug Geld vorhanden, um den für die Durchführung

224 Unterlagen für einen Vortrag von Bruno Kurt Schultz über Rassenkunde und rassische Richtlinien bei der SS-Musterung für Schulungslehrgänge von SS-Ärzten und Rassereferenten [o. D.; 1934], in BA Berlin, NS 31, Bd. 279, Bl. 2–7. Vgl. zu diesem Verfahren auch Heinemann: Rasse, S. 25–26 und S. 60, und Weingartner: Race and Settlement, S. 67–69.

225 Rechenbach, S. 32–33.

226 Tätigkeitsbericht des Abschnittschulungsleiters I, v. Aufseß, für das 2. Quartal 1933 vom 5. 7. 1933, in BA Berlin, SSO Hans-Werner v. Aufseß; Heinemann: Rasse, S. 59.

227 Befehl des Chefs des SS-HA, Wittje, betr. Durchführung einer SS-Führertagung in Berlin am 17.–18. 3. 1934 vom 8. 3. 1934, in BA Berlin, NS 31, Bd. 337, Bl. 63–64.

228 Befehl Himmlers betr. Aufgaben und Gliederung des RAS vom 21. 9. 1934, in BA Berlin, NS 2, Bd. 99, Bl. 1. Die Finanzierung des RAS / RuSHA erfolgte durch eine Mischung aus SS-eigenen Mitteln und umgeleiteten Geldern bzw. umgewidmeten Stellen des Reichsnährstands bzw. später auch des Reichsinnenministeriums – vgl. u. a. die SS-Haushaltspläne für die Jahre 1935–1938, in BA Berlin, NS 3, Bd. 465–469.

der gesonderten „rassischen“ Musterungen notwendigen regionalen Unterbau zu schaffen. Die in jedem SS-Oberabschnitt eingesetzten hauptamtlichen „Rassereferenten“ konnten anfangs über je eine Hilfskraft, ab Sommer 1935 über je einen Koreferenten und zwei Hilfskräfte und ab dem Frühjahr 1936 über je insgesamt fünf Mitarbeiter verfügen.[229]

In der Auswahl der lange Zeit prägenden „ersten Riege“ der „Rassereferenten“ zeigte sich der noch immer starke Einfluss von Rechenbach und Schultz. Die diplomierten bzw. promovierten Agrarwissenschaftler und langjährigen Landwirtschaftslehrer Rudolf Jacobsen, Joachim Caesar und Heinrich Thole waren Ersterem so ähnlich wie dieser Darré. Dagegen entstammten der studentische Mitarbeiter anthropologischer Forschungsprojekte Fritz Schwalm oder der Marburger Dozent für „Leibesübungen“ Hermann Dethof dem akademischen Milieu Schultz'. Komplettiert wurde die Gruppe der ersten „Rasseexperten“ der Schutzstaffel durch einige „alte Kämpfer“, die sich als besonders rege Hobby-„Rassekundler“ hervorgetan hatten, wie zum Beispiel Werner Hahn und Erich Spaarmann.[230]

Die Personalakten von Hahn, Spaarmann, Thole und Jacobsen enthalten jeweils mehrseitige Aufsätze, die diese Ende 1933, Anfang 1934 „auf Befehl“ des „Rasse- und Siedlungsamtes“ verfassten, offenbar als eine Art Qualifikationsnachweis. Vor allem die Arbeiten Jacobsens und Tholes stechen heraus. Ersterer umriss hellsichtig das Ziel der „rassischen“ Selektion der Schutzstaffel: „Die für die SS geplante Auslese hat züchterisch wohl für die SS, nicht jedoch für das ganze Volk nennenswerte Bedeutung. [...] Was wir jetzt in der SS erreichen wollen, ist noch keine Zucht, sondern Vorbereitung dazu: Schaffung eines Bundes, der die Durchführung der Zucht erkämpfen wird.“ Letzterer brachte in einem Nebensatz das destruktive und völlig inhumane Potenzial des SS-Rassismus offen zum Ausdruck. Das deutsche Volk sei infolge der zivilisatorischen Fortschritte von Verweichlichung und „rassischem“ Verfall bedroht. Als Abhilfe sei es, so Thole, unter anderem nötig, dass „wieder mehr kleine Kinder sterben“. Diese Männer hatten offensichtlich verstanden, worum es Heinrich Himmler und Richard Walther Darré ging.[231]

Der organisatorische und personelle Ausbau des „Rasse- und Siedlungsamts“ sowie auch des SS-Amts ermöglichte es schließlich, ab 1934 weitere Bewerberun-

229 Befehl des Chefs des SS-Amts, Wittje, vom 1.3.1934, in BA Berlin, NS 31, Bd. 368, Bl. 61; Befehl des Chefs des SS-Amts, Wittje, vom 7.4.1934, in StA Marburg, 327/2a, Bd. 128; Befehl des Chefs des RAS, Darré, vom 27.4.1934, in BA Berlin, NS 2, Bd. 1, Bl. 5–6; Dienstanweisung für die SS-Rassereferenten vom 1.6.1934, in BA Berlin, NS 2, Bd. 99, Bl. 8ff.; Befehl des Stabsführers des RuSHA, Harm, vom 7.8.1935, in StA Marburg, 327/2a, Bd. 126; Stellenplan der Außenstellen des RuSHA nach Stand vom 15.4.1936, in BA Berlin, NS 2, Bd. 129, Bl. 216–218.

230 BA Berlin, SSO Rudolf Jacobsen, Joachim Caesar, Heinrich Thole, Fritz Schwalm, Hermann Dethof, Werner Hahn und Erich Spaarmann sowie RS Rudolf Jacobsen, Heinrich Thole und Erich Spaarmann. Kurzbiografien zu insg. 100 „Rasseexperten“ der SS bietet Heinemann: Rasse, S. 609ff. Einige Protagonisten werden auch vorgestellt in Harten: Rassenhygiene, S. 267ff.

231 Rudolf Jacobsen: „Rasse und Volkstum in ihrer Bedeutung für die kulturelle Neugestaltung“ vom April 1934, in BA Berlin, RS Rudolf Jacobsen; Heinrich Thole: „Erbgesundheitspflege im neuen Reich“ [o. D.; 1933/34], in BA Berlin, RS Heinrich Thole.

terlagen zu fordern bzw. zu prüfen, um die körperliche und „rassische“ Auslese zu vervollkommnen. Erstens hatten SS-Bewerber nun zusätzlich zu den Bürgen polizeiliche und politische Führungszeugnisse vorzulegen, um die im „AV-Schein“ gemachten Angaben, beispielsweise zum politischen Werdegang oder zu Vorstrafen, zu dokumentieren.[232]

Zweitens sollten im Rahmen der ärztlichen Musterung zusätzlich „Erbgesundheitsbögen“ ausgefüllt werden, in denen Angaben zu „Erbkrankheiten“ wie Psychosen, Alkoholismus, Epilepsie usw. der Großeltern, Eltern, Geschwister, Kinder, Onkel, Tanten, Cousins und Cousinen der Kandidaten zu machen waren.[233] Diese waren im Belastungsfall namentlich anzugeben, was einer Denunziation im Sinn des Gesetzes zur Verhinderung erbkranken Nachwuchses vom Juli 1933 gleichkam und somit zur Zwangssterilisation der Betreffenden führen konnte.

Drittens wurde angestrebt, dass Beitrittsaspiranten ihre „arische“, das heißt nicht-jüdische Herkunft durch einen „großen“, also bis ins Jahr 1800 zurückreichenden „Abstammungsnachweis“ belegen sollten. Durch dieses Stichdatum hoffte man, alle „Rassejuden“ und „Judenstämmlinge“ auszuschließen, da es erst in der Folgezeit infolge der sogenannten Judenemanzipation verstärkt zu Assimilationserscheinungen wie „Judentaufen“ und interreligiösen Mischehen gekommen war. In der Praxis hieß das, dass von den SS-Bewerbern zu allen im Jahr 1800 und später lebenden direkten Vorfahren Geburts-, Heirats- und Sterbeurkunden vorzulegen waren.[234]

Die fixe Idee einer möglichst umfassenden und überprüfbaren „Rassereinheit“ hatte in der Zeit der Weimarer Republik große Teile der deutschnational-völkischen Szene erfasst. Genealogische Vereine wie der „Roland“ verzeichneten enormen Zulauf, neue Fachjournale wie die *Zeitschrift für kulturgeschichtliche und biologische Familienkunde* oder das *Archiv für Sippenkunde* entstanden und eine wachsende Zahl von Organisationen, von der Deutschen Adelsgenossenschaft bis hin zu vielen Sektionen des Deutschen Alpenvereins, führten in ihren Statuten einen „Arierparagrafen“ ein.[235] Auch für alle Teile der nationalsozialistischen „Bewegung“ galt seit 1920 im Prinzip ein solcher. Allerdings war auch hier meist unklar, was genau darunter zu verstehen bzw. wie die Umsetzung zu gestalten war. Obwohl Hitler es schon in der „Kampfzeit“ aus den genannten Gründen als grundsätzlich wünschenswert bezeichnete, die „Judenfreiheit“ bis mindestens 1800 zu überprüfen, gab es bis einschließlich 1932 in keiner NS-Organisation entsprechende Verfahren. Vielmehr begnügte man sich in der Regel mit den Versicherungen der Mitglieder und ging nur einzelnen Verdachts- und Denunziationsfällen nach.[236]

232 Befehl Himmlers vom 1.10.1934, in BA Berlin, NS 2, Bd. 173, Bl. 30–31.
233 Muster des SS-Erbgesundheitsbogens [o. D.; ca. 1934/35], in BA Berlin, NS 2, Bd. 174, Bl. 183–184.
234 Befehl Himmlers vom 1.10.1934, in BA Berlin, NS 2, Bd. 173, Bl. 30–31.
235 Ehrenreich, S. 34–39; Malinowski: Vom König, S. 336–339.
236 Essner: Nürnberger Gesetze, S. 25.

Der promovierte Biochemiker und Experte für Abstammungsfragen Achim Gercke, der seit 1931 der NSDAP-Reichsleitung angehörte, schlug dem Reichsorganisationsleiter Gregor Straßer im Juli 1932 vor, wenigstens den Führern der SA und SS sowie den NSDAP-Abgeordneten und Mitgliedern der Reichsleitung einen „kleinen Abstammungsnachweis", das heißt den urkundlichen Beleg bis zu den Großeltern, abzuverlangen. Doch Straßer bewilligte lediglich einen ersten Versuch an seinen persönlichen Mitarbeitern.[237]

Erst im Dritten Reich entwickelte sich eine massenhafte Praxis der „kleinen Abstammungsnachweise", die zum Beispiel ab April 1933 für Beamte, ab März 1935 für Wehrpflichtige und ab September 1935 für Heiratswillige gesetzlich verpflichtend waren. Von sogenannten Erbhofbauern und Schriftleitern wurden ab September bzw. Oktober 1933 sogar „große", also bis 1800 zurückreichende Nachweise gefordert. Gleiches galt seit einem Befehl des „Stellvertreters des Führers", Rudolf Heß, ab April 1934 auch für die politischen Leiter der NSDAP, während man sich bei der Masse der Mitglieder faktisch weiter auf bloße Erklärungen zur arischen Abstammung beschränkte. In der SA schrieb Ernst Röhm im gleichen Monat die Begrenzung auf „kleine" Nachweise bzw. den Verzicht auf eine systematische Überprüfung fest: „Als rein arisch gilt derjenige, dem Vorfahren farbigen oder jüdischen Blutes bis zu den vier Großeltern nicht nachzuweisen sind."[238]

Die Idee, die SS im Vergleich zu dieser insgesamt kompromissbehafteten Praxis durch die Einführung einer systematischen Erhebung und Überprüfung der Stammbäume all ihrer Mitglieder zu einer Avantgarde in Sachen „Rassereinheit" bzw. „Judenfreiheit" zu machen, hatte Richard Walther Darré schon im Dezember 1931.[239] Allerdings verzögerte sich die Implementierung nicht nur durch den beschriebenen langsamen Aufbau des „Rasse- und Siedlungsamtes" im Allgemeinen, sondern im Speziellen auch dadurch, dass sich Darrés jüngerer Bruder Erich, wie erwähnt, als wenig geeignet für die ihm zugedachte Rolle als erster „Referent für Familienforschung" der SS erwies.

Wesentlich durchsetzungsstärker war sein 1933 angetretener Nachfolger Kurt Mayer. Der 1903 geborene Pfälzer hatte schon während des Studiums der Geschichte und der historischen Hilfswissenschaften, das er 1929 mit der Promotion abschloss, ähnlich wie Gercke ein manisches Faible für „rassenkundliche" Genealogie entwickelt. Auf Vermittlung seines Vaters, eines Oberkirchenrats, hatte er danach eine Anstellung in einem Kirchenarchiv gefunden und war daher mit den wichtigsten Quellen für „Abstammungsnachweise", die in die Zeit vor die Einfüh-

[237] Briefwechsel zwischen Gercke und Straßer von Juli bis September 1932, in BA Berlin, NS 22, Bd. 1, Bl. 132–135 und 140.

[238] Verfügung Röhms betr. Aufnahme in die SA vom 22.4.1934, in BA Berlin, NS 23, Bd. 548. Zu den Kompromissen in der NSDAP Nolzen: Freimaurerei, S. 31. Zur massenhaften Praxis der „Abstammungsnachweise" im Dritten Reich insgesamt vgl. Ehrenreich, S. 58–66; Schulle, S. 176–214 und S. 326–327; Seidler/Rett, S. 152–187.

[239] Schreiben Darrés an den Berliner Aktivisten der Nordischen Bewegung Dr. Ruttke vom 22.12.1931, in Stadtarchiv Goslar, NL Darré, Bd. 87a, Bl. 167.

rung der Standesämter zurückreichen sollten, auch praktisch bestens vertraut. Parallel begann Mayer ab 1929, sich immer intensiver in der NS-„Bewegung“ zu engagieren. 1931 wurde er Mitglied der SS. Im Sommer 1933 trat er hauptamtlich dem noch kleinen „Rasse- und Siedlungsamt“ bei. Im Frühjahr 1935 verdrängte er von dort aus Achim Gercke von der Spitze der Reichsstelle für Sippenforschung, die er zu einem Reichsamt und zur Letztinstanz des Dritten Reichs in Abstammungsfragen ausbaute.[240]

Infolge der von Mayer geschaffenen Grundlagen war es Himmler nicht nur möglich, ab Herbst 1934 den „großen Ahnennachweis“ von allen SS-Mitgliedern zu fordern. Vielmehr konnte der Reichsführer, um den entsprechenden Führungsanspruch der Schutzstaffel zu dokumentieren, das „Stichjahr“ für SS-Führer 1935/36 sogar auf 1750 verschieben und öffentlich damit kokettieren, mittelfristig werde die SS wohl sogar bis 1650 gehen, was angesichts der Verwüstungen des 30jährigen Krieges als die am weitesten zurückliegende Grenze galt, zu der Familienforscher überhaupt noch hoffen konnten, Materialien zu finden.[241]

Nach all den geschilderten konzeptionellen und organisatorischen Vorarbeiten war es am 1. Oktober 1934 soweit, dass Heinrich Himmler den zentralen Befehl zu „Neueinstellungen in die SS“ erlassen konnte, mit dem die Auslese der Schutzstaffel umfassend neu geregelt wurde. SS-Mann konnte demzufolge nur noch werden, wer die ärztliche und die „rassische“ Musterung mit dem Prädikat *tauglich* überstanden hatte und zu wem folgende Unterlagen vorlagen: der „AV-Schein“, die „Mula“ inkl. einem grünen Heftzettel des „Rassereferenten“, je ein polizeiliches und politisches Führungszeugnis, der SS-Erbgesundheitsbogen und der „große Abstammungsnachweis“ inkl. aller Urkunden. Bei bereits verheirateten oder verlobten Bewerbern waren weitere Dokumente für die Ehefrau bzw. die Braut vorzulegen. Diese Materialien waren zunächst auf dem Instanzenweg der Einheiten, vom Sturm über die Sturmbanne, Standarten und Abschnitte zu den Oberabschnitten, vorzuprüfen und von dort ans „Rasse- und Siedlungsamt“ einzureichen. Hier sollten sie erneut kontrolliert und schließlich an das SS-Amt bzw. die Reichsführung der Schutzstaffel weitergegeben werden, wo nach einer Schlussprüfung die endgültige Entscheidung über Aufnahme oder Ablehnung zu treffen war.[242]

Bis zum Ausbruch des Zweiten Weltkriegs hat Himmler anschließend immer wieder in öffentlichen und internen Reden die hohen Ansprüche und die Selektivität dieses Verfahrens beschworen. Beispielsweise bläute er am 8. November 1937 den versammelten SS-Gruppenführern ein, dass „im Höchstfall zehn Prozent“

[240] Zur Person Mayer GAILUS: Sippen-Mayer. Zur Institutionsgeschichte des Reichssippenamts SCHULLE.

[241] Zur 1750er-Grenze SS-Befehlsblatt vom 25.3.1935, in IfZ-Archiv, DC 27.01, Bd. 1, und Befehl Himmlers vom 11.3.1936, in BA Berlin, NS 19, Bd. 3902, Bl. 69–71. Zum Ziel der 1650er-Grenze Rede Himmlers vor HJ-Angehörigen am 22.5.1936, in: SMITH/PETERSON, S. 61–63.

[242] Befehl Himmlers vom 1.10.1934 betr. Neueinstellungen in die SS, in BA Berlin, NS 2, Bd. 173, Bl. 30–31.

aufgenommen werden sollten. Genau ein Jahr später forderte er von ihnen: „Machen Sie nicht den Fehler zu sagen: Kommt herein in die SS, wir schenken Euch die Uniform. [...] Das wäre einesteils ein großer Selbstbetrug, und anderenteils wäre es unser unwürdig. Viel mehr erreichen Sie mit dem Hinweis: Männer, die in die SS wollen, können sich da und da melden. Nach der Meldung wird eisern ausgesiebt."[243] Durch die wachsende Erfahrung der Auslesenden und die sukzessive Wirkung der rassistischen Bevölkerungspolitik des Dritten Reichs sollte, so der SS-Reichsführer im Januar 1937 vor Angehörigen der Wehrmacht, die Selektion zudem nach und nach unerbittlicher werden,[244] um dem Leitziel, „in der SS wirklich den besten Blutsadel des deutschen Volkes zu vereinigen", allmählich näher zu kommen[245].

Diese rigorose Auslese sollte laut Himmler zudem nicht nur die neuen Mitglieder der SS betreffen. Schon im September 1933 kündigte er an: „Ich werde in den nächsten Monaten durch Musterungskommissionen alle ungeeigneten Kräfte aussieben lassen."[246] Am 19. Januar 1935 rief er in Breslau hochrangige SS-Führer dazu auf, 1935 zum „Jahr der Reinigung" der Schutzstaffel zu machen.[247] Am 8. November 1936 schließlich behauptete der Reichsführer der SS rückblickend bei einer seiner Gruppenführeransprachen, 1934/35 sei eine Phase der „Reinigung, Säuberung und Durchsiebung" der Schutzstaffel gewesen,[248] in deren Zuge, so Himmler gut zwei Monate später in der bereits erwähnten Rede bei der Wehrmacht, rund 60000 SS-Männer, die den neuen, verschärften Kriterien nicht mehr entsprochen hätten, ausgeschlossen worden seien[249].

Parallel zur Verschärfung der Auslese wurde auch das Verfahren zur Aufnahme der Auserwählten standardisiert und an das Elitekonzept angepasst. Bis Mitte 1934 bestand dieser Vorgang darin, dass diejenigen Männer, deren Bewerbung der Sturmführer angenommen hatte, sich eine SS-Uniform kauften und am Dienst teilnahmen. Formal galten sie zwar solange, bis ihnen der von der Reichsführung ausgestellte SS-Ausweis ausgehändigt wurde, als „Bewerber" oder auch „Anwärter". Praktisch unterschieden sie sich aber so gut wie nicht von ihren „Kameraden".[250] Ritualisierte Aufnahme- oder Verpflichtungshandlungen wur-

243 Smith/Peterson, S. 35 und S. 63.
244 Der Prozess gegen die Hauptkriegsverbrecher, Bd. 29, Dok. 1992(a)-PS, S. 210–211.
245 Schreiben Himmlers an das SS-HA vom 20.4.1938, in BA Berlin, NS 19, Bd. 218, Bl. 3–10.
246 Befehl Himmlers, i.V. Seidel-Dittmarsch, vom 29.9.1933, in BA Berlin, NS 31, Bd. 356, Bl. 34.
247 Smith/Peterson, S. 86.
248 Redetext in: Ackermann, hier S. 243.
249 Der Prozess gegen die Hauptkriegsverbrecher, Bd. 29, Dok. 1992(a)-PS, S. 210; vgl. auch die Aussage von Ebersteins als Zeuge in Nürnberg am 3.8.1946, in: Der Prozess gegen die Hauptkriegsverbrecher, Bd. 20, S. 313. Diese Behauptungen wurden unkritisch übernommen z. B. von Höhne: Orden, S. 134, und Koehl: Black Corps, S. 101.
250 Zu Karl Wolffs Aufnahme von 1931 als Fallbeispiel Lang, S. 12–17.

den, wie auch in der SA, von einzelnen Sturmführern vorgenommen, waren aber nirgends zentral geregelt.[251]

Ab dem 2. August 1934 verlangte Himmler dann von jedem SS-Mann folgenden Eid: „Ich schwöre Dir, Adolf Hitler, als Führer und Reichskanzler des Deutschen Reiches Treue und Tapferkeit, ich gelobe den von Dir bestimmten Vorgesetzten Gehorsam bis in den Tod! So wahr mir Gott helfe!"[252] Der Zeitpunkt dieser Neuerung deutet darauf hin, dass der Reichsführer der SS den Sonderstatus der Schutzstaffel als „Garde des Führers" dadurch gefährdet sah, dass die Reichswehr ihrerseits nach dem Tod Hindenburgs zur persönlichen Vereidigung auf Hitler überging und ihre Soldaten „unbedingten Gehorsam" und die Bereitschaft, „jederzeit für diesen Eid mein Leben einzusetzen", schwören ließ.[253] Zudem hob die martialische Formulierung, die Himmler gewählt hatte, die SS-Mitglieder im Vergleich zu „gewöhnlichen" Nationalsozialisten heraus. Beispielsweise wurde von „einfachen Parteigenossen" in der Regel nur folgende Verpflichtungserklärung gefordert: „Ich gelobe meinem Führer Adolf Hitler Treue. Ich verspreche ihm und den Führern, die er mir bestimmt, jederzeit Achtung und Gehorsam entgegenzubringen."[254]

Ab 1936 fanden die entsprechenden SS-Vereidigungen, bei denen auf den kollektiven Schwur prinzipiell die individuelle Verpflichtung per Handschlag mit dem Einheitsführer folgte, am 9. November statt, also im Rahmen der großen NS-Feiern zum Jahrestag des Hitler-Putsches. Ab 1938 wurden diese Zeremonien reichsweit auf die Münchner Zentralveranstaltung abgestimmt, bei der die SS-Elitetruppe „Leibstandarte Adolf Hitler" schon seit 1933 immer um Mitternacht nach einer Rede des „Führers" vereidigt wurde. Nun sollte jeder neue SS-Mann seinen Schwur leisten, nachdem der „Führer" unmittelbar zuvor im Rundfunk das Wort quasi auch an ihn persönlich gerichtet hatte. Der noch weitergehende Plan, alle Neumitglieder in München zusammenzuziehen, wurde dagegen nicht mehr realisiert.[255]

251 Schreiben Schultz' an Rechenbach vom 5. 12. 1933, in BA Berlin, SSO Bruno Kurt Schultz; zu einem Beispiel einer derartigen lokalen SS-Feier s. Sturmbannbefehl III/9 vom 7. 2. 1934, in IPN-Archiv, GK 762, Bd. 1, Bl. 22.

252 Geheimer Befehl Himmlers [o. D., Eingangsstempel des Erlanger Sturms 12/3 vom 2. 8. 1934], in BA Berlin, NS 31, Bd. 378, Bl. 1.

253 Absolon, S. 168–169. Vgl. zur historischen Einbettung des neuen Fahneneids Lange.

254 Zum Eid der „Parteigenossen" Buchheim: Die staatsrechtliche Bedeutung.

255 „Der Abschluss des Gedenktages: Vereidigung der SS-Leibstandarte ‚Adolf Hitler'" im *Völkischen Beobachter* vom 10. 11. 1933; Entwurf des RuSHA für die Feiern zum 9. 11. 1936, in BA Berlin, NS 19, Bd. 1923, Bl. 6–10; Befehl des Chefs des SS-HA, Heißmeyer, vom 13. 10. 1937, in StA Ludwigsburg, PL 506, Bd. 82; „Seid folgsam und getreu" in *Das Schwarze Korps* vom 25. 11. 1937; Befehl des Chefs des SS-HA, Heißmeyer, vom 20. 10. 1938, in StA Marburg, 327/2b, Bd. 54.

Fotografie der SS-Vereidigungsfeier an der Münchner Feldherrnhalle am 9.11.1937, in Bildarchiv der Bayerischen Staatsbibliothek, Fotoarchiv Hofmann, Nr. hoff-16213.

IV. Hinter der Fassade der Elite

1. Die Praxis von Anwerbung, Auslese und Aufnahme

Heinrich Himmlers Vorhaben, aus der Schutzstaffel eine Elitetruppe des „Führers“ bzw. einen „Orden“ des Nationalsozialismus zu machen, traf von Anfang an auf zahlreiche Schwierigkeiten. Die SS verdankte ihre Existenz und ihre Stellung in der „Bewegung“ vor allem internen Querelen – 1925/26 zwischen Hitler und den Gauleitern, 1930/31 zwischen Hitler und Stennes bzw. Pfeffer und 1933/34 zwischen Hitler und Röhm – und musste ihre Position im Machtgefüge des Nationalsozialismus stets sorgsam austarieren. Die konzeptionellen und organisatorischen Fundamente des Elitekonzepts wurden von Himmler und Darré nicht vor der Phase des rapidesten Wachstums der Schutzstaffel zwischen 1931 und 1934 gelegt, sondern parallel zu dieser. Auch nach der Ablösung von der SA genossen tagespolitische Erfordernisse, wie zum Beispiel die fortschreitende Vereinnahmung des staatlichen Sicherheitsapparats,[1] vielfach Priorität. Schließlich blieb die Allgemeine SS stets eine Freiwilligenorganisation, deren Möglichkeiten zur Anwerbung und Disziplinierung ihrer Mitgliedschaft begrenzt waren. Diese Probleme und der von ihnen ausgehende Zwang, eine Vielzahl von praktischen Kompromissen in Kauf zu nehmen, waren dem Reichsführer der SS wohl bewusst. In einem Schreiben an das SS-Hauptamt vom April 1938 forderte er beispielsweise offen, in der Rekrutierungsarbeit einerseits prinzipiell „Grundsatzfestigkeit in den wirklichen rassischen Forderungen“, andererseits „Großzügigkeit bei dem oder jenem kleinen Fehler“ zu zeigen.[2]

Der erste größere Abstrich vom Ideal des Ordensprojektes betraf die Nachmusterung all der Männer, die vor der Neuordnung der SS-Auslese im Sommer und Herbst 1934 den Dienst in der Schutzstaffel angetreten hatten. Bereits Himmlers Ankündigung einer Aussiebung der gesamten SS durch „Musterungskommissionen“ vom September 1933 hatte an der Basis „größte Missstimmungen“ hervorgerufen und den Chef des Führungsstabs, Siegfried Seidel-Dittmarsch, dazu veranlasst, ebenso umgehend wie vage „eine gewisse Rücksicht“ im Fall all derjenigen anzuordnen, die schon seit mindestens drei Monaten die SS-Uniform trugen.[3]

Als Beleg für die Verbitterung, die auch diese abgemilderte Form einer nachträglichen Auslese verursachte, kann ein Schreiben dienen, das ein Mann, der seit 1925 der NSDAP angehörte und seit Februar 1933 provisorisch einen neu gegründeten Sturm in Kyllburg in der Eiffel leitete, im September 1934 an den „Rassereferenten“ des Oberabschnitts Rhein, Fritz Schwalm, richtete: „Ich finde es als Hohn, wenn heute, nachdem ich eineinhalb Jahre gut genug war, um für die SS

1 Vgl. Kap. VI.1.
2 Schreiben Himmlers an das SS-HA vom 20. 4. 1938, in BA Berlin, NS 19, Bd. 218, Bl. 3–10.
3 Befehl des Chefs des SS-Führungsstabes, Seidel-Dittmarsch, vom 20. 10. 1933, in BA Berlin, NS 26, Bd. 330.

Gesundheit, Geld und beinahe meinen Beruf geopfert zu haben, von einem Mediziner meine Tauglichkeit für die SS nachgeprüft werden soll. Ich weiß, dass meine Augen und meine Zähne nicht mehr die Besten sind, auch habe ich 2 cm weniger als das vorgeschriebene Maß. Soll ich mir nun für meine Arbeit [...] von einem Arzt bescheinigen lassen, dass ich für die SS untauglich bin?"[4]

Infolge derartiger Widerstände wurde das Projekt der Nachmusterung aller SS-Angehörigen schon Ende 1934, noch bevor es richtig in Gang gekommen war, unter der Hand wieder eingestellt. Derartiges sei, so der Befehl des Chefs des SS-Amts, Curt Wittje, nur noch im Einzelfall und auf ausdrückliche Anordnung eines Einheitsführers oder „Rassereferenten" durchzuführen.[5] 1936 hielt einer der Letzteren in einem Tätigkeitsbericht fest, er habe „aus naheliegenden Gründen" grundsätzlich auf die „Durchmusterung der gesamten alten SS" verzichtet.[6]

Spätestens im April 1935 hatte auch Himmler, der nach außen, wie beschrieben, stets so tat, als sei tatsächlich rigoros und flächendeckend nachgemustert worden, diesen Kurswechsel akzeptiert. Da nach dem stillschweigenden Abbruch der Nachlese die meisten Problemfälle eigentlich untauglicher Altmitglieder im Rahmen des Verfahrens zur Erteilung der Heiratsgenehmigung auffielen, ordnete der SS-Reichsführer an, man dürfe auch hier künftig nur noch „das Allergröbste aussieben". Ausschlüsse wegen gravierender „rassischer" Nichteignung, „unreiner" Abstammung oder fehlender Erbgesundheit dürften „wirklich nur ganz selten" vorkommen, da der Fehler auf die Schutzstaffel zurückgehe und nicht von den betreffenden SS-Männern zu verantworten sei.[7] Im September 1937 bekräftigte Himmler in einem ähnlichen Schreiben seine Auffassung, dass er „es für ungerecht halte, Leute, die ein bis zwei Jahre – oft sogar länger – Dienst gemacht haben, nun wieder aus der SS zu entfernen".[8] Im März 1939 dekretierte er: „So scharf wir mit unseren Urteilen in diesen Dingen in Zukunft sein müssen, so sehr müssen wir sehen, in irgendeiner anständigen Form Fehler, die in der Kampfzeit bei der Aufnahme solcher Männer gemacht wurden, durchzustehen und durch die Zeit ausmerzen zu lassen."[9]

Nicht nur bei der Nachmusterung der alten, sondern auch bei der Auslese der neuen Mitglieder kam es zu Schwierigkeiten bzw. Kompromissen. Die ärztliche Eingangsuntersuchung litt darunter, dass der SS-Sanitätsdienst in eine dreieinhalbjährige Führungskrise geriet, die seinen weiteren Ausbau behinderte. Georg Jung-Marchand wurde im Oktober 1932 überraschend aus der SS entfernt, weil

[4] Schreiben des Sturmführers aus Kyllburg in der Eifel an den Rassereferenten des Oberabschnitts Rhein vom 13.9.1934, in StA Marburg, 327/2a, Bd. 129.

[5] Befehl des Chefs des SS-Amts, Wittje, betr. Musterung von SS-Angehörigen vom 8.12.1934, in BA Berlin, NS 31, Bd. 279, Bl. 1.

[6] Übersicht über die Erfahrungen und Ergebnisse der SS-Musterungen im Gebiet des Schwäbischen Raumes während des 1. Halbjahres 1936 vom 29.9.1936, in BA Berlin, NS 2, Bd. 130, Bl. 29–37.

[7] Schreiben Himmlers ans RuSHA vom 20.4.1935, in BA Berlin, NS 2, Bd. 280.

[8] Schreiben Himmlers ans RuSHA vom 21.9.1937, in BA Berlin, NS 2, Bd. 51a, Bl. 6.

[9] Schreiben Himmlers an den Chef des RuSHA vom 31.3.1939, in BA Berlin, NS 2, Bd. 232, Bl. 20.

eine persönliche Fehde, die er und andere Frankfurter Alt-Parteigenossen sich mit dem Führer der regionalen SS, Fritz Weitzel, lieferten, aus dem Ruder lief. 1933 wurde Jung-Marchand auf dessen Veranlassung sogar vorübergehend in Schutzhaft genommen.[10] Seine Nachfolge trat der Münchner Dermatologe Heinrich Hoehmann an, der schon 1926 der NSDAP beigetreten war und seit Anfang der 1930er Jahre die 1. SS-Standarte medizinisch betreute. Allerdings verstarb der 1880 geborene Hoehmann im März 1933 überraschend.[11] Zum dritten Reichsarzt der SS in weniger als einem Jahr ernannte Himmler daraufhin Hans Denker, einen ehemaligen Militärarzt und Leiter einer Reha-Einrichtung in Kassel, der sich 1931 der NSDAP und der SS angeschlossen hatte und als führendes Mitglied des NS-Ärztebundes seit 1933 im Berliner Reichsinnenministerium tätig war.[12] Da die Fernzusammenarbeit zwischen ihm und der noch in München ansässigen SS-Reichsführung aber nicht funktionierte, wurde Denker schon im Februar 1934 wieder entlassen. Mit dem Amt als Reichsarzt der Schutzstaffel wurde nun der in München-Pasing niedergelassene Gynäkologe Sigfrid Georgii betraut, der 1932 Hoehmann als medizinischer Betreuer der 1. Standarte bzw. der gesamten bayerischen SS nachgefolgt war. Als jedoch im April 1935 die Dienststelle des SS-Reichsarztes endlich professionalisiert und wieder zur mittlerweile doch nach Berlin verlegten Reichsführung verlagert werden sollte, war Georgii nicht bereit, seine gut gehende Privatpraxis aufzugeben.[13] Erst jetzt fand Himmler mit Ernst-Robert Grawitz, einem 1899 geborenen Berliner Internisten und Chefarzt, der seit 1932 eine rasante SS-Karriere bis zum medizinischen Betreuer des Oberabschnitts Ost hingelegt hatte, eine Dauerbesetzung für die Spitze des SS-Sanitätsdienstes.[14]

Neben den vielfachen lokalen und personellen Wechseln an der Spitze des Sanitätsdienstes litt die medizinische Musterung auch an der Tatsache, dass die Ärzte der Allgemeinen SS durchwegs ehrenamtlich agierten.[15] Erhaltene Sammlungen der von ihnen verwendeten Mannschafts-Untersuchungs-Listen zeigen, dass sie die unentgeltlichen Aufnahmeprüfungen nicht immer mit der gebotenen Sorgfalt bzw. nach den ihnen eigentlich aufgetragenen strengen Maßstäben vornahmen. Unter 338 ausgewerteten Fällen aus dem Gebiet der 61. SS-Standarte im ostpreußischen Allenstein hatten die Ärzte 38 Männer bzw. 11,5% für tauglich befunden, obwohl sie kleiner als 1,70 m waren. Der kleinste positiv bewertete Bewerber brachte es gerade einmal auf 1,63 m. In auffällig vielen Fällen wurden zudem genau 1,70 m gemessen, was den Verdacht nahelegt, dass hier das eine oder andere Auge zugedrückt wurde. Die Abschnitte der „Mulas“ zu den „Rassemerkmalen“ waren in vielen Fällen schlampig und unvollständig ausgefüllt. Die

[10] BA Berlin, OPG Georg Jung-Marchand. Zum Hintergrund der Frankfurter Fehden s. auch BA Berlin, SSO Fritz Weitzel.

[11] BA Berlin, SSO Heinrich Hoehmann.

[12] BA Berlin, SSO Hans Denker.

[13] BA Berlin, SSO Sigfrid Georgii; Hahn, S. 86–88.

[14] BA Berlin, SSO Ernst-Robert Grawitz. Zur Person und ihrer Bedeutung für die SS ausführlich Hahn, S. 29–41, 121–151, 243–307 und 398–431.

[15] Hahn, S. 79–80.

vorgesehenen Messungen zum „Schädelindex" oder zur „morphologischen Gesichtshöhe" wurden so gut wie nie durchgeführt. In 41 Fällen bzw. 12,5% akzeptierten die SS-Ärzte Bewerber, obwohl sie ihnen gar keine „nordischen" Qualitäten zusprachen. Rund ein Viertel der Angenommenen hatte zumindest keine „vorwiegend nordischen Rassemerkmale".[16] Schließlich lassen sich Einzelfälle belegen, in denen Männer auch nach 1932 ganz ohne ärztliche Musterung bzw. sogar trotz eines negativen Ergebnisses derselben in die SS aufgenommen wurden.[17]

Auch bei der speziellen „rassischen" Auslese der SS kam es zu einer Differenz zwischen Ideal und Wirklichkeit. Die Tatsache, dass die „Rassereferenten" nicht nur für die Durchführung von vielen tausend Aufnahmeuntersuchungen pro Jahr zuständig waren, sondern auch für die Organisation der Schulung vor Ort und die Anbahnung des im Sinne der Blut-und-Boden-Ideologie Darrés erwünschten Sonderverhältnisses der SS zur Bauernschaft,[18] führte dazu, dass die vorgesehene komplexe Musterungsprozedur sich in der Praxis zu einem Eilverfahren entwickelte. Die überlieferten Zeitpläne bzw. Berichte zeigen, dass infolge der Überlastung der Prüfer die von Schultz und Rechenbach avisierten Sport- und Intelligenztests nicht durchgeführt wurden. Zudem absolvierten die „Rassereferenten" an Tagen, an denen sie musterten, meist mehrere Termine in verschiedenen Ortschaften rasch nacheinander, so dass für jeden Einzelnen vielfach weniger als eine Stunde zur Verfügung stand.[19]

In Neuburg an der Donau beispielsweise musterte der „Rassereferent" des Oberabschnitts Main, Otto Dietrich, am 12. Februar 1937 in 45 Minuten 20 Mann, die er sich jeweils in Dreiergruppen vorführen ließ. Zieht man Verzögerungen zu Anfang und Ende sowie kurze Zwischenzeiten ab, so blieben Dietrich höchstens fünf Minuten pro Gruppe. Dass das kein Einzelfall war, belegt die Beschwerde eines Ausgemusterten aus dem Oberabschnitt Rhein, der schon im Mai 1935 Zweifel angemeldet hatte, „dass die knapp 30 Sekunden dauernde Untersuchung über eine so schwerwiegende Frage zu einem einwandfreien Urteil geführt haben soll".[20]

Wie stark die „rassischen" Musterungen eben nicht von formelhafter, wissenschaftlicher Exaktheit und Objektivität, sondern von reiner Willkür und den rassistischen Vorurteilen der Prüfer bestimmt waren, beweisen weitere Details. Zumindest in Einzelfällen kam es vor, dass Einheitsführer, die über die Ablehnung eines Bewerbers enttäuscht waren, diesen hinter dem Rücken der „Rassereferen-

[16] Sammlung von 338 Mannschafts-Untersuchungs-Listen, in IPN-Warschau, GK 817, Bd. 4–7.

[17] Fallbeispiel F.S. vom August 1932, in StA Ludwigsburg, PL 506, Bd. 63; Befehl des Führers der 81. Standarte vom 12.11.1936, in StA Ludwigsburg, PL 506, Bd. 72.

[18] Dienstanweisung für die SS-Rassereferenten vom 1.6.1934, in BA Berlin, NS 2, Bd. 99, Bl. 8ff. Zur Schulung vgl. Kap. V.4. Zur Verbindung zum Bauerntum vgl. Kap. IV.3.

[19] Zahlreiche entsprechende Unterlagen, in StA Marburg, 327/2b, Bd. 117–118.

[20] Niederschrift über die Vernehmung des Oberscharführers K. aus Neuburg a. d. Donau vom 16.4.1937, in BA Berlin, SSO Otto Dietrich (27.1.1901); Schreiben von C.B. an Himmler vom 21.5.1935, in StA Marburg, 327/2a, Bd. 134.

ten", die ab April 1937 unter der Amtsbezeichnung „Führer im Rasse- und Siedlungswesen" firmierten, zu einem zweiten Musterungstermin schickten, bei dem es dann zu einem abweichenden, positiven Ergebnis kam.[21] Auch lässt sich belegen, dass „Rassereferenten" negative Urteile nach persönlicher Fürsprache von Einheitsführern oder Schulungsleitern selbst revidierten.[22] Ein besonders kurioser Fall stammt aus Schlesien. Im September 1934 schrieb J.S., der zuvor bei einer „rassischen" Musterung durchgefallen war, an Heinrich Himmler höchstpersönlich. Da seine sechs älteren Brüder alle schon vor 1933 der Breslauer SA angehört hätten, könne er sich nicht vorstellen, „dass ich aus Gründen eines unrassereinen Teils jetzt aus der Schutzstaffel ausscheiden soll". Er wolle unbedingt in der SS Deutschland und Hitler dienen und „schwöre, dass ich mein Leben für meinen Führer einsetzen würde." Himmler ließ sich erweichen und ordnete gegen das Votum seines zuständigen „Rassereferenten" die Aufnahme dieses jüngsten Sprosses einer mustergültigen nationalsozialistischen Großfamilie an.[23]

Schließlich deuten die erhaltenen Quellen darauf hin, dass in den „rassischen" Musterungen wie auch im Ausleseverfahren insgesamt nicht annähernd die 80- bis 90-prozentige Selektivität erreicht wurde, die Himmler nach außen postulierte. In Sammelberichten über Musterungen aus den Jahren 1934 bis 1938, die aus den Oberabschnitten Süd, Main, Rhein, Fulda-Werra, Mitte, Elbe und Nordwest stammen, wurden durchwegs Ausmusterungsquoten zwischen rund 20% und einem Drittel gemeldet. Bei geheimen langfristigen Personalplanungen des Oberabschnitts Fulda-Werra von 1938 setzte dessen Führung einen Mittelwert von 30% als normalen „vorkommenden Ausfall bei den SS-Annahmeuntersuchungen" an.[24]

Die gravierendsten Probleme im Bereich der SS-Auslese ergaben sich jedoch bei der Erhebung der „großen Abstammungsnachweise". Die an der Basis erarbeiteten „Ahnentafeln" waren derart fehler- bzw. lückenhaft, dass im April 1935 angeordnet wurde, künftig nicht nur diese, sondern auch alle Originalurkunden

[21] Schreiben des RuS-Führers des Oberabschnitts Fulda-Werra an den Sturmbann II/67 vom 20.5.1937, in StA Marburg, 327/2b, Bd. 118.

[22] Korrespondenz zur Aufnahme von F.S. vom Mai 1936, in StA Marburg, 327/2b, Bd. 117; Schreiben des RuS-Führers des Oberabschnitts Südwest an den Führer der 62. Standarte betr. die Aufnahme von H.M. vom 20.7.1939, in StA Ludwigsburg, PL 506, Bd. 99.

[23] Schreiben von J.S. an Himmler vom 4.9.1934 und Schreiben des SS-Amts an den Oberabschnitt Südost vom 30.11.1934, in IPN-Archiv, GK 812, Bd. 337, Bl. 219 und 223.

[24] Statistik der Musterungen im Oberabschnitt Rhein vom 1.12.1934–31.1.1935 [o. D.], in StA Marburg, 327/2a, Bd. 25; statistische Aufstellung des Rassereferenten über die 1935 im Oberabschnitt Mitte durchgeführten Musterungen [o. D.; Eingangsstempel des RuSHA vom 1.2.1937], in BA Berlin, NS 2, Bd. 76, Bl. 53; Bericht des Rassereferenten in den Oberabschnitten Süd und Main für das 1. Quartal 1936 vom 30.4.1936, in BA Berlin, NS 2, Bd. 130, Bl. 126–128; statistische Aufstellung des Rassereferenten über die 1936 im Oberabschnitt Elbe durchgeführten Musterungen vom 26.1.1937, in BA Berlin, NS 2, Bd. 76, Bl. 52; Musterungsstatistik des RuS-Führers im Oberabschnitt Fulda-Werra für das Jahr 1938 vom 15.12.1938, in StA Marburg, 327/2b, Bd. 121; Rundschreiben des RuS-Führers im Oberabschnitt Nordwest vom 16. bzw. 21.2.1939, in StA Marburg, 327/2b, Bd. 121; geheime Planungen zum Auffüllungs- und Ergänzungsbedarf im Bereich des SS-Oberabschnitts Fulda-Werra [o. D.; Anfang 1938], in StA Marburg, 327/2b, Bd. 186. Vgl. auch LONGERICH: Himmler, S. 313.

an das kurz zuvor gegründete „Sippenamt" im „Rasse- und Siedlungshauptamt" einzuschicken.[25] Da auch dann noch trotz der detaillierten Vorschriften kaum ein „Abstammungsnachweis" auf Anhieb gelang, sondern zumeist mehrfach Nachbesserungen eingefordert werden mussten, stapelten sich dort rasch Berge von Unterlagen. Obwohl der erste Chef des Sippenamts, Bernd von Kanne, ein hochrangiger Mitarbeiter Darrés aus dem agrarpolitischen Apparat bzw. dem Reichsnährstand,[26] schon 1936 über nicht weniger als 96 Mitarbeiter verfügte, waren bis zum Frühjahr 1937 rund 11 000 „Abstammungsnachweise" von SS-Bewerbern liegen geblieben. Hinzu kamen circa 3300 „Ahnentafeln", die SS-Führer nachträglich eingereicht hatten, sowie rund 6000 von SS-Unterführern.[27]

Das Verfahren hatte sich selbst für die hochmotivierte SS als schlicht undurchführbar erwiesen. Der folgende bissige Kommentar des Schweizer Pfarrers Jacobus Wiedemann, der 1938 um eine entsprechende Urkunde aus seinen Kirchenbüchern ersucht worden war, war offensichtlich voll berechtigt: „Hingegen möchte ich Sie darauf aufmerksam machen, dass wir uns teils vor Lachen geschüttelt, teils am gesunden Menschenverstand der nordischen Rasse zu zweifeln angefangen haben, als wir sahen: Die pathologischen Forderungen des Ariernachweises bei der Urgroßmutter (!!!) finden Sie nicht bloß nicht verrückt, sondern auf den Mann, der solchen Generalblödsinn befiehlt, bringen Sie noch ein ‚Heil!' aus. Es scheint doch, dass Deutschland immer mehr zu einem Riesenirrenhaus wird." [28]

Die beschriebenen Schwierigkeiten bei der Durchführung der im Oktober 1934 befohlenen Auswahlprozedur der Schutzstaffel gewannen zusätzlich an Gewicht, da die SS-Rekrutierung nach dem Ende der stürmischen Phase der „Machtergreifung" und des rasanten Zustroms der „Märzgefallenen" insgesamt in eine Schieflage geriet. Entgegen aller Lippenbekenntnisse zur Priorität der strengen Selektion machte die SS-Führung intern Druck, die 1933/34 rasch geschaffenen Einheiten auf die jeweils vorgesehene „Soll-Stärke" von mindestens 175 Mann pro Sturm bzw. 2000 Mann pro Standarte „aufzufüllen".[29] Ein Sachzwang zu weiterem Wachstum ergab sich zudem aus der schrittweisen Expansion des Deutschen

[25] SS-Befehlsblatt vom 25. 4. 1935, in IfZ-Archiv, DC 27.01, Bd. 1. Zum Zustand der „Ahnentafeln" u. a. Befehl des Stabsführers des RuSHA, Harm, vom 7. 8. 1935, in StA Marburg, 327/2a, Bd. 127.

[26] BA Berlin, SSO Bernd von Kanne.

[27] Schreiben des Stabsführers des Sippenamtes im RuSHA an dessen Organisations- und Verwaltungsamt vom 11. 5. 1935, in BA Berlin, NS 2, Bd. 168, Bl. 145–148; Aktenvermerk des Sippenamtes im RuSHA an dessen Leitung vom 19. 8. 1935, in BA Berlin, NS 2, Bd. 168, Bl. 206; Schreiben des Chefs des Sippenamtes im RuSHA, v. Kanne, an den Chef des RuSHA, Darré, vom 28. 1. 1936, in BA Berlin, NS 2, Bd. 168, Bl. 181–182; geheime Schreiben des Chefs des RuSHA, Darré, an den Persönlichen Stab bzw. an Himmler vom 19. und 26. 5. 1937, in BA Berlin, NS 2, Bd. 53, Bl. 31–32 und 36–38.

[28] Zitiert nach Gailus: Kirchenbücher, S. 17.

[29] Geheimer Befehl des Chefs des SS-Amts, Wittje, an die 11 SS-Oberabschnitte vom 15. 5. 1934, in StA Marburg, 327/2, Bd. 26; Befehl des Chefs des SS-Amts, Wittje, vom 20. 6. 1934, in BA Berlin, NS 31, Bd. 337, Bl. 113–114; geheimer Halbjahresbericht für das 2. Halbjahr 1935 des Chefs des SS-HA, Heißmeyer [o. D.], in BA Berlin, NS 2, Bd. 129, Bl. 60–80; Befehl des Chefs des SS-HA, Heißmeyer, vom 16. 3. 1939, in BA Berlin, NS 31, Bd. 366, Bl. 25.

Reichs mit der Wiedereingliederung des Saarlands 1935, dem „Anschluss" Österreichs bzw. der „Heimführung" des Sudetenlands 1938 und der Angliederung des Memellandes 1939. In all diesen Fällen wurde jeweils rasch eine örtliche SS gegründet, wobei man nur in Österreich auf eine größere Zahl von Altmitgliedern der nach dem gescheiterten „Juliputsch" von 1934 dort verbotenen SS zurückgreifen konnte.[30] Den Expansionsbestrebungen der Schutzstaffel standen jedoch ab 1935 erschwerte Rahmenbedingungen entgegen, da angesichts der Wiedereinführung der Wehrpflicht bzw. dem zusätzlichen Zwang zum halbjährigen Reichsarbeitsdienst die Motivation vieler junger Männer zu zusätzlichen Selbstverpflichtungen gegenüber der Nation oder der „Bewegung" stark abgenommen hatte.[31]

Die SS-Führung reagierte auf diese Problematik, indem sie ihre Auslesekriterien aufweichte, ohne sie ganz aufzugeben. Im September 1936 verfügte Himmler, dass alle Männer, die sich seit 1934 beworben hatten, auch ohne die Fertigstellung des „großen Abstammungsnachweises" aufgenommen werden konnten. Diesen sollten sie bis Anfang 1938 nachreichen. Unmittelbar vor Ablauf dieser Frist wurde das Zeitziel ganz ausgesetzt. Zur Aufnahme war nur noch der „kleine Ariernachweis" bis zu den Großeltern nötig, während die Männer die 1800er- bzw. die Führer die 1750er-Grenze nun „in aller Ruhe" anstreben sollten.[32] Wie viele SS-Angehörige bis 1945 dieser aufwendigen Aufgabe aus freien Stücken tatsächlich nachkamen, lässt sich mangels entsprechender Quellen nicht mehr feststellen.

Ende 1938 ordnete Himmler zudem an, dass in den ärztlichen und „rassischen" Musterungen „bei solchen Fehlern, die nicht erbgesundheitlich oder rassisch bedingt" waren, „geringere Anforderungen" gestellt werden sollten. Unter anderem waren nun schlechte Augen oder Zähne bzw. eine „Mindergröße" bis 1,65 m zu tolerieren. Offenbar hatte der Reichsführer-SS einsehen müssen, dass im Deutschland der 1930er Jahre einfach nicht genug große, schlanke, blonde und blauäugige „Herrenmenschen" zu finden waren, die seinen germanentümelnden Wahnvorstellungen entsprachen. Auch hier wurden die 1934 gesetzten Idealmaßstäbe jedoch nicht grundsätzlich, sondern nur für die Dauer von zunächst fünf Jahren außer Kraft gesetzt, so dass der prinzipielle Selektivitätsanspruch zumindest scheinbar aufrechterhalten blieb.[33]

[30] Zum Saarland u. a. Schreiben des Rassereferenten Südwest, Spaarmann, an das RuSHA vom 12.6.1935, in BA Berlin, SSO Theodor Henschel. Zu Österreich u. a. Befehl des Chefs des Ergänzungsamts im SS-HA, Hauser, vom 16.5.1938, in StA Marburg, 327/2b, Bd. 54. Zum Sudetenland u. a. Befehl des Chefs des SS-HA, Heißmeyer, vom 15.11.1938, in BA Berlin, NS 31, Bd. 275, Bl. 1, und Befehl des Chefs des SS-HA, i.V. Hauser, vom 30.5.1939, in BA Berlin, NS 31, Bd. 366, Bl. 37. Zum Memelland u. a. Befehle und Mitteilungen des Chefs des RuSHA Nr. 1/39 vom 3.5.1939, in BA Berlin, NS 2, Bd. 2, Bl. 103–108.

[31] Geheimer Halbjahresbericht für das 2. Halbjahr 1935 des Chefs des SS-HA, Heißmeyer [o. D.], in BA Berlin, NS 2, Bd. 129, Bl. 60–80.

[32] Befehl Himmlers betr. Aufnahme von SS-Bewerbern in die SS vom 5.9.1936, in BA Berlin, NS 2, Bd. 173, Bl. 1–2; Rundschreiben des Chefs des SS-HA, Heißmeyer, vom 17.12.1937, in BA Berlin, NS 2, Bd. 173, Bl. 3.

[33] Befehl Himmlers vom 14.12.1938 betr. Ergänzung der Schutzstaffel, in BA Berlin, NS 19, Bd. 3903, Bl. 21. Vgl. zur Aufweichung der körperlichen Kriterien auch schon den Befehl des

Parallel zur Herabsetzung der Ausleseanforderungen änderte die SS-Führung auch ihre Anwerbungsstrategie. Zwar verzichtete man weiterhin auf öffentliche Rekrutierungskampagnen. Jedoch wurde nicht mehr passiv darauf gewartet, dass das elitäre Image „die Besten" quasi von selbst anzog. Vielmehr setzte Himmler ab Mitte der 1930er Jahre auf die systematische Zusammenarbeit mit Zubringerorganisationen, um mehr geeignete SS-Bewerber zu bekommen. Eine derartige Kooperation betraf den Kyffhäuserbund, der auch als Deutscher Reichskriegerbund bekannt war. Dieser im Kaiserreich gegründete Dachverband der unzähligen lokalen Veteranenvereinigungen in Deutschland[34] hatte auch in der Weimarer Republik fortbestanden und 1929 immer noch rund 29000 Vereine mit gut zwei Millionen Mitgliedern repräsentiert. Trotz des im Kyffhäuserbund insgesamt dominanten rechten, nationalistischen und militaristischen Gedankenguts hatte sich die Verbandsspitze vor 1933 offiziell für „unpolitisch" erklärt, um die staatliche Anerkennung nicht zu gefährden.[35] Im Frühjahr nach der „Machtergreifung" erfolgte die rasche Selbstgleichschaltung des Bundes und die Annäherung zunächst an die SA.[36]

Seit Herbst 1935 nahm der neue Kyffhäuser-Bundesführer, Oberst a.D. Wilhelm Reinhard, wohl auch auf Anregung Hitlers einen Kurswechsel vor und führte seinen Verband in ein „Klientelverhältnis zur SS".[37] Diese nahm in den folgenden Jahren die Bundes- und Landesführerschaft des Reichskriegerbundes mit relativ hohen Rängen – Reinhard brachte es gar zum SS-Obergruppenführer – in die Schutzstaffel auf und stellte dabei ihre Vorbehalte gegen die meist „schon betagteren Herren" zurück, die bislang in der Regel eher als Altkonservative im Stil des Stahlhelms denn als überzeugte Nationalsozialisten aufgefallen waren.[38] Die neuen SS-Führer sagten im Gegenzug zu, auf die Mitglieder der Kriegervereine einzuwirken, damit diese wiederum ihren Söhnen raten sollten, sich bei der SS zu bewerben. Im Einzelfall entwickelte sich vor Ort tatsächlich eine entsprechende Zusammenarbeit zwischen Kriegerverein und Schutzstaffel. Zum Beispiel führte die 78. SS-Standarte am 17. September 1936 in Wiesbaden eine eigene Musterung für Kyffhäuser-Söhne durch.[39] Ein wirklich durchschlagender Erfolg in Sachen

Chefs des Ergänzungsamts im SS-HA, Hauser, vom 22.3.1938, in BA Berlin, NS 31, Bd.365, Bl.62.

[34] Vgl. Kap. I.2.

[35] Führer, S. 57–65.

[36] Buchheim: Kyffhäuserbund; Führer, S. 68–71.

[37] Buchheim: Kyffhäuserbund, S. 380.

[38] Materialien zur Aufnahme der Führerschaft des Kyffhäuserbundes in die SS ab 1936, in BA Berlin, NS 34, Bd. 88. Das Zitat hier aus einem Schreiben des SS-Abschnitts XVIII an den SS-Oberabschnitt Elbe vom 24.5.1937. Zu Reinhards noch weitergehenden Annäherungsplänen s. BA Berlin, NS 19, Bd. 1912.

[39] Befehl des Führers des Oberabschnitts Rhein, zu Waldeck, vom 24.8.1936, in BA Berlin, NS 31, Bd. 274, Bl. 17; Schreiben des Führers der 78. Standarte an den Oberabschnitt Rhein betr. Musterungstermin für die angeworbenen Kyffhäusersöhne vom 17.9.1936, in StA Marburg, 327/2b, Bd. 117; Schreiben des Kreisführers für Gaildorf des Kyffhäuserbundes an seinen Bezirksverband in Schwäbisch-Hall betr. SS-Bewerber vom 31.3.1937, in StA Ludwigsburg, PL 506, Bd. 77.

Rekrutierung scheint das Bündnis aber nicht gewesen zu sein. Das lag zum einen wohl daran, dass der Kyffhäuserbund als Dachverband traditionell keinen allzu großen Einfluss auf seine Gliedvereine ausübte.[40] Zum anderen waren über den Reichskriegerbund eben nur die Väter, nicht aber die umworbenen Söhne selbst anzusprechen.

Um im großen Stil direkt an die junge Generation heranzukommen, musste die SS-Führung sich vielmehr auf die HJ zubewegen, deren Auftrag zur Erfassung und Erziehung der „gesamten deutschen Jugend" seit Dezember 1936 gesetzlich verankert[41] war. Das Sonderverhältnis zwischen HJ und SS[42] hatte sich schon seit 1935 angebahnt. Die HJ-Führung um Baldur von Schirach war daran interessiert, sich nach dem „Röhmputsch" von der SA zu distanzieren.[43] Der Reichsführung der Schutzstaffel ging es primär darum, jährlich circa zehn Prozent derjenigen jungen Männer, die mit 18 Jahren aus der Hitlerjugend ausschieden, in die SS zu holen, wobei man sich erhoffte, durch eine möglichst umfassende Vorauslese das beste „Menschenmaterial" zu erhalten.[44]

Entsprechend wurde ab Herbst 1936 eine intensive Kontaktpflege betrieben, in deren Rahmen zum Beispiel SS-Männer als Sporttrainer oder Schulungsleiter bei der HJ Verwendung fanden oder Feste gemeinsam begangen wurden.[45] Auf dieser Basis entwickelte sich eine regional unterschiedlich intensive Anwerbungspraxis. Beispielsweise kam es im schlesischen Glogau und in Frankfurt am Main zu SS-Vormusterungen der gesamten örtlichen HJ. Diejenigen Jugendlichen, die aus Sicht der Schutzstaffel besonders geeignet erschienen, wurden anschließend mit Name und Adresse einzelnen SS-Männern zugeteilt, die sie persönlich bearbeiten und zum Eintritt bewegen sollten. In Glogau stellte man den Werbern sogar entsprechende Argumentationshilfen zusammen, die weniger ideologische als vielmehr opportunistische Beitrittsgründe ins Feld führten. Unter anderem sollte „taktvoll" auf die mögliche „Bedeutung der SS für die berufliche Zukunft der Bewerber" hingewiesen und etwaigen Befürchtungen der Kandidaten entgegen gehalten werden, dass die Uniform ganz allmählich gekauft werden könne und man die für die Erstellung des „Ahnenpasses" gesetzten Termine nicht ganz so ernst nehmen müsse.[46]

40 Führer, S. 57–58.

41 Das Gesetz über die Hitlerjugend vom 1.12.1936 online ediert unter www.dhm.de/lemo/html/dokumente/hjgesetz/index.html [Zugriff 13.1.2011].

42 Vgl. zum Thema insgesamt die profunde Studie von Rempel: Hitler's Children.

43 Rempel: Hitler's Children, S. 19.

44 Rempel: Hitler's Children, S. 24–26. Vgl. auch die Rede Himmlers vor HJ-Angehörigen am 22.5.1936, in: Smith/Peterson, S. 61–63.

45 Vgl. u.a. Rundschreiben des Chefs des SS-HA, Heißmeyer, an die Oberabschnitte vom Oktober 1936, in StA Marburg, 327/2a, Bd. 25; SS-Befehlsblatt vom 25.3.1937, in IfZ-Archiv, DC 27.01, Bd. 1; Befehl Himmlers an SS-HA und RuSHA vom 16.11.1937, in: Heiber: Reichsführer, S. 48.

46 Befehl des Führers des Sturmbanns III/70 vom 8.10.1936, in IPN-Archiv, GK 809, Bd. 24, Bl. 2; Befehl des Führers des Sturms 9/III/70 vom 27.10.1936, in IPN-Archiv, GK 809, Bd. 24, Bl. 6–7; Schreiben des SS-Standortführers in Frankfurt a. M. an alle Frankfurter SS-Einheiten vom 26.3.1938, in StA Marburg, 327/2b, Bd. 121.

Andernorts jedoch gelang es nicht, eine reibungslose und derart weitgehende Kooperation mit den lokalen und regionalen HJ-Führern zu etablieren.[47] Um die Rekrutierungsmaßnahmen zu vereinheitlichen und zu verbessern, schloss Himmler am 26. August bzw. 17. Dezember 1938 Abkommen mit der Reichsjugendführung, in denen vereinbart wurde, zwei Sonderformationen der HJ, den Streifendienst und den Landdienst, zu „Nachwuchsorganisationen der SS“ zu machen. Deren Mitglieder sollten künftig unter Beteiligung der Schutzstaffel nach „rassischen“ Kriterien ausgewählt und nach ihrem 18. Geburtstag automatisch „überführt“ werden. Auch auf ihre Schulung wurde der SS schon während der HJ-Zugehörigkeit Einfluss gewährt. Schließlich waren sie gehalten, möglichst frühzeitig mit der Arbeit an ihren „großen Abstammungsnachweisen“ zu beginnen.[48]

Beim Streifendienst handelte es sich um eine Art „Jugendpolizei“, die sich seit Sommer 1934 um die Disziplinierung der HJ sowie die Überwachung der deutschen Jugendlichen kümmerte, die sich ihr noch nicht angeschlossen hatten. Zum Zeitpunkt des Abkommens mit der Schutzstaffel gehörten ihm circa 50 000 junge Männer an.[49] Der von der SS-Führung geplante Ausbau auf rund 100 000–150 000 Mitglieder[50] kam allerdings nicht in vollem Umfang zustande, unter anderem weil nicht wenige Kandidaten, die tauglich vorgemustert worden waren, es vorzogen, nicht dem Streifendienst, sondern beispielsweise der Motor- oder der Flieger-HJ beizutreten.[51]

Der Landdienst bestand aus Gruppen von Jugendlichen und jungen Erwachsenen, die sich jeweils für mindestens ein Jahr als billige landwirtschaftliche Hilfskräfte verpflichtet hatten und in dieser Zeit in eigenen Wohn- und Arbeitsgemeinschaften lebten. Er war 1938 mit rund 18 000 Mitgliedern, die zudem beiderlei Geschlechts waren, deutlich kleiner als der Streifendienst und aus Sicht der SS wohl vor allem als Element der Verwirklichung der Blut-und-Boden-Ideologie interessant.[52]

Ebenfalls 1938 begann Himmler, das neue, aktivere Anwerbungskonzept auch institutionell bzw. personell zu verankern. Im April schrieb er an die Führung des SS-Hauptamts: „Ich habe mir die Werbung der SS-Männer [...] seit langen Jahren angesehen und mir hierüber ständig Gedanken gemacht, da mir die bisherige

[47] Rempel: Hitler's Children, S. 29–31.

[48] Das Abkommen zum Streifendienst im SS-Befehlsblatt vom 25. 9. 1938, in IfZ-Archiv, DC 27.01, Bd. 2. Das Abkommen zum Landdienst in: Michaelis/Schraepler, Bd. XI, S. 139–140. Zum Einfluss der SS u. a. auch die Rede Himmlers vor den SS-Gruppenführern am 8. 11. 1938, in: Smith/Peterson, S. 35–37, und die Richtlinien des Personalamtes der Reichsjugendführung, Lüer, betr. Erfassungswesen des Streifendienstes vom 15. 4. 1939, in BA Berlin, NS 28, Bd. 82.

[49] Nolzen: Streifendienst; Buddrus: Totale Erziehung, S. 369–388.

[50] Berger an Himmler vom 1. 11. 1939, in BA Berlin, NS 19, Bd. 219, Bl. 20.

[51] Berichte der Standartenführer des Oberabschnitts Fulda-Werra zur Kooperation mit der HJ vom Juni 1939, in StA Marburg, 327/2b, Bd. 121. Die maximale Stärke des Streifendiensts betrug kurz vor dem Beginn des Zweiten Weltkriegs rund 83 000 Mann – vgl. Buddrus: Totale Erziehung, S. 374.

[52] Denkschrift Bergers über den HJ-Landdienst vom 2. 3. 1939, in BA Berlin, NS 31, Bd. 366, Bl. 15–23; Buddrus: Totale Erziehung, S. 699 ff.

Art nicht geeignet erscheint, in genügendem Maße die wertvollsten deutschen Menschen für die SS zu gewinnen [...].“ Das alte „Ergänzungsamt“ unter Friedrich Hauser sei eigentlich nur mit der nachträglichen Registrierung der Beitrittswilligen befasst. Es solle daher in „Erfassungsamt“ umbenannt werden. Ein neu zu gründendes „Ergänzungsamt“ müsse diesem Namen dagegen endlich gerecht werden und aktiv Bewerber rekrutieren. Dazu solle es einen Unterbau in Form einer „Ergänzungs- und Aufnahmestelle bei jeder Standarte“ bekommen.[53]

Zum Chef dieser neuen Behörde, die im Juli 1938 die Arbeit aufnahm, berief der Reichsführer der SS Gottlob Berger. Dieser 1896 geborene schwäbische Lehrer war ungleich machtbewusster und umtriebiger als Friedrich Hauser. Er hatte seit 1929 der NSDAP und seit 1931 der Sturmabteilung angehört und es dort rasch bis zum Führer der Untergruppe Württemberg gebracht. Als solcher war er 1933 allerdings aufgrund SA-interner Fehden entmachtet worden. Schon 1934 hatte er jedoch seine Abschiebung in ein Rektorenamt bzw. einen Posten im württembergischen Kultusministerium überwunden und sich der Organisation „Chef AW“ Friedrich-Wilhelm Krügers angeschlossen. Nach deren Auflösung 1935 war Berger Krüger Anfang 1936 in die SS gefolgt, wo er es rasch verstanden hatte, sich im persönlichen Umfeld Himmlers zu etablieren.[54]

Der Aufbau des regionalen und hauptamtlichen Apparates des neuen „Ergänzungsamts“ verzögerte sich jedoch aufgrund interner Zuständigkeitsquerelen bzw. Finanzierungsschwierigkeiten. Bis dahin musste Berger mit „ehrenamtlichen Ergänzungsführern“ in den Standarten auskommen. Als Ende 1939 wenigstens in jedem Oberabschnitt eine „Ergänzungsstelle“ geschaffen wurde, ging es schon nicht mehr um den Nachwuchs der Allgemeinen, sondern um den Ausbau der Waffen-SS.[55]

2. „Nordischer Mensch" und „deutsches Volk" – Zum Verhältnis von Rassenwahn und „Volksgemeinschaft"

Die deutsche Gesellschaft war, wie beschrieben,[56] im ersten Drittel des 20. Jahrhunderts von zahlreichen tiefen Gräben durchzogen. Aus dem Kaiserreich überkommene Verwerfungen wie der Gegensatz zwischen Katholiken und Protestanten, zwischen altem Adel, aufsteigendem Bürgertum und Proletariern, zwischen

[53] Schreiben Himmlers an das SS-HA vom 20.4.1938, in BA Berlin, NS 19, Bd. 218, Bl. 3–10.

[54] Zur Person Berger Scholtyseck; Rempel: Gottlob Berger; BA Berlin, SSO Gottlob Berger. Zur Gründung des neuen Ergänzungsamts u. a. Befehl Himmlers vom 19.5.1938, in StA Marburg, 327/2b, Bd. 54; geheimes Schreiben des Stabsführers im RuSHA, George Ebrecht, an Himmler vom 10.6.1938, in BA Berlin, NS 2, Bd. 54, Bl. 23–27.

[55] Persönliches Schreiben Wolffs an Berger vom 31.12.1938, in BA Berlin, SSO Gottlob Berger; persönliches Schreiben Bergers an Heißmeyer vom 10.11.1939, in BA Berlin, NS 19, Bd. 218, Bl. 36; Stärkenachweis des SS-Ergänzungsapparats vom Dezember 1939, in IPN-Archiv, GK 812, Bd. 8, Bl. 36; Vortragsmanuskript Bergers über die Reform des SS-Ergänzungswesens [o. D.; Mai-Juni 1942], in BA Berlin, NS 19, Bd. 218, Bl. 62–92. Vgl. Kap. VI.2.

[56] Vgl. Kap. I.2.

Städtern und Landbevölkerung oder zwischen Lokalpatrioten und Deutschnationalen bestanden fort und wurden durch den nunmehr offenen und zunehmend erbitterten politischen Dissens noch verschärft. In dieser Situation beschworen nahezu alle Parteien das Gegenmodell einer harmonischen „Volksgemeinschaft", in der jeder Deutsche „seinen Platz" und ein „gerechtes Auskommen" finden würde. Ideell knüpften sie damit an zu Mythen erstarrte „Erinnerungen" an, die den angeblichen inneren „Burgfrieden" bzw. die „Frontgemeinschaft" während des Ersten Weltkriegs verklärten.[57] Schon der Gebrauch des Begriffs „Gemeinschaft", den die damals führenden Soziologen Ferdinand Tönnies und Max Weber mit unklaren, emotionalen Bindungskräften in Zusammenhang brachten und von der zweckrationalen Gruppenbildung einer „Gesellschaft" abzugrenzen suchten,[58] macht deutlich, dass es sich dabei nicht um ein scharf umrissenes Konzept, sondern um eine vage Utopie handelte, mit der man nicht an die politische Vernunft, sondern an die Gefühle der Umworbenen appellierte.

Besonders erfolgreich taten dies die Nationalsozialisten. Hitler selbst forderte beispielsweise im September 1932 im Münchner Zirkus Krone, dass „jeder gewürdigt werden muss, der bereit ist, sich für das Volk einzusetzen, ob er Handwerker, Professor, Gelehrter, Ingenieur, Offizier oder Bauer ist, das ist uns ganz gleichgültig."[59] Knapp einen Monat später rief er in Potsdam aus: „Der Deutsche muss es wieder lernen, sich über Stand, Konfession und Gesellschaftsklasse hinweg als einziges Volk zu fühlen."[60]

Unter Historikern ist seit Längerem unstrittig, dass derartige Verheißungen wohl das „wirksamste Element der NS-Propaganda"[61] darstellten. Dazu trug bei, dass die „Volksgemeinschaft", die die Nationalsozialisten in Aussicht stellten, sich in mehrerer Hinsicht von der anderer Parteien unterschied und dadurch aus Sicht der Zeitgenossen an Attraktivität bzw. an Glaubwürdigkeit gewann. Erstens versprachen Hitler und seine Anhänger im Unterschied etwa zu den Kommunisten keine egalitäre, sondern eine gerechte Gesellschaft, in der es durchaus noch soziale Differenzen, „Führer" und „Geführte" geben sollte. Im Gegensatz zum Weimarer „System" würde im „Dritten Reich" aber nur noch nach Leistung und Verdienst und nicht mehr nach Herkunft[62] oder Beziehungen über die Stellung des Einzelnen entschieden.[63] Zweitens enthielt das NS-Angebot eine aggressive und damit mobilisierende Komponente. Als Kehrseite der Inklusion der „Volksgenossen" offerierten die Nationalsozialisten die Exklusion der „Gemeinschaftsfremden",[64] was Erstere unabhängig von ihrer tatsächlichen sozialhierarchischen Position

[57] THAMER: Nation als Volksgemeinschaft; WILDT: Ungleichheit.
[58] TÖNNIES und WEBER.
[59] HITLER, Bd. V/1, S. 348.
[60] HITLER, Bd. V/2, S. 7–8.
[61] BROSZAT: Struktur der NS-Massenbewegung, S. 66.
[62] Gemeint war natürlich nur die soziale Herkunft. Der „rassischen" Abstammung sollte dagegen eine entscheidende Bedeutung zukommen.
[63] SÜSS/SÜSS, S. 81 und 90.
[64] Dieses Begriffspaar analytisch fruchtbar gemacht von PEUKERT: Volksgenossen.

durch eine Art subjektive Unterschichtung aufwertete, indem es ihnen die Möglichkeit gab, sich als „etwas Besseres“ zu fühlen. Um keine größere Bevölkerungsgruppe abzustoßen, hielt sich Hitler allerdings mit genaueren Aussagen darüber, wer genau als „gemeinschaftsfremd“ zu gelten habe, stets zurück. Allein den Juden wies er früh den Außenseiterstatus zu.[65] Drittens und letztens trug zur Glaubwürdigkeit der Verheißung einer braunen „Volksgemeinschaft“ die Tatsache bei, dass die NSDAP „eine ausgewogenere Sozialstruktur [...] als alle anderen Parteien der Weimarer Republik“[66] aufwies und somit ihr Versprechen selbst zu verkörpern schien.

Weit umstrittener als die Bedeutung des Versprechens einer neuen „Volksgemeinschaft“ für die Wahlerfolge der Nationalsozialisten bis 1933 ist die Frage, ob diese für die NS-Führung mehr als ein reines Propagandakonstrukt war oder gar als analytischer Schlüsselbegriff zur Beschreibung der deutschen Gesellschaft im Dritten Reich dienen kann.[67] Die Debatte kreiste bislang um drei Fragen. Erstens ging es darum, inwiefern bis 1945 tatsächlich eine von den Nationalsozialisten ausgelöste „braune Revolution“ der deutschen Gesellschaft stattfand. Eine entsprechende Analyse hatte David Schoenbaum schon Ende der 1960er Jahre publiziert,[68] war damit aber auf relativ einhellige Ablehnung der Sozialhistoriker gestoßen, die an Hand statistischer Kennzahlen die hohe Konstanz alter Klassenstrukturen und sozialer Ungleichheit zu beweisen suchten.[69] Neu belebt wurde diese Kontroverse 2005 durch das thesenstarke Buch *Hitlers Volksstaat*, in dem Götz Aly darlegte, wie stark die NS-Führung darauf achtete, die Deutschen durch sozialpolitische Gefälligkeiten bzw. durch die Verteilung der im Zweiten Weltkrieg gemachten Beute an das Regime zu binden.[70] Auf einer abstrakteren Ebene wurde zweitens darüber diskutiert, inwiefern die Vorstellung einer „Volksgemeinschaft“ im Dritten Reich für viele Zeitgenossen eine „subjektive Realität“ bildete und ob die in der Tat „schwer greifbare und schwer messbare“ massenhafte Internalisie-

65 Kershaw: Adolf Hitler, S. 135.

66 Benz: Einleitung, S. 10. Vgl. zur Sozialstruktur der „Bewegung“ Kap. IV.3.

67 Ansätze, die die Verwendung des „Volksgemeinschafts“-Begriffs als Analyseinstrument befürworten, bieten Bajohr/Wildt, Süss/Süss sowie zuletzt Wildt: „Volksgemeinschaft“. Eine Antwort. Stark kritisch u. a. Mommsen: Amoklauf. Skeptisch-differenziert Frei: Volksgemeinschaft und Kershaw: Volksgemeinschaft. Eine Konferenz, die das Institut für Zeitgeschichte München-Berlin und das Deutsche Historische Institut London im März 2010 ausrichteten, brachte Befürworter und Kritiker des neuen Forschungskonzepts an einen Tisch – vgl. Tagungsbericht German Society in the Nazi Era. "Volksgemeinschaft" between Ideological Projection and Social Practice. 25.03.2010–27.03.2010, London, in: H-Soz-u-Kult, 28.05.2010, <http://hsozkult.geschichte.hu-berlin.de/tagungsberichte/id=3121> [27.1.2011]. Den einzigen Versuch, die Bedeutung des Begriffs für die Jahre 1933–1945 empirisch fundiert zu untersuchen, bietet noch immer Stöver. Eine größere Zahl entsprechender Studien entsteht derzeit im Rahmen des Niedersächsischen Forschungskollegs „Nationalsozialistische ‚Volksgemeinschaft‘? Konstruktion, gesellschaftliche Wirkungsmacht und Erinnerung vor Ort“ an den Universitäten Oldenburg, Osnabrück, Hannover und Göttingen.

68 Schoenbaum.

69 Vgl. u. a. Mason.

70 Aly: Hitlers Volksstaat. Zur Debatte um das Buch vgl. das „Forum“ in der Ausgabe 5 (2005), Nr. 7/8 des Online-Rezensionsjournals www.sehepunkte.de [26.1.2011].

rung dieses Elements der NS-Propaganda die „psychologische Mobilisierungskraft“ und die „außerordentliche Dynamik“ des Nationalsozialismus erklären könne.[71] Drittens und letztens war und ist strittig, ob nicht gerade auf den „volksgemeinschaftlichen“ Effekten von Inklusion und Exklusion die „Ausbreitung der Komplizenschaft bei den Verbrechen der Nationalsozialisten auf weite Teile der deutschen Bevölkerung“ basierte bzw. wie weit die Mittäterschaft in den verschiedenen Tatkomplexen ging.[72]

Die Anhänger des „Volksgemeinschafts“-Ansatzes erhoffen sich letztendlich, mit Hilfe dieses Forschungskonzepts den Wurzeln und dem Grad des Regimekonsenses, der von der Mitte der 1930er Jahre bis zur „Kriegswende“ 1941/42 in der Tat erschreckende Ausmaße annahm, genauer auf die Spur zu kommen, als das mit Hilfe des bisher dominanten Rekurses auf das „Charisma“ Hitlers[73] gelungen ist. Obwohl auch das entscheidend von Ian Kershaw geprägte „Charisma“-Modell weniger den Diktator selbst als die Bedeutung, die ihm seine Anhänger zuschrieben, in den Blick nimmt, sollen durch den neuen Leitbegriff „Volksgemeinschaft“ letzte Reste des alten „Führerzentrismus“ überwunden und die Verantwortung nahezu des ganzen deutschen Volks für Aufstieg und Herrschaft des Nationalsozialismus akzentuiert werden. Allerdings, so Hans Mommsen als wohl prononciertester Kritiker des „Volksgemeinschafts“-Paradigmas,[74] geraten durch diese Schwerpunktsetzung die Ergebnisse der mittlerweile stark ausdifferenzierten Widerstandsforschung, die neben der offenen NS-Gegnerschaft einer sehr kleinen Minderheit auch die mürrische „Resistenz“ größerer Bevölkerungsteile[75] nachgewiesen hat, sowie der auch auf die eigene Bevölkerung gerichtete Repressionscharakter des nationalsozialistischen Regimes aus dem Blick.

Zudem ist bislang in der Debatte übersehen worden, dass „Volksgemeinschaft“ und NS-Rassismus sich nicht so widerspruchslos und kongenial ergänzten, wie das scheint, wenn man sich auf die Exklusion, Verfolgung und Vernichtung der Juden konzentriert[76]. Die von den Nationalsozialisten im Allgemeinen und der Schutzstaffel im Speziellen anerkannte „Rassenlehre“ Günthersche Prägung[77] setzte nämlich keineswegs „Volk“ und „Rasse“ in eins, sondern definierte die Deutschen als „rassisches“ Gemisch. Man müsse, so Günther schon 1922 in seinem Hauptwerk, der Tatsache ins Auge sehen, „dass in Deutschland [...] die meisten Menschen Mischlinge sind“. Angesichts der Ungleichwertigkeit der an dieser Mischung beteiligten „Rassen“ ginge es darum, systematisch die Menschen mit einem höheren Anteil des wertvollsten, „nordischen Blutes“ zu bevorzugen,

71 Kershaw: Volksgemeinschaft, S. 4–7.

72 Kershaw: Volksgemeinschaft, S. 7–9.

73 Vgl. zu dieser Deutung v. a. Kershaw: Hitler-Mythos; Wehler: Nationalsozialismus, S. 96–128 und 191–197; Herbst.

74 Mommsen: Amoklauf, S. 16.

75 Vgl. Broszat: Resistenz.

76 Mit diesem Fokus u. a. Wildt: Volksgemeinschaft und Meyer.

77 Vgl. Kap. III.2.

auch wenn diese Erkenntnis prinzipiell geeignet sei, die Einheit der Nation bzw. die „Volksgemeinschaft“ zu untergraben.[78]

Diese potenziell spaltende Wirkung stand im Mittelpunkt scharfer Kritik an Günther, die andere deutsche „Rassenkundler“ wie Friedrich Merkenschlager oder Karl Saller vorbrachten. Sie forderten, sich von dem übertriebenen Fokus auf „Reinrassigkeit“ abzuwenden und die in Deutschland existierende Mischung als „deutsche Rasse“ neu zu definieren und anzuerkennen.[79]

Auch Hitler selbst war, laut den Erinnerungen seines damaligen engen Vertrauten Otto Wagener, schon vor der „Machtergreifung“ bewusst, dass die Güntherschen Auffassungen dem Gedanken völkischer Einheit widersprachen. 1930 habe der „Führer“ in einem Privatgespräch geäußert, dass durch eine „Auseinanderhaltung der Rassen und Stämme in unserem deutschen Vaterland“ das Volk „nur noch weiter zerspalten, gegeneinander gehetzt und atomisiert“ und „Überheblichkeits- und Minderwertigkeitskomplexe geweckt“ würden. Günthers Lehre sei „das sicherste Mittel, um eine Volksgemeinschaft zu zerstören“. Hitler zog die Schlussfolgerung: „Genau das Gegenteil müssen wir tun! Volksgemeinschaft, Volksgemeinschaft, Volksgemeinschaft muss unser Kampfruf sein!“ Die Idee rassistischer Menschenzüchtung sei sachlich richtig, dürfe aber nur im Geheimen und ganz allmählich angegangen werden.[80]

Dass Hitler einerseits an der „nordischen Idee“ inklusive ihrer Stoßrichtung gegen minderwertiges „Blut“ im deutschen „Volkskörper“ festhielt, andererseits aber mit Rücksicht auf die populäre „Volksgemeinschafts“-Parole taktische Vorsicht walten ließ, zeigte sich auch nach 1933. 1935 ließ er Günther als Ersten mit dem neu gestifteten „Preis der NSDAP für Wissenschaft“ auszeichnen, 1941 mit der Goethe-Medaille und dem Goldenen Parteiabzeichen ehrenhalber.[81] Im April 1942 lobte der „Führer“ in einem seiner „Tischgespräche“ den „blutauffrischenden Einfluss“, den die „nordische“ SS auf das „Bevölkerungsmischmasch“ in Berchtesgaden habe.[82] Günthers Kritiker Saller und Merkenschlager dagegen wurden mit Rede- und Publikationsverboten verfolgt und verloren ihre Posten an der Universität Göttingen bzw. an der Berliner Reichsanstalt für Land- und Forstwirtschaft. Merkenschlager wurde sogar für mehrere Jahre inhaftiert.[83]

Alle Programme in Richtung einer züchterischen Verbesserung des deutschen „Volkskörpers“, die sich nicht gegen Juden, sondern gegen deutsche „Volksgenossen“ richteten, ließ Hitler nicht „rassisch“, sondern medizinisch bzw. eugenisch begründen. Bezeichnend ist jedoch, dass ausgerechnet Günther im „Sachverständigenbeirat für Bevölkerungs- und Rassenpolitik“ des Reichsinnenministeriums saß, der entscheidend an der Vorbereitung des „Gesetzes zur Verhütung erbkranken Nachwuchses“ beteiligt war, auf dessen Basis rund 400 000 Deutsche, das

[78] Günther: Rassenkunde des Deutschen Volkes, S. 187–188 und 352–354.
[79] U. a. Merkenschlager: Götter; Merkenschlager: Rassensonderung; Saller.
[80] Wagener, S. 338–343 und 349–350.
[81] Harten: Rassenhygiene, S. 140.
[82] Picker, S. 234–235.
[83] Lüddecke; Berghofer.

heißt ein Prozent der Bevölkerung im fortpflanzungsfähigen Alter zwangssterilisiert wurden.[84] Die noch radikaleren, zur systematischen Ermordung unliebsamer „Volksgenossen" übergehenden Programme der „Kindereuthanasie", des Krankenmords der „Aktion T4" und der unter dem Kürzel „14f13" getarnten „Beseitigung" nicht mehr arbeitsfähiger KZ-Häftlinge, denen ab 1939 circa 5000 bzw. 70 000 bzw. 15 000 Deutsche zum Opfer fielen, versuchte der „Führer" vollständig geheim zu halten.[85]

Wie nun verhielt sich die SS, die sich im Gegensatz zu Hitler den „nordischen Gedanken" als Ausleseprinzip ganz offen auf die Fahnen geschrieben hatte und sich spätestens seit dem „Heiratsbefehl" unübersehbar zum Projekt der Menschenzüchtung bekannte, zum Spannungsverhältnis zwischen Rassismus und „Volksgemeinschaft"?

Heinrich Himmler sah in der SS den Aussagen seines Masseurs Felix Kersten zufolge einen „Leistungsadel", der den „Bewährtesten und Besten aus dem Volke offen" stehen müsse.[86] Damit passte er die „Neuadels"-Konzeption Richard Walther Darrés scheinbar in die meritokratisch ausgerichtete „Volksgemeinschafts"-Verheißung der Nationalsozialisten ein. Im Gegensatz zum alten Adel sollte sich die „Sippengemeinschaft" der Schutzstaffel den Wünschen Himmlers zufolge nicht nach außen hin abschließen. Obwohl zu diesem Zeitpunkt noch kaum ein SS-Mann alt genug war, um Söhne im aufnahmefähigen Alter zu haben, ließ er die Führungsspitze des „Schwarzen Ordens" am 9. November 1937 folgenden Eid schwören: „Ich verpflichte mich als Gruppenführer der SS, mit allen meinen Kräften dafür zu sorgen, dass ohne Rücksicht auf die Person des Einzelnen, auf die Verdienste seiner Eltern und Vorfahren nur solche Bewerber in die Schutzstaffel aufgenommen werden, die den schärfsten jeweiligen Anforderungen der SS voll und ganz entsprechen." Jeder Gruppenführer war verpflichtet, als „Hüter des Bluts- und Lebensgesetzes der Schutzstaffel" darüber zu wachen, dass stets mindestens ein Viertel des SS-Nachwuchses nicht aus der „Sippengemeinschaft" kam, sondern aus dem Rest des deutschen Volks.[87]

„Volksgemeinschaftlich" waren auch Himmlers Erwartungen im Bezug auf den sozialstrukturellen Aufbau der SS. Der Reichsführer der Schutzstaffel wünsche, so der Chef des SS-Hauptamts, Curt Wittje, in einem internen Befehl vom März 1935, „dass die SS sich nicht aus einzelnen Volksschichten oder Kreisen zusam-

[84] Zum Sachverständigenbeirat KAUPEN-HAAS. Zur Beteiligung Günthers WEISENBURGER, S. 185–187. Zur Zwangssterilisation BOCK und LEY: Zwangssterilisation.

[85] Zur „Kindereuthanasie" BENZENHÖFER. Zur „Aktion T4" ALY: Aktion und SÜSS: Volkskörper, S. 127–151 und 311–369. Zum Programm 14f13 LEY: Vom Krankenmord. Einen Überblick über die verschiedenen Euthanasie- und „Zucht"-Programme der Nationalsozialisten bieten BURLEIGH / WIPPERMANN, BURLEIGH: The racial state revisited und BURLEIGH: Tod und Erlösung.

[86] KERSTEN, S. 82. Vgl. auch CONZE, S. 163–164.

[87] Fernschreiben des SS-HA an den Stab des RFSS vom 8. 11. 1937, in BA Berlin, NS 19, Bd. 1669, Bl. 2–4. Vgl. zu dieser Idee Himmlers auch seine Reden vor HJ-Angehörigen am 22. 5. 1936 bzw. vor den SS-Gruppenführern am 8. 11. 1937, in: SMITH/PETERSON, S. 61 und 63.

Berufe in der SS

Beruf	Anzahl	Gesamt
Landwirtschaft, Gärtnerei, Tierzucht u. ä.		15 807
Bauern	11 476	
Landwirtschaftliche Inspektoren	671	
Knechte und landwirtschaftliche Arbeiter	1 493	
Gärtner	1 376	
Jäger und Förster	635	
Fischer	74	
Winzer	82	
Bergbau		1 052
Steiger	73	
Bergleute und Hauer	979	
Gewinnung und Verarbeitung von Stein und Erde		763
Töpfer	232	
Glasbläser	205	
Steinmetzen	197	
Sonstige Berufe der Steinverarbeitung	129	
Metallgewinnung und Metallverarbeitung		25 356
Metallarbeiter	1 439	
Schmiede	1 381	
Goldschmiede	114	
Schlosser, Mechaniker, Monteure	12 170	
Optiker	114	
Uhrmacher	250	
Schweißer	225	
Klempner	4 321	
Ingenieure und Techniker	5 253	
Sonstige	89	
Chemische Industrie		458
Chemiker	214	
Chemotechniker und Laboranten	244	
Textilherstellung		727
Weber	416	
Sonstige	311	
Papierverarbeitung und Vervielfältigung		1 528
Buchdrucker	560	
Schriftsetzer	655	
Buchbinder	152	
Sonstige	161	
Lederherstellung und Verarbeitung		534
Gerber	433	
Sonstige	101	
Berufe der Holzverarbeitung		4 560
Tischler	3 484	
Stellmacher	441	
Sonstige	635	
Nahrungs- und Genußmittelherstellung		6 121
Müller	389	
Bäcker	2 345	
Konditoren	391	
Fleischer	2 277	
Brenner	335	
Meier	359	
Sonstige	25	
Berufe der Herstellung von Bekleidungsgegenständen		1 921
Schneider	1 064	
Schuhmacher	755	
Sonstige	102	
Berufe des Baugewerbes und Baunebengewerbes		8 488
Architekten und Baumeister	656	
Landmesser	261	
Maurer	2 230	
Zimmerer	1 320	
Dachdecker	303	
Maler	2 330	
Tapezierer	555	
Steinsetzer	207	
Schornsteinfeger	250	
Sonstige	376	
Berufe des Handels		31 686
Prokuristen	338	
Reisende	792	
Kaufleute u. Händler	5 066	
Verkäufer	516	
Kaufmännische Angestellte	22 966	
Lageristen	408	
Drogisten	726	
Boten	518	
Sonstige	356	
Berufe des Verkehrswesens		6 906
Schaffner	285	
Posthelfer	562	
Telephon- u. Telegraphenarbeiter	525	
Kraftwagenführer	4 696	
Kutscher	443	
Sonstige	395	
Berufe des Gast- und Schankstättengewerbes		378
Kellner	207	
Sonstige	171	
Schulen, Verwaltung, Justiz		9 629
Richter und Staatsanwälte	139	
Sonstige Juristen	2 475	
Angestellte bei Behörden	4 920	
Lehrer an Volksschulen	1 336	
Lehrkräfte an höheren Schulen	525	
Hochschullehrer	234	
Freie und künstlerische Berufe		1 859
Redakteure	226	
Musiker	878	
Sonstige	755	
Gesundheitswesen und sonstige hygienische Berufe		5 604
Ärzte	2 166	
Zahnärzte	1 207	
Apotheker	444	
Friseure	845	
Krankenpfleger	347	
Feuerwehrleute	292	
Sonstige	303	
Angestellte der Polizei, Partei und SS		4 881
Polizei	768	
Angestellte der Partei, DAF, NSV u. ä.	1 138	
Angestellte in der SS	2 975	
Ungelernte und angelernte Arbeiter		12 885
Werkmeister		2 522
Schüler und Studenten		7 156
Wachmänner		4 866
Zollangestellte und Higa		2 245
Beamte		5 149
Beamte der Reichspost	746	
Beamte der Reichsbahn	961	
Beamte der Kommunalbehörden	1 231	
Beamte der anderen Behörden	2 184	
Ehemalige Offiziere	27	
Sonstige		3 825

Nur Allgemeine SS, ohne SD.-Hauptamt.

68

Zeichnung „Berufe in der SS“, in: Statistisches Jahrbuch der Schutzstaffel der NSDAP *1937, S. 68–69.*

mensetzt, sondern dass sie alle in ihrer Gesamtheit erfasst".[88] Jedem Mitglied müsse zudem, so die seit 1931 mehrfach erhobene Vorgabe Himmlers, die Chance gegeben werden, „sich durch Leistung zum SS-Führer emporzuarbeiten." Dass er nicht nur für das Führerkorps der Allgemeinen SS, sondern auch für das der professionellen SS-Verbände auf den im deutschen Militär traditionellen Abiturzwang für Offiziere verzichtet hatte, bezeichnete Himmler im September 1940 rückblickend gar als seinen „revolutionärsten Durchbruch".[89]

Die Schutzstaffel sollte nicht nur selbst „volksgemeinschaftlich" aufgebaut sein, sondern darüber hinaus nach außen als „Prediger der Volksgemeinschaft"[90] wirken. Das verdeutlichten zahlreiche SS-Publikationen. Immer wieder wurde betont, dass in ihren Einheiten „Arbeiter und Angestellte, Bürger und Bauern, Studenten und Erwerbslose" nebeneinander und gleichberechtigt Dienst täten[91] und auch die höchsten SS-Führer sich nicht zu schade seien, gemeinsam mit „ihren" Männern zu essen, zu schlafen und, wo nötig, mit anzupacken[92].

Trotz derartiger Selbstdarstellungen war das Verhältnis zwischen den Mitgliedern der Schutzstaffel, denen das verordnete Elitebewusstsein teilweise gehörig zu Kopf stieg, und ihren „Volksgenossen" vielfach nicht spannungsfrei. Im September 1935 kritisierte Himmler Ansätze zu „Bonzentum bei SS-Angehörigen".[93] Knapp zwei Monate später klagte die Hildesheimer Gestapo über die „Überheblichkeit einzelner SS-Angehöriger", die auf die Ortsbevölkerung „verärgernd gewirkt" habe.[94] Anfang 1938 tadelte der Chef des SS-Hauptamts, August Heißmeyer, den „Mangel an Taktgefühl" und das „großsprecherische Auftreten", das manche SS-Männer sich zu eigen gemacht hätten.[95]

Besonders hitzige Konflikte um diese arrogante Herrenattitüde entstanden dort, wo die Schutzstaffel geballt und ortsfremd auftrat. In einer bayerischen

[88] Befehl des Chefs des SS-HA, Wittje, vom 5.3.1935, in BA Berlin, NS 31, Bd. 357, Bl. 35. Zur Sozialstruktur der Allgemeinen SS vgl. Kap. IV.3.

[89] Protokoll über die Führerbesprechung der SS am 13.–14.6.1931, in BA Berlin, NS 19, Bd. 1934, Bl. 94–105 und 109–113; „Die Führerauslese in der SS" im *Völkischen Beobachter* vom 6.4.1937; Heinz Schwaibold: „Die Junker der SS" im *Völkischen Beobachter* vom 26.5.1939; Rede Himmlers vor dem Führerkorps der Leibstandarte am 7.9.1940, in: Der Prozess gegen die Hauptkriegsverbrecher, Bd. 29, Dok. 1918-PS, S. 101.

[90] „Das Kampferlebnis von heute" in *Das Schwarze Korps* vom 7.11.1935.

[91] U. a. „Die Garde der Nation. Ein Brief an die SS" im *Völkischen Beobachter* vom 30.7.1931; „Die SS-Lehrschule in Kreiensen" im *Völkischen Beobachter* vom 5.4.1932; „SS im Allgäu. Vom Werdegang des 1. SS-Sturmes der I/29 SS-Standarte in Kempten" im *Völkischen Beobachter* vom 24.12.1932; Hans Hofmann-Arzberg: „SS und deutsches Volkstum" im *Völkischen Beobachter* vom 10.4.1935. Das Zitat in dem Artikel vom 24.12.1932.

[92] „Im SS-Lager" in *FM-Zeitschrift* von Oktober 1934; „Im Nürnberg-Lager der SS" in *Das Schwarze Korps* vom 19.9.1935; „Der Reichsführer SS sammelte am Tag der großen Kameradschaft" in *Das Schwarze Korps* vom 12.12.1935; „... abseits von der Prominenz" in *Das Schwarze Korps* vom 10.12.1936.

[93] Befehl Himmlers vom 5.9.1935, in StA Marburg, 372/2a, Bd. 78.

[94] Lagebericht der Staatspolizeistelle Hildesheim für den Monat November 1935 vom 2.12.1935, in: Mlynek, S. 453.

[95] Befehl des Chefs des SS-HA, Heißmeyer, vom 4.2.1938, in StA Ludwigsburg, PL 506, Bd. 82.

Kreisstadt, in der Einheiten der SS-Verfügungstruppe kaserniert waren,[96] fühlte sich die einheimische Bevölkerung dem Geheimbericht eines Sozialdemokraten von 1936 zufolge teilweise wie „in einer von feindlichen Truppen besetzten Stadt“: „In allen öffentlichen Lokalen lümmeln die Schwarzen herum, kommandieren und randalieren.“[97] Als die SS ebenfalls seit 1934 eine „Führerschule“ bzw. eine „Kultstätte“ in der westfälischen Wewelsburg einrichtete,[98] blieben Spannungen zwischen der bald 30- bis 40-köpfigen „Burgmannschaft“ und den Bewohnern des um die Burg gelegenen Dorfes nicht aus, obwohl die SS-Männer als Kunden, Auftraggeber, Mieter und Veranstalter von Festen durchaus geschätzt wurden.[99] Drei damals jugendliche Zeitzeugen beschrieben die Lage wie folgt: „Ja, es war eine böse Stimmung [...], schon allein, weil die auftraten [...] wir sind die Herren.“ „Wir waren die Bauern für manche, nicht? [...] Die dummen Bauern, nicht? [...] Die haben ja alles machen können.“[100]

1937 eskalierten die Streitereien im Umfeld eines Dorfschützenfestes. Die Veranstalter versuchten, einem SS-Mann, der kurz zuvor bei einer Wirtshausschlägerei einen einheimischen SA-Angehörigen schwer verletzt hatte, den Zutritt zum Festzelt zu verwehren. Das wiederum glaubte der „Burghauptmann“ und Schwager Darrés, Manfred von Knobelsdorff, nicht dulden zu können. Er erzwang zunächst den Einlass, musste sich jedoch mit seinen Männern zurückziehen, als Rufe wie „SS raus!“ laut wurden und erste Biergläser flogen. Die von ihm alarmierte schwer bewaffnete SS-Verfügungstruppe eilte aus Bad Arolsen herbei, fand das Zelt aber verlassen vor. Die ebenfalls verständigte Gestapo führte in der örtlichen Volksschule Verhöre durch und nahm mehrere Wewelsburger in Schutzhaft. Um die auch für die SS peinliche Situation zu entspannen, wurde bald darauf Knobelsdorff abgelöst und durch den diplomatischeren Siegfried Taubert ersetzt.[101]

Für erheblichen Unmut unter den „Volksgenossen“ sorgte zudem die „rassische“ Auslese. Nach der Einführung der „Rassemusterungen“ im Sommer 1934[102] häuften sich in der Reichsführung der SS rasch Beschwerdebriefe abgelehnter Be-

96 Denkbare „Bezugsorte“ des Berichts stellen Bad Tölz und Dachau dar. In Tölz wurden seit 1934 zunächst 100, später bis zu 250 „Junkerschüler“ der SS als Führernachwuchs der Verfügungstruppe ausgebildet – vgl. HATHEWAY, S. 91. Auf dem ausgedehnten Gelände, das die SS in Dachau in Beschlag nahm, befanden sich nicht nur das KZ, sondern auch verschiedene Einrichtungen der Verfügungstruppe – vgl. STEINBACHER, S. 90.

97 DEUTSCHLANDBERICHTE, Bd. 3, S. 858–859.

98 HÜSER; MOORS: Reichshaus.

99 Das ambivalente Verhältnis dargestellt bei SCHLEGELMILCH.

100 Interview mit den Zeitzeugen J.B. und J.S., in Archiv Wewelsburg, Bd. Interviews WewelsburgerInnen I, Fall Nr. 24 I; Interview mit dem Zeitzeugen A.P., in Archiv Wewelsburg, Bd. Interviews WewelsburgerInnen III, Fall Nr. 31 I.

101 SCHLEGELMILCH, S. 401–402. Zu den hier kursorisch behandelten Details des Streitfalls s. diverse Interviews mit Zeitzeugen, in Archiv Wewelsburg, Bd. Interviews WewelsburgerInnen II, Fall Nr. 25 I, Bd. Interviews WewelsburgerInnen III, Fälle Nr. 26, Nr. 31 a und Nr. 35, Bd. Interviews WewelsburgerInnen IV, Fall Nr. 22 TC I, Bd. Interviews WewelsburgerInnen V, Transkript des Video-Interviews mit A.B. und A.F.

102 Vgl. Kap. III.4 und IV.1.

werber, die sich zurückgesetzt fühlten.[103] Im Januar 1935 klagte beispielsweise ein 25-jähriger Offenbacher, der wegen „mongolischen Einschlages des Haarwuchses auf der Brust“ für untauglich befunden worden war, dass er sich als Arbeitsloser seine Uniform bereits vom Mund abgespart und den Anwärterdienst bisher „mit Leib und Seele“ getan habe. Da er seine „arische“ Abstammung bis ins 17. Jahrhundert nachweisen könne und vom SS-Arzt als „kerngesund und mit ‚keinerlei Mängel‘ behaftet“ bewertet worden sei, verstehe er den negativen Bescheid einfach nicht.[104] Noch bitterer erschien die Nichtaufnahme einem anderen Bewerber, der bereits seit August 1931 der SA und der NSDAP angehörte und zudem in der HJ aktiv war. Dass ausgerechnet ihn die SS nicht wolle, gebe ihm ein „Gefühl der Minderwertigkeit gegenüber den anderen Volksgenossen“ und stehe im Widerspruch zu den Reden der Parteiführung, dass sich in der NS-„Bewegung“ per se „die rassisch besten Menschen des deutschen Volkes“ sammelten.[105]

Die SS-Führung nahm die Tatsache ausgesprochen ernst, dass in der Auslese der Schutzstaffel der Widerspruch zwischen deutscher „Volksgemeinschaft“ und „nordischem“ Rassenwahn offenbar wurde und damit auch die Tatsache, dass sich das Menschenzüchtungsprojekt der SS letztlich auch gegen alle Deutschen richtete, die nicht dem „nordischen“ Ideal entsprachen. Da die schon im Sommer 1934 ergangene Anordnung, Ausmusterungen niemals explizit „rassisch“ zu begründen,[106] bei separat durchgeführten „Rassemusterungen“ unwirksam bleiben musste, ordnete der Chef des SS-Ergänzungsamtes, Friedrich Hauser, Ende 1935 an, künftig die „rassische“ und die ärztliche Musterung gemeinsam und unmittelbar aufeinanderfolgend durchzuführen, so dass bei Ablehnungen medizinische Gründe vorgeschoben werden konnten.[107] Dieses Verfahren erläuterte sein Nachfolger, Gottlob Berger, 1939 näher: „Eignungsprüfer [...] und Arzt müssen so aufeinander eingestellt sein, dass ein Wink oder ein Blick genügt, der den Arzt veranlasst, irgendeinen körperlichen Fehler [...] zu finden. Es ist zwar nicht ganz ehrlich, aber klug, wir stoßen sonst zu viele ab.“[108]

Anfang 1937 schärfte der Chef des SS-Hauptamts den Musternden noch einmal ein: „Es muss vermieden werden, dass durch ablehnende Beurteilungen, seien sie gesundheitlicher oder rassischer Art, Anlass zu Gesuchen oder sogar Beschwerden seitens der Bewerber gegeben wird.“[109] Gut ein Jahr später betonte Himmler

103 Befehl des Chefs des SS-Amts, Wittje, vom 29.5.1934, in BA Berlin, NS 31, Bd. 368, Bl. 135; geheimer Befehl des Chefs des Ergänzungsamtes im SS-HA, Hauser, vom 22.11.1935, in BA Berlin, NS 2, Bd. 280.

104 Schreiben von A.B. an den Führer des Oberabschnitts Rhein, Heißmeyer, vom 25.1.1935, in StA Marburg, 327/2b, Bd. 117.

105 Schreiben von C.B. an Himmler vom 21.5.1935, in StA Marburg, 327/2a, Bd. 134.

106 Dienstanweisung für die SS-Rassereferenten vom 1.6.1934, in BA Berlin, NS 2, Bd. 99, Bl. 8ff.; Befehl Himmlers betr. Neueinstellungen in die SS vom 1.10.1934, in BA Berlin, NS 2, Bd. 173, Bl. 30–31.

107 Geheimer Befehl des Chefs des Ergänzungsamtes im SS-HA, Hauser, vom 22.11.1935, in BA Berlin, NS 2, Bd. 280.

108 Ausführungen Bergers anlässlich der Besprechung mit den Leitern der neuen Ergänzungsstellen der Waffen-SS vom 28.11.1939, in IPN-Archiv, GK 812, Bd. 8, Bl. 2–5.

109 Befehl des Chefs des SS-HA, Heißmeyer, vom 16.1.1937, in StA Ludwigsburg, PL 506, Bd. 82.

selbst, man müsse unbedingt taktvoll vorgehen, „so dass eine rassische Ausmusterung nicht zu einer Deklassierung der anderen Volksgenossen und nicht zur Aufrichtung eines neuen Klassengegensatzes wird.“[110]

Um die Camouflage des gegenüber den eigenen „Volksgenossen“ praktizierten Rassismus zu verbessern, ließ Himmler Ende 1938 den Begriff der „rassischen Musterung“ prinzipiell verbieten und durch „Annahmeuntersuchung“ bzw. ab Frühjahr 1939 „SS-Eignungsuntersuchung“ ersetzen.[111] Zudem ließ er im *Schwarzen Korps* schon ab 1935 eine ganze Reihe von Artikeln publizieren, in denen die Stoßrichtung des „nordischen“ Rassismus gegen die „Volksgemeinschaft“ in Abrede gestellt wurde. Unter anderem wurde davor gewarnt, Laienrassenkunde zu betreiben und zu versuchen, sich selbst oder die eigene Umwelt „rassisch“ zu kategorisieren. Es sei falsch, „jedem, der zufällig dunkle Haare und Augen hat, [...] die nordischen Eigenschaften“ abzusprechen. Vielmehr sei richtig, „dass alle deutschblütigen Volksgenossen ohne Rücksicht auf ihr Aussehen einen mehr oder minder großen Anteil nordischen Blutes in ihren Adern haben.“ Diejenigen, bei denen dieser zu klein sei, um in die Schutzstaffel aufgenommen zu werden, sollten dennoch stolz sein, dass Deutschland so eine Garde habe.[112] Die SS halte sich nicht für etwas Besseres, sondern sei zum Wohl des Volks selektiv.[113] Aggressive Züchtungsabsichten über eine freiwillige und „rassisch“ bewusste „Gattenwahl“ hinaus habe man nicht.[114]

Im Sommer 1938 ging Himmler selbst in einer Rede ausführlich auf die Problematik ein: „Es darf nicht so sein, dass irgendeiner, der von sich aus glaubt, äußerlich eine besonders erwünschte rassische Erscheinung zu haben, sich nun wertvoller und besser dünkt als irgendein anderer, der meinetwegen dunkles Haar hat. Würden wir das zulassen, dann wäre die Folge, dass in kürzester Zeit anstelle des überwundenen sozialen Klassenkampfes ein rassischer Klassenkampf entstehen würde [...]. Ich sehe im nordischen Blut nicht den trennenden, sondern den alle Teile Deutschlands verbindenden Blutsteil.“[115] Wie sich das mit der „rassischen“ Auslese, dem „Neuadels“-Anspruch und der „Aufnordungs“-Idee der SS vertrug, konnte und wollte der Reichsführer der Schutzstaffel allerdings nicht erläutern.

Die Tatsache, dass Himmler und die SS trotz aller Beschwichtigungen daran festhielten, den deutschen „Volkskörper“ sukzessive nach ihren rassistischen Idealen umzugestalten, und dass sie dabei nicht vor der systematischen Schlechterstellung oder gar gewaltsamen Behandlung von „Deutschstämmigen“ zurückschreckten, die ihnen „rassisch“ nicht passten, wird von ihrem selektiven Umgang mit

110 Schreiben Himmlers an das SS-HA vom 20.4.1938, in BA Berlin, NS 19, Bd. 218, Bl. 3–10.

111 Befehl Himmlers vom 16.12.1938, in StA Marburg, 327/2b, Bd. 121; Befehl Himmlers vom 26.5.1939, in BA Berlin, NS 2, Bd. 21, Bl. 93.

112 „Was bin ich für ein Rassetyp?“ in *Das Schwarze Korps* vom 12.12.1935.

113 „Volksgenossen zweiter Klasse?“ in *Das Schwarze Korps* vom 28.5.1936.

114 „‚SS-Vollblut‘?“ in *Das Schwarze Korps* vom 25.3.1937.

115 Rede Himmlers vor Schülern einer Napola am 3.7.1938, in: Smith/Peterson, S. 54. Auch veröffentlicht in *Das Schwarze Korps* vom 10.11.1938.

den „Volksdeutschen" belegt, die ab 1938 und dann vor allem im Zweiten Weltkrieg in den Machtbereich Himmlers gerieten, der im Oktober 1939 zum „Reichskommissar für die Festigung deutschen Volkstums" ernannt wurde.[116] Die Vermutung, dass sich derartige Praktiken nach einem deutschen „Endsieg" zunehmend auch gegen „Reichsdeutsche" gerichtet hätten, liegt nahe, ist jedoch kontrafaktisch und damit nicht empirisch zu belegen.[117]

Im Bezug auf die übergeordnete Frage nach der Wirkungsmacht der Verheißung der „Volksgemeinschaft" für die Gesellschaftsgeschichte des Dritten Reiches führt die Untersuchung der Haltung, die die Schutzstaffel zu diesem Ideologem einnahm, zu einem zwiespältigen Ergebnis. Einerseits zeigt sich, dass auch die an Macht stetig gewinnende SS es sich nie leisten konnte, im Rahmen ihrer Auslese und ihrer elitären Imagepflege offen gegen dieses Konstrukt zu verstoßen. Mit Rücksicht auf die Befindlichkeit der „einfachen Volkgenossen" war sie vielmehr stets bestrebt, gerade ihre Form der Elitenrekrutierung als besonders „volksgemeinschaftlich" darzustellen. Andererseits wird am Beispiel der Praxis der Schutzstaffel deutlich, dass „nordischer" Rassismus und „Volksgemeinschafts"-Verheißung keineswegs reibungslos harmonierten. Vielmehr besaß gerade für die SS das Doppelspiel von Exklusion und Inklusion dynamischen Charakter, was immer neue Gruppen ins Visier der maßgeblich von der SS betriebenen Ausgrenzung und Ausmerze brachte. Darüber, ob bzw. wann diese Radikalisierung bei einer längeren Dauer des Dritten Reiches die offenbar von vielen Deutschen als real wahrgenommene braune „Volksgemeinschaft" gewissermaßen gesprengt und damit der mobilisierenden, Konsens stiftenden Wirkung beraubt hätte, kann nur spekuliert werden.

3. Die zahlenmäßige Entwicklung und sozialstrukturelle Zusammensetzung der Allgemeinen SS

Es ist, so unbefriedigend dieses Ergebnis auch sein mag, für den Zeitraum von 1925 bis 1934 nicht möglich, exakte Angaben dazu zu machen, wie viele Männer der SS angehörten. Das hat eine ganze Reihe von Ursachen. In den ersten Jahren nach ihrer Gründung im Jahr 1925 verfügte die Schutzstaffel, wie erwähnt,[118] nur über sehr rudimentäre Zentralinstanzen, so dass die Münchner „Oberleitung" der SS wohl selbst keinen zuverlässigen Überblick über die jeweils aktuelle Stärke ihrer Organisation besaß. An der Basis erfolgte, wie einige erhaltene frühe Mitgliederlisten belegen, die eher Schmierzetteln als Formularen glichen,[119] die Erfassung der eigenen Mitglieder durch die Sturmführer zunächst vielfach schlampig.

[116] Heinemann: Rasse, S. 127ff.

[117] Diese Annahme wird aber durch Michael Burleighs These gestützt, dass die „rassische" Umgestaltung Deutschlands das eigentliche Haupt- und Leitziel der Nationalsozialisten war; vgl. Burleigh: The racial state revisited, S. 155 und 168 und Burleigh / Wippermann, S. 306.

[118] Vgl. Kap. II.1.

[119] U. a. in BA Berlin, NS 23, Bd. 529, Bl. 1–5. Siehe auch BA Berlin, NS 26, Bd. 330.

Das lag nicht nur daran, dass diese eher schlagkräftige „Männer der Tat“ als penible Bürokraten waren.[120] Vielmehr erschien es, angesichts der zumindest potenziell jederzeit drohenden Verfolgung der radikalen Schutzstaffel durch die politischen Polizeien der Länder der Weimarer Republik, wenig ratsam, übergenau Buch zu führen.[121] Eine Übersicht wurde des Weiteren dadurch erschwert, dass die gesamte „Kampfzeit“ hindurch eine hohe Instabilität der Mitgliedschaft typisch für alle Teile der nationalsozialistischen „Bewegung“ und somit auch für die SS war. Zahlreiche Männer schlossen sich aus allgemeiner Unzufriedenheit über die Verhältnisse oder in persönlichen Krisensituationen vorübergehend der einen oder anderen rechtsradikalen Organisation an, wobei sie nur teilweise auch formell beitraten. Viele von ihnen machten später nicht mehr mit, sei es, weil sie ihre individuelle Krise überwunden hatten, weil sie resignierten oder weil sie es mit einer anderen extremistischen Gruppierung versuchten. Mathilde Jamin schätzte die „Fluktuationsrate“ in der NSDAP für die Zeit vor dem 30. Januar 1933 auf 40%. In der SA – und damit wohl auch in der SS – war sie wohl noch höher.[122]

Entsprechend notgedrungen groben Schätzungen zufolge gehörten den „Schutzstaffeln“ vor ihrer Unterordnung unter den Befehl des Obersten SA-Führers Franz von Pfeffer im Herbst 1926 rund 800 bis 1000 Mann an.[123] Weitgehend unklar dagegen ist, wie sich die Mitgliedschaft zwischen dem Rücktritt Josef Berchtolds und dem Antritt Heinrich Himmlers als Reichsführer der SS, also zwischen März 1927 und Januar 1929 entwickelte. Ab 1929 entstandene SS-Quellen gaben, wohl um die Schutzstaffel nahezu völlig als Werk Himmlers darzustellen, an, dass die SS unter Erhard Heiden, der das Amt des Reichsführers zwischen Berchtold und Himmler innehatte, bis auf einen Restbestand von nur 280 Mann zusammengeschrumpft sei.[124] Dieser Aussage folgten die Historiker lange unkritisch,[125] während neuere Arbeiten, die auf Quellen aus dem betreffenden Zeitraum zurückgreifen, davon ausgehen, dass es Anfang 1929 zwischen 1000 bis 1400 SS-Mitglieder gab. Entsprechend kam es unter Heiden also eher zu einer Stagnation als zu einer Verkümmerung der Schutzstaffel.[126]

Wiederum unstrittig ist, dass es Himmler durch die beschriebene Kombination aus Abkommandierungen aus der SA und Neuzugängen aus dem Massenzulauf zum Nationalsozialismus seit der Reichstagswahl vom September 1930 bzw. infolge der Auswirkungen der Weltwirtschaftskrise in Deutschland[127] bis Ende 1932 gelang, etwa 52 000 Mann unter sein Kommando zu bringen.[128] Uneinigkeit be-

120 Schulte: SS-Mentalität, S. 81.

121 Zur Beschlagnahmung von SS-Material z. B. im Frühjahr und Sommer 1932 vgl. Kap. II.1.

122 Jamin, S. 2–3. Vgl. auch Longerich: SA, S. 86.

123 Koehl: Black Corps, S. 26; Mühlberger: Hitler's Followers, S. 181–182.

124 U. a. Alquen, S. 7–8; Statistisches Jahrbuch der Schutzstaffel der NSDAP 1937, S. 3, in IfZ-Archiv, DC 01.06.

125 U. a. Neusüss, S. 8; Koehl: Black Corps, S. 30.

126 Mühlberger: Hitler's Followers, S. 181–182; Rösch, S. 432.

127 Vgl. Kap. II.2.

128 Statistisches Jahrbuch der Schutzstaffel der NSDAP 1937, S. 3, in IfZ-Archiv, DC 01.06. Vgl. auch Koehl: Black Corps, S. 36; Mühlberger: Hitler's Followers, S. 181–182; Rösch, S. 432.

steht allerdings hinsichtlich der Zwischenstationen dieses rapiden Wachstums, da die in der Endphase der „Kampfzeit“ von Georg Aumeier angelegte SS-Kartothek[129] nicht erhalten ist. Auch hier können somit nur Annäherungswerte sinnvoll wiedergegeben werden. Ende 1930 gehörten der SS wohl rund 3000 bis 4000 Mann an.[130] Die Schätzung für den Jahreswechsel 1931/32 gestaltet sich schwieriger. Nationalsozialistische Quellen, die eine Größenordung von gut 10000 Mann angeben,[131] untertrieben die Situation möglicherweise, um intern den Ausbau der SS im Verhältnis zur SA zu begründen. Gegen die auf Polizeiberichten basierenden Zahlen von 14964[132] bzw. gar 17717[133] SS-Männern lässt sich dagegen einwenden, dass gerade ihre Exaktheit fragwürdig ist. Auch erscheint denkbar, dass die preußischen bzw. bayerischen Polizisten angesichts der Eskalation der bürgerkriegsähnlichen Situation dazu neigten, die Stärke der SS zu hoch zu veranschlagen, um die Forderung nach einem rigoroseren Einschreiten zu untermauern.

Für die Jahre 1933 und 1934 ist es, obwohl die Doppelung polizeilicher und SS-eigener Quellen wegfiel und der organisatorische Ausbau der Schutzstaffel zügig voranschritt, eher noch schwieriger, exakte SS-Mitgliederzahlen anzugeben. Das liegt daran, dass sich das Wachstum der Schutzstaffel unter dem „wahren Massenansturm“ einzelner „Märzgefallener“ auf die „Bewegung“ seit dem Frühjahr 1933[134] sowie durch die Rolle, die auch die SS mit Kollektivaufnahmen bei der „Gleichschaltung“ anderer gesellschaftlicher Organisationen spielte,[135] erneut beschleunigte und es zu einem weitgehenden Zusammenbruch des überforderten Erfassungswesens kam.[136]

Zahlreiche Männer schlossen sich den örtlichen SS-Einheiten an und taten in ihren selbst gekauften Uniformen Dienst, ohne je offiziell als Mitglieder erfasst zu werden. Bei den angesichts der immer noch enorm hohen Arbeitslosigkeit nicht seltenen Ortswechseln verschwanden sie dann vielfach wieder aus den Reihen der Schutzstaffel und schlossen sich anderen NS-Organisationen an.[137] In anderen Fällen füllten die SS-Anwärter und ihre Sturmführer alle erforderlichen Aufnahmeunterlagen aus und reichten diese „nach oben“ weiter. Da aber gerade die mittleren Ebenen der Sturmbanne, Standarten, Abschnitte und Gruppen bzw. Oberabschnitte aufgrund des rasanten Wachstums ständig reorganisiert wurden, ging hier in dieser Zeit viel Material schlicht verloren. Im November 1933 be-

[129] Vgl. Kap. III.4.
[130] Koehl: Black Corps, S. 43; Mühlberger: Hitler's Followers, S. 181–182.
[131] Befehl Röhms betr. Stärke der SS vom 2.12.1931, in BA Berlin, NS 26, Bd. 306. Vgl. daran anschließend Koehl: Black Corps, S. 53.
[132] Kaienburg: Wirtschaft, S. 65.
[133] Rösch, S. 432.
[134] Falter: Märzgefallene, S. 595.
[135] Vgl. Kap. II.2.
[136] Koehl: Black Corps, S. 54.
[137] Zu zwei Beispielfällen aus Schlesien, in denen die betreffenden Männer im weiteren Verlauf der 1930er Jahre zu belegen suchten, wie sehr sie sich engagiert hatten, s. IPN-Warschau, GK 812, Bd. 242, Bl. 39–51 und 120.

schwerte sich beispielsweise ein alter Frontsoldat, der schon seit dem Sommer 1932 SS-Dienst tat und seinen „Kameraden" das Exerzieren beibrachte, beim Führer der schlesischen SS, Udo von Woyrsch, darüber, ein Opfer dieses Chaos geworden zu sein. „Niemand weiß, wo sich die Papiere befinden. [...] Es sollen an einer Stelle Berge von Papieren im Schrank liegen." Da er trotz seiner leitenden Funktion noch immer nur Anwärter sei, komme er sich langsam wie ein „Hampelmann" vor.[138]

Die durch all diese Schwierigkeiten hervorgerufenen Probleme im Bezug auf die Erfassung der SS-Mitgliedschaft wurden dadurch verschärft, dass die SS-Führer der unteren Ebenen ein reges und zählebiges Interesse hatten, bei der Abgabe der monatlichen Stärkemeldungen zu übertreiben. Denn schnell wachsende Einheiten wurden vielfach im Zuge der Reorganisationen schlicht eine Stufe weiter oben verortet. Aus einem Sturm wurde so ein Sturmbann, der wiederum in mehrere Stürme geteilt wurde. In den meisten Fällen bedeutete das zugleich eine Beförderung des alten Sturmführers sowie von zwei oder drei seiner Günstlinge.[139] Die Tatsache, dass in der zweiten Hälfte der 1930er Jahre mehrfach die „Auffüllung" der Einheiten der Allgemeinen SS angeordnet wurde,[140] deutet darauf hin, dass viele der 1933/34 neu geschaffenen Einheiten zunächst eher dünn besetzt waren.

Seit dem Frühjahr 1934 versuchte die höhere SS-Führerschaft, dieses „Fingieren mit Zahlen" zu unterbinden und durchzusetzen, „dass endlich der tatsächliche Stand an SS-Männern und SS-Anwärtern gemeldet wird". Dazu wurde beispielsweise mehrfach angeordnet, bei den Stärkemeldungen auf jede Rücksicht hinsichtlich der Bezugsgröße des Vormonats zu verzichten und zusätzliche alphabetische Mitgliederlisten einzureichen.[141] Wirklich erfolgreich bei dieser Disziplinierung scheint erst der neue Chef des SS-Ergänzungsamts, Friedrich Hauser,[142] gewesen zu sein. Die unter ihm ab 1935 herausgegebene interne *SS-Statistik*, die ab 1937 den Namen *Statistisches Jahrbuch der Schutzstaffel der NSDAP* trug, ohne die Kennzeichnung „nur für den Dienstgebrauch" zu verlieren, gibt eine exakte Zahl der Mitglieder der Allgemeinen SS mit 197 266 Mann erstmals für den April 1935 an.[143]

[138] Schreiben des SS-Anwärters E.M. an v. Woyrsch vom 15.11.1933, in IPN-Archiv, GK 812, Bd. 337, Bl. 4.

[139] Vgl. zum Beispielfall der Augsburger bzw. schwäbischen SS und der Karriere ihres Führers, Hans Loritz, Riedel, S. 59–66 und 74–77.

[140] Vgl. Kap. IV.2.

[141] Befehl Himmlers, i.V. Wittje, vom 22.2.1934, in BA Berlin, NS 31, Bd. 368, Bl. 57; Befehl des Chefs des SS-Amts, Wittje, vom 13.4.1934, in StA Marburg, 327/2a, Bd. 157; Befehl des Chefs des SS-Amts, Wittje, vom 15.5.1934, in BA Berlin, NS 31, Bd. 368, Bl. 110; Befehl des Führers der 81. Standarte vom 14.11.1934, in StA Ludwigsburg, PL 506, Bd. 71; Befehl des Chefs des Ergänzungsamts im SS-HA vom 27.3.1935, in IPN-Archiv, GK 762, Bd. 5, Bl. 3; Befehl des Führers der 9. Standarte vom 15.4.1935, in IPN-Archiv, GK 762, Bd. 6, Bl. 3.

[142] Zu Person und Amt vgl. Kap. III.4.

[143] Die SS-Statistik von 1935, auf die das Exemplar von 1936 Bezug nimmt, ist nicht erhalten. Die Statistik 1936 und die Statistischen Jahrbücher der Schutzstaffel der NSDAP 1937 und 1938 in IfZ-Archiv, DC 01.06. Die Zahl für den April 1935 in SS-Statistik 1936, S. 6.

Ob sich 1933/34 tatsächlich noch erheblich mehr Männer vorübergehend der Schutzstaffel angeschlossen hatten, ist aufgrund der skizzierten Quellenlage kaum noch zu entscheiden. Das *Statistische Jahrbuch* für 1937 gab an, dass zeitweise „ungefähr 400 000 Mann“ dazugehört hätten.[144] Einerseits ist aufgrund der kurz nach der „Machtergreifung“ noch gegebenen hohen Fluktuation und Instabilität der Mitgliedschaft davon auszugehen, dass tatsächlich in einer nicht unerheblichen Zahl von Fällen Männer nur kurzfristig und vorübergehend SS-Dienst leisteten. Allerdings kann die sehr hoch gegriffene Schätzung auch als Versuch interpretiert werden, der von der Reichsführung behaupteten, aber, wie beschrieben, nicht realisierten scharfen Nachlese[145] Plausibilität zu verschaffen.

Fest steht dagegen, dass die SS-Führung mit dem Versuch, ab Mitte 1935 wieder eine „Aufwärtsentwicklung [...] in normalen Bahnen“[146] anzustreben, das heißt die SS nunmehr kontrolliert weiterwachsen zu lassen, angesichts der Schwierigkeiten bei Anwerbung und Auslese nur mäßigen Erfolg hatte. Bis Ende 1935 schrumpfte die Allgemeine SS vielmehr auf nur noch rund 188 000, bis Ende 1936 auf circa 185 000 Mitglieder. Auf dem Niveau zwischen dieser Größe und knapp 190 000 Mann stabilisierte sie sich dann bis Ende 1937. Erst infolge der territorialen Erweiterung des Deutschen Reichs durch den „Anschluss“ Österreichs und des Sudetenlandes 1938 kam es zu einem Wachstumsschub auf rund 215 000 SS-Mitglieder Ende 1938, von denen sich 17 500 den neu- bzw. wiedergegründeten österreichischen Einheiten zuordnen lassen. Damit waren am Vorabend des Zweiten Weltkriegs in allen deutschen Regionen zwischen 0,36 und 0,99% der erwachsenen, männlichen Bevölkerung in der Allgemeinen SS organisiert.[147]

Die Frage nach der sozialstrukturellen Zusammensetzung der Schutzstaffel wurde, wie auch diejenige nach der anderer nationalsozialistischer Organisationen wie der SA oder der NSDAP seit den 1970er Jahren hitzig diskutiert. Diese Aufgeregtheit ist, wie Peter Longerich schon 2003 treffend anmerkte, „ohne die ideologischen Implikationen der damaligen ‚Faschismus-Debatte‘ heute kaum mehr verständlich“.[148] Den Vertretern der alten Deutung des Nationalsozialismus als Spielart des Faschismus ging es vielfach nicht um den sinnvollen Vergleich zwischen den konkreten Formen des italienischen und deutschen Rechtsextremismus der Zwischenkriegszeit, wie ihn die neuere Forschung Gewinn bringend betrieben hat[149]. Vielmehr sollte im Anschluss an die (neo)marxistische Faschismustheorie gezeigt werden, dass in beiden Fällen ein Projekt bürgerlicher Gruppen und „alter Eliten“ vorlag, mit dessen Hilfe diese ihr kapitalistisches „Ausbeutersystem“ durch die Unterdrückung der Arbeiterklasse zu stabilisieren

[144] Statistisches Jahrbuch der Schutzstaffel der NSDAP 1937, S. 4, in IfZ-Archiv, DC 01.06.
[145] Vgl. Kap. III.4. und IV.2.
[146] Statistisches Jahrbuch der Schutzstaffel der NSDAP 1937, S. 4, in IfZ-Archiv, DC 01.06.
[147] SS-Statistik 1936, S. 4 und 6, Statistisches Jahrbuch der Schutzstaffel der NSDAP 1937, S. 16, und Statistisches Jahrbuch der Schutzstaffel der NSDAP 1938, S. 16, 28–29 und 31–45, in IfZ-Archiv, DC 01.06.
[148] Longerich: SA, S. 277.
[149] Vgl. u. a. Reichardt: Kampfbünde; Nolzen/Reichardt; Baumeister; Bauerkämper; Paxton.

versucht hätten. Anstelle der Trias aus Kommunismus versus Liberalismus versus Nationalsozialismus, mit der Totalitarismustheoretiker arbeiteten, sollte ein Gegensatz zwischen Liberalismus und Faschismus einerseits und Sozialismus andererseits etabliert werden.[150]

Der erste empirisch arbeitende Sozialhistoriker, der die systematische Überprüfung derartiger Theorien in Angriff nahm, war der kanadische Geschichtswissenschaftler Michael Kater. Seine Ergebnisse lassen sich im Großen und Ganzen als Verifizierung der alten Faschismustheorie interpretieren, da er den Nationalsozialismus weit überproportional in der unteren Mittelschicht, nach der „Machtergreifung" auch in der oberen Mittel- und Oberschicht verwurzelt sah. Arbeiterschaft und Unterschicht dagegen seien trotz aller „Volksgemeinschafts"-Parolen Hitler weniger häufig auf den Leim gegangen.[151]

Katers Methodik erweist sich jedoch bei näherem Hinsehen in vielerlei Hinsicht als angreifbar. Erstens ist fraglich, inwiefern sein Drei-Klassen-Modell sich zur Analyse einer so komplexen, auch von ganz anderen Trennlinien durchzogenen Gesellschaft wie der Deutschlands in den 1920er und 1930er Jahren eignet. Zweitens ist die Zuordnung einzelner Berufsgruppen zu diesen drei Klassen alles andere als eindeutig. Gehörte zum Beispiel ein gut verdienender Facharbeiter bzw. ein relativ schlecht bezahlter unselbstständiger Handwerksgeselle zur Unter- oder zur Mittelschicht? Wie sollte man mit einer schwammigen Berufsangabe wie „Kaufmann" umgehen, hinter der sich ebenso gut ein verarmter Krämer wie ein wohlhabender Großhändler verbergen konnte? Drittens ist die Quellengrundlage nachträglicher sozialstatistischer Erfassungen, wie sie Kater vornahm, in mehrfacher Hinsicht unsicher. Die Mitgliederlisten, Karteikarten und Personalakten, die durch die Vertreter der soziografischen Methode zu Tausenden ausgewertet werden, um statistische Reliabilität zu erreichen, sind meist unvollständig. Zudem enthalten sie in der Regel unüberprüfte Selbstaussagen der betreffenden Personen, die, wie sich in Einzelfällen belegen lässt, nicht immer korrekt waren.[152] Einen gewichtigen Einwand ganz grundsätzlicher Art hat viertens Martin Broszat 1983 erhoben, als er anmerkte, dass vermeintlich harte und exakt quantifizierbare soziologische Kriterien wie Beruf, Einkommen usw. unter Umständen weniger zur Formation der nationalsozialistischen „Bewegung" beitrugen als im Vergleich schwammigere Faktoren wie Habitus, Mentalität oder Erfahrungsverarbeitung.[153]

Schließlich hat die Überprüfung der Katerschen Thesen zur Mitgliedschaft der NSDAP auf einer breiteren empirischen Basis und mit einer elaborierteren Methodik durch Jürgen Falter, Detlef Mühlberger und andere ergeben, dass Mittel- und Oberschicht in ihr zwar leicht überrepräsentiert waren, aber auch Mitglieder

150 Vgl. z. B. KÜHNL.

151 KATER: Sozialer Wandel; KATER: The Nazi Party.

152 Zu einem SS-Mann, der in seinen entsprechenden Angaben gegenüber der Schutzstaffel nachweislich mehrfach log, ohne damit aufzufliegen, vgl. KUGLER.

153 BROSZAT: Massenbewegung, S. 58–60.

der Unterschicht und der Arbeiterschaft sich in so großer Zahl Hitler anschlossen, dass eine Gesamtinterpretation der NSDAP als erste deutsche Volkspartei plausibler erscheint als die These von der bürgerlich-faschistischen Klientel-Organisation.[154] Zu einem ähnlichen Ergebnis hat mittlerweile auch der lange Zeit ebenso erbitterte Streit um die soziale Zusammensetzung der SA geführt,[155] so dass hinsichtlich der Gesamtheit der nationalsozialistischen „Bewegung“ Sven Reichardts Fazit zuzustimmen ist, „dass es keine soziale Gruppe gibt, die das Sozialprofil der faschistischen Bewegungen eindeutig beherrschte.“[156]

Fraglich ist allerdings, inwieweit das auch für die Schutzstaffel und speziell für die Allgemeine SS gilt, da deren selbst erklärter Charakter als „Elitetruppe“ des Nationalsozialismus und ihre unbestreitbare Rolle als Funktionselite des Hitler-Regimes zumindest für sie eine sozialelitäre Rekrutierung nahezulegen scheinen. Schon 1936 urteilte beispielsweise die exilsozialdemokratische *Prager Presse* „das bürgerliche Element“ sei in der SS „vorherrschend“. 1953 meldete die westdeutsche *Revue*, Himmler sei es nach 1933 gelungen, die Schutzstaffel „zu ‚veredeln‘, indem er reiche Bürgersöhne, Intellektuelle und Adlige in seine Elite aufnahm.“[157]

1975 war es wiederum Michael Kater, der die sozialhistorische Untermauerung solcher impressionistischer Thesen zu liefern schien. Durch die Auswertung der genannten SS-eigenen Statistiken der Jahre 1936 bis 1938 kam er zu dem Schluss, dass 70% der Mitglieder der Allgemeinen SS zur unteren Mittelschicht und elf Prozent zur oberen Mittel- bzw. Oberschicht gehört hätten, die damit im Vergleich zur Reichsbevölkerung um den Faktor Drei überrepräsentiert gewesen sei.[158] Die auf der Auswertung von rund 5200 Personalakten in der Sammlung des Berlin Document Center basierende, 1978 veröffentlichte Studie Gunnar Charles Boehnerts zum SS-Führerkorps schien Katers Ergebnisse zu bestätigen. Hier seien gar nur sieben Prozent der Unterschicht, dagegen aber 59% der unteren Mittelschicht und 34% der oberen Mittel- bzw. Oberschicht zuzuordnen. Auch der Bildungshintergrund der SS-Führerschaft weise sie als soziale Elite aus. Nur 29% hätten lediglich die Volksschule besucht, während 43% über ein Abitur verfügten, von denen es die Mehrheit gar zu Hochschulabschlüssen gebracht habe.[159] Die Ergebnisse Katers und Boehnerts haben anhaltenden Einfluss auf die SS-Forschung erlangt. 2003 betonte Hermann Kaienburg die hochgradige „Verflechtung der SS mit der gesellschaftlichen Elite“ und 2008 fand Peter Longerich, bemerkenswert seien vor allem die vielen „Männer aus ‚besseren‘ Bevölkerungskreisen“ in der SS.[160]

154 U. a. Falter: Wer wurde Nationalsozialist?; Falter: Märzgefallene; Mühlberger: Hitler's Followers; Madden/Mühlberger. Zusammenfassend Haar.

155 Vgl. u. a. Jamin; Fischer. Zusammenfassend Longerich: SA, S. 81–86, und Reichardt: Kampfbünde, S. 311–343.

156 Reichardt: Kampfbünde, S. 326.

157 „Der neue Adel“ in *Prager Presse* vom 24. 6. 1936, in BA Koblenz, ZSG 117, Bd. 110; „Hitler und die SS“ in *Revue* vom 21. 2. 1953, in BA Freiburg, NL 756, Bd. 441.

158 Kater: SA und SS, S. 372–374.

159 Boehnert, S. 116–124 und 163–165.

160 Kaienburg: Wirtschaft, S. 87; Longerich: Himmler, S. 131.

Dabei hatte schon 1989 Herbert Ziegler eine der Boehnertschen Studie methodisch nahestehende Analyse des SS-Führerkorps vorgelegt, in der er tendenziell ähnliche Ergebnisse ganz anders bewertete. Vergleiche man die SS-Führerschaft nicht mit der deutschen Gesamtbevölkerung, sondern mit anderen Führungskadern wie zum Beispiel dem Offizierskorps der Wehrmacht, dann sei sie sozial erstaunlich heterogen. Demzufolge sei die SS insgesamt keineswegs eine „Enklave der privilegierten Oberschicht", wie Gerhard Rempel ebenfalls 1989 urteilte, sondern eine Art „Reagenzglas für eine Revolution in Sachen Elitenrekrutierung und Aufstiegschancen" gewesen.[161]

1991 legte Detlef Mühlberger mit einer Studie zur Sozialstruktur der einfachen SS-Mitgliedschaft nach, die allerdings auf einem wesentlich kleineren und problematischeren Datensatz beruhte als die Arbeiten Boehnerts und Zieglers. Mühlberger zufolge stammten 44% der vor 1933 beigetretenen SS-Männer, die sich soziologisch eindeutig zuordnen ließen, aus der Unterschicht, 48% aus der unteren Mittelschicht und nur vier Prozent aus der oberen Mittel- und Oberschicht. Entgegen der Thesen Katers habe sich das auch nach der „Machtergreifung" nicht schlagartig geändert. Von den im ersten Jahr des Dritten Reiches beigetretenen SS-Angehörigen ordnete Mühlberger gar 55% der Unterschicht, nur noch rund 38% der unteren Mittelschicht und weiterhin circa vier Prozent der oberen Mittel- und Oberschicht zu.[162]

Aufgrund der Tatsache, dass sich die im BDC gesammelten Akten zur einfachen SS-Mitgliedschaft qualitativ nicht zu einer systematischeren Überprüfung dieser Thesen eignen, erscheint es sinnvoll, zur Frage, wie sozial elitär bzw. sozial heterogen nun die Schutzstaffel insgesamt und die Allgemeine SS im Speziellen tatsächlich gewesen ist, einen neuen Blick auf die SS-eigenen Statistiken zu werfen. Diese waren, wie erwähnt, keine publizierten Propagandaprodukte, sondern interne Arbeitsmittel, so dass ihr Quellenwert hoch einzuschätzen ist. Hierbei wird auf die problematische Schichtzuordnung einzelner Berufe ebenso verzichtet wie auf die in soziografischen Arbeiten omnipräsenten Angaben in Prozenten und Repräsentativitätsfaktoren, da auch diese den Blick bisweilen eher trüben als erhellen.[163]

Stattdessen sollen die absoluten Zahlen weitgehend für sich selbst sprechen:[164] Ende 1937 gehörten der Allgemeinen SS 22 031 Männer an, deren Beruf sich als akademisch bezeichnen lässt, davon beispielsweise 3373 Ärzte, 2614 Juristen und 1861 Lehrer. Stellt man in Rechnung, dass in den 1930er Jahren nur zwischen drei und vier Prozent der entlassenen Schüler in Deutschland über ein Abitur verfügten,[165] dann ist dieser Akademikeranteil in der Tat erstaunlich hoch. Zur Allgemeinen SS gehörten aber eben auch 12 885 un- oder angelernte Arbeiter,

161 Ziegler, S. 118–123 und 148; Rempel: Hitler's Children, S. 15. [Übersetzung der Zitate B.H.]

162 Mühlberger: Hitler's Followers, S. 186–189.

163 Beispielsweise besagt bei einem sehr kleinen Ausgangswert eine hohe Überrepräsentation erstaunlich wenig.

164 Die folgenden Angaben aus dem Statistischen Jahrbuch der Schutzstaffel der NSDAP 1938, S. 103–105, in IfZ-Archiv, DC 01.06.

165 Bölling, S. 21.

1439 Metallfacharbeiter, 3484 Schreiner, 2345 Bäcker, 1376 Gärtner, 22 966 kaufmännische Angestellte, 4920 Angestellte bei Behörden, 11 476 Bauern und 1493 landwirtschaftliche Hilfskräfte. Sie war insgesamt also tatsächlich „volksgemeinschaftlich" in dem Sinn, dass ihr Männer aus nahezu allen Berufen und Schichten, von der Unterschicht über den „alten" und den „neuen" Mittelstand bis hin zur akademisch gebildeten Oberschicht angehörten. Ein sozialelitärer und exklusiver „Herrenklub", wie das die älteren Arbeiten zwar nicht explizit postulierten, aber tendenziell insinuierten, war die Schutzstaffel dagegen definitiv nicht.

Obwohl die hochgradig gemischte sozialstrukturelle Zusammensetzung der SS in der zweiten Hälfte der 1930er Jahre somit weitgehend den Wünschen Himmlers[166] entsprach, ließ der Reichsführer der SS nach der Erlangung der Unabhängigkeit von der SA zwei Sonderprogramme zur gezielten Anwerbung von Bauern und Studenten auflegen. Mit Ersterem sollte die Schutzstaffel stärker gemäß der Blut-und-Boden-Ideologie gestaltet werden, der Himmler und Darré anhingen und derzufolge das „beste Blut" auf dem Land zu finden sei bzw. die „Aufnordung" vor allem abseits des korrumpierenden Stadtlebens gelingen könne.[167] Zweiteres sollte die „Heranbildung des von der Schutzstaffel benötigten wissenschaftlichen Nachwuchses"[168] sichern und ihr somit erlauben, noch besser als Funktionselite zu dienen.

Um „die Verbindung der SS zum Bauerntum noch enger zu gestalten"[169] befahl Himmler im Oktober 1934 die Einsetzung sogenannter Bauernreferenten in allen SS-Einheiten. Dabei handelte es sich mehrheitlich um lokale bzw. regionale Funktionäre des Reichsnährstandes, die in die SS aufgenommen und mit Führerrängen ausgestattet wurden, jedoch nicht oder nur selten am eigentlichen SS-Dienst teilnahmen und keine Befehlsvollmachten in der SS ausübten.[170] Da sich die Auswahl und Einsetzung dieser Verbindungsmänner zwischen der SS und der nationalsozialistisch organisierten Bauernschaft jedoch vielfach verzögerte bzw. keine entsprechenden Rekrutierungseffekte nach sich zog,[171] ließ Himmler 1936 in Sachsen auf Vorschlag des dortigen SS-Abschnittsführers, Walter Burghardt, und des Landesbauernführers, Hellmut Körner, der seit 1934 der Schutzstaffel angehörte, einen Modellversuch zur Aufstellung sogenannter SS-Landscharen bzw. SS-Bauerneinheiten durchführen.[172]

[166] Vgl. Kap. IV.2.

[167] Darré: Blut und Boden. Zum Hintergrund vgl. Bramwell; Corni/Gies; Eidenbenz.

[168] Befehl Himmlers vom 12. 2. 1939, in BA Berlin, SSO Kurt Ellersiek.

[169] SS-Befehlsblatt vom 15. 10. 1934, in IfZ-Archiv, DC 27.01, Bd. 1.

[170] Befehl des Stabsführers des RuSHA, Harm, vom 13. 7. 1935, in StA Marburg, 327/2a, Bd. 129; Eidesstattliche Erklärungen Darrés vom 31. 10. 1946 und 15. 12. 1947, in BA Koblenz, Z 42 IV, Fall 5600, Bl. 62 und 74.

[171] Schreiben des Stabsführers des RuSHA an den sächsischen Landesbauernführer, Körner, vom 20. 5. 1936, in BA Berlin, RS Hellmut Körner; diverse Unterlagen zur Auswahl und Einsetzung der Bauernreferenten, in StA Marburg, 327/2b, Bd. 118–119; Stabsbefehl Nr. 27 des RuSHA vom 29. 11. 1937, in BA Berlin, NS 2, Bd. 4, Bl. 54–55.

[172] Zu den Akteuren BA Berlin, SSO Walter Burghardt bzw. SSO und RS Hellmut Körner. Zur Entstehung des Modellversuchs Schreiben des sächsischen Landesbauernführers, Körner, an

In Kooperation vor allem zwischen den Sturmbann- und den Kreisbauernführern wurden die ländlichen Regionen Sachsens „wellenförmig“ mit einer intensiven „Werbung [...] von Mann zu Mann“ überzogen. Auf allgemeine Vorträge und Reden über „Blut und Boden“ usw. folgten gezielte Werbeveranstaltungen der SS und schließlich die „persönliche Bearbeitung“ bzw. die Musterung der Kandidaten. Diesen wurde der Beitritt schmackhaft gemacht, indem man ihnen versprach, den SS-Dienst der Landscharen im Sommer angesichts der saisonalen Arbeitsbelastung in der Landwirtschaft zu reduzieren. Lediglich im Winter sollte konzentriert an der SS-Ausbildung[173] gearbeitet werden, gegebenenfalls im Rahmen 14-tägiger Sonderlehrgänge.[174]

Am 8. November 1936 stellte Himmler das Konzept seinen in München versammelten Gruppenführern vor.[175] Im Februar 1937 befahl er, es reichsweit zu implementieren.[176] Zwischen 1937 und 1939 kam es in einigen Oberabschnitten zu erheblichen Anstrengungen, die SS möglichst in jedem Dorf zu verankern, wie das Himmler gefordert hatte. Beispielsweise bestellten einige schwäbische Bauernführer bzw. Bürgermeister ganze Jahrgänge der männlichen Landjugend mit offiziösen Schreiben zu SS-Musterungen ein und setzten die Tauglichen anschließend persönlich unter Druck.[177] Allzu viel Erfolg war dem Landscharen-Programm insgesamt dennoch nicht beschieden. Hatten der Gesamt-SS Ende 1937 12 661 Bauern und 1651 landwirtschaftliche Hilfskräfte angehört, so waren es ein Jahr später trotz der territorialen Erweiterung um Österreich und das Sudetenland immer noch nur 14 150 und 2092.[178]

Das mag daran gelegen haben, dass die Zusammenarbeit zwischen SS und Reichsnährstand sich schwieriger gestaltete, seitdem Darré im Frühjahr 1938 aus der Führung des Rasse- und Siedlungshauptamts ausgeschieden war.[179] Der Hintergrund dieses Schritts ist noch immer nicht eindeutig geklärt.[180] In der erhaltenen Privatkorrespondenz zwischen Himmler und Darré wird sowohl auf die „ungeheure Arbeitsüberlastung“ Darrés als auch auf die zunehmend pragmatische und herrschaftsbezogene Ausrichtung der SS Bezug genommen, hinter die der

den Führer des SS-Abschnitts II, Burghardt, vom 20.12.1935 und Schreiben von Darrés Adjutant, Klumm, an Körner vom 20.4.1936, in BA Berlin, RS Hellmut Körner.

173 Vgl. Kap. V.3. und V.4.

174 Dienstanweisung des SS-Abschnitts II und der Landesbauernschaft Sachsen betr. SS-Landscharen vom 31.10.1936, in StA Marburg, 327/2a, Bd. 25.

175 Rede Himmlers vom 8.11.1936, abgedruckt in: ACKERMANN, hier S. 244–245.

176 Befehl des Chefs des SS-HA, Heißmeyer, betr. Aufstellung von SS-Bauerneinheiten vom 9.2.1937, in BA Berlin, NS 31, Bd. 118, Bl. 2–3.

177 Vertraulicher Aktenvermerk des Stabsführers der OSAF, Herzog, vom 3.4.1937, in BA Berlin, NS 2, Bd. 290; Schreiben des Führers des Sturms 12/81 in Schwäbisch-Hall an die Bürgermeister von Michelfeld und Großaltdorf vom 2.7.1938, in StA Ludwigsburg, PL 506, Bd. 74; Schreiben des NSDAP-Kreisleiters und des Landrats von Günzburg an die Bürgermeister des Landkreises vom 9.2.1939, in BA Berlin, NS 2, Bd. 290.

178 Statistisches Jahrbuch der Schutzstaffel der NSDAP 1938, S. 103–105, in IfZ-Archiv, DC 01.06.

179 Den Zusammenhang zum Misserfolg der Landscharen stellt ein Bericht Bergers an den Chef des SS-HA, Heißmeyer, vom 17.6.1939, in BA Berlin, NS 31, Bd. 395, Bl. 52–56, her.

180 Vgl. HEINEMANN: Rasse, S. 112–116.

von Darré repräsentierte „Ordensgedanke“ zurücktreten müsse.[181] Unter Umständen spielte auch der Streit über die Absetzung von Darrés Schwager als „Burghauptmann“ der Wewelsburg[182] eine Rolle. Die erhaltenen, aber stark überarbeiteten Tagebuchnotizen Darrés legen jedoch nahe, dass es zu einem grundsätzlichen Bruch mit Himmler erst während des Zweiten Weltkriegs kam.[183]

Entscheidender dafür, dass der Aufbau von Landscharen nicht im größeren Umfang glückte, waren wohl die organisatorischen Probleme, die diese verursachten. Beispielsweise gehörten zum schwäbischen Sturm 7/81 66 Männer, von denen 43 in den beiden kleinstädtischen Zentren des Sturms in Weinsberg und Öhringen lebten. Die übrigen 23 kamen aus nicht weniger als 13 umliegenden Dörfern, was es angesichts der damaligen Verkehrsverhältnisse erheblich erschwerte, sie zum Dienst zusammenzuziehen bzw. den meist nicht mehr sturm-, sondern zugweise durchgeführten Dienst zu inspizieren.[184] Schließlich stießen die Werbungsversuche der SS in der 1937/38 mehrheitlich bereits in der einen oder anderen Weise nationalsozialistisch organisierten Landbevölkerung vielfach auf wenig Interesse.[185]

Das zweite, auf Studenten abzielende Sonderprogramm der Schutzstaffel ging auf den Herbst 1933 zurück. Die Universitäten hatten schon in der Spätphase der „Kampfzeit“ braune Hochburgen dargestellt. Der Nationalsozialistische Deutsche Studentenbund hatte zahlreiche Studentenschaftswahlen für sich entschieden und stellte seit 1931 den Vorsitzenden der Deutschen Studentenschaft. Die Tatsache, dass ihm unmittelbar vor der „Machtergreifung“ aber gerade einmal knapp 9000 der rund 138000 deutschen Studenten angehörten, zeigt allerdings, dass diese nicht durchwegs hochgradig überzeugte Nationalsozialisten, sondern vielfach Protestwähler waren, die die Überfüllung der Universitäten und die hohe Akademikerarbeitslosigkeit verunsichert hatten. Nach der Ernennung Hitlers zum Reichskanzler erfasste jedoch tatsächlich eine Welle der Begeisterung die Studentenschaft, deren traditionelle Organisationen, die Verbindungen, auch in den Weimarer Jahren mehrheitlich politisch rechts und dezidiert nationalistisch orientiert gewesen waren. Nun kam es zu einer Vielzahl von Beitritten, so dass 1934 rund ein Drittel der Studenten Mitglied des NSDStB waren.[186]

Ab dem Wintersemester 1933/34 intensivierte auch die SA, deren Chef, Ernst Röhm, noch im Sommer 1931 untersagt hatte, spezielle Studentenstürme aufzu-

[181] Schreiben Himmlers an Darré vom 26.4.1938 und Schreiben Darrés an Himmler vom 6.7.1938, in BA Berlin, SSO Walther Darré.

[182] Vgl. Kap. IV.2.

[183] U.a. Einträge vom 19.1., 28.2., 11.9. und 25.9.1938, in StA Goslar, NL Darré, Bd. 484.

[184] Bericht des Sturm 7/81 über seine territoriale Gliederung vom 19.7.1936, in StA Ludwigsburg, PL 506, Bd. 72; Schreiben des Führers des Sturms 7/81 an den Oberabschnitt Südwest vom 15.12.1937, in StA Ludwigsburg, PL 506, Bd. 73. Zu ähnlich oder noch stärker zersplitterten Stürmen s. StA Marburg, 327/2a, Bd. 157. Zur Abneigung der meist städtischen unteren SS-Führerschaft gegen die Landscharen s. auch Bericht Bergers an den Chef des SS-HA, Heißmeyer, vom 17.6.1939, in BA Berlin, NS 31, Bd. 395, Bl. 52–56.

[185] Diverse Berichte über gescheiterte Werbungsveranstaltungen aus dem Bereich der 23. Standarte vom Frühjahr und Sommer 1937, in IPN-Archiv, GK 813, Bd. 8.

[186] Zum Hintergrund Faust und Grüttner, S. 9–11, 19–31, 51–52 und 245–247.

stellen,[187] ihr Engagement an den Universitäten. Nachdem ihm Hitler im September 1933 befohlen hatte, den studentischen Wehrsport zentral zu organisieren, ließ Ernst Röhm im Oktober „SA-Hochschulämter" an allen deutschen Universitäten gründen, mit deren Hilfe die Sturmabteilung vorübergehend zur „einflussreichsten Parteiformation an den Hochschulen" wurde.[188] Dieser Schritt löste auch das besondere Interesse der SS an den deutschen Studenten aus. Im September 1933 schrieb Darré, gewarnt von einem Münchner Mitarbeiter seines Rasse- und Siedlungsamts, einen Brandbrief an den Chef des SS-Führungsstabs, Siegfried Seidel-Dittmarsch. Die SA versuche mit dem Argument, der besonders anspruchsvolle SS-Dienst sei im Gegensatz zum einfacheren SA-Dienst den Studenten nicht zuzumuten, die Schutzstaffel ganz aus den Universitäten zu verdrängen, was eine „schwere Schädigung der SS" bedeuten würde, gegen die man einschreiten müsse.[189]

Aktiv wurde die SS-Führung in dieser Sache zunächst aber noch nicht. Nach dem Sturz Röhms wurden die SA-Hochschulämter aufgelöst. Nun versuchten zunächst der NSDStB und die Deutsche Studentenschaft in einer Mischung aus Konkurrenz und Kooperation, ein Monopol auf die Erfassung der Studenten in zahlreichen neu gegründeten „NS-Kameradschaftshäusern" durchzusetzen. Dieses auf Zwangsmitgliedschaft basierende Modell wurde jedoch von Hitler persönlich im Wintersemester 1934/35 aufgrund des wachsenden studentischen Unmuts darüber unterbunden.[190]

Erst jetzt startete die SS ihre Offensive. Nachdem Ende 1934 in einzelnen Universitätsstädten erste „Kameradschaftshäuser" auf lokale Initiative hin von der Schutzstaffel übernommen worden waren,[191] stellte Darré Anfang 1935 zwei Experten für die studentische Arbeit in seinem neu zu gründenden Rasse- und Siedlungshauptamt ein. Karl Segler war ein 1907 geborener Schlosser, der auf dem zweiten Bildungsweg die Kölner Hochschule erreicht und es dort nicht nur zum promovierten Politikwissenschaftler, sondern auch zum Führer der NSDStB-Hochschulgruppe gebracht hatte. 1934 war er im Auftrag des Reichsführers des NSDStB, Oskar Stäbel, durch zahlreiche deutsche Städte gereist, um „Kameradschaftshäuser" zu gründen bzw. zu inspizieren.[192] Kurt Ellersiek war sechs Jahre älter als Segler, hatte aber einen ähnlichen Lebensweg hinter sich. Auch er hatte zunächst eine Schlosserlehre absolviert, war aber 1930 dank einer besonderen Begabtenprüfung zur TH München zugelassen worden, wo er bis 1934 Wirtschaftswissenschaften studierte. Seit 1929 gehörte er der Sturmabteilung, seit 1930 auch der NSDAP und dem

[187] Befehl Röhms vom 17.6.1931, in BA Berlin, NS 26, Bd. 306.

[188] Befehl Röhms vom 16.10.1933, in BA Berlin, NS 23, Bd. 547; GRÜTTNER, S. 253.

[189] Schreiben von Aufseß' ans Rasse- und Siedlungsamt vom 18.9.1933 und Schreiben Darrés an den Chef des SS-Führungsstabs vom 20.9.1933, in BA Berlin, SSO Hans-Werner v. Aufseß.

[190] GRÜTTNER, S. 240–271.

[191] Unter anderem war in München ein „Haus der jungen Mannschaft" eingerichtet worden – vgl. Schreiben des Rasse- und Siedlungsamts an den Abschnittsschulungsleiter v. Aufseß vom 13.12.1934, in BA Berlin, SSO Hans-Werner v. Aufseß.

[192] BA Berlin, SSO Karl Segler. Segler schied allerdings schon 1937 im Streit um seine Gehaltsforderungen wieder aus dem RuSHA aus und wechselte als Assistent zurück an die Universität Köln.

NSDStB an. 1933/34 hatte er zunächst im Münchner SA-Hochschulamt mitgearbeitet, bevor er Seglers Gegenpart im Auftrag der Deutschen Studentenschaft wurde und dann Anfang 1935 wie dieser zur SS wechselte.[193] Nach einer grundsätzlichen Absprache mit dem seit August 1934 amtierenden neuen Chef des NSDStB, Albert Derichsweiler,[194] machten sich die beiden daran, in Zusammenarbeit mit örtlichen SS-Größen wie dem an der Universität Jena tätigen „Rassekundler“ Karl Astel sogenannte Mannschaftshäuser der SS zu gründen.

Dabei handelte es sich um Wohnheime, die die SS vielfach von den 1935/36 in die Selbstauflösung gedrängten alten Verbindungen übernahm[195] und in denen studentische Angehörige der Schutzstaffel gegen ein geringes Entgelt Kost und Logis erhielten.[196] Während des Semesters wurde dort intensiv „Leibesertüchtigung“ getrieben. Mit Hilfe der hauseigenen NS-Handbibliotheken sowie „politischer Wochenreferate“ und längerer Ausarbeitungen zu zentral vom Rasse- und Siedlungshauptamt gestellten Themen, die zum Beispiel die „Judenfrage“, die „politischen Kirchen“ oder die „Freimaurerei“ betrafen, wurde an der nationalsozialistischen Selbstschulung gearbeitet. Neben all dem sollten alle Mitglieder voll am Dienst der regulären örtlichen SS teilnehmen und in zusätzlichen „Fleißprüfungen“ belegen, dass sie auch akademisch zur Elite der Studentenschaft gehörten.[197] In der vorlesungsfreien Zeit wurde von ihnen erwartet, sich umgehend zum Dienst bei den SS-Einheiten ihrer Heimatorte zu melden bzw. an Sonderaktivitäten wie Lehrgängen in der Berliner Schule des Rasse- und Siedlungshauptamts oder in der Tölzer „Junkerschule“ teilzunehmen.[198]

Im Februar 1939 existierten 16 Mannschaftshäuser der SS,[199] der Ausbau auf 24 war kurz vor Kriegsbeginn fest geplant.[200] Allerdings waren die meisten dieser Einrichtungen sehr klein. In einigen Fällen fiel es angesichts der extremen Anforderungen, die an die dort wohnenden SS-Studenten gestellt wurden, schwer, auch

193 BA Berlin, SSO Kurt Ellersiek.

194 Schreiben des Adjutanten des Führers des NSDStB, Derichsweiler, an den Chef des Schulungsamts des RuSHA, Motz, vom 4.5.1936, in BA Berlin, NS 31, Bd. 79, Bl. 6.

195 Schreiben des Rassereferenten im Oberabschnitt Rhein an das RuSHA vom 7.11.1935, in StA Marburg, 327/2a, Bd. 131.

196 Befehl des Stabsführers des RuSHA, Harm, vom 5.8.1935, in BA Berlin, NS 2, Bd. 279.

197 Befehle des Stabsführers des RuSHA, Harm, vom 5.8., 7.12., 30.11. und 10.12.1935, in BA Berlin, NS 2, Bd. 279; Bericht über den Dienst im SS-Mannschaftshaus Jena vom 12.12.1935, in StA Marburg, 327/2b, Bd. 469; Befehl des Stabsführers im RuSHA, Harm, vom 15.1.1936, in BA Berlin, NS 2, Bd. 134, Bl. 16; Arbeitsbericht des SS-Mannschaftshauses Marburg vom 5.6.1936, in StA Marburg, 327/2a, Bd. 131; Bericht des Mannschaftshauses Jena an den Rassereferenten im Oberabschnitt Elbe vom 6.10.1936, in StA Marburg, 327/2b, Bd. 469.

198 Dienstplan für den Lehrgang der Auswahlmannschaft aus den SS-Mannschaftshäusern in der Berliner RuS-Schule vom 27.–30.4.1936, in BA Berlin, NS 2, Bd. 129, Bl. 213–214; Schreiben Himmlers an Rosenberg vom 18.3.1938 mit der Einladung, in Bad Tölz einen Vortrag vor Mitgliedern der Mannschaftshäuser zu halten, in BA Berlin, NS 2, Bd. 54, Bl. 18.

199 In Berlin, Braunschweig, Danzig, Graz, Halle, Hamburg, Heidelberg, Innsbruck, Jena, Kiel, Köln, Königsberg, Marburg, München, Tübingen und Wien – s. Befehl Himmlers vom 12.2.1939, in BA Berlin, NS 2, Bd. 279.

200 Weitere Häuser sollten in Bonn, Breslau, Brünn, Freiburg, Münster, Leipzig, Prag und Stuttgart entstehen – s. Schreiben der Dienststelle Mannschaftshäuser an den Chef des Persönlichen Stabs der RFSS, Wolff, vom 22.6.1939, in BA Berlin, NS 19, Bd. 580, Bl. 4–5.

nur die vom Rasse- und Siedlungshauptamt festgelegte Mindestzahl von je zehn Mitgliedern zu erreichen. Im Sommer 1938 wohnten insgesamt nur 180 Studenten in den SS-Mannschaftshäusern.[201]

Die geringe Dimension des Programms ist unter Umständen auch darauf zurückzuführen, dass ab 1936 sowohl der NSDStB als auch die Deutsche Studentenschaft unter der Führung des hochrangigen SS-Führers Gustav Adolf Scheel standen. Dem neuen Reichsstudentenführer, der 1907 geboren worden war, seit 1930 der SA, der NSDAP und dem NSDStB angehört hatte, nach seiner medizinischen Promotion 1934 zur SS gewechselt war und die Leitung der Berliner Schule des Sicherheitsdienstes übernommen hatte, war von Hitler primär aufgetragen worden, die Situation in der Studentenschaft zu beruhigen. Denn aufgrund der Dauerfehde zwischen NSDStB und Deutscher Studentenschaft sowie der vielfachen Zumutungen, die der Nationalsozialismus den Studenten aufgebürdet hatte, war von der anfänglichen NS-Begeisterung unter dem akademischen Nachwuchs nur noch wenig zu spüren.[202] Die vorhandenen Quellenfragmente deuten an, dass die SS ihr eigenes Studentenprogramm nicht allzu stark forcierte, um Scheels Arbeit nicht zu stören.[203]

Lediglich für die Pharmazie- und Medizinstudenten wurde ab dem Sommersemester 1937 ein neuer Anlauf in die Wege geleitet, da gerade hier infolge des Ausbaus der Verfügungstruppe und der Totenkopfverbände[204] die Nachwuchssorgen als besonders schwerwiegend empfunden wurden. Die sogenannten SS-Studiengemeinschaften, die mit der Ausnahme Danzigs an allen Universitäten des Reichs gegründet wurden, sollten daher alle Studenten der entsprechenden Fachrichtungen, die der SS angehörten, vereinen und zu einer regen Werbung unter ihren Kommilitonen animieren. Im Frühjahr 1938 gehörten ihnen 335 Nachwuchsmediziner und -apotheker an.[205]

Insgesamt war dem Buhlen der Allgemeinen SS um Jungakademiker ähnlich bescheidener Erfolg beschieden wie dem um die Landjugend. Ende 1937 gehörten der Gesamt-SS 10583 Oberschüler und Studenten an, Ende 1938 trotz der Grün-

201 Bericht des Mannschaftshauses Jena an den Rassereferenten im Oberabschnitt Elbe vom 6.10.1936, in StA Marburg, 327/2b, Bd. 469; „SS-Mannschaftshäuser marschierten durch die Ostmark" in *Das Schwarze Korps* vom 4.8.1938.

202 Zur Person Scheel Arnold. Zum wachsenden Missmut unter den Studenten Faust, S. 111–114, und Grüttner, S. 257–258 und 318–319.

203 Befehl Himmlers vom 15.1.1938, in BA Berlin, NS 2, Bd. 279; Stabsbefehl Nr. 2 des RuSHA vom 25.1.1938, in BA Berlin, NS 2, Bd. 4, Bl. 38; Befehl des Chefs des SS-HA, Heißmeyer, vom 24.5.1938, in BA Berlin, NS 31, Bd. 365, Bl. 72.

204 Vgl. Kap. VI.1.

205 Befehle des Chefs des SS-HA, Heißmeyer, vom 18. und 29.10.1937, in StA Marburg, 327/2b, Bd. 53; Oberabschnittsbefehlsblatt des Oberabschnitts Fulda-Werra 2. Jg. (1938), Nr. 1 vom 15.1.1938, in StA Marburg, 327/2b, Bd. 51; Tätigkeitsbericht der SS-Studiengemeinschaft Frankfurt a. M. für das Wintersemester 1937/38 vom 1.3.1938, in StA Marburg, 327/2b, Bd. 114; Befehl des Chefs des SS-HA, i.V. Schmitt, betr. SS-Studiengemeinschaften vom 27.4.1938, in IPN-Archiv, GK 812, Bd. 357, Bl. 1–3; Ausbildungsbrief Nr. 4 des SS-Sanitätsamts vom 6.5.1938, in BA Berlin, NS 31, Bd. 183, Bl. 48–59.

dung des „Großdeutschen Reichs“ immer noch nur 12 947.[206] Ganz anders verhielt es sich allerdings dort, wo die Schutzstaffel gezielt Hochschulabsolventen als Hauptamtliche für ihre „führerunmittelbaren“ Sonderorganisationen suchte und ihnen nicht nur ein Gehalt, sondern steile Karrieren und enorme Macht offerieren konnte.[207]

4. Im Umfeld der SS – Fördernde Mitglieder und Ehrenführer

Als der Schutzstaffel 1945/46 vor dem Internationalen Militärgerichtshof von Nürnberg der Prozess gemacht wurde, beanstandete ihr Verteidiger, Horst Pelckmann, dass man diese keinesfalls als monolithische Gesamtheit anklagen könne. Unter anderem müsse man die „Fördernden Mitglieder“ und die „Ehrenführer“ von einem Kollektivurteil ausnehmen, da zwischen diesen und der SS nur eine „sehr flüchtige Bindung“ bestanden habe.[208]

Im Bezug auf die erste Kategorie widersprachen Pelckmann weder die Nürnberger Ankläger und Richter noch die Historiker, die begannen, sich mit der SS zu befassen, allzu intensiv. Bei der Organisation der Fördernden Mitglieder habe es sich – so Hans Buchheim in einem 1954 im Auftrag des Münchner Instituts für Zeitgeschichte verfassten kurzen Gutachten – um einen Kreis von Spendern gehandelt, die außer meist geringen Monatsbeiträgen keine feste Verpflichtung gegenüber der SS eingegangen seien. Die Zugehörigkeit zur „FMO“, so das SS-intern gebräuchliche Kürzel, sei somit im Vergleich als ähnlich geringfügiges Zeichen der Loyalität zum Nationalsozialismus bzw. zum Hitler-Regime zu bewerten wie diejenige zur NS-Volkswohlfahrt.[209]

In seiner Monografie „Der Orden unter dem Totenkopf“, die aus einer 1967 im Nachrichtenmagazin *Der Spiegel* erschienenen Artikelserie hervorging, verglich Heinz Höhne die Fördernde SS-Mitgliedschaft gar mit einer Art Schutzgeld, durch das man anderen „NS-Belästigungen“ habe entgehen können.[210] Er insinuierte somit, ohne es explizit zu formulieren oder aus den Quellen zu belegen, dass viele oder zumindest nicht wenige Fördernde Mitglieder den Nationalsozialisten innerlich distanziert gegenüber gestanden hätten. Auf die Tatsache, dass sich – zumindest zeitweise – auch jeder, der der FMO beitrat, schriftlich verpflichtete, „die Schutzstaffel mit allen meinen Kräften zu fördern“, bzw. dass die SS ihrerseits es sich zum Ziel setzte, eine „enge Verbindung“ zu ihren Fördernden Mitgliedern zu halten und „weltanschaulich auch auf die FM einzuwirken“,[211] gingen weder Buchheim noch Höhne ein.

206 Statistisches Jahrbuch der Schutzstaffel der NSDAP 1938, S. 103–105, in IfZ-Archiv, DC 01.06.
207 Zum Beispiel des SD und des RSHA vgl. Banach und Wildt: Generation.
208 Der Prozess gegen die Hauptkriegsverbrecher, Bd. 21, S. 388–389.
209 Buchheim: Fördernde Mitgliedschaft.
210 Höhne: Orden, S. 132.
211 Sammlung von Aufnahmeerklärungen zur FM-Organisation von 1927 bis 1935, in StA Ludwigsburg, PL 506, Bd. 124 bzw. StA Marburg, 327/2a, Bd. 52–58; FM-Mitgliedsbuch vom April

Weit kontroverser wurde nach 1945 der Status der SS-Ehrenführer diskutiert. Schon im Vorfeld der alliierten Besatzung hatte der amerikanische Militärgeheimdienst davor gewarnt, die Schutzstaffel habe durch die systematische Verleihung teilweise hoher Führerränge an die Inhaber wichtiger Funktionen in fast allen Bereichen von Staat und Gesellschaft Deutschland wie ein Krake umschlungen bzw. im Stil einer „fünften Kolonne" unterwandert. Diesem „Eindringen in jede Faser der deutschen Gesellschaft" könne nur entgegengewirkt werden, wenn ausnahmslos alle Inhaber von SS-Führerrängen kalt gestellt würden. Man schlussfolgerte: „Die SS kann nicht demobilisiert werden; sie muss neutralisiert werden."[212]

Die Kluft, die zwischen dieser Einschätzung der SS-Ehrenführerränge und den Äußerungen der Nürnberger Verteidiger bestand, die betonten, viele Ehrenführer seien ernannt worden „ohne ihr Zutun" und „ohne sich gegen die Rangverleihung wehren zu können",[213] ist bis heute nicht völlig überwunden. Vielmehr spiegelt sie sich beispielsweise noch in den betreffenden Passagen der 2010 von Eckart Conze, Norbert Frei und anderen verantworteten Studie zum Verhältnis zwischen Nationalsozialismus und Auswärtigem Amt[214] wider. Schon den Mitarbeitern des US-Nachrichtendienstes war aufgefallen, dass gerade das deutsche Diplomatenkorps besonders hochgradig mit SS-Führern durchsetzt war.[215] Im sogenannten Wilhelmstraßenprozess, der 1947 bis 1949 als einer von insgesamt zwölf Nürnberger Nachfolgeprozessen vor amerikanischen Richtern stattfand, wurde diesem Zusammenhang große Beachtung geschenkt.[216] 1987 quantifizierte Hans-Jürgen Döscher in seiner Dissertation das Phänomen auf der Basis einer systematischen Auswertung von Personalakten genauer. Schon Anfang 1938 waren im Auswärtigen Amt rund zehn Prozent der ungefähr 500 Beamten des höheren Dienstes SS-Führer. In der „Ära Ribbentrop" stieg diese Quote noch an.[217]

Während Lars Lüdicke in den von ihm verfassten Passagen der Conze und Kollegen zugeschriebenen, faktisch aber von ihnen lediglich herausgegebenen Studie *Das Amt und die Vergangenheit* behauptet, dass von allen SS-Diplomaten, ob Ehrenführer oder nicht, „erwartet" worden sei, dass sie „die Regularien und Riten der SS einschließlich ihrer Weltanschauung übernahmen und verkörperten", [218] urteilt Jan Erik Schulte im gleichen Buch deutlich differenzierter. Er vertritt die

1934, in BA Berlin, R 187, Bd. 245a, Bl. 164–175; vgl. Der Prozess gegen die Hauptkriegsverbrecher, Bd. 35, S. 491–493, Dok. SS-43; Bericht des Schulungsleiters der 2. Standarte an den Rassereferenten des Oberabschnitts Rhein vom 16. 7. 1935, in StA Marburg, 327/2a, Bd. 126.

212 Supreme Headquarters Allied Expeditionary Force Evaluation and Dissemination Section G 2 (Counter Intelligence Sub-Division): Basic Handbook The Allgemeine SS (The General SS) [o. D.], S. 1–2, 5–6 und F1–F7, in BA Berlin, Handapparat. [Übersetzung der Zitate B.H.]

213 Der Prozess gegen die Hauptkriegsverbrecher, Bd. 8, S. 468.

214 Conze/Frei/Hayes/Zimmermann.

215 Supreme Headquarters Allied Expeditionary Force Evaluation and Dissemination Section G 2 (Counter Intelligence Sub-Division): Basic Handbook The Allgemeine SS (The General SS) [o. D.], S. F2–F3, in BA Berlin, Handapparat.

216 Blasius: Fall 11; Pöppmann.

217 Döscher: Das Auswärtige Amt, S. 115.

218 Conze/Frei/Hayes/Zimmermann, S. 120–121.

Position, dass sich aus der Tatsache formaler Mitgliedschaften allein noch „kein Aufschluss über die wirkliche politische Einstellung“ ergebe.[219]

Somit bleiben im Bezug auf die Fördernden Mitglieder ebenso wie auf die Ehrenführer der Schutzstaffel zahlreiche Fragen offen. Im Folgenden soll – soweit die fragmentarische Quellenlage das zulässt – beschrieben werden, worum es sich bei diesen beiden Sonderkategorien der SS-Mitgliedschaft konkret handelte, wie sie sich während der „Kampfzeit“ bzw. des Dritten Reiches entwickelten und ob bzw. wie sie sich historisch bewerten lassen.

Kurze Zeit nach der Gründung der SS genehmigte Hitler ihr als einziger Parteiformation den Aufbau einer eigenen Organisation zur Spendensammlung neben den „NS-Opferringen“, die für die gesamte „Bewegung“ agierten. Spätestens ab 1926 begann die Oberleitung der SS, alle deutschen Männer und Frauen, die „arischer“ Abstammung waren und keiner Freimaurerloge angehörten, dazu aufzufordern, Fördernde Mitglieder der Schutzstaffel zu werden. Die Beitretenden verpflichteten sich, einen selbst festgesetzten, mindestens aber eine Reichsmark betragenden monatlichen[220] Beitrag zur Finanzierung des weiteren Ausbaus sowie des laufenden Dienstbetriebs der SS zu leisten. Selbst an Letzterem teilnehmen mussten sie nicht. Dass sich Hitler für diese Ausnahmeregelung zugunsten der SS entschied, lag zum einen daran, dass dieser durch ihre Personen- und Saalschutzfunktion besonders hohe Fahrtkosten entstanden. Zum anderen – und hier lag wohl der entscheidende Grund für die Entstehung der FMO – wollte der „Führer“ die SS im Gegensatz zur SA der finanziellen Kontrolle der regionalen Funktionäre der NSDAP möglichst weitgehend entziehen und sie durch diese Form der Unabhängigkeit ganz auf sich selbst ausrichten.[221]

Im März 1929, kurz nach Himmlers Übernahme des Amts als Reichsführer der SS, bestätigte Hitler diesem das alte Sonderrecht in schriftlicher Form.[222] In der Praxis war in der „Kampfzeit“ jede SS-Einheit berechtigt, einen eigenen FM-Kreis aufzubauen und zu betreuen. Jedoch durften nur 15% der FM-Mitgliedsbeiträge vor Ort verwendet werden, der Rest war an die Reichsführung abzuführen.[223] Erst allmählich setzte sich eine gewisse Vereinheitlichung zum Beispiel durch Standardisierung der Aufnahmeerklärungen durch. In den erhaltenen Exemplaren, die zwischen 1929 und 1933 verwendet wurden, war neben der Zahlungsverpflich-

[219] Conze/Frei/Hayes/Zimmermann, S. 158–166. Zur Auffassung, dass im Bezug auf die SS-Ehrenführer „der Grad der Loyalität zur SS individuell geklärt werden müsste“, vgl. auch Schulte: Geschichte, S. XXI.

[220] Nicht jährlichen, wie Höhne: Orden, S. 132, und im Anschluss an ihn Kaienburg: Wirtschaft, S. 71–72, vermuten.

[221] Werbungsschreiben der Oberleitung der Schutzstaffeln der NSDAP zum Beitritt in die FM-Organisation vom Juni 1926, in BA Berlin, NS 19, Bd. 1934, Bl. 19; Sammlung von FM-Aufnahmeerklärungen aus den Jahren 1927 bis 1939, in StA Ludwigsburg, PL 506, Bd. 124, und StA Marburg, 327/2a, Bd. 52–58; Buchheim: Fördernde Mitgliedschaft; Neusüss, S. 17; Koehl: Black Corps, S. 25–26.

[222] Schreiben Hitlers an Himmler vom 15. 3. 1929, in: Hitler, Bd. III/2, S. 44–45.

[223] Ausschnitt aus einem Lagebericht der politischen Polizei München an die Regierung von Oberbayern zur SS von 1929, in BA Berlin, NS 19, Bd. 1934, Bl. 37.

tung auch die bereits erwähnte Zusage enthalten, die SS jeweils „mit allen meinen Kräften zu fördern".[224] 1932 gehörten der FMO reichsweit im Jahresdurchschnitt 13000 Mitglieder an, die monatlich ungefähr 17000 Reichsmark bezahlten, was rund 50% des damaligen SS-Gesamtetats ausmachte.[225]

Unmittelbar nach der „Machtergreifung" wuchs die FMO, wie alle anderen NS-Organisationen auch, in explosiver Form. Das lag neben dem Zustrom der „Märzgefallenen" daran, dass die SS nun teilweise in „Wildwestmanier" um Spender warb.[226] Somit ist Höhnes These von der Schutzgeldfunktion zumindest nicht völlig von der Hand zu weisen. Der außerordentliche Elan der Werber, der dazu führte, dass Anfang 1934 FM-Mitgliedsnummern jenseits der Millionengrenze vergeben wurden,[227] lag wohl nicht zuletzt daran, dass Himmler im Februar 1933 einen neuen Verteilungsschlüssel für die FM-Erlöse eingeführt hatte. Die für Werbung und Inkasso zuständigen Stürme durften nun 35% selbst behalten. Zehn Prozent ging an die Sturmbanne, 49% an die darüber liegenden Hierarchieebenen und sechs Prozent waren als Unkostenanteil veranschlagt.[228]

Allerdings führte die aggressive Form der Akquise zu erheblichen Protesten aus der Bevölkerung bzw. anderer Parteiorganisationen, die um Spenden und Spender konkurrierten. Als Franz Xaver Schwarz, der Reichsschatzmeister der NSDAP, sich die Kritik zu eigen machte, musste Himmler eingreifen und zur Mäßigung mahnen.[229] Ab 1934 ging es der SS-Führung primär darum, „den FM-Bestand zu erhalten".[230] Das gelang insgesamt relativ gut. In diesem Jahr gehörten, nachdem auch hier der chaotische Wildwuchs der „Machtergreifungsphase" bereinigt worden war,[231] durchschnittlich gut 340000 Personen der SS als Fördernde Mitglieder an, 1939 rund 365000.[232]

[224] Sammlung von FM-Aufnahmeerklärungen aus den Jahren 1927 bis 1939, in StA Ludwigsburg, PL 506, Bd. 124, und StA Marburg, 327/2a, Bd. 52–58.

[225] Die Zahl für 1932, basierend auf Angaben des Chefs der SS-Verwaltung, Oswald Pohl, bei Höhne: Orden, S. 133. Die Schätzung des Finanzierungsanteils bei Longerich: Himmler, S. 145 und 268. Die andere Hälfte stammte vor allem aus Beiträgen der Vollmitglieder.

[226] Entsprechende Anweisungen zu offensiver Werbung u. a. in den Befehlen Himmlers vom 6. 2. 1933, des Führers der SS-Gruppe Süd, Hildebrandt, vom 8. 2. 1933 und des Führers der SS-Gruppe Süd, Jeckeln, vom 24. 2. 1933, in BA Berlin, NS 26, Bd. 330. Zur Beschreibung der dabei angewandten Methoden s. BA Berlin, NS 1, Bd. 556; der Vorwurf der „Wildwestmanier" hier in einem Schreiben des Gauschatzmeisters der NSDAP in Hessen-Nassau-Süd, Eck, an Schwarz vom 19. 4. 1933.

[227] Sammlung von FM-Aufnahmeerklärungen aus den Jahren 1927 bis 1939, in StA Ludwigsburg, PL 506, Bd. 124, und StA Marburg, 327/2a, Bd. 52–58.

[228] Befehl Himmlers vom 6. 2. 1933, in StA Marburg, 327/2a, Bd. 78.

[229] Befehl Himmlers vom 20. 2. 1933, in BA Berlin, NS 26, Bd. 330. Vgl. zum nunmehr zurückhaltenden Kurs in Sachen FM auch Befehl des Verwaltungsführers des Sturmbanns II/81 vom 14. 2. 1936, in StA Ludwigsburg, PL 506, Bd. 85.

[230] Befehl des Chefs des SS-HA, Heißmeyer, vom 5. 10. 1936, in StA Marburg, 327/2a, Bd. 80.

[231] Beispielsweise wurden die extrem hohen Mitgliedsnummern, die 1933/34 vergeben worden waren, nachträglich nach unten korrigiert – Sammlung von FM-Aufnahmeerklärungen aus den Jahren 1927 bis 1939, in StA Ludwigsburg, PL 506, Bd. 124, und StA Marburg, 327/2a, Bd. 52–58.

[232] Höhne: Orden, S. 133; Skizze Wolfgang Vopersals zur FM-Organisation [o. D.], in BA Freiburg, NL 756, Bd. 46b.

Die bei weitem überwiegende Mehrheit spendete dabei allerdings gerade einmal den Mindestbeitrag von einer Reichsmark im Monat oder wenig mehr,[233] was sich auch im Gesamtertrag niederschlug. Dieser lag 1934 bei rund 580000, 1935 bei circa 430000 Reichsmark pro Monat, was allerdings immer noch ein Drittel des Gesamtetats der Allgemeinen SS ausmachte.[234] Angesichts der Tatsachen, dass eine allzu aggressive Werbung für die FMO nicht mehr erwünscht war und dass eine gleichmäßigere, zentrale Mittelverteilung zu einem homogeneren Aufbau der Allgemeinen SS beitragen sollte, änderte Himmler 1935 zudem die Aufteilung der FM-Gelder erneut. Nunmehr verblieben nur noch zehn Prozent bei den Einheiten, 90% waren an die Reichsführung abzuführen, wovon ein Teil dann wieder als Pauschalzuschuss an die Stürme zurückfloss.[235]

Ab dem Herbst 1933 begann die Schutzstaffel, ihren Fördernden Mitgliedern ihrerseits „etwas zu bieten" – erstens wohl um die reduzierte Intensität der Werbung auszugleichen, zweitens aber auch, um sie, wie erwähnt, weltanschaulich auszurichten. Zwar fehlte nun in den Aufnahmeerklärungen die Formulierung vom allgemeinen, höchsten Einsatz für die Sache der SS, dafür wurden die FM in ihren neuen Mitgliedsbüchern dazu angehalten, eine „enge Verbindung" zur Schutzstaffel zu pflegen und „in Freundes- und Bekanntenkreis" für diese zu werben.[236] Zum Dank waren die Fördernden Mitglieder nun berechtigt, spezielle Anstecknadeln bzw. Broschen zu tragen und ihre Fahrzeuge mit Wimpeln zu verzieren.[237] Vielerorts riefen die lokalen SS-Führer ihre Vollmitglieder auf, als Kunden Geschäftsleute zu bevorzugen, die der FMO angehörten.[238]

Die Fördernden Mitglieder erhielten des Weiteren privilegierten Zugang zu den SS-Heimen, die nun in immer mehr Städten entstanden, so zwischen 1936 und 1939 beispielsweise in Aschaffenburg, Aschersleben, Berlin, Bottrop, Hamburg,

233 Sammlung von FM-Aufnahmeerklärungen aus den Jahren 1927 bis 1939, in StA Ludwigsburg, PL 506, Bd. 124, und StA Marburg, 327/2a, Bd. 52–58.

234 Zur Höhe der Erträge s. Höhne: Orden, S. 133; Befehl des Chefs des SS-Verwaltungsamtes, Pohl, vom 3. 2. 1936, in StA Ludwigsburg, PL 506, Bd. 82. Zum Anteil der FM-Gelder an der Gesamtfinanzierung vgl. die Haushaltspläne der Allgemeinen SS für die Jahre 1935 bis 1938, in BA Berlin, NS 3, Bd. 465–469. Der Rest des Etats der Allgemeinen SS stammte weiterhin aus Beiträgen der Vollmitglieder sowie, mit wachsendem Anteil, aus Zuschüssen der NSDAP.

235 Durchführungsverordnung des Chefs des SS-Verwaltungsamtes, Pohl, zur Haushaltsplanung 1935 für die Allgemeine SS vom 1. 6. 1935, in BA Berlin, NS 3, Bd. 465, Bl. 4.

236 Sammlung von FM-Aufnahmeerklärungen aus den Jahren 1927 bis 1939, in StA Ludwigsburg, PL 506, Bd. 124, und StA Marburg, 327/2a, Bd. 52–58; FM-Mitgliedsbuch vom April 1934, in BA Berlin, R 187, Bd. 245a, Bl. 164–175; vgl. Der Prozess gegen die Hauptkriegsverbrecher, Bd. 35, S. 491–493, Dok. SS-43.

237 Befehl Himmlers vom 7. 8. 1933, in StA Marburg, 327/2a, Bd. 78; Buchheim: Fördernde Mitgliedschaft, S. 350–351; Befehl des Chefs des SS-Verwaltungsamtes, Pohl, vom 14. 2. 1935, in StA Ludwigsburg, PL 506, Bd. 82.

238 Rundschreiben des Leiters der FM-Geldverwaltung im Bereich der 5. Standarte vom 17. 5. 1934, in StA Marburg, 327/2a, Bd. 65; vgl. auch Rundschreiben der FM-Organisation des Heilbronner Sturms 3/13 [o. D.; Mitte der 1930er Jahre], in StA Ludwigsburg, PL 506, Bd. 94.

Rosenheim und Wuppertal.[239] Sie waren zu allen größeren Festen der SS eingeladen, bzw. wurden, anfangs sporadisch, ab 1938 aufgrund eines Befehls der Reichsführung mindestens halbjährlich, eigene FM-Feiern für sie veranstaltet. Diese bestanden in der Regel aus einer genau kalkulierten Mischung von Unterhaltung und ideologischer Indoktrination. Neben humorigen Einlagen und einem Musik- und Tanzprogramm wurden Vorträge, Ansprachen und spezielles SS-Liedgut geboten.[240] Das wichtigste Mittel zur Werbung, Bindung und weltanschaulichen Ausrichtung Fördernder Mitglieder war jedoch die eigene, aufwendig gestaltete Zeitschrift, die zwischen dem Frühjahr 1934 und der kriegsbedingten Deaktivierung der FMO im Herbst 1939 gratis an sie verteilt wurde.[241]

In welchem Umfang diese Angebote der Schutzstaffel tatsächlich rezipiert wurden, lässt sich mangels Quellen nicht mehr feststellen, zumindest nicht pauschal für alle Fördernden Mitglieder. Die Tatsache jedoch, dass es gelang, die FMO zahlenmäßig zu stabilisieren, obwohl ein Austritt unter Angabe relativ oberflächlicher Gründe wie zum Beispiel Geldsorgen oder andere Arten des NS-Engagements etwa in Form von Spenden an das Winterhilfswerk jederzeit möglich war,[242] zeigt, dass zumindest die Werbungs- und Bindungsfunktion erreicht wurde. Der Grad der weltanschaulichen Überzeugung einzelner FM kann dagegen nur von Fall zu Fall bestimmt werden, wie an zwei Beispielen veranschaulicht werden soll.

Der katholische Erzbischof von Freiburg, Conrad Gröber,[243] vor 1933 ein Aktivist der Zentrumspartei mit Verbindungen ins liberale Lager, hielt es im ersten Jahr nach der „Machtergreifung" für taktisch klug, sich dem neuen Regime mit einer Vielzahl öffentlicher Loyalitätserklärungen anzudienen, die ihm im Volksmund den Spitznamen „der braune Conrad" einbrachten. Unter anderem trat er auch der FMO der Schutzstaffel bei. Doch Gröbers Hoffnung, der Nationalsozialismus werde sich streng an das Reichskonkordat vom Juli 1933 halten, zu dessen entschiedensten Befürwortern er gehörte, wurde enttäuscht. Als die Nationalsozialisten begannen, das katholische Vereins- und Schulwesen, das Gröber schützen wollte, auszuhöhlen, protestierte der Erzbischof auch öffentlich, allerdings ohne je zu offenem Widerstand überzugehen. Anfang 1938 wollte die SS-Führung Gröber angesichts seiner Regimekritik aus der FMO entfernen, jedoch weigerte sich

239 „SS-Männer bauen ein Heim" in *Das Schwarze Korps* vom 20.8.1936; „Ein Werk der Kameradschaft" in *Das Schwarze Korps* vom 11.11.1937; „Unser SS-Heim" in *Das Schwarze Korps* vom 13.7.1939. Zu frühen SS-Heimen vgl. Kap. II.2.

240 „Das Frühlingsfest des SS-Abschnitts I" im *Völkischen Beobachter* vom 20.5.1935; „Die SS dankt ihren Fördernden Mitgliedern" im *Völkischen Beobachter* vom 19.12.1935; „Unsere FM's und wir" in *Das Schwarze Korps* vom 30.4.1936; Berichte über bunte Abende bzw. Kameradschaftsabende für Fördernde Mitglieder in der *FM-Zeitschrift* vom März und Juli 1935, April 1936, Juli und September 1937; Befehl des Chefs des SS-HA, Heißmeyer, vom 19.9.1938, in BA Berlin, NS 31, Bd. 178, Bl. 103–104; zur Debatte um die Gestaltung des Programms derartiger FM-Veranstaltungen s. StA Ludwigsburg, PL 506, Bd. 2 und 52.

241 Vgl. Kap. III.3.

242 Sammlungen von FM-Austrittserklärungen, in StA Ludwigsburg, PL 506, Bd. 125, und StA Marburg, 327/2a, Bd. 70.

243 Zur Person Schwalbach und Ott.

dieser, wohl um die Schutzstaffel zu ärgern, sein Mitgliedsbuch herauszugeben, woraufhin der SS nichts anderes übrig blieb, als ihn „stillschweigend" zu streichen.[244] Während des Zweiten Weltkriegs gehörte Gröber zu den Bischöfen, die die NS-Euthanasiemorde offen und zumindest teilweise erfolgreich angriffen. Das hohe Ansehen, in dem er bis zu seinem Tod 1948 stand, ist wohl nicht nur durch diese couragierte Haltung zu erklären. Vielmehr eignete sich Gröber für seine Landsleute auch als Symbolfigur des nun notwendigen politischen Umlernens. Zudem verkörperte er die moralisch nicht unproblematische, jedoch bequeme und gesellschaftsstabilisierende Selbstabsolution von den „Verstrickungen" in die Verbrechen, die während des Dritten Reiches im Namen der „Volksgemeinschaft" begangen worden waren. So fühlte sich Gröber beispielsweise bemüßigt, durch ein Schreiben in den Nürnberger IMT-Prozess einzugreifen, in dem er die relative Harmlosigkeit der FMO und somit seiner eigenen NS-Verbindung beteuerte.[245]

Für Günther Claassen dagegen bedeutete sein Beitritt als Förderndes Mitglied im Jahr 1931 den Einstieg in eine veritable SS-Karriere. Nur ein Jahr später schloss sich der 1888 geborene Landwirt, der im Ersten Weltkrieg als Oberleutnant und danach als Freikorpskämpfer gedient hatte, auch der NSDAP und der Schutzstaffel an, wurde zum Adjutanten des Chefs des SS-Amts, Ernst Bach, zum hochrangigen Mitarbeiter des Gerichtsamts im SS-Hauptamt, zum SS-Abschnittsführer und schließlich zum Polizeipräsidenten unter anderem in Münster.[246]

Während die Zugehörigkeit zur FMO somit im Einzelfall weder als völlig harmlos noch als schwer belastend, sondern allenfalls als Indiz individueller NS-Überzeugungen gelten kann, ist die kollektive Gleichsetzung etwa mit der Mitgliedschaft in der NS-Volkswohlfahrt unangemessen. Schließlich war die SS, die man als FM gezielt und in einer für diese insgesamt durchaus relevanten Größenordnung unterstützte, eine dezidierte Kampforganisation, die aus ihrer politischen Gewalttätigkeit keinen Hehl machte, sondern diese in Form ihrer martialischen Uniformierung oder auch zahlreicher Artikel in der *FM-Zeitschrift* über die Praktiken der „Kampfzeit"[247] offen zur Schau trug.

Bei der Fördernden Mitgliedschaft stand die Finanzierung der Schutzstaffel im Mittelpunkt. Dagegen kam diesem Aspekt im Hinblick auf die sogenannten Ehrenführer nur eine sekundäre Bedeutung zu. Zwar wurden im Einzelfall Männer aufgrund ihrer besonderen Spendenfreudigkeit mit SS-Führerrängen und –uniformen ausgezeichnet, ohne dass damit entsprechende Befehlsbefugnisse bzw.

[244] Schreiben des Verwaltungschefs der SS, Pohl, an den Persönlichen Stab RFSS vom 19.1.1938 und Antwort des Persönlichen Stabs vom 29.1.1938, in BA Berlin, R 187, Bd. 245a, Bl. 130–131.

[245] Schreiben des Freiburger Erzbischofs, Conrad Gröber, an das IMT vom 7.6.1946, in: DER PROZESS GEGEN DIE HAUPTKRIEGSVERBRECHER, Bd. 35, S. 494, Dok. SS-45. Eine ähnliche Erklärung gab auch der evangelische Pfarrer von Selb ab – Erklärung Johannes Pöhlmanns vom 2.7.1946, in: DER PROZESS GEGEN DIE HAUPTKRIEGSVERBRECHER, Bd. 35, S. 533–535, Dok. Affidavit SS-52.

[246] BA Berlin, SSO Günther Claassen. Weitere Fälle von Männern, die von der FMO zur regulären SS übertraten, in StA Marburg, 327/2a, Bd. 70.

[247] Vgl. Kap. II. 1.

Leitungsaufgaben oder Dienstpflichten innerhalb der Schutzstaffel verbunden waren.[248] Primär ging es bei der Ehrenführerschaft aber darum, das Ansehen der SS durch die Aufnahme bekannter und mächtiger Männer nach außen zu mehren, ihrem Eliteanspruch Glaubwürdigkeit zu verleihen und dadurch die Rekrutierung zu vereinfachen, und schließlich darum, Einfluss auf die staatlichen und gesellschaftlichen Handlungsfelder zu erlangen, aus denen die Ehrenführer kamen[249].

Einer der frühesten und bekanntesten Ehrenführer gehörte nicht der SS, sondern der SA an. Prinz August Wilhelm von Preußen, der 1887 geborene vierte Sohn Wilhelms II., wurde, als er sich Anfang der 1930er Jahre den Nationalsozialisten anschloss, mit offenen Armen empfangen und umgehend mit dem Rang und der Uniform eines SA-Standartenführers ausgestattet. Sein Einsatz bei zahlreichen Versammlungen und Aufmärschen diente dazu, die Anschlussfähigkeit der „Bewegung" zum bürgerlichen Konservatismus zu symbolisieren. Auch wurde dadurch, dass der Kaisersohn das Braunhemd anzog, die vermeintlich besondere „Volksgemeinschaftlichkeit" des Nationalsozialismus dargestellt.[250] Nach der „Machtergreifung" begann auch die SS, Ehrenführerränge zu verleihen, wobei sie sich zunächst noch darauf konzentrierte, ihre Stellung innerhalb der „Bewegung" durch die Aufnahme hochrangiger NS-Funktionäre zu festigen wie etwa des Reichsgeschäftsführers der NSDAP, Philipp Bouhler, des außenpolitischen Beraters des „Führers", Joachim von Ribbentrop, oder des neuen Chefs der Reichskanzlei, Hans Heinrich Lammers.[251]

Im Januar 1934 erließ Hitler einen Befehl, mit dem die bis dahin wild gewachsene Praxis der Ehrenführerschaften in SA und SS reglementiert wurde. Hierfür kämen alle Männer in Frage, die sich „um Führer und Bewegung" bzw. „um Volk und Vaterland besonders verdient gemacht" hätten. Sie bräuchten „keinen aktiven Dienst" zu leisten, seien aber den jeweiligen allgemeinen „Dienstvorschriften" wie zum Beispiel dem Disziplinarwesen „unterworfen". Begrifflich sei zwischen „Rang-" und „Ehrenführern" zu unterscheiden. Erstere umfassten die Dienstgrade vom Sturm- bis zum Obersturmbannführer, Letztere diejenigen vom Standarten-

248 Zum Fall eines schlesischen Zuckerfabrikanten, der zwischen 1932 und 1938 der SS rund 15 000 Reichsmark zukommen ließ und dafür den Rang eines Hauptsturmführers verliehen bekam, vgl. IPN-Archiv, GK 812, Bd. 688. Auch im sogenannten Freundeskreis Himmler, dem mehrere Ehrenführer, jedoch auch Nicht-SS-Mitglieder angehörten, wurden systematisch Spenden für das „Sonderkonto R", einer Art Reptilienfonds Himmlers, gesammelt – vgl. Vogelsang: Freundeskreis.

249 Bei dieser Einflussnahme handelte es sich jedoch stets um einen Verschränkungsprozess, d. h. zum einen wurden Männer, die bereits auf Schlüsselpositionen waren, in die SS geholt, zum anderen wurden Männer, die bereits der Schutzstaffel angehörten, in frei werdende Funktionsstellen vermittelt. Zu diesem Vorgang am Beispiel der deutschen Polizei vgl. Kap. VI.1.

250 Machtan: Kaisersohn. Zu weiteren Adeligen in der SA und ihrer Funktion vgl. Malinowski/Reichardt.

251 SS-Personalbefehle vom 18.6.und 24.11.1933, in BA Berlin, NS 31, Bd. 368, Bl. 17–22 und 26ff.

bis zum Obergruppenführer. Ernennungen stünden, auf Vorschlag Röhms bzw. Himmlers, nur ihm, Hitler, selbst zu.[252]

Im Bezug auf die spezielle SS-Aufnahmeprozedur[253] bildete sich in der Praxis ein Kompromiss heraus. Auch die Ehrenführer mussten die AV-Scheine ausfüllen, womit sie sich schriftlich verpflichteten, sich „für die Idee Adolf Hitlers einzusetzen, strengste Parteidisziplin zu wahren und die Anordnungen der Oberleitung der Schutzstaffeln und der Parteileitung gewissenhaft auszuführen" bzw. „die Bewegung mit allen meinen Kräften zu fördern". Zudem gewährten sie der Schutzstaffel durch die in diesen Formularen gemachten Angaben einen umfassenden Einblick in ihren Werdegang und ihr Privatleben.[254] Schließlich legten auch die Ehrenführer den SS-Eid ab, mit dem sie Hitler persönlich „Treue" und „Gehorsam bis in den Tod" schworen.[255] Dagegen mussten sie sich weder der ärztlichen noch der „rassischen" Musterung unterziehen und auch den aufwendigen Nachweis der „Erbgesundheit" bzw. der „arischen" Abstammung nicht erbringen. Konkrete Dienstpflichten oder Befehlsbefugnisse, die sie in regelmäßigen Kontakt mit der SS gebracht hätten, hatten sie, wie erwähnt, nicht. Allerdings wurde die Verbindung seitens der SS im Einzelfall durch Beförderungen, die Auszeichnung etwa mit dem „Totenkopfring" oder dem „Ehrendegen", Einladungen und Glückwunschschreiben oder kleinen Präsenten zu Geburtstagen, Geburten, Hochzeiten usw. gepflegt.[256]

Erhaltene Aufstellungen aller Ehrenführer der SA bzw. aller Ehren- und Rangführer der SS vom Januar bzw. April 1934 zeigen, dass dieser Status noch vergleichsweise wenigen Männern verliehen worden war. Die SA verfügte über insgesamt 19, die SS über 28 Ehrenführer sowie 29 Rangführer.[257] Auf Seiten der Schutzstaffel stammten diese zudem immer noch in erster Linie aus der Führerschaft der „Bewegung". Neben den bereits Genannten, Bouhler, Ribbentrop und Lammers, gehörten zu dieser Gruppe unter anderem der Reichsschatzmeister der NSDAP, Franz Xaver Schwarz, der oberste Parteirichter, Walter Buch, der Leiter des NSDAP-Hauptamts für Kommunalpolitik, Karl Fiehler, und die Gauleiter von Brandenburg, Hamburg und Danzig, Wilhelm Kube, Karl Kaufmann und Albert Forster.

Im Januar 1936 regelte Himmler den formellen Status der SS-Ehrenführer neu. Diese wurden nun nicht mehr als völlig separate Gruppe innerhalb des SS-Führerkorps geführt und durch eigene Ärmelstreifen auch nach außen als solche kenntlich gemacht. Vielmehr trugen sie nun „normale" SS-Uniformen und wurden als „Führer beim Stab" der Reichsführung, der Hauptämter, der Oberab-

252 Befehl Hitlers vom 27.1.1934, in BA Berlin, NS 23, Bd. 1275, Bl. 63–66.

253 Vgl. Kap. III.4. und IV.2.

254 Muster des SS-Aufnahme- und Verpflichtungsscheins, in BA Berlin, NS 31, Bd. 395, Bl. 5–7.

255 Zur Eidformel s. den undatierten Geheimbefehl Himmlers mit dem Eingangsstempel des Sturms 12/3 vom 2.8.1934, in BA Berlin, NS 31, Bd. 378, Bl. 1.

256 Ziegler, S. 56–57; Conze/Frei/Hayes/Zimmermann, S. 120–121 und 163–164.

257 Verzeichnis der Ehrenführer der SA vom Januar 1934, in BA Berlin, NS 23, Bd. 1275; Verzeichnis der Ehren- und Rangführer der SS vom 22.4.1934, in BA Berlin, NS 1, Bd. 678.

schnitte oder der Abschnitte bezeichnet.[258] Während dadurch die erwünschte Außenwirkung optimiert und wohl auch der Zwang, die Zustimmung Hitlers in jedem Einzelfall einzuholen, abgeschüttelt wurde, erscheint die These, dass die Ehrenführer ab diesem Zeitpunkt als vollwertige Führer der Allgemeinen SS einzustufen wären,[259] nicht plausibel. Denn auch die „Führer beim Stab" befehligten keine SS-Einheiten, taten keinen SS-Dienst und waren somit wesentlich weniger eng in die Schutzstaffel eingebunden als die regulären SS-Führer.

Die formale Änderung war unter Umständen auch der Tatsache geschuldet, dass die Schutzstaffel das Instrument der Ehrenführerschaft nach dem „Röhmputsch" und der Erlangung des Status als selbstständige Gliederung der NSDAP wesentlich extensiver zu nutzen begann. Dieser Trend setzte sich auch in der Folgezeit fort. Dem Führerkorps der SS gehörten im Oktober 1936 insgesamt 7368 Männer an, im Dezember 1937 schon 10 230 und ein Jahr darauf sogar 13 746.[260] Dass sich darunter sehr viele Ehrenführer befanden, belegt die Tatsache, dass dieser annähernden Verdoppelung des Führerkorps ein Wachstum der Gesamt-SS um lediglich 16% gegenüberstand.[261] Im November 1937 beklagte sich der Führer des SS-Hauptamts, August Heißmeyer, beim Chef der SS-Personalkanzlei, Walter Schmitt: „Schon heute ist es so, dass über 50% der SS-Führer nicht im Schutzstaffeldienst verwandt werden, sondern nur aufgrund ihrer Tätigkeit in der Partei, in der Bewegung und im Staate in der Schutzstaffel geführt werden."[262] Mit seinem Unbehagen über die Verwässerung der SS durch allzu viele Ehrenführer stand Heißmeyer unter den „alten Kämpfern" nicht allein. Beispielsweise beschwerte sich Franz Xaver Schwarz, der zwar selbst als Ehrenführer galt, jedoch der SS als einfaches Mitglied schon 1931 beigetreten war, 1941 bitter bei Heißmeyers Nachfolger, Gottlob Berger. Ihm, Schwarz, sei seine Obergruppenführeruniform verleidet, „da zu viele diese Uniform trügen und vor allen Dingen viele SS-Führer seien, die innerlich und äußerlich dazu keine Berechtigung hätten".[263]

Zur historischen Bewertung der Ehrenführerschaft stellen sich vor allem zwei weitere Fragen. Erstens: Inwiefern konnte man sich, wenn einem dieser Rang von der SS offeriert wurde, entziehen? Zweitens: Wie viel Einfluss gewann die SS tatsächlich über das weltanschaulich-politische Denken bzw. Handeln ihrer Ehrenführer?

258 Befehl Himmlers vom 23.1.1936 und Ausführungsbestimmungen des Chefs der SS-Personalkanzlei, Schmitt, vom 6.2.1936, in StA Marburg, 327/2a, Bd. 28.

259 Conze/Frei/Hayes/Zimmermann, S. 120–121.

260 Zahlen aus der Denkschrift der SS-Personalkanzlei über Bevölkerungspolitik im SS-Führerkorps mit Stand vom 1.12.1938, in BA Berlin, NS 34, Bd. 30.

261 Vgl. Kap. IV.3.

262 Schreiben des Chefs des SS-HA, Heißmeyer, an den Chef des SS-Personalamts, Schmitt, vom 3.11.1937, in BA Berlin, NS 34, Bd. 88.

263 Bericht des Chefs des SS-HA, Berger, an Himmler über eine Besprechung mit Schwarz vom 2.7.1941, in NS 19, Bd. 2696, Bl. 1–6. Mit ähnlicher Tendenz die Aussage des Amtschefs im Hauptamt SS-Gericht und SS-Chefrichters, Günther Reinecke, vor dem IMT im August 1946, in: Der Prozess gegen die Hauptkriegsverbrecher, Bd. 20, S. 456–457.

Im Nürnberger Prozess stellten die Verteidiger der SS, wie erwähnt, die These in den Raum, die Ehrenführer hätten keine andere Wahl gehabt, als die ihnen angebotenen Ränge anzunehmen. Auch in einer Vielzahl von Spruchkammer- und Entnazifizierungsverfahren wurde nach 1945 behauptet, man habe nicht Nein sagen können, da „eine Ablehnung des Ehrenranges in der SS als Beleidigung gewertet worden wäre" und Konsequenzen wie etwa die Entfernung aus dem öffentlichen Dienst, den Verlust staatlicher Aufträge oder gar die Inhaftierung in einem KZ nach sich gezogen hätte.[264] Schon in Nürnberg blieb diese Behauptung nicht unwidersprochen. Zum Beispiel sagte Hermann Göring aus, ein Zwang habe nicht bestanden.[265]

Die sorgfältige Untersuchung des Verhältnisses von SS und Auswärtigem Amt hat mit Günther Altenburg in der Tat zumindest einen Fall ans Licht gefördert, in dem ein Diplomat sich durch „dilatorische Behandlung" der Schutzstaffel entzog, das heißt, dass er nicht offen Nein sagte, sondern auf Zeit spielte, auswich und andere Loyalitätsbekundungen abgab, die ihm, wie zum Beispiel der Beitritt zur NSDAP, weniger problematisch erschienen.[266] Somit ist, ähnlich wie im Fall des ebenfalls nach 1945 immer wieder von SS-Tätern angeführten vermeintlichen Befehlsnotstands,[267] belegt, dass tatsächlich kein absoluter Zwang bestand. Dass die Betreffenden dennoch subjektiv einen gewissen Druck, das Angebot der Schutzstaffel anzunehmen, empfanden, ist damit nicht ausgeschlossen. Allerdings dürfte in der überwiegenden Mehrheit der Fälle zugetroffen haben, was Wilhelm Führer, ein Beamter des Reichserziehungsministeriums, SS-Ehrenführer und späterer Ordonanzoffizier Himmlers im Rahmen des Nürnberger Verfahrens aussagte: „Allgemein war die Aufnahme in die SS eine Ehrung, die man sehr gerne annahm."[268]

Die Frage, wie viel Macht die SS tatsächlich über ihre Ehrenführer bzw. über deren Tätigkeitsfelder gewann, ist, wie skizziert, anhaltend umstritten und äußerst komplex. Hans-Jürgen Döscher hat vorsichtig formuliert, das bloße Vorhandensein von Ehrenführern lasse „nur bedingt Rückschlüsse auf die Qualität des Einflusses, den Himmler und die SS-Hauptämter [...] auszuüben vermochten", zu.[269] Jan Erik Schulte betont, dass eine Antwort nur im Einzelfall und nach genauer Untersuchung zulässig sei.[270] Dass diese Einschätzungen zutreffen und pauschale Aussagen über die Wirksamkeit der Ehrenführer als „Agenten der Schutzstaffel" somit wenig sinnvoll sind, soll im Folgenden anhand von drei Fallbeispielen demonstriert werden, zu denen derartige gründliche Studien vorliegen.

264 Das Zitat aus dem Protokoll der Vernehmung des SS-Obersturmführers B. im Lager Fallingbostel vom 25.6.1947, in BA Koblenz, Z 42 II, Fall 1098, Bl. 8–11.

265 Der Prozess gegen die Hauptkriegsverbrecher, Bd. 9, S. 462.

266 Döscher: Das Auswärtige Amt, S. 132–135; Conze/Frei/Hayes/Zimmermann, S. 121–122.

267 Buchheim: Befehl und Gehorsam, S. 289–305.

268 Der Prozess gegen die Hauptkriegsverbrecher, Bd. 35, S. 541, Dok. Affidavit SS-63.

269 Döscher: Das Auswärtige Amt, S. 194–195.

270 Schulte: Geschichte, S. XXI.

Hanns Johst[271] wurde 1890 in Sachsen geboren. Von 1908 bis 1914 versuchte er sich in verschiedenen Studiengängen, ohne es zu einem Abschluss zu bringen. Im Ersten Weltkrieg musste er aufgrund gesundheitlicher Probleme, von denen nicht ganz klar ist, wie ernst sie wirklich waren, nur zwei Monate Militärdienst leisten. Stattdessen begann er als Bühnenschriftsteller zu reüssieren. Seit 1918 lebte er dank seiner Tantiemen recht luxuriös am Starnberger See. Dennoch tendierte er politisch in den 1920er Jahren zunehmend nach rechts und trat 1932 in die NSDAP ein. 1933 feierte er mit dem Hitler gewidmeten Freikorpsdrama *Schlageter* einen Riesenerfolg und wurde zu einer Art nationalsozialistischem Vorzeigedichter. Infolgedessen wurde er noch im selben Jahr zum Präsidenten der Deutschen Akademie der Dichtung und 1935 zum Präsidenten der Reichsschrifttumskammer ernannt.

Spätestens seit 1934 war Johst privat mit Heinrich Himmler befreundet. Die Familien besuchten sich und unternahmen Badeausflüge. Die beiden Männer schrieben einander regelmäßig und in vertrautem Tonfall. Im November 1935 nahm Himmler Johst im Rang eines Oberführers in die SS auf. Der Kontakt des so Geehrten zur Schutzstaffel vertiefte sich zunehmend. Johst verfasste Beiträge für die *SS-Leithefte* und *Das Schwarze Korps*. Er berichtete über Entwicklungen in den Institutionen, denen er vorstand, und protegierte junge SS-Angehörige. Himmler seinerseits beförderte Johst 1938 zum Brigadeführer und 1942 zum Gruppenführer. Auch half er ihm, einen unliebsamen Nachbarn per Gestapo-Verfolgung ins Exil zu treiben. Spätestens im Zweiten Weltkrieg wurde aus dem Ehrenführer Johst ein genuiner SS-Führer. Er reiste nach der Eroberung Polens in der Begleitung Himmlers in die besetzten Ostgebiete, verfasste 1940 das „Lebensraum“-Propaganda-Machwerk *Ruf des Reiches – Echo des Volkes! Eine Ostfahrt*[272], hielt sich bisweilen wochenlang in der Feldkommandostelle des Reichsführers der Schutzstaffel auf und wurde in Unterlagen des Persönlichen Stabs Himmlers als „Barde der SS“ tituliert.

Nach 1945 gab Johst dreist an, er fühle sich nicht belastet und sei ein reiner Ehrenführer gewesen, der ohne eigenes Zutun und ohne sich je viel um die SS gekümmert zu haben zum Gruppenführer geworden sei. In insgesamt vier Spruchkammerverfahren, die sich von 1949 bis 1955 hinzogen und verdeutlichten, wie absurd sich die Entnazifizierung im Einzelfall entwickeln konnte, wurde Johst nacheinander erst als Mitläufer, dann als Hauptschuldiger, anschließend als Belasteter und schließlich als Minderbelasteter eingestuft. Die mehrfach versuchte Wiederbelebung seiner Karriere gelang allerdings nicht. 1978 starb er in einem Altersheim.

Walther Wüst[273] wurde 1901 in Kaiserslautern geboren. In der Weimarer Republik begann er eine wissenschaftliche Laufbahn im Fach Indogermanistik. Schon 1926 wurde er Privatdozent. 1933/34 diente er sich, wohl im Bestreben, endlich

[271] Zum Folgenden vgl. DÜSTERBERG, v. a. S. 287–321.

[272] JOHST.

[273] Zum Folgenden vgl. SCHREIBER: Wüst; KATER: Ahnenerbe, v. a. S. 58, 133–139 und 273–287.

eine Professur zu bekommen, den neuen Machthabern als Redner, Rezensent im *Völkischen Beobachter* und durch Beitritte zur NSDAP, zum NS-Lehrerbund, zum NS-Dozentenbund und zur NS-Volkswohlfahrt an. 1935 wurde er tatsächlich zum Professor für „Arische Kultur- und Sprachwissenschaft" und zum Dekan der Philosophischen Fakultät der Ludwig-Maximilians-Universität in München berufen.

Der SS-Führung war Wüst unter anderem deshalb aufgefallen, weil er, entgegen seiner eigenen, vor der „Machtergreifung" publizierten wissenschaftlichen Erkenntnisse, nun die von Himmler hochgeschätzten kruden Theorien des „Germanenkundlers" Herman Wirth verteidigte. 1936 wurde Wüst in die „Forschungsgemeinschaft Deutsches Ahnenerbe" aufgenommen, die Himmler und Darré im Jahr zuvor ins Leben gerufen und zunächst Wirth unterstellt hatten. 1937 erhielt Wüst den Ehrenführerrang eines Hauptsturmführers, später den eines Oberführers. 1939 übernahm er von Wirth die wissenschaftliche Leitung des „Ahnenerbes" als dessen Kurator. Hier agierte Wüst als Träger eines SS-Amtes, akquirierte Gelder von der Deutschen Forschungsgemeinschaft und deckte während des Zweiten Weltkriegs die im „Ahnenerbe" betriebene „wehrwissenschaftliche Zweckforschung" einschließlich der an KZ-Häftlingen vorgenommenen Unterkühlungs- und Malaria-Experimente.

Als Dekan und – ab 1941 – als Rektor der Universität dagegen funktionierte er keineswegs reibungslos im Sinn der SS. Mehrfach ließ er dezidiert nationalsozialistische bzw. sogar ausdrückliche SS-Kandidaten, die er für wissenschaftlich nicht ausreichend qualifiziert hielt, als Habilitanten durchfallen. Auch in Berufungsverfahren gab er wiederholt althergebrachten wissenschaftlichen Standards den Vorzug vor den Anliegen der Schutzstaffel, so dass sein Biograf, Maximilian Schreiber, schlussfolgert: „Für die Universität München lässt sich [...] feststellen, dass von einer ‚planmäßigen und erfolgreichen Infiltration der Hochschulen durch die SS' keine Rede sein kann."[274]

Nach 1945 wurde Wüst zunächst als Belasteter, dann als Minderbelasteter eingestuft. Zur Rückkehr in akademische Ämter und Würden kam es nicht, jedoch erhielt er ab 1951 den Status eines „Beamten zur Wiederverwendung" inklusive „Übergangsgehalt" und ab 1961 eine Pension. Ende der 1960er, Anfang der 1970er wurde wegen seiner Rolle im „Ahnenerbe" staatsanwaltschaftlich gegen Wüst ermittelt, jedoch wurde keine Anklage erhoben. 1993 verstarb Wüst in München.

Ernst von Weizsäcker[275] kam 1882 als Sohn einer Bürgerfamilie mit äußerst engen Verbindungen zum württembergischen Königshaus zur Welt. Für den Dienst von Weizsäckers Vater als Ministerpräsident des Monarchen wurde die Familie 1916 nobilitiert. Zu diesem Zeitpunkt konnte Ernst schon auf eine be-

274 SCHREIBER: Wüst, S. 242.

275 Zum Folgenden vgl. KOERFER; BLASIUS: Konservativer Patriot; BLASIUS: Das alte Amt; DÖSCHER: Das Auswärtige Amt, S. 181–190. Die rund 500-seitige Dissertation von LINDNER eignet sich als Materialsammlung, überzeugt allerdings in Sprache, Aufbau und Urteil nicht. Als editierte Quellen liegen WEIZSÄCKERS Memoiren, die von HILL herausgegebenen „Weizsäcker-Papiere" sowie das vom Chefankläger KEMPNER veröffentlichte Urteil des Wilhelmstraßenprozesses gegen Weizsäcker u. a. vor.

achtliche Karriere als Seeoffizier zurückblicken, die ihn in das Berliner „Marinekabinett“ bzw. die kaiserliche „Seekriegsleitung“ geführt hatte und ihm schließlich den Rang eines Korvettenkapitäns einbrachte. 1920 wechselte er, da die deutsche Marine infolge des Versailler Vertrags abgerüstet wurde, ins Auswärtige Amt, obwohl seine innere Einstellung gegenüber seinen neuen, republikanischen Dienstherren alles andere als loyal war. Zwar sah Weizsäcker ein, dass vor allem die Militärs und das kaiserliche Regime die Verantwortung für die deutsche Niederlage von 1918 trugen. Jedoch konnte und wollte er sich weder mit dem Wechsel zur demokratischen Republik, die er für einen „Krebsschaden“ hielt, noch mit der Verständigungspolitik des langjährigen Weimarer Außenministers, Gustav Stresemann, abfinden. Vielmehr hoffte er im diplomatischen Dienst zur Revision des aus seiner Sicht „schändlichen“ Versailler Vertrags und zum Wiederaufstieg Deutschlands zur Großmacht beitragen zu können.

Angesichts dieser Haltung verwundert es nicht, dass Weizsäcker trotz seiner inneren Distanz zu den Gewaltmethoden der Nationalsozialisten und zur Verletzung der deutschen Rechtsstaatstradition, wie die absolut überwiegende Mehrheit seiner Kollegen auch, 1933 keinen Anlass sah, den Staatsdienst zu quittieren. Vielmehr glaubte er in großer Selbstüberschätzung, er und ihm ähnlich gesinnte Politiker und Beamte wie der seit 1932 amtierende Reichsaußenminister Konstantin von Neurath oder der 1930 berufene Staatssekretär des Auswärtigen Amtes, Bernhard Wilhelm von Bülow, könnten die Nationalsozialisten „zähmen“ und vor den Karren des von ihnen ersehnten Revisionismus spannen. Auch dürfte die Tatsache, dass sich Weizsäckers Laufbahn, die zuvor angesichts seiner fehlenden juristischen und fremdsprachlichen Qualifikation nicht allzu steil verlaufen war, nun erfreulicher entwickelte, dazu beigetragen haben, ihm das Dritte Reich erträglicher zu machen. 1933 bis 1936 diente er, obwohl er keinerlei persönliche Bindung zu den nach wie vor verachteten Nationalsozialisten eingegangen war, als deutscher Gesandter in Bern, danach als Leiter der Politischen Abteilung des Auswärtigen Amtes in Berlin.

Im Frühjahr 1938 tauschte Hitler im Rahmen der forcierten Kriegsvorbereitung nicht nur die Spitze der Wehrmacht aus, sondern ernannte mit Joachim von Ribbentrop auch einen neuen Außenminister mit nationalsozialistischem Stallgeruch. Dieser bot Weizsäcker, da er um dessen Sachkenntnis sowie seine gute Beziehung zur Mehrzahl der Beamten des Auswärtigen Amts wusste, den Posten des Staatssekretärs an. Allerdings verband sich mit dieser Offerte die Auflage, seine Loyalität zum Hitlerregime auch formal zu dokumentieren. Weizsäcker willigte in der Hoffnung ein, den unerfahrenen Ribbentrop manipulieren und den Krieg verhindern zu können, den Deutschland seiner Meinung nach sicher verlieren würde. Kurz vor seiner Ernennung zum Staatssekretär wurde er Mitglied der NSDAP, kurz danach von Himmler auf Vermittlung Ribbentrops zum SS-Oberführer ernannt. 1938/39 spielte Weizsäcker im Amt ein doppeltes Spiel. Einerseits unterstützte er die Errichtung des „Großdeutschen Reiches“ inklusive des Sudeten- und Memellandes, da er hierin eine durchaus berechtigte Entschädigung für die in Versailles erlittenen territorialen Verluste sah. Andererseits versuchte er, teilweise bis an die Grenze des Hochverrats gehend, den von Hitler angestrebten Kriegsausbruch zu verhindern.

Mit diesem Ansinnen scheiterte er auf der ganzen Linie. Doch weder der Ausbruch des Kriegs noch die sukzessive Eskalation zum Weltkrieg noch der beginnende Holocaust, von dem Weizsäcker durch ihm von Amts wegen vorgelegte und von ihm abgezeichnete Einsatzgruppenberichte und Deportationsverfügungen wusste, brachten ihn dazu, den Dienst zu quittieren oder seinen SS-Rang – seit 1942 der eines Brigadeführers – abzulegen. Vielmehr beruhigte er sein Gewissen damit, im Kleinen gegen das Regime zu wirken, etwa indem er sich, vergeblich, gegen die fortschreitende Nazifizierung des diplomatischen Diensts einsetzte oder in einem Fall verhinderte, dass dem Reichssicherheitshauptamt beschieden wurde, das Auswärtige Amt habe gegen eine Deportation französischer Juden „keine Bedenken". Die von ihm gewählte, schwächere Formulierung „kein Einspruch" änderte nichts daran, dass das Auswärtige Amt hier wie in allen anderen Fällen grünes Licht zu den Deportationen gab,[276] die es allerdings so oder so wohl kaum hätte verhindern können.

1943 wurde Weizsäcker als Staatssekretär abgelöst und als Gesandter zum Vatikan geschickt. Als Zeuge im Nürnberger Prozess kehrte er nach Deutschland zurück. 1947 wurde er selbst verhaftet und im sogenannten Wilhelmstraßenprozess dafür, dass er dem Regime weiter in führender Position gedient hatte, obwohl er um dessen Verbrechen wusste und trotz innerer Distanz auch formal an ihnen beteiligt war, zu sieben Jahren Gefängnis verurteilt. Im Mai 1950 wurde Ernst von Weizsäcker vom amerikanischen hohen Kommissar John McCloy begnadigt. Gut ein Jahr später erlag er in Lindau den Folgen eines Schlaganfalls.

Die Fälle Johst, Wüst und Weizsäcker belegen, dass das Phänomen der Ehrenführerschaft eine differenzierte Analyse und Bewertung erfordert, die nur im konkreten Einzelfall erfolgen kann. Manche Ehrenführer übernahmen, wie Hanns Johst, tatsächlich die „Regularien und Riten der SS einschließlich ihrer Weltanschauung"[277] voll und ganz. Andere, wie Walther Wüst, funktionierten in bestimmten Handlungszusammenhängen als SS-Führer, folgten in anderen situativen Kontexten jedoch alternativen Rollenmustern und Loyalitäten. Eine letzte, wohl sehr kleine Gruppe, zu der Ernst von Weizsäcker gehörte, hielt zumindest innerlich Distanz zur SS-Weltanschauung, was jedoch nicht ausschloss, dass diese Männer dem Regime zu Diensten waren.

5. Die „Sorgenkinder" des Reichsführers

Die gemeinsamen Wurzeln von SA und SS aus der „Kampfzeit" und der „Machtergreifungsphase" und die nur schrittweise und unvollständige Durchsetzung der SS-Auslese bzw. das Ausbleiben einer systematischen Nachlese führten dazu, dass

[276] Vgl. BROWNING: Endlösung.
[277] CONZE/FREI/HAYES/ZIMMERMANN.

auch nach dem „Röhmputsch“ selbst unter den Vollmitgliedern der Schutzstaffel zahlreiche Männer waren, die ganz und gar nicht zu dem von Himmler propagierten Image einer „rassereinen“, leistungsstarken, linientreuen und disziplinierten Elitetruppe passten.

Obwohl Hitler bis zum Sommer 1934 mehrfach das Ende der „nationalen“ bzw. „nationalsozialistischen Revolution“ proklamierte und Himmler wiederholt jedes eigenmächtige Handeln untersagte, verübten SS-Angehörige politisch motivierte, „wilde“, das heißt ihnen nicht ausdrücklich befohlene Gewalttaten. Diese waren weiterhin häufig antisemitischer Natur. Als sich SS-Männer beispielsweise im Dezember 1934 in München bzw. im Mai 1935 in Frankfurt am Main an neuen „Judenboykotten“ beteiligten, kam es nicht nur zu erheblichen Zerstörungen an den betroffenen Geschäften, sondern auch zu größeren Schlägereien mit der eingreifenden Polizei.[278] Ebenfalls im Frühjahr 1935 behauptete ein SS-Sturmführer in einem Haßlocher Wirtshaus, man könne und solle Juden „wie Freiwild“ behandeln, woraufhin mehrere Nationalsozialisten, die zur NSDAP, allerdings nicht zur SS gehörten, den örtlichen jüdischen Friedhof schändeten.[279] Im August 1935 reagierte Himmler auf die fortgesetzten Ausschreitungen mit folgendem Befehl: „1. Ich verbiete aufs schärfste jede Einzelaktion irgendeines SS-Angehörigen gegen Juden. 2. Die Lösung der Judenfrage ist [...] eine Sorge des Führers und nicht eine Sorge von Einzelnen.“[280]

Dass das nicht durchgängig beachtet wurde, beweist die Teilnahme von SS-Mitgliedern an den Ausschreitungen während der Reichspogromnacht, die lange fast ausschließlich der SA zugeschrieben worden sind. In Wolfhagen zum Beispiel überfielen SS-Männer schon am Vormittag des 9. November 1938 eine jüdische Schule und ein jüdisches Privathaus. Am nächsten Tag „verhafteten“ Angehörige der Allgemeinen SS in St. Tönnies bei Krefeld einen Mann, der seinem jüdischen Arbeitgeber während der „Kristallnacht“ zur Flucht nach Holland verholfen hatte. Erst nachdem sie ihn mit ihren Schulterriemen blutig geprügelt hatten, übergaben sie ihn der Polizei. Im Lauf des Novembers erließ die Führung des SS-Oberabschnitts Fulda-Werra zwei Befehle, in denen sie dazu aufforderte, die vielen im Zuge der „Aktion“ von Juden „requirierten“ Kraftfahrzeuge bei der Gestapo abzuliefern. Bezeichnenderweise wurde kein Einwand gegen den Diebstahl an sich erhoben, sondern vor allem die unvorsichtige Nutzung der Fahrzeuge ohne ausreichenden Versicherungsschutz moniert. Die Führung des Oberabschnitts Südost schließlich konstatierte zufrieden, dass die Beteiligung an dem Pogrom nicht nur die Stimmung in der Schutzstaffel selbst verbessert, sondern dieser „bei außenstehenden Kreisen neue Freunde gewonnen“ habe.[281]

278 Longerich: Politik, S. 55 und 84.

279 Friedländer, S. 142.

280 Befehl Himmlers vom 16. 8. 1935, in BA Berlin, NS 19, Bd. 3901, Bl. 3.

281 Menk, S. 138–156; Wildt: Volksgemeinschaft als Selbstermächtigung, S. 323; Urteil des Landgerichts Düsseldorf gegen P.B. und C.H. vom 14. 8. 1948, in LA Düsseldorf, Gerichte Rep. 8, Bd. 11; Oberabschnittsbefehlsblatt Fulda-Werra vom 15. 11. 1938, in StA Marburg, 327/2b, Bd. 51; Befehl des Verwaltungsamts des Oberabschnitts Fulda-Werra vom 24. 11. 1938, in StA

Auch widerspenstige „deutschblütige Volksgenossen" mussten weiterhin damit rechnen, Opfer der lokalen Einheiten der Allgemeinen SS zu werden, wie zwei Übergriffe auf evangelische Geistliche zeigen. Am 13. September 1935 ließ sich der Stader Pfarrer Johann Gerhard Behrens im Konfirmandenunterricht auf einen Streit über den im *Stürmer* propagierten Antisemitismus ein.[282] Behrens, 1889 geboren, hoch gebildet und ein mit dem Eisernen Kreuz II. Klasse dekorierter Weltkriegsveteran, gehörte wie zwei weitere der insgesamt vier Geistlichen der Hansestadt zur Bekennenden Kirche und war schon mehrfach mit aus Sicht der Nationalsozialisten provokanten Aktionen aufgefallen. Unter anderem hatte er 1933 eine Konvertitin vom Judentum getauft, in einer Lokalzeitung kritische Artikel zur Kirchenpolitik des Regimes veröffentlicht und sich 1934 geweigert, den regimenahen Reichsbischof Ludwig Müller in der Stadt zu begrüßen. Als sie von seiner *Stürmer*-Schelte hörten, entschlossen sich fünf SS-Männer, Behrens einen Denkzettel zu erteilen. Am Abend des 16. September überfielen sie, in voller Uniform und angeführt von SS-Scharführer Hermann Appel, der schon im Frühjahr 1933 Erfahrung als Hilfspolizist gesammelt hatte, Behrens, hängten ihm ein vorher angefertigtes Schild mit der Aufschrift „Ich bin ein Judenknecht" um den Hals und trieben ihn durch die Stadt, bis ihn die Polizei in Gewahrsam nahm und nach Hause brachte. Dabei wurde Behrens aus der Menschenmenge heraus, die sich anlässlich der Rückkehr der örtlichen SA vom Nürnberger Reichsparteitag versammelt hatte, angespuckt, gestoßen und mit Wasser übergossen.

Obwohl der „Standortälteste" der NS-Kampfbünde, ein SA-Standartenführer, zuvor ausdrücklich seine Zustimmung verweigert hatte und es sich also eindeutig um eine „Einzelaktion" handelte, stellte sich die regionale SS-Führung hinter die Täter, deren „Affekthandlung" zwar nicht in Ordnung, aber im Kern verständlich sei.[283] Da der Fall jedoch für erhebliche Unruhe in Stade und Umgebung sorgte, gelang die von SS und Gestapo versuchte Strafvereitlung zunächst nicht. Ende 1935 kam es vor dem Landgericht Stade zu einem Prozess wegen Landfriedensbruches, in dem die angeklagten SS-Männer zuerst behaupteten, sie hätten Behrens nur vor dem „Volkszorn" beschützt. Als die Staatsanwaltschaft eindeutig nachwies, dass die Initiative allein von Appel und seinen Mittätern ausgegangen war, reklamierten diese, sie hätten Behrens wegen staatsfeindlicher Äußerungen in ihrer Rolle als „letzte Träger des Staates" zu Recht festgenommen. Das Gericht weigerte sich, diese Generalermächtigung der Schutzstaffel anzuerkennen und verurteilte die SS-Männer zu vier bis sieben Monaten Gefängnis.[284] Allerdings

Marburg, 327/2b, Bd. 51; Halbjahresberichte des Führers des Abschnitts XXI vom 19. 12. 1938 bzw. des Führers des Oberabschnitts Südost vom 20. 1. 1939, in IPN-Archiv, GK 812, Bd. 186, Bl. 42–47 und 137–142.

282 Quellen zum „Fall Behrens" in BA Berlin, R 187, Bd. 245a; BA Berlin, NS 19, Bd. 2999; LkA Hannover, L 5 g, Bd. 385; LkA Hannover, S 1 H III, Bd. 818; StA Stade, Rep. 171a, Stade Nr. 228, Bd. II. Teilweise sind die Quellen dokumentiert in DÖSCHER: Fall Behrens. In der Literatur ist der Fall behandelt von LINDEMANN, S. 679–737.

283 Schreiben des Führers des Oberabschnitts Nordwest an den Chef des SS-HA vom 14. 10. 1935, in BA Berlin, R 187, Bd. 245a, Bl. 89–90.

284 Urteil des Landgerichts Stade vom 23. 1. 1936, in StA Stade, Rep. 171a, Stade Nr. 228, Bd. II.

erstattete nun Julius Streicher, der Herausgeber des *Stürmers*, seinerseits eine Anzeige wegen Beleidigung gegen Behrens. Nach mehrmonatigen Verhandlungen zwischen unter anderem der Nürnberger Gauleitung Streichers, der Reichsführung-SS, dem Reichsjustizministerium und der Reichskanzlei einigte man sich auf einen Kuhhandel. Die SS-Männer wurden, ohne einen Tag im Gefängnis gesessen zu haben, auf der Basis des Straffreiheitsgesetzes vom 23. April 1936 amnestiert. Zu einem Prozess gegen Behrens kam es nicht. Er wurde in die ostfriesische Kleinstadt Detern versetzt.[285]

Der zweite Fall war ähnlich gelagert, zog aber nicht so weite Kreise. Im sachsen-anhaltinischen Immekath hatte sich Pfarrer Karl Friedrich Wilhelm Ewers geweigert, die Bevölkerung mittels der Kirchenglocken zur nachträglichen Volksabstimmung über die Remilitarisierung des Rheinlandes am 29. März 1936 zu rufen, die zugleich eine Einheitslistenwahl zum Reichstag war. Am nächsten Tag holten zwei SS-Männer Ewers von zu Hause ab und brachten ihn ins nahegelegene Salzwedel, wo sie ihm ein Schild mit der Aufschrift „Achtung! Ich habe die Kirche verrammelt, um nicht läuten zu lassen!“ umhängten und ihn durch die Stadt führten. Anschließend wurde er ins örtliche SS-Heim gebracht, schwer verprügelt und erst am nächsten Morgen wieder freigelassen. Zu einem Strafverfahren kam es nicht, da Ewers so eingeschüchtert war, dass er seine zunächst erhobene Anzeige wieder zurückzog.[286] Pfarrer Ewers hatte – wie wohl die Mehrheit der Deutschen – 1936 akzeptiert, dass sich die SS so etwas erlauben konnte.

Schwierigkeiten wurden allerdings keineswegs nur von übermotivierten Fanatikern unter den SS-Angehörigen verursacht. Vielmehr gab es auch SS-Mitglieder, deren persönliches Verhalten eklatant gegen Grundelemente der NS-Ideologie verstieß bzw. verstoßen hatte, bevor sie sich der Schutzstaffel anschlossen. Zu dieser Gruppe gehörten ehemalige Freimaurer. Im August 1936 befahl Paul Scharfe, der Chef des obersten SS-Gerichts – zu diesem Zeitpunkt noch eine Art Disziplinarausschuss[287] –, dass sich jeder SS-Mann, dessen politische Vita einen derartigen Makel aufweise, freiwillig zu melden habe. Über die Konsequenzen werde man im Einzelfall entscheiden. Der Erlass enthielt eine Liste von insgesamt 29 „Logen oder logenähnlichen Vereinigungen“, die aus Sicht der SS problematisch waren und zu denen unter anderem auch der Rotary Club bzw. anthroposophische und theosophische Gesellschaften zählten.[288] Eine für die Schutzstaffel pein-

285 Korrespondenz zwischen dem Reichsjustizministerium und der Reichskanzlei betr. den Fall Behrens von März 1936 bis Juni 1938, in LkA Hannover, S1 H III, Bd. 818, Bl. 68–84 und 91–92.

286 Beschwerde einer persönlichen Bekannten Himmlers an diesen vom 15. 6. 1936 und ausweichende Antwort Himmlers vom 30. 6. 1936, in BA Berlin, NS 19, Bd. 3303, Bl. 1–7. Zur Misshandlung eines Mannes, der bei der Volksabstimmung vom März 1936 mit Nein stimmte, durch SS-Angehörige vgl. Verhandlungsprotokoll und Urteil der X. Strafkammer des Landgerichts Kassel gegen M., J., S., P. und N. vom 18. 11. 1948, in StA Marburg, 274 Kassel, Bd. 21/1, Acc. 1958/61, Bl. 82–99.

287 Vgl. Kap. V.1.

288 Befehl des Chefs des SS-Gerichts, Scharfe, vom 26. 8. 1936, in BA Berlin, NS 7, Bd. 2, Bl. 60–66.

liche Personalie stellte beispielsweise Obersturmführer Heinrich Bauer dar, dessen ultra-nationalistische historische Schriften etwa zur Ostkolonisation des Deutschen Ritterordens in der Schulung der Schutzstaffel verwendet wurden. 1937 kam heraus, dass Bauer vor 1931 nicht nur einer Freimaurerloge angehört, sondern auch eine wohlwollende Biografie über den liberalen Weimarer Außenminister Gustav Stresemann verfasst hatte.[289] Im September 1938 wurde das interne Freimaurerproblem dadurch entschärft, dass die SS im Rahmen einer Parteiamnestie, die Hitler anlässlich der Errichtung des „Großdeutschen Reiches" gewährte, alle Männer begnadigte, die in ihren alten Freimaurer-Orden nicht über den „III. Grad" hinausgekommen waren und kein „wesentliches Logenamt" innegehabt hatten.[290]

Während die Zugehörigkeit von SS-Männern zu Freimaurergruppen ein für die Schutzstaffel problematisches Erbe der Weimarer „Systemzeit" darstellte, betraf eine zweite Variante von nicht ideologiekonformem Verhalten Handlungen während des Dritten Reiches. Zwischen November 1934 und August 1935 stellte Heinrich Himmler in einer Reihe von Befehlen klar, dass weder SS-Männer noch ihre Familien irgendwelche geschäftlichen oder gar privaten Verbindungen zu Juden oder jüdisch „versippten" Personen aufrechterhalten dürften.[291] Dennoch gab es weiterhin SS-Angehörige, die jüdischen Handwerkern Aufträge erteilten,[292] Juden als Kunden akzeptierten,[293] mit Juden Schach oder Karten spielten[294] oder sogar die Taufpatenschaft für Kinder konvertierter jüdischer Freunde übernahmen[295]. 1937 verzeichnete eine geheime Statistik der SS-Reichsführung 50 schwere Fälle derartigen „Verkehrs mit Juden".[296] Besonders gravierend im Hinblick auf die „menschenzüchterische Sippengemeinschaft" der SS war es, dass einzelne SS-Männer selbst bei ihrer „Gattenwahl" gegen elementare Grundregeln des NS-Rassismus verstießen und sich für Frauen entschieden, die von Juden abstammten,

[289] Schreiben Wolffs an den Chef der SS-Personalkanzlei vom 18.5.1937, Schreiben Himmlers an Bauer vom 24.5.1937 und Schreiben Wolffs an Bauer vom 11.6.1937, in BA Berlin, NS 2, Bd. 51a, Bl. 37–40. Zum Wirken Bauers vgl. u. a. Bauer: Stresemann; Bauer: Schwert; Bauer: Geburt; Beiträge Bauers in den *SS-Leitheften* vom 22.4., 26.6. und 7.8.1936, in IfZ-Archiv, DC 29.01.

[290] Befehl des Chefs des SS-Gerichts, Scharfe, vom 30.9.1938, in BA Berlin, NS 7, Bd. 2, Bl. 79–83.

[291] SS-Befehlsblatt vom 25.11.1934, 25.1.1935 und 25.8.1935, in IfZ-Archiv, DC 27.01, Bd. 1.

[292] Zum Fall eines SS-Hauptsturmführers, der sich hartnäckig weigerte, seinen angestammten Breslauer Herrenschneider zu wechseln, s. SS-Disziplinarakte, in IPN-Warschau, GK 812, Bd. 688.

[293] Zum Fall eines Landwirts, der einen jüdischen Viehhändler mit Heu belieferte, s. Schreiben des Abschnitts XXX an den SS-Mann K.H. vom 25.9.1935, in StA Marburg, 327/2a, Bd. 24. Zum Fall eines Gastwirts, der Zimmer an Juden vermietete, s. Schreiben des Führers des Sturmbanns III/81 an die 81. Standarte vom 18.5.1937, in StA Ludwigsburg, PL 506, Bd. 77.

[294] Protokoll der Vernehmung des SS-Mannes K.F. durch den Führer des Sturms 6/83 am 14.12.1934 und Schreiben des Abschnitts XXX an K.F. vom 23.1.1935, in StA Marburg, 327/2a, Bd. 24.

[295] Schreiben des Stabsführers des Oberabschnitts Rhein an das SS-HA vom 8.4.1935, in StA Marburg, 327/2a, Bd. 112.

[296] Geheimes Ergänzungsblatt zum Statistischen Jahrbuch der Schutzstaffel der NSDAP 1937, in: IfZ-Archiv, DC 01.06.

die sich vor ihren Beziehungen zu den Männern des „Schwarzen Ordens" der „Rassenschande" in Form sexueller Beziehungen mit Juden „schuldig" gemacht hatten oder die im Sinne des „Gesetzes zur Verhütung erbkranken Nachwuchses" vom 14. Juli 1933 belastet waren.[297]

Deutlich häufiger als fehlendes „Rassebewusstsein" waren in der Allgemeinen SS jedoch Dienstunlust und Drückebergerei. Diese äußerte sich nur selten in Akten offener Befehlsverweigerung, zu denen es beispielsweise im Sommer 1937 in Kleinwallstadt bzw. in Mosbach kam. Im ersten Fall erwiderte ein SS-Mann, dessen Sturmführer ihn zum Dienstantritt aufforderte: „Ich habe keine Zeit, spiele Karten und trinke Bier."[298] Im zweiten Fall brachte die Feststellung, wie aufwendig die Erlangung der Heiratsgenehmigung der Schutzstaffel war, den betroffenen SS-Angehörigen zu der Aussage, das „sei ihm zu dumm, er würde nichts mehr ausfüllen, wenn das nicht genüge, trete er aus der SS aus."[299]

Häufiger kam es vor, dass SS-Mitglieder Befehle höchst unmotiviert ausführten. Einen besonders krassen Einzelfall erwähnt ein interner und geheimer Bericht über die Zustände im SS-Lager beim Reichsparteitag 1936. Hier hatten die Männer alternierend auch Dienst in der Lagerküche zu leisten, was zumindest einige als allzu unmännliche Beschäftigung ablehnten. Einmal schälte eine Gruppe von 20 Mann in 90 Minuten gerade einmal zwölf Kartoffeln.[300] Gängig war es auch, angeordneten Diensten fernzubleiben, was teilweise mit gesundheitlichen Problemen oder beruflicher Verhinderung begründet, teilweise aber auch gar nicht entschuldigt wurde.[301]

Obwohl in der Regel Anwesenheitslisten geführt wurden, gab es keine statistische Gesamtauswertung. Entsprechend fragmentarisch und teilweise widersprüchlich sind die erhaltenen zeitgenössischen Schätzungen zu den üblichen Antrittsstärken bzw. die jeweiligen Bewertungen dieser Quoten. Im Dezember 1934 beispielsweise klagte der Führer des Oberabschnitts Südwest darüber, dass bis zu einem Drittel der Männer nicht erschien, ohne sich vorher abzumelden.[302] In einem Bericht über das zweite Halbjahr 1935 stellte der Chef des SS-Hauptamtes dagegen fest, dass die „Dienstunlust" geschwunden sei und Antrittsstärken von

297 Zu entsprechenden Fällen vgl. Schreiben Himmlers an den Chef des RuSHA, Darré, vom 29.3.1938, in: Heiber: Reichsführer, S. 52; Befehl Himmlers an das RuSHA vom 19.4.1939, in: Heiber: Reichsführer, S. 64; Schreiben Himmlers an den Chef der SS-Personalkanzlei, Schmitt, vom 13.9.1939, in: Heiber: Reichsführer, S. 66; Schreiben Himmlers an W.K. vom 3.4.1940, in: Heiber: Reichsführer, S. 75–76; BA Berlin, RS Heinrich-Rolf v. Oven; Schreiben Wolffs ans RuSHA vom 31.12.1937, in BA Berlin, NS 2, Bd. 51a, Bl. 368.

298 Schreiben des Führers des Abschnitts XXX an T.B. vom 9.6.1937, in StA Marburg, 327/2b, Bd. 41.

299 Schreiben des Führers des Spielmannszugs III/81 an den Sturmbann III/81 vom 6.7.1937, in StA Ludwigsburg, PL 506, Bd. 77.

300 Erfahrungsbericht des SS-Aufmarschstabes über den Reichsparteitag 1936 vom 21.10.1936, in BA Berlin, NS 31, Bd. 339, Bl. 220–236.

301 Zu mehreren Einzelfällen von Konflikten um Dienstabsenzen vgl. StA Ludwigsburg, PL 506, Bd. 50.

302 Geheimes Rundschreiben des Führers des Oberabschnitts Südwest, Prützmann, betr. Besichtigungsbemerkungen vom 13.12.1934, in StA Ludwigsburg, PL 506, Bd. 81.

90% erreicht würden.[303] Im März 1938 kritisierte er allerdings schon wieder, dass zahlreiche SS-Mitglieder „im Dienst nachlässig geworden waren, mit faulen Ausreden kamen und den Geist der Mannschaft verdarben".[304] Knapp ein Jahr danach schätzte der ihm unterstellte Chef des Führungsamtes die durchschnittliche Anwesenheit auf 50 bis 60%, was er allerdings angesichts der hohen beruflichen Belastung der Männer positiv würdigte.[305] Festzuhalten bleibt im Hinblick auf diese ungenauen und widersprüchlichen Aussagen, dass keinesfalls alle SS-Angehörigen immer so diszipliniert zur Stelle waren, wenn die Schutzstaffel sie rief, wie Himmler das in der SS-Imagepflege behaupten ließ.

In einer Vielzahl von Fällen traten Männer, obwohl das ihrem SS-Eid widersprach und laut Himmler eigentlich undenkbar sein sollte,[306] faktisch ganz aus der SS aus, indem sie sich durch zwei Ärzte bestätigen ließen, dauerhaft zu krank bzw. zu schwach für den SS-Dienst zu sein[307] oder indem sie ihre Einheitsführer davon überzeugten, dass sie aufgrund ihrer beruflichen Lage unmöglich regelmäßig teilnehmen könnten[308]. Wie viele der 6721 bzw. 5104 Entlassungen aus der Allgemeinen SS „auf eigenen Antrag", zu denen es 1937 bzw. 1938 kam, tatsächlich derart verschleierte Austritte wegen Dienstunlust waren, lässt sich im Nachhinein nicht mehr klären. Denn tatsächlich traten nicht wenige dieser Männer wieder ein, nachdem ihre Krankheit überstanden war bzw. sich ihre berufliche Situation geändert hatte. Eindeutig sind lediglich die 555 bzw. 173 Fälle von Entlassung wegen „Interesselosigkeit".[309]

Drei weitere Typen, die ebenso wenig zum Konstrukt des „Schwarzen Ordens" passten wie übermotivierte und undisziplinierte bzw. zumindest partiell ideologisch unzuverlässige oder lustlose SS-Angehörige, waren „gewöhnliche" Kriminelle, Alkoholiker und Homosexuelle. Dennoch fanden sich Männer aus diesen drei Gruppierungen in der Schutzstaffel.

Der Fall des SS-Reichsgeschäftsführers Gerhard Schneider, der im März 1934 wegen Veruntreuung bzw. Verschwendung von rund 3000 Reichsmark entlassen und aus der SS ausgestoßen wurde,[310] zeigt, dass selbst die Reichsführung der

303 Bericht des Chefs des SS-HA, Heißmeyer, über das zweite Halbjahr 1935 [o. D.], in BA Berlin, NS 2, Bd. 129, Bl. 60–80.

304 Befehl des Chefs des SS-HA, Heißmeyer, vom 18. 3. 1838, in BA Berlin, NS 31, Bd. 248, Bl. 91–93.

305 Manuskript für den Vortrag des Chefs des Führungsamtes im SS-HA, Karl Zech, betr. Erfahrungen bei den dienstlichen Besichtigungsreisen im Rahmen der Berliner Tagung der SS-Führungsspitze vom 23.–25. 1. 1939, in BA Berlin, NS 19, Bd. 1669, Bl. 17–25.

306 Rede Himmlers vor den SS-Gruppenführern vom 8. 11. 1938, in: Smith/Peterson, S. 45.

307 Zur Attest-Regelung s. SS-Befehlsblatt vom 25. 5. 1936, in IfZ-Archiv, DC 27.01, Bd. 1.

308 Zu einem entsprechenden Einzelfall, in dem der Betreffende zur „Überzeugungsarbeit" fünf Liter Branntwein einsetzte, um die SS zu verlassen, vgl. Eschenburg: Letzten Endes, S. 27–29.

309 Statistisches Jahrbuch der Schutzstaffel der NSDAP 1937, S. 56, und Statistisches Jahrbuch der Schutzstaffel der NSDAP 1938, S. 68–69, in IfZ-Archiv, DC 01.06; Sammlung von Wiederaufnahmegesuchen, in StA Marburg, 327/2a, Bd. 112–113, und StA Marburg, 327/2b, Bd. 193 und 261.

310 BA Berlin, SSO Gerhard Schneider. Vgl. Kap. II.1.

Schutzstaffel nicht vor „ganz normaler", das heißt nicht politisch motivierter Kriminalität gefeit war. Unsauberer Umgang mit SS-Mitteln lässt sich des Weiteren für Großveranstaltungen wie den Reichsparteitag 1936 nachweisen, bei dem Vorräte, die zur Verpflegung des SS-Lagers vorgesehen waren, auf dem Schwarzmarkt zu Geld gemacht wurden.[311] Auch außerdienstlich kamen einzelne SS-Angehörige mit dem Gesetz in Konflikt, wie ein Beispiel aus dem schwäbischen Hechingen belegt, wo nach einer Aufsehen erregenden Einbruchsserie ein Mitglied der Allgemeinen SS als Täter gefasst und in Verbindung mit weiteren Delikten wie Urkundenfälschung und Betrug zu drei Jahren Gefängnis verurteilt wurde.[312]

Obwohl Himmler die SS-Männer durch einen Befehl vom 9. November 1936 auf die „Heiligkeit des Eigentums" einschwören und beispielsweise Spindschlösser in allen SS-Einrichtungen verbieten ließ,[313] zählte die Reichsführung-SS 1937 214 schwere Fälle von Unterschlagung und 129 von Diebstahl, die von SS-Männern verübt worden waren.[314] Die einzige aus der Zeit des Zweiten Weltkriegs erhaltene Statistik der neuen SS- und Polizeigerichtsbarkeit verzeichnete allein für das erste Quartal des Jahres 1943 neben diversen militärischen Disziplinverletzungen wie Fahnenflucht, unerlaubtes Entfernen oder Befehlsverweigerung auch 1171 Eigentumsdelikte.[315]

Die in den beiden zitierten Zusammenstellungen ebenfalls auftauchenden 74 bzw. 46 Fälle von Volltrunkenheit[316] zeigen, dass die seit der „Kampfzeit" bestehende Verbindung zwischen der Männlichkeitskultur der Sturmlokale und dem Konsum erheblicher Mengen Alkohols sich durch die stetig fortgesetzte Flut von entsprechenden Verboten und Mahnungen der SS-Führung[317] nicht hatte auflösen lassen. Genauso unwirksam blieb Himmlers Versuch, die Trinksitten der Schutzstaffel durch den Einstieg der SS in die Mineralwasserproduktion zu verändern[318]. Welch peinliche Folgen derartige Saufgelage für die Schutzstaffel haben konnten, soll an zwei Beispielen gezeigt werden. An einem Junimorgen des Jahres

311 Erfahrungsbericht des SS-Aufmarschstabes über den Reichsparteitag 1936 vom 21.10.1936, in BA Berlin, NS 31, Bd. 339, Bl. 220–236.

312 Bericht der Gendarmerie Hechingen vom 19.2.1938 und Zeitungsausschnitt aus den *Hohenzollerischen Blättern* vom 19.2.1938, in StA Ludwigsburg, PL 506, Bd. 100.

313 Vieregge, S. 130–134.

314 Geheimes Ergänzungsblatt zum Statistischen Jahrbuch der Schutzstaffel der NSDAP 1937, in: IfZ-Archiv, DC 01.06.

315 Geheimer Auszug aus der Kriminalstatistik des Hauptamts SS-Gericht für das 1. Vierteljahr 1943, in: Vieregge, S. 260–261; dies., S. 100–101; Weingartner: Law and Justice, S. 279.

316 Geheimes Ergänzungsblatt zum Statistischen Jahrbuch der Schutzstaffel der NSDAP 1937, in: IfZ-Archiv, DC 01.06; geheimer Auszug aus der Kriminalstatistik des Hauptamts SS-Gericht für das 1. Vierteljahr 1943, in: Vieregge, S. 260–261.

317 Vgl. u. a. SS-Disziplinarstraf- und Beschwerdeordnung vom 9.11.1934, S. 13–15, in IfZ-Archiv, DC 002.019; Befehl Himmlers vom 11.12.1934, in StA Marburg, 327/2a, Bd. 78; Befehl des Chefs des SS-HA, Wittje, vom 24.4.1935, in BA Berlin, NS 31, Bd. 338, Bl. 64; SS-Befehlsblatt vom 25.8.1935, in IfZ-Archiv, DC 27.01, Bd. 1; Befehle Himmlers vom 7.9., 14.10. und 21.12.1937, in StA Marburg, 327/2b, Bd. 53; Befehl Himmlers vom 23.5.1938, in StA Marburg, 327/2b, Bd. 54; Befehl des Chefs der SS-Personalkanzlei, Schmitt, vom 2.12.1938, in StA Marburg, 327/2b, Bd. 54.

318 Rundschreiben Himmlers vom 15.9.1939, in BA Berlin, NS 19, Bd. 3903, Bl. 32.

1938 wurden zwei Mitglieder der Waiblinger SS betrunken, völlig verschmutzt und schlafend auf dem städtischen Wasen aufgefunden. Ihr Sturmführer musste sich daraufhin vom NSDAP-Ortsgruppenleiter verspotten lassen: „Hier sehe man es ja wieder. Das sei die SS, die Elitetruppe des Führers." Die lokale Allgemeine SS könne „ja doch nichts anderes als saufen".[319] Im Februar 1939 nahm in Schlesien ein 48-jähriger Obersturmführer, der seit 1932 der NSDAP und der SS angehörte, in Uniform am samstäglichen Gruppenempfang einer Himmler-Rede teil. Im unmittelbaren Anschluss ging er auf eine Sauftour, die damit endete, dass er am nächsten Morgen, immer noch im „schwarzen Rock", ansonsten aber halbnackt und in aller Öffentlichkeit urinierend von zur Kirche gehenden Familien gesehen und wegen Erregung öffentlichen Ärgernisses angezeigt wurde, wodurch „das Ansehen der SS in der [...] Gegend um Ratibor aufs schwerste geschädigt" wurde.[320]

Auch Curt Wittje, der 1931 als Hauptmann a. D. und Vorstandsmitglied einer Kulmbacher Großmälzerei zur SS gestoßen und in ihr innerhalb weniger Jahre vom Abschnittsführer der oberfränkischen SS zum Führer der SS-Gruppe bzw. des Oberabschnitts Nord und schließlich zum Chef des SS-Amts bzw. des SS-Hauptamts aufstieg,[321] gehörte zu den Männern, die mit ihrer Neigung, mehr zu trinken, als sie vertrugen, dem SS-Reichsführer Sorgen bereiteten. Aus allen Wolken muss Himmler jedoch gefallen sein, als ihm Hitler im Vorfeld des „Röhmputsches", seinerseits „munitioniert" von Reichswehrminister Werner von Blomberg, eröffnete, dass der seit 1922 verheiratete zweifache Vater Wittje 1929 wegen Vorfällen, die „an Vergehen nach §175 grenzen", aus dem Militär entlassen worden war. Im Suff hatte er Untergebene umarmt, geküsst und unter der Gürtellinie angefasst. Zu einer ehrenvollen Entlassung, die Wittje neben einer Pension das Recht einbrachte, weiter mit seiner Offiziersuniform zu renommieren, war es nur deshalb gekommen, weil die betroffenen Männer auf eine Anzeige verzichtet und daraufhin der Staatsanwalt seine Ermittlungen eingestellt hatte.[322]

Ob Blomberg Hitler unterrichtet hatte, um neben der Sturmabteilung auch die Schutzstaffel in den Verdacht endemischer männerbündischer Homoerotik zu bringen,[323] darf bezweifelt werden, da die SS ja das ausführende Instrument des Schlags gegen die SA-Führung werden sollte. Wahrscheinlicher ist, dass Blomberg die geplante Aktion bzw. ihre nachträgliche Legitimation schützen wollte und daher auf den potenziell höchst peinlichen Einzelfall an der Spitze der SS hinwies. Hitler und Himmler entschieden sich jedoch dafür, an Wittje festzuhalten, da dieser sich seit seinem Eintritt in die Schutzstaffel nichts habe zuschulden kommen

319 Schreiben des Führers der 13. Standarte an den Waiblinger NSDAP-Ortsgruppenleiter vom 28.6.1938, in StA Ludwigsburg, PL 506, Bd. 50.

320 SS-Disziplinarakte, in IPN-Archiv, GK 812, Bd. 645.

321 Vgl. Kap. III.1. Zum „Fall Wittje" s. Kleist. Die betreffenden Akten in BA Berlin, NS 19, Bd. 3940, bzw. SSO Curt Wittje.

322 Auszug aus der Offiziersehrenakte Curt Wittjes, angefertigt am 11.3.1938, in BA Berlin, SSO Curt Wittje.

323 Kleist, S. 194.

lassen. Zudem wollten sie wohl vermeiden, innerhalb nur eines Jahres zum dritten Mal die Spitze des SS-Amtes neu besetzen zu müssen.[324] Der SS-Reichsführer ermahnte Wittje in einer persönlichen Unterredung eindringlich, sowohl in Sachen Alkohol als auch hinsichtlich seiner Neigung zu jungen Männern „sauber“ zu bleiben.[325]

1935 änderte sich die Lage in mehrfacher Hinsicht. Erstens vertrat die SS-Führung die dezidiert heterosexuelle, auf „rassebewusste“ Fortpflanzung in der „Sippengemeinschaft“ ausgerichtete Identität der Schutzstaffel nun offensiv und grenzte sie scharf von den vermeintlich weit verbreiteten homoerotischen Zuständen in der SA ab,[326] was das Skandalpotenzial von homosexuellem Verhalten in der SS deutlich steigerte. Zweitens bereitete die NS-Führung eine Verschärfung des §175 vor, die im Juni beschlossen wurde und im September in Kraft trat und der zufolge homosexuelle Akte nicht mehr als Vergehen, sondern als Verbrechen galten. Gerade die Ausnutzung von Abhängigkeitsverhältnissen, als die sich Wittjes Verhalten interpretieren ließ, wurde nun als Tatbestandsmerkmal der besonders „schweren Unzucht“ gewertet, auf die bis zu zehn Jahre Haft stand. Auch wurde der polizeiliche Ermittlungsdruck gegen die homosexuelle Szene erheblich gesteigert, so dass es zu einer starken Zunahme der Zahl der Verhaftungen und Verurteilungen kam.[327] Drittens wurde bekannt, dass Wittje erneut begonnen hatte, sich bei Kameradschaftsabenden zu betrinken und anschließend wieder jüngere Männer zu belästigen.[328] Im Mai entband Himmler Wittje von seinen Aufgaben als Chef des SS-Hauptamtes, offiziell „wegen seines angegriffenen Gesundheitszustandes“.[329] Zu seinem Nachfolger wurde der 1897 geborene Leutnant a. D. August Heißmeyer, bis dato Führer des Oberabschnitts Rhein.[330]

Doch damit endete die Affäre um den Homosexuellen in der SS-Spitze noch nicht. Wittje, immer noch mit dem Rang und der Uniform eines SS-Gruppenführers ausgestattet, kehrte nach Hamburg zurück, wo er als Geschäftsmann unter anderem am Aufbau einer Sprengstofffabrik arbeitete. Allerdings nahm er weiter an „kameradschaftlichen“ SS-Treffen teil, soff und suchte die Nähe zu jungen SS-Angehörigen. Zu einem Sommerurlaub in den Bergen nahm er nicht Frau und Töchter, sondern einen 25-jährigen Untersturmführer mit, dem er die Reise voll bezahlte. Gerüchte über Wittjes Verhalten kursierten nicht nur innerhalb der Schutzstaffel, sondern wurden vom neuen SA-Chef, Viktor Lutze, aufgegriffen,

324 Im Juni 1933 war Amtsinhaber Ernst Bach verstorben, im Februar 1934 auch dessen Nachfolger Siegfried Seidel-Dittmarsch. Vgl. Kap. III.1.

325 Urteil Himmlers im Ehrenverfahren gegen Wittje vom 17.6.1938, in BA Berlin, NS 19, Bd. 3940, Bl. 58–65.

326 Vgl. Kap. III.2. und III.3.

327 Stümke, S. 109–118; Jellonnek, S. 110–114.

328 Urteil Himmlers im Ehrenverfahren gegen Wittje vom 17.6.1938, in BA Berlin, NS 19, Bd. 3940, Bl. 58–65.

329 Befehl Himmlers vom 14.5.1935, in BA Berlin, SSO Curt Wittje.

330 Zur Person s. BA Berlin, SSO August Heißmeyer. Heißmeyer blieb bis 1941 im Amt und wurde dann von Gottlob Berger ersetzt. Zu diesem vgl. Kap. IV.2.

um gegen die ungeliebte Konkurrenz zu stänkern.[331] 1937/38 schließlich kam es zu Gestapo-Ermittlungen und einem SS-Ehrenverfahren gegen Curt Wittje.

Die mittlerweile weit fortgeschrittene Forschung zum Schicksal Homosexueller im Dritten Reich hat nachgewiesen, dass Wittje selbst in der Schutzstaffel kein Einzelfall war.[332] Es gab in der SS mehr Männer mit homo- oder bisexuellen Neigungen als Himmler selbst intern einzugestehen bereit war. In seiner Rede vor den Gruppenführern vom 8. November 1937 behauptete der Reichsführer-SS, dass jährlich circa acht bis zehn Fälle aufgedeckt würden.[333] Der geheime Anhang zum *Statistischen Jahrbuch der Schutzstaffel 1937* verzeichnete jedoch allein für dieses Jahr 52 besonders schwere Fälle.[334]

Während bei SS-Männern, die durch homosexuelle Handlungen auffielen, in jedem Fall strittig bleiben konnte, ob es sich um „echte" Homosexuelle oder nur vorübergehend „Verführte" oder „Verirrte" handelte, stand bei den letzten hier zu erörternden Gruppen eindeutig fest, dass sie sich aus Sicht der Schutzstaffel nicht falsch verhielten, sondern per se ungeeignet waren. Die Rede ist von Männern, in deren Stammbaum Personen auftauchten, die von der NS- bzw. SS-„Rassenlehre" als „minderwertig" definiert wurden, das heißt zum Beispiel Juden,[335] Sinti und

331 U. a. Bericht zweier Stettiner SS-Führer über SS-feindliche Äußerungen Lutzes bei einem Aufenthalt in Stettin vom 21. 8. 1935, in BA Berlin, NS 19, Bd. 934, Bl. 3–9.

332 Zu SS und Homosexualität v. a. Giles.

333 Smith/Peterson, S. 97–98.

334 Geheimes Ergänzungsblatt zum Statistischen Jahrbuch der Schutzstaffel der NSDAP 1937, in: IfZ-Archiv, DC 01.06.

335 Zu den insgesamt 22 Fällen von SS-Mitgliedern mit jüdischen Vorfahren bzw. „Rassemerkmalen", die im Zug der Studien zur vorliegenden Arbeit zusammengetragen wurden, s. Sigmund; Schreiben des Stabsführers des Oberabschnitts Rhein an das SS-HA vom 6. 5. 1935, in StA Marburg, 327/2a, Bd. 123; Schreiben des Chefs des SS-HA, Heißmeyer, an den Oberabschnitt Rhein vom 25. 7. 1935, in StA Marburg, 327/2a, Bd. 123; geheimes Abstammungsgutachten des Sippenamtes im RuSHA zu Werner Milch vom Dezember 1935, in BA Berlin, NS 2, Bd. 180, Bl. 7–8; BA Berlin, RS Werner Milch; Schreiben des Führers der 79. Standarte an den Abschnitt X vom 25. 10. 1935 und Schreiben von Karl-Ernst Dierich an den Abschnitt X vom 14. 1. 1936, in StA Ludwigsburg, PL 506, Bd. 61; Schreiben des Stabsführers im Oberabschnitt Rhein an das SS-HA vom 23. 4. 1936 und Schreiben des SS-HA an E.S. vom 27. 4. 1936, in StA Marburg, 327/2a, Bd. 113; SS-Disziplinarakte, in IPN-Archiv, GK 812, Bd. 657; Unterlagen zum Fall Alexander v. Berlin, in BA Berlin, NS 19, Bd. 2651, Bl. 163–167; Befehl Himmlers an das RuSHA vom 21. 12. 1936, in BA Berlin, NS 2, Bd. 172, Bl. 3; Schreiben des Stabsführers des Persönlichen Stabs RFSS, Ullmann, an das RuSHA vom 17. 8. 1937, in BA Berlin, NS 2, Bd. 51a, Bl. 155; Schreiben des Schulungsleiters des Sturms 9/47 an den Chef des RuSHA vom 23. 11. 1937, Schreiben des Schulungsleiters der 47. Standarte an den RuS-Führer im Oberabschnitt Fulda-Werra vom 3. 3. 1938 und Schreiben des RuS-Führers im Oberabschnitt Fulda-Werra an den Stabsführer des RuSHA vom 4. 3. 1938, in StA Marburg, 327/2b, Bd. 111; Schreiben Himmlers an Darré vom 29. 3. 1938, in: Heiber: Reichsführer, S. 52; Schreiben des RuS-Führers im Oberabschnitt Südwest an den Chef des RuSHA vom 21. 3. 1939, in BA Berlin, NS 19, Bd. 1428, Bl. 5; Befehl Himmlers an das RuSHA vom 19. 4. 1939, in: Heiber: Reichsführer, S. 64; Schreiben Himmlers an Walter Küchlin vom 3. 4. 1940, in: Heiber: Reichsführer, S. 75–76; Unterlagen zum Fall Wilhelm Osiander, in BA Berlin, NS 19, Bd. 2651, Bl. 126–131; geheimes Schreiben Himmlers an Berger vom 30. 10. 1943, in: Heiber: Reichsführer, S. 231–232.

Roma[336] oder „Erbkranke"[337]. Die Tatsache, dass einzelne Männer, die derartige „Mäkel" aufwiesen, dennoch zu Mitgliedern der SS hatten werden können und es teilweise viele Jahre lang blieben, stellte die Behauptungen zur SS-Auslese grundsätzlich in Frage. Das mag der Grund dafür sein, dass es zu ihnen gar keine, auch keine geheime Statistik gab, was eine Quantifizierung unmöglich macht. Im Einzelfall kam es vor, dass die „Belastung" nicht im Rahmen des Abstammungsnachweises, sondern durch eine nachträgliche „Rassemusterung" aufgedeckt wurde, zu der es nach einer Denunziation oder im Rahmen eines Sonderlehrgangs kam.[338]

Nicht nur für die von Skandalen und Spott in ihrem Elitestatus bedrohte Schutzstaffelführung, sondern auch für die betroffenen Männer selbst stellten die „Entdeckungen" peinliche bzw. schmerzhafte Momente dar. SS-Oberscharführer Karl-Ernst Dierich zum Beispiel, der 1931 die SS in Schwäbisch-Gmünd gegründet hatte und seit 1933 als hauptamtlicher Adjutant des Führers der 79. Standarte in Ulm tätig war, klagte, nachdem er 1935 im Rahmen seiner Ahnenforschung auf einen jüdischen Vorfahren gestoßen war, über seine „ungeheure seelische Belastung".[339] Und ein 1912 geborener schlesischer Landwirt, der sich 1933 unmittelbar nach dem Erreichen der Volljährigkeit der SS angeschlossen hatte, lamentierte 1937 in einem ähnlichen Fall über den „Fluch meines Urgroßvaters", der ihn „ungeheuer schmerzlich" treffe.[340]

336 Zu zwei Sinti bzw. Roma in der SS s. Schreiben Himmlers an den Chef des RuSHA vom 31.3.1939, in BA Berlin, NS 2, Bd. 232, Bl. 20.

337 Zu „Erbkranken" in der SS s. Schreiben des Stabsführers des RAS an Himmler vom 18.2.1935, in BA Berlin, NS 2, Bd. 174, Bl. 115; Schreiben Himmlers an Darré vom 27.2.1935, in BA Berlin, NS 2, Bd. 176, Bl. 104; Schreiben Himmlers an das RuSHA vom 20.4.1935, in BA Berlin, NS 2, Bd. 280; Befehl Himmlers vom 4.11.1936, in BA Berlin, NS 2, Bd. 176, Bl. 57; Schreiben eines Breslauer Facharztes für Nervenleiden an den Führer der SS-Sanitätsstaffel M 9 vom 9.10.1936, in IPN-Archiv, GK 812, Bd. 227, Bl. 82.

338 Vgl. u. a. Schreiben des Stabsführers des Oberabschnitts Rhein an das SS-HA vom 6.5.1935, in StA Marburg, 327/2a, Bd. 123; Schreiben des Chefs des SS-HA, Heißmeyer, an den Oberabschnitt Rhein vom 25.7.1935, in StA Marburg, 327/2a, Bd. 123; Schreiben des Stabsführers im Oberabschnitt Rhein an das SS-HA vom 23.4.1936 und Schreiben des SS-HA an E.S. vom 27.4.1936, in StA Marburg, 327/2a, Bd. 113; Schreiben des Schulungsleiters des Sturms 9/47 an den Chef des RuSHA vom 23.11.1937, Schreiben des Schulungsleiters der 47. Standarte an den RuS-Führer im Oberabschnitt Fulda-Werra vom 3.3.1938 und Schreiben des RuS-Führers im Oberabschnitt Fulda-Werra an den Stabsführer des RuSHA vom 4.3.1938, in StA Marburg, 327/2b, Bd. 111.

339 Schreiben von Karl-Ernst Dierich an den Abschnitt X vom 14.1.1936, in StA Ludwigsburg, PL 506, Bd. 61.

340 Schreiben W.H.s an den Oberabschnitt Südost vom 4.5.1937, in IPN-Archiv, GK 812, Bd. 657, Bl. 59.

V. Die „Erziehung" der SS-Männer

1. Das Disziplinarwesen

Am 12. November 1935 hielt Heinrich Himmler eine der Hauptreden beim Goslaer Reichsbauerntag. Dabei räumte er offen ein, dass noch nicht alle SS-Männer das „tiefste Verständnis" für das eigentliche Wesen und die Aufgaben der Schutzstaffel besäßen. Wenige Jahre später kleidete Himmler diese realistische Einsicht, die er aufgrund der laufenden Meldungen über die Defizite der Rekrutierung und Auslese der SS bzw. wegen der Vielzahl von personellen Problemfällen gewonnen hatte, in folgende Worte: „Auch bei uns in der SS sind eben alle nur Menschen."[1] Doch derartige Aussagen waren keineswegs fatalistisch gemeint. Vielmehr stellten sich die höheren Führer der Schutzstaffel die Aufgabe, die unvollkommenen „SS-Angehörigen zu aufrechten und tüchtigen Männern und Nationalsozialisten zu erziehen." Die „Arbeit an uns selbst", mit der man „Schäden und Mängel in den eigenen Reihen ausrotten" wolle, dürfe niemals enden.[2]

Eines der Mittel, mit dem die SS-Männer gehorsam, ideologisch linientreu und im Dienst des Regimes leistungsfähiger gemacht werden sollten, waren Disziplinarstrafen. Allerdings hatte schon Franz von Pfeffer bei seinem Versuch, der Sturmabteilung als Mutterorganisation der SS „scharfe Zucht" beizubringen, einsehen müssen, dass eine Freiwilligenorganisation, wie „soldatisch" sie sich auch immer gerierte, kein Recht zu drakonischen „Strafen und Zwangsmaßnahmen" besaß.[3] Entsprechend eingeschränkt blieben während der „Kampfzeit" die disziplinarischen Mittel, die den SS-Führern zur Verfügung standen. Sie konnten, gegebenenfalls vor versammelter Mannschaft, Rügen erteilen, zeitweise Rang- oder Ehrenzeichen entziehen und im äußersten Fall Männer aus der Schutzstaffel ausschließen.[4] Zentrale Anweisungen zur Handhabe dieses Katalogs gab es im Juni 1931 noch nicht. Das Disziplinarwesen lag ganz in den Händen der Stürme, Sturmbanne und Abschnitte.[5]

Nach der „Machtergreifung" versuchten Ernst Röhm und Heinrich Himmler diese aus ihrer Sicht unbefriedigende Lage zu ändern. Infolge ihrer Bemühungen wurde am 28. April 1933 eine gesetzliche „Dienststrafgewalt über die Mitglieder

1 Himmler, S. 24; Schreiben Himmlers an Berger vom 15.3.1943, in: Heiber: Reichsführer, S. 200–201.

2 Geheimer Befehl des Chefs des SS-Amts, Wittje, vom 21.2.1935, in StA Ludwigsburg, PL 506, Bd. 82; Reinhard Heydrich: „Wandlungen unseres Kampfes" in *Das Schwarze Korps* vom 29.5.1935. Zu „Himmler als Erzieher" vgl. Longerich: Himmler, S. 327–364.

3 Befehl von Pfeffers vom 7.11.1926, in BA Berlin, NS 23, Bd. 509.

4 Allerdings kam es auch in der SS zu einzelnen Fällen von Feme, in denen „Verräter" mit körperlicher Gewalt bis hin zu Mord „bestraft" wurden – vgl. Kap. II.2.

5 Protokoll über die Führerbesprechung der SS am 13.–14.6.1931, in BA Berlin, NS 19, Bd. 1934, Bl. 94–105 und 109–113.

der SA und SS“ etabliert, die einen vagen öffentlich-rechtlichen Charakter hatte.[6] Himmler und Röhm machten sich daran, diese Strafgewalt in Richtung einer umfassenden Sondergerichtsbarkeit auszubauen, mit deren Hilfe sie den Terror der NS-Kampforganisationen dem Zugriff der Justiz entziehen, den Schutz ihres Images durch den systematischen Ausschluss der Öffentlichkeit verbessern und schließlich einen kompletten, „erzieherischen“ Zugriff auf die eigenen Männer erlangen wollten. Im Juni 1933 gründete Himmler in München ein erstes SS-Gericht, das er Paul Scharfe, einem 1876 geborenen Schutzpolizeioffizier a. D. unterstellte, der sich 1931 der SS angeschlossen hatte. Bis Juli 1935 blieb diese Dienststelle dem SS-(Haupt)Amt eingegliedert. Danach gehörte sie direkt zum Persönlichen Stab des Reichsführers-SS. Im Juni 1939 wurde sie zu einem eigenen SS-Hauptamt.[7] Röhm seinerseits ließ im Juli 1933 im Reichsjustizministerium einen Gesetzentwurf für die erwünschte Generalzuständigkeit vorlegen, der rückwirkend zum 1. Januar in Kraft treten sollte. In den folgenden Monaten kündigte er in mehreren SA-Befehlen die baldige Einführung der Sondergerichtsbarkeit an.[8]

Die weitreichenden Ambitionen der Obersten SA-Führung und der Reichsführung-SS scheiterten jedoch am entschlossenen Widerstand des Reichsjustizministeriums, der Reichswehr und nicht zuletzt auch des „Führers“. Im „Gesetz zur Sicherung der Einheit von Partei und Staat“ vom 1. Dezember 1933, das unter anderem die Regelung vom April 1933 ersetzte, wurde zwar eine „besondere Partei- und SA-Gerichtsbarkeit“ eingeführt. Diese war jedoch auf dienstliche Angelegenheiten beschränkt und entzog somit die Männer der Sturmabteilung und der Schutzstaffel nicht der Zuständigkeit der allgemeinen Justiz. In einer „Führerbesprechung“ am 26. Januar 1934 erteilte Hitler weitergehenden Plänen eine Absage. Spätestens nach dem „Röhmputsch“ war die Führung des Justizressorts um Franz Gürtner und Roland Freisler überzeugt, dass die Idee einer Sondergerichtsbarkeit für die NS-Kampfbünde ad acta gelegt worden sei.[9]

Das traf für die geschwächte SA, nicht jedoch für die SS zu. Deren anhaltende Begehrlichkeiten formulierte die Führung des Oberabschnitts Südost im Mai 1935 folgendermaßen: „Oberstes Ziel für jeden Führer [...] muss stets sein, dass die Untersuchung, Verfolgung und Bestrafung eines SS-Angehörigen Sache der SS ist“.[10] Anfang 1936 unternahm Kurt Daluege anlässlich des „Falles Behrens“[11] einen neuerlichen Vorstoß bei Freisler, dem dieser allerdings eine Abfuhr erteilte, woraufhin Himmler entschied, die Sache nicht zu forcieren.[12] Erst ab dem Früh-

6 Gruchmann, S. 413.

7 BA Berlin, SSO Paul Scharfe; Vieregge, S. 35–44; Weingartner: Law and Justice, S. 278–280.

8 Befehl Röhms vom 31.7.1933, in BA Berlin, NS 23, Bd. 546; Befehl Röhms vom 3.11.1933, in BA Berlin, NS 23, Bd. 547; Gruchmann, S. 412–419.

9 Gruchmann, S. 424–431.

10 Befehl des Stabsführers des Oberabschnitts Südost vom 9.5.1935, in IPN-Archiv, GK 809, Bd. 2, Bl. 8–11.

11 Vgl. Kap. IV.5.

12 Geheimes Schreiben Dalueges an Freisler vom 17.1.1936, Schreiben Freislers an Daluege vom 24.1.1936 und Schreiben Himmlers an Daluege vom 8.2.1936, in BA Berlin, R 187, Bd. 245a, Bl. 78–85.

jahr 1938 nahm das SS-Vorhaben im Rahmen der Kriegsvorbereitung Fahrt auf. In der Akademie für Deutsches Recht wurde eine Arbeitsgemeinschaft zur „Prüfung einer Strafgerichtsbarkeit der SS und des Reichsarbeitsdienstes" eingerichtet. Nach der nun erteilten grundsätzlichen Zustimmung Hitlers begann die Schutzstaffel Anfang 1939 junge Juristen anzuwerben. Im Juni erfolgte, wie bereits erwähnt, die Gründung des Hauptamts SS-Gericht. Am 17. Oktober 1939 schließlich wurde per Verordnung des Ministerrats für die Reichsverteidigung eine eigenständige SS- und Polizeigerichtsbarkeit ins Leben gerufen.[13]

Allerdings wurde deren Zuständigkeit auf Männer beschränkt, die hauptamtlich bzw. im Kriegseinsatz für die SS bzw. die Polizei tätig waren. „Normale" Mitglieder der Allgemeinen SS blieben ausgenommen.[14] Für diese war der disziplinarische Zugriff der Schutzstaffel somit weiterhin primär auf die im Februar 1933 eingeführte „Dienststraf- und Beschwerdeordnung" (DBO) beschränkt, an deren Ausarbeitung maßgeblich Paul Scharfe beteiligt gewesen war.[15] Diese stellte den SS-Führern folgende Strafen explizit als „Erziehungsmittel" zur Verfügung: einfache, verschärfte oder strenge Verweise – zeitlich begrenzte Verbote des Tragens der Uniform oder anderer SS-Insignien – Arrest in milder Form bei voller Verpflegung bis zu 30 Tagen bzw. in verschärfter Form bei Wasser und Brot bis zu 14 Tagen, wenn geeignete, SS-eigene „Arrestlokale" zur Verfügung standen – Degradierung – Suspendierung von bis zu sechs Monaten – Ausschluss bei „groben", Ausstoßung bei „ehrenrührigen" Vergehen.

Gerade der Ausschluss bzw. die Ausstoßung, die beispielsweise 1937 2425 bzw. 192 Mal über Mitglieder der Allgemeinen SS verhängt wurden,[16] waren unter undisziplinierten SS-Männern gefürchtet, da sie als Gefährdung der weiteren sozialen und wirtschaftlichen Existenz im Dritten Reich wahrgenommen wurden[17]. Tatsächlich verboten zumindest einzelne SS-Führer ihren Männern den Umgang mit Ausgeschlossenen, Ausgestoßenen oder deren Familien.[18] Die Schutzstaffel setzte sich dafür ein, dass Betroffene auch aus der Partei geworfen und vom SD beobachtet wurden.[19] Dort wo, wie beispielsweise in Preußen, die Polizei das ohne

[13] „Prüfung einer Strafgerichtsbarkeit der SS und des Reichsarbeitsdienstes" im *Völkischen Beobachter* vom 3.3.1938; Manuskript für einen Vortrag von Scharfe vor den SS-Gruppenführern am 25.1.1939, in BA Berlin, NS 19, Bd. 1669, Bl. 75–98; Befehl des Chefs des SS-Gerichts, Scharfe, vom 3.3.1939, in BA Berlin, NS 7, Bd. 2, Bl. 86–88; VIEREGGE, S. 6–7; WEINGARTNER: Law and Justice, S. 277.

[14] VIEREGGE, S. 19–30.

[15] Befehl Himmlers vom 20.2.1933, in BA Berlin, NS 31, Bd. 357, Bl. 4; SS-Disziplinarstraf- und Beschwerdeordnung, in IfZ-Archiv, DC 002.019; VIEREGGE, S. 10–13.

[16] Statistisches Jahrbuch der Schutzstaffel der NSDAP 1937, S. 56, und geheimes Ergänzungsblatt zum Statistischen Jahrbuch der Schutzstaffel der NSDAP 1937, in: IfZ-Archiv, DC 01.06.

[17] Vgl. u. a. Schreiben des Führers des Sturmbanns I/2 an die 2. Standarte vom 15.10.1934, in StA Marburg, 327/2a, Bd. 122; Schreiben K.E.s an das Hauptamt SS-Gericht vom 4.3.1942, in IPN-Archiv, GK 812, Bd. 640, Bl. 57.

[18] Befehl des Führers des Aschaffenburger Sturmbanns III/83 vom 7.6.1937, in StA Marburg, 327/2b, Bd. 486.

[19] SS-Disziplinarstraf- und Beschwerdeordnung, S. 10–12, in IfZ-Archiv, DC 002.019. Entsprechende Parteiausschlussfälle in IPN-Archiv, GK 812, Bd. 242, Bl. 13, und Bd. 252, Bl. 332: Lei-

formelle Rechtsgrundlage mitmachte, wurden Ausschlüsse bzw. Ausstoßungen aus der SS ins polizeiliche Führungszeugnis eingetragen.[20] Schließlich kontaktierten einige SS-Führer die Arbeitgeber zwangsweise aus der SS entfernter Männer, um deren Entlassung zu erreichen.[21] Insgesamt ist angesichts dieser Konsequenzen sowie der bereits geschilderten Möglichkeiten, bei einigem taktischen Geschick „in Ehren“ aus der SS „entlassen“ zu werden,[22] dem Urteil Hans Buchheims bezüglich der Option, der Schutzstaffel den Rücken zu kehren, zuzustimmen: „Leicht wäre ein ernsthafter Versuch, sich herauszulösen, ganz gewiss nicht gewesen, lebensgefährlich aber auch nicht.“[23]

Neben dem offiziellen und in der überwiegenden Mehrzahl der Disziplinarfälle angewandten Strafkatalog der DBO entwickelte Himmler persönlich mit erstaunlicher Kreativität weitere Sanktionsmöglichkeiten.[24] Beispielsweise schrieb er Männern, die im Streit miteinander die Disziplin verletzt hatten, Versöhnungsaussprachen vor. Bei Übertretungen unter Alkoholeinfluss konnten SS-Angehörige ehrenwörtlich zu ein- oder zweijähriger Totalabstinenz verpflichtet werden.[25] Mitglieder, die selbst oder deren Ehefrauen nicht den „rassischen“ Auslesekriterien entsprachen, die man aber dennoch nicht ausschließen wollte, mussten versprechen, keine oder zumindest keine weiteren Kinder in die Welt zu setzen. Schon gezeugte Nachkommen wurden für die Aufnahme in die SS „gesperrt“.[26] Teilweise wurde auf Kollektivstrafen zurückgegriffen, da man dem Sturm des Täters vorwarf, diesen nicht ausreichend „kameradschaftlich erzogen“ bzw. kontrolliert zu haben.[27] Seit Herbst 1938 konnten Männer, die sich schwere Vergehen hatten zuschulden kommen lassen, die Himmler aber für potenziell besserungsfähig hielt, im Konzentrationslager Sachsenhausen in einem „Erziehungssturm“ in „zeitlich begrenzte Schutzhaft“ genommen werden. Dabei wurden sie allerdings nicht zu den „normalen“ Häftlingen gesperrt, sondern verrichteten in SS-Uniform Son-

der sind die sozialen Konsequenzen eines NSDAP-Ausschlusses bislang noch nicht untersucht – vgl. McKale; Nolzen: Parteigerichtsbarkeit; Block. Zur SD-Überwachung s. Befehl des Führers des Oberabschnitts Fulda-Werra an den Abschnitt XXVII vom 4.2.1938, in StA Marburg, 327/2b, Bd. 194.

[20] SS-Befehlsblatt vom 25.1.1935, in IfZ-Archiv, DC 27.01, Bd. 1; Schreiben des Stabsführers des Oberabschnitts Rhein ans SS-HA vom 26.11.1935, in StA Marburg, 327/2a, Bd. 122.

[21] Befehl des Führers des Sturmbanns III/9 vom 26.1.1934, in IPN-Archiv, GK 762, Bd. 1, Bl. 18; SS-Befehlsblatt vom 25.6.1937, in IfZ-Archiv, DC 27.01, Bd. 1.

[22] Vgl. Kap. IV.5.

[23] Buchheim: Befehl und Gehorsam, S. 308.

[24] Vgl. allgemein Longerich: Himmler, S. 355–357.

[25] SS-Befehlsblatt vom 25.8.1935, in IfZ-Archiv, DC 27.01, Bd. 1; Schreiben Himmlers an den Kommandeur der Waffen-SS-Gebirgsdivision Nord, Kleinheisterkamp, vom 9.10.1942, in: Heiber: Reichsführer, S. 156–157.

[26] Schreiben Wolffs ans RuSHA vom 31.12.1937, in BA Berlin, NS 2, Bd. 51a, Bl. 368; Schreiben Himmlers an Darré vom 29.3.1938, in: Heiber: Reichsführer, S. 52; Schreiben Himmlers an den Chef des SS-Personalhauptamts, Schmitt, vom 13.9.1939, in: Heiber: Reichsführer, S. 66.

[27] Befehl Himmlers vom 23.5.1938, in StA Marburg, 327/2b, Bd. 54; Rede Himmlers vor einer sudetendeutschen SS-Standarte in Znaim am 11.12.1938, in: Smith/Peterson, S. 89–90.

derdienste.[28] Ein weiterer „Erziehungssturm" wurde im Herbst 1938 zum Einsatz im frisch „heimgeführten" Sudetenland gebildet.[29] Während des Zweiten Weltkriegs gehörte die „Frontbewährung" zu den gängigen SS-Strafen.[30] Dagegen ist zweifelhaft, ob die exotischeren Ideen eines „Hauses der schlechten Verpflegung" bzw. eines „Fliegen- und Mückenzimmers", die Himmler 1943/44 in die Welt setzte, noch realisiert wurden.[31]

Ein ganz wesentlicher Grundzug des SS-Disziplinarwesens war die Tatsache, dass es in ihm keine „Schematisierung der Delikte" gab.[32] Das bedeutete erstens, dass es keinen verbindlichen, schriftlich fixierten Kanon von Regeln, Befehlen, Richtlinien etc. gab, dessen Übertretung geahndet wurde.[33] Vielmehr bildeten, was Himmlers Widerwillen gegen streng regelförmiges, quasi legalistisches Vorgehen und seiner Vorliebe für „lebendige Menschenführung" entsprach,[34] schon in der DBO äußerst vage Formulierungen wie die „Verletzung der Manneszucht", die Aufrechterhaltung der „soldatischen Zucht und Ordnung" bzw. des „kameradschaftlichen Zusammenhalts" oder die Sicherung des „Ansehens der Schutzstaffel" den Ausgangspunkt für Disziplinarmaßnahmen.[35] Mit der Einführung der „Schied- und Ehrengerichtsordnung" der SS im November 1935, die anstelle weiterer SS-Gerichte sogenannte Schiedhöfe als Disziplinarorgane der Allgemeinen SS etablierte,[36] wurde der noch weiter gefasste Ehrbegriff, der nun auch das

[28] Befehl Himmlers vom 21.7.1938, in: Heiber: Reichsführer, S. 55; Befehle und Mitteilungen des Chefs des RuSHA vom 30.8.1938, in BA Berlin, NS 2, Bd. 2, Bl. 92–97; zu einem Beispielfall s. BA Berlin, SSO Johann Beck.

[29] Schreiben des Stabsführers des Persönlichen Stabs, Ullmann, an einen Berliner Standartenführer vom 7.3.1939, in BA Berlin, NS 31, Bd. 395, Bl. 60.

[30] Zum bekanntesten Extrembeispiel, der „Sondereinheit Dirlewanger", s. Auerbach; MacLean; Stang; Ingrao.

[31] Rede Himmlers vor Wehrmachtsgenerälen in Bad Schachen am 14.10.1943, in: Smith/Peterson, S. 192; Vermerke des persönlichen Referenten Himmlers, Brandt, vom 2.6. und 22.7.1944, in BA Berlin, NS 19, Bd. 1415, Bl. 2–3; Schreiben des persönlichen Referenten Himmlers, Brandt, an den Sonderbeauftragten für Schädlingsbekämpfung in Auschwitz, Plaum, vom 21.8.1944, in: Heiber: Reichsführer, S. 283–284.

[32] Manuskript für einen Vortrag von Scharfe vor den SS-Gruppenführern am 25.1.1939, in BA Berlin, NS 19, Bd. 1669, Bl. 75–98.

[33] Z.B. war das SS-Hauptamt 1936 nicht in der Lage, eine Zusammenstellung auch nur der „Grundgesetze" der SS vorzulegen, die Himmler überzeugt hätte – die entsprechenden Unterlagen in BA Berlin, NS 19, Bd. 3895. Ähnliche Projekte, wie ein „Handbuch *Der SS-Mann*" oder eine Sammlung von „100 Leitsätzen", wurden nie fertiggestellt – s. BA Berlin, NS 31, Bd. 111 bzw. 319, hier v.a. Bl. 25–26; BA Berlin, NS 2, Bd. 135, Bl. 73–74. Zur Vagheit der SS-„Rechtsnormen" vgl. Vieregge, S. 62–63 und 81–87.

[34] Vgl. Rede Himmlers vor den Gruppenführern am 8.11.1938, in: Smith/Peterson, S. 30–31; Kersten, S. 136–137.

[35] SS-Disziplinarstraf- und Beschwerdeordnung, S. 3 und 9–10, in IfZ-Archiv, DC 002.019.

[36] Diese waren von den Abschnitten aufwärts fest einzurichten und bestanden im Fall der untersuchenden „kleinen Schiedhöfe" aus je drei, im Fall der urteilenden „großen Schiedhöfe" aus je sieben SS-Führern. Oberherr über das Verfahren mit dem Recht, die Schiedhöfe zu aktivieren bzw. das Strafmaß nach der DBO festzulegen, blieb aber allein der jeweilige Einheitsführer – vgl. SS-Schied- und Ehrengerichtsordnung, S. 8–21, in IfZ-Archiv, DC 02.10.

gesamte private Verhalten der Kontrolle der „Ordensgemeinschaft“ unterwarf, zur zentralen Kategorie der SS-internen „Judikative“.[37]

Zweitens zog der Verzicht auf die „Schematisierung der Delikte“ nach sich, dass es keine Zuordnung bestimmter Tatbestände zu bestimmten Sanktionen gab. Vielmehr war die Festlegung des Strafmaßes bei bloßer Empfehlung der Verhältnismäßigkeit ganz dem „erzieherischen“ Ermessen des einzelnen SS-Führers anheim gestellt.[38] Selbst in Fällen, die die elitäre Identität der Schutzstaffel und ihrer „rassischen Sippengemeinschaft“ in Frage zu stellen drohten, wie zum Beispiel bei Verstößen gegen den Heiratsbefehl oder bei Männern mit „nicht einwandfreier Abstammung“, sollten ausdrücklich Einzelfallentscheidungen getroffen werden.[39]

Die stichprobenartige Auswertung erhaltener Disziplinarakten hat ergeben, dass eine Vielzahl von Faktoren die Urteilsfindung beeinflussen konnten. Wenn es noch nicht zu einer SS-internen oder gar öffentlichen Skandalisierung gekommen war, bestand die Option, den Ruf der SS zu schützen, indem man den Vorgang vertuschte oder verharmloste und von einer harten Bestrafung absah, um auch Beschwerden des Täters auszuschließen. Als beispielhaft kann der oben beschriebene „Fall Wittje“ gelten,[40] in dem es trotz erheblicher „Verfehlungen“ im Sinn des §175 StGB erst im November 1938 zur Entfernung aus der Schutzstaffel kam. Auch dann noch entschied Himmler jedoch nicht auf Ausschluss oder Ausstoßung, sondern auf die unspektakulärere, für Wittje in Kombination mit seiner weiteren wirtschaftlichen Versorgung durch die SS akzeptable Form der Entlassung.[41] Den gleichen, möglichst stillschweigenden Ausweg schrieb Himmler vor, wenn im Stammbaum von SS-Männern jüdische Vorfahren entdeckt wurden. Diesen sei „nahezulegen, unter irgendeinem Vorwande um [...] ehrenvolle Entlassung aus der SS nachzukommen“.[42] Allein 1937 kam es zu mindestens 1265 Entlassungen, die inhaltlich eigentlich Ausschlüsse oder Ausstoßungen hätten sein müssen, so unter anderem wegen Interesselosigkeit, Verstoßes gegen den Heiratsbefehl und weltanschaulicher oder charakterlicher Nichteignung.[43]

[37] Befehl Himmlers vom 9.11.1935, in BA Berlin, NS 31, Bd. 395, Bl. 31; SS-Schied- und Ehrengerichtsordnung, in IfZ-Archiv, DC 02.10.

[38] Vgl. z. B. die Grundsätzlichen Richtlinien für die SS-Führer des Oberabschnitts Südost vom 3. 8. 1936, in IPN-Archiv, GK 812, Bd. 179, Bl. 73–77.

[39] Zu Verstößen gegen den Heiratsbefehl s. Befehl Himmlers vom 6. 6. 1935; in BA Berlin, NS 19, Bd. 577, Bl. 5; Rundschreiben des Gerichtsamts im SS-HA vom 3. 7. 1935, in BA Berlin, NS 2, Bd. 280; Interne Anordnung des Sippenamtes im RuSHA vom 23. 6. 1937, in BA Berlin, NS 2, Bd. 182, Bl. 2–4. Zu Abstammungsfällen s. Befehl des Chefs des SS-HA, Heißmeyer, vom 25. 6. 1936, in BA Berlin, NS 31, Bd. 394, Bl. 3.

[40] Vgl. Kap. IV.5.

[41] Kleist, S. 199–200; Urteil Himmlers im Fall Wittje vom 17. 6. 1938, in BA Berlin, NS 19, Bd. 3940, Bl. 58–65; Rede Himmlers vor den Gruppenführern am 8. 11. 1938, in: Smith/Peterson, S. 39–40.

[42] Befehl Himmlers vom 15. 4. 1937, in BA Berlin, NS 31, Bd. 394, Bl. 7.

[43] Statistisches Jahrbuch der Schutzstaffel der NSDAP 1937, S. 56, und geheimes Ergänzungsblatt zum Statistischen Jahrbuch der Schutzstaffel der NSDAP 1937, in: IfZ-Archiv, DC 01.06.

Wenn dagegen schon ein Skandal vorlag und die Schutzstaffel ihre Fähigkeit zur „Säuberung“ der eigenen Reihen demonstrieren wollte, lag es teilweise näher, ein Exempel zu statuieren, von dem man sich einen zusätzlichen „erzieherischen“ Effekt nach innen erhoffen konnte.[44] Beispielsweise wurden 1935 im Oberabschnitt Rhein zwei SS-Männer schon wegen jeweils einmaliger unzulässiger Kontakte zu Juden ausgestoßen, 1937 ein SS-Rottenführer im Oberabschnitt Südwest, weil er einem Arbeitskollegen eine Reichsmark gestohlen hatte.[45] Himmler persönlich griff wiederholt einzelne Disziplinarfälle in allgemeinen Befehlen auf und kommentierte die Delikte sowie die exemplarischen Bestrafungen.[46]

Bedeutsam waren zudem stets die Tatumstände. Im „Fall Behrens“ zum Beispiel verzichtete die SS-Führung, obwohl es sich um eine „Einzelaktion“ entgegen dem ausdrücklichen Willen des „Standortältesten“ und diversen Befehlen Himmlers zur offiziellen Neutralität der Schutzstaffel im Kirchenkampf[47] gehandelt hatte und obwohl die SS-Täter rechtskräftig verurteilt worden waren, auf Disziplinarverfahren, da die Tat an sich als dem nationalsozialistischen Geist entsprechend bewertet wurde.[48] Prinzipiell sollte, laut einer Anordnung von Scharfes SS-Gericht aus dem Jahr 1935, jeder Täter begnadigt werden, der subjektiv „aus nachgewiesen reinsten und selbstlosesten Beweggründen, die in seiner nationalsozialistischen Weltanschauung oder seinem innersten Gefühl für Ehre, Treue und Kameradschaft wurzeln“, gehandelt habe.[49] Für den Umgang mit Homosexualität in der Schutzstaffel ließ Himmler im Widerspruch zu seiner eigenen martialischen Rhetorik[50] intern anordnen, dass zwischen leichten, mittleren und schweren Fällen bzw. zwischen „Verführern“ und „Verführten“ zu unterscheiden sei.[51]

Eine entscheidende Rolle spielte schließlich die Person des Angeklagten selbst. Dass Männer, die schon lange zur Schutzstaffel gehörten bzw. sich besondere Verdienste um diese erworben hatten, mit besonderer Milde rechnen konnten, schrieb die DBO ausdrücklich vor.[52] Die ganz „alten Kämpfer“ der SS mit den Mitgliedsnummern 1–15000 genossen seit Ende 1933 aus einem „Gefühl der Dankbarkeit und Anerkennung“ sogar einen „besonderen Entlassungsschutz“, der

44 Ein explizites Bekenntnis zu diesem Vorgehen u.a. in einem Schreiben Himmlers an Berger vom 15.3.1943, in: Heiber: Reichsführer, S. 200–201.

45 Schreiben des Abschnitts XXX an K.F. vom 23.1.1935 und K.H. vom 25.9.1935, in StA Marburg, 327/2a, Bd. 24; Schreiben des Stabsführers des Oberabschnitts Südwest an A.M. vom 15.9.1937, in StA Ludwigsburg, PL 506, Bd. 70.

46 U.a. Befehle Himmlers vom 7.9.1937 und 14.10.1937, in StA Marburg, 327/2b, Bd. 53; Befehl Himmlers vom 23.5.1938, in StA Marburg, 327/2b, Bd. 54.

47 Vgl. Kap. V.5.

48 Vgl. Kap. IV.5. Der Verzicht auf Disziplinarverfahren ergibt sich aus der Auswertung der erhaltenen SSM/SSUF-Akten von vier der verurteilten SS-Angehörigen im BA Berlin.

49 SS-Befehlsblatt vom 25.6.1935, in IfZ-Archiv, DC 27.01, Bd. 1.

50 Vgl. Kap. III.2.

51 Schreiben des SS-Richters bei der RFSS, Bender, an das Hauptamt SS-Gericht vom 26.10.1943, in: Heiber: Reichsführer, S. 239–240.

52 SS-Disziplinarstraf- und Beschwerdeordnung, S. 13–15, in IfZ-Archiv, DC 002.019.

selbst bei „straffälligen Verfehlungen" galt.[53] Einige Beispiele sollen verdeutlichen, wie weit derartige Bewertungsboni gehen konnten. Der 1888 geborene und seit 1926 in der SS aktive Gründer und „Kampfzeit"-Führer der Schutzstaffel in Nürnberg bzw. ganz Franken, Johann Beck, wurde trotz mindestens sechs schwerer Trunkenheitsdelikte in den Jahren 1931 bis 1941 sowie diverser Zusammenstöße mit der Polizei immer wieder nur ermahnt und versetzt, zunächst in den Stabsdienst beim Oberabschnitt Südwest in Stuttgart, dann in den KZ-Dienst, wo er seine Aggressionen schließlich als Schutzhaftlagerführer des Konzentrationslagers Gusen ausleben konnte.[54] 1939 entschied Himmler, zwei Sinti bzw. Roma in der SS zu belassen, weil sie schon seit 1931 dabei waren.[55] Der badische Landesbauern- und SS-Standartenführer Friedrich Engler-Füßlin, der sich unter anderem um den Aufbau der SS-Landscharen verdient gemacht hatte, durfte in der SS bleiben, obwohl nicht nur seine Frau, sondern wahrscheinlich auch er selbst von einem im 17. Jahrhundert geborenen Juden abstammte.[56] Dem SS-Gruppenführer und Kommandeur der Waffen-SS-Division *Das Reich*, Walter Krüger, wurde der Eintritt seines 1927 geborenen Sohnes Gerhard in die SS genehmigt, obwohl Himmler schon zuvor wusste, dass dessen Mutter einen entfernten jüdischen Vorfahren hatte.[57]

Auch die berufliche Qualifikation und damit die aktuelle bzw. potenzielle Nützlichkeit für die SS floss in die Bewertung von persönlichen Mängeln und Verfehlungen ein. Ein Sturmbannarzt, der wegen seiner früheren Freimaurerverbindungen einem Beförderungsstopp unterlag und im Frühjahr 1938 deswegen recht unverhohlen mit seinem Austritt aus der Schutzstaffel drohte, wurde für diese Anmaßung nicht nur nicht bestraft, sondern mit einer Aufhebung der Sperre belohnt.[58] Ein Gestapo-Mitarbeiter, der bereits seit 1932 der SS angehörte und auch schon in der Verfügungstruppe als Unterführer Dienst getan hatte, wurde dagegen im Mai 1939 wegen eines Verstoßes gegen den Heiratsbefehl vor allem deswegen aus der Schutzstaffel ausgeschlossen und aus der Geheimen Staatspolizei entlassen, weil er als dienstlich unterdurchschnittlich, „dickfellig und interessenlos" beurteilt wurde.[59] Als günstig und strafmildernd galt schließlich eine besondere allgemeine weltanschauliche Zuverlässigkeit, die beispielsweise an

[53] Befehl Himmlers vom 14.11.1933, in BA Berlin, NS 7, Bd. 2, Bl. 4; Befehl Himmlers vom 29.9.1934, in StA Marburg, 327/2a, Bd. 78; Befehl des Chefs des SS-HA, Heißmeyer, vom 3.7.1935, in BA Berlin, NS 31, Bd. 394, Bl. 1.

[54] BA Berlin, SS Johann Beck.

[55] Schreiben Himmlers an den Chef des RuSHA vom 31.3.1939, in BA Berlin, NS 2, Bd. 232, Bl. 20.

[56] Schreiben des RuS-Führers im Oberabschnitt Südwest an den Chef des RuSHA vom 21.3.1939, in BA Berlin, NS 19, Bd. 1428, Bl. 5; BA Berlin, SSO Friedrich Engler-Füßlin. Vgl. zu dem Fall auch Heiber: Reichsführer, S. 52.

[57] Schreiben Himmlers an Berger vom 30.10.1943, in: Heiber: Reichsführer, S. 231–232.

[58] Unterlagen zu dem Fall in BA Berlin, NS 19, Bd. 1834.

[59] Schreiben der Staatspolizeistelle Karlsruhe an das Gestapa in Berlin vom 10.5.1939, in StA Ludwigsburg, PL 506, Bd. 95.

Kriterien wie dem Familienstand, der Kinderzahl oder dem Kirchenaustritt festgemacht wurde.[60]

Insgesamt ist zu konstatieren, dass das Disziplinarwesen der Schutzstaffel keineswegs von rigoroser Härte geprägt war, wie etwa Reinhard Heydrich 1935 postulierte.[61] Vielmehr scheint diese Qualität, die ein geradezu allgegenwärtiges Element der SS-Selbstbeschreibungen darstellte, nur für die Außen- und vor allem Feindbeziehungen der SS gegolten zu haben.[62] Die interne Praxis der Schutzstaffel war dagegen, wie die Parteigerichtsbarkeit der NSDAP insgesamt, von einer Tendenz zur Milde geprägt.[63] Dieser Grundzug soll im Folgenden durch zwei weitere Beispiele veranschaulicht werden, in denen es um rangniedrige und damit aus Sicht der SS eigentlich entbehrliche Delinquenten geht. Im Oberabschnitt Rhein stellte ein SS-Mann, der erst im April 1934 beigetreten war, nach circa einem halben Jahr seine Beteiligung am SS-Dienst praktisch ein, ohne sich die Mühe zu machen, dies zu begründen. In den drei Monaten von November 1934 bis Januar 1935 nahm er an nur einem von 36 Pflichtterminen teil, 29 Mal fehlte er unentschuldigt. Erst als er zudem ein Angebot zur persönlichen Aussprache schlicht ignorierte, beantragte sein Sturmführer den Ausschluss.[64]

Im September 1936 heiratete ein schwäbischer SS-Mann bewusst ohne auf die noch ausstehende Genehmigung des RuSHA zu warten. Im März 1937 setzte er bei einer SS-Spendensammlung für das Winterhilfswerk gerade einmal die Hälfte der ihm zugeteilten hundert Abzeichen ab. Den Rest gab er seinem Sturmführer zurück. Obwohl er zuvor schon mehrfach wegen mangelnder Kameradschaft bzw. Disziplin gerügt worden war und von seinem Standartenführer insgesamt als Mann beurteilt wurde, „der im Grunde seines Wesens keine Disziplin kennt und auch nie lernen wird“, wurde er nicht etwa ausgeschlossen, sondern lediglich für drei Monate suspendiert.[65]

Angesichts dieser Fälle erscheint es nicht überzeugend, die fehlende Systematik und geringe Härte des SS-Disziplinarwesens ausschließlich auf die Eigenschaft der Schutzstaffel als ultraopportunistische „Adhokratie“ zurückzuführen, die im Gegensatz zu einer regelhaft arbeitenden Bürokratie stets bereit war, alle Regeln

[60] Vgl. u.a. Schreiben Himmlers an das SS-Gericht vom 18.9.1937, in BA Berlin, NS 2, Bd. 51a, Bl. 213; Schreiben von Himmlers persönlichem Referenten, Brandt, an das SS-Personalhauptamt vom 9.3.1943, in: Heiber: Reichsführer, S. 196.

[61] Reinhard Heydrich: „Wandlungen unseres Kampfes“ in *Das Schwarze Korps* vom 29.5.1935.

[62] Vgl. zum Feindbild der SS Wegner: Hitlers Politische Soldaten, S. 67–74.

[63] Vgl. zu diesem Kontrast im Bezug auf die SS schon Buchheim: Befehl und Gehorsam, S. 247–263. Zur Milde der NSDAP-Parteigerichte s. Nolzen: Parteigerichtsbarkeit, S. 988.

[64] Schreiben des Führers des Sanitätssturms des Oberabschnitts Rhein an den Oberabschnitt Rhein vom 11.2.1935, in StA Marburg, 327/2a, Bd. 123. Vgl. zu ähnlichen Fällen von langwierigen Bemühungen, SS-Männer zur Dienstteilnahme zu bewegen, Korrespondenz zum Fall W.S. von September 1936 bis August 1937, in StA Ludwigsburg, PL 506, Bd. 50; Schreiben des Abschnitts XXX an den Oberabschnitt Rhein vom 8.11.1935 und 21.1.1936, in StA Marburg, 327/2a, Bd. 24; Vermerk des Führers des Sturms 11/9 vom 30.3.1936 und Befehl des Führers des Sturms 11/9 vom 11.4.1936, in IPN-Archiv, GK 762, Bd. 4, Bl. 13–15.

[65] Korrespondenz zum Fall W.S. von April und Mai 1937, in StA Ludwigsburg, PL 506, Bd. 63.

über den Haufen zu werfen, wenn es im konkreten Einzelfall nützte.[66] Dieser Deutungsansatz, der zur „extrem utilitaristischen" Haltung bzw. zur Tendenz zu spontanen Einzelfallentscheidungen passt, die Peter Longerich Heinrich Himmler bescheinigt,[67] kann nur einen Teil der hier beschriebenen Facetten der Strafpraxis der Schutzstaffel erklären. Gleiches gilt für die These Hans Buchheims, die in der SS anzutreffende Neigung zur Milde gegenüber den eigenen Kameraden stelle eine Kontinuität zur „Ganovenmoral" der „Kampfzeit" dar.[68]

Beide Deutungen übersehen den „erzieherischen", wenn auch im „Erziehungsziel" aus heutiger Sicht perversen Impetus, den die SS-Führerschaft vielfach gegenüber „ihren" Männern besaß. Dieser kam zum Beispiel in den „Grundsätzlichen Richtlinien" zum Ausdruck, die der Führer des Oberabschnitts Südost, Erich von dem Bach-Zelewski, im August 1936 verfasste und die jeder SS-Führer seines Gebiets einmal monatlich durchlesen sollte. Die „Strafgewalt" sei das „letzte Mittel" bei der „Erziehung zur Disziplin" und der „planmäßigen Entwicklung" der Persönlichkeit jedes einzelnen SS-Mannes. Wenn man um eine Strafe nicht herumkomme, so müsse diese immer individuell angepasst und dem Bestraften sowie der gesamten Mannschaft erklärt werden. Der Führer habe zum Ausdruck zu bringen, dass er persönlich enttäuscht sei und echte Besserung nicht nur erwarte, sondern auch zutraue.[69]

Keines der drei skizzierten Deutungsangebote erklärt alle Aspekte des Disziplinarwesens der Schutzstaffel. Da sie sich aber auch nicht grundsätzlich gegenseitig ausschließen, erscheint es sinnvoll, sie als einander ergänzend und das Gesamtsystem stabilisierend aufzufassen. Welche der skizzierten Handlungslogiken jeweils dominierte, lässt sich nur im konkreten Einzelfall entscheiden.

2. Das Belohnungssystem

Das „erzieherische" Gegenstück zu den insgesamt recht milde eingesetzten Disziplinarstrafen der Schutzstaffel stellte ein umfangreiches System von Belohnungen bzw. Unterstützungsleistungen dar, mit dem „SS-mäßiges" Wohlverhalten prämiert bzw. Mitgliedern geholfen wurde, die sich in privaten Schwierigkeiten befanden. Prinzipiell gilt es hierbei zu unterscheiden zwischen Angeboten, die sich eher an die Führer richteten, und solchen, die primär den „einfachen" SS-Angehörigen zugute kamen. Zur ersten Gruppe gehörten vor allem Beförderungen, Auszeichnungen, Präsente und Dotationen. Den Mannschaften wurden diverse kleine Ämter sowie ein elaboriertes Fürsorgewesen geboten.

[66] Zu einer derartigen, an ein Management-Modell des englischen BWL-Professors Henry Mintzberg angelehnten Interpretation der SS vgl. Nolzen: Freimaurerei, S. 44.
[67] Longerich: Himmler, S. 276–277 und 310.
[68] Buchheim: Befehl und Gehorsam, S. 258.
[69] Grundsätzliche Richtlinien für die SS-Führer des Oberabschnitts Südost vom 3. 8. 1936, in IPN-Archiv, GK 812, Bd. 179, Bl. 73–77.

In der Zeit der rapiden Expansion der Schutzstaffel zwischen 1931 und 1934 erlebten viele Männer in der SS rasante Führerkarrieren, bei denen sie häufig im Abstand von nur Monaten mehrfach befördert wurden. Als Beispiele seien hier kurz die Laufbahnen der beiden aufeinander folgenden Chefs des SS-Hauptamts skizziert. Curt Wittje trat im März 1931 der Schutzstaffel bei. Im darauf folgenden Juni wurde er Sturmführer, am 2. November Sturmbannführer, am 15. November Standartenführer. Im August 1932 ernannte ihn Himmler zum Oberführer, im Juli 1933 zum Brigadeführer und im September 1933 zum Gruppenführer. August Heißmeyer gehörte der Schutzstaffel seit Dezember 1930 an. Die Einträge seiner Führerstammkarte lesen sich wie folgt: Sturmführer im März, Sturmbannführer im August 1931, Standartenführer im März, Oberführer im Oktober 1932, Brigadeführer im November 1933 und Gruppenführer im Februar 1934.[70]

Durch derartige Entwicklungen wurde eine Erwartungshaltung ausgelöst, die sich in zahlreichen Beschwerden von Männern niederschlug, die sich bei den Beförderungen übergangen und somit persönlich zurückgesetzt fühlten. Ganz deutlich und unbedarft brachte dieses Gefühl im Februar 1937 Josef O. in einem Brief an seinen Standartenführer zum Ausdruck. Er gehöre schon seit Januar 1932 der schlesischen Schutzstaffel an und habe es dennoch erst zum Scharführer gebracht. Das sei nur damit zu erklären, dass er als zugezogener Bayer von den einheimischen Schlesiern benachteiligt werde. Auf die Idee, dass das auch mit seiner geringen beruflichen Qualifikation und langen Arbeitslosigkeit zusammenhängen könnte, kam O. nicht. Er schloss mit dem Satz: „Ich weiß sehr wohl, dass es nicht angeht, dass wir alle Führer werden können, wo blieb[e] da die Gefolgschaft, aber es freut doch bestimmt jeden SS-Mann, wenn er wieder mal befördert wird".[71]

Um derartigen Unmut zu begrenzen bzw. die motivierende Wirkung der Beförderungen zu bewahren, schuf die Reichsführung-SS bis 1935 ein Rangsystem, das weit mehr als die funktional erforderlichen Dienstgrade bot. Den sechs Hierarchieebenen Sturm, Sturmbann, Standarte, Abschnitt, Oberabschnitt und Reichsführung standen schließlich sechs Unterführerränge – Rottenführer, Unterscharführer, Scharführer, Oberscharführer, Hauptscharführer, Sturmscharführer – und nicht weniger als elf Führerränge – Untersturmführer, Obersturmführer, Hauptsturmführer, Sturmbannführer, Obersturmbannführer, Standartenführer, Oberführer, Brigadeführer, Gruppenführer, Obergruppenführer, Oberstgruppenführer – gegenüber.[72]

70 BA Berlin, SSO Curt Wittje und August Heißmeyer.

71 Schreiben von J.O. an die 16. Standarte vom 23.2.1937, in IPN-Archiv, GK 812, Bd. 695, Bl. 113–114. Zu weiteren Beschwerdebriefen vgl. u. a. Schreiben des SS-Scharführers E.P. an Himmler vom 13.10.1934 und 15.1.1935, in IPN-Archiv, GK 812, Bd. 232, Bl. 262–263 und 285–286; Schreiben des SS-Arztes H.P. an Himmler vom 5.3.1938, in BA Berlin, NS 19, Bd. 1834, Bl. 2–4; Schreiben Walter Scholtz' an den Chef des RuSHA, Hofmann, vom 14.1. 1941, in BA Berlin, SSO Walter Scholtz; Schreiben eines anonymen „alten Kämpfers" an Himmler vom 7.7.1942, in BA Berlin, NS 19, Bd. 522, Bl. 2.

72 Vgl. u. a. Wegner: Hitlers Politische Soldaten, S. 357; Weale, S. 416–417.

Spätestens seit dem Frühjahr 1934 wurde in der SS ebenso wie in der SA entgegen dem von den Nationalsozialisten propagierten Leistungskult zwischen dem persönlich erreichten Rang, der nach „Zeit und Art der Bewährung im Kampfe" verliehen werden sollte, und der tatsächlichen Dienststellung unterschieden, für die nur die „Eignung" entscheidend sei. Diese Haltung kam beispielsweise in einer kollektiven Beförderung zum Ausdruck, die Himmler zum „Führergeburtstag" am 20. April 1934 allen Männern mit den SS-Nummern 1–15 000 gewährte und zwar ausdrücklich auch dann, wenn sie keine Führereigenschaften besaßen.[73]

Die zahlreichen ähnlichen symbolischen Beförderungen, die in der Folgezeit zu nationalsozialistischen Feieranlässen wie dem 30. Januar, dem 20. April, dem Reichsparteitag oder dem 9. November erfolgten, trugen neben dem Phänomen der sogenannten Ehrenführer[74] dazu bei, dass sich das Verhältnis zwischen SS-Mannschaften, dem Unterführerkorps und der Führerschaft sukzessive verschob. Ende 1936 gab es in der Allgemeinen SS 7188 Führer und 42 409 Unterführer, zwei Jahre später schon 12 669 bzw. 50 375. Da durch die Expansion des „Großdeutschen Reiches" in diesem Zeitraum auch die Gesamtzahl der Mitglieder stieg, fiel das prozentuale Wachstum des Führerkorps etwas schwächer aus. Im Dezember 1936 waren knapp fünf Prozent aller SS-Angehörigen Führer und rund 28% Unterführer, im Dezember 1938 knapp acht bzw. gut 31%.[75]

Neben Beförderungen hielt die Reichsführung-SS für ihre Führer zwei weitere persönliche Auszeichnungen bereit: den Totenkopfring und den Ehrendegen. Ersterer war von Himmlers persönlichem Berater in Sachen Neopaganismus und Germanenkunde, Karl Maria Wiligut alias Weisthor,[76] unter Verwendung der zentralen SS-Symbole Totenkopf, Sig-Runen und Hakenkreuz sowie weiterer Runen, die die Stärke, Treue und Siegesgewissheit des Trägers ausdrücken sollten, gestaltet worden. Er wurde erstmals 1933 verliehen, zunächst an die Männer mit den SS-Nummern 1–3000 bzw. die SS-Führer aus der Zeit vor der „Machtergreifung". Später erhielten ihn auch die Träger der SS-Nummern bis 5000 und alle Führer der Schutzstaffel, die mindestens drei Jahre als solche gedient hatten. Bis 1945 wurden insgesamt circa 17 000 Ringe vergeben, die per Gravur als persönliche

[73] Befehl Himmlers vom 10. 4. 1934, in BA Berlin, NS 31, Bd. 368, Bl. 85. Zu Röhms Befehl für die Gesamt-SA vom 1. 2. 1934 s. BA Berlin, NS 23, Bd. 548.

[74] Vgl. Kap. IV.4.

[75] SS-Statistik 1936, S. 9, und Statistisches Jahrbuch der Schutzstaffel der NSDAP 1938, S. 60–61, in IfZ-Archiv, DC 01.06.

[76] Wiligut wurde 1866 in Wien geboren und diente als Oberst in der kaiserlichen und königlichen Armee Österreich-Ungarns. Nach seiner Pensionierung 1919 machte er sich einen Namen als Okkultist und Germanenkundler, bevor er in den 1920er Jahren wegen Geisteskrankheit entmündigt und hospitalisiert wurde. 1933 schloss er sich, wieder in Freiheit und nach Deutschland emigriert, der SS an, wo er rasch bis zum Brigadeführer aufstieg. 1939 wurde er, da seine Scharlatanerie immer offensichtlicher und zudem seine Psychiatrieerfahrung bekannt wurde, aus der SS entlassen. Himmler jedoch pflegte den Kontakt inoffiziell weiter. Zur Person s. LONGERICH: Himmler, S. 292–295, GOODRICK-CLARKE, S. 155–166, und ausführlich, allerdings aufgrund des esoterischen Ansatzes mit Vorsicht zu genießen, MUND.

Gabe Himmlers an den Träger gekennzeichnet wurden.[77] Deutlich exklusiver und in ihrer Formensprache klassischer bzw. weniger mystisch waren die knapp 800 Ehrendegen, die der Reichsführer-SS nach Gutdünken ab 1936 an höhere SS-Führer verschenkte und die von diesen anstelle des regulären SS-Dolchs getragen wurden.[78]

Seine Gunst drückte Himmler zudem durch kleine Präsente aus, die er SS-Führern etwa zu Geburtstagen, Weihnachten, Verlobungen, Hochzeiten oder Geburten zukommen ließ und über die in einer „Geschenk-Kartothek" penibel Buch geführt wurde.[79] Die Gaben reichten von Produkten der SS-eigenen Allacher Porzellanmanufaktur[80] über Bücher wie zum Beispiel das kirchenfeindliche *Luzifers Hofgesind*, eine Geschichte der europäischen Ketzer von SS-Untersturmführer Otto Rahn,[81] bis hin zu Säften der lebensreformerischen Marke *Vitaborn*.

Neben derartigen eher symbolischen Zeichen der Anerkennung verschaffte Himmler einzelnen hauptamtlichen SS-Führern auch substanzielle materielle Vorteile, indem er ihre seit 1935 standardisierten Monatsgehälter, die brutto zwischen 220 Reichsmark für einen ledigen Untersturmführer und 1350 Reichsmark für einen verheirateten Obergruppenführer lagen,[82] durch individuelle Zuschüsse aufbesserte. Diese wurden zum Teil einmalig, zum Teil monatlich gewährt und aus dem „Sonderkonto R" bei der Dresdner Bank finanziert. Diese schwarze Kasse wurde seit 1936 aus Spenden des „Freundeskreises Himmler" gespeist, einem losen Zirkel aus Vertretern der Schutzstaffel, der Behörden und vor allem der Wirtschaft, dem zwischen 1932 und 1945 insgesamt 49 Personen angehörten. Bis 1945 kamen rund acht Millionen Reichsmark zusammen, über die Himmler völlig frei verfügen konnte.[83]

Als Beispiel dafür, wie weit die korrupte Vorteilnahme im Einzelfall ging und wie wenig die Behauptung Kurt Dalueges vom Sommer 1931 zutraf, dass die „materielle Seite" für SS-Führer nie eine Rolle spielen dürfe,[84] kann der Fall Karl Wolff dienen.[85] 1936, kurz nach seiner Beförderung zum Chefadjutanten Himmlers, kaufte sich Wolff ein 5500 m² großes Seegrundstück in Rottach-Egern, auf dem er sich von einem Subunternehmen der Deutschen Arbeitsfront eine Zehn-Zimmer-Villa errichten ließ. Die Gesamtkosten beliefen sich auf rund 170000

[77] Longerich: Himmler, S. 297–298, Ackermann, S. 72, und aus der Perspektive eines Militaria-Sammlers Patzwall.

[78] Höhne: Orden, S. 141; Longerich: Himmler, S. 298.

[79] Longerich: Himmler, S. 298; Kersten, S. 152–153.

[80] Vgl. Kaienburg: Wirtschaft, S. 159–171; Huber.

[81] Rahn.

[82] Befehl Himmlers betr. Gewährung der Besoldung in der Allgemeinen SS vom 28. 5. 1935 und Besoldungsordnung der Schutzstaffeln der NSDAP, in BA Berlin, NS 3, Bd. 465, Bl. 5–7.

[83] Die individuell gewährten Zuschüsse finden sich in zahlreichen Führerpersonalakten (SSO) im BA Berlin. Zum Freundeskreis allgemein Vogelsang: Freundeskreis. Hier zur Mitgliedschaft S. 157, zum Spendenaufkommen S. 158, und zur Verwendung der Mittel des „Sonderkontos R" S. 117-127.

[84] Protokoll über die Führerbesprechung der SS am 13.–14. 6. 1931, in BA Berlin, NS 19, Bd. 1934, Bl. 94–105 und 109–113.

[85] Zur Person vgl. Kap. III.1.

Reichsmark, von denen Wolff auch nach dem Verkauf seines Münchner Hauses allerdings nur 80000 bezahlen konnte. Als ihm deshalb der Verlust des Anwesens und ein Parteigerichtsverfahren wegen Schädigung einer NS-Organisation drohte, griff Himmler ein. In Gesprächen mit dem obersten Parteirichter, Walter Buch, und dem Reichsschatzmeister der NSDAP, Franz-Xaver Schwarz, die beide auch der SS im Rang eines Ober- bzw. sogar Oberstgruppenführers angehörten, erreichte er die Einstellung des Verfahrens und die Reduzierung der Restschuld auf 21500 Reichsmark. Von diesen schenkte Himmler Wolff 20000,- als Zuschuss aus dem „Sonderkonto R“. Lediglich für 1500,- musste der mittlerweile zum Führer des Persönlichen Stabs des Reichsführers-SS avancierte Wolff selbst aufkommen.[86]

Die Anreize und Belohnungen, die die Allgemeine SS ihren „einfachen“ Mitgliedern bot, nahmen sich im Vergleich zu derart hohen Korruptionsgewinnen verhältnismäßig bescheiden aus, konnten für den Einzelnen jedoch ideell und materiell durchaus bedeutsam sein und ein hohes Maß an Zugehörigkeitsgefühl bzw. „erzieherischem“ Effekt zeitigen. Parallel zur Inflationierung der Führerränge kam es zu einem Ausbau der Funktionsstellen in der Organisation der Schutzstaffel, in deren Rahmen SS-Männer Befehlsbefugnisse und somit eine gewisse Macht erhielten. 1931 gab es in jedem Sturm neben den Schar- bzw. Truppführern lediglich je einen „Geldverwalter“, der dem Sturmführer zur Hand ging.[87] Im Frühjahr 1937 waren folgende Positionen hinzugekommen: ein Stabsscharführer, ein Sturmschreiber, ein Fürsorgereferent, ein Sportwart, ein Schießwart, ein Gasschutzwart, ein Schulungsmann und ein Pressemitarbeiter.[88] Analog zum ehrenamtlichen Funktionärskorps der NSDAP, das schließlich auf bis zu 1,2 Millionen Personen anwuchs, ist davon auszugehen, dass auch diese kleinen SS-Ämter als eine Art pseudopolitische Partizipationsmöglichkeit aufgefasst wurden.[89]

Bedeutsamer war jedoch, dass die Allgemeine SS ihren Mitgliedern Fürsorgeleistungen zukommen ließ, die deutlich über das hinaus gingen bzw. zusätzlich zu dem gewährt wurden, was normale deutsche „Volksgenossen“ an staatlichen Leistungen bzw. von der Nationalsozialistischen Volkswohlfahrt erhielten.[90] Diese Kompensation sozialer Schwächen widersprach zwar der eigentlich gerade von der SS propagierten sozialdarwinistischen Leistungs- und Ausleseideologie, ließ sich aber analog zum Fürsorgewesen der SA[91] damit rechtfertigen, dass die Angehörigen der Schutzstaffel während der „Systemzeit“ angeblich vielfach diskrimi-

[86] Lang, S. 56–58.

[87] SS-Übungsvorschrift vom 20.11.1931, S. 9–12, in IfZ-Archiv, DC 02.05a; Protokoll über die Führerbesprechung der SS am 13.–14.6.1931, in BA Berlin, NS 19, Bd. 1934, Bl. 94–105 und 109–113.

[88] Stellenbesetzungspläne der Stürme 11/81 und 12/81 vom März 1937, in StA Ludwigsburg, PL 506, Bd. 77.

[89] Eine entsprechende Deutung der NSDAP bei Nolzen: NSDAP, S. 188–189.

[90] Zu deren Leistungskatalog vgl. Vorländer.

[91] Vgl. Longerich: SA, S. 89 und 126–136; Reichardt: Kampfbünde, S. 468–471; Schuster: SA, S. 271–280.

niert worden seien. Dieses Unrecht und eben nicht „rassische Minderwertigkeit" habe Bildungsdefizite, Arbeitslosigkeit usw. auch unter Schutzstaffelangehörigen hervorgebracht und müsse wiedergutgemacht werden.[92]

1933 wurden derartige Kompensationsforderungen kurzzeitig noch offen erhoben. Beispielsweise veranstaltete die SS in der bayerischen Landeshauptstadt ein großes Benefizkonzert zu eigenen Gunsten, zu dessen Besuch mit folgenden Worten aufgerufen wurde: „Münchner, Ihr seid den Kämpfern im schwarzen Rock der SS Dank schuldig!"[93] Doch schon ab Ende des Jahres unterblieben derartige Appelle, die nicht zu dem immer stärker propagierten Eliteimage passten. Nach außen wurde die SS nun als Gruppierung dargestellt, die ihrerseits schwächeren „Volksgenossen" beispielsweise im Rahmen des Winterhilfswerks zu Hilfe kam.[94] Dass die Angehörigen der Schutzstaffel auch in den folgenden Jahren bevorzugt aus dessen Spendenerlösen bedient wurden, blieb geheim.[95]

Den wichtigsten Bereich der SS-internen Fürsorge stellte jedoch die Arbeitsvermittlung bzw. Arbeitsbeschaffung dar. Wie hoch der Anteil der Arbeitslosen in den Reihen der SS ursprünglich war, lässt sich in Ermangelung entsprechender Quellen nicht mehr exakt feststellen. Legt man jedoch die Tatsachen zugrunde, dass die Schutzstaffel in der Endphase der „Kampfzeit" großteils ähnlich der SA bzw. aus dieser heraus rekrutiert war und dass beispielsweise Sven Reichardt schätzt, dass 1932 gut die Hälfte der SA-Angehörigen von der enormen Arbeitslosigkeit betroffen waren, die die Weltwirtschaftskrise ausgelöst hatte,[96] so ist davon auszugehen, dass auch SS-Männer in ganz erheblichem Maße mit diesem Problem zu kämpfen hatten.

Das Gesetz zur Verminderung der Arbeitslosigkeit vom 1. Juni 1933 legte fest, dass sowohl SA- als auch SS-Männer bei Neueinstellungen bevorzugt zu behandeln waren. Auch NS-Wirtschaftsfunktionäre wie der neue Chef des Reichsverbands der Deutschen Industrie, Adrian von Renteln, unterstützten diesen Kurs mit dem Argument, dass die Angehörigen der nationalsozialistischen Kampfbün-

[92] Vgl. zur „ausgeprägten Wiedergutmachungsmentalität" der „alten Kämpfer" im Allgemeinen Bajohr: Ämter, S. 186. Zu dieser Idee als Teil der SS-Mentalität s. Hambrock.

[93] „Das große Festkonzert der Münchner SS" im *Völkischen Beobachter* vom 30.11.1933; „Stabschef Röhm Schirmherr des SS-Festes" im *Völkischen Beobachter* vom 2.12.1933; „Reichsführer SS Himmler spricht" im *Völkischen Beobachter* vom 3.12.1933.

[94] Vgl. u. a. „Im Dienste des Winterhilfswerks: Der Führer bei dem großen historischen Konzert der Berliner SS im Sportpalast" im *Völkischen Beobachter* vom 9.12.1933; „Hilfsaktion von SA, SS und PO für unsere notleidenden Volksgenossen" im *Völkischen Beobachter* vom 1.12.1934; „Kameradschaft und Opferfreudigkeit. Die Gemeinschaftssammlung der SA, SS und PO übertrifft alle bisherigen!" im *Völkischen Beobachter* vom 3.12.1934; „Symphonien und Marschfanfaren. Das große SS-Konzert für das Winterhilfswerk" im *Völkischen Beobachter* vom 4.12.1935; „SS ans Werk!" im *Völkischen Beobachter* vom 28.10.1936.

[95] Vgl. zu entsprechenden Absprachen zwischen SS und WHW u. a. Rundschreiben des Chefs des SS-HA vom 16.11.1936, in BA Berlin, NS 31, Bd. 352, Bl. 43; vertraulicher Befehl des Verwaltungsamts des Oberabschnitts Fulda-Werra vom 18.12.1937, in StA Marburg, 327/2b, Bd. 53; vertraulicher Befehl des Verwaltungsamts des Oberabschnitts Fulda-Werra vom 26.1.1938, in StA Marburg, 327/2b, Bd. 51.

[96] Reichardt: Kampfbünde, S. 330–331.

de das Land vor dem Bolschewismus gerettet hätten.[97] Obwohl nun zehntausende „alter Kämpfer“ in den Stellen des Öffentlichen Diensts bzw. des halbstaatlichen Bereichs untergebracht wurden, die infolge der politischen „Säuberungen“ frei bzw. im Rahmen der allgemeinen Arbeitsbeschaffung neu geschaffen wurden,[98] zeigte sich die Reichsführung-SS im Frühjahr 1934 enttäuscht vom Ergebnis dieser „Sonderaktion“, die vor allem zwischen der Obersten SA-Führung und der Reichsanstalt für Arbeitsvermittlung abgestimmt worden war.[99]

Um endlich alle SS-Männer in Lohn und Brot zu bringen, wurde nun ein Netz eigener Fürsorgereferenten aufgebaut, für das gezielt Mitarbeiter der Arbeitsämter bzw. Vertreter der Wirtschaftsverbände angeworben wurden. Es sollte erreicht werden, dass „in jedem Arbeitsamt wenigstens ein SS-Angehöriger in leitender Stelle tätig ist“. 1935 wurde im SS-Hauptamt eine Zentrale dieses Fürsorgeapparats eingerichtet, der Hermann Haertel vorstand. Dieser 1893 geborene Pfarrerssohn hatte nach der Teilnahme am Ersten Weltkrieg Jura studiert und nach seiner Promotion als Prokurist, Verwaltungsrat bzw. Syndikus verschiedener Firmen gearbeitet, bevor er 1930 in den Dienst der Reichsarbeitsverwaltung trat, wo er zum Direktor eines Arbeitsamts aufstieg. Bis 1933 war er politisch ein unbeschriebenes Blatt, dann trat er rasch nacheinander in die NSDAP und die SS ein. Im Februar 1934 wurde er zum Fürsorgereferenten des SS-Abschnitts XXII im ostpreußischen Allenstein ernannt, im Oktober desselben Jahres zum Verbindungsmann der Reichsführung-SS bei der Reichsanstalt für Arbeitsvermittlung und im April 1935 zum nunmehr beurlaubten und hauptamtlich für die Schutzstaffel tätigen Chef des neuen SS-Fürsorgeamtes.[100]

Aufgabe seiner Mitarbeiter sowie der ehrenamtlichen Fürsorgereferenten bei allen Einheiten war es, die Männer der Allgemeinen SS in Sachen Arbeitssuche bzw. notfalls auch hinsichtlich des Bezugs von Fürsorgeleistungen zu beraten. Indem sie sich an der „Ausmerzung der Doppelverdiener“ durch die Zurückdrängung weiblicher Arbeitskräfte sowie der „Beseitigung regierungsfeindlicher Personen aus Amts- und Angestelltenstellungen“ beteiligten, sollten sie zudem die „Freimachung von Arbeitsstellen“ für arbeitslose SS-Angehörige erreichen. Schließlich hatten sie gezielt selbst nach Jobs für SS-Männer zu suchen und zu

97 „Arbeit und Brot für SA- und SS-Männer“ im *Völkischen Beobachter* vom 3.7.1933; „Arbeitsbeschaffung für SA und SS. Eine selbstverständliche Dankespflicht für die deutsche Wirtschaft“ im *Völkischen Beobachter* vom 29.8.1933.

98 Vgl. Wehler: Gesellschaftsgeschichte, Bd. 4, S. 725; Bajohr: Ämter, S. 189–193; Bajohr: Parvenüs, S. 22–27.

99 Befehl des Chefs des SS-Amts, Wittje, vom 13.3.1934, in StA Marburg, 327/2a, Bd. 78.

100 Zur Person Haertel s. BA Berlin, SSO Hermann Haertel. Zum Aufbau des Fürsorgeapparats s. Befehl des Chefs des SS-Amts, Wittje, vom 13.3.1934, in StA Marburg, 327/2a, Bd. 78; Geheimer Halbjahresbericht für das 2. Halbjahr 1935 des Chefs des SS-HA, Heißmeyer [o. D.], in BA Berlin, NS 2, Bd. 129, Bl. 60–80; Bericht über die Tagung der Fürsorgereferenten der SS-Oberabschnitte im SS-Hilfswerklager St. Georgen am 1.–2.11.1935, in StA Marburg, 327/2a, Bd. 114; Befehl des Chefs des SS-HA, Heißmeyer, vom 21.4.1936, in StA Marburg, 327/2a, Bd. 79; Skizze Wolfgang Vopersals zum Fürsorgewesen der SS, in BA Freiburg, NL 756, Bd. 55a.

veranlassen, dass die betreffenden Firmen diese namentlich beim Arbeitsamt anforderten.[101] In der Folgezeit wurde eine Vielzahl derartig für die Schutzstaffel requirierter Arbeitsplätze in internen Befehlsblättern „ausgeschrieben". Angeboten wurden unter anderem Stellen als Rathaus-Hausmeister, Stadtinspektor, Bauassessor, Wirt in einer Polizeikantine, LKW-Fahrer bei den Hermann-Göring-Werken, Aushilfsarbeiter bei der Eisenbahninstandsetzung oder Landwirt auf den Grünflächen des Flughafens Frankfurt.[102]

Manche Mitglieder der Schutzstaffel ließen sich selbst mit derartiger Unterstützung zunächst nicht wieder ins normale Arbeitsleben reintegrieren. Das mag an ihrer fehlenden Qualifikation gelegen haben oder daran, dass sie infolge langer Arbeitslosigkeit bzw. ihres hochgradigen und gewalttätigen SS-Aktivismus sozial entwurzelt waren. Für sie schuf die SS-Fürsorge ab 1933 eigene arbeitsbeschaffende Maßnahmen. Rund 2000 Mann wurden als „Hilfsgrenzschutzangestellte" den zu diesem Zeitpunkt circa 5000 regulären Grenzschutzbeamten des Zolls an die Seite gestellt. Sie wurden staatlich besoldet, waren jedoch in eigenen „Higa-Stürmen" organisiert und trugen im Dienst SS-Uniform.[103]

Ebenfalls ab dem Frühjahr 1933 wurden bei staatlichen Einrichtungen bzw. Firmen, die vermeintlich von kommunistischen Sabotageakten bedroht waren, „SS-Wachen" eingerichtet. Diese meist recht kleinen Einheiten[104] sicherten zum Beispiel Rundfunksender, Munitions- und Treibstofflager, Flugplätze oder Rüstungsbetriebe. Die Wachmänner, die ebenfalls SS-Uniform trugen, standen offiziell im Dienst der jeweiligen Einrichtung und erhielten in der Regel neben Kost und Logis einen niedrigen Wochenlohn von circa 20 Reichsmark.[105] Wie viele derartige Wachen bzw. Wachmänner es gab, läßt sich aufgrund der Quellenlage nur schätzen. Anfang 1938 bestanden im Oberabschnitt Südost, zu diesem Zeitpunkt einer von 14 Oberabschnitten,[106] 25 Wachen mit 412 Mitgliedern[107]. Insgesamt waren also auch hier einige tausend Mann untergebracht.

[101] Merkblatt betr. Aufgaben der Fürsorgereferenten vom 9.3.1934 und Befehl des Chefs des SS-Amts, Wittje, vom 13.3.1934, in StA Marburg, 327/2a, Bd. 78; Richtlinien des Führers des Oberabschnitts Rhein für die Fürsorgereferenten vom 1.12.1934, in StA Marburg, 327/2a, Bd. 114.

[102] Die entsprechenden Unterlagen in StA Ludwigsburg, PL 506, Bd. 64; StA Marburg, 327/2a, Bd. 82 und 114.

[103] Sandkühler, S. 97–98 und 112; Riedel, S. 74–77; Statistisches Jahrbuch der Schutzstaffel der NSDAP 1937, S. 36, und Statistisches Jahrbuch der Schutzstaffel der NSDAP 1938, S. 46–57, in IfZ-Archiv, DC 01.06.

[104] Zwei Aufstellungen von 1937 verzeichnen insgesamt 15 Wachen zwischen einem und 31 Mann – vgl. Aufstellung der SS-Wachen im Bereich der 35. und 83. Standarte vom 7.4. bzw. 26.2.1937, in StA Marburg, 327/2b, Bd. 41.

[105] „SS I/48 auf Wache beim Mitteldeutschen Rundfunk" in *Der SA-Mann* vom 8.4.1933; Befehl des Stabsführers des Oberabschnitts Rhein vom 8.5.1936, in StA Marburg, 327/2a, Bd. 25; Befehlsblatt des Oberabschnitts Südost vom 15.7.1937, in IPN-Archiv, GK 812, Bd. 182, Bl. 8–9; Schreiben des Führers der 79. Standarte an den Abschnitt XXIX vom 5.11.1937, in StA Ludwigsburg, PL 506, Bd. 61.

[106] Koehl: Black Corps, S. 262–263.

[107] Halbjahresbericht des Führers des Oberabschnitts Südost vom 29.6.1938, in IPN-Archiv, GK 812, Bd. 186, Bl. 27–35.

Eine letzte ABM-Maßnahme der SS waren die sogenannten Hilfswerklager, die sich für St. Georgen im Schwarzwald und für Schleißheim bei München nachweisen lassen. Diese Lager wurden in leerstehenden Gebäuden eingerichtet und mit Geldern der Reichsanstalt für Arbeitsvermittlung betrieben. Ihre Insassen wurden einerseits „SS-mäßig", das heißt durch Exerzieren, ideologische Indoktrination usw., ausgebildet, andererseits beruflich fortgebildet, zum Beispiel durch Unterricht in Stenographie, Schreibmaschinenschreiben und einfacher Buchhaltung. Im Hilfswerklager Schleißheim befanden sich zu Beginn des Jahres 1937 122 SS-Männer.[108]

Wie erfolgreich war das SS-interne Arbeitsbeschaffungsprogramm alles in allem? Zum Jahreswechsel 1935/36 waren noch ungefähr 6000 der zu diesem Zeitpunkt rund 188 000 SS-Männer, das heißt rund 3,2% arbeitslos. Die durchschnittliche Arbeitslosenquote im Reich betrug dagegen 1935 noch 10,3%, 1936 7,4%. Anfang 1937 suchten sogar nur noch 1900, Ende des Jahres lediglich 500 SS-Männer Arbeit. Im September 1938 wurde „das Ende der Erwerbslosigkeit in der SS" erreicht. Ähnliches war dank der Besserung der konjunkturellen Gesamtlage, vor allem aber aufgrund der schuldenfinanzierten Rüstungspolitik inzwischen allerdings auch im Gesamtreich geglückt, in dem 1938 durchschnittlich nur noch 1,9%, 1939 nur noch 0,5% der Erwerbspersonen arbeitslos waren.[109] Insgesamt bedeutet das, dass es der Schutzstaffel, in der die Arbeitslosenquote 1932/33 mit sehr hoher Wahrscheinlichkeit über den durchschnittlichen 29,9% bzw. 25,9% lag, gelang, ihren Mitgliedern in den ersten Jahren nach der „Machtergreifung" massive Vorteile auf dem Arbeitsmarkt zu verschaffen. Diese Tatsache dürfte nicht unerheblich zur Attraktivität der SS-Mitgliedschaft beigetragen haben. Als die Rüstungskonjunktur mit zunehmender Geschwindigkeit zur Vollbeschäftigung führte, nivellierte sich der Effekt.

Dieser Umstand führte zu einer Neuausrichtung der SS-Fürsorge. Der Kampf gegen die Arbeitslosigkeit verlor zunehmend an Bedeutung. Das zeigte sich unter anderem daran, dass die SS-Wachen bzw. die Hilfswerklager, in denen es aufgrund des wenig produktiven Charakters der dortigen Beschäftigung wiederholt zu Disziplinproblemen gekommen war, die den elitären Ruf der Schutzstaffel schädigten,[110] ab 1937 schrittweise aufgelöst wurden[111]. Die Fürsorgereferenten kon-

[108] Befehl des Chefs des SS-Amts, Wittje, vom 23.10.1934, in StA Marburg, 327/2a, Bd. 78; geheimer Halbjahresbericht für das 2. Halbjahr 1935 des Chefs des SS-HA, Heißmeyer [o. D.], in BA Berlin, NS 2, Bd. 129, Bl. 60–80; Befehl des Chefs des SS-HA vom 17.2.1936, in StA Marburg, 327/2a, Bd. 79; Befehle des Chefs des SS-HA vom 29.4.1936 und 10.5.1937, in BA Berlin, NS 31, Bd. 352, Bl. 32 und 56; Statistisches Jahrbuch der Schutzstaffel der NSDAP 1937, S. 36, und Statistisches Jahrbuch der Schutzstaffel der NSDAP 1938, S. 39, in IfZ-Archiv, DC 01.06.

[109] SS-Statistik 1936, S. 18, Statistisches Jahrbuch der Schutzstaffel der NSDAP 1937, S. 75, und Statistisches Jahrbuch der Schutzstaffel der NSDAP 1938, S. 108, in IfZ-Archiv, DC 01.06; Petzina/Abelshauser/Faust, S. 119.

[110] Vgl. u. a. Schreiben des Führers des Oberabschnitts Rhein an den Abschnitt XI vom 18.8.1934, in StA Marburg, 327/2a, Bd. 27; Befehl Himmlers vom 21.3.1936, in StA Marburg, 327/2a, Bd. 179.

[111] Vgl. Befehl des Chefs des SS-HA vom 10.5.1937, in BA Berlin, NS 31, Bd. 352, Bl. 56; Halbjahresbericht des Führers des Oberabschnitts Südost vom 29.6.1938, in IPN-Archiv, GK

zentrierten sich nun mehr und mehr darauf, SS-Angehörige in besser dotierte Stellungen zu bringen bzw. sich, wie es in einem Befehl des Chefs des SS-Hauptamts, August Heißmeyer, vom Februar 1938 hieß, allgemein um ihre „berufliche Förderung und wirtschaftliche Besserstellung" zu kümmern.[112]

Folgt man Michael Kater, der in seinem Aufsatz zum Vergleich der sozialen Zusammensetzung von SA und SS von 1975 behauptete, dass die Männer der Schutzstaffel 1937 durchschnittlich doppelt so viel verdient hätten wie der Rest der Deutschen,[113] so wären die SS-Fürsorgereferenten auch hier, wie in Sachen Arbeitsbeschaffung, äußerst erfolgreich gewesen. Kater stützte seine „Berechnung", die er allerdings weder im Rechenweg noch im genauen Ergebnis erläuterte, auf zwei Quellen: das *Statistische Jahrbuch der Schutzstaffel der NSDAP 1937* sowie ein 1949 erschienenes *Statistisches Handbuch von Deutschland.* In Ersterem findet sich die Angabe, dass im Oktober 1937 52 838 SS-Männer monatlich brutto 100 Reichsmark oder weniger, 61 175 zwischen 100 und 150, 38 802 zwischen 150 und 200, 15 301 zwischen 200 und 300 und 15 999 über 300 Reichsmark verdienten.[114] Daraus ergibt sich, je nachdem, welchen genauen Wert man den Einkommensmargen zuordnet, ein durchschnittlicher Bruttomonatsverdienst von zwischen 157 und 189 Reichsmark.[115] Im *Statistischen Handbuch von Deutschland* findet sich keine Angabe zum Durschnittseinkommen aller Deutschen, sondern lediglich jeweils ein Mittelwert für Arbeiter in Industrie und Handwerk sowie für Angestellte.[116] Die erste Gruppe kam im Jahr 1937 auf knapp 150 Reichsmark im Monat, die zweite auf etwas über 200 Reichsmark. Das bedeutet im Vergleich, dass der „durchschnittliche SS-Mann" in Sachen Einkommen zwischen einem Arbeiter und einem Angestellten lag. Katers Thesen von der Schutzstaffel als genuin sozialelitärer Gruppe bzw. als Sammelbecken der alten Eliten[117] läßt sich somit auch in Sachen Verdienst in keiner Weise halten.

Vielmehr ergibt sich aus den von Kater zitierten, aber mangelhaft ausgewerteten Quellen ein ganz anderes Bild: Von den etwas über 184 000 SS-Männern, die

812, Bd. 186, Bl. 27–35; Befehl des Führers des Oberabschnitts Rhein vom 7. 11. 1938, in StA Marburg, 327/2a, Bd. 180; Halbjahresbericht des Führers des Oberabschnitts Südost vom 20. 1. 1939, in IPN-Archiv, GK 812, Bd. 186, Bl. 137–142.

112 Geheimer Halbjahresbericht für das 2. Halbjahr 1935 des Chefs des SS-HA, Heißmeyer [o. D.], in BA Berlin, NS 2, Bd. 129, Bl. 60–80; Befehl des Führers des Oberabschnitts Rhein vom 21. 5. 1937, in StA Marburg, 327/2a, Bd. 82; Befehl des Chefs des SS-HA, Heißmeyer, vom 23. 2. 1938, in StA Marburg, 327/2b, Bd. 54; Halbjahresbericht des Führers des Oberabschnitts Südost vom 29. 6. 1938, in IPN-Archiv, GK 812, Bd. 186, Bl. 27–35; Halbjahresbericht des Führers des 98. Standarte vom 14. 6. 1939, in IPN-Archiv, GK 812, Bd. 186, Bl. 75–82.

113 Kater: SA und SS, S. 374.

114 Statistisches Jahrbuch der Schutzstaffel der NSDAP 1937, S. 76, in IfZ-Archiv, DC 01.06.

115 In der ersten Berechnung wurde der Mittelwert der jeweiligen Marge, in der zweiten Kalkulation der Maximalwert verwendet. Die nach oben offene, höchste Einkommensgruppe wurde in beiden Fällen mit 500,- veranschlagt.

116 Statistisches Handbuch, S. 473. Auf der von Kater offenbar falsch zitierten S. 546 findet man nichts zum Einkommen, sondern die Zahlen zu den „Ausgaben der öffentlichen Verwaltung".

117 Vgl. Kap. IV.3.

es im Herbst 1937 gab, bezogen 114000 bzw. 62% ein Einkommen, das unter dem eines durchschnittlichen Facharbeiters lag. Knapp 39000 bzw. 21% lagen mit ihrem Verdienst zwischen dem eines durchschnittlichen Facharbeiters und dem eines durchschnittlichen Angestellten. Nur gut 31000 bzw. 17% ließen sich mit einigem Recht als Besserverdienende bezeichnen. Den Bemühungen der SS-Führung, ihren Männer qualifizierte, gut dotierte Arbeitsplätze zu verschaffen, war somit insgesamt wenig Erfolg beschieden. Das lässt sich zum einen mit der tatsächlich nicht sozialelitären, sondern heterogen-„volksgemeinschaftlichen" Zusammensetzung der Allgemeinen SS erklären. Es kann allerdings auch daran gelegen haben, dass diese Aufgabe erst relativ kurz vor dem Krieg in den Fokus der SS-Fürsorge rückte, der somit schlicht zu wenig Zeit zur weitergehenden Umsetzung blieb.

Neben der zentralen Bemühung, Angehörigen der Schutzstaffel einen, wenn möglich gut bezahlten, Arbeitsplatz zu verschaffen, wurde den Männern der Allgemeinen SS noch in weiteren Bereichen „erzieherische" Fürsorge zuteil. Um sie dazu zu ermutigen, ihr „gutes Blut" möglichst vielen, mindestens aber vier Nachkommen zu vererben,[118] gewährte der Ende 1935 gegründete SS-eigene Verein „Lebensborn", der mit seinen Entbindungsheimen primär die Geburt „rassisch wertvoller" unehelicher Kinder ermöglichen bzw. entsprechende Abtreibungen verhindern sollte, insgesamt circa 1600 kinderreichen SS-Familien finanzielle Beihilfen von 20 bis 50 Reichsmark pro Monat.[119] Auch die ab Januar 1938 bei den SS-Standarten eingerichteten „Pflegestellen" mit je zwei hauptamtlichen Mitarbeitern sollten nicht nur bei den Formalia der Abstammungsnachweise, der Aufnahmepapiere, der Unterlagen für die Heiratsgenehmigungen etc. helfen, sondern auch Eheberatung bieten und die Unterstützung von Großfamilien übernehmen.[120] Besonders erfolgreich waren diese Maßnahmen zur bevölkerungspolitischen „Erziehung" und Indienstnahme der Schutzstaffel jedoch nicht. Ende 1938 waren noch immer 57% der Mitglieder der Allgemeinen SS ledig, nur 26% waren überhaupt Väter, und lediglich acht Prozent hatten die Zielvorgabe von vier Sprösslingen schon erreicht. Damit lag die Allgemeine SS in all diesen Bereichen erheblich unter dem Reichsdurchschnitt. Ende 1939 war der Anteil der Verheirateten gerade einmal um ein Prozent gestiegen. Noch immer lag selbst ihre Kinderquote bei lediglich 1,1.[121]

[118] Vgl. Kap. III.2.

[119] Bekanntmachung über die Gründung des Vereins Lebensborn e.V. vom 13.9.1936, in: Der Prozess gegen die Hauptkriegsverbrecher, Bd. 35, S. 177–178, Dok. 2825-PS; Lilienthal, S. 44–46; zum Lebensborn allgemein vgl. auch Koop.

[120] Befehl Himmlers vom 13.8.1937, in BA Berlin, NS 2, Bd. 54, Bl. 72; Befehl Himmlers vom 9.11.1937, in BA Berlin, NS 31, Bd. 352, Bl. 127; Rundschreiben des Chefs des RuSHA, Pancke, an die SS-Pflegestellen vom 6.9.1938, in BA Berlin, NS 2, Bd. 21, Bl. 67–70; Befehl des Führers der 13. Standarte betr. die Arbeit der Pflegestelle vom 19.11.1938, in StA Ludwigsburg, PL 506, Bd. 50.

[121] Statistisches Jahrbuch der Schutzstaffel der NSDAP 1938, S. 89–94, in IfZ-Archiv, DC 01.06; Statistische Übersicht des RuSHA betr. Ehen und Kinder in der SS [o. D.; 1940], in BA Berlin, NS 19, Bd. 577, Bl. 39.

Im Gegensatz zur fürsorgerischen „Sippenpflege“ war die Tatsache, dass die Schutzstaffel einigen ihrer Mitglieder stark verbilligte bzw. sogar kostenlose Urlaube zukommen ließ, nicht mit einem Versatzstück der NS-Weltanschauung zu rechtfertigen. Es handelte sich vielmehr um mehr oder weniger ungeschminkte und gerade aus diesem Grund nur intern betriebene Vorteilnahme. Im April 1933 hatte die Oberste SA-Führung angesichts der noch weit verbreiteten wirtschaftlichen Not unter den Angehörigen der NS-Kampfbünde die Adolf-Hitler-Freiplatz-Spende ins Leben gerufen. Individuen oder Firmen sollten Gratis-Urlaubsplätze für SA- oder SS-Männer spenden. Allerdings wurde die Schutzstaffel im Rahmen dieses SA-Programms eher stiefmütterlich bedient. Von den rund 220000 Erholungsaufenthalten bei freier Kost und Logis, die 1933/34 zusammenkamen, wurden nur gut 5500 SS-Männern zugeteilt. Als die Führung der Aktion im Januar 1935 von der SA an die Nationalsozialistische Volkswohlfahrt bzw. das Fürsorgeamt der NSDAP-Reichsleitung überging, änderte sich daran zunächst nur wenig. Auch 1934/35 kamen wieder „nur“ 2800 SS-Angehörige in den Genuss eines Gratisurlaubs. Anfang 1936 erreichte der Leiter der SS-Fürsorge, Hermann Haertel, der beim Chef der NSV, Erich Hilgenfeldt, protestiert hatte, die Erlaubnis, nunmehr in Eigenregie 12500 Hitler-Freiplätze einwerben und vergeben zu dürfen. Haertel hoffte unter anderem, für die SS-Männer das Eingangskriterium der wirtschaftlichen Bedürftigkeit aufweichen zu können. Allerdings wurde aus diesem Vorhaben ebenso wenig wie aus der SS-internen Durchführung. Nach Protesten der SA-Führung, der NSV-Gauämter und vor allem des NSDAP-Reichsschatzmeisters Franz Xaver Schwarz blieben die Vergabe durch die NSV sowie die sozialen Kriterien bestehen.[122] Dagegen konnten die SS-Führer die stark verbilligten Aufenthalte in SS-eigenen Erholungsheimen, die es zum Beispiel in Sasbachwalden und St. Georgen im Schwarzwald bzw. im alpinen Bayrischzell gab, frei als Gunstbeweise bzw. „Erziehungsanreize“ verteilen.[123]

Schließlich war auch die Tatsache, dass Himmler seit 1934 einzelnen „einfachen“ SS-Männern, wenn auch in geringerem Ausmaß als den SS-Führern, Zuschüsse und kleine Darlehen aus der „Fürsorgekasse des Reichsführers-SS“ gewährte, nicht weltanschaulich zu begründen. Diese Leistungen wurden zunächst aus einer Zwangsumlage für jeden Angehörigen der Schutzstaffel, später aus den Spenden des „Freundeskreises Himmler“ finanziert.[124] Ähnliche kleine Zuwen-

122 „Für 13 SA- und SS-Männer vier Wochen Erholungsurlaub“ im *Völkischen Beobachter* vom 24.6.1933; Richtlinien des Fürsorgeamts der Reichsleitung der NSDAP zur Hitler-Freiplatz-Spende vom 10.4.1935, in StA Marburg, 327/2a, Bd.114; Befehle des Chefs des SS-HA, Heißmeyer, vom 26.1. und 26.4.1936, in BA Berlin, NS 31, Bd.352, Bl.15–17 und 30–31; Rundschreiben des Führers des Oberabschnitts Südwest, Prützmann, vom 20.2.1937, in StA Ludwigsburg, PL 506, Bd.95.

123 Befehl des Führers des Oberabschnitts Südwest, Prützmann, vom 24.8.1936, in StA Ludwigsburg, PL 506, Bd.61; Rundschreiben des Führers des Oberabschnitts Südwest, Prützmann, vom 20.2.1937, in StA Ludwigsburg, PL 506, Bd.95; Rundschreiben des Verwaltungschefs der SS, Pohl, vom 30.5.1938, in StA Marburg, 327/2a, Bd.82.

124 Befehl des Chefs des SS-Amts, Wittje, betr. Bestimmungen über Leistungen aus der Fürsorgekasse RFSS vom 17.5.1934, in StA Marburg, 327/2a, Bd.114; Befehl des Führers des Ober-

dungen wurden recht freihändig auch aus regionalen bzw. lokalen schwarzen Kassen vergeben, was die Reichsführung-SS wusste und gut hieß.[125] Ende 1935, Anfang 1936 schuf Himmler in seinem Persönlichen Stab eine „Abteilung Wirtschaftliche Hilfe“ unter der Leitung Bruno Galkes, die bis Ende 1938 SS-Männern, die sich verschuldet hatten, zinsgünstige Darlehen in Höhe von insgesamt knapp einer Million Reichsmark zukommen ließ.[126]

Das „erzieherische“ und zum Eliteimage passende Gegenstück zu diesen materiellen Anreizen stellte die „Spargemeinschaft-SS“ dar, die Himmler im November 1937 ins Leben rief und in der ab 1938 alle Hauptamtlichen als „Pflichtsparer“ mit einem bis drei Prozent ihres Gehalts teilnehmen mussten, alle übrigen SS-Mitglieder als „Sollsparer“ mit mindestens einer Reichsmark im Monat teilnehmen konnten. Der derart zusammengetragene Kapitalstock werde, so hoffte der Reichsführer-SS, Kredite ermöglichen, ohne dass sich ein Mitglied der Schutzstaffel nach außen verschuldete. Bis Ende 1938 hatten sich circa 55 000 SS-Männer der „Spargemeinschaft“ angeschlossen und etwas über eine halbe Million Reichsmark eingezahlt.[127]

3. Der Sport

Mit Hilfe der beschriebenen Sanktionen bzw. Anreize sollten die Mitglieder der Allgemeinen SS diszipliniert und unter die Kontrolle ihrer Führer gebracht werden. Die „Erziehungsmittel“, um die es in den folgenden drei Abschnitten geht, sollten dagegen dazu dienen, die SS-Angehörigen selbst dann, wenn sie den propagierten elitären Auslesekriterien nicht entsprachen, allmählich in Richtung des skizzierten Typus des „idealen SS-Mannes“[128] zu formen. Durch sportliche Betätigung sollten sie körperlich stärker und „härter“ werden. Die weltanschauliche Schulung war dazu gedacht, sie kognitiv „SS-mäßig“ auszurichten. Die Feste und Feiern der Schutzstaffel schließlich sollten zu ihrer emotionalen bzw. seelischen Bindung an die Sache des Nationalsozialismus beitragen.

Bevor jedoch mit der Analyse der Rolle, die der Sport für die SS spielte, begonnen werden kann, ist der zeitliche Rahmen zu klären, der der Allgemeinen SS für

abschnitts Rhein vom 21.5.1937, in StA Marburg, 327/2a, Bd. 82; Bericht über die Tagung der Fürsorgereferenten der SS-Oberabschnitte im SS-Hilfswerklager St. Georgen am 1.-2.11.1935, in StA Marburg, 327/2a, Bd. 114; Koehl: Black Corps, S. 114; Lang, S. 53–56; Vogelsang: Freundeskreis, S. 115 und 158.

[125] Bericht über die Tagung der Fürsorgereferenten der SS-Oberabschnitte im SS-Hilfswerklager St. Georgen am 1.–2.11.1935, in StA Marburg, 327/2a, Bd. 114; Halbjahresbericht des Führers des Oberabschnitts Südost vom 29.6.1938, in IPN-Archiv, GK 812, Bd. 186, Bl. 27–35; Befehl des Verwaltungsamts des Oberabschnitts Fulda-Werra vom 19.12.1938, in StA Marburg, 327/2b, Bd. 51.

[126] Kaienburg: Wirtschaft, S. 124 und 223–230.

[127] Befehl Himmlers über das Pflichtsparen vom 9.11.1937, in: Der Prozess gegen die Hauptkriegsverbrecher, Bd. 35, S. 176–177, Dok. 2825-PS; Kaienburg: Wirtschaft, S. 220–223.

[128] Vgl. Kap. III.2.

Fotografie eines SS-Manns, der sich am Sonntagmorgen von seiner Familie verabschiedet und zum SS-Dienst geht (o. D.), in Ullstein Bildarchiv, Nr. 00012892.

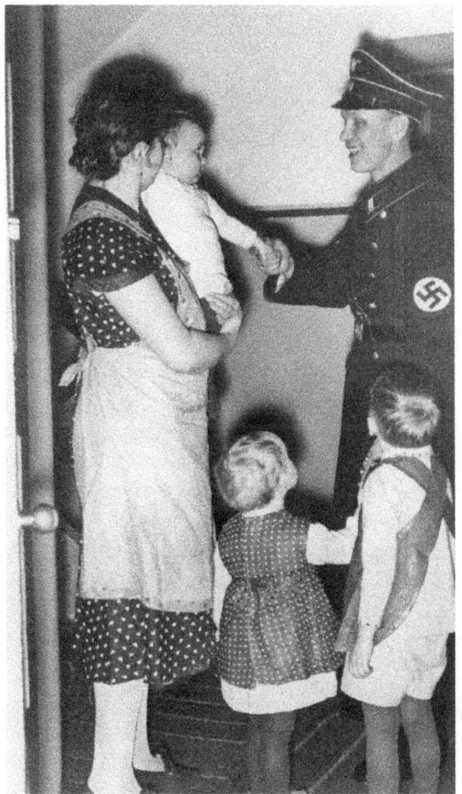

die „Ausbildung" ihrer Männer zur Verfügung stand. Zwischen 1927 und 1932 betrug das Mindestdienstpensum, das jedem SS-Mann vorgeschrieben war, vier Termine im Monat. Neben einem Sprechabend der NSDAP-Ortsgruppe und einem Propagandamarsch bzw. einer Propagandafahrt waren zwei eigene „SS-Abende" vorgesehen, in deren Mittelpunkt die Kontrolle von Uniformen und Mitgliederausweisen, die Befehlsausgabe, das Übungsexerzieren und das Einüben von „Kampfliedern" stand.[129]

Im Frühjahr 1932 empfahl Ernst Röhm angesichts der Masse der neu in die SA und SS strömenden Männer, in beiden nationalsozialistischen Kampfbünden spezielle „Trupps" einzurichten, die deutlich mehr, nämlich mindestens zweimal

[129] Befehl der Schutzstaffel-Oberleitung vom 13. 9. 1927, in BA Berlin, NS 19, Bd. 1934, Bl. 25–27; vorläufige Dienstordnung der SS vom Juni 1931, in: REICHSKOMMISSAR, Fiche Nr. 374, S. 113a–117; Befehl Nr. 10 der SS-Gruppe Süd vom 29. 11. 1932, in BA Berlin, NS 26, Bd. 330.

wöchentlich „Ausbildungsdienst“ machen sollten.[130] Als sich 1933 der Mitgliederzuwachs unter dem Ansturm der „Märzgefallenen“ bzw. durch die „Gleichschaltung“ der rechten Wehrverbände noch einmal steigerte, wurde ein Dienstpensum von zwei Abenden in der Woche und zusätzlich zwei Sonntagen im Monat zur Richtschnur für alle Einheiten der Sturmabteilung und der Schutzstaffel.[131]

In der Allgemeinen SS blieb diese zeitliche Rahmenvorgabe für Aktivitäten, die der eigenen „Ausbildung“ dienen sollten, bis 1939 in Kraft. Fast 90% ihrer Mitglieder hatten an zwei Abenden pro Woche je circa zwei Stunden und an zusätzlich zwei Sonntagen im Monat je ungefähr drei bis sechs Stunden ihrer Freizeit für diesen Zweck zu opfern.[132] Lediglich für ältere bzw. aus gesundheitlichen oder beruflichen Gründen nachweislich verhinderte Männer galten geringere Anforderungen. Über 35jährige konnten ab dem Frühjahr 1934 in die „SS-Reserve“ überwiesen werden, für die nur die Hälfte der jeweiligen Dienste verpflichtend war. Für über 45jährige wurde im Sommer 1936 die „Stammeinheit“ geschaffen, die nur noch einmal monatlich zu einem „Kameradschaftsabend“ zusammenzukommen hatte. Allerdings gehörten der Reserve zwischen 1936 und 1938 nur zwischen 17000 und 21000, der Stammeinheit lediglich circa 3700 bis 6700 Männer an, was zusammen einem relativ konstanten Anteil von elf bis 13 Prozent der Angehörigen der Allgemeinen SS entsprach.[133] Erhaltene Sturmdienstpläne sowie Zeugenaussagen aus der Nachkriegszeit belegen, dass die Vorschriften betreffend der Quantität

[130] OSAF-Befehl vom 7.3.1932, in BA Berlin, NS 23, Bd. 543.

[131] Rundschreiben Röhms vom 1.2.1934, in BA Berlin, NS 23, Bd. 548.

[132] Befehl des Chefs des SS-HA, Wittje, betr. Richtlinien für die Ausbildung der Allgemeinen SS in der Zeit vom 1.5.–31.10.1935, in BA Berlin, NS 31, Bd. 178, Bl. 149–155; Befehl Himmlers betr. Richtlinien für die Ausbildung der Allgemeinen SS im Winter 1935/36 vom 12.10.1935, in BA Berlin, NS 31, Bd. 319, Bl. 11–17; Befehl des Chefs des SS-HA, Heißmeyer, betr. Richtlinien für die Ausbildung der Allgemeinen SS im Sommer 1936 vom 7.4.1936, in BA Berlin, NS 31, Bd. 339, Bl. 50–53; Befehl des Chefs des SS-HA, Heißmeyer, betr. Richtlinien für die Ausbildung der Allgemeinen SS im Winter 1936/37 vom 1.10.1936, in BA Berlin, NS 31, Bd. 319, Bl. 27–41; Befehl des Chefs des SS-HA, i.V. Schmitt, betr. Richtlinien für die Ausbildung der Allgemeinen SS im Sommer 1937 vom 6.3.1937, in BA Berlin, NS 31, Bd. 178, Bl. 6–12; Befehl des Chefs des SS-HA, Heißmeyer, betr. Richtlinien für die Ausbildung der Allgemeinen SS im Winter 1937/38 vom 27.8.1937, in BA Berlin, NS 31, Bd. 319, Bl. 70–80; Befehl des Chefs des SS-HA, i.V. Zech, betr. Richtlinien für die Ausbildung der Allgemeinen SS im Sommer 1938 vom 17.3.1938, in BA Berlin, NS 31, Bd. 319, Bl. 81–92.

[133] Zur SS-Reserve s. Befehl Himmlers vom 18.12.1933, in BA Berlin, NS 31, Bd. 269, Bl. 2–3; SS-Statistik 1936, S. 8, Statistisches Jahrbuch der Schutzstaffel der NSDAP 1937, S. 35, und Statistisches Jahrbuch der Schutzstaffel der NSDAP 1938, S. 25, in IfZ-Archiv, DC 01.06; Befehlsentwurf des SS-HA [o. D.] und Befehl des Chefs des SS-HA, Heißmeyer, vom 18.3.1838, in BA Berlin, NS 31, Bd. 248, Bl. 62–64 und 91–93. Zur Stammeinheit, die nicht in allen Gebieten eingerichtet, teilweise zur „Entsorgung“ von Problemfällen missbraucht und in einigen Oberabschnitten daher wieder aufgelöst wurde, s. Befehl des Chefs des SS-HA, Heißmeyer, vom 18.8.1936, in BA Berlin, NS 31, Bd. 271, Bl. 2; Befehl des Chefs des SS-HA, Heißmeyer, vom 19.10.1936, in BA Berlin, NS 31, Bd. 312, Bl. 1; SS-Statistik 1936, S. 8, Statistisches Jahrbuch der Schutzstaffel der NSDAP 1937, S. 35, und Statistisches Jahrbuch der Schutzstaffel der NSDAP 1938, S. 25, in IfZ-Archiv, DC 01.06; Befehlsentwurf des SS-HA [o. D.] und Befehl des Chefs des SS-HA, Heißmeyer, vom 18.3.1838, in BA Berlin, NS 31, Bd. 248, Bl. 62–64 und 91–93.

des SS-Dienstes in der Regel eingehalten wurden, auch wenn es zu regionalen und zeitlich begrenzten Abweichungen nach oben und unten kommen konnte.[134]

Sport, den Heinrich Himmler und einer der SS-Oberabschnittsführer, Erich von dem Bach-Zelewski, explizit als eines der „wichtigsten Erziehungsmittel der SS" bezeichneten,[135] diente in der „Ausbildung" der Schutzstaffel mehreren Zwecken. Durch den athletischen Wettkampf sollten die Herausforderungen ersetzt werden, die die „Kampfzeit" geboten hatte. Allerdings sei dabei nicht die spezialisierte Individualleistung, die weltanschaulich dem Geist des „jüdisch-liberalen Systems" zugeschrieben wurde, sondern der vermeintlich typisch deutsche Breiten-, Mannschafts- und Mehrkampfsport hochzuhalten. Das entsprach dem Zweck, durch den SS-Sport die Gruppenkohäsion der Einheiten zu verbessern. Im Sportbetrieb sollte es dementsprechend ausdrücklich weniger hierarchisch und kameradschaftlicher zugehen als im Rest des SS-Dienstes. Durch den Sport hoffte man auch, die Körperfeindlichkeit zu überwinden, mit der nach Ansicht der SS-Führung das Christentum den „nordisch-germanischen Menschen" infiziert hatte. Schließlich ging es laut einem programmatischen Artikel zum Thema „Warum Sport in der SS?" vom Frühjahr 1937 darum, dass jeder SS-Mann in der Lage sein sollte, „einen Körper mit Riesenkräften [...] für die Stunde der Bewährung zur Verfügung stellen zu können".[136]

Da davon auszugehen ist, dass damit in erster Linie der von der NS-Führung gezielt angestrebte neue Krieg gemeint war, zeigt sich in der letztgenannten Aussage, wie stark der SS-Sport in der Kontinuität des Wehrsports stand, der zur Zeit der Weimarer Republik von einer ganzen Vielzahl paramilitärischer Verbände und eben auch von SA und SS betrieben worden war.[137] Allerdings kam dem Sport in

134 Zur Einhaltung der Vorschriften s. u. a. diverse Sturmdienstpläne, in StA Ludwigsburg, PL 506, Bd. 17; Auswertung von 2836 eidesstattlichen Erklärungen von SS-Mitgliedern, in: Der Prozess gegen die Hauptkriegsverbrecher, Bd. 35, S. 592, Dokument Affidavit SS-70. Zu einer Steigerung auf drei bis vier Dienste pro Woche im Herbst 1934 und Frühjahr 1935 s. geheimer Befehl des Führers der 79. Standarte vom 14. 9. 1934, in StA Ludwigsburg, PL 506, Bd. 64; geheimes Ausbildungsprogramm bis 31. März 1935 des Führers des Oberabschnitts Südwest, Prützmann [o. D.; Januar oder Februar 1935], in StA Ludwigsburg, PL 506, Bd. 81. Zu einzelnen Verkürzungen s. Befehle des Führers des Sturmbanns II/81 vom 2. 11. 1936 und 27. 10. 1938, in StA Ludwigsburg, PL 506, Bd. 72 und 74; Befehl des Führers des Oberabschnitts Fulda-Werra, zu Waldeck, vom 21. 4. 1938, in StA Marburg, 327/2b, Bd. 54. Im Frühjahr 1939 erwog Himmler eine generelle Reduktion auf nur noch einen Abenddienst pro Woche, was allerdings auf den Widerstand zahlreicher SS-Führer traf und nicht umgesetzt wurde – vgl. Persönliches Schreiben des Chefs des Führungsamts an den Chef des SS-HA vom 29. 4. 1939, in BA Berlin, NS 31, Bd. 178, Bl. 188.

135 Befehl Himmlers vom 25. 4. 1938, in BA Berlin, NS 31, Bd. 350, Bl. 69; Befehl des Führers des Oberabschnitts Südost, v. d. Bach-Zelewski, vom 9. 7. 1938, in IPN-Warschau, GK 809, Bd. 2, Bl. 81. Zum SS-Sport allgemein bislang nur Bahro.

136 Vgl. die folgenden programmatischen Texte zum SS-Sport: „Richtlinien für den SA-Sport. Herausgegeben von der Reichsführerschule" in *Der SA-Mann* vom 25. 3. 1933; „Sport, weil wir wollen!" in *Das Schwarze Korps* vom 6. 3. 1935; „Unser Sport – germanisches Erbe" im *SS-Leitheft* vom 26. 6. 1936, S. 58–61, und „Warum Sport in der SS?" im *SS-Leitheft* vom 18. 3. 1937, S. 41–42, in IfZ-Archiv, DC 29.01; „Sport als Mittel der Erziehung" in *Das Schwarze Korps* vom 13. 4. 1939.

137 Vgl. Kap. I.3. und II.1.

der Schutzstaffel seit 1934/35 aus zwei Gründen ein noch einmal erheblich gesteigerter Stellenwert zu. Erstens versuchte die SS-Führung, wie unten ausführlicher dargestellt werden wird, sich nach dem Erringen der organisatorischen Unabhängigkeit auch im Rahmen sportlicher Wettkämpfe deutlich von der Sturmabteilung abzuheben. Zweitens galt es, wie der Chef des SS-Hauptamts, August Heißmeyer, im August 1935 feststellte, darauf zu reagieren, dass „mit Einführung der allgemeinen Wehrpflicht [...] die militärische Ausbildung ausschließlich der Wehrmacht zugefallen“ war.[138] Zumindest die Allgemeine SS[139] hatte damit ihre Rolle als paramilitärischer Verband ausgespielt. Im Gegenzug wurde nun die Aufgabe der vormilitärischen, die generelle körperliche Fitness betreffenden „Wehrhaftmachung“ stärker betont.

Bis zum Herbst 1934 war dem einzelnen SS-Führer anheim gestellt worden, ob in der jeweiligen Einheit neben dem Exerzieren, dem Marschieren und den manöverartigen Geländeübungen auch noch gelaufen, geschwommen, Gymastik getrieben oder Fußball gespielt wurde. In einigen Stürmen und Sturmbannen war relativ intensiv, bis zu zwei Stunden wöchentlich trainiert worden, in anderen nur gelegentlich 15 Minuten zu Beginn oder am Ende der Dienstappelle.[140]

Parallel zur systematischen Erfassung dieser heterogenen Ausgangslage schuf die SS-Führung ab dem Winter 1934/35 spezielle Sport-Funktionsstellen. In den Oberabschnitten, Abschnitten, Standarten und Sturmbannen wurden Sportreferenten, in den Stürmen Sportwarte ernannt. Für diese Positionen wählte man gezielt möglichst Sportlehrer oder erfahrene Vereinstrainer, zumindest aber Männer aus, die das Reichssportabzeichen und den Rettungsschwimmerschein besaßen. Seit Dezember 1934 fanden spezielle Lehrgänge für die neuen Funktionsträger statt.[141] Im März 1937 wurde im SS-Hauptamt mit dem „Amt für Leibesübungen“ eine Zentrale des SS-Sports mit Mitarbeitern eingerichtet, die in Vollzeit arbeiteten. Die Leitung dieser Neugründung übernahm Richard Herrmann. Er war 1895 geboren worden, hatte es im Ersten Weltkrieg zum Oberleutnant und zum Eisernen Kreuz 1. Klasse gebracht und war dann in den Dienst der hessischen Landespolizei getreten. Hier hatte er deren Polizeisportverein mit gegründet. Nach seinem Ausscheiden im Rang eines Hauptmanns zog er 1930 nach Bayern, schloss sich der NSDAP und der SA an und avancierte dort bis zum Führer der Augsburger Brigade. Gleichzeitig war Herrmann als hochrangiger Handball- und

138 Befehl des Chefs des SS-HA, Heißmeyer, vom 30.8.1935, in BA Berlin, NS 31, Bd. 338, Bl. 162.

139 Zur Waffen-SS vgl. Kap. VI.1 und VI.2.

140 Sammlung von Fragebögen zur Ermittlung der bisherigen Tätigkeit auf dem Gebiet der Leibesübungen der Stürme der 5. und 33. Standarte [o. D.; Ende 1934 / Anfang 1935], in StA Marburg, 327/2a, Bd. 159; Muster des Fragebogens des SS-HA, in BA Berlin, NS 31, Bd. 347, Bl. 25.

141 Befehl des Chefs des SS-Amts, Wittje, vom 14.12.1934, in BA Berlin, NS 31, Bd. 347, Bl. 22–23; „Sport, weil wir wollen!“ in *Das Schwarze Korps* vom 6.3.1935; „Zweiter Sportlehrgang in Berlin“ in *Das Schwarze Korps* vom 10.7.1935; Befehl des Chefs des SS-HA, Heißmeyer, vom 2.10.1935, in BA Berlin, NS 31, Bd. 348, Bl. 22; Befehl des Chefs des SS-HA, i. V. Hauser, vom 16.9.1936, in BA Berlin, NS 31, Bd. 348, Bl. 107–108.

Basketballfunktionär tätig, seit 1934 leitete er das entsprechende Fachamt des Reichsbundes für Leibesübungen. Im Januar 1937 wechselte er auf Vermittlung Reinhard Heydrichs und gegen den Widerstand Viktor Lutzes zur SS. Seit dem Frühjahr 1938 standen ihm auch in deren Oberabschnitten hauptamtliche Sportreferenten zur Verfügung.[142]

Zu diesem Zeitpunkt existierte schon seit rund drei Jahren ein allgemein gültiges Programm für den Dienstsport der Schutzstaffel. Laut den „Richtlinien für die Ausbildung der Allgemeinen SS", die jeweils im Abstand von einem halben Jahr von der Reichsführung erlassen wurden, hatte jeder vollwertige SS-Mann ab dem Frühjahr 1935 zwischen eineinhalb und zwei Stunden in der Woche und damit etwas weniger als die Hälfte seiner Dienstzeit der gemeinsamen körperlichen Ertüchtigung zu widmen.[143] Zwar gab es keine detaillierte „SS-Sportvorschrift", jedoch war ausdrücklich festgelegt, dass Gymnastik, Leichathletik und Schwimmen die „Kernsportarten" der SS darstellten, während Ballsport und Fechten ergänzend zu betreiben waren. Hinzu kamen als spezielles Erbe des Wehrsports das Kleinkaliber-Schießen und die Gepäckmärsche, die in der Regel einmal monatlich durchgeführt werden sollten.[144] Seit dem zweiten Halbjahr 1934 war auch die Frage der Sportbekleidung einheitlich geregelt. Das „SS-Sportzeug", mit dem „dem Sport auch rein äußerlich gesehen ein einheitliches, diszipliniertes Bild gegeben" werden sollte, bestand aus einem schwarzen Trainingsanzug, einer kurzen schwarzen Hose, einem weißen Trägerhemd mit SS-Zeichen und schwarzen Turnschuhen.[145]

Als sportliches Leistungsziel gab Himmler im September 1935 vor, dass alle SS-Männer, die jünger als 50 Jahre alt waren, das SA-Sportabzeichen absolvieren sollten. Dieses war Ende 1933 von Ernst Röhm ins Leben gerufen und bis zum

142 Bahro, S. 80; BA Berlin, SSO Richard Herrmann; Befehl Himmlers vom 25.4.1938, in BA Berlin, NS 31, Bd. 350, Bl. 69. Im Zweiten Weltkrieg avancierte Herrmann zu einem der führenden Kommandeure im berüchtigten „Kommandostab Reichsführer-SS" – vgl. Cüppers, S. 71.

143 Bahro, S. 80–81; Befehl des Chefs des SS-HA, Wittje, betr. Richtlinien für die Ausbildung der Allgemeinen SS in der Zeit vom 1.5.–31.10.1935, in BA Berlin, NS 31, Bd. 178, Bl. 149–155; Befehl Himmlers betr. Richtlinien für die Ausbildung der Allgemeinen SS im Winter 1935/36 vom 12.10.1935, in BA Berlin, NS 31, Bd. 319, Bl. 11–17; Befehl des Chefs des SS-HA, Heißmeyer, betr. Richtlinien für die Ausbildung der Allgemeinen SS im Sommer 1936 vom 7.4.1936, in BA Berlin, NS 31, Bd. 339, Bl. 50–53; Befehl des Chefs des SS-HA, Heißmeyer, betr. Richtlinien für die Ausbildung der Allgemeinen SS im Winter 1936/37 vom 1.10.1936, in BA Berlin, NS 31, Bd. 319, Bl. 27–41; Befehl des Chefs des SS-HA, i.V. Schmitt, betr. Richtlinien für die Ausbildung der Allgemeinen SS im Sommer 1937 vom 6.3.1937, in BA Berlin, NS 31, Bd. 178, Bl. 6–12; Befehl des Chefs des SS-HA, Heißmeyer, betr. Richtlinien für die Ausbildung der Allgemeinen SS im Winter 1937/38 vom 27.8.1937, in BA Berlin, NS 31, Bd. 319, Bl. 70–80; Befehl des Chefs des SS-HA, i.V. Zech, betr. Richtlinien für die Ausbildung der Allgemeinen SS im Sommer 1938 vom 17.3.1938, in BA Berlin, NS 31, Bd. 319, Bl. 81–92. Zur Umsetzung dieser Richtlinien in konkreten Sturmdienstplänen s. entsprechende Exemplare in StA Ludwigsburg, PL 506, Bd. 17 und 70.

144 Befehl des Chefs des SS-HA, Heißmeyer, vom 17.4.1936, in BA Berlin, NS 31, Bd. 348, Bl. 90–91. Zu den Gepäckmärschen Bahro, S. 86–87.

145 SS-Befehlsblatt vom 15.5.1934, in IfZ-Archiv, DC 27.01, Bd. 1; Stabsbefehl des RAS vom 21.9.1934, in BA Berlin, NS 2, Bd. 3, Bl. 6; Befehl des Führers des Oberabschnitts Rhein vom 24.8.1936, in StA Marburg, 327/2a, Bd. 180.

Frühjahr 1935 primär von den Teilnehmern der paramilitärischen Kurse der „Organisation Chef des Ausbildungswesens“[146] erworben worden. Die Kandidaten mussten militärische Grundfertigkeiten durch Kleinkaliberschießen und die Teilnahme an einer Geländesportübung unter Beweis stellen. Zudem hatten sie einen 25-km-Gepäckmarsch sowie eine Leichtathletikprüfung abzulegen, die unter anderem aus Läufen über 100 und 3000 Meter, Weitspringen und Kugelstoßen bestand.[147]

Allerdings galt das SA-Sportabzeichen als „verhältnismäßig einfach“.[148] Zudem wurde sein Erwerb unter Viktor Lutze auch jedem SA-Mann zur Pflicht gemacht, so dass sich die SS hier allenfalls durch besonders hohe „Erfüller-Quoten“ profilieren konnte.[149] Aus diesen Gründen erhöhte Himmler schon Ende 1935, Anfang 1936 die an die SS-Angehörigen gestellten Anforderungen. Nun sollte jeder SS-Mann auch das schwierigere Reichssportabzeichen anstreben.[150] Ein eigenes, noch anspruchsvolleres SS-Sportabzeichen schwebte Himmler zwar 1936 vor, wurde jedoch – entgegen anderslautender Angaben noch in der neueren SS-Literatur – nicht geschaffen.[151]

Um diese bislang abstrakten Leistungsziele des SS-Sports zu konkretisieren, seien einige Werte genannt, die die Reichsführung-SS in der zweiten Hälfte der 1930er Jahre von ihren Männern erwartete. Einen 5-km-Lauf sollte jeder Angehörige der Schutzstaffel in 20 bis maximal 25 Minuten bewältigen können, einen 25-km-Gepäckmarsch in dreieinviertel bis vier Stunden. 100 Meter sollten in höchstens 13 Sekunden, 800 Meter in zwei Minuten und 15 Sekunden und 1500 Meter in fünf Minuten zurückgelegt werden. Im Kugelstoßen waren 16 Meter, im Keulenweitwurf gar 75 Meter erwünscht, wobei möglichst beide Arme gleich wurfstark zu sein hatten.[152]

146 Vgl. Kap. II.1.

147 Zum SA-Sportabzeichen allgemein s. Stiftungsurkunde Röhms für das SA-Sportabzeichen vom 28.11.1933, in StA Marburg, 327/2a, Bd. 156; Befehl Röhms vom 5.12.1933, in BA Berlin, NS 23, Bd. 547; „Das SA-Sportabzeichen“ in *Der SA-Mann* vom 31.3.1934; Ausführungsbestimmungen zum SA-Sportabzeichen des Chefs des Ausbildungswesens, Krüger, vom 21.4.1934, in StA Marburg, 327/2a, Bd. 156; „Wie erwerbe ich das SA-Sportabzeichen?“ in *Der SA-Mann* vom 8.9.1934. Zur verpflichtenden Einführung in der SS vgl. Befehl des Stabsführers im RuSHA, Harm, vom 8.1.1936, in BA Berlin, NS 2, Bd. 21, Bl. 31.

148 „Um das SA-Sportabzeichen“ in der *FM-Zeitschrift* vom Juni 1935.

149 Bericht über die Stimmung im Reich von November und Dezember 1934, in: Deutschland-Berichte, Bd. 1, S. 763–764; Bahro, S. 82.

150 Befehl Himmlers vom 12.12.1935, in BA Berlin, NS 19, Bd. 3902, Bl. 63; Befehl des Chefs des SS-HA, Heißmeyer, betr. Richtlinien für die Ausbildung der Allgemeinen SS im Sommer 1936 vom 7.4.1936, in BA Berlin, NS 31, Bd. 339, Bl. 50–53; Rede Himmlers vor HJ-Angehörigen am 22.5.1936, in: Smith/Peterson, S. 76–77.

151 Zum Vorhaben s. Rede Himmlers vor HJ-Angehörigen am 22.5.1936, in: Smith/Peterson, S. 76–77. Die irrige Annahme, daraus sei etwas geworden, z. B. bei Diehl: Macht, S. 154 und 158.

152 Befehl Himmlers betr. Richtlinien für die Ausbildung der Allgemeinen SS im Winter 1935/36 vom 12.10.1935, in BA Berlin, NS 31, Bd. 319, Bl. 11–17; Befehl des Chefs des SS-HA, i.V. Schmitt, betr. Richtlinien für die Ausbildung der Allgemeinen SS im Sommer 1937 vom 6.3.1937, in BA Berlin, NS 31, Bd. 178, Bl. 6–12; Befehl des Chefs des SS-HA, Heißmeyer, betr. Richtlinien für die Ausbildung der Allgemeinen SS im Winter 1937/38 vom 27.8.1937, in BA Berlin, NS 31, Bd. 319, Bl. 70–80.

Schon 1933/34 stellten einzelne SS-Einheiten ihre sportliche Leistungsfähigkeit im Rahmen interner Wettkämpfe und Sportfeste unter Beweis. Obwohl die Veranstalter ausdrücklich festhielten, dass individuelle „Spitzenkönner" nicht zu sehr „beweihräuchert" werden sollten, gingen sie doch davon aus, dass das Küren der Besten „Vorbilder für ihre Kameraden" liefern und den allgemeinen Ehrgeiz anstacheln würde.[153]

Diese Haltung machte sich auch die Reichsführung-SS zu eigen, als sie 1935 den systematischen Dienstsport einführte. Sie empfahl zunächst, im Sommer informelle Sturmbann-Meisterschaften abzuhalten. 1936 plante sie eine reichsweite „Frühjahrssportwoche", die allerdings abgesagt werden musste, als das NS-Regime im März anlässlich der Remilitarisierung des Rheinlandes relativ kurzfristig ein nachträgliches Plebiszit ansetzte, für das die Schutzstaffelmänner die Wahlkampftrommel zu rühren hatten. Ersatzweise fanden die ersten offiziellen „SS-Frühjahrswettkämpfe" am 14. und 21. Juni 1936 statt. An einem dieser beiden Tage sollten die Stürme jedes Sturmbanns sich in drei Disziplinen miteinander messen. Am leichtathletischen „Dreikampf" aus einem 100-m-Sprint, Weitsprung und Kugelstoßen hatten möglichst alle, mindestens aber 60% der SS-Männer teilzunehmen. Für den 7-km-Gelände-und-Hindernis-Lauf sowie ein Handball-, Fußball-, Hockey- oder Rugby-Turnier durften dagegen Sturm-Auswahlen gebildet werden.[154] 1937 bis 1939 wurden die „Frühjahrswettkämpfe" mit kleineren Änderungen beibehalten. Da die zentrale Terminvorgabe sich als problematisch erwiesen hatte, wurde nun ein recht weites Zeitfenster von März bis Mai angesetzt. Um zu verhindern, dass allzu viele Stürme aus der Wertung fielen, senkte man die Mindestteilnehmerquote auf 50% ab. Schließlich wurde der leichtathletische „Dreikampf" durch die Hinzufügung des Keulenweitwurfs zu einem „Vierkampf" erweitert und der 7-km-Geländelauf durch Staffelwettbewerbe[155] ersetzt, so dass das Ganze öffentlich auf einem Sportplatz als „werbende SS-Veranstaltung" durchgeführt werden konnte.[156]

[153] „Die SS schwimmt" im *Völkischen Beobachter* vom 21.8.1933; „SS-Sportfest in München" im *Völkischen Beobachter* vom 2.6.1934.

[154] Befehl des Chefs des SS-HA, Heißmeyer, vom 21.8.1935, in BA Berlin, NS 31, Bd. 348, Bl. 18; Befehl des Chefs des SS-HA, Heißmeyer, vom 21.3.1936, in BA Berlin, NS 31, Bd. 348, Bl. 77–78; Ausschreibungen für die Frühjahrswettkämpfe der SS [o. D. / Ende April oder Anfang Mai 1936], in BA Berlin, NS 31, Bd. 348, Bl. 93–97; Erfahrungsberichte der Abschnitte XXVII und XXX sowie des Oberabschnitts Rhein über die Frühjahrswettkämpfe 1936 vom Juni und Juli 1936, in StA Marburg, 327/2a, Bd. 159; ähnliche Berichte aus dem Oberabschnitt Fulda-Werra, in StA Marburg, 327/2b, Bd. 164.

[155] 1937 4mal-100m und 4mal-1500m; 1938 4mal-400m und 4mal-1500m; 1939 10mal-100-m-Hindernis-Pendel und 4mal-1500m.

[156] Befehl des Chefs des SS-HA, Heißmeyer, vom 18.3.1937 und Ausschreibung der Frühjahrswettkämpfe der SS 1937, in BA Berlin, NS 31, Bd. 349, Bl. 37–39; „Frühjahrswettkämpfe der SS" im *SS-Leitheft* vom 7.5.1937, S. 45–47, in IfZ-Archiv, DC 29.01; „SS-Frühjahrswettkämpfe" in *Das Schwarze Korps* vom 27.5.1937; Befehl des Chefs des SS-HA, i.V. Zech, betr. Richtlinien für die Ausbildung der Allgemeinen SS im Sommer 1938 vom 17.3.1938, in BA Berlin, NS 31, Bd. 319, Bl. 81–92; Befehl des Chefs des SS-HA, i.V. Schmitt, vom 23.3.1938, in BA Berlin, NS 31, Bd. 350, Bl. 58–61; Befehl des Chefs des SS-HA, Heißmeyer, vom 22.3.1939 und Ausschreibung der Frühjahrswettkämpfe der SS 1939, in BA Berlin, NS 31, Bd. 350, Bl. 47–53.

Den Schluss- und Höhepunkt der „Frühjahrswettkämpfe“ stellten die „Sonnwendkämpfe“ dar, die 1937 in der SS-Junkerschule Braunschweig, 1938 in deren Pendant in Bad Tölz und 1939 auf dem Sportgelände der SS-Leibstandarte Adolf Hitler in Berlin-Lichterfelde zwischen Auswahlmannschaften der Oberabschnitte der Allgemeinen SS und des SD bzw. der Standarten der Verfügungstruppe und der Totenkopfverbände ausgetragen wurden.[157] Diese um immer neue Disziplinen erweiterten SS-Reichsmeisterschaften mit ihrem ausdrücklich gerühmten „Reigen an Kanonen“ hatten zwar kaum noch etwas mit dem ursprünglich postulierten Fokus auf den Breitensport zu tun, dienten dafür aber der nach innen und außen gerichteten Darstellung der Schutzstaffel als nationalsozialistischer Elitetruppe.[158]

Zur Abrundung des SS-Sportjahres wurden 1937 bzw. 1938 zwei weitere Wettbewerbe eingeführt, die ebenfalls die Polarität zwischen Breiten- und Leistungssport in der SS widerspiegelten. Beim „Herbstwaldlauf“, der im November durchgeführt wurde, musste jeder SS-Mann unter 40 Jahren je nach Alter gerade einmal drei bis fünf Kilometer zurücklegen.[159] Bei den wehrsportlichen „SS-Gepäckmarschmeisterschaften“ dagegen, die im März 1937 in Dresden, im Mai 1938 in Hamburg und im April 1939 in Stuttgart stattfanden, traten sorgfältig ausgewählte, lange vorher speziell trainierte und dazu vom regulären SS-Dienst frei gestellte Mannschaften gegeneinander über 25 bzw. sogar 30 Kilometer an.[160]

Diese Meisterschaften dienten ebenso der Arbeit am elitären Image der Schutzstaffel wie die Wettkämpfe, die sich die SS mit anderen Gliederungen der „Bewegung“, vor allem aber mit der SA, lieferte. Wie wenig es dabei um faires Miteinander und „vorbildliche Gemeinschaftsleistungen“, wie sehr um Gewinnen um fast jeden Preis ging, soll am Beispiel der „SA- und SS-Skimeisterschaften“ bzw. „NS-Winterkampfspiele“ gezeigt werden.[161] Schon seit Januar 1932 waren zwischen oberbayerischen SA- und SS-Mannschaften Langlaufwettbewerbe ausgetragen

157 Befehl Himmlers [o. D.; Mai 1937], in BA Berlin, NS 31, Bd. 349, Bl. 88–90; Befehl Himmlers vom 25. 4. 1938 und Ausschreibung der Sonnwendkämpfe der SS 1938, in BA Berlin, NS 31, Bd. 350, Bl. 70–74; Befehl Himmlers vom 25. 4. 1939, in BA Berlin, NS 31, Bd. 350, Bl. 160.

158 Vgl. u. a. „Sonnwendkämpfe der SS“ im *SS-Leitheft* vom 3. 6. 1937, S. 62–64, in IfZ-Archiv, DC 29.01; „Münchner SS bei den Sonnwendkämpfen in Braunschweig“ im *Völkischen Beobachter* vom 27. 6. 1937; „Die Sonnwendkämpfe der SS 1938“ im *Völkischen Beobachter* vom 17. 6. 1938; „Die höchste sportliche Leistungsprüfung der SS“ im *Völkischen Beobachter* vom 18. 6. 1938; „Die große Leistungsprobe der SS beendet“ im *Völkischen Beobachter* vom 20. 6. 1938; „Höchste sportliche Leistungsprüfung. Sonnwendkämpfe der SS in Bad Tölz“ in *Das Schwarze Korps* vom 30. 6. 1938.

159 Befehl des Chefs des SS-HA, Heißmeyer, vom 12. 10. 1938, in BA Berlin, NS 31, Bd. 350, Bl. 104; Erfahrungsberichte über den SS-Herbstwaldlauf 1938 aus dem Abschnitt XXX von November 1938, in StA Marburg, 327/2b, Bd. 164; Befehl des Chefs des SS-HA, Heißmeyer, vom 17. 8. 1939, in BA Berlin, NS 31, Bd. 350, Bl. 97.

160 „2000 marschieren 25 km“ in *Das Schwarze Korps* vom 1. 4. 1937; Befehl Himmlers vom 15. 1. 1938 und Ausschreibung für die 2. SS-Gepäckmarschmeisterschaft, in BA Berlin, NS 31, Bd. 350, Bl. 11–12; Befehl Himmlers vom 1. 3. 1939 und Ausschreibung für die 3. SS-Gepäckmarschmeisterschaft, in BA Berlin, NS 31, Bd. 350, Bl. 128–131; „Unter harten Bedingungen“ in *Das Schwarze Korps* vom 11. 5. 1939.

161 Als weiteres Exempel wären die „NS-Kampfspiele“ denkbar, die 1937 und 1938 im Umfeld der Reichsparteitage ausgetragen wurden.

worden, bei denen sich allerdings die kleinere Schutzstaffel noch nicht recht in Szene setzen konnte, auch wenn sie beispielsweise 1933 in Bad Tölz anstelle einer Sturmmannschaft eine Sturmbannauswahl an den Start schickte.[162]

Ab Herbst 1934 machte die nunmehr organisatorisch unabhängige SS-Führung den zu Reichsmeisterschaften aufgewerteten Wettkampf zur Prestige- und Chefsache. Himmler persönlich behielt sich die Auswahl der Teilnehmer vor, die ihre Befähigung durch individuelle Wettkampferfolge nachzuweisen hatten. Jeder zugelassenen Oberabschnittsmannschaft wurden 850 Reichsmark zur Verfügung gestellt, damit sie mindestens einmal zum Austragungsort Garmisch-Partenkirchen reisen und auf der Wettkampfstrecke trainieren konnte. Als die vom späteren Olympioniken Willy Bogner[163] angeführte und „mit aktiven Rennläufern aufgefüllte" Vierermannschaft des SS-Oberabschnitts Süd vor den Augen Himmlers, Lutzes und Goebbels den Sieg davontrug, feierte ersterer diesen „vorzüglichen Erfolg der SS".[164]

Doch im Jahr darauf schlug die SA zurück. Obwohl die Reichsführung-SS diesmal das Vorbereitungsgeld auf 900 Reichsmark angehoben und ein einwöchiges Trainingslager im schlesischen Austragungsort Oberschreiberhau anberaumt hatte, triumphierte eine SA-Mannschaft, die ausschließlich aus Mitgliedern des Olympiakaders bestand. Diese Pleite veranlasste den Chef des SS-Hauptamts, August Heißmeyer, zur erzürnten Feststellung: „Es muss einmal ausgeschlossen sein, dass die Mannschaften anderer Gliederungen die SS übertreffen."[165] Um das zumindest im Langlauf sicherzustellen, setzte die SS-Führung nun durch, dass Nationalmannschaftsmitglieder, von denen die noch immer weit größere SA offenbar schlicht mehr aufzuweisen hatte, ausgeschlossen wurden. Gleichzeitig verbesserte sie die eigene Vorbereitung weiter, beispielsweise indem sie einen Profitrainer anheuerte.[166]

Seit dem Sommer 1935 ließen Himmler und Heißmeyer SS-Mannschaften nicht mehr nur in derartigen NS-internen Wettkämpfen, sondern auch gegen normale Vereinssportler antreten. Damit hofften sie, „die sportliche Geltung der

162 „SA auf Ski. Gau-Skimeisterschaft-M:O:" in *Der SA-Mann* vom 12.1.1932; „SA und SS! Auf zur Gau-Skimeisterschaft M.O.!" im *Völkischen Beobachter* vom 25.1.1933; „Gauskimeisterschaft unserer SA und SS München-Oberbayern" im *Völkischen Beobachter* vom 3.2.1933; „Oberbayerische SA-Skimeisterschaft" in *Der SA-Mann* vom 4.2.1933.

163 Zur Person vgl. Kap. III.3.

164 Befehle des Chefs des SS-Amts, Wittje, vom 26.10.1934, 13.12.1934 und 13.1.1935, in BA Berlin, NS 31, Bd. 347, Bl. 14, 18–21 und 29–31; „Glänzender Verlauf der deutschen SA- und SS-Skiwettkämpfe" und „Die deutsche SA- und SS-Skimeisterschaft im Zeichen vorbildlicher Gemeinschaftsleistungen" im *Völkischen Beobachter* vom 28.1.1935; Rundschreiben Himmlers vom 12.2.1935, in BA Berlin, NS 31, Bd. 348, Bl. 1.

165 Befehle des Chefs des Führungsamtes im SS-HA vom 7.11.1935, 18.12.1935 und 4.2.1936, in BA Berlin, NS 31, Bd. 348, Bl. 27, 52–54 und 67–68; Befehl des Chefs des SS-HA, Heißmeyer, vom 24.3.1936, in BA Berlin, NS 31, Bd. 348, Bl. 79–81.

166 Befehl des Chefs des SS-HA, Heißmeyer, vom 20.11.1936, in BA Berlin, NS 31, Bd. 348, Bl. 137–139; Befehl des Chefs des SS-HA, Heißmeyer, vom 16.12.1937, in BA Berlin, NS 31, Bd. 349, Bl. 196; Ausschreibung für die NS-Winterkampfspiele 1938, in BA Berlin, NS 31, Bd. 349, Bl. 198–205.

SS nach außen“ steigern bzw. ihr „auch in der Sportbewegung einen führenden Platz [...] erkämpfen“ zu können.[167] Zu diesem Zweck wurden alle Wettkampfsportler, die der SS angehörten, gezwungen, nicht mehr für ihre alten Vereine, sondern für die „Sportgemeinschaft-SS“ zu starten. Diese hatte Heinrich Himmler im April 1935 als eingetragenen Verein gegründet. Im Sommer 1937 gab es in 16 deutschen Städten entsprechende Zweigvereine, zwei Jahre später in 37. Die Männer, die man in die Sportgemeinschaft aufnahm, wurden vom regulären SS-Dienst weitestgehend frei gestellt, damit sie sich auf ihr Training konzentrieren konnten.[168]

Anderen Sportlern, die der Schutzstaffel beigetreten waren, aber nach Auffassung der SS-Führung keine ausreichenden Siegchancen besaßen, verbot man die Wettkampfteilnahme.[169] Schließlich warben SS-Führer, auch wenn das offiziell stets in Abrede gestellt wurde, gezielt „talentierte Sportler aller Sportarten“ an, um die Leistungsbilanz der SS aufzubessern.[170] Dass echte Ausnahmeathleten und Sportstars wie Willy Bogner, Günter Temme oder Bernd Rosemeyer in der Schutzstaffel sorgsam hofiert wurden und Privilegien genossen, ist bereits dargestellt worden.[171]

Die in der Tat anwachsenden Siegerlisten, die die Reichsführung-SS ab Januar 1937 zusammenstellen ließ,[172] sind schwer zu durchschauen. Die Leistungsbilanzen in den einzelnen Sportarten fielen sehr unterschiedlich aus bzw. war das, was im Einzelnen als „sportlicher Erfolg“ verzeichnet wurde, extrem verschiedenartig. Der Sporthistoriker Berno Bahro kam 2007 zu folgendem Gesamturteil: „In den meisten Sportarten konnte die SS [...] den selbst formulierten Anspruch der Elite nicht einlösen.“[173]

Die breitensportliche Bilanz der Schutzstaffel ist differenzierter zu bewerten. Durch die Einführung des Dienstsports und der SS-internen Wettkämpfe, aber

[167] Befehl des Chefs des SS-HA, Heißmeyer, vom 18.7.1935, in BA Berlin, NS 31, Bd. 348, Bl. 15; Befehl Himmlers vom 11.8.1936, in BA Berlin, SSO Josias zu Waldeck und Pyrmont.

[168] Satzung der Sportgemeinschaft-SS e.V. vom 10.4.1935, in StA Marburg, 327/2a, Bd. 155; „Die Sportgemeinschaft SS“ im *SS-Leitheft* vom 1.7.1937, S. 69–72, in IfZ-Archiv, DC 29.01; Befehl des Chefs des Amts für Leibesübungen im SS-HA, Herrmann, vom 15.11.1937, in BA Berlin, NS 31, Bd. 349, Bl. 188; Entwurf des SS-HA für Richtlinien für die Ausbildung der Allgemeinen SS im Sommerhalbjahr 1939 [o. D.], in BA Berlin, NS 31, Bd. 178, Bl. 16–23; Schreiben des SS-Inspekteurs für Leibesübungen an Himmler vom 22.8.1941, in BA Berlin, NS 19, Bd. 3041, Bl. 33–36.

[169] Befehl des Chefs des SS-HA, i.V. Greifelt, vom 18.5.1936, in StA Marburg, 327/2a, Bd. 79; zwei Befehle des Chefs des SS-Führungsamts, i.V. Knoblauch, vom 19.9.1936, in StA Marburg, 327/2a, Bd. 80.

[170] Zum offiziellen Verbot, gezielt Männer ausschließlich wegen ihrer sportlichen Erfolge anzuwerben, vgl. Befehl des Chefs des Ergänzungsamts im SS-HA, Hauser, vom 18.2.1937, in BA Berlin, NS 31, Bd. 365, Bl. 4. Zur Tatsache, dass das missachtet wurde, s. Befehl des Führers des Oberabschnitts Südost, v. d. Bach-Zelewski, vom 9.7.1938, in IPN-Warschau, GK 809, Bd. 2, Bl. 81.

[171] Vgl. Kap. III.3.

[172] Befehl des Chefs der SS-HA, Heißmeyer, vom 9.1.1937, in BA Berlin, NS 31, Bd. 349, Bl. 1; Statistisches Jahrbuch der Schutzstaffel der NSDAP 1938, S. 115–117, in IfZ-Archiv, DC 01.06.

[173] Bahro, S. 90.

auch dadurch, dass die weitere Beförderung oder die Erteilung der Heiratsgenehmigung mit dem individuellen Erfüllen der sportlichen Leistungsziele verknüpft werden konnte,[174] gelang es, die Quote der Träger des SA-Sportabzeichens erheblich zu steigern. Lag diese im Sommer 1935 gerade einmal bei rund zwölf Prozent, so stieg sie bis Herbst 1937 auf 47% an. Dass dieser Anteil bis Ende 1938 wieder auf 34% zurückging, hatte zwei Gründe. Erstens waren mit Österreich und dem Sudetenland zwei Gebiete hinzugekommen, in denen der SS-Sport ganz neu aufgebaut werden musste. Zweitens gab es ab 1938 eine Pflicht zur jährlichen Wiederholung des SA-Sportabzeichens für unter 40jährige, was zur Entziehung einiger alter Abzeichen geführt haben dürfte. So oder so hatten zwischenzeitlich knapp 99000 SS-Männer die entsprechenden Prüfungen absolviert.[175] Das Reichssportabzeichen erreichten dagegen bis Ende 1938 nur gut 25000 und somit nur etwas über zehn Prozent der SS-Männer.[176] Heinrich Himmler schaffte es also einerseits mitnichten, seine 1935/36 ausgegebenen sportlichen Ziele umfassend durchzusetzen, auch wenn er selbst mit gutem Beispiel voranging und trotz seiner eigentlich eher schwächlichen Natur nach intensivem Training 1936 beide Sportabzeichen erwarb.[177] Andererseits gelang es nachweislich, mehrere zehntausend Angehörige der Allgemeinen SS dazu zu bringen, dass sie sich regelmäßig und mehr oder weniger intensiv sportlich betätigten.

Allerdings zeitigte das Sportprogramm der Schutzstaffel auch unerwünschte Nebenwirkungen. Die ab 1935 vielfach wiederholten Ermahnungen der Reichsführung-SS zur Genauigkeit bei der Messung der Leistungen im Rahmen der internen Wettkämpfe und Sportabzeichen-Prüfungen deuten darauf hin, dass zahlreiche Einheitsführer dazu neigten, die Ergebnisse ihrer Einheiten durch allerlei Tricks zu schönen.[178] Zudem versuchten zahlreiche SS-Männer, sich durch Krankschreibung dem Dienstsport zu entziehen, so dass sich die SS-Ärzte im Mai 1938

174 Befehl Himmlers [o.D.; Herbst 1937], in BA Berlin, NS 19, Bd.752, Bl.5; Rede Himmlers vor den SS-Gruppenführern vom 8.11.1937, in: SMITH/PETERSON, S.77; Stabsbefehl des RuSHA vom 18.2.1938, in BA Berlin, NS 2, Bd.4, Bl.34; Rede Himmlers vor den SS-Gruppenführern vom 8.11.1938, in: SMITH/PETERSON, S.27–28.

175 Zahlen nach BAHRO, S.82–84; Befehl des Chefs des Führungsamts im SS-HA, Petri, vom 24.7.1935, in BA Berlin, NS 31, Bd.348, Bl.16; SS-Befehlsblatt vom 25.3.1938, in IfZ-Archiv, DC 27.01, Bd.2; Statistisches Jahrbuch der Schutzstaffel der NSDAP 1938, S.112, in IfZ-Archiv, DC 01.06. Zur Wiederholung des SA-Sportabzeichens s. OSAF-Richtlinien für die Wiederholungsübungen der Inhaber des SA-Sportabzeichens im Jahre 1938 vom 23.2.1938, in BA Berlin, NS 31, Bd.123, Bl.3–10; Befehl des SS-HA vom 15.3.1938, in BA Berlin, NS 31, Bd.123, Bl.1–2; Mitteilung des RuSHA betr. Wiederholungsübungen für das SA-Sportabzeichen im Jahr 1938 vom 23.5.1938, in BA Berlin, NS 2, Bd.21, Bl.62–64; Befehl des Chefs des SS-HA, Heißmeyer, vom 14.4.1939, in StA Marburg, 327/2b, Bd.55; Befehle und Mitteilungen des Chefs des RuSHA vom 26.5.1939, in BA Berlin, NS 2, Bd.2, Bl.104ff.

176 Statistisches Jahrbuch der Schutzstaffel der NSDAP 1938, S.113, in IfZ-Archiv, DC 01.06. Eine deutlich zu hohe Schätzung von rund einem Drittel bei BAHRO, S.89.

177 LONGERICH: Himmler, S.28; BAHRO, S.82–84.

178 Vgl. u.a. Befehl des Chefs des SS-HA, Heißmeyer, vom 25.11.1935, in BA Berlin, NS 31, Bd.348, Bl.32; Befehl des Chefs des SS-HA, i.V. Zech, vom 17.3.1938, in BA Berlin, NS 31, Bd.319, Bl.81–92; Befehl des Chefs des SS-HA, i.V. Schmitt, vom 23.3.1938, in BA Berlin, NS 31, Bd.350, Bl.58–61.

Fotografie von Heinrich Himmler beim Training für das Reichssportabzeichen von 1936, in Bildarchiv Preußischer Kulturbesitz, Nr. 30030645.

kollektiv rüffeln lassen mussten, derartige Entschuldigungen künftig nur noch nach „strengstem soldatischen Maßstab“ zu erteilen.[179]

Einzelne dieser Atteste belegen aber auch, dass manche SS-Männer in ihrem Drang, die sportlichen Ziele der Reichsführung unbedingt zu erreichen, ihre Gesundheit ruinierten. Beispielsweise unternahm ein thüringischer Staatsrat und SS-Führer trotz seines schweren Gelenkrheumatismus sowie chronischer Herzmuskel- und Nierenschäden mehrere vergebliche Anläufe auf das SA-Sportabzeichen, bevor er sich endlich dem Verbot seines Arztes beugte.[180] Von ähnlichem Überengagement zeugt die Tatsache, dass es bei SS-Gepäckmärschen wiederholt zu Todesfällen durch Hitzschlag kam.[181] Das prominenteste „Opfer“ des SS-Sports war Richard Walther Darré, der sich im August 1936 bei dem Versuch, es Himmler in Sachen Reichssportabzeichen gleich zu tun, die Achillessehne riss.[182] In der

[179] Sammlung von SS-Sportattesten, in StA Marburg, 327/2a, Bd. 159; Ausbildungsbrief des SS-Sanitätsamts vom 6. 5. 1938, in BA Berlin, NS 31, Bd. 183, Bl. 48–59.

[180] Attest von Obermedizinalrat Professor Fürbringer für W.B. vom 7. 10. 1936, in StA Marburg, 327/2a, Bd. 159.

[181] Befehl des Chefs des SS-Amts, Wittje, vom 7. 5. 1934, in StA Marburg, 327/2a, Bd. 78; Befehl des Chefs des SS-HA, Heißmeyer, vom 27. 8. 1937, in StA Ludwigsburg, PL 506, Bd. 82.

[182] Eintrag zum 18. 8. 1936 in den Tagebüchern R. Walther Darrés 1930–1945. Für einen engen Kreis der „Gesellschaft Freunde des Deutschen Bauerntums“ bearbeitet von Hans Deetjen, in StA Goslar, NL Darré, Bd. 484.

Reaktion auf derartige Vorfälle untersagte Heinrich Himmler im April 1938 in der ihm bisweilen eigenen verqueren Diktion „unvorschriftsmäßige Körper- und Organbeanspruchung“ und ließ im SS-Sanatorium Hohenlychen Freiplätze für Männer bereitstellen, die sich beim SS-Sport verletzt hatten.[183]

4. Die Schulung

Die Angehörigen der Schutzstaffel sollten, wie die SS-Reichsführung vielfach betonte, ein „weltanschauliches Bollwerk“ bilden, indem sie als „überzeugteste Propagandisten der Bewegung“ den Nationalsozialismus verinnerlichten, in die „Volksgemeinschaft“ trugen und gegen seine Gegner verteidigten.[184] Gerade hinsichtlich dieser Aufgabe hatten die zuständigen SS-Führer jedoch zu Beginn des Dritten Reiches intern noch arge Defizite zu beklagen. Beispielsweise stellte ein Standartenschulungsleiter aus Stettin fest: „Das Lesen von Büchern bei SS-Männern lässt außerordentlich viel zu wünschen übrig.“ In manchen Einheiten habe „noch keiner der Kameraden überhaupt nur ein Buch über Nationalsozialismus gelesen. Auch über das Parteiprogramm wie überhaupt die grundsätzliche Frage des Nationalsozialismus herrscht die größte Unwissenheit.“ Ein hochrangiger Mitarbeiter Darrés räumte in einem Vortrag an die SS-Gruppenführer ein, „dass auch über die elementarsten Grundideen der nationalsozialistischen Weltanschauung innerhalb unserer eigenen Reihen noch keineswegs eine einmütige Auffassung vorhanden“ sei.[185]

Das lag nicht zuletzt an der Verbindung zwischen der Schutzstaffel und der prononciert antiintellektuellen, ganz auf „Tatmenschentum“ ausgerichteten Sturmabteilung bis Mitte 1934. Zwar hatten Hitler und sein Oberster SA-Führer, Franz von Pfeffer, schon 1927 festgelegt, dass die SA-Männer nicht nur paramilitärisch, sondern auch hinsichtlich der „theoretischen Ideen der Bewegung“ ausgebildet werden sollten.[186] Vier Jahre später hatte Pfeffers Nachfolger Ernst Röhm bekräftigt, dass jeder Angehörige der Sturmabteilung „die weltanschaulichen Ziele und Grundlagen unserer Bewegung kennen“ müsse. Jedoch hatte Röhm in der gleichen Anordnung eingeschränkt, dass die SA-Führer selbst nur „in ganz beschränktem Maße“ dafür Sorge tragen könnten. Vielmehr sollten ihre Männer derartige Kenntnisse im Rahmen von NSDAP-Veranstaltungen erwerben.[187]

183 Befehl Himmlers vom 25. 4. 1938, in BA Berlin, NS 31, Bd. 350, Bl. 69; Befehl des Führers des Oberabschnitts Rhein vom 18. 5. 1938, in StA Marburg, 327/2a, Bd. 82.

184 Vgl. Kap. III.2.

185 Schreiben des Schulungsleiters der 9. SS-Standarte ans RuSHA vom 29. 4. 1935, in BA Berlin, NS 2, Bd. 73, Bl. 184–185; Rede des Chefs des Schulungsamts im RuSHA, Motz, vor den SS-Gruppenführern am 10. 7. 1935, in BA Berlin, NS 2, Bd. 135, Bl. 15–25.

186 Grundsätzliche Anordnung v. Pfeffers und Hitlers betr. Satzung der SA vom 31. 5. 1927, in: Hitler, Bd. II/1, S. 327.

187 Befehl Röhms vom 31. 8. 1931, in BA Berlin, NS 26, Bd. 306.

Die dennoch bis 1934 in einzelnen SA-Einheiten unternommenen Eigenanstrengungen zur Vermittlung weltanschaulichen Grundwissens[188] stießen auf erheblichen Widerstand vieler Führer der Sturmabteilung, die der Auffassung waren, es sei dem SA-Mann nicht zuzumuten, „sich den Kopf noch mit geistigen Dingen [zu] überladen"[189]. Martin Schuster, der sich bislang als einziger systematisch mit diesem Aspekt der Geschichte der „braunen Bataillone" befasst hat, kommt zu dem Schluss: „In der SA wurde keine intensive politische Schulung der Mitglieder betrieben."[190] Das galt zumindest für die „Kampfzeit" auch für die SS, wie die Tatsache belegt, dass in der „Vorläufigen Dienstordnung", die Himmler im Juni 1931 erließ, zu diesem Zweck lediglich der Besuch eines „Sprechabends" der Partei im Monat vorgesehen war.[191]

Erst allmählich entwickelte die Schutzstaffel-Führung das Konzept, eine eigene „Schulung in die Tiefe" zu betreiben, mit deren Hilfe die SS-Männer zu einer „Weltanschauungselite" gemacht werden sollten. Die Wurzeln dieses Programms gingen ab 1932 von Darrés Rasse- und Siedlungsamt aus, das von Himmler mit der Durchführung des „Heiratsbefehls" betraut worden war. Hier war man überzeugt, dass die SS-Männer intensiver und spezieller als bisher mit dem „Blutsgedanken" und dem „nordischen Zuchtziel" vertraut gemacht werden müssten, wenn sie das umständliche und langwierige Verfahren zur „rassischen" Prüfung ihrer Bräute akzeptieren sollten.[192]

Ab dem Frühsommer 1933 machte sich die Führungsspitze des Rasse- und Siedlungsamts, die aus Darré, seinem Stellvertreter, Horst Rechenbach, und dem an der Universität München tätigen „Rassekundler" Bruno Kurt Schultz bestand,[193] daran, in allen SS-Abschnitten, die zu diesem Zeitpunkt die oberste durchgängige regionale Hierarchieebene der Schutzstaffel darstellten, sogenannte Schulungsleiter einzusetzen. Dabei griffen sie allerdings nicht auf besonders

188 Z. B. gab die Berliner 7. SA-Standarte 1932/33 vorübergehend ein eigenes Schulungsblatt unter dem Titel *Der politische Soldat* heraus – vgl. die insgesamt sechs Ausgaben in BA Berlin, NS 26, Bd. 311. In der SA-Gruppe Ostmark wurden 1933 Schulungsführer bei den Standarten und Schulungswarte bei den Stürmen eingesetzt – vgl. die entspr. Dienstanweisung des Führers der SA-Gruppe Ostmark, Kasche, vom 30. 10. 1933, in BA Berlin, NS 23, Bd. 337, Bl. 107–108.

189 „Politische Leitung und SA" in *Der SA-Mann* vom 2. 10. 1929. Vgl. zu einer ähnlichen Aussage Walter Stennes', die er allerdings nach seinem Ausscheiden aus der SA 1931 machte, das *Nachrichtenblatt der National-Sozialistischen Kampfbewegung Deutschlands* vom 26. 9. 1931, in BA Berlin, NS 26, Bd. 83.

190 Schuster: SA, S. 135–142. Vgl. zu weiteren Details auch Werner, S. 364–365 und 555–564.

191 Vorläufige Dienstordnung der SS vom Juni 1931, in: Reichskommissar, Fiche Nr. 374, S. 113a–117. Vgl. auch Koehl: Black Corps, S. 29–30.

192 Rede des Chefs des Schulungsamts im RuSHA, Motz, vor den SS-Gruppenführern am 10. 7. 1935, in BA Berlin, NS 2, Bd. 135, Bl. 15–25; Schreiben Himmlers an den Chef des Schulungsamts im RuSHA, Caesar, vom 3. 5. 1937, in BA Berlin, NS 2, Bd. 51a, Bl. 337; Manuskript des Chefs des Schulungsamts im RuSHA, Caesar, für einen Vortrag an die SS-Gruppenführer betr. Erfahrungen in der Schulung am 25. 1. 1939, in BA Berlin, NS 19, Bd. 1669, Bl. 154 ff. Zur Rolle des RuSHA bei der SS-Schulung vgl. allgemein Heinemann: Rasse, S. 91–101.

193 Vgl. Kap. III.4.

bewährte „alte Kämpfer“ zurück, sondern rekrutierten vielfach bislang Außenstehende, die ihnen persönlich vertraut oder zumindest hinsichtlich ihres beruflichen Werdegangs bzw. völkisch-rassistischen Engagements ähnlich waren.

Richard Eichenauer beispielweise kannte Darré seit Mitte der 1920er Jahre aus der „Nordischen Bewegung“. Ende 1932 trat dieser 1893 geborene Gymnasiallehrer für Deutsch und Musik auf Darrés persönliches Werben in die NSDAP und die SS ein. Mitte 1933 wurde er zum Schulungsleiter des Abschnitts XXV in Bochum ernannt.[194] Im Abschnitt XII, der von Stettin aus geführt wurde, übernahm diese Funktion Friedrich Klumm. Er gehörte dem Jahrgang 1895 an, hatte wie Darré und Rechenbach Landwirtschaft studiert und war wie Letzterer lange Jahre als Landwirtschaftslehrer in Ostdeutschland tätig gewesen. Der NSDAP und der SS schloss sich Klumm erst 1933 an, nachdem er mit Darré korrespondiert und sich mit Rechenbach persönlich getroffen hatte.[195] Eine ähnliche Vorbesprechung hatte auch zwischen Rechenbach und Konrad Meyer stattgefunden, einem 1901 geborenen, 1930 habilitierten Agrarwissenschaftler, der seit Februar 1932 NSDAP-Parteigenosse war und nach seinem SS-Beitritt 1933 umgehend zum Schulungsleiter des Abschnitts IV in Braunschweig ernannt wurde.[196] Nur ein einziger der frühen Abschnittsschulungsleiter, die im Zuge dieser Studie ermittelt werden konnten, hatte schon vor der „Machtergreifung“ zur Schutzstaffel gehört. Hans-Werner von Aufseß hatte sich ihr, wie auch der NSDAP 1931 in München als gerade einmal 22jähriger Jurastudent angeschlossen. Mit dem Rasse- und Siedlungsamt kam er wohl über Schultz und die Universität in Kontakt. Seit April 1933 war der mittlerweile promovierte und als Referendar tätige Aufseß Schulungsleiter des in der bayerischen Landeshauptstadt ansässigen SS-Abschnitts I.[197]

Die neu ernannten Abschnittsschulungsleiter begannen nun ihrerseits, Kandidaten für die Ämter als Schulungsleiter der Standarten und Sturmbanne bzw. Schulungsmänner der Stürme zu suchen. Dabei gingen sie teilweise auf Vorschläge der Führer der betreffenden Einheiten ein. Das war aber eher die Ausnahme, da diese meist wenig von der Idee begeistert waren, wirklich gute Männer aus ihrem Befehlsbereich abzugeben und dem Rasse- und Siedlungsamt zu unterstellen.[198] Meist kopierten die Abschnittsschulungsleiter daher das Vorgehen von Darré, Rechenbach und Schultz und warben ebenfalls ihnen persönlich bekannte oder im Werdegang ähnliche Männer von außerhalb der Schutzstaffel an. Beispielsweise waren von den 44 identifizierbaren Bewerbern, die Friedrich Klumm

[194] Zur Person Eichenauer vgl. Harten: Rassenhygiene, S. 259–261; BA Berlin, SSO Richard Eichenauer. Zur Bekanntschaft mit Darré und dessen Werben vgl. die Korrespondenz zwischen den beiden in StA Goslar, Nachlass Darré, Bd. 87b, Bl. 44–51.

[195] BA Berlin, SSO und RS Friedrich Klumm. Für den Hinweis auf Klumm danke ich Hans-Christian Harten.

[196] BA Berlin, SSO und RS Konrad Meyer. Zu Meyers späterer Rolle bei der Erstellung des „Generalplans Ost“ vgl. Kap. VI.4.

[197] BA Berlin, SSO Hans-Werner von Aufseß.

[198] Bericht des Abschnittsschulungsleiters I, v. Aufseß, vom 5. 7. 1933, in BA Berlin, SSO Hans-Werner v. Aufseß.

bis Ende 1933 der Münchner Zentrale vorschlug, 33 wie er akademisch gebildete Agrarier, darunter 14 Landwirtschaftslehrer.[199]

In der Münchner Zentrale stellte man nur wenige Mindestanforderungen an die neu aufzunehmenden Schulungsleiter. Sie sollten über eine „klare weltanschauliche Haltung im Sinne von Rosenbergs ‚Mythus des 20. Jahrhunderts'" sowie über „rassenkundliche Kenntnisse" entsprechend der „Bücher von Hitler, Darré, Günther" verfügen. Zudem mussten sie zwischen 24 und 45 Jahre alt sein und den allgemeinen Tauglichkeitskriterien der SS entsprechen.[200] Die Tatsache, dass die ersten Lehrbeauftragten der Schutzstaffel somit eher mühsam angeworben und nicht aus einem Überangebot ausgelesen wurden, spiegelt sich darin wider, dass sie sich teilweise rasch als „politisch völlig unzuverlässig und für unsere Arbeit nicht geeignet" erwiesen. Mit dieser Begründung beantragte Friedrich Klumm im März 1934, sieben kurz zuvor eingesetzte Schulungsleiter wieder zu entlassen.[201]

Um die Auswahl und Kontrolle zu verbessern, wurden die ehrenamtlich tätigen Schulungsleiter im Sommer 1934 den hauptamtlichen „Rassereferenten"[202] der neu geschaffenen Oberabschnitte unterstellt. Diese setzten die Anwerbungsbemühungen fort, so dass bis Frühjahr 1935 tatsächlich so gut wie alle Stellen des neuen Schulungsapparats besetzt waren. Die Schulungsleiter machten den Großteil der insgesamt 1277 Mitarbeiter aus, über die das Rasse- und Siedlungshauptamt Anfang 1937 verfügte. Die „Rassereferenten" führten 1934/35 eine Vielzahl von jeweils mehrtägigen Auswahl- und Vorbereitungslagern durch, in denen die neuen Schulungsleiter „rassisch" gemustert wurden, Sport treiben und gemeinsam Übungsvorträge zu weltanschaulichen Themen erarbeiten mussten.[203]

Neben den bereits erwähnten Widerständen der Führer stieß der Beginn der praktischen Schulung, den Himmler bzw. Darré im Frühjahr 1934 befahlen,[204]

199 Diese Information stammt aus dem Manuskript zu einem Vortrag, den Hans-Christian Harten am 6.6.2009 in Alt-Rehse gehalten hat. Ich danke ihm für die Überlassung des noch unpublizierten Texts. Vgl. zum Prozess der Anwerbung und Aufnahme der ersten SS-Schulungsleiter auch Weingartner: Race, S. 64–66; Befehl des Chefs des SS-Führungsstabes, Seidel-Dittmarsch, vom 20.10.1933, in BA Berlin, NS 31, Bd. 356, Bl. 38.

200 Befehl des Chefs des RAS vom 23.4.1934, in BA Berlin, NS 2, Bd. 151, Bl. 2.

201 Schreiben Klumms ans RAS vom 2.3.1934, in BA Berlin, RS Friedrich Klumm.

202 Vgl. Kap. III.4.

203 Vgl. zum Auf- und Ausbau des Schulungsapparats 1934/35 Heinemann: Rasse, S. 66–68; Befehl des Chefs des RAS vom 25.4.1934, in BA Berlin, NS 2, Bd. 1, Bl. 2–4; Befehle des Chefs des RAS vom 1. und 26.6.1934, in BA Berlin, NS 2, Bd. 1, Bl. 14–19; Befehl des RAS an die Rassereferenten vom 27.7.1934, in BA Berlin, NS 2, Bl. 25; Befehl Himmlers vom 15.10.1934, in BA Berlin, NS 2, Bd. 99, Bl. 2–4; Dienstanweisung des Chefs des RAS, Darré, für die Schulungsleiter der SS vom 16.10.1934, in: Matthäus: Ausbildungsziel, S. 143–148; Berichte über das zweite, dritte und vierte Lager des RAS im Oberabschnitt Rhein zwischen Juni 1934 und März 1935, in StA Marburg, 327/2a, Bd. 126, 128 und 129; Befehl des RAS vom 22.1.1935, in BA Berlin, NS 2, Bd. 1, Bl. 22; Schreiben des RuS-Führers im Oberabschnitt Südwest ans RuSHA betr. die bisher durchgeführten Schulungslehrgänge vom 22.3.1937, in StA Ludwigsburg, PL 506, Bd. 1. Zur Gesamtzahl der RuSHA-Mitarbeiter s. Statistisches Jahrbuch der Schutzstaffel der NSDAP 1937, S. 36, in IfZ-Archiv, DC 01.06.

204 Bericht über eine Rede Himmlers in Königsberg unter der Überschrift „Treue, Kameradschaft, Gehorsam" im *Völkischen Beobachter* vom 11.3.1934; Befehl des Chefs des RAS vom 25.4.1934, in BA Berlin, NS 2, Bd. 1, Bl. 2–4.

auf weitere Schwierigkeiten. Die Glaubwürdigkeit und damit die Autorität vieler neuer Schulungsleiter litt darunter, dass sie als „Märzgefallene" und relativ „truppenfremd" galten.[205] Auch war noch nirgends genau und einheitlich festgelegt, wie viel, worüber im Einzelnen oder anhand welcher Materialien zu schulen war. Im Oktober 1934 ordnete Himmler lediglich an, dass mehrmals monatlich weltanschaulicher Unterricht zu erteilen sei, was beispielsweise der „Rassereferent" im Oberabschnitt Ost, Hans von Lettow-Vorbeck, im Sinn eines vierzehntägigen Intervalls auslegte.[206] Darré hatte im April nur die groben Rahmenthemen „Blut und Boden", „Rasse", „Bevölkerungspolitik" und „Aufgaben der SS" ausgegeben und im Juli eingeräumt, dass es noch keine „Richtlinien für die weltanschauliche Schulung" gebe. Auch seine didaktischen Ratschläge vom Oktober blieben reichlich vage. Die Schulungsleiter sollten „Schulmeisterei" und „dozentenhaftes Anbringen von trockener Wissenschaft" vermeiden, nicht länger als eine Stunde am Stück unterrichten und „breiten Raum" für Fragen einräumen.[207] Als Arbeitsmaterial dienten unter anderem die *Deutsche Zeitung* des Reichsnährstands oder die kurzen „Schulungsbriefe", die das Rasse- und Siedlungsamt unregelmäßig verschickte.[208] Angesichts dieser recht unübersichtlichen Lage verwundert es nicht, dass zum Beispiel der „Rassereferent" im Oberabschnitt Rhein, Fritz Schwalm, im August 1934 die bereits angelaufene Schulung stoppen ließ, bis die Schulungsleiterstellen einheitlich besetzt und klare inhaltliche und methodische Vorgaben erarbeitet wären.[209]

Wie beim Sport erfolgte auch bei der Schulung der Allgemeinen SS der eigentliche Durchbruch erst, als mit der Wiedereinführung der Wehrpflicht im März 1935 die Funktion als Wehrverband und quasimilitärische Ausbildungseinheit verloren ging. Erst jetzt konnten die Einheitsführer dafür gewonnen werden, der Vermittlung weltanschaulicher Inhalte größeres Augenmerk zu widmen und dafür in den Dienstplänen mehr Zeit einzuräumen.[210] Die 1933/34 gewonnene Einsicht, dass die Schulungsleiter ohne die Standarten-, die Sturmbann- und vor allem die Sturmführer wenig ausrichten konnten, führte dazu, dass 1935 die formelle Verantwortung für die Durchführung der Schulung an die Einheitsführer

205 Shalka, S. 206–208; Bericht des Schulungsleiters des Abschnitts XIX vom 26.7.1936, in BA Berlin, NS 2, Bd. 132, Bl. 94–97.

206 Befehl des Rassereferenten des Oberabschnitts Ost, v. Lettow-Vorbeck, an seine Schulungsleiter vom 25.9.1934, in BA Berlin, NS 2, Bd. 74, Bl. 16; Befehl Himmlers vom 15.10.1934, in BA Berlin, NS 2, Bd. 99, Bl. 2–4.

207 Befehl des Chefs des RAS vom 25.4.1934, in BA Berlin, NS 2, Bd. 1, Bl. 2–4; Befehl des RAS an die Rassereferenten vom 27.7.1934, in BA Berlin, NS 2, Bl. 25; Dienstanweisung des Chefs des RAS, Darré, für die Schulungsleiter der SS vom 16.10.1934, in: Matthäus: Ausbildungsziel, S. 143–148.

208 Koehl: Black Corps, S. 116; Heinemann: Rasse, S. 67–68; zwei Schulungsbriefe des RAS [o. D.; Herbst 1934], in BA Berlin, NS 2, Bd. 74, Bl. 21–22 und 26–27.

209 Befehl des Rassereferenten im Oberabschnitt Rhein vom 6.8.1934, in StA Marburg, 327/2a, Bd. 128.

210 Zum Zusammenhang zwischen der Wiedereinführung der Wehrpflicht und der Intensivierung der Schulung Bericht des Schulungsleiters der 78. Standarte vom 15.12.1935, in StA Marburg, 327/2a, Bd. 128; *SS-Leitheft* vom 17.11.1936, S. 3, in IfZ-Archiv, DC 29.01.

übertragen wurde. Um die Zusammenarbeit mit den ihnen vom Rasse- und Siedlungsamt beigeordneten, jedoch noch nicht unterstellten Schulungsleitern zu verbessern, wurde nun erneut eine Reihe von mehrtägigen Lagern durchgeführt, in denen die jeweiligen Pendants sich kennenlernen und auf Kooperation eingeschworen werden sollten. Im Oberabschnitt Rhein fanden diese beispielsweise auf der Halbruine der Burg Gleiberg bei Gießen statt.[211]

Um den neu gebildeten Tandems besseres Schulungsmaterial zur Verfügung zu stellen, wurde zudem im Zuge der Umgestaltung des Rasse- und Siedlungsamts in das Rasse- und Siedlungshauptamt im Frühjahr 1935 ein eigenständiges Schulungsamt geschaffen. An dessen Spitze stand zunächst Karl Motz, ein 1906 geborener Diplombauingenieur, der schon seit Mitte 1933 die noch wesentlich kleinere Abteilung für weltanschauliche Schulung geleitet hatte. Allerdings war Motz, der 1929 als Student zur Münchner NSDAP und SA gestoßen war und seit seinem Abschluss 1931 in verschiedenen Positionen im „Braunen Haus“ gearbeitet hatte, nur eine Notlösung. Ursprünglich hatte Darré als Leiter des „ganzen Unterrichtswesens der SS“ seinen Freund Richard Eichenauer gewinnen wollen. Dieser war allerdings nicht bereit gewesen, seine Beamtenstellung aufzugeben, und daher, wie erwähnt, nur ehrenamtlicher Abschnittsschulungsleiter geworden. Also griff Darré auf Motz zurück, der schon im Agrarpolitischen Apparat für ihn tätig gewesen war. Im Mai 1933 wechselte Motz von der SA zur SS. An der Spitze des Schulungsapparats blieb er bis Februar 1937. Warum er dann ausschied, in verschiedene Stabspositionen abgeschoben wurde und im Zweiten Weltkrieg als Offizier zur Wehrmacht ging, lässt sich nicht mehr genau klären. Die Tatsache, dass 1937 ein SS-Ehrenverfahren gegen ihn eingeleitet wurde, dessen Unterlagen nicht erhalten sind, legt die Vermutung nahe, dass er sich persönliche Verfehlungen zuschulden hatte kommen lassen. Dass dieses zu seinen Gunsten ausging, lässt aber auch den Schluss zu, dass es sich um eine der auch in der Schutzstaffel weit verbreiteten Personalintrigen gehandelt haben könnte.[212]

Zu Motz‘ Nachfolger wurde nach einem kurzen Interim des Darré-Vertrauten Hermann Reischle[213] im Juni 1937 Joachim Caesar ernannt. Er gehörte dem Jahrgang 1901 an, hatte bis 1927 Landwirtschaft studiert und nach seiner Promotion als Versuchsringleiter, Landwirtschaftslehrer und Gutsverwalter gearbeitet. 1931

[211] Zwei Berichte des Rassereferenten des Oberabschnitts Rhein über insgesamt acht Schulungslager auf Burg Gleiberg bei Gießen vom Oktober 1935, in StA Marburg, 327/2a, Bd. 131; Befehl Himmlers vom 6. 11. 1935, in BA Berlin, NS 2, Bd. 135, Bl. 81; geheimer Halbjahresbericht für das 2. Halbjahr 1935 des Chefs des SS-HA, Heißmeyer [o. D.], in BA Berlin, NS 2, Bd. 129, Bl. 60–80.

[212] Skizze Wolfgang Vopersals zum Schulungsamt der SS [o. D.], in BA Freiburg, NL 756, Bd. 52a; Schreiben Darrés an Eichenauer vom 22. 6. 1932, in StA Goslar, Nachlass Darré, Bd. 87b, Bl. 46; BA Berlin, SSO Karl Motz; Eintrag zum 13. 2. 1937 in den Tagebüchern R. Walther Darrés 1930–1945. Für einen engen Kreis der „Gesellschaft Freunde des Deutschen Bauerntums“ bearbeitet von Hans Deetjen, in StA Goslar, NL Darré, Bd. 484; geheimes Schreiben des Chefs des Persönlichen Stabs RFSS, Wolff, an den Stabsführer des RuSHA, Ebrecht, vom 27. 8. 1937, in BA Berlin, NS 2, Bd. 51a, Bl. 217.

[213] BA Berlin, SSO Hermann Reischle.

war er der NSDAP und der SA bei-, 1933 zur SS übergetreten, wo er seit 1934 als hauptberuflicher „Rassereferent" des Oberabschnitts Nord wirkte. Das Schulungsamt führte er bis zu dessen faktischer Auflösung im Zweiten Weltkrieg. Anschließend leitete er die dem Konzentrations- und Vernichtungslager angegliederten Landwirtschaftsbetriebe der SS in Auschwitz.[214] Beiden, Motz wie Caesar, gelang es, das Schulungsamt Schritt für Schritt auszubauen. Anfang 1939 gehörten ihm nicht weniger als 35 hauptamtliche Mitarbeiter an.[215]

Die wichtigste Aufgabe des Schulungsamts bestand, wie erwähnt, 1935 zunächst darin, den vor Ort tätigen ehrenamtlichen Schulungsleitern geeignetes Unterrichtsmaterial zur Verfügung zu stellen und damit zugleich das Was und das Wie der SS-Schulung zu bestimmen. Zum prägenden Mann dieses Unterfangens wurde neben Karl Motz Hermann Dethof, der 1908 geboren worden war und bis 1933 in Marburg mehrere Fächer, unter anderem Geschichte, Geografie, Germanistik, Psychologie und Sport studiert hatte. Allerdings hatte Dethof, der sich schon 1929 der NSDAP und der SA angeschlossen hatte, sein Studium seit 1931 erheblich vernachlässigt, da er ab diesem Zeitpunkt zur Marburger SS gewechselt war und rasch deren Führung übernommen hatte. 1933 hatte er daher nur mit dem vergleichsweise wenig prestigeträchtigen Titel eines Turn- und Sportlehrers abgeschlossen. 1934 war er in den hauptamtlichen Dienst des Rasse- und Siedlungsamts getreten, wo er Motz zugeteilt und unter ihm 1935 Leiter der Abteilung „Materialaufbereitung" wurde.[216]

Motz und Dethof gingen zunächst zweigleisig vor. Mit den *SS-Leitheften* gründeten sie eine im Vergleich zu den bisherigen „Schulungsbriefen" wesentlich umfangreichere, meist zwischen 50 und 80 Seiten starke Materialsammlung, die ab Juli 1935 in der Regel monatlich erschien.[217] Die *Leithefte* boten Erläuterungen zum zu behandelnden Stoff, konkretes Unterrichtsmaterial und weiterführende Hinweise zum Beispiel in Form von Presseausschnitten, abgedruckten „Führerreden" oder Rezensionen. Zunächst richteten sie sich nur an die Einheitsführer und Schulungsleiter. Ab 1937 wurden sie per Verleih oder Verkauf möglichst allen Mitgliedern der „Sippengemeinschaft" zugänglich gemacht, um es SS-Mitgliedern, die einzelne Schulungen verpasst hatten, zu ermöglichen, die entsprechenden Lücken selbstständig zu schließen. Auch hoffte man, über die *Leithefte* die Familienangehörigen der SS-Männer mit anzusprechen. Im Januar 1939 erreichte die Auflage immerhin 27 500 Stück.[218]

214 BA Berlin, SSO Joachim Caesar.

215 Manuskript des Chefs des Schulungsamts im RuSHA, Caesar, für einen Vortrag vor den SS-Gruppenführern betr. Erfahrungen in der Schulung am 25.1.1939, in BA Berlin, NS 19, Bd. 1669, Bl. 154ff.

216 Befehl Darrés betr. Gliederung des RuSHA vom 10.5.1935, in BA Berlin, NS 2, Bd. 3, Bl. 47–55; BA Berlin, SSO Hermann Dethof.

217 Heinemann: Rasse, S. 93–96; Koehl: Black Corps, S. 116; Sammlung von *SS-Leitheften*, in IfZ-Archiv, DC 29.01.

218 Vorwort zum *SS-Leitheft* vom 30.1.1937, in IfZ-Archiv, DC 29.01; Befehl des Stabsführers des RuSHA, Ebrecht, vom 6.8.1937, in BA Berlin, NS 2, Bd. 151, Bl. 89; Manuskript des

Parallel dazu versuchten die Mitarbeiter des Schulungsamts in Zusammenarbeit mit den „Rassereferenten“ eine konzise „Schulungsfibel“ zu erstellen, die hundert einprägsame „Leitsätze“ für jeden SS-Mann enthalten sollte. Allerdings scheiterte dieses Projekt ebenso wie spätere neue Anläufe in Richtung eines „Katechismus für SS-Männer“, da man sich nicht auf die nötigen klaren Definitionen und Formulierungen bzw. die erforderliche Auswahl aus der Fülle denkbarer Stoffe einigen konnte. Im November 1935 legte Himmler daraufhin fest, dass allein die *Leithefte* maßgeblich für die konkrete Ausgestaltung der Schulung waren.[219]

Kurz darauf ordnete der Reichsführer-SS an, endlich mit einer wirklich konsequenten und flächendeckenden Schulung der Allgemeinen SS zu beginnen. Um zunächst ein halbwegs einheitliches Niveau herzustellen, sollte bis zum symbolischen Datum des 9. November 1936 eine „Grundschulung“ mit je zwei 40-minütigen Unterrichtseinheiten in den Stürmen pro Woche und einem 60-minütigen Diavortrag im Sturmbann pro Monat erfolgen. In den kürzeren „Stunden“ waren je ein Zitat aus *Mein Kampf* und eine Erzählung bzw. ein Aufsatz aus dem *Leitheft* vorzulesen. Des Weiteren musste je ein ebenfalls dort präsentiertes Fallbeispiel aus der Arbeit des SS-Sippenamts besprochen werden, das den SS-Männern klar machen sollte, wie wichtig die mühsame und zeitaufwendige Bearbeitung der Unterlagen zu Ahnennachweis und Heiratsgenehmigung war. Prinzipiell sollte die Schulung „bewusst einfach gehalten und auf seelische Einwirkung abgestimmt“ werden. Es galt der Grundsatz: „Zuviel Einzelheiten verwirren nur.“[220]

Weder die extrem ambitionierten Zeitvorgaben noch die rigide Vorlesemethode wurden in der ursprünglich geplanten Form umgesetzt. Die zweimal wöchentliche Schulung, die nahezu den gesamten regulären Ausbildungsdienst vereinnahmt oder aber die Dienstabende erheblich verlängert hätte, kollidierte nicht zuletzt mit dem ebenfalls 1935/36 aufgewerteten Dienstsport. Der gegen diesen Sachverhalt erhobene Protest zahlreicher Einheitsführer führte dazu, dass sich in der Praxis rasch ein Mittelweg herauskristallisierte. Im Gegensatz zu den Jahren 1934/35 wurde jetzt nicht mehr nur alle zwei Wochen, sondern in der Regel wö-

Chefs des Schulungsamts im RuSHA, Caesar, für einen Vortrag vor den SS-Gruppenführern betr. Erfahrungen in der Schulung am 25.1.1939, in BA Berlin, NS 19, Bd. 1669, Bl. 154ff.

219 Aktenvermerk des Chefs des Schulungsamts im RuSHA, Motz, betr. Gliederungsvorschläge für die „100 Leitsätze“ vom 15.7.1935, in BA Berlin, NS 2, Bd. 135, Bl. 73–74; Befehl des Chefs des RuSHA, Darré, vom 18.7.1935, in BA Berlin, NS 2, Bd. 151, Bl. 22–23; geheimes Schreiben des Stabsführers des RuSHA, Harm, an die Rassereferenten vom 28.10.1935, in BA Berlin, NS 2, Bd. 129, Bl. 185; Befehl Himmlers vom 6.11.1935, in BA Berlin, NS 2, Bd. 135, Bl. 81; Befehl des RuS-Führers des Oberabschnitts Main vom 17.9.1937, in BA Berlin, NS 2, Bd. 151, Bl. 97–98.

220 *SS-Leitheft* vom 22.2.1936, S. 13, und vom 26.6.1936, S. 11–12, in IfZ-Archiv, DC 29.01. Zur Grundschulung allgemein MATTHÄUS: Judenfrage, S. 46–47; Befehl Himmlers vom 30.11.1935, in BA Berlin, NS 2, Bd. 21, Bl. 26; Befehl des Chefs des Schulungsamts des RuSHA, Motz, an alle Ämter des RuSHA vom 22.1.1936, in BA Berlin, NS 2, Bd. 135, Bl. 60–63; Befehl des Stabsführers des RuSHA, Harm, an alle SS-Stürme betr. Richtlinien zur weltanschaulichen Grundschulung der SS vom 17.2.1936, in BA Berlin, NS 2, Bd. 129, Bl. 160–161; Befehl des Chefs des SS-HA, Heißmeyer, vom 17.2.1936, in BA Berlin, NS 31, Bd. 319, Bl. 25–26.

chentlich und jeweils für circa eine Stunde geschult. Priorität genoss im Sommerhalbjahr nunmehr der Sport, im Winter die Schulung.[221] Infolge dieser Kompromisse wurde die Grundschulung nicht bis zum 9. November 1936 abgeschlossen, sondern zog sich bis ins Jahr 1937 hin. Ab 1938 ließ man sie neuen SS-Männern jeweils gesondert zukommen.[222]

Die Anweisung, die Texte des *Leithefts* Wort für Wort vorzutragen, die wohl auf das ausgeprägte Kontrollbedürfnis der Reichsführung gegen „weltanschauliche Extratouren" zurückging,[223] stieß auf entschiedenen Widerstand engagierter Schulungsleiter. Das führe nur zu „Vorlesungen, bei denen geschlafen wird" bzw. „leeren Pflichtübungen". Um Derartiges zu verhindern, wurde der Stoff eigenmächtig in Unterrichtsgesprächen diskutiert oder in mündlich bzw. schriftlich zu bearbeitende Aufgaben umgewandelt. Ab Januar 1937 ließen die *Leithefte* die Anweisung vorzulesen stillschweigend fallen.[224] Unstrittigen Anklang fanden dagegen die Diavorträge oder auch die gelegentlichen Unterrichtsfilme, die das Schulungsamt zur Verfügung stellte und die bei den SS-Männern offenbar reges Interesse erzeugten.[225]

Worum nun ging es bei der Schulung der Allgemeinen SS in der Sache? Von ganz zentraler Bedeutung war die „Aufklärung" über die „Gegner des Nationalsozialismus". Das betraf in allererster Linie die Juden, wobei diese nach Erlass der „Nürnberger Gesetze" im September 1935 nach deren Vorgaben definiert wur-

221 Heinemann: Rasse, S. 66–68; Bericht des Schulungsleiters der 33. Standarte vom 15.10.1936, in StA Marburg, 327/2a, Bd. 126; Befehl des Chefs des SS-HA, i.V. Schmitt, betr. Richtlinien für die Ausbildung der Allgemeinen SS im Sommer 1937 vom 6.3.1937, in BA Berlin, NS 31, Bd. 178, Bl. 6–12; Befehl des Chefs des SS-HA, Heißmeyer, betr. Richtlinien für die Ausbildung der Allgemeinen SS im Winter 1937/38 vom 27.8.1937, in BA Berlin, NS 31, Bd. 319, Bl. 70–80; Befehl des Chefs des SS-HA, i.V. Zech, betr. Richtlinien für die Ausbildung der Allgemeinen SS im Sommer 1938 vom 17.3.1938, in BA Berlin, NS 31, Bd. 319, Bl. 81–92. Zur Umsetzung in Sturm- bzw. Schulungsdienstplänen vgl. entsprechende Sammlungen, in StA Ludwigsburg, PL 506, Bd. 17 und 70, und in StA Marburg, 327/2a, Bd. 126.

222 Befehl des Stabsführers des RuSHA, Harm, vom 13.3.1936, in StA Marburg, 327/2a, Bd. 79; Befehl des Chefs des SS-HA, Heißmeyer, betr. Richtlinien für die Ausbildung der Allgemeinen SS im Winter 1936/37 vom 1.10.1936, in BA Berlin, NS 31, Bd. 319, Bl. 27–41; Bericht des Schulungsleiters des Abschnitts XIX vom 13.1.1937, in StA Ludwigsburg, PL 506, Bd. 4; Befehl des Chefs des SS-HA, i.V. Schmitt, betr. Richtlinien für die Ausbildung der Allgemeinen SS im Sommer 1937 vom 6.3.1937, in BA Berlin, NS 31, Bd. 178, Bl. 6–12; Befehl des Chefs des SS-HA, i.V. Zech, betr. Richtlinien für die Ausbildung der Allgemeinen SS im Sommer 1938 vom 17.3.1938, in BA Berlin, NS 31, Bd. 319, Bl. 81–92.

223 Befehl Himmlers vom 28.6.1937, in BA Berlin, R 187, Bd. 245a, Bl. 150.

224 Bericht des Schulungsleiters des Sturmbanns I/78 vom 5.4.1936, in StA Marburg, 327/2a, Bd. 129; Bericht des Rassereferenten für den Oberabschnitt West an den RFSS betr. Gesamtlage und Stand der Schulung vom 2.10.1936, in BA Berlin, NS 2, Bd. 130, Bl. 52–55; Bericht des Schulungsleiters der 24. Standarte vom 3.10.1936, in BA Berlin, NS 2, Bd. 131, Bl. 6–8; Bericht des Schulungsleiters des Sturmbanns III/14 vom 29.10.1936, in StA Marburg, 327/2a, Bd. 126; *SS-Leitheft* vom 30.1.1937, in IfZ-Archiv, DC 29.01.

225 Bericht des Schulungsleiters des Sturmbanns I/88 vom 4.7.1936, in BA Berlin, NS 2, Bd. 131, Bl. 40; Bericht des Schulungsleiters der 88. SS-Standarte vom 9.7.1936, in BA Berlin, NS 2, Bd. 131, Bl. 33–37; Bericht des Schulungsleiters der 63. Standarte vom 14.4.1937, in StA Ludwigsburg, PL 506, Bd. 4; Bericht des Schulungsleiters des Sturmbanns I/86 vom 4.10. 1937, in StA Ludwigsburg, PL 506, Bd. 4.

den: „Juden [...] sind die Volljuden, die Dreivierteljuden und in bestimmten Fällen die Halbjuden. Alle anderen, also die Vierteljuden und bestimmte Halbjuden, sind Mischlinge." Mischlinge seien Teil der „deutschen Volksgemeinschaft", nicht aber der „deutschen Blutsgemeinschaft". Daher könnten sie weder Beamte noch Mitglieder der NSDAP und ihrer Gliederungen sein, wohl aber Reichsbürger und – zumindest theoretisch – Angehörige der angeschlossenen Verbände der NSDAP.[226]

Die somit aus der „Volksgemeinschaft" exkludierten Juden wurden im Rahmen der SS-Schulung systematisch entmenschlicht, indem den SS-Männern eingehämmert wurde, sie seien „Schmarotzer", „Parasiten" und „Blutsauger". Es gebe keinen einzigen „anständigen Juden". Jeder Jude, der einen derartigen Eindruck mache, verstelle sich. Ziel des jüdischen Volks sei „die Beherrschung der Welt und die Vernichtung der nordischen Völker." Zur Erreichung dieses Ziels sei den Juden jede Grausamkeit recht. Beispielsweise sei es ihnen im Rahmen ihrer religiösen Gesetze erlaubt, nichtjüdische Mädchen ab drei Jahren sexuell zu „schänden", um so systematisch die „Rassereinheit" der „nordischen" Menschen zu zersetzen. Die Juden seien die Drahtzieher sowohl der Freimaurerei als auch des Kommunismus. Sie seien direkt verantwortlich für historische Gräueltaten wie die französische Bartholomäusnacht, die Münchner Geiselmorde von 1919 und vor allem das millionenfache Sterben in der UdSSR. Gerade Letzteres wurde nicht nur verbal, etwa durch die Beschreibung von Massenerschießungen auf der Krim, sondern auch durch Fotos von völlig ausgezehrten Leichen verhungerter Kulaken dargestellt. Es ist davon auszugehen, dass diese bewusst aufhetzenden Bilder den SS-Männern vor Augen standen, als sie 1941 ins angebliche „Land des Grauens" zogen, um dort ihrerseits einen beispiellosen Vernichtungskrieg zu führen. Die Macher der *Leithefte* behaupteten explizit, dieses toxische Gebräu enthalte „keine unbewiesenen Behauptungen", sondern beruhe allein auf „erdrückendem Tatsachenmaterial". Absurderweise zählten sie dazu ausgerechnet die *Protokolle der Weisen von Zion*, deren Authentizität sie dadurch belegt sahen, dass „sie in die bisher widerspruchsvollen Geschehnisse einen Sinn bringen". Durch solche Zirkelschlüsse, denen zufolge alles wahr sein musste, was die eigene Weltanschauung bestätigte, falsch, was ihr widersprach, wurde der hochgradig aggressive Antisemitismus, den die SS-Schulung lehrte, hermetisch gegen jedes Gegenargument abgeschlossen.[227]

Neben den Juden, als deren Instrumente, wie erwähnt, Freimaurer und Kommunisten mit abgehandelt wurden, zielte der „Unterricht über den Gegner" ab Ende 1937 auch auf das Christentum und vor allem die katholische Kirche. Die Behauptung, der Nationalsozialismus und die Schutzstaffel stünden für „absolute Glaubensfreiheit", wurde umgehend relativiert durch die Hinzufügung, dass dadurch weder das Wohl des deutschen Staates noch das „Sittlichkeits- und Moral-

226 *SS-Leitheft* vom 25.3.1936, S. 57–59, in IfZ-Archiv, DC 29.01.

227 *SS-Leithefte* vom 30.9.1935, 25.3.1936, 22.4.1936, 29.5.1936 und 15.8.1937, in IfZ-Archiv, DC 29.01.

Das absurde Feindbild der SS – „der Jude“ als Drahtzieher des Bolschewismus, der Freimaurerei und des Katholizismus, in: SS-Leitheft *4/1936, S. 11.*

gefühl der germanischen Rasse“ tangiert werden dürfe. Dieses habe die SS zu schützen, etwa wenn mit Hinweis auf die Unfehlbarkeit des Papstes der politische Führungsanspruch Hitlers eingeschränkt werde. Jedem SS-Mann müsse klar sein, dass im Namen der Kirche etwa bei der Christianisierung, der Ketzerverfolgung oder den konfessionellen Kriegen des 16. und 17. Jahrhunderts „Ströme deutschen Blutes“ vergossen worden seien. Jedoch sei der SS-Mann in keinem Fall ein Heide, sondern „gottgläubig“. Im Februar 1939 wurde den Angehörigen der Schutzstaffel ein „Deutsches Gebet“ beigebracht, das unter anderem folgende Zeilen enthielt: „Wir wollen als Deutsche auch hintreten vor unseren Gott. Wir wollen aufrecht vor ihn hintreten als das, was wir sind, als Soldaten. [...] Gott ist kein gütiger, alter Mann, der sich zu kindlichen Wünschen lächelnd neigt. [...] Wenn wir uns von Gott kein Bildnis und Gleichnis machen können, so spüren wir doch in allem seine Gegenwart. [...] Wenn wir beten, beten wir um Kraft.“[228]

Neben diesen Gegenentwurf zum Vaterunser traten im Rahmen der SS-Schulung weitere „positive“, das heißt nicht auf die Gegner, sondern auf die eigene Identität gerichtete Elemente. Vielfach wurde über die Mission der Schutzstaffel doziert, „die rassische Vermischung des deutschen Volkes aufzuhalten, die Erbkrankheiten auszuschalten, den Kinderreichtum zu fördern und das nordische Blut im Volkskörper zu vermehren“. Als „alleiniger Maßstab für Gut und Böse“ gelte hierbei: „Gut ist, was dem Blute nützt, böse, was ihm schadet.“ Typischerweise kam die Darstellung der überlegenen „nordischen Rasse“ dabei jedoch vielfach wieder nicht ohne das Negativstereotyp des Juden aus. Zum Beispiel wurde in der Erzählung *Michael Gnade*, die im März 1936 vorgelesen werden sollte, von einem norddeutschen Adeligen berichtet, der aus Geldsorgen seinen Sohn genötigt habe, eine reiche nobilitierte Jüdin zu heiraten. Die „nordische“ Gattin seines

[228] *SS-Leithefte* vom 1.11.1937, 15.1.1938 und 15.2.1939, in IfZ-Archiv, DC 29.01.

Enkels habe sich später instinktiv von ihrem „Mischlingsehemann“ und dem eigenen Kind entfremdet, das aus dieser Verbindung hervorgegangen sei, da beide sich höchst unvorteilhaft von den „reinrassigen“ Bauern der Umgebung unterschieden hätten. Der gramgebeugte Alte habe einsehen müssen, wie falsch er mit seiner Entscheidung für die „Blutschande“ gelegen habe.[229]

Eine Schlüsselrolle bei beiden „Lernzielen“, bei der Verteufelung der Juden, der Kommunisten, der Freimaurer und des katholischen Klerus ebenso wie bei der Verherrlichung der „nordischen Rasse“, ihres angeblich „artgerechten“, auf die Germanen zurückgehenden Kulturguts und Brauchtums bzw. des von ihr entscheidend geprägten „deutschen Volkes“, kam der Vermittlung von „Geschichte“ zu.[230] 1935/36 wurde dabei noch auf eine ziemlich ungeordnete „bunte Mischung“ gesetzt. So wurde beispielsweise Hitler in einer Reihe von Kurzporträts als Erbe „großer Deutscher“ wie Martin Luther, Friedrich dem Großen, Heinrich Freiherr vom Stein und Otto von Bismarck dargestellt. Andererseits wurde erzählt, wie sich Heinrich IV. nachts angeblich von Canossa weggestohlen habe, um seinen Kniefall vor dem Papst gegenüber einem „deutschblütigen“ Bauernsiedler als kluge List zu rechtfertigen.[231] Ab Januar 1937 boten die *Leithefte* dann einen systematischeren Durchgang durch die Historie aus Sicht der SS-Führung, der von der Steinzeit bis zur Reformation reichte.[232]

Die entsprechenden Texte, die meist feste Beiträger der *Leithefte* wie der an der Universität Köln tätige Historiker Walther Wache, der Vorsitzende des deutschen Geschichtslehrerverbandes Moritz Edelmann oder der Mitarbeiter der Deutschen Hochschule für Politik und spätere Jenaer Professor für „Rechts- und Wirtschaftsgeschichte auf rassischer Grundlage“ Johannes von Leers verfassten,[233] stießen jedoch auf die Kritik Heinrich Himmlers. Die SS-Schulung dürfe, so stellte er im November 1937 mehrfach klar, nicht zu akademisch, trocken oder gar „schulmeisterlich“ werden.[234] Umgehend wurde das chronologische Vorgehen abgebrochen. Im *Leitheft* vom März 1938 wurden „Kameraden aus der Truppe“ aufgefordert, „innerlich packende“ Erzählungen beizusteuern. In der Folgezeit setzte man wieder auf eine heterogene Themenmischung, die beispielsweise die Verbrennung Giordano Brunos durch die Inquisition, die Vergewaltigung einer deutschen Bauerstochter durch slawische Söldner im Zuge der Gegenreformation, den Aufstieg der Familie eines „Ostjuden“ durch Lug und Betrug seit dem 19. Jahrhundert, die Expedition Robert Scotts zum Südpol, die deutsch-österreichische

229 *SS-Leithefte* vom 22.2. und 25.3.1936, in IfZ-Archiv, DC 29.01.

230 Zum besonderen Umgang der SS mit der Geschichte vgl. allgemein Kroll: Utopie, S. 209–255, sowie die knappe Studie von Reinicke.

231 *SS-Leitheft* vom 26.6.1936, in IfZ-Archiv, DC 29.01.

232 Vgl. *SS-Leithefte* vom 30.1.1937, 26.2.1937, 18.3.1937, 7.5.1937, 3.6.1937, 1.7.1937, 15.8.1937, 1.9.1937, 5.10.1937, 1.11.1937, 1.12.1937 und 15.1.1938, in IfZ-Archiv, DC 29.01.

233 Zu diesen drei Personen vgl. Harten: Rassenhygiene, S. 262–267; BA Berlin, SSO Walther Wache und Johannes von Leers.

234 Schreiben Himmlers an das Schulungsamt im RuSHA vom 4.11.1937, in: Heiber: Reichsführer, S. 48; Rede Himmlers vor den SS-Gruppenführern am 8.11.1937, in: Smith/Peterson, S. 66–67. Vgl. auch Longerich: Himmler, S. 324–325.

Frontgemeinschaft im Ersten Weltkrieg oder die Terrorherrschaft eines „Flintenweibs“ der Tscheka in einem sowjetischen Lager umfasste. Zusätzlich wurden nun die jeweils tagespolitisch „wichtigsten Ereignisse des Monats“ genannt, die im Rahmen der SS-Schulung diskutiert werden sollten, was von der Basis ausdrücklich gewünscht worden war.[235]

Um die Praxisnähe sowie die Finanzausstattung des Schulungsapparates zu verbessern, verlagerte Himmler schließlich im Juli 1938 das Schulungsamt vom Rasse- und Siedlungshauptamt ans SS-Hauptamt, das durch die Verbindung zur SS-Verfügungstruppe bzw. zu den Totenkopfverbänden leichter auf staatliche Gelder zugreifen konnte. Diese Maßnahme stellte jedoch keinen tiefgreifenden inhaltlichen oder personellen Bruch in der SS-Schulung dar, da die Schulungsleiter nun zwar den Einheitsführern unterstellt und damit in den normalen Befehlsweg der Allgemeinen SS integriert, nicht aber ausgetauscht wurden. Auch im Schulungsamt selbst dominierte die Kontinuität mit Joachim Caesar an der Spitze.[236]

Während sich die skizzierten Schulungsreformen des Jahres 1938 in Richtung größerer Praktikabilität und „Schülernähe“ interpretieren lassen, belegte eine Order, die Himmler Caesar im Sommer 1938 erteilte, dass damit keineswegs das utopische Endziel aufgegeben war, auch mit Hilfe der Schulung in der SS einen „neuen Menschen“ zu erschaffen.[237] Caesar sollte einen „für alle Zeiten, auch für fernere Jahrhunderte geltenden Plan der Stoffeinteilung“ erstellen, „der in logischer Reihenfolge die Entstehung der Welt und damit die Wissensgebiete der Astrologie, der Biologie, der Welteislehre[238] umfasst, der weiterhin die Entstehung unseres Planeten, der Erde und damit die Wissensgebiete der Geologie, Mineralogie, Botanik, Zoologie und alle damit in Verwandtschaft stehenden Wissenschaften umfasst; der die Entstehung des Menschen, die wunderbare Art, wie Gott diesen Menschen organisiert und geschaffen hat, umfasst und damit alle Wissenszweige, die sich mit diesem Menschen befassen, ob es nun die wunderbare Form der Entstehung neuen Lebens oder das Wissen von der Sprache des Menschen oder das Wissen von dem Körper oder die Kenntnis der Vorgänge des Gehirns ist; der die Rassenkunde usw. umfasst. Als weiteres Gebiet nenne ich die gesamte

235 *SS-Leithefte* vom 15.3.1938, 25.4.1938, 25.5.1938, 25.6.1938, 15.8.1938, 20.9.1938, 20.10.1938, 10.12.1938, 15.1.1939, 15.2.1939 und 15.3.1939, in IfZ-Archiv, DC 29.01; Bericht des Schulungsleiters des 1. Sturms des 2. Nachrichtensturmbanns vom 30.12.1937, in StA Ludwigsburg, PL 506, Bd. 4; Anweisung Himmlers für das Schulungsamt betr. Art und Umfang der SS-Schulung [o. D., 1938], in: Ackermann, S. 259–260.

236 Heinemann: Rasse, S. 99–101; Koehl: Black Corps, S. 119; geheimes Schreiben des Stabsführers im RuSHA, George Ebrecht, an Himmler vom 10.6.1938, in BA Berlin, NS 2, Bd. 54, Bl. 23–27; Befehle und Mitteilungen des Chefs des RuSHA vom 7.10.1938, in BA Berlin, NS 2, Bd. 2, Bl. 98–99.

237 Vgl. Thamer: Der „Neue Mensch“, S. 83.

238 Dabei handelte es sich um eine abstruse Theorie des österreichischen Ingenieurs Hanns Hörbiger, der zufolge der Kosmos von einem Antagonismus von Sonnen und Eisplaneten bestimmt sei und an der Himmler einen Narren gefressen hatte – vgl. Ackermann, S. 45–47; Longerich: Himmler, S. 289.

deutsche und sonstige arische Vorgeschichte mitsamt der Lehre über den Gegner [...] und als letztes die Geschichte des Führers und der Bewegung.“ Auf diese Anweisung Himmlers hin wurden im Schulungsamt mindestens drei verschiedene Versionen entsprechender „Gerüstpläne“ verfasst, aus denen schließlich eine umfassende Themenkartei sowie endlich eine „Fibel für den SS-Mann“ abgeleitet werden sollten, die diesen Stoff in „eine Reihe von einfachsten Kenntnissen“ umsetzen würde.[239] Dass daraus nichts wurde, überrascht in Anbetracht der Absurdität des Auftrags nicht.

Angesichts dieses Oszillierens zwischen völlig überspannten Ansprüchen und einer Praxis, die in der zweiten Hälfte der 1930er Jahre einer Dauerbaustelle glich, entzieht sich die Frage nach der Wirksamkeit der SS-Schulung, auf die im Folgenden eingegangen werden soll, einer einfachen Antwort.[240] In der älteren Literatur über die Schutzstaffel wurde die Schulung zumeist als insgesamt relativ wirkungslos beurteilt, da die Männer sie überwiegend abgelehnt und passiv über sich ergehen lassen hätten.[241] Derartige Einschätzungen beruhten aber vielfach auf problematischen Quellen. Nachkriegsaussagen von ehemaligen SS-Männern, die natürlich in den allermeisten Fällen interessiert waren, sich von dem in der SS-Schulung vermittelten radikalen Antisemitismus zu distanzieren,[242] wurden mit kritischen SS-internen Bewertungen aus der Zeit des Dritten Reiches vermischt, hinter denen oft die Absicht stand, bestimmte Reformen in der Schulung durchzusetzen, nicht aber diese insgesamt in Frage zu stellen.[243] Ebenfalls reichlich vorhandenes Lob über Schulungserfolge[244] wurde dagegen vernachlässigt, nicht zuletzt, weil Autoren, die einer strukturalistischen Deutung des Dritten Reichs anhingen, nicht gewillt waren, dem Faktor Ideologie allzu große Bedeutung einzuräumen. Erst seit dem Aufschwung der „neuen Täterforschung“ in den 1990er Jahren wurde dieses Element und damit auch die Schulung der SS neu bewertet. Jürgen Mat-

239 Anweisung Himmlers für das Schulungsamt betr. Art und Umfang der SS-Schulung [o. D., 1938], in: Ackermann, S. 259–260; Rundschreiben des Chefs des Schulungsamts im SS-HA, Caesar, vom 4. 7. 1938, in StA Marburg, 327/2b, Bd. 114.

240 Zum Problem der Bestimmung der Wirkung der SS-Schulung auch Heinemann: Rasse, S. 95 und 97.

241 Vgl. u. a. Höhne: Orden, S. 146; Buchheim: Befehl und Gehorsam, S. 231; Weingartner: Race, S. 70–72; Shalka, S. 208–209. Den Forschungsstand zur Jahrtausendwende zusammenfassend Matthäus: Einleitung, S. 7–13.

242 Vgl. die Aussagen vor Spruchkammern der britischen Zone, in BA Koblenz, Z 42 III, Fall 1458 und Z 42 IV, Fall 6827; Hausser: Soldaten, S. 41 ff.

243 Vgl. u. a. Bericht des Rassereferenten für die Oberabschnitte Süd und Main vom 30. 4. 1936, in BA Berlin, NS 2, Bd. 129, Bl. 126–128; Bericht des Rassereferenten für den Oberabschnitt West an den RFSS betr. Gesamtlage und Stand der Schulung vom 2. 10. 1936, in BA Berlin, NS 2, Bd. 130, Bl. 52–55; Bericht des Schulungsleiters des Abschnitts XIX vom 13. 1. 1937, in StA Ludwigsburg, PL 506, Bd. 4; Befehl des Führers des Oberabschnitts Fulda-Werra, zu Waldeck, vom 21. 4. 1938, in StA Marburg, 327/2b, Bd. 54.

244 Vgl. u. a. Bericht des Schulungsleiters der 4. SS-Motorstandarte vom 23. 8. 1936, in BA Berlin, NS 2, Bd. 131, Bl. 19–22; Bericht des Schulungsleiters der 78. Standarte für das 3. Quartal 1936 [o. D.], in StA Marburg, 327/2a, Bd. 126; Bericht des Schulungsleiters der 63. Standarte vom 14. 4. 1937, in StA Ludwigsburg, PL 506, Bd. 4.

thäus und seine Koautoren stellten in ihrem 2003 publizierten Sammelband die provokative, tendenziell teleologische Frage, ob diese auf das „Ausbildungsziel Judenmord" ausgerichtet gewesen sei. Abschließende Antworten darauf gaben sie selbst in ihren explorativ angelegten Beiträgen nicht.[245]

Wenn man von den apologetischen Zeitzeugenaussagen der Nachkriegszeit absieht und die widersprüchliche Überlieferung des Schulungsapparats in ihrer Gesamtheit würdigt, dann drängt sich der Eindruck auf, dass Qualität und Wirkung der SS-Schulung in einem hohen Maß von der konkreten Personenkonstellation vor Ort abhingen.[246] Wo motivierte Schulungsleiter auf aufgeschlossene Einheitsführer trafen, wurde intensive Indoktrinationsarbeit geleistet. Andernorts kam es wohl tatsächlich zu den beklagten „Pflichtübungen", in denen die einen aus den *Leitheften* vorlasen und die anderen geistig abschalteten. Diese Zustandsbeschreibung erinnert an allgemeinbildende Schulen, in denen es stets sowohl gute als auch schlechte Lehrer und guten ebenso wie schlechten Unterricht gibt. Allerdings käme dennoch kaum jemand auf die Idee, deshalb das gesamte Schulsystem für unwirksam zu erklären. Angesichts dieser Analogie erscheint es notwendig, den ganz erheblichen Schulungsaufwand, der in der SS betrieben wurde, ernst zu nehmen.

Da die Erfolge der Schulung von der SS-Führung allerdings keiner systematischen Prüfung unterzogen wurden und somit quantifizierbare Werte fehlen, wie sie beispielsweise die „Erfüllerquoten" der Sportabzeichen darstellen,[247] soll am Ende dieses Bewertungsversuchs ein vergleichender Blick auf die Schulungsbemühungen anderer zentraler NS-Organisationen stehen. Diejenigen der SA waren, wie bereits beschrieben, verhältnismäßig dürftig und lagen in ihrer Intensität weit unter denen der Schutzstaffel.[248]

In der NSDAP existierte wie in der SS ein ausdifferenzierter Schulungsapparat, an dessen Spitze Robert Ley stand, der neben dem Amt des Reichsorganisations- auch das des Reichsschulungsleiters innehatte. Seinem Hauptschulungsamt, das ab 1934 mit *Der Schulungsbrief* eine den *Leitheften* vergleichbare Zeitschrift herausgab, unterstanden die Gau- und Kreisschulungsämter und schließlich die Ortsgruppenschulungsleiter. Für längere Schulungskurse entstanden bis 1939 vor

245 Matthäus: Ausbildungsziel. Ein laufendes Forschungsprojekt Hans-Christian Hartens zur SS-Schulung ist noch nicht abgeschlossen.

246 Vgl. zu diesem Urteil schon die Dienstanweisung des Chefs des RAS, Darré, für die Schulungsleiter der SS vom 16.10.1934, in: Matthäus: Ausbildungsziel, S. 143–148; Bericht des Schulungsleiters der 4. SS-Motorstandarte vom 23.8.1936, in BA Berlin, NS 2, Bd. 131, Bl. 19–22; Bericht des Schulungsleiters des Sturmbanns III/14 vom 29.10.1936, in StA Marburg, 327/2a, Bd. 126; Bericht des Schulungsleiters des 2. Nachrichtensturmbanns vom 9.1. 1938, in StA Ludwigsburg, PL 506, Bd. 4.

247 Vgl. Kap. V.3.

248 Allerdings läßt sich das mit Sicherheit bislang nur für die Zeit bis 1934 sagen. Für die anschließenden Jahre ist die Geschichte der Sturmabteilung insgesamt und somit auch die ihrer Schulung im Speziellen noch immer erstaunlich schlecht erforscht. Zu erklären ist dieses Desiderat wohl damit, dass die SA-Forscher davon ausgingen, diese habe nach dem „Röhmputsch" mit der politischen Macht auch die soziale Relevanz verloren.

allem durch die Zweckentfremdung von Geldern der Deutschen Arbeitsfront, die ebenfalls von Ley geführt wurde, 89 Kreis-, 47 Gau- und eine Reichsschulungsburg sowie die drei „Ordensburgen“ in Vogelsang, Sonthofen und Krösinsee. Allerdings richteten sich die Schulungsmaßnahmen der NSDAP nahezu ausschließlich auf ihre Funktionäre. Die einfachen Parteigenossen konnten freiwillig an den Schulungsabenden teilnehmen, mussten dies aber nicht. Die Schulungslager und Lehrgänge fanden nur für die Kader der Politischen Organisation statt. Diese wurden also in ähnlicher Art und Weise geschult wie die Mitglieder der Allgemeinen SS, wenn auch die Quantität etwas zurückblieb, da die NSDAP-Schulungsabende lediglich ungefähr alle drei bis vier Wochen stattfanden.[249]

Hinsichtlich des Umfangs der Schulung kam nur die Hitlerjugend an die Schutzstaffel heran. Weltanschaulicher Unterricht bildete einen Schwerpunkt der jeweils mittwochs stattfindenden „Heimabende“. Die entsprechenden Durchführungsanweisungen wurden ab 1933 alle vierzehn Tage in den „Heimabendmappen“ ausgegeben. Ab 1935 bestand bei der Reichsjugendführung ein zentrales Pendant zum SS-Schulungsamt. Peter Stachura hat die Gesamtwirkung der HJ-Schulung trotz zeitgenössischer Klagen über ihre Repetitivität und die tendenzielle Ablehnung des verschulten Vorgehens als „auf plumpe Weise dennoch weitgehend effektiv“ bewertet.[250] Es erscheint angesichts der beschriebenen Sach- und Quellenlage insgesamt plausibel, dieses Urteil auf die Schulung der Allgemeinen SS zu übertragen.

5. Feste, Feiern und religiöse Ersatzhandlungen

Die Nationalsozialisten begingen ihre „Machtergreifung“ am 30. Januar 1933 mit einem mehrstündigen Fackelzug durch Berlin. Am 20. April wurde im Dritten Reich Hitlers Geburtstag aufwendig und öffentlich zelebriert. Der deutschen Arbeiterschaft, der sich die NSDAP zumindest nominell verschrieben hatte, erfüllte sie den lange gehegten Wunsch des Maifeiertags. Aus dem Solidaritätsfest der Arbeiterbewegung wurde der „Feiertag der nationalen Arbeit“, der primär der Inszenierung der „Volksgemeinschaft“ unter nationalsozialistischen Vorzeichen diente. Auf die zwischen 1933 und 1938 in Nürnberg stattfindende Großkundgebung der Reichsparteitage folgte bis 1937 das ebenfalls von Jahr zu Jahr immer bombastischere Reichserntedankfest auf dem Bückeberg bei Hameln. Der 9. November rundete mit dem Gedenken an die „Blutzeugen der Bewegung“ in München das nationalsozialistische Feierjahr ab. Ziel all dieser Festivitäten war laut der Zeitschrift *Die Neue Gemeinschaft. Das Parteiarchiv für Nationalsozialistische Feier- und Freizeitgestaltung* die „seelische und gefühlsmäßige Vertiefung des Gemein-

[249] Zur NSDAP-Schulung insgesamt noch immer maßgeblich die 1941 erschienene erziehungswissenschaftliche Dissertation des Ortsgruppenschulungsreferenten EITZE. Zu den Schulungsburgen auch BAUMEISTER: Führungskader, S. 67–76.

[250] STACHURA, S. 100–101. Zur HJ-Schulung allgemein BUDDRUS, S. 60–81; KEIM, S. 58–69.

schaftserlebnisses" und die innere Ausrichtung der „Volksgenossen" auf den „Führer" und die NS-Weltanschauung.[251]

Wenn man bedenkt, dass die *Neue Gemeinschaft* ab 1937 als Nachfolgeorgan der *Vorschläge der Reichspropagandaleitung zur Feiergestaltung* herausgegeben wurde, sind schon in diesem Zitat die Grundpositionen einer Kontroverse angelegt, die sich seit den 1990er Jahren um die Deutung des Nationalsozialismus als „politische Religion" dreht.[252] Hans Mommsen zum Beispiel urteilt, dass die NS-Feste „in allererster Linie eine propagandistische Funktion" gehabt hätten und es im Dritten Reich „nicht ernstlich zu dem Versuch zu einer pseudoreligiösen Abstützung der NS-Weltanschauung" gekommen sei.[253] Hans-Günther Hockerts konzediert einerseits, dass es beispielsweise im Rahmen der Reichsparteitage bei vielen Teilnehmern „ein mit religionspsychologischen Kriterien fassbares Erleben" gegeben habe. Andererseits sei es Hitler keineswegs primär um die Stiftung einer neuen Religion gegangen. Vielmehr hätte für den „Führer" stets das Primat des Politischen gegolten.[254] Claus-Ekkehard Bärsch etwa nimmt dagegen den in der *Neuen Gemeinschaft* artikulierten Willen zur „seelischen" Erfassung der Deutschen beim Wort. Er sieht gerade im Rassismus des Regimes mit „der Divinisierung aller Mitglieder des deutschen Volkes und der Satanisierung aller Mitglieder des jüdischen Volkes" sowie in der kultischen Verehrung Hitlers als des „von Gott gesandten Führers" durch einen Großteil der Deutschen Grundzüge einer „politischen Religion" verwirklicht.[255]

Während Mommsen und Hockerts gegen eine Deutung des Nationalsozialismus als „politische Religion" im Allgemeinen Einwände erheben, konstatieren beide, dass sie für die Schutzstaffel im Speziellen größere Plausibilität besitze. Himmler sei es wohl tatsächlich um die „Erzeugung einer alternativen Religion" gegangen und in der SS hätte es „regelrechte religionsanaloge Rituale" gegeben.[256] In dieser Hinsicht sind sie sich mit Michael Burleigh, wie Bärsch ein Anhänger der Analyse des NS mit Hilfe religiöser Begriffe, einig, demzufolge gerade die Schutzstaffel hier in „vorderster Front" marschierte.[257] In Anbetracht derartiger Thesen erscheint es nötig, die Beschreibung der Feste und Feiern, die in der Allgemeinen SS begangen wurden, mit einer Analyse der Position zu kombinieren, die die Reichsführung-SS zu religiösen Fragen einnahm.

[251] „Neuwertung ‚überlieferter' Brauchformen?" in *Die Neue Gemeinschaft. Das Parteiarchiv für Nationalsozialistische Feier- und Freizeitgestaltung* vom Dezember 1937. Zu den NS-Feiern insg. Freitag und Vondung. Zu den Reichsparteitagen Zelnhefer und Urban. Zum Reichserntedankfest Gelderblom und Winghart. Zu den NS-Feiern in München Hockerts: Mythos.

[252] Grundlegend hierzu v.a. das dreibändige von Hans Maier herausgegebene Werk „Totalitarismus und politische Religionen". Zu einer längerfristigen Einordnung in die Geschichte des 19. und 20. Jahrhunderts vgl. Burleigh: Irdische Mächte. Zu einer Gesamtdeutung des Nationalsozialismus aus dieser Perspektive vgl. Burleigh: Die Zeit.

[253] Mommsen: Nationalsozialismus, S. 175.

[254] Hockerts: Nationalsozialismus, S. 54 und 68–70.

[255] Bärsch, S. 76–77.

[256] Mommsen: Nationalsozialismus, S. 175. Ähnlich Hockerts: Nationalsozialismus, S. 60.

[257] Burleigh: Irdische Mächte, S. 716–718.

Heinrich Himmler persönlich ließ schon in den frühen 1920er Jahren die „gut katholische" Haltung, die in seinem Elternhaus vorgeherrscht hatte, hinter sich. Zwischen 1923 und 1925 las er Bücher unter anderem über Spiritismus, Hellseherei, Monismus und Pendelmagie und vermerkte in seiner Leseliste dazu, hier habe er „einen kleinen Ausschnitt aus der unendlichen terra incognita" kennengelernt und „unglaublich tiefe und merkwürdige Gedanken" vorgefunden.[258] Sein großes Interesse an religiösen Fragen und seine nahezu völlige eklektizistische Offenheit für entsprechende Ideen haben Himmler bis zu seinem Selbstmord 1945 nicht wieder losgelassen. Aufgrund dieser Haltung ließ er nach 1933 beispielweise eine rund 33 000 Einträge umfassende „Hexenkartothek" anfertigen, Expeditionen nach Island und Tibet durchführen, „Kult-" bzw. „Weihestätten" der SS in Quedlinburg, auf der Wewelsburg, bei den Externsteinen und im Sachsenhain errichten sowie eine „Runenkunde" betreiben, die in diesen nicht nur Ornamente und Schriftzeichen, sondern „Gottessymbole" mit „magisch-religiösem Gehalt" sah.[259] Der Ruf Himmlers als „esoterischer Spinner" und die von ihm verantworteten, vermeintlich okkulten SS-Aktivitäten haben viel voyeuristisches Augenmerk auf sich gezogen und tun dies noch immer.[260]

Mit seiner Haltung stand Heinrich Himmler keineswegs allein da. Vielmehr litten in den 1920er und 1930er Jahren, wie beschrieben, zahlreiche junge Männer an einer Krise des „Gottvertrauens" und stellten die Positionen der beiden christlichen Kirchen in Frage. Es herrschte ein regelrechter „okkulter Boom", der besonders in ultranationalistischen, völkischen Kreisen auf fruchtbaren Boden fiel.[261]

Trotz derartiger Affinitäten lässt sich bis 1933/34 keine eindeutige religionspolitische oder religiöse Prägung der Schutzstaffel feststellen. Während sich der Reichsführer-SS schon weit von den christlichen Konfessionen entfernt hatte, gehörten der Organisation der Fördernden Mitglieder Männer wie der Freiburger Erzbischof, Conrad Gröber, und der evangelische Landesbischof von Hessen-Nassau, Ernst Ludwig Dietrich, an.[262] Ein katholischer Pfarrer aus Bayern wurde von einer SS-Einheit gebeten, einen „Feldgottesdienst" für sie abzuhalten, ein evangelischer Pastor aus dem Weserland war gar als Schulungsleiter der 55. SS-Standarte

258 Maschinenschriftliche Übertragung der Leseliste Himmlers aus den Jahren 1919–1934, in BA Koblenz, NL 1126, Bd. 9.

259 LONGERICH: Himmler, S. 289–296 und 304–308; HESEMANN, S. 297–299 und 309–323; KERSTEN, S. 184–190; STEINER: Glaubensbekenntnis, S. 207; HUNGER: Wissenschaft, S. 324–325; HUNGER: Runenkunde, S. 132–170; HÜSER.

260 Diese Problematik trefflich analysiert am Bsp. der Wewelsburg von SIEPE. Als Fallbeispiel einer entsprechend reißerischen Gesamtdeutung der SS jüngst YENNE.

261 Vgl. Kap. I.1.; GOODRICK-CLARKE, S. 217; NANKO, S. 40–49. Zur „völkisch-religiösen" Szene seit der Jahrhundertwende vgl. die Sammelbände von CANCIK und SCHNURBEIN, zusammenfassend auch ALTGELD.

262 Schreiben des Freiburger Erzbischofs Dr. Conrad Gröber vom 7.6.1946, in: DER PROZESS GEGEN DIE HAUPTKRIEGSVERBRECHER, Bd. 35, S. 494, Dokument SS-45; Schreiben des evangelischen Landesbischofs von Hessen-Nassau, Dietrich, an den SS-Nachrichtensturm 11 vom 15.7.1937, in BA Berlin, R 187, Bd. 245a, Bl. 176.

tätig.[263] Bei den Feierlichkeiten zum Deutschen Luthertag in Hannover am 19. November 1933 traten beide Hauptredner, der Pfarrer und Landesleiter der „Kirchenbewegung Deutsche Christen“, Eugen Mattiat, ebenso wie der Notar, Gauleiter und Regierungspräsident, Hermann Muhs, in SS-Uniform auf. Beim offiziellen Festzug marschierte neben HJ und SA auch die lokale SS mit.[264] Als schließlich am 23. Februar 1934 nahezu die gesamte SS-Spitze dem verstorbenen ehemaligen Chef des SS-Amts, Gruppenführer Siegfried Seidel-Dittmarsch, das letzte Geleit gab, geschah dies in der Berliner Lutherkirche.[265]

Mit dieser Offenheit gerade zum besonders NS-anfälligen protestantischen Milieu[266] sowie der relativen Zurückhaltung im Umgang mit der katholischen Kirche lag die Schutzstaffel auf der Linie der frühen Religionspolitik des Regimes. Im Bemühen um ein Reichskonkordat mit dem Vatikan, das den in Deutschland traditionell starken politischen Katholizismus ausschalten sollte, bzw. um die weitgehende „Gleichschaltung“ der evangelischen Landeskirchen im Bündnis mit den „Deutschen Christen“, die das Christentum von angeblich „artfremden“ jüdisch-römischen Elementen „säubern“ wollten, gab sich die NSDAP 1933 zunächst recht kirchenfreundlich. Ein Erlass des nationalsozialistischen Reichsinnenministers, Wilhelm Frick, vom September 1933 stellt ein Paradebeispiel für diesen Kurs dar. Frick gab seiner Hoffnung Ausdruck, dass der „Massenaustritt aus der Kirche“, der vor der „Machtergreifung“ als eine der „unerfreulichen Erscheinungen der Vorherrschaft marxistisch-materialistischer Weltanschauung in Deutschland“ auch unter Beamten grassiert habe, ein Ende finde. Obwohl es natürlich keine „amtliche Beeinflussung“ geben dürfe, erwarte er doch, dass die Staatsdiener „zu ihrem besseren Selbst und damit zur Kirche“ zurückfänden.[267] In der Tat endete 1933 die Kirchenaustrittswelle nicht nur, sondern es kam zu einer stattlichen Anzahl von Wiedereintritten.[268]

Mit dem Abschluss des Konkordats im Juli 1933 feierte das Regime einen religionspolitischen Triumph. Andererseits entstand in den evangelischen Kirchen nach Anfangserfolgen der „Deutschen Christen“ zunehmender Widerstand gegen

263 Anordnung des Stellvertreters des Führers, Heß, vom 12. 1. 1934, in BA Berlin, R 187, Bd. 245, Bl. 49–50; Schreiben des evangelischen Pastors Teipel an Himmler vom 4. 11. 1934, in BA Berlin, NS 34, Bd. 90.

264 Einladung zum Deutschen Luthertag in Hannover vom 15. 11. 1933, in LkA Hannover, S 1 H I, Bd. 401, Bl. 4; Transkription der Festrede des Regierungspräsidenten Muhs am 19. 11. 1933 in Hannover auf der Basis einer stenografischen Mitschrift, in LkA Hannover, S 1 H I, Bd. 401, Bl. 5–6; „Der Deutsche Luthertag in Hannover“ in *Hannoversche Landeszeitung* vom 21. 11. 1933, in LkA Hannover, S 1 H I, Bd. 401, Bl. 13; Eingabe von 47 Pastoren aus Hannover gegen die Rede Muhs am Luthertag vom 21. 11. 1933, in LkA Hannover, S 1 H I, Bd. 401, Bl. 8; BA Berlin, SSO Hermann Muhs und Eugen Mattiat. Zum Deutschen Luthertag 1933 allgemein BRÄUER.

265 Aktenvermerk des preußischen Staatsministeriums vom 21. 2. 1934, in BA Berlin, SSO Siegfried Seidel-Dittmarsch.

266 Vgl. v. a. GAILUS: Protestantismus.

267 Vertrauliches Rundschreiben des Reichsinnenministers, Frick, an alle obersten Reichsbehörden vom 26. 9. 1933, in BA Berlin, R 187, Bd. 245, Bl. 124.

268 GROSCHOPP, S. 12.

deren allzu plumpen und theologisch unhaltbaren Kurs. Um dem immer hitzigeren internen „Kirchenkampf" zu entgehen, zog sich die NS-Führung zumindest offiziell auf eine neutrale Position zurück und betonte nun die grundsätzliche Trennung von Kirche und Partei bzw. Staat.[269] Auch die Reichsführung-SS vollzog diesen taktischen Schwenk mit. Im Januar 1934 verbot Himmler, dass SS-Einheiten noch einmal geschlossen und uniformiert an kirchlichen Veranstaltungen teilnehmen würden, wie das in Hannover geschehen war.[270] Ab April ordnete er „im Interesse des Friedens zwischen Kirchen und Staat" die schrittweise Trennung der SS von Männern an, die in Religionsgemeinschaften Funktionen ausübten. Zuerst mussten die Mitglieder der Vereine des politischen Katholizismus wie zum Beispiel des Kolpingwerks gehen, dann die hauptberuflichen Geistlichen, die Theologiestudenten, die Kirchenmusiker und ab September 1935 schließlich alle, die irgendeine kirchlich „führende Tätigkeit" innehatten.[271] Offiziell sollte sich – das legte eine Vielzahl von Befehlen fest, die die SS-Spitze ab 1934 gab – die Schutzstaffel aus dem genuin religiösen Bereich ganz heraushalten. „Jede Störung und jede Taktlosigkeit bei religiösen Veranstaltungen aller Konfessionen" war SS-Männern ebenso verboten wie das Singen kirchenfeindlicher Spottlieder wie *Juden raus, Papst hinaus* oder *Ja, das Leben in dem Kloster*.[272] In der Schutzstaffel dürfe – so Himmler – in „Glaubensdingen" auf keinen „einzigen SS-Mann in irgendeiner Richtung Zwang ausgeübt werden." Religion sei Privatsache.[273]

Dass derartige Neutralitätsgebote aber keineswegs Ausdruck echter religiöser Liberalität, sondern eher Lippenbekenntnisse waren, die der Tarnung der rapide zunehmenden Kirchenfeindlichkeit der SS-Spitze dienten, zeigte deren Annäherung an die „Deutsche Glaubensbewegung" in den Jahren 1934/35. Diese war im Juli 1933 als Dachverband der völkischen Sektierer entstanden, die auf der Suche nach einer „arteigenen" Religion waren. Dabei lehnten die „Deutschgläubigen", die sich um den Tübinger Professor für Indologie und Religionswissenschaften, Jakob Wilhelm Hauer, sammelten und zu deren erster Führungsriege unter anderem auch der „Rassepapst" der „nordischen Bewegung", Hans F.K. Günther, und der spätere erste Präsident der SS-Forschungsgemeinschaft „Das Ahnenerbe",

269 Anordnungen des Stellvertreters des Führers, Heß, vom 17.10.1933 und 12.1.1934, in BA Berlin, R 187, Bd. 245, Bl. 49–51.

270 Befehl Himmlers vom 10.1.1934, in BA Berlin, NS 31, Bd. 368, Bl. 45.

271 Befehl Himmlers vom 5.4.1934, in BA Berlin, NS 31, Bd. 337, Bl. 74; Befehl des Chefs des SS-Amts, Wittje, vom 12.6.1934, in BA Berlin, NS 31, Bd. 337, Bl. 109–110; Befehl Himmlers vom 15.10.1934, in BA Berlin, R 187, Bd. 542; Befehl des Führungsamts im SS-HA vom 25.3.1935, in BA Berlin, NS 19, Bd. 3902, Bl. 37; Befehl Himmlers vom 26.8.1935, in BA Berlin, NS 19, Bd. 3902, Bl. 83; Befehl Himmlers vom 20.9.1935, in BA Berlin, R 187, Bd. 245a, Bl. 134–135.

272 Befehl Himmlers vom 15.9.1934, in BA Berlin, NS 19, Bd. 3902, Bl. 28; Befehl des Chefs des SS-HA, Wittje, vom 27.2.1935, in BA Berlin, NS 31, Bd. 338, Bl. 31; SS-Befehlsblatt vom 25.9.1935, in IfZ-Archiv, DC 27.01, Bd. 1.

273 SS-Befehlsblatt vom 25.11.1934, in IfZ-Archiv, DC 27.01, Bd. 1; Rede Himmlers vor dem Reichsbauerntag vom 12.11.1935, in: SMITH/PETERSON, S. 85–86; Befehl Himmlers vom 7.4.1936, in BA Berlin, R 187, Bl. 136; Schreiben Himmlers an die Hauptamtschefs und Oberabschnittsführer der SS vom 27.5.1936, in BA Berlin, R 187, Bd. 245a, Bl. 137–138.

Herman Wirth, gehörten, das Christentum als jüdische bzw. römische Erfindung ab. Sie wollten es also im Gegensatz zu den evangelischen „Deutschen Christen" nicht nur „säubern", sondern ganz abschaffen. Hinsichtlich dessen, was das entstehende spirituelle Vakuum füllen sollte, bestand unter den „Deutschgläubigen" keine Einigkeit. Es kursierten mystische, teils poly-, teils pantheistische Vorstellungen, die sich vielfach auf angeblich „germanische" Ursprünge bezogen.[274]

Hauer hatte den Chef des SS-Rasse- und Siedlungsamts, Richard Walther Darré, zur Eisenacher Gründungstagung der „Deutschen Glaubensgemeinschaft" im Juli 1933 eingeladen. Dieser war jedoch nicht selbst erschienen, sondern hatte sich von einem jungen Mitarbeiter, Lothar Stengel von Rutkowski, vertreten lassen.[275] Ab Herbst 1933 stand Hauer in persönlichem Kontakt zum Führer des süddeutschen SS-Sicherheitsdienstes, Werner Best, sowie zu dessen Vorgesetztem, Reinhard Heydrich, und schließlich zu Heinrich Himmler selbst. Im Januar 1934 wurde Best[276] als Vertreter der SS-Spitze in den „Führerrat" der „Deutschen Glaubensbewegung" aufgenommen, im Juni 1934 im Gegenzug Hauer in die SS. Während die Schutzstaffel Einfluss auf die Personalpolitik der „Deutschen Glaubensbewegung" gewann und mehrere Landesvorsitzende stellen konnte, warben ihre „Rassereferenten" und Schulungsleiter für die Teilnahme an Veranstaltungen Hauers.[277] Nicht zuletzt dank dieser Patronage gelang der „Deutschen Glaubensbewegung" eine Offensive mit eigenen Zeitschriften wie *Deutscher Glaube* und *Durchbruch*, dem Grundsatzwerk *Deutsche Gottschau* aus der Feder Hauers sowie Großveranstaltungen mit mehreren Tausend Zuschauern unter anderem im Berliner Sportpalast und im Münchner Zirkus Krone. Mitte 1935 gehörten ihr rund 100000 Deutsche in 200 bis 300 meist städtischen Gruppen an.[278]

Da die „Deutsche Glaubensgemeinschaft" sich in ihrer Außendarstellung ungeniert an NSDAP-Symbole anlehnte, sich somit gleichsam als religiöse Parteigliederung gerierte und damit für zunehmenden Unmut auch in NS-nahen kirchlichen Kreisen sorgte,[279] schritt im Sommer 1935 Hitler ein, der noch im Januar eine vom Vatikan erwünschte „förmliche Distanzierung vom Neuheidentum" verweigert hatte.[280] In einer internen Besprechung vom August 1935 ordnete der „Führer" an, dass „Rosenberg, Himmler und Darré [...] ihren kultischen Unfug

[274] Zur Entstehung und Entwicklung der Deutschen Glaubensbewegung allgemein NANKO, BAUMANN und BUCHHEIM: Glaubenskrise, S. 157–202.

[275] Zu diesem 1908 geborenen Mann, der später als „Rassekundler" an der „SS-Universität" Jena Karriere machte, vgl. Kap. III.4.; HARTEN: Rassenhygiene, S. 311–313; BA Berlin, SSO Lothar Stengel von Rutkowski.

[276] Zur Person des späteren Stellvertreters Heydrichs im Reichssicherheitshauptamt HERBERT: Best.

[277] NANKO, S. 168–170; BAUMANN, S. 53–55 und 72–73; BA Berlin, SSO Jakob Wilhelm Hauer; Rundschreiben des Rassereferenten im Oberabschnitt Ost, v. Lettow-Vorbeck, vom 24.9. 1934, in BA Berlin, NS 2, Bd. 74, Bl. 11.

[278] NANKO, S. 251 ff.; BAUMANN, S. 62–74; HAUER.

[279] Rundschreiben des Stabsführers des Oberabschnitts Rhein vom 3.6.1935, in StA Marburg, 327/2a, Bd. 179.

[280] Schreiben der Reichskanzlei ans Auswärtige Amt vom 29.1.1935, in: AKTEN DER REICHSKANZLEI, Bd. II.2, S. 1065.

abstellen“ sollten. Wenig später erklärte er Himmler ein weiteres Mal, dieser möge sich das „Hirngespinst“ einer Religionsneugründung aus dem Kopf schlagen.[281] Himmler reagierte prompt. In mehreren Befehlen wurde den SS-Männern klar gemacht, dass weitere Beitritte zur „Deutschen Glaubensbewegung“ unerwünscht seien. Durch eine Kombination von Veranstaltungsverboten der Gestapo und Führungsintrigen, die SS-Angehörige in der „Deutschen Glaubensbewegung“ anzettelten, wurde diese rasch aus der Öffentlichkeit gedrängt und gespalten.[282]

Die Distanzierung von den „Deutschgläubigen“, die auch öffentlich bekannt gegeben wurde,[283] änderte nichts daran, dass die Schutzstaffel weiterhin einen Kurs verfolgte, der trotz aller Neutralitätsbehauptungen gegen die Kirchen und das Christentum gerichtet war. Erstere wurden beispielsweise im *Schwarzen Korps* immer wieder dafür angegriffen, dass sie sich nicht aus der Politik heraushielten. Gerade dem katholischen Klerus wurde zudem „volksschädigendes“ Verhalten unter anderem durch Sexual- und Devisendelikte vorgeworfen.[284] Im Herbst 1936 veröffentlichte der Führer des Oberabschnitts West, Fritz Weitzel, eine Textsammlung, in der er urteilte: „Die Kirche selbst trägt die Schuld daran, wenn Tausende ihr den Rücken kehren, sie ganz allein! […] Wer ist der Sünder? Der sich mit Abscheu von ihr wendet, oder der, der dennoch zu ihr steht?“ Als rheinische Pfarrer ihm daraufhin von den Kanzeln herab vorwarfen, er betreibe „Gottlosenpropaganda“, legte Weitzel nach und klagte in der *Rheinischen Landeszeitung* „den dämonischen und jesuitischen Kampf der katholischen Geistlichkeit vor und nach der nationalsozialistischen Revolution“ an.[285] Intern wurden noch schärfere Töne angeschlagen. So behauptete Himmler am 8. November 1937 in einer Rede vor den SS-Gruppenführern: „Der gesamte Inhalt der Priesterschaft und des gesamten Christentums ist meiner festen Überzeugung nach ein erotischer Männerbund zur Aufrichtung und Aufrechterhaltung dieses 2000jährigen Bolschewismus.“ Bei einer Führerbesprechung im Anschluss an die Trauerfeier für Reinhard Heydrich bezeichnete er die christliche Religion 1942 sogar als die „größte Pest, die uns in der Geschichte anfallen konnte“.[286]

Angesichts dieser Aussagen verwundert es kaum, dass in der Schulung der Allgemeinen SS[287] nicht, wie von Himmler behauptet,[288] lediglich nüchterne kir-

[281] Goebbels, Bd. 3/I, S. 279; Ackermann, S. 90.

[282] Befehl Himmlers vom 10.8.1935, in StA Marburg, 327/2a, Bd. 129; Geheimer Befehl des Chefs des SS-HA, Heißmeyer, an die Oberabschnitte und die Standartenschulungsleiter vom 21.8.1935, in BA Berlin, NS 31, Bd. 338, Bl. 156; Nanko, S. 256–259 und 278–288; Baumann, S. 71–73.

[283] „Wie steht es um den ‚Deutschen Glauben‘?“ in *Das Schwarze Korps* vom 23.4.1936.

[284] Vgl. Combs, S. 177–253; Zeck, S. 167–197.

[285] Weitzel: Taten, S. 3–4; „Antwort an die Geistlichkeit“ in der *Rheinischen Landeszeitung* Nr. 296/1936, in StA Marburg, 327/2a, Bd. 165.

[286] Rede Himmlers vor den SS-Gruppenführern am 8.11.1937, in: Smith/Peterson, S. 102–103; Rede Himmlers vor hochrangigen SS- und Polizeiführern am 9.6.1942, in: Smith/Peterson, S. 159–160.

[287] Vgl. Kap. V.4.

[288] Befehl Himmlers als RFSS und Chef der Deutschen Polizei vom 18.5.1938, in BA Berlin, R 187, Bd. 245, Bl. 168.

chengeschichtliche Tatsachen ohne jede „demagogisch hetzerische Art“ vermittelt wurden. Vielmehr zielte diese ganz bewusst darauf, die „morschen Dogmen aufgezwungener, artfremder Religion“ durch eine „neue, der nordischen Ethik entspringende Glaubensrichtung“ zu verdrängen.[289] Um die SS-Männer den christlichen Konfessionen zu entfremden, wurden sie zum Beispiel systematisch durch ihre Schulungsleiter davor gewarnt, sich kirchlich trauen zu lassen, da ein Mann damit „die weltanschauliche Führung seiner Familie völlig aus der Hand“ gebe. „Im engeren Kreis“ wurde den SS-Angehörigen eingetrichtert, warum Christentum und Nationalsozialismus eigentlich unvereinbar seien. Vereinzelt wurden Mitglieder der Schutzstaffel, die dennoch weiter in die Kirche gingen, von ihren Einheitsführern zu persönlichen Gesprächen einbestellt und beschimpft.[290]

Die Haltung, die die Reichsführung-SS zu eigenen Festen der Schutzstaffel einnahm, entwickelte sich weitgehend parallel zu ihrer religionspolitischen Position. Noch Ende 1933 existierte keinerlei einheitliches Feierwesen der SS. Das „Julfest“, zu dem Heinrich Himmler am 16. Dezember 1933 ins Wittelsbacher Palais, die Münchner Gestapozentrale, lud, hatte außer dem Namen nichts Germanentümelnd-Kultisches an sich. Vielmehr standen „leibliche Genüsse“ und „scherzhafte Überraschungen“ im Stil des politischen Kabaretts auf dem Programm.[291] Selbst an der Spitze des noch kleinen Rasse- und Siedlungsamts hatte man Ende 1933 allenfalls sehr vage Vorstellungen, wie man in der Schutzstaffel ein spezifisches „deutsches Brauchtum“ in Anlehnung an die „großen germanischen Jahresfeste“ fördern könnte.[292]

Erst Ende 1934, nach der Wende zur Kirchenkritik und der Abspaltung von der SA, ging die nunmehr dank ihrer „Rassereferenten“ und Schulungsleiter handlungsfähige Dienststelle Darrés in die Offensive. Im November verschickte das Rasse- und Siedlungsamt eine erste Richtlinie zur Durchführung einer SS-Wintersonnwendfeier. Sonnwendfeiern hatte es schon in der völkischen Szene und der bündischen Jugend gegeben. Sie waren auch in der nationalsozialistischen „Bewegung“ bereits in der „Kampfzeit“ vereinzelt abgehalten worden. Vor allem die Hitlerjugend hatte eine gewisse Vorliebe für diesen Veranstaltungstypus entwickelt, seitens der Partei und der SA wurde er dagegen nur sporadisch verwen-

289 Geheimer Halbjahresbericht für das 2. Halbjahr 1935 des Chefs des SS-HA, Heißmeyer [o. D.], in BA Berlin, NS 2, Bd. 129, Bl. 60–80. Zur antikirchlichen Intention der Schulung auch Halbjahresbericht des Führers der 95. Standarte, Spaarmann, vom 9. 6. 1939, in IPN-Archiv, GK 812, Bd. 186, Bl. 120–124.

290 Aufstellung des Sippenamts im RuSHA über die an die Standarten verschickten Geheimschreiben vom 26. 3. 1936 und Muster eines Geheimschreibens, in BA Berlin, NS 2, Bd. 169, Bl. 11–12 und 40; Bericht des Schulungsleiters der 63. Standarte vom 14. 4. 1937, in StA Ludwigsburg, PL 506, Bd. 4; Schreiben des Chefs des SS-HA, Heißmeyer, an Himmler vom 22. 2. 1938, in BA Berlin, R 187, Bd. 245a, Bl. 177.

291 Einladung Himmlers an den SA-Brigadeführer Marxer zu einem SS-Julfest im Wittelsbacher Palais am 16. 12. 1933, in BA Berlin, NS 23, Bd. 158.

292 Schreiben Schultz‘ an Rechenbach vom 5. 12. 1933, in BA Berlin, SSO Bruno Kurt Schultz.

det.[293] Dass ausgerechnet die Schutzstaffel eine Sonnwendfeier ausrichten sollte, wurde vom Rasse- und Siedlungsamt 1934 folgendermaßen begründet: „Die SS soll eine fest gefügte Einheit sein. Das kann sie nur werden, wenn alle Männer von einer Idee beseelt sind und gemeinsame starke Erlebnisse haben.“[294] Hier stand somit noch eher der gruppendynamische Effekt einer nächtlichen Feierstunde in freier Natur im Fokus. Eine religiöse Stoßrichtung kam allenfalls im Begriff „beseelt“ zum Ausdruck.

Deutlichere kultische Ausdrücke fanden sich dann in der ersten Anweisung zu einer Sommersonnwendfeier der SS, die Darré Anfang Juni 1935 verschicken ließ. Hier wurde betont, dass man damit an „germanisches“ und somit „arteigenes Brauchtum“ anknüpfe. Auch die stärker reglementierte Programmfolge, in der sich Lieder wie zum Beispiel *Ich hatt‘ einen Kameraden* und *Volk ans Gewehr* mit Feuersprüchen unter anderem zum Gedenken an die Gefallenen des Ersten Weltkriegs und die Auslandsdeutschen sowie einer Feuerrede abwechselten, begann einer Liturgie zu ähneln.[295]

Bei der Wintersonnwendfeier 1935, die erstmals wirklich alle SS-Stürme durchführen mussten, war der pseudoreligiöse Charakter dann ins Zentrum gerückt. Ausgehend von der zentralen Veranstaltung auf dem sachsen-anhaltinischen Brocken sollte mit 270 exakt festgelegten Feuerstandorten die sechsarmige Hagal-Rune über das Deutsche Reich geschrieben werden. Dieses Zeichen kündete nach der Lesart der SS-Runologen von dem „allumhegenden Frieden“, der sich nach der „Vernichtung des Feindes“ eingestellt habe, und sollte hier aussagen: „Das Reich ist gesichert! Die SS wacht!“ Bei der erneut liturgisch gestalteten Feier war unter anderem folgende Zwiesprache zwischen einem Sprecher und der Sturmgemeinschaft zu halten: „Wir glauben an den Gott im All und an die Sendung unseres deutschen Blutes, das ewig jung aus deutscher Erde wächst. Wir glauben an das Volk, des Blutes Träger, und an den Führer, den uns Gott bestimmt.“ – „Wir glauben.“ – „In dieser Stunde, da das Sonnenrad zu neuem Jahreslauf empor sich schwingt, geloben wir unwandelbare Treue dem Führer stets zu halten, geloben wir, das Erbe unserer Väter als heiliges Vermächtnis stets zu hüten und unserem Volk zu dienen bis zum Tod in der verschworenen Gemeinschaft der SS.“ – „Wir geloben.“ – „So treten wir in dieser Sonnenwende am heil’gen Feuer vor den deutschen Gott und

293 VONDUNG, S. 80–81; „Sonnwendfeier, wie sie überall durchgeführt werden kann“ und „Platzeinteilung zur Sonnwendfeier“ in *Vorschläge der Reichspropagandaleitung zur Feiergestaltung* vom Mai 1935; „Wintersonnwendfeier der SA“ in *Vorschläge der Reichspropagandaleitung zur Feiergestaltung* vom Dezember 1936; „HJ, SS und SA-Leibstandarte an lodernden Feuern“ im *Völkischen Beobachter* vom 23. 6. 1937; „Beispielvorschlag für eine Sommersonnwendfeier“ in *Die Neue Gemeinschaft. Das Parteiarchiv für Nationalsozialistische Feier- und Freizeitgestaltung* vom Juni 1938; „Beispielvorschlag für eine Sommersonnwendfeier“ in *Die Neue Gemeinschaft. Das Parteiarchiv für Nationalsozialistische Feier- und Freizeitgestaltung* vom Juni 1939.

294 Rundschreiben des Stabsführers des RAS an die Rassereferenten vom 22. 11. 1934, in StA Marburg, 327/2a, Bd. 128.

295 Rundschreiben Darrés an alle Rassereferenten und Schulungsleiter betr. Sommersonnwendfeier vom 3. Juni 1935, in BA Berlin, NS 2, Bd. 21, Bl. 12–19.

danken ihm, dass durch den Führer die Freiheit unserm Volke ist geschenkt. Und unsre Hand erheben wir am Feuer zum Schwur der ew'gen Treue."[296]

Das Runen-Projekt erwies sich als Fehlschlag, da die Sichtverhältnisse teilweise sehr schlecht waren und es einzelne Einheiten aufgrund des heftigen Schneefalls und der fehlenden Kooperationsbereitschaft der Forstverwaltung nicht geschafft hatten, die mitunter sehr entlegenen Feuerstandorte einzuhalten.[297] Während man diese Facette stillschweigend fallen ließ, wurden die Sonnwendfeiern an sich zum festen „Brauchtum" der SS. Jahr für Jahr marschierten die Männer der Allgemeinen SS nun jeweils an den Abenden des 21. Junis und 21. Dezembers zu ihren Feuerplätzen. Ab 1936 taten sie das gemeinsam mit der örtlichen Hitler-Jugend.[298] Dass diese integriert wurde, während Himmler ansonsten großen Wert darauf legte, die SS-eigenen Feste vom Einfluss der für die Feiergestaltung der „Bewegung" zuständigen NS-Granden Robert Ley, Joseph Goebbels und Alfred Rosenberg[299] fern zu halten,[300] lag am privilegierten Status der HJ als bevorzugte Partnerorganisation bei der SS-Rekrutierung.[301] Während die Sommersonnwendfeier ab 1936 dem Willen Himmlers zufolge stärker den Charakter eines „fröhlichen Sommerfests" annahm, an dem auch Frauen und Mädchen teilnehmen sollten und das in Feuersprüngen und Tänzen endete,[302] behielt die Wintersonnwendfeier ihren ernsten Charakter inklusive Totenehrung und Heldengedenken.

Die antikirchliche Stoßrichtung der Sonnwendfeiern der Schutzstaffel kam in den Begründungen zum Ausdruck, die den SS-Männern nun in der Schulung für diese Veranstaltungen gegeben wurden. Im September 1936 war im *Leitheft* zu lesen: „Es ist der unserer Rasse eigene Glauben, dass wir am lohenden, sonnenglei-

[296] Befehl des Chefs des SS-HA, Heißmeyer, vom 22.11.1935, in BA Berlin, NS 31, Bd. 338, Bl. 263–264; Anleitung des RuSHA für die Wintersonnwendfeier der SS [o. D.; Anfang Dezember 1935], in BA Berlin, NS 2, Bd. 129, Bl. 174–178; Befehl des Chefs des RuSHA vom 13.12.1935, in StA Marburg, 327/2a, Bd. 132. Zur Bedeutung der Hagalrune aus Sicht der SS s. Weitzel: Gestaltung, S. 43–44.

[297] Berichte des Sturms 9/35 vom 23. und 30.12.1935, in StA Marburg, 327/2a, Bd. 132.

[298] Befehl des Chefs des SS-HA, Heißmeyer, vom 12.6.1936, in BA Berlin, NS 31, Bd. 339, Bl. 90–91; Befehl des Chefs des SS-HA, Heißmeyer, vom 20.11.1936 und Broschüre *Ausgestaltung der Winter-Sonnwend-Feier*, in BA Berlin, NS 31, Bd. 315, Bl. 1–5; Befehl des Chefs des SS-HA, Heißmeyer, vom 31.5.1937, in BA Berlin, NS 31, Bd. 340, Bl. 49–53; Befehl des Chefs des SS-HA, Heißmeyer, vom 6.12.1937, in StA Marburg, 327/2b, Bd. 115; Befehl des Chefs des SS-HA, i.V. Schmitt, vom 13.5.1938, in BA Berlin, NS 31, Bd. 315, Bl. 16; Befehl des Chefs des Schulungsamts im RuSHA, Caesar, an die RuS-Führer in den Oberabschnitten vom 14.5.1938, in StA Marburg, 327/2b, Bd. 120.

[299] Vgl. Vondung, S. 39ff.

[300] Im Gegensatz zu den Feiern von SA und HJ wurde zu denen der SS nichts in den *Vorschlägen der Reichspropagandaleitung zur Feiergestaltung* bzw. der *Neuen Gemeinschaft* publiziert. 1938 ließ Himmler ausdrücklich verbieten, dass SS-Einheiten auf eine entsprechende Umfrage des Amts Rosenberg anders als dilatorisch antworteten – vgl. Befehl des Chefs des Schulungsamts im SS-HA, Caesar, vom 28.9.1938, in StA Marburg, 327/2b, Bd. 114; Befehl des Führers des Oberabschnitts Südwest, Kaul, vom 11.10.1938, in StA Ludwigsburg, PL 506, Bd. 99.

[301] Vgl. Kap. IV.1.

[302] Rede Himmlers vor den SS-Gruppenführern am 8.11.1936, in: Ackermann, S. 246–253; Schreiben Himmlers ans RuSHA vom 4.11.1937, in BA Berlin, NS 2, Bd. 51a, Bl. 153–154.

chen Flammenwall unserer Gottheit des Alls tausendmal näherstehen als vor ihren angeblichen Bildern irgendwo zwischen düsteren, grauen, mystischen Mauern.“[303] Im Mai 1937 schrieb der bis Ende dieses Jahres amtierende erste Sachbearbeiter für Feiergestaltung im RuSHA, Kurt Eggers, am selben Ort, die Feiern dienten der „seelischen Vertiefung der Schulungsarbeit“ und der „seelischen Erschütterung und Erweckung“ der SS-Angehörigen.[304] Dass mit Eggers ausgerechnet ein vormaliger evangelischer Pfarrer dieses Amt innehatte, war bezeichnend.[305]

Auch die vereinzelt durchgeführten „Sippenabende“ und „Morgenfeiern“, die keiner so strengen Choreografie folgten,[306] sowie die „Julfeiern“, die sich ab 1936 an die Wintersonnwendfeiern anschlossen, dienten dem Projekt der Entchristianisierung der Schutzstaffel. Den ideellen Überbau zu Letzteren hatte Darré Ende 1934 persönlich skizziert. Es gelte den Weihnachtsbaum wieder in seiner ursprünglich „germanischen“ Bedeutung als Symbol der „Weltenesche Yggdrasil“ und Knecht Ruprecht als Verkörperung des „Ruhmprächtigen“ und damit der „obersten der altheidnischen Göttergestalten“ kenntlich zu machen.[307] Derart unverblümt neuheidnisch-deutschgläubiges Gedankengut konnte nach dem Rüffel des „Führers“ gegen „kultischen Unfug“ vom Sommer 1935 nicht mehr zum Einsatz kommen. Entsprechend beschränkte sich die SS-Führung darauf, bei ihren „Julfeiern“ christlichen Weihnachtsgesang durch neutrale Lieder wie *Oh Tannenbaum* oder *Berghoch am Walde* zu ersetzen und das Entzünden der stets zwölf Baumkerzen mit vorformulierten Bekenntnissprüchen zu den Gefallenen der „Bewegung“ und des Ersten Weltkriegs, den Auslandsdeutschen, den Ahnen, der Sippe, der Kameradschaft im SS-Sturm, dem Gesamt-Orden der SS, dem deutschen Volk, den Großtaten der „nordischen“ Rasse und schließlich zu Hitler zu begleiten, die im gemeinsamen Ausruf „Sein Licht soll leuchten!“ gipfelten.[308]

303 *SS-Leitheft* vom 9.9.1936, in IfZ-Archiv, DC 29.01.
304 *SS-Leitheft* vom 7.5.1937, in IfZ-Archiv, DC 29.01.
305 BA Berlin, SSO Kurt Eggers.
306 Zu den Sippenabenden Schreiben des Schulungsleiters des Sturmbanns II/65 an den Schulungsleiter der 65. Standarte vom 7.1.1937, in StA Ludwigsburg, PL 506, Bd.2; Weitzel: Mannschaftsfeiern, S.9–11 und 19–29. Zu den „Morgenfeiern“ Vondung, S.55–57 und 87–97; „Morgenfeier des SS-Reservesturmes 2/I“ im *Völkischen Beobachter* vom 11.12.1934; Schreiben des Führers der 62. SS-Standarte an den Oberabschnitt Südwest vom 20.10.1936, in StA Ludwigsburg, PL 506, Bd.2; Befehl Himmlers vom 29.11.1937, in StA Marburg, 327/2b, Bd.114; Weitzel: Mannschaftsfeiern, S.12–15 und 30–32.
307 Anleitung Darrés betr. die Gestaltung der Julfeier im Familienkreise des SS-Mannes vom 18.12.1934, in BA Berlin, NS 2, Bd.21, Bl.8–10.
308 Schreiben des Stabsführers des RuSHA, Harm, an den Persönlichen Stab RFSS vom 9.12.1936 und Antwort des Chefs des Persönlichen Stabes Wolffs vom 9.12.1936, in BA Berlin, NS 19, Bd.2240, Bl.5–7; „Julnacht – Weihnacht“ in der *FM-Zeitschrift* vom Dezember 1936; *SS-Leitheft* vom 10.12.1936, in IfZ-Archiv, DC 29.01; Befehl Himmlers an SS-HA und RuSHA vom 16.11.1937, in BA Berlin, NS 19, Bd.2240, Bl.9; Befehl des Chefs des SS-HA, Heißmeyer, vom 23.11.1937, in BA Berlin, NS 31, Bd.340, Bl.212; Befehl des Chefs des Persönlichen Stabes RFSS, Wolff, ans RuSHA vom 1.12.1937, in BA Berlin, NS 19, Bd.2240, Bl.10; „Die Schutzstaffel feierte das Julfest. Hell loderten die Flammen“ in *Das Schwarze Korps* vom 30.12.1937; Befehl des Chefs des SS-HA vom 23.11.1938, in BA Berlin, NS 31, Bd.341, Bl.106.

Der Erfolg des gegen Kirche und Christentum gerichteten Programms aus Schulung, Feiern und inoffiziell ausgeübtem Druck spiegelte sich in der Zahl der Kirchenaustritte von SS-Mitgliedern wieder, die ab 1937 penibel in den *Statistischen Jahrbüchern* der SS verzeichnet wurden. In einem geheimen Begleitschreiben zur Zusammenfassung der Ergebnisse vom Juni 1939 wurde explizit ein Zusammenhang zum „verschärften Einsatz" im „weltanschaulichen Kampf" hergestellt, das heißt die Austritte wurden als direkte und intendierte Folge der Maßnahmen gewürdigt. Wie fiel die Bilanz am Vorabend des Zweiten Weltkriegs aus? Ende 1936 waren noch 88% der SS-Angehörigen konfessionell gebunden. 1937 traten dann 15 853, 1938 immerhin noch 7140 Männer aus ihrer Kirche aus. Dadurch stieg der Anteil der „Gottgläubigen" – so die Bezeichnung, die seit November 1936 nicht zuletzt auf Druck Himmlers amtlich anerkannt worden war und die die SS-Männer anstelle der Nennung „deutsch-gläubiger Splittergruppen" anzugeben hatten[309] – in der Allgemeinen SS auf 21,9% an, während er im Reichsdurchschnitt lediglich 4,1% betrug. Allerdings gab es erhebliche regionale Unterschiede. Während im rheinländischen Oberabschnitt West unter dem Einfluss des radikal antikirchlich eingestellten Fritz Weitzel Ende 1938 43,3% der SS-Männer keiner Konfession mehr angehörten, betrug dieser Anteil im bayerischen Oberabschnitt Süd gerade einmal 10,9%. Auch blieb die Entkirchlichung der Allgemeinen SS erheblich hinter derjenigen der SS-Verfügungstruppe und der SS-Totenkopfverbände zurück, in denen die „Gottgläubigen"-Quote 53,6 bzw. 69,0% erreichte. Schließlich war die Zahl der Kirchenaustritte, wie die Mitarbeiter des SS-Hauptamts Mitte 1939 bedauernd feststellten, auch in diesem Jahr rückläufig.[310]

Die Kirchenaustrittsbewegung in der Schutzstaffel löste erheblichen und vielfach ebenfalls recht illiberalen Gegendruck der Kirchen aus. Einem SS-Unterscharführer aus dem kleinen Ort Waldbüttelbrunn bei Würzburg, der ausgetreten war, drohte dessen katholischer Pfarrer an, diesen Schritt im Gottesdienst bekannt zu geben, was er bislang nur „aus Mitleid mit dem Kummer Ihrer alten Mutter" unterlassen habe. Dass auch evangelische Geistliche vor derart erpresserischen Methoden nicht Halt machten, belegen mehrere Fälle aus dem Regierungsbezirk Merseburg.[311] Nachdem diese öffentliche Anprangerung ab Februar 1937 durch einen von Himmler erwirkten Erlass des Reichskirchenministeriums verboten worden war,[312] verlegten sich die Geistlichen darauf, die Eltern der SS-Männer ins Gebet

309 Befehl des Personalreferenten beim Reichsführer-SS, Schmitt, vom 6.11.1936, in StA Marburg, 327/2a, Bd. 80; Rundschreiben Fricks an alle Reichsminister vom 16.11.1936, in BA Berlin, R 187, Bd. 245, Bl. 151–152; Befehl Heydrichs vom 15.12.1936, in BA Berlin, R 187, Bd. 245, Bl. 59.

310 Steiner: Glaubensbekenntnis, S. 223; Statistisches Jahrbuch der Schutzstaffel der NSDAP 1937, S. 79–80, und Statistisches Jahrbuch der Schutzstaffel der NSDAP 1938, S. 99–100, in IfZ-Archiv, DC 01.06; Statistik über die Konfessionszugehörigkeit der SS-Angehörigen zum 31.12.1938 und Begleitschreiben des SS-HA vom 2.6.1939, in BA Berlin, NS 31, Bd. 366, Bl. 38–41.

311 Schreiben des Pfarrers K.L. an den SS-Unterscharführer J.S. vom 5.7.1936, in: Weitzel: Taten, S. 122–123; Lagebericht des Regierungspräsidenten in Merseburg für November und Dezember 1935 vom 17.1.1936, in: Rupieper, Bd. 2, S. 552.

312 Schreiben Heydrichs an Himmler vom 14.8.1939, in BA Berlin, NS 19, Bd. 3902, Bl. 9–10.

zu nehmen, die anschließend ihrerseits teilweise mit Rausschmiss oder Enterbung drohten, wenn ihre Sprösslinge nicht in den Schoß der Kirche zurückkehrten.[313]

Durch die Entkonfessionalisierung entstand aus Sicht der SS-Führung aber noch ein zweites Problem. Viele der Männer, die sich vom Christentum abgewandt hatten, verspürten gerade dann, wenn sie persönlich biografische Einschnitte wie die eigene Hochzeit, die Geburt eines Kindes oder den Tod eines nahen Verwandten erlebten, die bislang die Kirche feierlich-rituell begleitet hatte, ein Vakuum. Auf der Suche nach Gestaltungsoptionen wandten sie sich an die Schulungsleiter, die ihrerseits diesen „immer brennenderen“ Bedarf mit Feststellungen wie „Ohne jede Form und ohne festen Brauch geht es aber nun einmal nicht“ ans RuSHA meldeten.[314] Heinrich Himmler kam zu dem Schluss, dass man auf diese Nachfrage reagieren müsse, den er in einer für ihn typischen patriarchalischen Art begründete: „Gerade die Frau will ja, wenn sie den Mythos der Kirche verliert, irgendetwas anderes haben, was ihr und das Gemüt und Herz des Kindes erfüllt.“[315]

Allerdings waren die sogenannten Lebenslauffeste besonders heikel. Zum einen war gerade hier intensiver kirchlicher und sozialer Widerstand zu erwarten, da die Ablehnung von Taufe, Trauung und Bestattung bzw. die Option für alternative, nichtkirchliche Rituale im Gegensatz zum einfachen Fernbleiben vom sonntäglichen Gottesdienst demonstrativen Charakter hatte. Zum anderen drohten entsprechende Ersatzhandlungen vom Verdikt der NSDAP-Führung gegen „kultischen Unfug“ getroffen zu werden. Bezeichnenderweise veröffentlichten weder die Reichspropagandaleitung noch das Amt Rosenberg bis zum Beginn des Zweiten Weltkriegs Gestaltungsvorschläge für NS-eigene Feiern zu diesen Anlässen. Zwei Artikel in den *Vorschlägen der Reichspropagandaleitung* bzw. in der *Neuen Gemeinschaft*, die sich in den Jahren bis 1939 am Beispiel der nationalsozialistischen Ausgestaltung der standesamtlichen Hochzeit mit dem Thema Lebenslauffeste befassten, trieften vor Spott über die „abgeschmacktesten Einfälle“, die „Kultapostel“ in diesem Bereich ins Gespräch gebracht hätten.[316]

Dass damit, wenn auch nicht explizit, unter anderem Experimente der Schutzstaffel gemeint waren, zeigt ein Beispiel aus Frankfurt am Main. Im September 1935 veranstaltete die dortige SS erstmals eine „Eheweihe“, über die sie zudem

[313] Bericht des Schulungsleiters des Sturmbanns I/63 vom 3.4.1937, in StA Ludwigsburg, PL 506, Bd. 4; Schreiben des Chefs des Persönlichen Stabs RFSS, Wolff, an Obersturmbannführer Karl Fick vom 26.6.1939, in BA Berlin, NS 19, Bd. 1204, Bl. 7.

[314] Bericht des Schulungsleiters des Sturmbanns II/88 vom 4.7.1936, in BA Berlin, NS 2, Bd. 131, Bl. 61; Schreiben des Schulungsleiters der 28. Standarte, Meinhof, an den Beauftragten des RuSHA, Ebrecht, vom 4.11.1936, in BA Berlin, NS 2, Bd. 130, Bl. 79–80; Schreiben des Schulungsamts an den Chef des RuSHA, Darré, vom 12.5.1937, in BA Berlin, NS 19, Bd. 1148, Bl. 3–6; Bericht des Schulungsleiters des Sturmbanns III/65 vom 4.1.1938, in StA Ludwigsburg, PL 506, Bd. 4; Bericht des 2. Schulungsleiters des Abschnitts X vom 29.8.1938, in StA Ludwigsburg, PL 506, Bd. 4.

[315] Rede Himmlers vor den SS-Gruppenführern am 8.11.1936, in: Ackermann, S. 253.

[316] Vondung, S. 97–111; „Feierrahmen für eine Trauung“ in *Vorschläge der Reichspropagandaleitung zur Feiergestaltung* vom Februar 1936; „Ein Deutscher, der will Hochzeit machen …“ in *Die Neue Gemeinschaft. Das Parteiarchiv für Nationalsozialistische Feier- und Freizeitgestaltung* vom September 1938.

einen längeren Bericht im *Frankfurter Volksblatt* lancierte. Ein Raum der SS-Dienststelle war mit Tannengrün, Sonnenblumen und einer Feuerschale geschmückt worden. An der Stirnseite hatte man vor einem Hitlerbild einen altarartigen Tisch aufgebaut, der von einem schwarzen Tuch mit der „Lebensrune" Odal bedeckt war. Dahinter bezog der Standartenschulungsleiter Stellung, der wie ein Priester durch die Zeremonie führte, aus Büchern Hitlers und Nietzsches vorlas und als Predigtersatz eine „Weiherede" hielt. Das vor dem Tisch platzierte Brautpaar – er in SS-Uniform, sie in Weiß, aber ohne den als „orientalisch" abgelehnten Schleier – empfing die Ringe sowie Brot und Salz. Die Frau wurde in der „Sippengemeinschaft" der SS willkommen geheißen und an ihre entsprechenden Pflichten, vor allem im Bezug auf die „Aufnordung" des deutschen Volks, gemahnt.[317] Kurz darauf raunzte der NSDAP-Gauleiter und Reichsstatthalter von Hessen-Nassau, Jakob Sprenger, bei einer Kreisleitertagung den Führer der 2. SS-Standarte, Johannes Schäfer, an, die SS verhalte sich mit der Förderung einer „Gottlosen-Bewegung" wie einst die Kommunisten.[318]

Unmittelbar nach diesen Ereignissen ordnete Darré mündlich an, „Eheweihen" dürften nur noch „in kleinstem Kreise, in gedecktem Raume und als private Angelegenheit der Beteiligten" abgehalten werden.[319] Dass dies auch für „Namens-" und „Totenweihen" galt, die Schulungsleiter der Allgemeinen SS in ähnlicher, an das „Brauchtum" der „Deutschgläubigen" angelehnter Weise durchführten,[320] belegen die Ausführungen, die Himmler am 8. November 1936 vor den Gruppenführern der SS machte: „Ich wünsche nicht, dass wir einen unzeitgemäßen Schritt tun, der noch nicht reif ist, der draußen noch nicht verstanden und deshalb lächerlich wirken würde." Aus diesem Grund seien entsprechende Zeremonien „bis auf weiteres nur im Familienkreis abzuhalten". Eine „endgültige neue Form" solle nicht zentral vorgegeben, sondern allmählich von der Basis ausgehend entwickelt werden. Den knapp zu haltenden Beitrag der Schutzstaffel an der Feiergestaltung

317 „Erste Eheweihe in Frankfurt a. M." im *Frankfurter Volksblatt* vom 23.9.1935, in StA Marburg, 327/2a, Bd. 131. Vgl. zu ähnlichen Handlungen Redetext des Schulungsleiters des Bremer Sturmbanns II/88 anlässlich einer SS-Eheweihe [o. D., 1936], in BA Berlin, NS 2, Bd. 131, Bl. 73–74; Grundgedanken der Dienststelle des RuS-Führers im Oberabschnitt Fulda-Werra zur Gestaltung von Ehe- und Geburtsfeiern [o. D.; April 1937], in StA Marburg, 327/2b, Bd. 114; Schreiben des Schulungsamts an den Chef des RuSHA, Darré, vom 12.5.1937, in BA Berlin, NS 19, Bd. 1148, Bl. 3–6; Schwarz, S. 54–57.

318 Bericht des Führers der 2. Standarte an den Abschnitt XXX vom 19.10.1935, in StA Marburg, 327/2a, Bd. 128.

319 Streng vertraulicher Befehl des Stabsführers des RuSHA vom 2.11.1935, in StA Marburg, 327/2a, Bd. 165.

320 Zu „Namensweihen" Schreiben des Schulungsleiters der 2. Motorstandarte an den Rassereferenten des Oberabschnitts Rhein vom 8.6.1936, in StA Marburg, 327/2a, Bd. 131; Bericht des Schulungsleiters der 33. Standarte vom 15.10.1936, in StA Marburg, 327/2a, Bd. 126; Bericht des 2. Schulungsleiters des Sturmbanns III/79 über das 4. Quartal 1938, in StA Ludwigsburg, PL 506, Bd. 4. Zu „Totenweihen" s. „Deutsche Totenfeier" in der *FM-Zeitschrift* vom November 1937; Weitzel: Gestaltung der Feste, S. 75–77. Zur Anlehnung an die Deutsche Glaubensgemeinschaft Rundschreiben des Rassereferenten im Oberabschnitt Ost, v. Lettow-Vorbeck, vom 24.9.1934, in BA Berlin, NS 2, Bd. 74, Bl. 11. Zu deren „Brauchtum" Nanko, S. 35–39; Baumann, S. 123–126.

habe dabei prinzipiell der Einheitsführer und nicht der Schulungsleiter zu übernehmen, da diese sonst zu einer Art neuer Kleriker würden, die der „nordische“ Mensch nicht brauche.[321]

Die Appelle zu mehr Diskretion wirkten. Der auch von Goebbels abgelehnte Begriff der „Weihe“ verschwand weitgehend aus dem Sprachgebrauch der SS und wurde durch neutralere Ausdrücke wie „Namensgebung“, „Geburtsfeier“, „Hochzeitsfeier“, „Totenfeier“ oder „Beisetzung von Familienangehörigen“ ersetzt.[322] In den Publikationen der Reichsführung-SS, dem *Schwarzen Korps* und der *FM-Zeitschrift*, sucht man, von einer Ausnahme abgesehen,[323] in den Jahren bis 1939 vergeblich nach Berichten über Lebenslauffeste der SS.

Da jedoch die seitens der Basis der Schutzstaffel erhobenen Forderungen nach Vorgaben für ein „Brauchtum, das von den Männern selbst angewandt werden kann“, nicht verstummten, ja sich eine regelrechte „Feiergestaltungspsychose“ auszubreiten drohte,[324] gab die Reichsführung-SS ihre Zurückhaltung im ersten Halbjahr 1939 auf. Um sich nicht selbst allzu stark zu exponieren, ließ sie den in Sachen Kirchenkritik ja schon streiterprobten Führer des SS-Oberabschnitts West, in dem der Anteil der „Gottgläubigen“, wie erwähnt, am höchsten war, je eine Anleitung für die „Mannschaftsfeiern in der SS“ und die „Gestaltung der Feste im Jahres- und Lebenslauf der SS-Familie“ publizieren, die zuvor mit dem RuSHA und Himmler abgestimmt worden waren und von Ersterem für den Preis von nur einer Reichsmark vertrieben wurden.[325] Damit war die Schutzstaffel zum Schrittmacher auch der öffentlichen Propagierung von „Ersatzformen für Taufe, Trauung und christliches Begräbnis“ geworden. Denn als das Amt Rosenberg und die *Neue Gemeinschaft* sich hier 1942 aus der Deckung wagten,[326] waren die Weitzel-Bücher schon rund drei Jahre im Umlauf.

[321] Rede Himmlers vor den SS-Gruppenführern am 8.11.1936, in: Ackermann, S.245–253. Zur Abneigung Himmlers gegen eine „Neubegründung des Pfaffenstandes“ und „Mittler zwischen der ewigen Seligkeit, Gott oder sonstigen transzendenten Begriffen und dem Menschen“ vgl. das Schreiben Himmlers an einen SS-Sturmbannführer vom 16.4.1940, in BA Berlin, NS 2, Bd.280. Zum Verbot, Lebenslauffeiern dienstlichen Charakter zu geben, auch Befehl des Führers des Oberabschnitts Fulda-Werra vom 18.2.1937, in StA Marburg, 327/2b, Bd.115; Schreiben des RuS-Führers im Oberabschnitt Fulda-Werra an den SD-Unterabschnitt Kassel vom 15.7.1937, in StA Marburg, 327/2a, Bd.131.

[322] Zur Tabuisierung durch Goebbels Vondung, S.42–44. Zur Sprachregelung in der SS Schreiben des RuS-Führers im Oberabschnitt Südwest an den Schulungsleiter der 65. Standarte vom 15.1.1937, in StA Ludwigsburg, PL 506, Bd.2.

[323] „Deutsche Totenfeier“ in der *FM-Zeitschrift* vom November 1937.

[324] Bericht des 2. Schulungsleiters des Abschnitts X vom 29.8.1938, in StA Ludwigsburg, PL 506, Bd.4; *SS-Leitheft* vom 15.2.1939, in IfZ-Archiv, DC 29.01.

[325] Weitzel: Mannschaftsfeiern; Weitzel: Gestaltung; Stabsbefehl des RuSHA vom 8.3.1939, in BA Berlin, NS 2, Bd.6, Bl.11–12; persönliches Schreiben Dalueges an Weitzel vom 7.6.1939, in BA Berlin, SSO Fritz Weitzel; Schreiben des Chefs des Sippenamts im RuSHA, Hofmann, an Weitzel vom 14.8.1939, in BA Berlin, SSO Fritz Weitzel.

[326] Vondung, S.97–111; Richtlinien des Amts Rosenbergs für die Gestaltung der Lebensfeiern von 1942, in IfZ-Archiv, DB 04.04; „Die Gestaltung der Lebensfeier“ in *Die Neue Gemeinschaft. Das Parteiarchiv für Nationalsozialistische Feier- und Freizeitgestaltung* vom Juni 1942.

Fotografie einer SS-Namensweihe (o. D.), in Bundesarchiv-Bilddatenbank, Signatur Bild 146-1969-062A-64.

Wie bei der Schulung entzieht sich die Frage nach der Rezeption und Wirkung der Feste und Feiern der Allgemeinen SS einer exakten Antwort. Allerdings sprechen hier die zeitnah entstandenen Quellen, die, wie beschrieben, weit größere Relevanz besitzen als Nachkriegsaussagen, eine eindeutigere Sprache. Zu den Sonnwendfeiern und Julfesten, an denen alle SS-Männer teilnehmen mussten, finden sich nahezu ausschließlich positive Berichte, in denen von „großem Anklang" und „sehr starken" bzw. sogar „tiefsten" Eindrücken die Rede war.[327] Da die Lebenslauffeste nur auf Wunsch der Betreffenden abgehalten wurden, ist es fast schon logisch, dass auch über sie, abgesehen von der wiederholten Nachfrage nach genaueren Anleitungen, nur lobende Erfahrungsberichte erhalten sind.[328] Das Ziel, durch die Feste und Feiern das Zusammengehörigkeitsgefühl oder, um mit Max Weber zu sprechen, die emotionale Vergemeinschaftung[329] der Allgemeinen SS zu fördern, wurde somit erreicht. Ob denjenigen SS-Männern, die unter dem Einfluss der Schutzstaffel aus der Kirche austraten, im Rahmen dieser Praktiken eine „Ersatzreligion" oder nur ein „Religionsersatz" erwuchs,[330] hing wohl vor allem von ihrer individuellen Neigung zur Religiosität ab.

[327] Bericht der 83. Standarte vom 22.1.1935, in StA Marburg, 327/2a, Bd. 132; Bericht des Sturms 12/35 über die Wintersonnwendfeier am 22.12.1935, in StA Marburg, 327/2a, Bd. 132; Bericht des Führers der 2. Standarte vom 6.1.1936, in StA Marburg, 327/2a, Bd. 132; Bericht des Sturms 4/83 vom 7.1.1936, in StA Marburg, 327/2a, Bd. 132. Zur einzigen gefundenen Negativstimme, die jedoch nicht an der Veranstaltung an sich, sondern an einer schweren Durchführungspanne Kritik übte, Bericht des Schulungsleiters des Reservesturmbanns der 65. Standarte vom 29.12.1937, in StA Ludwigsburg, PL 506, Bd. 4.

[328] Vgl. u. a. Schreiben des Schulungsleiters der 2. Motorstandarte an den Rassereferenten des Oberabschnitts Rhein vom 8.6.1936, in StA Marburg, 327/2a, Bd. 131.

[329] WEBER: Wirtschaft, S. 21–22.

[330] Die erste Formulierung gebraucht ACKERMANN, S. 40–41, die zweite DIERKER, S. 126–128, und LONGERICH: Himmler, S. 761. Zur Unterscheidung der Begriffe BUCHHEIM: Despotie, S. 262.

VI. Die Auszehrung der Allgemeinen SS

1. Amateure und Profis – die Allgemeine SS im Verhältnis zu Totenkopfverbänden, Verfügungstruppe, SD und Polizei

Die Allgemeine SS war dadurch entstanden, dass sich im Prozess der „Machtergreifung" bzw. im Zusammenhang mit dem „Röhmputsch" verschiedene Sondereinheiten aus dem Gesamtgefüge der Schutzstaffel ausdifferenziert hatten.[1] Die sogenannten Totenkopfverbände gingen aus Mannschaften hervor, die 1933 zusammengestellt worden waren, um diejenigen Konzentrationslager zu bewachen, die die Schutzstaffel betrieb. 1934/35 übernahm der bisherige Kommandant des größten dieser Lager in Dachau, Theodor Eicke, im Auftrag Himmlers und mit Zustimmung Hitlers als „Inspekteur der Konzentrationslager" auch die „wilden" KZ der SA. Er reduzierte die Gesamtzahl der Lager auf sechs. Neben Dachau bestanden zunächst Esterwegen, Lichtenburg, Sachsenburg, Sulza und das Berliner Columbia-Haus weiter. Diese wurden bis 1939 Zug um Zug durch neue Lager ersetzt, die in Sachsenhausen, Buchenwald, Flossenbürg, Mauthausen und Ravensbrück entstanden und nach dem „Dachauer Modell" Barackenlager waren.[2]

Die Wachmannschaften bestanden anfangs primär aus zuvor arbeitslosen SS-Männern, die in diesem bewaffneten, kasernierten und besoldeten Dienst eine Gelegenheit sahen, nicht nur ihren politischen Fanatismus auszuleben, sondern sich ihren Lebensunterhalt zu verdienen. Sie wurden per Arbeitsvertrag auf zunächst je ein Jahr, ab 1937 auf vier bis zwölf, ab 1938 durchgehend auf zwölf Jahre verpflichtet.[3] Innerhalb der Wachmannschaften etablierte sich eine weitere Spezialisierung.

Die Mitarbeiter der „Kommandanturstäbe" waren für das Innenleben der Lager zuständig und hatten entsprechend viel Kontakt zu den Häftlingen. Da deren Gesamtzahl durch Entlassungen von rund 30000 1933 auf nur noch circa 5000 1935/36 sank[4] und die SS-Wächter einen Teil der Aufsicht an sogenannte Funktionshäftlinge delegierten[5], blieb diese eigentliche „Konzentrationslager-SS"[6] rela-

[1] Geheimer Befehl Himmlers vom 14.12.1934, in BA Berlin, NS 19, Bd.1934, Bl.183. Vgl. Kap. III.1.

[2] Zur Organisationsgeschichte des KZ-Systems v.a. Tuchel: Konzentrationslager; Orth: System; Goeschel/Wachsmann.

[3] Eine Gesamtdarstellung der Geschichte der Totenkopfverbände stellt noch immer ein wichtiges Desiderat dar. Ansätze bieten Orth: Bewachung; Kaienburg: Militär- und Wirtschaftskomplex, S.37–73; Hördler.

[4] Zahlen nach Goeschel/Wachsmann, S.521–524. Die Zahl für 1933 meint die ungefähre Zahl der Häftlinge, die sich im Frühjahr 1933 gleichzeitig in einem KZ befanden. Da die Verweildauer vielfach nur kurz war, beläuft sich die Gesamtzahl aller Menschen, die insgesamt 1933/34 in Schutzhaft genommen wurden, auf ca. 150000–200000.

[5] Vgl. u.a. Diercks: Abgeleitete Macht; Schemmel.

[6] Zu einer soziografischen Analyse ihres Führungskorps vgl. Orth: Konzentrationslager-SS.

tiv überschaubar. Ende 1936 gehörten ihr 269, Ende 1937 358 und Ende 1938 577 Mann an.[7] Diese Gruppe bestand nahezu ausschließlich aus „alten Kämpfern" der SS, die schon 1933/34 in den KZ-Dienst getreten waren und auch während des Zweiten Weltkriegs in führenden Positionen im nun stark expandierenden Lagerimperium der Schutzstaffel blieben. Beispielsweise hatten alle 46 Männer, die bis 1945 die Position eines KZ-Kommandanten erreichten, schon vor 1933 der Schutzstaffel angehört.[8]

Die omnipräsente, exzessive und willkürliche Gewalt, die die KZ-Wächter ausübten, ist lange vor allem auf ihre gezielte Brutalisierung in einem Initiationsprogramm zurückgeführt worden, das als Theodor Eickes „Dachauer Schule" bekannt geworden ist.[9] Neuere Forschungen zur Frühzeit des Lagers Dachau haben jedoch ergeben, dass die Männer vielfach schon eine extreme Gewaltbereitschaft aus der „Kampfzeit" mitbrachten, die beispielsweise dazu führte, dass Häftlinge, die ihnen persönlich als politische Gegner bekannt waren, besonders schwer misshandelt wurden. Zudem hat Christopher Dillon die These aufgestellt, dass gerade der amateurhafte Hintergrund der SS-Männer zur Entgrenzung der Gewalt führte. Diese seien häufig der eigenen NS-Rhetorik auf den Leim gegangen, die noch die wehrlosen Opfer des KZ-Terrors zu gefährlichen Revolutionären und „Volksschädlingen" stilisierte. Entsprechend handelten die SS-Täter womöglich vielfach weniger aus sadistischer Lust oder gefühlloser Kaltherzigkeit, sondern aus ideologieverblendeter Antipathie gegenüber den vermeintlich bedrohlichen Häftlingen.[10]

Für die KZ-Außenbewachung und die Aufsicht über die Lagerinsassen während externer Arbeitseinsätze waren die „Wachtruppen" zuständig, die von den Kommandanturstäben auch hinsichtlich der Unterkunft und der Befehlswege getrennt waren. Die Männer, die den Wachverbänden angehörten, hatten entsprechend weniger Häftlingskontakt, trugen aber, wie beispielsweise die brutalen Zustände beim Torfstechen im Umfeld des KZ Esterwegen oder in den Steinbrüchen in der Nähe des Lagers Buchenwald belegen,[11] dazu bei, den Häftlingen das Leben zur Hölle zu machen. Diese Einheiten, die Eicke im April 1935 in fünf „Totenkopfsturmbanne", ab 1937 in zunächst drei, nach dem „Anschluss" Österreichs und der Gründung des Lagers Mauthausen vier und 1939 schließlich fünf „Totenkopfstandarten" umformte, wuchsen weitgehend unabhängig von der Entwicklung der Häftlingszahlen. 1934/35 gehörten ihnen rund 2000, Ende 1936 3800, Ende 1937 4800 und Ende 1938 8600 Mann an, so dass zeitweise in manchen

[7] Orth: Bewachung, S. 126–132; Statistisches Jahrbuch der Schutzstaffel der NSDAP 1938, S. 79, in IfZ-Archiv, DC 01.06.

[8] Segev, S. 71–72. Die bislang einzige wissenschaftliche Biografie eines KZ-Kommandanten, die tiefe Einblicke in das Leben der KZ-SS gewährt, von Riedel. Zum Alltag der einfachen Wachmannschaften Güldenpfennig.

[9] Orth: Konzentrationslager-SS, S. 129–132.

[10] Dillon, S. 551. Zur SS-Gewalt der „Kampfzeit" und der „Machtergreifungsphase" vgl. Kap. II.1. und II.2. Zur Feindbildindoktrinierung auch der Allgemeinen SS vgl. Kap. V.4.

[11] Zu Esterwegen Riedel, S. 100 und 123–124. Zu Buchenwald Stein: Buchenwald, S. 328–329.

Lagern mehr Wachpersonal als Häftlinge vorhanden war.[12] Diese Tatsache zeigt, dass die Totenkopfverbände neben dem Betrieb der Konzentrationslager auch der verdeckten Militarisierung der SS für innenpolitische oder kriegerisch-expansionistische Kampfeinsätze dienten.

Weitgehend parallel zu den Totenkopfverbänden entwickelten sich kleine, jederzeit verfügbare, bewaffnete Eingreiftruppen, die regionale SS-Führer 1933/34 unter Namen wie „Stabswache" oder „politische Bereitschaft" zum Beispiel in Württemberg (Ellwangen und Wolterdingen), Hessen (Bad Arolsen), Bayern (München), Brandenburg (Jüterbog und Zossen), Sachsen (Dresden) und Hamburg geschaffen hatten. Auch sie hatten dabei in erster Linie auf arbeitslose Angehörige der Schutzstaffel zurückgegriffen, die sie mit staatlichen Geldern besoldeten, die ihnen für „Hilfspolizisten" zur Verfügung gestellt worden waren.[13] Im Jahr nach der „Machtergreifung" bestanden noch sehr enge Verbindungen zwischen diesen Einheiten und den KZ-Wachverbänden der SS. Beispielsweise wechselten zahlreiche Mitglieder der „politischen Bereitschaft" in Dresden zum „Sondersturm" der 26. SS-Standarte, der das Konzentrationslager Lichtenburg bewachte.[14]

Unmittelbar nach dem „Röhmputsch" musste die Wehrmachtsführung, die ansonsten eifersüchtig auf ihrem Status als einziger „Waffenträger der Nation" bestand, dem „Führer" wohl oder übel für derartige innenpolitische Sonderaktionen eine kasernierte, mit leichten Waffen ausgerüstete und militärisch ausgebildete „Verfügungstruppe" zugestehen. Laut einem Erlass des Reichswehrministers Werner von Blomberg vom 24. September 1934 durfte die Schutzstaffel nun neben der bereits existierenden, in Berlin stationierten und von Sepp Dietrich geführten „Leibstandarte Adolf Hitler" zwei weitere Einheiten in Regimentsstärke aufbauen. In München entstand die Standarte „Deutschland", zu deren prägendem Kommandeur der Reichswehrmajor a. D. und vorherige Mitarbeiter der SA-Organisation „Chef des Ausbildungswesens", Felix Steiner, wurde. Die Standarte „Germania" ging aus der politischen Bereitschaft Hamburg hervor und wurde zunächst von deren Führer, Wilhelm Bittrich, dann von Karl Maria Demelhuber kommandiert.[15]

12 Goeschel/Wachsmann, S. 523–525; Orth: Bewachung, S. 127; Kaienburg: Militär- und Wirtschaftskomplex, S. 37–40; SS-Statistik 1936, S. 4, in IfZ-Archiv, DC 01.06; Statistisches Jahrbuch der Schutzstaffel der NSDAP 1937, S. 16, in IfZ-Archiv, DC 01.06.

13 Kaienburg: Wirtschaft, S. 89; Koehl: Black Corps, S. 135–136; Wegner: Politische Soldaten, S. 81–84.

14 Hördler, S. 76–78 und 101–102.

15 Erlass des Reichsverteidigungsministeriums vom 24. 9. 1934, in: Hausser: Soldaten, S. 232; Wegner: Politische Soldaten, S. 84–95 und 103. Wilhelm Bittrich, Jahrgang 1894, sammelte erste Militärerfahrungen im Ersten Weltkrieg, zuletzt als Kampfflieger. In den Weimarer Jahren schlug er sich als Sport- und Fluglehrer durch, 1932/33 im geheimen Rüstungsprogramm der Reichswehr. 1932 trat er zunächst der SA, dann der SS bei, in deren bewaffneten Einheiten er ab 1933 hauptamtlich wirkte. Zur Person Mühleisen. Karl Maria Demelhuber, geboren 1896, diente von 1914–1919 zunächst im Ersten Weltkrieg, dann im Freikorps Epp. Sein anschließendes Münchner Studium schloss er als Diplomkaufmann ab, trat jedoch 1921 in den Dienst der bayerischen Landespolizei, in dem er bis 1934 blieb. Parallel engagierte er sich seit den frühen 1920er Jahren für den NS, was ihm wiederholt dienstliche Schwierigkeiten einbrachte. 1934/35 arbeitete er, nun auch offiziell in die NSDAP und die SA eingetreten, für die

Die Finanzierung der Verfügungstruppe, deren Männer auf vier Jahre befristete Arbeitsverträge erhielten, kam nicht aus dem Etat Blombergs, sondern aus dem von Reichsinnenminister Wilhelm Frick. Wie die Totenkopfverbände wuchs auch dieser Nukleus der späteren Waffen-SS kontinuierlich: Ende 1934 gehörten 5000, Ende 1935 9000, Ende 1936 10000, Ende 1937 12000 und Ende 1938 14200 Mann zur Verfügungstruppe, die nach dem „Anschluss" Österreichs um die Standarte „Der Führer" mit Sitz in Wien erweitert worden war.[16]

Angesichts derartiger Zuwachsraten sowie der Tatsache, dass es ab 1935/36 auch dank der Bemühungen der SS-Fürsorge[17] kaum noch Arbeitslose in der Allgemeinen SS gab, war es unmöglich, das Personal der beiden Sondereinheiten weiterhin nahezu ausschließlich aus deren Reihen zu rekrutieren.[18] Als die KZ-Kommandanten bzw. die Führer der Standarten der Verfügungstruppe begannen, eigenmächtig und „wild" Männer von außen anzuwerben, schritt die Führung des SS-Hauptamts ein, dem sowohl Eickes Inspektion der Konzentrationslager als auch Paul Haussers[19] im Oktober 1936 gegründete Inspektion der Verfügungstruppe weiterhin unterstanden.[20] Ende 1935, Anfang 1936 ordnete August Heißmeyer an, dass die Ergänzung der bewaffneten SS-Einheiten, wenn nicht aus, so doch zumindest durch die Allgemeine SS zu stellen sei. Im Frühjahr 1936 sollte jeder SS-Oberabschnitt mindestens 70 Rekruten für die Totenkopfverbände, im Sommer 1936 mindestens 100 Bewerber für die Verfügungstruppe vorauswählen und melden.[21] Ende 1936 befahl Heißmeyer, diese Kooperation zu verstetigen. Jede Standarte der Allgemeinen SS sollte jährlich mindestens 40 Kandidaten ausfindig machen, bevorzugt aus den eigenen Reihen oder aus der Hitlerjugend. Dieses Kontingent wurde anschließend von den Standarten- an die Sturmbann- und von diesen an die Sturmführer aufgeteilt.[22]

Mit erheblichem Aufwand gelang es den Einheiten der Allgemeinen SS, 1937/38 rund 6000 Bewerber für die Totenkopfverbände und die Verfügungstruppe zu

Organisation „Chef des Ausbildungswesens". Als diese aufgelöst wurde, wechselte er als Obersturmbannführer zur SS-Verfügungstruppe. Zur Person Schulz, Bd. 1, S. 214–218.

16 Wegner: Politische Soldaten, S. 104.

17 Vgl. Kap. V.2.

18 Zur Rekrutierung der bewaffneten SS-Einheiten allgemein Vortragsmanuskript Bergers über das SS-Ergänzungswesen [o. D.; Mai-Juni 1942], in BA Berlin, NS 19, Bd. 218, Bl. 62–92; Rempel: Gottlob Berger and Waffen-SS Recruitment; Rohrkamp, S. 516–519.

19 Zur Person vgl. Kap. III.1.

20 Koehl: Black Corps, S. 138–141; Wegner: Politische Soldaten, S. 97–100.

21 Befehle des Chefs des SS-HA, Heißmeyer, vom 12.12.1935 und 4.3.1936, in IPN-Archiv, GK 812, Bd. 350, Bl. 35–36; Befehl des Chefs des Ergänzungsamts im SS-HA, Hauser, vom 5.6.1936 und Merkblatt betr. Einstellungsbedingungen für die SS-Verfügungstruppe [o. D.], in BA Berlin, NS 31, Bd. 364, Bl. 104–105; Befehl des Chefs des SS-HA, Heißmeyer, vom 27.6.1936, in BA Berlin, NS 31, Bd. 278, Bl. 1.

22 Befehle des Chefs des SS-HA, Heißmeyer, vom 10.11. und 2.12.1936, in BA Berlin, NS 31, Bd. 364, Bl. 127–128 und 135–136; Merkblatt für die Einstellung bei den SS-Verfügungstruppen und SS-Totenkopfverbänden vom Dezember 1936, in BA Berlin, NS 31, Bd. 364, Bl. 139; Befehl des Führers der 81. Standarte vom 7.1.1937 und Befehl des Führers des Sturmbanns II/81 vom 7.1.1937, in StA Ludwigsburg, PL 506, Bd. 73. Zur Kooperation zwischen SS und HJ in Sachen Rekrutierung vgl. Kap. IV.1.

gewinnen. Jedoch hatte die Reichsführung-SS die Quoten noch 1937 auf 100 Freiwillige pro Standarte der Allgemeinen SS und Jahr erhöht, was bedeutete, dass insgesamt 12 000 Mann hätten geworben werden müssen. Das Verfehlen dieses Ziels trug seinen Teil dazu bei, dass Himmler 1938/39 den gesamten Rekrutierungsapparat der Schutzstaffel reformierte und mit hauptamtlichen „Ergänzungsführern" bei jeder Standarte bzw. „Ergänzungsstellen" in jedem Oberabschnitt unter der Gesamtleitung Gottlob Bergers professionalisierte.[23]

Neben der Zusammenarbeit in Sachen Rekrutierung gab es weitere Verbindungslinien zwischen der Allgemeinen SS und den bewaffneten Sondereinheiten der Schutzstaffel, die sicherstellen sollten, dass jene sich stets als „Teil des Ganzen" fühlten.[24] Zu nennen ist erstens die hohe personelle Überschneidung im Führerkorps. Mehr als die Hälfte aller Männer, die Ende 1936 in der Verfügungstruppe eine Führungsposition besetzten, waren „alte Kämpfer" der SS. Noch 1944 kamen zwei Drittel derjenigen, die in der Waffen-SS einen Rang vom Sturmbannführer aufwärts innehatten, ursprünglich aus der Allgemeinen SS.[25] Zweitens blieb das Schulungsamt stets sowohl für die Allgemeine SS als auch für die Verfügungstruppe und die Totenkopfverbände zuständig, so dass eine einheitliche ideologische Grundausrichtung gesichert war. Drittens behielten die Oberabschnittsführer der Allgemeinen SS stets das Recht, die Sondereinheiten in Notstandslagen, für Großveranstaltungen und zur Hilfestellung bei der wehrsportlichen Ausbildung anzufordern.[26] Viertens sollten Männer, die aus den Totenkopfverbänden oder der Verfügungstruppe ausschieden, in die Allgemeine SS zurückkehren bzw. von ihr aufgenommen werden. Jedoch kam das aufgrund des Ausbruchs des Zweiten Weltkriegs nur in Einzelfällen vor.[27]

Im Vergleich zum dichten Beziehungsgeflecht, das zwischen der Allgemeinen SS und den bewaffneten SS-Verbänden bestand, war die Verbindung zum Sicherheitsdienst dünner und gleichzeitig komplexer. Der SD sollte als – einem Heß-Erlass vom 9. Juni 1934 zufolge einziger – Nachrichtendienst der „Bewegung" die

[23] Berichte der 2., 14. und 35. Standarte über Anwerbungsaktionen vom Februar 1937, in StA Marburg, 327/2b, Bd. 186; Befehl des Chefs des SS-HA, Heißmeyer, vom 30. 4. 1937, in BA Berlin, NS 31, Bd. 365, Bl. 9; Rundschreiben Himmlers an die VT- und TV-Verbände vom 18. 7. 1937 betr. Neuordnung des Ergänzungswesens, in BA Berlin, NS 19, Bd. 3902, Bl. 172; Befehl des Chefs des SS-HA, i. V. Hauser, vom 6. 11. 1937, in BA Berlin, NS 31, Bd. 365, Bl. 37; Schreiben des Chefs des SS-Ergänzungsamtes, Hauser, an den Chef des SS-HA, Heißmeyer, vom 25. 11. 1937, in StA Marburg, 327/2b, Bd. 186; Statistisches Jahrbuch der Schutzstaffel der NSDAP 1937, S. 44, in IfZ-Archiv, DC 01.06; Anordnung Himmlers betr. der Errichtung eines neuen SS-Ergänzungsamts, versandt ans SS-HA mit einem Schreiben des Stabsführers im Persönlichen Stab RFSS vom 20. 4. 1938, in BA Berlin, NS 19, Bd. 218, Bl. 3–10. Zum Aufbau des Bergerschen Apparats vgl. Kap. IV.1.

[24] Rede Himmlers vor den SS-Gruppenführern vom 8. 11. 1938, in: Smith/Peterson, S. 29–30.

[25] Wegner: Politische Soldaten, S. 242–248; Koehl: Black Corps, S. 137–139.

[26] Wegner: Politische Soldaten, S. 97–99.

[27] Zur prinzipiellen Absicht dieser Integration s. Statistisches Jahrbuch der Schutzstaffel der NSDAP 1937, S. 10–14, in IfZ-Archiv, DC 01.06; Alquen, S. 14–20. Zu einzelnen Fällen s. geheimer Befehl des Führers des Oberabschnitts Südwest vom 19. 12. 1938, in StA Ludwigsburg, PL 506, Bd. 64; Riedel, S. 102, 147 und 154.

Stimmung im Reich in allen „Lebensgebieten“ beobachten und tatsächliche oder auch nur potenzielle Gegner des Regimes auskundschaften.[28] Entsprechend dieser geheimdienstlichen Aufgabenstellung hatten Himmler und Heydrich ihm eine höchst unklare Personalstruktur gegeben, in der formelle und informelle Zugehörigkeit, Rang und Funktion sowie Haupt- und Ehrenamtlichkeit in keinem eindeutigen Zusammenhang zueinander standen. Neben festen Mitarbeitern, die aber nicht unbedingt Mitglieder sein mussten, kannte der SD auch Beobachter, V-Männer und bloße Zubringer. In Sachen Rekrutierung war er eine „konsequent personenzentrierte Institution“, in der lokale und regionale Größen nach persönlichen Bekanntschaften, Interessen und Vorlieben entschieden, welche Personen sie in ihr Netzwerk einbezogen.[29]

Im Rahmen des Nürnberger Prozesses sagte der SD-Mitarbeiter der ersten Stunde und spätere Leiter der „Umwandererzentrale“ in Posen, Rolf Heinz Höppner, aus, dass allenfalls zehn Prozent der SD-Männer aus der Allgemeinen SS gekommen seien.[30] Der Nestor der SD-Forschung, George Browder, hat darauf hingewiesen, dass Höppner hier deutlich untertrieb. Seine Schätzung, bis zu 50% der Angehörigen des SD-Netzwerks hätten der Allgemeinen SS entstammt, hat Carsten Schreiber nun anhand von Hochrechnungen korrigiert, die auf einer weitgehend komplett erhaltenen sächsischen SD-Kartei beruhen. Er kommt zu dem Ergebnis, dass von den circa 6500 festen Mitarbeitern und 32 000 V-Leuten, die Heydrichs Organisation insgesamt dienten, ungefähr 20% der Allgemeinen SS zuzurechnen waren.[31]

Es ist anzunehmen, dass dieser Anteil tendenziell abnahm, als sich die SD-Spitze ab 1937/38, dann aber vor allem im Krieg darum bemühte, gezielter Männer in gewissermaßen „systemrelevanten“ politischen, gesellschaftlichen und wirtschaftlichen Positionen für den Sicherheitsdienst zu gewinnen.[32] Die entsprechende Anwerbung wurde dadurch erleichtert, dass Himmler für Heydrichs Männer weniger anspruchsvolle körperliche Aufnahmekriterien gewährte.[33] Die somit vermeintlich geringere „rassische“ Qualität kompensierte die SD-Führung dadurch, dass sie den weltanschaulich-elitären Charakter ihrer Organisation besonders hochhielt und versuchte, den SD zu einer Art „Elite in der Elite“ zu stilisieren.[34] Himmler jedoch war programmatisch daran gelegen, ein derartiges

[28] DIERKER, S. 37.

[29] Vgl. zu diesem komplexen Geflecht v. a. SCHREIBER: Elite. Das Zitat hier auf S. 67. Einen Überblick über die SD-Forschung bietet der Sammelband von WILDT: Nachrichtendienst.

[30] DER PROZESS GEGEN DIE HAUPTKRIEGSVERBRECHER, Bd. 20, S. 216. Eine formelle Doppelzugehörigkeit war unmöglich, d. h. Männer, die offiziell in den SD aufgenommen wurden, mussten ggf. aus der Allgemeinen SS ausscheiden. Dagegen konnten Mitglieder der Allgemeinen SS im SD tätig sein, ohne ihm formell anzugehören.

[31] BROWDER: Enforcers, S. 130; SCHREIBER: Elite, S. 314 und 334–336.

[32] SCHREIBER: Elite, S. 92–94 und 316–318.

[33] Befehl des Stabsführers des RuSHA, Harm, vom 3. 6. 1936, in StA Marburg, 327/2b, Bd. 118; Befehl des Chefs des RuSHA, Pancke, vom 24. 8. 1938, in BA Berlin, NS 2, Bd. 152, Bl. 18–19; Befehl des Chefs des RuSHA, Pancke, vom 5. 10. 1939, in StA Marburg, 327/2b, Bd. 121.

[34] WILDT: Einleitung, S. 8.

Sonderbewusstsein zu unterdrücken und die Verbindung zwischen Allgemeiner SS und SD zu betonen. Der Sicherheitsdienst sollte nach seinem Willen nicht „ins Tschekamäßige abrutschen".[35]

Neben den Totenkopfverbänden, der Verfügungstruppe und dem Sicherheitsdienst, die gewissermaßen aus der Allgemeinen SS herauswuchsen, trat sukzessive auch die deutsche Polizei in ein Sonderverhältnis zur Schutzstaffel, da deren Führerschaft immer mehr polizeiliche Spitzenpositionen in Personalunion besetzte.[36] Zwischen März 1933 und April 1934 übernahmen Heinrich Himmler bzw. in seinem Auftrag Reinhard Heydrich ausgehend von Bayern und endend in Preußen die Leitung der Politischen Polizeien der Länder. Von elf in diesem Prozess neu besetzten Chefposten gingen sieben an SD-Männer. Im Februar 1936 wurden die betreffenden Landesbehörden der nun reichsweit agierenden Geheimen Staatspolizei unter der Führung Heydrichs und seines Stellvertreters Werner Best angegliedert.[37]

Auf die stark föderal bzw. sogar kommunal zersplitterte Ordnungspolizei begann ab Februar 1933 der hochrangige SS-Führer Kurt Daluege Einfluss zu nehmen. Zur Ordnungspolizei gehörten unter anderem die kasernierte Landespolizei, die Gendarmerie, die Schutzpolizei und die Gemeindepolizei. Daluege wurde zunächst „Kommissar z.b.V." unter Hermann Göring, der seinerseits als preußischer Innenminister fungierte, ab November 1934 Leiter der Polizeiabteilung im zusammengelegten Reichs- bzw. preußischen Ministerium des Inneren unter Wilhelm Frick.[38]

Am 17. Juni 1936 ernannte Hitler Heinrich Himmler zum Chef der Deutschen Polizei und erteilte ihm den Auftrag, diese zu vereinheitlichen und zu zentralisieren. Himmler seinerseits hielt an Heydrich und Daluege als bereits relativ etablierten Polizeispitzenfunktionären fest. Heydrich wurde im neuen „Hauptamt Sicherheitspolizei", dessen Name bewusst an die in der Schutzstaffel übliche Begrifflichkeit und nicht an die staatlichen Ämterbezeichnungen angelehnt war, neben der Gestapo auch noch die Kriminalpolizei unterstellt. Im September 1936 wurde letztere zum Reichskriminalpolizeiamt „verreichlicht", dessen Leitung kurz darauf Arthur Nebe übernahm, ein „alter Kämpfer" der NSDAP und SA, der unter Göring und Daluege schon die preußische Landeskriminalpolizei geführt hatte und im Dezember 1936 zur SS übergetreten war.[39] Daluege wurde von Himmler an die Spitze des „Hauptamts Ordnungspolizei" gestellt. Regional abgestützt wurde die Neuordnung der deutschen Polizei unter Himmler durch die Einsetzung von Inspekteuren der Ordnungs- bzw. Sicherheitspolizei. Für diese

35 Rede Himmlers vor den preußischen Staatsräten vom 5.3.1936, in: Smith/Peterson, S. 107–108.

36 Einen Überblick über die Geschichte der Polizei im Dritten Reich bieten Wilhelm und neuerdings der Sammelband von Schulte: Polizei.

37 Zusammenfassend Dams/Stolle, S. 23–27. Zu den sieben SD-Führern Banach, S. 95.

38 Koehl: Black Corps, S. 121; Wilhelm, S. 38–40.

39 Zur Ernennung Himmlers zum Chef der deutschen Polizei Buchheim: Herrschaftsinstrument, S. 49–56; Wilhelm, S. 74–76. Zur „Reichskriminalpolizei" Wagner: Hitlers Kriminalisten. Zur Person Nebe Black.

Posten wurden nahezu ausschließlich altgediente SS-Führer ausgewählt und nur in Ausnahmefällen Polizisten, die zuvor der SS beigetreten waren.[40] Gleiches galt für die Höheren SS- und Polizeiführer, die Himmler im November 1937 als seine regionalen Statthalter ernannte.[41]

Bei der Verbindung von SS und Polizei ging es nicht nur um die Kontrolle der zentralen Organe der inneren Sicherheit bzw. Repression und die Etablierung eines einheitlichen „Staatsschutzkorps". Vielmehr standen Himmler, Heydrich und Best für ein neues Konzept, das die Polizei aus rechtsstaatlich-normativen Bindungen lösen und auf das Ziel einer völkisch-biologistischen „Generalprävention" ausrichten sollte. Letztendlich zielte dieses Vorhaben darauf ab, durch die polizeiliche Durchsetzung gesundheits-, sozial- und bevölkerungspolitischer Maßnahmen eine „rassisch" homogenisierte „Volksgemeinschaft ohne Verbrecher" herzustellen.[42]

Um die Polizisten auf dieses Programm einzuschwören, das letztlich den Kernideen des „Schwarzen Ordens" entsprach, ließ Himmler ab dem Frühjahr 1937 auch sie durch den Apparat schulen, der für die ideologische Ausrichtung der Allgemeinen SS aufgebaut worden war.[43] Bei den Inspekteuren der Ordnungs- bzw. Sicherheitspolizei wurden hauptamtliche Schulungsleiter eingestellt, die mehrheitlich bereits SS-Schulungserfahrung gesammelt hatten. Mit den Führern im Rasse- und Siedlungswesen der Oberabschnitte stimmten diese die regelmäßigen Auftritte der Schulungsleiter der Schutzstaffel vor Polizisten ab. Als Materialgrundlage dienten auch hier in erster Linie die *Leithefte*.[44]

Ebenfalls ab 1937 begann der Versuch, SS und Polizei auch personell zu verschmelzen. Seit der „Machtergreifung" hatten für SA, SS und Schutzpolizei Unvereinbarkeitsbeschlüsse gegolten, denen zufolge uniformierte Polizeibeamte nicht zugleich den nationalsozialistischen „Kampfbünden" angehören konnten.[45] Erst mit der Ernennung Himmlers zum Chef der Deutschen Polizei waren diese für die SS ungültig geworden, so dass „eine gleichzeitige Zugehörigkeit von Polizeibeamten zur SS möglich" wurde. In einem ersten Schritt forderten die SS-Führer „alte Kämpfer", die wegen des Wechsels zur Polizei aus der Schutzstaffel ausgetreten waren, auf, wieder in den „Schwarzen Orden" zurückzukehren.[46]

[40] Wilhelm, S. 79–81 und 84–85; Wagner: Kern, S. 39.

[41] Zu diesem Amt und seinen Inhabern Birn: HSSPF und Köhler.

[42] Wagner: Volksgemeinschaft. Vgl. zeitgenössisch Heydrich; „SS und Polizei einheitliches Staatsschutzkorps" im *Völkischen Beobachter* vom 17. 2. 1939; Best: Deutsche Polizei.

[43] Vgl. Kap. V.4.

[44] RuSHA-Entwurf zu einem Befehl betr. die Schulung der Ordnungspolizei [o. D.; 1937] und Genehmigung des Entwurfs durch den Stabsführer des Persönlichen Stabs RFSS, Ullmann, vom 6. 8. 1937, in BA Berlin, NS 2, Bd. 51a, Bl. 330–331; Befehl Himmlers vom 14. 8. 1937, in StA Ludwigsburg, PL 506, Bd. 16; vgl. Korrespondenz zum Aufbau der Polizeischulung im Oberabschnitt Südwest, in StA Ludwigsburg, PL 506, Bd. 16, und Heinemann: Rasse, S. 96–98.

[45] „SA, SS und Schutzpolizei" im *Völkischen Beobachter* vom 13.–14. 5. 1933; Sturmbannbefehl III/9 vom 2. 1. 1934, in IPN-Archiv, GK 762, Bd. 1, Bl. 15; Befehl des Chefs des Ergänzungsamts im SS-HA, Hauser, vom 26. 7. 1935, in BA Berlin, NS 31, Bd. 364, Bl. 17.

[46] Befehl des Stabsführers der Allgemeinen SS des Oberabschnitts Fulda-Werra vom 21. 1. 1937, in StA Marburg, 327/2b, Bd. 58.

Als zweiter Schritt war vorgesehen, den Polizeinachwuchs künftig möglichst vollständig aus der Allgemeinen SS oder unter Männern zu rekrutieren, die aus den Totenkopfverbänden bzw. der Verfügungstruppe ausschieden.[47] In der Folgezeit kam es vielfach zu inoffiziellen Sonderausschreibungen von Stellen bei der Polizei in der Allgemeinen SS.[48] Eine auf die Schutzstaffel beschränkte Polizeiergänzung wurde allerdings durch den enormen Bedarf erschwert. Allein die Ordnungspolizei, die 1935 durch die Abgabe der kasernierten Landespolizei an die neue Wehrmacht auf circa 48000 Mann geschrumpft war, wurde bis Ende 1938 auf mehr als 63000 Stellen aufgestockt. Auch Gestapo und Kripo expandierten in ähnlichem Tempo. Zusätzliche Neubesetzungen wurden durch die fortschreitende politische und rassistische „Säuberung" der Beamtenschaft erforderlich.[49] Dass es unmöglich war, derart viele Männer ausschließlich in der Schutzstaffel zu finden, war hochrangigen SS-Führern wohl bewusst.[50]

Entsprechend begann die SS-Führung, als dritte Komponente der personellen Verschmelzung von SS und Polizei, geeigneten Beamten den SS-Beitritt zu erleichtern bzw. schmackhaft zu machen. So wurde höherrangigen Polizisten im Regelfall „Dienstgradangleichung" gewährt.[51] Gesonderter SS-Dienst wurde von neu eintretenden Sicherheitspolizisten, die in den SD aufgenommen wurden, gar nicht, von ihren Kollegen von der Ordnungspolizei, die in die Allgemeine SS kamen, nur in stark reduziertem Maß oder als unverbindliche „Ehrensache" gefordert.[52] Während vor allem auf jüngere Polizeibeamte zum Teil erheblicher Druck ausgeübt wurde, dem „Schwarzen Orden" beizutreten,[53] wurden ältere, als politisch, menschlich oder „rassisch" ungeeignet bewertete Polizisten bis in den Krieg hinein abgelehnt. Erst 1941/42 wurden die SS-Aufnahmekriterien für Bewerber aus der Polizei großteils außer Kraft gesetzt.[54]

47 „Die Volkspolizei der Zukunft" im *Völkischen Beobachter* vom 15.1.1937, basierend auf einer Rede Kurt Dalueges; „Zur inneren Sicherung des Reiches" in *Das Schwarze Korps* vom 21.1. 1937, basierend auf einer Rede Heinrich Himmlers.

48 Vgl. u.a. Befehlsblatt des Oberabschnitts Südost vom 1.8.1937, in IPN-Archiv, GK 812, Bd. 182, Bl. 10; Befehl des Oberabschnitts Südost vom 23.10.1937, in IPN-Archiv, GK 809, Bd. 2, Bl. 62; Schreiben des Polizeidirektors von Ulm an den Abschnitt XXIX vom 11.10.1938, in StA Ludwigsburg, PL 506, Bd. 61.

49 Wilhelm, S. 156–157; Wagner: Kern, S. 29–36.

50 Befehl des Chefs des Fürsorgeamtes im SS-HA, Haertel, vom 30.7.1937, in BA Berlin, NS 31, Bd. 352, Bl. 71.

51 Buchheim: Herrschaftsinstrument, S. 108–110.

52 Banach, S. 96–97; Buchheim: Herrschaftsinstrument, S. 109; SS-Befehlsblatt vom 25.6.1937, in IfZ-Archiv, DC 27.01, Bd. 1; Befehl Himmlers vom 18.1.1938, in StA Marburg, 327/2b, Bd. 54.

53 Vgl. die Aussage des Ausbilders an der Berliner Polizeioffiziersschule, Walter Blume, vom 13.7.1946, in: Der Prozess gegen die Hauptkriegsverbrecher, Bd. 35, S. 655–656, Dok. Affidavit SS-83.

54 Zu Bedenken z. B. Darrés gegen eine Verwässerung des „Ordens" durch zu viele alte Polizisten vgl. die Einträge vom 25.12.1937 und 3.1.1938 in den Tagebüchern R. Walther Darrés 1930–1945. Für einen engen Kreis der „Gesellschaft Freunde des Deutschen Bauerntums" bearbeitet von Hans Deetjen, in StA Goslar, NL Darré, Bd. 484. Zur Ausmusterung einzelner Polizeibewerber s. u.a. Rundschreiben des RuS-Führers im Oberabschnitt Nordwest vom 16. und 21.2.1939, in StA Marburg, 327/2b, Bd. 121. Zur weitgehenden Preisgabe der Aufnahmekri-

Wie weit gedieh bis 1945 Himmlers Plan, SS und Polizei innerhalb von circa zehn Jahren „zu einem Körper zusammenwachsen zu lassen"[55]? Für die Masse der Beamten der Ordnungspolizei, deren Geschichte im Dritten Reich noch zu schreiben ist, liegen hierzu bislang keine Zahlen vor. Patrick Wagner schätzt, dass bis Ende 1938 immerhin rund 20% ihres Führungskorps dem Ruf der SS gefolgt waren.[56] In der im Vergleich weit besser erforschten Sicherheitspolizei waren bis Ende 1943 circa 18–25% der einfachen Männer und über 90% des Führungskorps dem „Schwarzen Orden" beigetreten.[57]

Die Reichsführung der Schutzstaffel würdigte die Allgemeine SS für ihre Funktion als Personalreservoir für die Totenkopfverbände, die Verfügungstruppe und das gemeinsam mit der Polizei gebildete „Staatsschutzkorps" immer wieder ausdrücklich. Werner Best, Gunther d'Alquen und andere lobten sie als „Grundlage der gesamten Schutzstaffel", „Mutter aller übrigen SS-Formationen", „menschliche und politische Basis des Gesamtkorps" oder „großes Reservoir, aus dem die Kräfte für alle der SS zugewiesenen Aufgaben geschöpft" würden.[58] Diese Einschätzungen wurden im Rahmen des Nürnberger Prozesses von den alliierten Anklägern übernommen, die die Allgemeine SS als „Hauptstamm, aus dem die verschiedenen Äste wuchsen" bzw. als „Rückgrat der ganzen Organisation" bezeichneten. Sie wirkten mit Erfolg darauf hin, dass diese insbesondere wegen ihrer Rolle als „Quelle für die Rekrutierung von Wachmannschaften und für die Konzentrationslager" in toto als „verbrecherische Organisation" abgeurteilt wurde.[59]

Allerdings ging die Abgabe der Repressions- und Sicherungsaufgaben von der Allgemeinen SS an die hauptberuflich agierenden Sondereinheiten jeweils mit einer Beschränkung ihrer eigenen Zuständigkeiten einher. Beispielsweise stellte August Heißmeyer kurz nach der Ernennung Himmlers zum Chef der deutschen Polizei ausdrücklich fest, dass diese nun als „alleiniges Vollzugsorgan der Staatsgewalt im Inneren" zu respektieren sei und Mitglieder der Allgemeinen SS daher nicht mehr wie bisher eigenmächtig oder im Auftrag von NSDAP-Funktionären „Verhaftungen oder Haussuchungen" vornehmen dürften.[60] Eine spürbare Schwächung der Allgemeinen SS bedeutete die Entstehung der Sonderverbände bzw. die enge Beziehung zu diesen auch insofern, als nach der Verbesserung der Arbeitsmarktlage sich wohl vielfach gerade besonders fanatische und entspre-

terien s. Befehl des Chefs des RuSHA, Hofmann, vom 1.9.1942, in BA Berlin, NS 2, Bd. 152, Bl. 91.

[55] Rede Himmlers vor den SS-Gruppenführern vom 18.2.1937, in: Smith/Peterson, S. 106.

[56] Wagner: Kern, S. 38.

[57] Banach, S. 21 und 131–132; Browder: Enforcers, S. 131; Wagner: Kern, S. 38.

[58] Statistisches Jahrbuch der Schutzstaffel der NSDAP 1937, S. 10–14, in IfZ-Archiv, DC 01.06; Alquen, S. 15; „SS und Polizei einheitliches Staatsschutzkorps" im *Völkischen Beobachter* vom 17.2.1939; „Die Partei im Kriege" im *Völkischen Beobachter* vom 25.8.1940.

[59] Der Prozess gegen die Hauptkriegsverbrecher, Bd. 4, S. 188, und Bd. 1, S. 305.

[60] Befehl des Chefs des SS-HA, Heißmeyer, vom 18.9.1936, in StA Marburg, 327/2a, Bd. 80. Vgl. auch Befehlsblatt des Oberabschnitts Südost vom 15.4.1937, in IPN-Archiv, GK 812, Bd. 182, Bl. 1–7.

chend engagierte Männer aus ihren Reihen für eine Karriere als „SS-Profi" entschieden.

Robert John Shalka ist angesichts dieser Tatsachen zu dem Schluss gekommen, die Allgemeine SS sei infolge des Aufstiegs der Totenkopfverbände, der Verfügungstruppe und des Sicherheitsdienstes im Lauf der 1930er Jahre zu einer Organisation geworden, „die lediglich auf dem Papier bestand und wenig aus sich selbst heraus zu Wege brachte". Von Bedeutung sei sie nur noch dadurch gewesen, dass sie „für den Notfall ein Becken von mehr oder weniger geeignetem Personal bereit hielt". Es stellt sich die Frage, ob dieses pointierte Urteil gerechtfertigt ist und die Allgemeine SS tatsächlich abgesehen von den beschriebenen Aktivitäten zur eigenen Ausbildung durch Sport und Schulung kein „konkretes operationales Ziel" mehr hatte und damit spätestens 1936 mit ihrer eigenen „Überflüssigkeit" konfrontiert war.[61]

Einige Aufgaben, die Himmler den Mitgliedern der Allgemeinen SS in der zweiten Hälfte der 1930er Jahre übertrug, waren in der Tat kaum noch politischer Natur, so dass es schwer fällt, in ihnen mehr als eine Art Beschäftigungstherapie zu sehen. Beispielsweise gingen SS-Angehörige ab 1935 ebenso wie ihre „Kameraden" aus der im Jahr zuvor entmachteten SA in den Sommermonaten im Auftrag des „Reichsforst-" bzw. „Reichsjägermeisters" Hermann Göring auf Waldbrandpatrouille.[62] Im August 1936 wurden sie auf westdeutsche Felder geschickt, um die Ernte vor Kartoffelkäferschwärmen zu schützen, die aus Frankreich einfielen.[63] Im Juni 1937 stellte Himmler seine Männer erneut Hermann Göring zur Verfügung. Diesmal ging es um das Sammeln von Altmetall im Dienst des „Vierjahresplans".[64] In den Jahren 1938 und 1939, als es dem „Reichsnährstand" angesichts der Vollbeschäftigung zusehends schwer fiel, eine ausreichende Zahl von Erntehelfern zu finden, sprangen ebenfalls die Männer in Schwarz ein. Jeder Sturm der Allgemeinen SS hatte sich an mindestens zwei Sonntagen den Bauern zur Verfügung zu stellen.[65]

Politisch bedeutsamer war die Rolle, die die Allgemeine SS bis 1939 bei der Inszenierung bzw. Herstellung einer „belastbaren Massenloyalität"[66] für das Regime spielte. Zu nennen ist zunächst die Mitarbeit am Winterhilfswerk, das unter der Leitung der Nationalsozialistischen Volkswohlfahrt bzw. des Goebbelsschen Propagandaapparats zwischen 1933 und 1942 rund fünf Milliarden Reichsmark einsammelte, nach rassistischen Kriterien an bedürftige „Volksgenossen" umverteilte und somit dazu beitrug, dass viele Zeitgenossen glaubten, der Nationalsozi-

61 Shalka, S. 152–153 und 324–325. [Übersetzung B.H.]

62 Befehl des Chefs des SS-HA, Heißmeyer, vom 30.3.1936, in StA Marburg, 327/2a, Bd. 79; SS-Befehlsblatt vom 25.7.1937, in IfZ-Archiv, DC 27.01, Bd. 1; SS-Befehlsblatt vom 25.8.1938, in IfZ-Archiv, DC 27.01, Bd. 2.

63 Befehl des Chefs des SS-HA, i.V. Creifeldt, vom 5.8.1936, in StA Ludwigsburg, PL 506, Bd. 97.

64 Befehl Himmlers vom 5.6.1937, in StA Marburg, 327/2b, Bd. 52.

65 Befehl des Führers der 35. Standarte vom 6.8.1938, in StA Marburg, 327/2b, Bd. 54; Befehl Himmlers vom 30.6.1939, in BA Berlin, NS 31, Bd. 342, Bl. 83.

66 Mühlenfeld: Bedeutung, S. 106–107.

alismus schaffe eine neue „Volksgemeinschaft".[67] In diesem Rahmen veranstaltete die SS seit Ende 1933 große Benefizkonzerte zum Beispiel im Berliner Sportpalast und speiste an „Eintopfsonntagen" Tausende von Mitbürgern, wobei die ehrenamtlichen Helfer der Allgemeinen SS eng mit den professionellen Küchenbrigaden der Verfügungstruppe kooperierten.[68] An von Goebbels bzw. dem NSV-Chef und späteren SS-Gruppenführer, Erich Hilgenfeldt, vorgegebenen Terminen schwärmten SS-Männer mit Sammelbüchsen aus, wobei die demonstrative Beteiligung auch höchster SS-Führer wie Himmler, Heißmeyer, Heydrich oder Philipp Bouhler, dem Chef der „Kanzlei des Führers", besondere „Volksgemeinschaftlichkeit" suggerieren sollte.[69]

Für die „Volksabstimmungen", mit denen sich das Regime akklamatorische Legitimation verschaffte und die die neuere NS-Forschung nicht mehr nur als plumpe Wahlfälschungen, sondern als zumindest tendenziell ernstzunehmende Indikatoren des Regimekonsenses bewertet,[70] leisteten die Angehörigen der Allgemeinen SS jeweils umfangreiche Wahlkampfarbeit. Der eigene Ausbildungsdienst wurde beispielsweise 1936 und 1938 vor den Plebisziten zur Remilitarisierung des Rheinlandes bzw. zum „Anschluss" Österreichs jeweils für mehrere Wochen komplett ausgesetzt. In dieser Zeit ließen die SS-Männer den Aktivismus der „Kampfzeit" noch einmal aufleben, indem sie Hunderte von NSDAP-Veranstaltungen vorbereiteten und „schützten", durch ihre Heimatstädte paradierten, jeweils eine Woche vor dem Wahltermin dauernd in Uniform Farbe bekannten, am Tag der Stimmabgabe geschlossen zur Öffnung der Wahllokale antraten und anschließend „säumige Wähler an ihre Pflicht gemahnten oder alten und gebrechlichen Volksgenossen fürsorgende Hilfe zuteil werden ließen".[71]

Während die SS in Sachen Winterhilfswerk und Volksabstimmungen parallel zu anderen NS-Organisationen agierte, nahm sie im Bezug auf die Durchführung

[67] Zum Winterhilfswerk Vorländer, S. 365–374. Zur perzipierten „Volksgemeinschaft" vgl. Kap. IV.2. Zur Tatsache, dass die SS selbst zu den bevorzugten Profiteuren des WHW gehörte, vgl. Kap. V.2.

[68] „Im Dienste des Winterhilfswerks: Der Führer bei dem großen historischen Konzert der Berliner SS im Sportpalast" im *Völkischen Beobachter* vom 9.12.1933; „Symphonien und Marschfanfaren. Das große SS-Konzert für das Winterhilfswerk" im *Völkischen Beobachter* vom 4.12.1935; „Aus der Notgemeinschaft zur Brotgemeinschaft" im *Völkischen Beobachter* vom 21.12.1936; „Münchens große Eintopfgemeinschaft" im *Völkischen Beobachter* vom 13.11.1937; „SS-Junkerschule Tölz lädt zum Eintopf ein" im *Völkischen Beobachter* vom 10.2.1939.

[69] Befehle Himmlers vom 23.10.1934 und 22.10.1935, in StA Marburg, 327/2a, Bd. 78; Befehl des Chefs des SS-HA, Wittje, vom 30.11.1934, in BA Berlin, NS 31, Bd. 357, Bl. 34; „Der Reichsführer SS sammelte am Tag der großen Kameradschaft" in *Das Schwarze Korps* vom 12.12.1935; „... abseits von der Prominenz" in *Das Schwarze Korps* vom 10.12.1936; Befehle Himmlers vom 26.2.1937 und 22.10.1938, in BA Berlin, NS 31, Bd. 352, Bl. 52 und 139–140.

[70] Frei: Führerstaat, S. 93–95; Wildt: Geschichte, S. 84–87.

[71] Befehl Himmlers vom 11.3.1936, in StA Marburg, 327/2a, Bd. 79. Zu den Aktivitäten im Umfeld der Plebiszite auch Befehl Himmlers vom 20.3.1938, in StA Marburg, 327/2b, Bd. 54; „Wenn der Führer spricht ... Wahlkampfdienst der Frankfurter SS" in *Das Schwarze Korps* vom 26.3.1936; Befehl des Führers des Oberabschnitts Südost, v.d. Bach-Zelewski, vom 22.3.1938, in IPN-Archiv, GK 812, Bd. 184, Bl. 17; Befehl des Chefs des SS-HA, i.V. Herrmann, vom 30.3.1938, in StA Marburg, 327/2b, Bd. 54; Befehl des Führers des Oberabschnitts Fulda-Werra, zu Waldeck, vom 5.4.1938, in StA Marburg, 327/2b, Bd. 54.

Fotografie vom Absperrdienst der Allgemeinen SS bei einer Wahlkampfveranstaltung der NSDAP in Stuttgart am 1.4.1938, in Bildarchiv der Bayerischen Staatsbibliothek, Fotoarchiv Hofmann, Nr. hoff-17692.

von NS-Großveranstaltungen, wie bereits am Beispiel der Reichsparteitage gezeigt wurde,[72] eine Sonderstellung ein. Hier trat sie nicht nur als eine von mehreren „Marschtruppen" auf, sondern übernahm alleine den prestigeträchtigen „Absperrdienst" sowie den Schutz der NS-Prominenz. Entsprechende Einsätze der Allgemeinen SS gab es bei turnusmäßigen Anlässen des NS-Festkalenders wie dem 30. Januar, dem 20. April, dem 1. Mai oder dem 9. November, bei Gau- und Kreisparteitagen, bei Eröffnungen von Autobahnteilstücken oder bei Staatsbegräbnissen und Staatsbesuchen. Anlässlich der Deutschlandreise Benito Mussolinis im September 1937 wurden in München 18000, in Essen gar 26000 SS-Männer aufgeboten. Zum Empfang des ungarischen „Reichsverwesers" Miklós Horthy in Nürnberg im August 1938 entsandte allein der Kasseler SS-Abschnitt XXX 1500 Mann.[73]

Diese vielfach mehrtägigen Sondereinsätze dienten nicht nur dazu, die Regimepropaganda zu unterstützen und das aktivistisch-elitäre Image der SS nach außen

[72] Vgl. Kap. III.3.

[73] Befehl des Stabsführers des Oberabschnitts Rhein vom 16.5.1935, in StA Marburg, 327/2a, Bd. 179; Befehl des Führers des Sturmbanns III/70 vom 23.9.1936, in IPN-Archiv, GK 809, Bd. 9, Bl. 5–6; SS-Befehlsblatt vom 20.12.1937, in IfZ-Archiv, DC 27.01, Bd. 1; Akten zur Vorbereitung des SS-Einsatzes beim Mussolini-Staatsbesuch im September 1937, in StA Marburg, 327/2a, Bd. 23; Befehl des Führers des Abschnitts XXX vom 20.8.1938, in StA Marburg, 327/2b, Bd. 54.

darzustellen. Vielmehr wurde auch der uneingeschränkte Verfügungsanspruch der Schutzstaffel über „ihre" Männer eingeübt. Diese mussten damit rechnen, jederzeit auch kurzfristig „alarmiert" zu werden. Dass sie dann weder auf private Hinderungsgründe noch auf den Ärger ihrer Arbeitgeber[74] Rücksicht nehmen durften, beweist ein Befehl, mit dem der Führer des Oberabschnitts Südost, Erich von dem Bach-Zelewski, am 29. Juli 1938 alle unter seinem Befehl stehenden Männer noch am selben Tag nach Breslau beorderte, um die Durchführung des Deutschen Turn- und Sportfestes sicherzustellen: „Führer und Männer, die diesem Befehl nicht Folge leisten, werde ich zum Ausschluss melden und wegen Gehorsamsverweigerung Überführung in ein Konzentrationslager beantragen. Auf Weigerung von Arbeitgebern ist keine Rücksicht zu nehmen. Der SS-Oberabschnitt Südost wird nachher diese Arbeitgeber mit dem nötigen Nachdruck von der Notwendigkeit der Alarmierung überzeugen."[75] Um den Widerstand der Arbeitgeber zu brechen, waren diese im Frühjahr 1938 per Verordnung des Reichsarbeitsministeriums dazu verpflichtet worden, jedem SS-Angehörigen zusätzlich zum Erholungsurlaub zehn Tage bezahlten, „SS-dienstlichen" Sonderurlaub zu gewähren. Selbst diese Regelung war aber nicht ausreichend, da sich die außerplanmäßigen SS-Dienste 1938 in einigen Einheiten auf bis zu drei Wochen summierten.[76]

In den letzten Jahren haben viele NS-Forscher ihren Blick vom Zwangscharakter der „deutschen Diktatur"[77] bzw. von „Resistenz und Widerstand"[78] gegen den Nationalsozialismus abgewandt und sich statt dessen mit der Frage nach dem Ausmaß und den Hintergründen des „außergewöhnlich hohen Konsenses zwischen Regime und Bevölkerung"[79] auseinandergesetzt. In diesem Sinn scheint auch eine Neubewertung der geschilderten Funktionen der Allgemeinen SS sinnvoll, die mehr waren als nur Arbeitsbeschaffung für eigentlich überflüssige NS-Amateure.

Die Allgemeine SS trug mit ihrer Unterstützung des Winterhilfswerks, ihrem Wahlkampfengagement und ihren Auftritten im Rahmen diverser NS-Veranstaltungen zum Gelingen der Proganda und zur Konstituierung der Zustimmungsbereitschaft bei, auch wenn nur wenige „Volksgenossen" den entstandenen Eindruck

[74] Vgl. zu einem seltenen Beispiel offener Kritik die Schreiben des Inhabers eines Fotostudios in Bad Mergentheim an den Sturmbann III/81 vom 16. und 29.8.1935, in StA Ludwigsburg, PL 506, Bd. 75.

[75] Befehl des Führers des Oberabschnitts Südost, v.d. Bach-Zelewski, vom 29.7.1938, in IPN-Archiv, GK 809, Bd. 11, Bl. 12. Vgl. zu ähnlichen Maßnahmen anlässlich des Deutschen Bundessängerfestes 1937 die Befehle des Führers des Sturms 9/III/70 vom 13. und 30.7.1937, in IPN-Archiv, GK 809, Bd. 5, Bl. 11.

[76] Befehl des Chefs des SS-Versorgungs- und Fürsorgeamts, Haertel, vom 25.4.1938, in IPN-Archiv, GK 812, Bd. 836, Bl. 26–27; Halbjahresbericht des Führers der 70. Standarte vom 9.6.1938, in IPN-Archiv, GK 812, Bd. 186, Bl. 18–21; Halbjahresbericht des Führers des Abschnitts XXI vom 19.12.1938, in IPN-Archiv, GK 812, Bd. 186, Bl. 42–47.

[77] Bracher: Deutsche Diktatur.

[78] Broszat: Resistenz und Widerstand.

[79] Frei: Abschied, S. 67–68.

so enthusiastisch geäußert haben dürften wie Joseph Goebbels, der im September 1937 anlässlich des Reichsparteitags in sein Tagebuch schrieb: „SA und SS Appell. Ergreifend. Fast eine religiöse Zeremonie. [...] Der Vorbeimarsch ist glänzend. Am besten SS und Leibstandarte.“[80]

Allerdings zeigt ein genauerer Blick, dass die hohe öffentliche Präsenz, die der „Schwarze Orden“ im Rahmen dieser Aktivitäten zeigte, auch ganz andere Wirkungen hatte. Kurz nach der „Volksabstimmung“ über den „Anschluss“ Österreichs am 10. April 1938 holten im nordhessischen Lippoldsberg mehrere SS-Männer einen im Ort als kirchentreu bekannten Arbeiter ab, den sie – zurecht – verdächtigten, eine von nur zwei Neinstimmen in der Gemeinde abgegeben zu haben. Er wurde ins örtliche SS-Sturmbüro verschleppt und nach einem erpressten schriftlichen Geständnis, mit dem sich der Sturmführer gegen den Vorwurf schützen wollte, er habe eine unrechtmäßige Einzelaktion durchgeführt, mit 50 Stockschlägen sowie einer weiteren Abreibung auf dem Heimweg misshandelt.[81] Ebenfalls 1938 kamen in St. Tönnies bei Krefeld zwei uniformierte SS-Sammler für das Winterhilfswerk in eine Gaststätte. Ein Gast reagierte nicht mit dem „gebotenen“ Respekt, sondern versuchte, die beiden auszutricksen, indem er sich von einem Mitzecher dessen WHW-Abzeichen lieh. Die SS-Männer gingen noch in der Kneipe auf ihn los, zwangen ihn vor die Tür und verprügelten ihn dort schwer.[82]

Diese Beispiele aus dem alltäglichen Wirken der Allgemeinen SS machen deutlich, dass eine Analyse des Dritten Reichs bei aller berechtigten Beachtung des „Hitler-Mythos“[83], der Attraktivität der Vorstellung einer „Volksgemeinschaft“[84] oder der Ansätze zu einer „Zustimmungs-“[85] bzw. gar „Gefälligkeitsdiktatur“[86] nicht die untrennbare Doppelnatur von „Verführung und Gewalt“[87] bzw. „Faszination und Gewalt“[88] aus den Augen verlieren darf, die Deutschland zwischen 1933 und 1945 prägte.

2. Der „M-Fall“: Die Einberufung zu Polizeiverstärkung, KZ-Ablösung, Waffen-SS und Wehrmacht

Adolf Hitlers Politik zielte seit dem Tag, an dem er zum Reichskanzler ernannt wurde, darauf ab, einen neuen großen Krieg um „Lebensraum“ vorzubereiten und zu entfesseln. Man müsse, so stellte er nur vier Tage später, am 3. Februar

80 Goebbels, Bd. 3/II, S. 182.

81 Akten des Strafprozesses gegen die Täter von 1947/48, in StA Marburg, 274 Kassel, Bd. 21/1; Acc. 1958/61.

82 Urteil des Landgerichts Düsseldorf vom 14. 8. 1948, in LA Düsseldorf, Gerichte Rep. 8, Nr. 11.

83 Kershaw: Hitler-Mythos.

84 Vgl. Kap. IV.2.

85 Bajohr: Zustimmungsdiktatur.

86 Aly: Hitlers Volksstaat, S. 49 ff.

87 Thamer: Verführung und Gewalt.

88 Reichel.

1933, in einer Geheimrede vor Reichsaußenminister Konstantin von Neurath, Reichswehrminister Werner von Blomberg und der höheren Reichswehrgeneralität fest, neues Land gewinnen, das man anschließend „germanisieren" könne.[89] Die Spitze der Schutzstaffel teilte dieses ideologische Richtziel uneingeschränkt, auch wenn sich selbst die SS in den folgenden Jahren an Hitlers Camouflage-Bemühungen und Friedensbeteuerungen beteiligte[90]. Am 8. November 1938 artikulierte Heinrich Himmler die wahren Absichten des Regimes in einer Geheimrede vor den SS-Gruppenführern. Es gehe in den nächsten Jahren um „das Großgermanische Imperium oder das Nichts". Im Erfolgsfall werde man „das größte Reich" schaffen, „das die Erde je gesehen hat".[91]

In den Jahren 1936 bis 1938 verschärfte Hitler seinen Kriegskurs. In einer geheimen Denkschrift zum „Vierjahresplan" vom August 1936 forderte er, die deutsche Wehrmacht in diesem Zeitraum „einsatzfähig" und die deutsche Wirtschaft „kriegsfähig" zu machen.[92] In einer neuerlichen Besprechung mit den Spitzen des Auswärtigen Amtes und der Wehrmacht am 5. November 1937 kündigte er an, den „Weg der Gewalt" allerspätestens in den Jahren 1943 bis 1945 zu beschreiten.[93] Als die so Eingeweihten Bedenken anmeldeten, nützte er im Frühjahr 1938 private Skandale, um Werner von Blomberg und den Chef der Heeresleitung, Werner von Fritsch, zu stürzen, das Oberkommando über die Wehrmacht selbst bzw. durch den ihm hörigen Wilhelm Keitel zu übernehmen und im Auswärtigen Amt Konstantin von Neurath durch seinen persönlichen außenpolitischen Berater, Joachim von Ribbentrop, zu ersetzen.[94] Nach dem triumphalen „Anschluss" Österreichs im Frühjahr 1938 wollte der „Führer" dann nicht länger warten und versuchte, durch die gezielte Provokation der „Sudetenkrise" noch im gleichen Jahr einen Krieg gegen die Tschechoslowakei vom Zaun zu brechen.[95]

Nachdem beim „Anschluss" neben Wehrmacht und Polizei auch Einheiten der Verfügungstruppe und der Totenkopfverbände außerhalb der alten Reichsgrenzen eingesetzt worden waren,[96] machte die Reichsführung-SS im Rahmen der „Sudetenkrise" zum ersten Mal einen größeren Teil der Allgemeinen SS mobil. Dabei griff sie auf eine Regelung aus dem Jahr 1934 zurück. Nach dem „Röhmputsch" hatte die Reichswehrführung nicht nur die Schaffung der Verfügungstruppe und der Totenkopfverbände akzeptiert, sondern Himmler auch das Recht eingeräumt, in einem nicht näher definierten „Bedarfsfall" auf Anordnung Hitlers zusätzlich Angehörige der Allgemeinen SS als Polizeiverstärkung heranzuziehen.[97]

[89] Wirsching: Boden.
[90] „Wir meinen zum Krieg" in *Das Schwarze Korps* vom 14.1.1937.
[91] Rede Himmlers vor den SS-Gruppenführern am 8.11.1938, in: Smith/Peterson, S. 49.
[92] Hitlers Denkschrift zum Vierjahresplan vom August 1936, in: Treue: Denkschrift, hier S. 210.
[93] Vgl. die sog. Hoßbach-Niederschrift über diese Besprechung vom 10.11.1937, in: Der Prozess gegen die Hauptkriegsverbrecher, Bd. 25, S. 402–413, hier S. 407.
[94] Zur „Blomberg-Fritsch-Krise" Janssen/Tobias. Zum Umbruch im Auswärtigen Amt Conze/Frei/Hayes/Zimmermann, S. 123–132.
[95] Hildebrand: Das vergangene Reich, S. 651 ff.
[96] Koehl: Black Corps, S. 141–145.
[97] Kaienburg: Militär- und Wirtschaftskomplex, S. 51–56.

Ab Mitte 1936, also parallel zur Konkretisierung der Kriegspläne Hitlers, begannen die SS-Oberabschnitte in Zusammenarbeit mit dem SS-Hauptamt Spezialkarteien anzulegen, mit deren Hilfe die rasche Aufstellung dieser Polizeiverstärkung gewährleistet werden sollte.[98] Allerdings war noch völlig unklar, wie bzw. ob sich dieser Zugriffsanspruch der SS auf ihre Männer in Konkurrenz zu dem der Wehrmacht auf ihre Reservisten bzw. zu dem der wehrwirtschaftlichen Arbeitsverwaltung durchsetzen lassen würde, die ihrerseits Männer als „unabkömmlich (uk)“ einstufen konnte.[99]

Der für die Militarisierung der Schutzstaffel zentrale „Führererlass“ vom 17. August 1938 brachte in dieser Frage etwas mehr Klarheit. Hier wurde festgelegt, dass die Männer der Allgemeinen SS, die als Polizeiverstärkung dienen sollten, den „weißen Jahrgängen“ 1901 bis 1912 angehören mussten, die infolge der Versailler Rüstungsbeschränkungen keinen Wehrdienst geleistet hatten. Somit waren Wehrmachtsreservisten nicht tangiert. Es wurde eindeutig festgelegt, dass „alle übrigen [...] Angehörigen der Allgemeinen, also unbewaffneten SS [...] der Wehrmacht im Kriegsfalle nach den Bestimmungen des Wehrgesetzes zur Verfügung“ stünden. Die Polizeiverstärkung war nicht mehr nur auf besondere Anforderung Hitlers, sondern auch im Fall einer allgemeinen Mobilmachung aufzustellen. Sie würde dann trotz des Beibehaltens des alten Namens nicht an die Seite der Polizei, sondern an die der SS-Totenkopfverbände treten.[100] Da diese in der Bewachung der Konzentrationslager nun im „M-Fall“ durch ältere, in der Regel über 45-jährige Männer der Allgemeinen SS abgelöst werden durften, standen nun de facto drei größere SS-Verbände, Verfügungstruppe, Totenkopfverbände und Polizeiverstärkung, für polizeiliche, militärische oder gemischte Einsätze bereit.[101]

Als die SS-Führung in der zweiten Septemberhälfte 1938 erstmals insgesamt knapp 14 000 Angehörige der Allgemeinen SS zur Polizeiverstärkung bzw. zur KZ-Ablösung einberief,[102] ging das trotz dieses „Führererlasses“ keineswegs reibungslos vonstatten. Die Wehrbezirkskommandos verweigerten die Zusammen-

[98] Geheimer Befehl des Führers des Oberabschnitts Südwest, Prützmann, vom 21.8.1936, in StA Ludwigsburg, PL 506, Bd. 52; Befehl des Chefs des SS-HA, Heißmeyer, an die Oberabschnittsführer vom 7.12.1936, in IPN-Archiv, GK 812, Bd. 1, Bl. 5–6; geheimer Befehl des Stabsführers des Oberabschnitts Südwest vom 19.12.1936, in StA Ludwigsburg, PL 506, Bd. 99; geheimer Befehl des Führers des Oberabschnitts Südwest, Kaul, vom 12.4.1937, in StA Ludwigsburg, PL 506, Bd. 99; Schreiben des Chefs des SS-HA, Heißmeyer, an den Führer des Oberabschnitts Südost, v.d. Bach-Zelewski, vom 26.1.1938, in IPN-Archiv, GK 812, Bd. 2, Bl. 7–8.

[99] Schreiben des Führers des Oberabschnitts Südost, v.d. Bach-Zelewski, an den Chef des SS-HA, Heißmeyer, vom 5.5.1938, in IPN-Archiv, GK 812, Bd. 2, Bl. 100.

[100] Der „verstärkte Polizeischutz“ von maximal 91 500 Mann, der im Mobilmachungsfall wirklich der Ordnungspolizei zur Seite stehen sollte, war dagegen nicht aus der Allgemeinen SS, sondern aus der Masse der Bevölkerung zu rekrutieren.

[101] Erlass Hitlers vom 17.8.1938, in: Michaelis/Schraepler, Bd. XI, S. 37–40; Ausführungsbestimmungen der SS zum Führererlass vom 17.8.1938, in BA Berlin, NS 31, Bd. 390, Bl. 8–12. Zur Bedeutung des Erlasses vgl. auch Wegner: Politische Soldaten, S. 114–123; Gelwick, S. 427–430.

[102] Befehl des Chefs des SS-HA, Heißmeyer, vom 16.9.1938, in BA Berlin, NS 31, Bd. 341, Bl. 75; geheimer Befehl des Chefs des Amts für Sicherungsaufgaben im SS-HA, Petri, vom 20.9. 1938, in IPN-Archiv, GK 812, Bd. 3, Bl. 335–336.

arbeit, so dass die SS-Oberabschnitte die Männer selbst improvisiert und in Eigenregie zum Antritt beordern mussten. Dazu hatten sie jedoch über die Berufung auf die freiwillig eingegangenen Treue- und Dienstpflichten der SS hinaus keinerlei rechtlich verbindliche Handhabe.[103] Zudem waren Fragen wie die Fahrtkostenerstattung, die Ausrüstung, die Uniformierung bzw. zumindest Kompensation für die Nutzung der privaten SS-Uniformen, die Gewährung von Sonderurlaub oder die finanzielle Unterstützung der Familien der eingezogenen SS-Männer völlig offen. Fest zugesagt war lediglich, dass sie selbst freie Kost und Logis sowie eine Entschädigung von 50 Pfennig pro Diensttag erhalten würden.[104]

Angesichts dieser wenig attraktiven Lage ist es kaum verwunderlich, dass nicht wenige Männer der Allgemeinen SS versuchten, um diese neue Form des SS-Dienstes herumzukommen. Sie taten dies bevorzugt, indem sie auf ihre „uk-Stellung" oder gesundheitliche Probleme verwiesen. Von den rund 5000 älteren SS-Männern, die die KZ-Bewachung übernehmen sollten, traten nur circa 3500 an, was Himmler extrem erzürnte. In seiner Geheimrede vom 8. November 1938 forderte er, alle „Knülche", die sich gedrückt hätten, aus der SS auszuschließen.[105]

Mit dem Münchner Abkommen vom 30. September 1938 wurde dank der britischen Bereitschaft zum Appeasement sowie einer überraschenden, unter anderem von einer Gruppe im Auswärtigen Amt um Ernst von Weizsäcker eingefädelten Intervention Benito Mussolinis und sehr zum Unwillen Hitlers die „Sudetenkrise" durch die erpresste Abtretung des Sudetenlandes von der Tschechoslowakei ans Deutsche Reich friedlich beigelegt.[106] Dass es sich jedoch nur um eine Verschnaufpause handelte und Hitler bei nächster Gelegenheit losschlagen würde, war nun klar. Entsprechend arbeitete die Führerschaft der Schutzstaffel fieberhaft daran, die SS-internen Kriegsvorbereitungen voranzutreiben. Neben dem weiteren Ausbau der Verfügungstruppe auf bei Kriegsbeginn circa 18 000 und der Totenkopfverbände auf ungefähr 13 000 Mann[107] stand dabei die Verbesserung der Einberufungen aus der Allgemeinen SS zu Polizeiverstärkung und KZ-Ablösung im Fokus.

Um neuerliche Drückebergerei auszuschließen und diejenigen auszusortieren, die – so der Chef des SS-Hauptamts August Heißmeyer – „bei ihrer Einberufung betrübt oder bestürzt waren, dass der schwarze Rock ihnen nicht nur Vorteile bringt, sondern dass auch dienstliche Anforderungen an sie gestellt werden", wurde ab Anfang 1939 versucht, alle Kandidaten für eine SS-Einziehung noch einmal

[103] Vortrag des Chefs des Amts für Sicherungsaufgaben im SS-HA, Petri, bei der Gruppenführertagung in Berlin vom 23.–25.1.1939, in BA Berlin, NS 19, Bd. 1669, Bl. 45–63.

[104] Akten zu den Einberufungen der Polizeiverstärkung im Oberabschnitt Südost 1938/39, in IPN-Archiv, GK 812, Bd. 2; Bericht des Führers des Oberabschnitts Rhein ans SS-HA vom 23.11.1938, in IPN-Archiv, GK 812, Bd. 6, Bl. 17–27; Bestimmungen des Mob.Kalenders des Oberabschnitts Südost [o. D.; Anfang 1939], in IPN-Archiv, GK 812, Bd. 6, Bl. 210–237; Halbjahresbericht des Führers der 23. Standarte vom 9.6.1939, in IPN-Archiv, GK 812, Bd. 186, Bl. 97–100.

[105] Rede Himmlers vor den SS-Gruppenführern vom 8.11.1938, in: Smith/Peterson, S. 32–34.

[106] Hildebrand: Das vergangene Reich, S. 661.

[107] Zahlen nach Wegner: Politische Soldaten, S. 125; Kaienburg: Militär- und Wirtschaftskomplex, S. 71–72.

zu mustern und ihre Tauglichkeit in neu eingeführten „G-Heften“ festzuhalten.[108] Während für den KZ-Dienst offenbar keine weitere Ausbildung für nötig befunden wurde, begannen unmittelbar nach der „Sudetenkrise“ die ersten dreimonatigen militärischen Trainingsprogramme für den Dienst in der Polizeiverstärkung. Circa 5000 bis 6000 der im September einberufenen Männer wurden dazu einfach längerfristig einbehalten, ungefähr 4000 bis 5000 weitere im Frühjahr und Sommer 1939 zu zwei neu geschaffenen Ergänzungseinheiten in Breslau bzw. zu den regulären Standarten der Totenkopfverbände beordert.[109]

Dabei bezog sich die SS-Führung nun als „Notbehelf mangels einer anderen gesetzlichen Regelung“ auf eine Notdienstverordnung, die Hermann Göring am 28. Oktober 1938 in seiner Funktion als Beauftragter für den Vierjahresplan erlassen hatte. Damit gewann die SS-Anordnung einerseits rechtlich verbindlichen Charakter. Andererseits mussten die Arbeitgeber nun Sonderurlaub gewähren.[110] Die volle Gleichstellung mit dem Dienst in der Wehrmacht zum Beispiel in Sachen Familienunterstützung und Fahrtkosten erreichte die SS-Führung dagegen erst kurz nach Kriegsbeginn.[111]

Schließlich wurde in einem weiteren Erlass Hitlers vom 18. Mai 1939 die Relation zwischen der bewaffneten SS und der Wehrmacht genauer abgesteckt. Für die Polizeiverstärkung wurde nun eine Obergrenze von 25 000, für die KZ-Ablösung von 5000, für die Totenkopfverbände von 14 000 und für die Verfügungstruppe von 20 000 Mann festgelegt. Die Schutzstaffel durfte nun neben gänzlich ungedienten Männern der Jahrgänge 1901 bis 1912 auch diejenigen SS-Angehörigen dieser Altersgruppe beanspruchen, die in Kurzlehrgängen der Wehrmacht militärisch ausgebildet worden waren.[112]

Im März 1939 hatten Hitler und die Deutschen noch zweimal mit der in der „Sudetenkrise“ erprobten Erpressungsmethode Erfolg. Sowohl an der „Zerschlagung der Rest-Tschechei“ und der Errichtung des Protektorats Böhmen und Mähren als auch an der „Heimholung“ des Memellandes von Litauen waren erneut SS-Einheiten beteiligt.[113] Seit Anfang April ließ der „Führer“ den „Fall Weiß“,

108 Befehl des Chefs des SS-HA, Heißmeyer, vom 12. 1. 1939, in BA Berlin, NS 31, Bd. 342, Bl. 4; Befehl des Führers der 81. Standarte vom 31. 1. 1939, in StA Ludwigsburg, PL 506, Bd. 74; Befehl des Chefs des Sanitätsamts im SS-HA, Dermietzel, vom 6. 2. 1939, in StA Marburg, 327/2b, Bd. 55; Befehl des Führers der Sanitätsstaffel des Sturmbanns II/81 vom 5. 3. 1939, in StA Ludwigsburg, PL 506, Bd. 74.

109 Kaienburg: Militär- und Wirtschaftskomplex, S. 68–72.

110 Notdienstverordnung Görings vom 15. 10. 1938, in: Reichsgesetzblatt 1938, Teil I, S. 1441–1442, online unter: http://alex.onb.ac.at [Zugriff 13. 5. 2011]. Zu ihrer Verwendung in der SS vgl. den Vortrag des Chefs des Amts für Sicherungsaufgaben im SS-HA, Petri, bei der Gruppenführertagung in Berlin vom 23.–25. 1. 1939, in BA Berlin, NS 19, Bd. 1669, Bl. 45–63.

111 Geheimer Befehl des Chefs des SS-HA vom 27. 9. 1939 und geheimer Befehl des Leiters des Verwaltungsamts des Oberabschnitts Main vom 28. 9. 1939, in StA Ludwigsburg, PL 506, Bd. 78.

112 Erlass Hitlers vom 18. 5. 1939, in IPN-Archiv, GK 812, Bd. 6, Bl. 416–422; Ausführungsbestimmungen der SS zum Führererlass vom 18. 5. 1939, in IPN-Archiv, GK 812, Bd. 6, Bl. 427; Ausführungsbestimmungen des OKW zum Führererlass vom 18. 5. 1939, in StA Ludwigsburg, PL 506, Bd. 61.

113 Koehl: Black Corps, S. 145–154.

das heißt den Überfall auf Polen vorbereiten.[114] Als sich die diplomatische Absicherung dieser Attacke durch den Hitler-Stalin-Pakt abzeichnete, begann im August 1939 die massierte Mobilmachung der deutschen Angriffstruppen.

Die Wehrmacht, deren „Friedensstärke" zuletzt rund 1,1 Millionen Mann in 62 Divisionen betragen hatte, wurde bis zum 1. September 1939 auf circa 4,5 Millionen Mann in 90 Divisionen aufgestockt. Dabei wurden bevorzugt die jungen Männer der Jahrgänge 1914 bis 1917 einberufen, die seit 1935 nach dem Erreichen der Volljährigkeit ihren Wehrdienst geleistet hatten und somit militärisch vollwertige Reservisten waren. Aber auch rund 1,2 Millionen Veteranen des Ersten Weltkriegs, die in den Jahren 1894 bis 1900 geboren worden waren, mussten ein zweites Mal antreten. Schließlich griff die Wehrmacht auf große Mengen an Ungedienten aus den „weißen Jahrgängen" zurück, die man parallel zu den laufenden Kampfhandlungen im Ersatzheer ausbilden wollte. Die Mobilmachung lief bis zum Sieg über Frankreich im Sommer 1940 ungebremst weiter, im Mai war die „10. Welle" der Einziehungen erreicht. 5,6 Millionen Mann in 159 Divisionen trugen nun die Uniform der Wehrmacht. Jetzt wurden zwar rund 260 000 ältere Männer entlassen, deren Wiederverwendung bei gleichzeitiger „uk-Stellung" jüngerer Fachkräfte für erhebliche Verbitterung gesorgt hatte. Weitergehende Demobilisierungshoffnungen zerschlugen sich aber, da Hitler schon im August 1940 die Vorbereitung des „Unternehmens Barbarossa", also des Überfalls auf die Sowjetunion befahl. Bis zum Juni 1941 wuchs infolgedessen die Wehrmacht auf 7,1 Millionen Mann an, bis 1943 trotz der nun drastisch zunehmenden Verluste auf rund neun Millionen. Dann war der Vorrat des Deutschen Reichs an „Menschenmaterial" weitgehend erschöpft, so dass die Wehrmacht bis zum Kriegsende trotz verzweifelter Mobilisierungsmaßnahmen des Regimes auf circa sieben Millionen Mann schrumpfte.[115]

Unter diesen Soldatenmassen befand sich auch die Mehrheit der Männer der Allgemeinen SS. Bis Ende 1942 waren rund 118 000 von ihnen zur Wehrmacht eingezogen worden. Ein Jahr später dienten 114 000, Mitte 1944 116 000 Angehörige der Schutzstaffel in Heer, Marine oder Luftwaffe.[116] Dass die Wehrmacht so viele SS-Mitglieder für sich reklamieren konnte, lag unter anderem daran, dass die Reichsführung-SS in den Jahren 1935 bis 1938 Druck auf ihre Männer ausgeübt hatte, sich freiwillig zum Wehrdienst zu melden, um einerseits der beanspruchten Funktion als „Weltanschauungselite" gerecht zu werden und andererseits militärisches Know-how zu erwerben.[117] Zudem weigerte sich die Wehr-

[114] Müller: Der Zweite Weltkrieg, S. 59–60.

[115] Kroener, S. 705–729, 819–825 und 833–858; Müller: Der Zweite Weltkrieg, S. 61, 158–159 und 164.

[116] Wegner: Politische Soldaten, S. 273; Aufstellung des Statistisch-Wissenschaftlichen Instituts des Reichsführers-SS über die Stärke der SS am 31. 12. 1943, in BA Freiburg, NL 756, Bd. 47b; Aufstellung des Statistisch-Wissenschaftlichen Instituts des Reichsführers-SS über die Stärke der SS am 30. 6. 1944, in: Der Prozess gegen die Hauptkriegsverbrecher, Bd. 35, Dok. 878-D, S. 627.

[117] Befehl des Chefs des SS-HA, Heißmeyer, vom 4. 6. 1935, in BA Berlin, NS 31, Bd. 338, Bl. 91.

machtsführung hartnäckig, SS-Angehörige, die sie selbst militärisch ausgebildet hatte, an die bewaffnete SS abzugeben. Entsprechende Bitten Himmlers stießen zum Beispiel beim Chef der Heeresleitung, Franz Halder, auf taube Ohren.[118] So musste die SS-Führung im Sommer 1942 auch hinsichtlich der ehemaligen Bewohner der SS-Mannschaftshäuser[119] bedauernd feststellen, dass diese nahezu vollständig in der Wehrmacht dienten und daher als Führungsnachwuchs nicht zur Verfügung stünden.[120]

Die Mobilmachung der Waffen-SS – diese Sammelbezeichnung für KZ-Wächter, SS-Besatzungstruppen und Fronteinheiten der Schutzstaffel kam kurz nach Kriegsbeginn auf und verdrängte die alten Begriffe Verfügungstruppe, Totenkopfverbände und Polizeiverstärkung bis Ende 1940 vollständig[121] – lief ebenfalls im August 1939 an.[122] Wie viele Männer der Allgemeinen SS die Reichsführung-SS dabei in ihre eigenen bewaffneten Einheiten einziehen konnte, ist strittig. Hermann Kaienburg geht von ca. 40 000, Martin Cüppers in Anlehnung an die Zahlen der Ankläger im Nürnberger Prozess von ca. 36 000 und Bernd Wegner von nur 34 000 Mann aus.[123] Bis Ende 1939 war die Waffen-SS insgesamt jedenfalls auf circa 56 000 Mann angewachsen,[124] womit sie die von Hitler im Mai 1939 festgelegte Obergrenze von insgesamt 64 000 Mann deutlich verfehlte. Allerdings war mit der kombinierten Einziehung der Wehrmacht und der Waffen-SS das Potenzial der Allgemeinen SS schon Ende 1939 „weitgehend ausgeschöpft“.[125]

Entsprechend setzte die Schutzstaffel im Krieg ihre aggressive Anwerbung der Vorkriegsjahre fort bzw. intensivierte sie noch. Gottlob Bergers Ergänzungsapparat wurde weiter professionalisiert und unter der neuen Bezeichnung „Ergänzungsamt der Waffen-SS“ ganz auf deren Bedürfnisse ausgerichtet. Schon Ende 1939 gehörten ihm über 600 hauptamtliche Mitarbeiter an, die in der Berliner Zentrale und in circa 30köpfigen Außenstellen in jedem Oberabschnitt arbeiteten.[126] Mit Kampagnen in Zeitungen, im Rundfunk und in der Hitler-Jugend

[118] Wegner: Politische Soldaten, S. 304. Im November 1939 erreichte Himmler allerdings immerhin, dass SS-Angehörige der „weißen Jahrgänge“, die zur Ausbildung im Ersatzheer eingezogen worden waren, diese aber noch nicht absolviert hatten, an die Waffen-SS abgetreten wurden – vgl. Befehl des OKW vom 23. 11. 1939, in BA Berlin, NS 19, Bd. 1652, Bl. 23.

[119] Vgl. Kap. IV.3.

[120] Schreiben des persönlichen Referenten Himmlers, Brandt, ans RSHA vom 31. 8. 1942, in BA Berlin, NS 19, Bd. 359, Bl. 1.

[121] Rempel: Gottlob Berger and Waffen-SS-Recruitment, S. 109; Wegner: Politische Soldaten, S. 127–129; Rede Himmlers vor dem Führerkorps der Leibstandarte vom 7. 9. 1940, in: Der Prozess gegen die Hauptkriegsverbrecher, Bd. 29, Dok. 1918-PS, S. 104.

[122] Geheimer Befehl des Chefs des SS-HA, Heißmeyer, vom 24. 8. 1939, in IPN-Archiv, GK 812, Bd. 7, Bl. 210.

[123] Kaienburg: Militär- und Wirtschaftskomplex, S. 85; Cüppers, S. 26; Der Prozess gegen die Hauptkriegsverbrecher, Bd. 22, S. 257–258; Wegner: Politische Soldaten, S. 27.

[124] Kaienburg: Wirtschaft, S. 94–95; Wegner: Politische Soldaten, S. 125–126.

[125] Wegner: Politische Soldaten, S. 27.

[126] Geheime Dienstanweisung für das Ergänzungsamt der Waffen-SS vom 29. 10. 1939 und Befehl Himmlers vom 22. 11. 1939, in BA Freiburg, NL 756, Bd. 53a; Stärkenachweis des SS-Ergänzungsapparats [o. D.; Ende 1939], in IPN-Archiv, GK 812, Bd. 8, Bl. 36.

Anwerbungsplakat der Waffen-SS (o. D.), in Bildarchiv Preußischer Kulturbesitz, Nr. 00003799.

gelang es, 1939 circa 15000, 1940 knapp 72000 und 1941 rund 44000 neue Rekruten für die Waffen-SS zu beschaffen. Dabei wurde bereits vielfach mit Druck gearbeitet, wodurch die weiter behauptete reine Freiwilligkeit des SS-Dienstes im Rückblick schon für diesen Zeitraum fragwürdig erscheint. Beispielsweise verschickten Dienststellen der Allgemeinen SS, der HJ, der NSDAP und sogar der Polizei schriftliche Aufforderungen, zu den Werbungsveranstaltungen und Musterungen der Schutzstaffel zu erscheinen, inklusive vager, wenn auch rechtlich noch haltloser Strafandrohungen.[127] Ungefähr ab Anfang 1943 wurden junge Männer in den neu eingerichteten Wehrertüchtigungslagern der HJ bzw. in den Lagern des Reichsarbeitsdienstes von den SS-Werbern derart in die Mangel genommen, dass selbst Heinrich Himmler von „unfreiwillig Freiwilligen" sprach und Gottlob Berger einräumte, man habe mitunter „etwas gewaltsam geworben".[128] Als Himmler im Juli 1944 zum Chef des Ersatzheeres ernannt wurde, fiel der längst zur rei-

[127] Vortragsmanuskript Bergers über das SS-Ergänzungswesen [o. D.; Mai-Juni 1942], in BA Berlin, NS 19, Bd. 218, Bl. 62–92; Rempel: Gottlob Berger and Waffen-SS-Recruitment, S. 108–111; Rempel: Hitler's Children, S. 205–209; Wegner: Politische Soldaten, S. 274–275; Rohrkamp, S. 301–312.

[128] Rede Himmlers vor Gau- und Reichsleitern der NSDAP in Posen vom 6. 10. 1943, in: Smith/Peterson, S. 179–181; geheimes Schreiben Bergers an Himmler vom 10. 10. 1943, in: Heiber: Reichsführer, S. 237–238.

nen Prätension verkommene Freiwilligkeitsanspruch dann endgültig weg, so dass im letzten Kriegsjahr noch einmal ungefähr 150000 junge Männer der Jahrgänge 1927/28 zwangsweise zur Waffen-SS eingezogen wurden.[129]

Auch die körperlichen und „rassischen“ Auslesekriterien wurden immer weiter aufgeweicht. Um die noch unvollständige Ablösung der militärisch ausgebildeten Totenkopfverbände von der KZ-Bewachung voranzutreiben, wurde im Oktober 1939 ein neues Abkommen mit dem Kyffhäuserbund geschlossen. Insgesamt 1500 ältere Männer sollten für den Dienst im Konzentrationslager angeworben werden, die dann ohne Rassemusterung und mit Sehfehlern bis zu vier Dioptrien in die SS übernommen werden durften.[130] 1940 wurde die Mindestgröße für den Dienst in den Totenkopfverbänden auf 1,68 m heruntergesetzt. 1941 wies Himmler den SS-Reichsarzt Ernst Robert Grawitz an, bei den medizinischen Musterungen mildere Maßstäbe anzulegen und auch Männer zu akzeptieren, die laut den Friedenskriterien der Wehrmacht noch als nur „bedingt tauglich“ gegolten hätten. 1942 äußerte der Reichsführer-SS den Willen, notfalls auch Einarmige, 16-Jährige oder über 50-Jährige in der Waffen-SS zu verwenden. Ab 1943 wurden Männer akzeptiert, die nur 1,66 m groß waren. In den beiden darauf folgenden Jahren schließlich nahm die Waffen-SS alle auf, die überhaupt kampffähig waren, sofern sie „rassisch“ keinen ersichtlichen „außereuropäischen Einschlag“ hatten.[131] Die Rekrutierung der Waffen-SS im Deutschen Reich war, wie Himmler im April 1942 in einem Brief an Theodor Eicke einräumte, zu einem dauernden „Kompromiss [...] zwischen der notwendigen Quantität und der bestmöglichen Qualität“[132] geworden, wobei sich die Gewichte immer mehr zum ersten Pol verschoben.

Mit den deutschen Eroberungen der ersten beiden Kriegsjahre standen Gottlob Berger bzw. Heinrich Jürs[133], der ihm an der Spitze des Ergänzungsamtes nachfolgte, als Berger seinerseits im April 1940 August Heißmeyer als Chef des SS-Hauptamtes ablöste, zudem neue Rekrutierungsgebiete außerhalb des Deutschen Reiches zur Verfügung. Hier musste die SS keine Rücksichten mehr auf die Wehrmacht nehmen. Schon im November 1939 schwor Berger seine Ergänzungsführer

129 Rempel: Gottlob Berger and Waffen-SS-Recruitment, S. 114–116; Rempel: Hitler's Children, S. 184–201, 212–217 und 231. Vgl. zur „Durchbrechung des Freiwilligkeitsprinzips“ allgemein Wegner: Politische Soldaten, S. 273–277.

130 Geheimes Schreiben des Stabsführers des Abschnitts XXIX an die Führer der 65. und 79. Standarte vom 21.10.1939, in StA Ludwigsburg, PL 506, Bd. 61.

131 Rohrkamp, S. 360ff. und 490; „Kriegsfreiwillige 1940“ in *Das Schwarze Korps* vom 25.1.1940; Schreiben Himmlers an den Reichsarzt der SS, Ernst-Robert Grawitz, vom 3.2.1941, in: Heiber: Reichsführer, S. 84; Vortragsmanuskript Bergers über das SS-Ergänzungswesen [o. D.; Mai-Juni 1942], in BA Berlin, NS 19, Bd. 218, Bl. 62–92; Rede Himmlers vor hochrangigen Polizei- und SS-Führern vom 9.6.1942, in: Smith/Peterson, S. 146–153; Befehl des Amts II des SS-HA vom 4.1.1943, in BA Berlin, NS 31, Bd. 279, Bl. 53.

132 Schreiben Himmlers an Eicke vom 30.4.1942, in: Heiber: Reichsführer, S. 116–117.

133 Heinrich Jürs, Jg. 1897, war ein Veteran des Ersten Weltkriegs, von 1919–1928 Polizist und danach Autovermieter. 1931 trat er in die NSDAP und die SA ein, wechselte aber rasch zur SS. 1933–1937 war er Führer in der Allgemeinen SS, zuletzt Abschnittsführer, anschließend Führer im RuS-Wesen, schließlich erneut Abschnittsführer, bevor er sich Berger anschloss – BA Berlin, SSO Heinrich Jürs.

im Blick auf das annektierte westpolnische Territorium darauf ein, sie sollten „immer daran denken, dass die Gewinnung jedes Volksdeutschen eine Verstärkung unserer Wehrkraft bedeutet."[134] Mit der Besetzung Norwegens, Dänemarks und der Beneluxländer konnte die alte Idee Himmlers, „nichtdeutsche Germanen" für die Waffen-SS zu gewinnen, umgesetzt werden. In Oslo, Kopenhagen und Den Haag wurden eigene „Ergänzungsstellen" eingerichtet, um „Freiwillige artverwandten nordischen Blutes" anzuwerben.[135] Als sich das Kriegsglück im Winter 1941/42 mit den deutschen Niederlagen in Russland bzw. dem Kriegseintritt der USA zu wenden begann und Hitler immer stärker auf den Ausbau der Waffen-SS setzte, um die vermeintlichen Defizite der Wehrmacht auszugleichen, schlug die SS-Führung diese „rassischen" Einschränkungen im Bezug auf die Anwerbung Nichtdeutscher in den Wind. Mit antibolschewistischen, antiimperialistischen und antisemitischen Argumenten wurden nun auch Balten, Galizier, bosnische Muslime, Ukrainer und Männer aus dem Kaukasus in die Waffen-SS gelockt bzw. vielfach auch brutal gepresst. Bis 1945 dienten in den Reihen dieser neuen Vielvölkerarmee neben ca. 400 000 bis 500 000 Reichsdeutschen und je 120 000 bis 160 000 „Volksdeutschen" und „germanischen Freiwilligen" auch circa 140 000 bis 250 000 „Fremdvölkische".[136]

Angesichts der enormen Ausdehnung, die die Waffen-SS im Lauf des Krieges erfuhr, sowie ihrer ebenfalls stark wachsenden personellen Heterogenität könnte man behaupten, dass es nahezu unmöglich ist, die Rolle genauer zu ermitteln, die die Männer der Vorkriegs-SS und im Speziellen die Angehörigen der Allgemeinen SS in ihren Reihen spielten. Allerdings hat René Rohrkamp darauf hingewiesen, dass auch die immer neuen Einheiten der Waffen-SS durch eine Art Zellteilung entstanden, wobei die altgedienten SS-Angehörigen jeweils eine Art prägende Rolle spielten und zu Garanten der insgesamt recht „hohen ideologischen Homogenität" wurden.[137] Auch die außerhalb des Reiches angeworbenen Einheiten standen in aller Regel unter deutscher Führung.[138]

Zur Verbrechensbilanz der Waffen-SS gehören die Ermordung von circa 100 britischen Kriegsgefangenen im französischen Le Paradis 1940, die Beteiligung an Pogromen bzw. Massenmorden an Juden unter anderem in Lemberg, Tarnopol, Zborow und Riga 1941, die Ermordung der Bevölkerung des bosnischen Dorfes

[134] Vortrag Bergers vor den Leitern der neuen Ergänzungsstellen der Waffen-SS vom 28.11.1939, in IPN-Archiv, GK 812, Bd. 8, Bl. 2–5.

[135] Rede Himmlers vor den SS-Gruppenführern vom 8.11.1938, in: Smith/Peterson, S. 36–38; Befehl Himmlers vom 6.11.1941, in BA Freiburg, NL 756, Bd. 52b.

[136] Zu den grob geschätzten und nicht unstrittigen Zahlen vgl. Rohrkamp, S. 14; Wegner: Politische Soldaten, S. 312; Leleu, S. 1089–1095; Gelwick, S. 536–537. Die Rundungen wurden hier weiter vergröbert, um den Schätzungscharakter zu verdeutlichen. Vgl. zum Stand vom Oktober 1943 auch die Rede Himmlers vor Gau- und Reichsleitern der NSDAP in Posen vom 6.10.1943, in: Smith/Peterson, S. 179–181. Zur Waffen-SS-Rekrutierung außerhalb des Reichs allgemein Birn: SS; Gelwick, S. 531–660; Rohrkamp, S. 361–396; Wegner: Politische Soldaten, S. 310–316.

[137] Rohrkamp, S. 518–530.

[138] Wegner: Politische Soldaten, S. 291–292.

Fotografie einer Exekution durch SS-Männer in Winniza / Ukraine 1942, in Bildarchiv Preußischer Kulturbesitz, Nr. 30003980.

Kosutica 1943, die Ausradierung des französischen Dorfes Oradour-sur-Glane und die Ermordung von rund 70 amerikanischen Kriegsgefangenen im belgischen Malmedy 1944. Diese Taten haben dazu geführt, dass die Waffen-SS 1946 in Nürnberg in toto als „verbrecherische Organisation“ abgeurteilt wurde. Obwohl auch die Wehrmacht schon lange nicht mehr als „sauber“ gelten kann, stellt die Waffen-SS diese in Sachen Kriegsverbrechen noch in den Schatten.[139] Auffällig ist zudem die Tatsache, dass die Gefallenenbilanz der Waffen-SS vor allem in der Kriegsendphase, als es ersichtlich nur noch darum ging, einen schon längst völlig sinnlos gewordenen Krieg zu verlängern, substanziell höher lag als die der Wehrmacht.[140] All das ist als Folge der ideologischen Verblendung und radikalen Gewalttätigkeit zu sehen, die gerade die „alten“ SS-Angehörigen in die Waffen-SS der Kriegszeit hineintrugen.

Bemerkenswert ist darüber hinaus, dass gerade Einheiten, in denen ein besonders hoher Anteil von Angehörigen der Allgemeinen SS zu finden war, einen überproportionalen Anteil an den fürchterlichen SS-Verbrechen während des Zweiten Weltkriegs hatten. Zu nennen sind dabei in allererster Linie die Wachmannschaften der Konzentrations- und ab Herbst 1941 auch der Vernichtungs-

139 Bilanzversuche zu den Verbrechen der Waffen-SS, die allerdings im Grad der Generalisierung stark differieren, bei Stein: Geschichte, S. 225–253, und Cüppers, S. 339–347. Zu den Verbrechen der Wehrmacht vgl. v. a. Hartmann/Hürter/Jureit.

140 Leleu, S. 1152.

lager. Im August 1939 traten insgesamt circa 2000 bis 3000 Männer der Allgemeinen SS ihren Dienst in Dachau, Flossenbürg, Sachsenhausen, Buchenwald, Ravensbrück, Neuengamme oder Mauthausen an.[141] Dabei ist bemerkenswert, wie problemlos sie sich unter der Anleitung der erfahrenen Mitarbeiter der „Kommandanturstäbe" in ihre neue Aufgabe fügten, obwohl sie keineswegs nur zur Außenbewachung ohne Häftlingskontakt eingesetzt wurden. R.A. beispielsweise, ein 1905 in Mecklenburg geborener, später in Schleswig-Holstein lebender Arbeiter, der sich 1933 als „Märzgefallener" der NSDAP und der SS angeschlossen hatte, nahm nach seiner Einziehung zur Polizeiverstärkung zunächst an einem dreimonatigen Ausbildungskurs in Oranienburg teil. Anschließend bewachte er zwei Jahre lang die Häftlinge des neu eingerichteten österreichischen KZ Gusen bei deren mörderisch harter Arbeit im Steinbruch, bevor er bis zum Kriegsende als Kraftfahrer in der Leibstandarte Adolf Hitler diente und unter anderem in Frankreich, Russland, Italien und Ungarn eingesetzt wurde.[142]

Obwohl er aus einer ganz anderen sozialen Schicht kam, hatte auch W.A. keine erkennbaren Probleme mit dem ganz ähnlichen Dienst, den er zwischen September 1939 und Januar 1940 im Steinbruch des KZ Buchenwald tat. Der 1899 geborene, selbstständige und erfolgreiche Eisenwarenhändler war schon 1932 der NSDAP und SA beigetreten, 1933 zur SS gewechselt und in seinem Heimatort als „fanatischer und gewalttätiger" Nationalsozialist bekannt. Nach 1945 behauptete er, wie R.A. auch, rein gar nichts von Häftlingsmisshandlungen mitbekommen zu haben. Allerdings fanden sich in seinem Spruchkammerverfahren nicht nur Mitbürger, die bezeugten, dass er sich mit seiner KZ-Erfahrung gebrüstet hatte, sondern auch zwei ehemalige Häftlinge, denen zufolge er als besonders berüchtigter Aufseher bekannt und persönlich an mehreren Tötungsdelikten beteiligt gewesen war. Nach seiner gesundheitsbedingten Entlassung aus Buchenwald und einer von der SS finanzierten Kur übernahm W.A. in seiner Heimatstadt die kommissarische Führung der Allgemeinen SS und half den Einsatz polnischer Zwangsarbeiter zu organisieren, wobei er erneut als prügelnder Gewalttäter auffiel.[143]

Gesellschaftlich sogar noch besser gestellt war H.A., der 1911 geborene Sohn eines Margarinefabrikanten, der es dank des Geldes seines Vaters nicht nur zum Teilhaber und Geschäftsführer einer Kolonialwarengroßhandlung und eines arisierten Textilwarenkaufhauses gebracht, sondern es 1934 auch geschafft hatte, durch eine Spende die eigentlich zu diesem Zeitpunkt geltende Aufnahmesperre zur Allgemeinen SS zu umgehen. Im September 1939 entging er der Einziehung

141 Kaienburg: Militär- und Wirtschaftskomplex, S. 73 und 81.

142 Akten des Spruchkammerverfahrens gegen R.A. von 1947/48, in BA Koblenz, Z 42 II, Fall 1656.

143 Akten des Spruchkammerverfahrens gegen W.A. von 1946–1949, in BA Koblenz, Z 42 IV, Fall 6827. Die Tatsache, dass in diesem Verfahren so viel ans Licht kam, war der Tatsache zu verdanken, dass W.A. sich mit seinem ehemaligen Prokuristen überworfen hatte, der, obwohl selbst alles andere als ein Antifaschist, nun erheblich mehr Energie in die Beschaffung von Belastungsmaterial investierte, als dies die öffentlichen Ankläger im Regelfall taten.

zur Wehrmacht bzw. zur Waffen-SS noch durch eine Sportverletzung am Knie. Als diese ausgeheilt war, musste H.A. im Juni 1940 doch im Lager Sachsenhausen antreten, wo er bis zum Mai 1942 als Schreiber in der Politischen Abteilung der Kommandantur tätig und dabei auch bei Gestapoverhören anwesend war. Danach wurde er dank seiner Beziehungen in eine Pariser Außenstelle des SS-Wirtschafts- und Verwaltungshauptamts versetzt, die allerdings 1944/45 ausgerechnet auf das Gelände des KZ-Komplexes Dachau evakuiert wurde. Absurderweise wollte H.A. selbst zu diesem Zeitpunkt überhaupt nichts von der dort herrschenden Unterernährung, den grassierenden Seuchen und dem Massensterben kurz vor der Befreiung des Lagers bemerkt haben.[144]

Aufgrund des explosiven Wachstums des KZ-Systems – bis zum Kriegsende entstanden 22 weitere Stamm- und rund 1200 Außenlager, die Gesamtzahl der Häftlinge stieg bis Mitte 1944 auf über eine halbe Million Menschen – verlor die SS schließlich ihr Aufseher-Monopol. Von den Anfang 1945 insgesamt circa 38 000 KZ-Wachmännern gehörten weniger als zehn Prozent zum „Schwarzen Orden“. Der Rest bestand aus „volksdeutschen“ und „fremdvölkischen“ Helfern, die, wie der Fall Demjanjuk zeigt, teilweise unter Zwang verpflichtet worden waren, dann aber im Sinn der SS gut funktionierten, sowie aus circa 20 000 älteren oder kriegsversehrten Wehrmachtssoldaten, die ab 1944 in den KZ-Dienst abkommandiert wurden. Die Ausbildung dieser Hilfskräfte sowie die Aufsicht über sie führten aber in jedem Fall altgediente SS-Männer.[145]

Ein zweites Beispiel für den besonders verbrecherischen Charakter von Waffen-SS-Einheiten, in denen überdurchschnittlich viele Männer der Allgemeinen SS dienten, stellten die Truppen dar, die 1941 dem Kommandostab Reichsführer-SS unterstellt wurden. Dieser war im Vorfeld des „Unternehmens Barbarossa“ unter dem Kommando von Kurt Knoblauch[146] gegründet worden, um neben den vier Einsatzgruppen des Reichssicherheitshauptamts weitere mobile Einheiten zum Dienst hinter der Front in die UdSSR schicken zu können. Die rund 18 500 Mann des Kommandostabs gehörten zwei SS-Kavallerie-Regimentern und zwei SS-Infanterie-Brigaden an. Der Kern der Mannschaften stammte aus SS-Totenkopf-Standarten, die 1939/40 im Rahmen der Mobilmachung der Allgemeinen SS entstanden waren und seitdem vor allem im Besatzungsdienst in Polen und in Holland gedient hatten. Martin Cüppers hat aus Gerichtsakten der Nachkriegszeit für eine der beiden Infanteriebrigaden einen Anteil vormaliger Angehöriger der Allgemeinen SS von rund 40% errechnet.[147] Nach ihrem Einmarsch in die

144 Akten des Spruchkammerverfahrens gegen H.A. von 1947/48, in BA Koblenz, Z 42 II, Fall 1177.

145 Orth: Bewachung, S. 128–129; Kaienburg: Militär- und Wirtschaftskomplex, S. 211–214; Perz.

146 Dieser 1885 geborene Berufsoffizier hatte in der Reichswehr gedient, bevor er sich 1933 der NSDAP und der SA anschloss. 1935 wechselte er zur SS und wurde Hauptamtlicher in deren Führungsamt. 1937–1940 arbeitete er als Mobilisierungsbeauftragter im Stab des Stellvertreters des „Führers“. 1940 half er, Theodor Eickes Totenkopfdivision aufzubauen. 1940/41 war er Waffen-SS-Befehlshaber in den Niederlanden. Zur Person Cüppers, S. 65–66.

147 Cüppers, S. 84 und 353.

Sowjetunion ermordeten die Männer des Kommandostabs innerhalb weniger Wochen 32000 Juden beiderlei Geschlechts und jeglichen Alters. In der Radikalisierung des Genozids gingen sie somit sogar den Einsatzgruppen und Polizeibataillonen voran. Bis Ende des Jahres 1941 betrug die Zahl ihrer jüdischen Opfer mindestens 57000. Im Winter 1941/42 brachten sie rund 25000 sowjetische Kriegsgefangene um, 1942/43 wirkten sie im Generalgouvernement an zahlreichen „Ghettoliquidierungen" der „Aktion Reinhard" mit, 1943 an der Niederschlagung des Warschauer Ghettoaufstands.[148]

Derart exzessiver Gewalteinsatz, der sich in erster Linie gegen jüdische Opfer richtete, entsprang nicht zuletzt der „kumulativen Radikalisierung" im Krieg.[149] Er lag aber zumindest für die beteiligten Männer der Allgemeinen SS durchaus auch in der Binnenlogik ihres „Ordens". Denn das *Schwarze Korps* hatte schon im November 1938, das heißt deutlich vor der berühmten Reichstagsrede Hitlers vom 30. Januar 1939,[150] angekündigt, man müsse die Juden als „Rasse von Mördern und Verbrechern und Todfeinden des deutschen Volkes" zumindest ghettoisieren. Wenn sich dort aber die angeblich inhärente kriminelle Energie der Juden potenziere, bleibe wohl nur noch, sie „auszurotten [...] mit Feuer und Schwert" und zwar bis zu ihrer „restlosen Vernichtung".[151] Heinrich Himmler selbst bezeichnete im Oktober 1943 die Tatsache, dass die SS zweieinhalb Jahre später nicht davor zurückgeschreckt war, diesen Worten Taten folgen zu lassen, als „niemals geschriebenes und niemals zu schreibendes Ruhmesblatt" ihrer Geschichte.[152]

3. Die Reste der Allgemeinen SS im Reich

Als der langjährige Führer des SS-Oberabschnitts Süd und Polizeipräsident Münchens, Friedrich Karl von Eberstein,[153] im August 1946 in Nürnberg als Zeuge vernommen wurde, gab er an, die Allgemeine SS habe „praktisch im Kriege zu bestehen aufgehört". Nahezu gleichlautend hatten sich zuvor schon die meisten der 2836 Angehörigen der Schutzstaffel geäußert, die im Internierungslager Kornwestheim eidesstattliche Erklärungen über ihre SS-Mitgliedschaft abgegeben hatten. Der Verteidiger der Schutzstaffel, Horst Pelckmann, übernahm diese These

148 Cüppers, S. 125–304. Speziell zu den Taten der SS-Kavallerie auch Wilson, S. 145–168.

149 Zu einer Zusammenfassung dieses Konzepts aus der Feder Hans Mommsens aus dem Jahr 2007 vgl. www.bpb.de/publikationen/MKUWND,2,0,Forschungskontroversen_zum_Nationalsozialismus.html#art2 [Zugriff 19. 5. 2011].

150 Die Passage mit der Prophezeiung der „Vernichtung der jüdischen Rasse in Europa" für den Fall eines neuen Weltkriegs online unter www.reichstagsprotokolle.de/Blatt2_n4_bsb00000613_00017.html [Zugriff 19. 5. 2011].

151 „Juden, was nun?" in *Das Schwarze Korps* vom 24. 11. 1938.

152 Himmlers Posener Rede vor SS-Gruppenführern vom 4. 10. 1943, in: Der Prozess gegen die Hauptkriegsverbrecher, Bd. 29, Dok. 1919-PS, S. 145–146.

153 Zur Person vgl. Kap. III.1.

schließlich in seinem Schlussplädoyer.[154] Auch in die historische Forschung hat sie Eingang gefunden. Bernd Wegner beispielsweise formulierte, von der Allgemeinen SS sei durch die Einziehung zu Wehrmacht und Waffen-SS bzw. dadurch, dass die SS-Führung sich ganz auf die Besatzungsherrschaft und den „totalen Krieg“ konzentrierte, ein „bloßes Organisationsgerippe“ übrig geblieben.[155]

Wegners Urteil ist vor allem seiner Perspektive geschuldet. Im Vergleich zum kometenhaften Aufstieg der Waffen-SS in den Jahren 1939 bis 1945 erscheinen die Reste der Allgemeinen SS und ihre Aktivitäten während des Zweiten Weltkriegs, um die es im Folgenden gehen soll, tatsächlich skelettiert. Die Aussagen im Kontext des Nürnberger Prozesses dagegen dienten nicht der Wahrheitsfindung, sondern der Selbstentlastung. Da in Nürnberg nur die deutschen Kriegsverbrechen und nicht alle Taten der Nationalsozialisten verhandelt wurden, sollten die Mitglieder der Allgemeinen SS dadurch vor einer Bestrafung bewahrt werden, dass man so tat, als hätte diese am 1. September 1939 nahezu schlagartig ihren Betrieb eingestellt.[156]

Dabei hatte August Heißmeyer, der Chef des SS-Hauptamts, schon im September 1938 während der „Sudetenkrise“ kategorisch festgestellt: „Im Mob-Falle wird die Allgemeine SS nicht aufgelöst.“ Vielmehr sollten die Dienststellen der Oberabschnitte und Abschnitte voll erhalten bleiben, diejenigen der Standarten, Sturmbanne und Stürme zu „Führungsstäben“ mit je drei bis fünf Mann verkleinert werden.[157] Am 2. September 1939 bekräftigte Heißmeyer diesen Kurs, indem er der Allgemeinen SS für die Kriegszeit drei Aufgaben übertrug: die „Heranschaffung des Ersatzes“ für die bewaffnete SS, die „Betreuung der Familien, deren Männer fort“ seien, und die „Zusammenfassung der in der Heimat gebliebenen Männer zum Dienst“.[158]

Als der Chef des im Juni 1939 neu gegründeten SS-Personalhauptamts, Walter Schmitt,[159] im November 1939 angesichts des eklatanten Mangels an geeigneten

154 Der Prozess gegen die Hauptkriegsverbrecher, Bd. 20, S. 323, Bd. 21, S. 659, und Bd. 35, S. 593.

155 Wegner: Politische Soldaten, S. 277.

156 In Ebersteins Fall ging die Strategie auf. Obwohl er ein Nationalsozialist der ersten Stunde und qua Amt als Polizeipräsident und HSSPF für eine Vielzahl von NS- und Kriegsverbrechen verantwortlich war, wurde er nach nur dreijähriger Internierung frei gelassen. Im Entnazifizierungsverfahren wurde er zuerst als Minderbelasteter, dann als Belasteter und schließlich als Mitläufer eingestuft. Zwei strafrechtliche Ermittlungsverfahren gegen ihn in den 1950er und 1960er Jahren wurden ergebnislos eingestellt, so dass er bis zu seinem Tod 1979 als freier Mann in Oberbayern lebte. Vgl. Schulz, Bd. 1, S. 267–273.

157 Befehl des Chefs des SS-HA, Heißmeyer, vom 14. 9. 1938, in IPN-Archiv, GK 812, Bd. 3, Bl. 184. Vgl. auch Mob.Kalender des Oberabschnitts Südost [o. D.; Anfang 1939], in IPN-Archiv, GK 812, Bd. 6, Bl. 210–237.

158 Befehl des Chefs des SS-HA, Heißmeyer, vom 2. 9. 1939, in BA Berlin, NS 31, Bd. 357, Bl. 63.

159 Der 1879 geborene Schmitt hatte 1899–1914 eine Offizierslaufbahn eingeschlagen, war aber gleich zu Beginn des Ersten Weltkriegs in französische Kriegsgefangenschaft geraten, aus der er erst 1919 wieder zurückkehrte. Nach seiner Entlassung aus der Reichswehr 1920 war er bis Oktober 1931 Personalchef in einer Hamburger Weberei. Arbeitslos geworden, schloss er sich zunächst der SA, 1932 der SS an, in der er rasch aufstieg. 1934 wurde er Personalreferent Himmlers, im folgenden Jahr Chef des Personalamts im neuen SS-Hauptamt, das für

Führern für die expandierende Waffen-SS vorschlug, die „Führungsstäbe“ ebenso aufzugeben wie die Abschnittsdienststellen, schlug ihm recht einhellige Ablehnung seitens der anderen SS-Amtschefs und der regionalen SS-Führer entgegen. Man könne, wenn man die von Heißmeyer gestellten Funktionen ausfüllen wolle, nicht noch mehr Personal und Dienststellen aufgeben. Ein rein ehrenamtlicher Betrieb, wie er während der „Kampfzeit“ geherrscht habe, sei nicht möglich, da im Gegensatz zu dieser keine arbeitslosen Aktivisten mehr zur Verfügung stünden.[160] Schmitts Vorstoß war gescheitert, was bedeutete, dass bei der Umstellung der Allgemeinen SS vom Friedens- auf den Kriegsbetrieb weiter nach den Plänen aus der Vorkriegszeit verfahren wurde.[161]

Allerdings hatte Heißmeyer in seinem Befehl vom Tag nach dem deutschen Überfall auf Polen den „inneren“ Dienstbetrieb aus Sport, Schulung und SS-Feiern im Gegensatz zu den neuen Kernaufgaben der Rekrutierung für die Waffen-SS und der Fürsorge für die Familien der Eingezogenen konditioniert. Er sei nur aufrechtzuerhalten, „solange es möglich ist“.[162] Diese Machbarkeit wurde neben den Einziehungen, die dazu führten, dass in einigen Stürmen Ende 1939, Anfang 1940 nur noch eine Handvoll SS-Männer vorhanden waren,[163] dadurch eingeschränkt, dass seit Kriegsbeginn die Organisation der Fördernden Mitglieder der SS[164] ebenso ruhte wie die Beitragspflicht der vollwertigen SS-Angehörigen. Die Allgemeine SS war nun voll auf die Zuwendungen des Schatzmeisters der NSDAP, Franz Xaver Schwarz, angewiesen, der aber klargestellt hatte, dass man maximal mit der Hälfte der alten Sachetats rechnen könne.[165] In dieser Lage richtete ein Sturmbann der 81. Standarte die bezeichnende Frage an den Oberabschnitt Südwest, „wie der Dienstbetrieb [...] durchgeführt werden soll, wenn [...] keinerlei Mittel dazu zur Verfügung stehen“.[166] Großereignisse wie die Wintersonnwendfeier 1939 oder die Beteiligung an den Festivitäten zum 30. Januar oder zum

alle Führerpersonalien der Schutzstaffel zuständig war. 1942 wurde er aufgrund einer Erkrankung an der Spitze des SS-Personalwesens durch Maximilian von Herff ersetzt. Im September 1945 wurde Schmitt in Prag hingerichtet. Vgl. BA Berlin, SSO Walter Schmitt.

160 Schreiben des Chefs des SS-Personalhauptamts an den Chef des SS-HA vom 27.11.1939, in BA Berlin, NS 31, Bd. 67, Bl. 1; Befehlsentwurf des SS-HA betr. die Allgemeine SS während des Krieges und Anschreiben des SS-HA an Pohl, Schmitt und Scharfe vom 6.12.1939, in BA Berlin, NS 31, Bd. 67, Bl. 31–34 und 37; Schreiben diverser Oberabschnittsführer ans SS-HA von November und Dezember 1939, in BA Berlin, NS 31, Bd. 67, Bl. 4–19; Stellungnahmen von SS-Amtschefs zum Befehlsentwurf des SS-HA vom 6.12.1939, in BA Berlin, NS 31, Bd. 67, Bl. 42–44 und 51.

161 Befehl des Chefs des SS-HA betr. die Allgemeine SS während des Krieges vom Dezember 1939, in BA Berlin, NS 31, Bd. 67, Bl. 52ff.

162 Befehl des Chefs des SS-HA, Heißmeyer, vom 2.9.1939, in BA Berlin, NS 31, Bd. 357, Bl. 63.

163 Schreiben des Führers des Sturms 7/79 an den Sturmbann II/79 vom 17.1.1940 und Schreiben des Führers des Sturms 5/79 an den Sturmbann II/79 vom 19.1.1940, in StA Ludwigsburg, PL 506, Bd. 64.

164 Vgl. Kap. IV.4.

165 Befehle des Verwaltungsamts des Oberabschnitts Fulda-Werra vom 15. und 30.9.1939, in StA Marburg, 327/2b, Bd. 55.

166 Schreiben des Führungsstabes des Sturmbanns II/81 an die 81. Standarte vom 1.11.1939, in StA Ludwigsburg, PL 506, Bd. 74.

20. April 1940 wurden reichsweit abgesagt.[167] Dienstsport und Schulungen fanden im ersten Kriegsjahr fast nur noch an großen Rüstungsstandorten und in einigen Großstädten statt, wo besonders viele „uk-gestellte" SS-Männer zu finden waren.[168]

Im Vergleich zu den anderen Gliederungen und angeschlossenen Verbänden der NSDAP war die Allgemeine SS während des Zweiten Weltkriegs trotz all dieser Einschränkungen privilegiert. Denn seit einem Heß-Erlass über die „Zusammenfassung aller Kräfte der Partei im Kriege" von Mitte September 1939 durften die „Hoheitsträger" der Politischen Organisation die Mitarbeiter der SA, des NSKK, der HJ, der NS-Berufsverbände usw. jederzeit und ohne weitere Absprache zur Parteiarbeit heranziehen. Zudem wurden ihre Kader im Kriegsverlauf durch mehrere von Hitler bzw. dem Heß-Nachfolger, Martin Bormann, angeordnete „Stilllegungen" zugunsten der „Freimachung" für Rüstungsbetriebe, die Wehrmacht oder die Stäbe der Gau- und Kreisleiter der NSDAP ausgedünnt. Ausgenommen von all diesen Eingriffen der Parteizentrale war allein die Schutzstaffel.[169]

Die verbliebenen Dienststellen der Allgemeinen SS auf der Ebene der Reichsführung,[170] der Oberabschnitte und der Abschnitte befassten sich ab Herbst 1939 primär mit drei Aufgaben. Erstens wurden wie zuvor schon in Österreich, dem Sudetenland, Böhmen und Mähren und dem Memelland auch in den ans Reich angegliederten westpolnischen Gebieten sowie in Elsass-Lothringen Einheiten der Allgemeinen SS aufgestellt. In den neuen „Reichsgauen" im Osten entstanden die beiden Oberabschnitte Weichsel mit Sitz in Danzig und Warthe mit Sitz in Posen. Als Mitglieder wurden neben zuvor in Polen lebenden „Volksdeutschen" auch Deutschstämmige geworben, die infolge der Abmachungen des Hitler-Stalin-Pakts aus der UdSSR ausgesiedelt wurden. Ihnen wie auch den beitrittswilligen Elsässern wurde ein verkürztes Aufnahmeverfahren angeboten, in dem noch ärzt-

[167] Befehle Himmlers vom 4.12.1939, 25.1.1940 und 15.4.1940, in BA Berlin, NS 19, Bd. 3909, Bl. 13, 18 und 20.

[168] Schreiben des Führers des Oberabschnitts Südwest, Kaul, ans SS-HA vom 28.11.1939, in BA Berlin, NS 31, Bd. 67, Bl. 8–10; Befehl des Chefs des SS-HA, Berger, vom 27.8.1940, in StA Marburg, 327/2b, Bd. 56.

[169] NOLZEN: NSDAP, S. 112, 140–142 und 164–165. Zur Sonderstellung der SS während des Weltkriegs auch NOLZEN: Der „Führer", S. 64–67.

[170] Dass auch hier der Fokus während des Krieges immer stärker auf der Waffen-SS bzw. der Ausübung der Besatzungsherrschaft lag, zeigen die Ausgliederungen aus dem SS-Hauptamt. Neben dem bereits erwähnten Personalhauptamt war 1939 auch Pohls SS-Verwaltung als Hauptamt Verwaltung und Wirtschaft selbstständig geworden. Dieses wiederum wurde 1942 mit dem zunächst beim Reichsinnenministerium angegliederten Hauptamt Wirtschaft und Bauten zum Wirtschafts- und Verwaltungshauptamt fusioniert. Die dritte wichtige Abspaltung stellte 1940 das Führungshauptamt der Waffen-SS dar. Auch das RuSHA beschäftigte sich kaum noch mit der Allgemeinen SS, sondern nahezu ausschließlich mit der Siedlungspolitik bzw. der „rassischen" Neuordnung Europas, so dass für die Allgemeine SS vor allem die Reste des SS-Hauptamts zuständig waren. Vgl. BUCHHEIM: Herrschaftsinstrument, S. 201–211. Zum RuSHA im Krieg HEINEMANN: Rasse, S. 127ff.

liche und „rassische" Musterungen vorgenommen, jedoch keine Abstammungsnachweise oder Führungszeugnisse mehr eingefordert wurden.[171]

Zweitens assistierte die Allgemeine SS, wie im Befehl Heißmeyers vom 2. September 1939 vorgesehen, weiterhin Bergers neuem Ergänzungsapparat[172], unter anderem indem sie Anzeigenkampagnen in der Regionalpresse schaltete und Ausbilder bzw. Führer für den HJ-Streifendienst stellte, der bis November 1940 auf 50000 Jugendliche ausgebaut wurde.[173] Dass es dabei primär um den Nachschub für die Waffen-SS und allenfalls noch sekundär um die Ergänzung und Verjüngung der Allgemeinen SS selbst ging, verdeutlichen die Zahlenverhältnisse. Bei Kampagnen im Bereich der 13. Standarte wurden 1940 bis 1943 315 Männer für die Waffen-SS und nur 23 für die Allgemeine SS angeworben. Im Gebiet der 63. Standarte betrug die Relation gar 297 zu zwei. Im Februar 1944 ordnete der Stabsführer des Oberabschnitts Südwest ausdrücklich an, für die Allgemeine SS nur noch solche jungen Männer zu rekrutieren, „die sich für die Waffen-SS nicht entschieden haben".[174]

Drittens übernahm die Allgemeine SS eine führende Rolle bei der Betreuung der SS-Männer, die sich in den Einheiten der Waffen-SS oder der Wehrmacht im Kriegseinsatz befanden, ihrer zuhause gebliebenen Familien, der kriegsversehrten SS-Angehörigen sowie der Witwen und Waisen der „Sippengemeinschaft" der Schutzstaffel.[175] Zur Erfüllung dieser Aufgaben, die im Lauf des Krieges mit der Expansion der Waffen-SS sowie den steigenden Zahlen von Verwundeten und Toten immer umfangreicher wurden, rief die Reichsführung-SS 1939/40 eine ganze

171 Befehl des Chefs des SS-HA, Heißmeyer, vom 24.8.1939, in IPN-Archiv, GK 812, Bd. 7, Bl. 223; Befehl des Chefs des SS-HA, Heißmeyer, vom 31.10.1939, in BA Berlin, NS 31, Bd. 342, Bl. 158; Befehl des Chefs des SS-HA vom 19.1.1940, in IPN-Archiv, GK 810, Bd. 1, Bl. 30; Befehl des Chefs des Ergänzungsamts der Waffen-SS, Berger, vom 13.9.1940, in BA Berlin, NS 31, Bd. 366, Bl. 113; Befehl des Chefs des Ergänzungsamts der Waffen-SS, Berger, vom 2.10.1940, in BA Berlin, NS 31, Bd. 366, Bl. 120.

172 Vgl. Kap. VI.2.

173 Zu einer Werbungskampagne vom September 1939 vgl. geheimer Befehl des Chefs des SS-HA vom 1.9.1939, in StA Ludwigsburg, PL 506, Bd. 61; geheimer Befehl des Stabsführers des Oberabschnitts Südwest vom 5.9.1939, in StA Ludwigsburg, PL 506, Bd. 61; Schreiben des Führers der 79. Standarte an die HJ-Bannführer in seinem Gebiet vom 6.9.1939, in StA Ludwigsburg, PL 506, Bd. 61; Schreiben des Führers der 79. Standarte an den Abschnitt XXIX vom 9.9.1939, in StA Ludwigsburg, PL 506, Bd. 61. Zur Kooperation mit dem Streifendienst s. Nolzen: Streifendienst, S. 26 und 31–33; Rempel: Hitler's Children, S. 64–66 und 70; diverse Unterlagen zur Anwerbung für den HJ-Streifendienst bzw. aus diesem für die SS in den Jahren 1940–1944, in StA Ludwigsburg, PL 506, Bd. 69.

174 Schreiben des Führers des Oberabschnitts Südwest, Hofmann, an den HJ-Verbindungsführer bei der 63. Standarte, Schuh, vom 6.3.1943 und 8.10.1943, in StA Ludwigsburg, PL 506, Bd. 69; Schreiben des Führers des Oberabschnitts Südwest, Kaul, an den HJ-Verbindungsführer bei der 13. Standarte, Breitweg, vom 6.3.1943, in StA Ludwigsburg, PL 506, Bd. 95; Befehl des Stabsführers des Oberabschnitts Südwest vom 14.2.1944, in StA Ludwigsburg, PL 506, Bd. 96.

175 Inwiefern auch die SS-Fürsorge von der Sorge vor einem vermeintlich neuerlichen „Dolchstoß" motiviert wurde, die – vgl. Nolzen: NSDAP, S. 128 – hinter den parallelen Maßnahmen der NSDAP stand, ist angesichts der fragmentarischen Quellenlage schwer zu klären.

Reihe von Einrichtungen ins Leben.[176] Wie bereits erwähnt, war es unmittelbar nach Kriegsbeginn gelungen, auch den Männern der Waffen-SS und ihren Familien ein Anrecht auf die Versorgungsleistungen zu verschaffen, die den Wehrmachtsangehörigen laut dem Wehrmachtsfürsorge- und Versorgungsgesetz vom 26. August 1938 und dem Einsatzfürsorge- und Versorgungsgesetz vom 6. Juli 1939 zustanden. Stolz ließ Himmler im *Schwarzen Korps* verkünden, nun werde „für alle [...] gesorgt" und zwar „rasch, unbürokratisch und ausreichend".[177] Als Pendant zu den Wehrmachtsfürsorge- und Versorgungsämtern bei den Wehrkreiskommandos entstand das SS-Hauptfürsorge- und Versorgungsamt beim Reichsinnenministerium, an dessen Spitze Hermann Haertel stand, der schon seit 1935 die SS-Fürsorge leitete[178]. Haertels neues Amt verfügte über Außenstellen am Dienstsitz jedes Höheren SS- und Polizeiführers.[179]

Um sicherzustellen, dass die SS-Männer und ihre Familien mehr als das gesetzlich vorgeschriebene Minimum erhielten, wurde im Herbst 1939 eine zusätzliche Dienststelle im Sippenamt des Rasse- und Siedlungshauptamtes geschaffen, die in den folgenden zwei Jahren 1400 Feldpostpäckchen, 12 000 *Leithefte* und 28 000 Exemplare des *Schwarzen Korps* an die Frontsoldaten der SS schickte und in 450 Fällen besondere Familienbeihilfen gewährte. Ähnliche Initiativen gingen auch von den regionalen Einheiten der Allgemeinen SS aus, die den Kontakt zu ihren an der Front befindlichen Angehörigen mit Mitteilungsblättern und Geschenksendungen pflegten.[180]

Zur systematischen Betreuung verwundeter SS-Männer, die in Lazaretten in seinem Zuständigkeitsgebiet lagen, gründete beispielsweise der Führer des Oberabschnitts Fulda-Werra, Josias zu Waldeck und Pyrmont,[181] Anfang 1940 einen „SS-Kriegsverletzten-Hilfsdienst". Zur Mitarbeit rief er vor allem die Bräute und Ehefrauen der SS-Angehörigen auf. Neben regelmäßigen Besuchen sollten sie den Genesenden ausreichend Bettlektüre, frische Wäsche und auf Wunsch Freikarten für Kinos, Konzerte und Theateraufführungen beschaffen.[182]

[176] Zum Stellenwert, den Himmler persönlich diesem Komplex beimaß, vgl. sein Schreiben an die Witwe eines gefallenen SS-Manns vom 1. 7. 1943, in: Heiber: Reichsführer, S. 219.

[177] „Für alle wird gesorgt" in *Das Schwarze Korps* vom 21. 9. 1939.

[178] Vgl. Kap. V.2.

[179] „Hilfe für Angehörige der bewaffneten SS" in *Das Schwarze Korps* vom 2. 11. 1939.

[180] Rechnung für die Lieferung von Schokolade und Pralinen für Feldpostpakete an den Oberabschnitt Südwest vom 23. 11. 1939, in StA Ludwigsburg, PL 506, Bd. 95; Befehl des Führers der 79. Standarte vom 29. 11. 1940, in StA Ludwigsburg, PL 506, Bd. 61; Feldpostkarte des SS-Manns E.G. an die 79. Standarte vom 27. 8. 1941, in StA Ludwigsburg, PL 506, Bd. 61; Tätigkeitsbericht der Hauptabteilung IV des RuSHA-Sippenamts vom 3. 10. 1941, in BA Berlin, NS 2, Bd. 57, Bl. 87–91; Befehl des Chefs des SS-HA, Berger, vom 13. 8. 1943, in BA Berlin, NS 31, Bd. 357, Bl. 103.

[181] Zur Person vgl. Kap. II.1.

[182] Befehl des Führers des Oberabschnitts Fulda-Werra, zu Waldeck, vom 26. 2. 1940, in StA Marburg, 327/2b, Bd. 56; Befehl des Führers des Oberabschnitts Fulda-Werra, zu Waldeck, vom 18. 1. 1941, in StA Marburg, 327/2b, Bd. 57. Zu ähnlichen Aktivitäten im Oberabschnitt Südwest vgl. Rundschreiben des Stabsführers des Abschnitts XXIX vom 24. 5. 1940, in StA Ludwigsburg, PL 506, Bd. 98; Befehl des Stabsführers der Allgemeinen SS im Oberabschnitt Südwest, Müller, vom 28. 8. 1941, in StA Ludwigsburg, PL 506, Bd. 81.

Die umfangreichste Versorgung erhielten jedoch die Witwen und Waisen gefallener SS-Männer. Mitte September 1939 richtete der Chef des Personalhauptamtes, Walter Schmitt, auf Befehl Himmlers eine „Sammelstelle für Verluste der SS im Krieg" ein, der Außenstellen in jedem Oberabschnitt und feste Beauftragte in jeder Standarte und jedem Sturm zugeordnet wurden. Dieser neue Apparat hatte in jedem Einzelfall „die Lebensmöglichkeit der Hinterbliebenen" zu eruieren und in Zusammenarbeit mit Haertels Dienststellen sowie dem SS-Verein „Lebensborn" Fürsorgemaßnahmen zu ergreifen. Diese umfassten die Vermittlung von „SS-Kameraden" als Berater, Vormund oder Vermögensverwalter, den Beistand beim Kontakt zu staatlichen oder parteiamtlichen Fürsorgeeinrichtungen, gegebenenfalls bis hin zur Rechtshilfe, die Gewährung von einmaligen oder regelmäßigen finanziellen Beihilfen und schließlich die Verteilung von Kleider- oder Lebensmittelgeschenken zum Beispiel anlässlich des „Julfestes".[183] Allerdings waren diese Leistungen vom „würdigen Verhalten" der Empfänger abhängig. Wenn die Witwen der gefallenen SS-Männer sich aus Sicht der Schutzstaffel Verfehlungen zuschulden kommen ließen, wollte man hingegen dafür sorgen, dass ihnen das Sorgerecht für ihre Kinder entzogen wurde, um sicherzustellen, dass diese „im wahren SS-Geiste heranwachsen".[184]

All diese Fürsorgemaßnahmen gingen weit über die staatlichen Pflichtleistungen, aber auch über das hinaus, was die NSDAP ihren „Parteigenossen" im Kriegseinsatz zukommen ließ[185]. Um sie trotz des Ausfalls der FMO sowie der SS-Beiträge finanzieren zu können, griffen die SS-Führer zu einer Reihe von Tricks. Erstens wurde die offiziell ruhende Fördernde Mitgliedschaft teilweise vor Ort unter Tarnbezeichnungen wie „Opferring" oder „FM-Kameradschaft" reaktiviert. Im Oberabschnitt Fulda-Werra kam das beispielsweise in Erfurt, Frankfurt am Main, Gießen, Fulda und Aschaffenburg vor.[186] Zweitens ließen zahlreiche SS-Führer seit 1939 nichtgenehmigte Spendensammlungen durchführen. 1940/1941 beschwerte sich der Schatzmeister der NSDAP und wichtigste reguläre Geldgeber der Allgemeinen SS, Franz-Xaver Schwarz, mehrfach bei Heinrich Himmler, August Heißmeyer und Oswald Pohl über dieses Gebaren, das seiner Meinung nach

183 Befehl des Chefs des SS-Personalhauptamts, Schmitt, vom 19.9.1939, in StA Marburg, 327/2b, Bd. 55; Befehl des Führers des Oberabschnitts Rhein vom 24.10.1939, in StA Marburg, 327/2a, Bd. 82; Befehl Himmlers vom 19.6.1940, in StA Marburg, 327/2b, Bd. 56; Lebensborn-Broschüre betr. allgemeine Richtlinien für die Fürsorge für die Hinterbliebenen der gefallenen SS-Kameraden [o. J.; ca. 1940/41], in IfZ-Archiv, DC 012.003; Befehl des Führers des Oberabschnitts Fulda-Werra vom 14.10.1941, in StA Marburg, 327/2b, Bd. 57; Befehl des Führers des Oberabschnitts Fulda-Werra, zu Waldeck, vom 3.1.1942, in StA Marburg, 327/2b, Bd. 56.

184 Befehl des Führers des Oberabschnitts Fulda-Werra, i. V. Hellwig, vom 26.2.1940, in StA Marburg, 327/2b, Bd. 56; Befehl des Chefs des Hauptamts SS-Gericht, Scharfe, vom 17.4.1941, in BA Freiburg, NL 756, Bd. 55a.

185 Zur relativen Zurückhaltung der NSDAP in Sachen zusätzlicher Kriegsfürsorge vgl. NOLZEN: NSDAP, S. 128–135.

186 Befehl des Führers des Oberabschnitts Fulda-Werra, zu Waldeck, vom 9.5.1940, in StA Marburg, 327/2b, Bd. 56; Skizze Wolfgang Vopersals zur FMO [o. D.], in BA Freiburg, NL 756, Bd. 46b.

einen „unerträglichen Umfang" angenommen hatte. Die „ständige Bettelei bei den Geschäftsleuten und Wirtschaftsunternehmen", bei der zumindest auch „moralischer Druck" ausgeübt werde, müsse aufhören.[187] Die daraufhin wiederholt von Himmler erlassenen Sammlungsverbote fruchteten jedoch nicht. Schwarze Kassen gehörten, wie ein gerügter Oberabschnittsführer Himmler gestand, zur üblichen Praxis aller Höheren SS- und Polizeiführer.[188] Diese wurden drittens, auch das räumte der betreffende Oberabschnittsführer, Ernst-Heinrich Schmauser, offen ein, zudem aus Geldern gespeist, die die SS für die Überlassung von Zwangsarbeitern kassierte. Dass schließlich viertens sogar Beute aus SS-Massenmorden zur Verteilung kam, legen die erhaltenen Quellen zumindest nahe. Wie sonst ließe sich erklären, dass Heinrich Himmler den Chef des für die besondere Familienfürsorge zuständigen Rasse- und Siedlungshauptamts, Otto Hofmann, am 14. September 1942 in einem Geheimschreiben informierte, er werde zur Verteilung anlässlich des „Julfestes" 1942 unter anderem 8454 Paar Strümpfe, 970 Kinderkleidchen, 72 Damenmäntel, 199 Damenregenmäntel und 217 Paar Fäustlinge erhalten?[189]

Im Sommer 1940, als nach dem Sieg gegen Frankreich und vor der definitiven Entscheidung zum Überfall auf die Sowjetunion eine kurze Zeit lang Hoffnung auf ein schnelles und siegreiches Kriegsende und die Rückkehr zahlreicher SS-Angehöriger ins Deutsche Reich bestand, unternahm Gottlob Berger, mittlerweile Chef des für die Allgemeine SS zuständigen SS-Hauptamts, einen Vorstoß, diese in Sachen Sport und Schulung zu reaktivieren.[190] Daraufhin nahmen bis August 1941 beispielweise 36 leistungssportlich orientierte SS-Sportgemeinschaften ihren Betrieb wieder auf. Das war nur eine weniger als vor dem Krieg.[191]

Tatsächlich befanden sich bis 1945 relativ konstant zwischen 40 000 und 60 000 Männer der Allgemeinen SS und somit rund ein Viertel ihres alten Mitglieder-

187 Schreiben Schwarz' an Himmler vom 17.12.1940 und zwei Schreiben Schwarz' an Berger bzw. Pohl vom 15.8.1941, in BA Berlin, NS 19, Bd. 2382, Bl. 1 und 4–6.

188 Zu Himmlers Verboten u. a. Befehl des Führers des Oberabschnitts Fulda-Werra, zu Waldeck, vom 12.6.1941, in StA Marburg, 327/2b, Bd. 57. Zum Geständnis der Verstöße dagegen Schreiben des HSSPF Südost, Schmauser, an Himmler vom 2.2.1943, in BA Berlin, NS 19, Bd. 2266, Bl. 15–16.

189 Geheimes Schreiben Himmlers an den Chef des RuSHA, Hofmann, vom 14.9.1942, in: Heiber: Reichsführer, S. 147–148. Vgl. auch Schreiben von Himmlers persönlichem Referenten, Brandt, an den Chef des SS-HA, Berger, und den Chef des RuSHA, Hofmann, vom 5.12.1942, in: Heiber: Reichsführer, S. 171. Zur Verteilung vor Ort am Bsp. des Oberabschnitts Südost vgl. die Unterlagen in IPN-Archiv, GK 812, Bd. 13. Die denkbare Alternative, dass die ungewöhnlichen Stückzahlen darauf zurückzuführen sind, dass es sich um gespendete Kleidungsstücke handelte, passt nicht zur unbedingten Geheimhaltung dieser „Sonderaktion". „Volksgemeinschaftliche" Spenden wurden in der Regel im *Schwarzen Korps* oder andernorts propagandistisch verwertet.

190 Befehl des Chefs des SS-HA, Berger, vom 27.8.1940, in StA Marburg, 327/2b, Bd. 56.

191 Zur Wiederbelebung des SS-Sports Befehl Himmlers vom 16.12.1940, in BA Berlin, NS 19, Bd. 3909, Bl. 24; Schreiben des Führers des Oberabschnitts Südwest, Kaul, an Himmler vom 7.5.1941, in BA Berlin, NS 19, Bd. 3041, Bl. 25–26; Schreiben des Inspekteurs für Leibesübungen an Himmler vom 22.8.1941, in BA Berlin, NS 19, Bd. 3041, Bl. 33–36; Befehl Himmlers vom 27.8.1942, in BA Berlin, NS 19, Bd. 3041, Bl. 61.

bestandes in der Heimat, so dass es durchaus eine Zielgruppe für die Wiederbelebung des Dienstbetriebs gab.[192] Allerdings war diese noch heterogener und insgesamt weniger einsatzfähig als vor dem Krieg. Neben 18-jährigen HJ-Abgängern, die vor der Einziehung zur Waffen-SS kurzfristig bei der Allgemeinen SS untergebracht wurden, um sie nicht doch noch an die Wehrmacht zu verlieren,[193] standen nun „uk-gestellte" Rüstungsarbeiter, die die SS-Führung nicht mehr so einfach für ihren Dienstbetrieb beurlauben lassen konnte, und schließlich zurückkehrende Kriegsversehrte, die ebenfalls vielfach nur beschränkt dienstfähig waren.

Die Hoffnung auf weitere Entlassungen aus Wehrmacht und Waffen-SS erwies sich dagegen als trügerisch. Vielmehr kam es, wie beschrieben,[194] im Vorfeld des „Unternehmens Barbarossa" und dann infolge der immer verheerenderen Kriegslage stetig zu weiteren Einberufungen. In dieser Situation ordnete Berger im März 1943 an, den „öffentlichen Sportbetrieb in der SS" erneut einzustellen. Allenfalls intern sollte noch an der „Körperertüchtigung im Hinblick auf den zukünftigen Wehreinsatz" gearbeitet werden.[195] Im Bereich der Schulung, wo bis 1939 stets die unbedingte Eigenständigkeit der SS gehütet worden war,[196] ließ Berger die im Reich verbliebenen SS-Männer ab Anfang 1942 die allgemeinen NSDAP-Schulungsabende besuchen. Selbst dort, wo noch eigene „Gemeinschaftsstunden" der Allgemeinen SS veranstaltet wurden, waren diese nun nach den „Reichsthemen" auszurichten, die Alfred Rosenberg in seiner Funktion als „Beauftragter des Führers für die Überwachung der gesamten geistigen und weltanschaulichen Schulung und Erziehung der NSDAP" festlegte.[197] Dass der Schulungsapparat, den das Rasse- und Siedlungshauptamt parallel zu den Einheiten der Allgemeinen SS aufgebaut hatte, 1942–1945 faktisch nicht mehr existierte, zeigt auch der Befehl Bergers vom Januar 1944, SS-Totenfeiern gegebenenfalls von den „Hoheitsträgern" der NSDAP leiten zu lassen.[198]

Mit ihren Fürsorgeaufgaben und dem „Menschenfang auf der Straße, im Theater oder sonst irgendwo"[199] für die Waffen-SS war die Allgemeine SS zumindest in der zweiten Kriegshälfte weitgehend ausgelastet. Das verdeutlicht nicht zuletzt

[192] Aufstellung des Statistisch-Wissenschaftlichen Instituts des Reichsführers-SS über die Stärke der SS am 31.12.1943, in BA Freiburg, NL 756, Bd. 47b; Aufstellung des Statistisch-Wissenschaftlichen Instituts des Reichsführers-SS über die Stärke der SS am 30.6.1944, in: Der Prozess gegen die Hauptkriegsverbrecher, Bd. 35, Dok. 878-D, S. 627; Schätzung des Internationalen Militärgerichtshofes von 1946, in: Der Prozess gegen die Hauptkriegsverbrecher, Bd. 1, S. 302; Shalka, S. 396–398.

[193] Rempel: Hitler's Children, S. 208.

[194] Vgl. Kap. VI.2.

[195] Befehl des Chefs des SS-HA, Berger, vom 6.3.1943, in BA Berlin, NS 31, Bd. 350, Bl. 183; Befehl des Führers des Oberabschnitts Südwest, Hofmann, vom 15.3.1944, in StA Ludwigsburg, PL 506, Bd. 96.

[196] Vgl. Kap. V.4.

[197] Befehl des Chefs des SS-HA, Berger, vom 22.1.1942, in BA Berlin, NS 31, Bd. 353, Bl. 21; Befehl des Chefs des SS-HA, Berger, vom 16.10.1942, in BA Berlin, NS 31, Bd. 357, Bl. 79.

[198] Befehl des Chefs des SS-HA, Berger, vom 17.1.1944, in BA Berlin, NS 31, Bd. 353, Bl. 29.

[199] Rede Himmlers vor SS-Führern in Berlin am 9.6.1942, in: Smith/Peterson, S. 157.

die Tatsache, dass sie bei der Durchführung neuer, kriegsbedingter Kernaufgaben im Dienst des Regimes keine Rolle mehr spielte. Die Überwachung der seit 1939 stetig steigenden Zahl der ausländischen Fremd- und Zwangsarbeiter auf dem Gebiet des Deutschen Reiches – Ende 1944 waren es 7,5 Millionen –[200] übernahmen „Stadt-" und „Landwachten" bzw. „Werkschutztruppen". Diese wurden aus allen Teilen der NS-„Bewegung" rekrutiert. 1944 gehörten ihnen insgesamt rund eine Million deutscher Männer an. Geführt wurden sie von den örtlichen Polizeidienststellen.[201] Selbst bei der Bewachung der ab Herbst 1942 aufgestellten fünf SS-Baubrigaden bzw. acht SS-Eisenbahnbrigaden, in denen insgesamt rund 20000 KZ-Häftlinge örtlich mobil Zwangsarbeit leisten mussten, griff die Schutzstaffel neben einer kleinen, hauptamtlichen Kerntruppe auf eine Mischung aus Polizeireservisten, abkommandierten Soldaten, Personal der Verwendungsbetriebe und Männern zurück, die per Notdienstverordnung aus allen NS-Organisationen bzw. sogar aus der allgemeinen Bevölkerung eingezogen wurden.[202]

Hinsichtlich der Durchführung der Luftschutzmaßnahmen und der Bewältigung der Bombenschäden übernahm an der Seite von verschiedenen zentralen und kommunalen Behörden ab dem Frühjahr 1942 die NSDAP mit eigenen „Einsatzbereitschaften" die führende Rolle.[203] Als Himmler im Mai 1943 eine stärkere Beteiligung der Allgemeinen SS an diesen Aufgaben forderte, meldete beispielsweise der Oberabschnitt Südost, dass man dafür gerade einmal 303 Mann zur Verfügung stellen könne.[204]

Im September 1944 schließlich ordnete Hitler die Aufstellung eines „Volkssturms" aus allen „waffenfähigen" deutschen Männern im Alter zwischen 16 und 60 Jahren an. Himmler war daran zwar in seiner neuesten Funktion als „Befehlshaber des Ersatzheeres" beteiligt. Das direkte Kommando über die im Reichsgebiet aufgestellten, militärisch insgesamt wertlosen Einheiten dieses allerletzten Aufgebots des Dritten Reichs übernahmen nach heftigen Auseinandersetzungen zwischen Martin Bormann und Himmlers Beauftragtem für den „Volkssturm", Gottlob Berger, aber nicht SS-Führer, sondern die „Hoheitsträger" der NSDAP.[205]

200 Immer noch maßgeblich HERBERT: Fremdarbeiter. Daneben v. a. SPOERER.

201 YELTON, S. 170.

202 FINGS, S. 76–83 und 312.

203 Zum behördlichen Luftschutz BRINKHUS und GOTTO. Zum Engagement der NSDAP NOLZEN: NSDAP, S. 151–159, und SÜSS: Tod, S. 226ff.

204 Befehl Himmlers vom 26. 5. 1943, in StA Marburg, 327/2b, Bd. 57; Befehl des Führer des Mob.Stabes des Oberabschnitts Südost vom 23. 8. 1943, in IPN-Archiv, GK 812, Bd. 18, Bl. 1. Zur sonstigen beschränkten Mitwirkung des Oberabschnitts an Luftschutzaufgaben vgl. IPN-Archiv, GK 812, Bd. 23.

205 YELTON; NOLZEN: NSDAP, S. 182–187.

4. Größenwahn und Kompensationsfantasien – Pläne für die Zeit nach dem „Endsieg"

Vom Herbst 1939 bis zum Herbst 1941 errangen die deutschen Truppen eine beeindruckende Welle von „Blitzsiegen". Sie besetzten bzw. annektierten den Westen Polens, Norwegen, Dänemark, die Beneluxstaaten, das nördliche und mittlere Frankreich, große Teile des Balkans und Griechenlands und schließlich hunderttausende Quadratkilometer sowjetischen Bodens. Seit Napoleons Tagen hatte es kein vergleichbares Kontinentalimperium mehr gegeben. Wie damals schien es bloß noch eine Frage der Zeit, bis auch die letzten verbliebenen Gegner – erneut England und Russland – in die Knie gehen würden. Obwohl gerade diese historische Parallele nachdenklich hätte stimmen können und der „Endsieg" eben noch nicht erreicht war, liefen im Deutschen Reich nun umfassende, tendenziell megalomane Planungen an, wie die eroberten Gebiete mittel- und langfristig gestaltet werden sollten. Wie schon im Ersten Weltkrieg, als die Deutschen an der heute vielfach „vergessenen Front" im Osten enorme Geländegewinne verzeichneten und unter dem Kommando der dortigen Oberbefehlshaber, Paul von Hindenburg und Erich Ludendorff, eine kurzlebige Kolonialherrschaft errichteten,[206] beflügelte gerade der vermeintlich unzivilisierte „Lebensraum" im Osten, wo Rücksichten auf Traditionen und lästige Sachzwänge überflüssig erschienen, die Phantasie der deutschen Planer.

Neben inhaltlichen Fragen ging es bei diesen Aktivitäten auch um Macht, denn wer darüber entschied, wie Ost- und Mitteleuropa unterjocht werden würde, hatte gute Karten, auch bei der tatsächlichen Verteilung der Beute des deutschen Angriffskriegs zum Zug zu kommen. Entsprechend vielstimmig war der Chor der Personen, Organisationen und Institutionen, die in der Polykratie des NS-Regimes Denkschriften, Grundlagenpapiere und Planungsskizzen zur Besatzungsherrschaft entwarfen. Führend beteiligt waren Hanns Kerrls Reichsstelle für Raumordnung, das Reichsheimstättenamt von Robert Leys DAF, Hermann Görings Vierjahresplanbehörde, die verschiedenen Dienststellen Fritz Todts in seinen Ämtern als Generalinspektor für das deutsche Straßenwesen, Generalbevollmächtigter für die Regelung der Bauwirtschaft und Rüstungsminister, Richard Walther Darrés Reichsnährstand bzw. Reichsministerium für Ernährung und Landwirtschaft, Albert Speer als Generalbauinspektor für die Reichshauptstadt und Alfred Rosenberg, den Hitler im April 1941 zum Beauftragten für die Fragen des osteuropäischen Raumes bzw. im Juni 1941 zum Reichsminister für die besetzten Ostgebiete ernannt hatte.[207]

Dass sich auch die Schutzstaffel an derartigen Planungen beteiligte, die ja die Zukunft der „nordischen Rasse" und die angestrebte „rassische Neuordnung" Eu-

[206] Gross: Vergessene Front; Liulevicius.

[207] Zur Vielfalt der planenden Dienststellen am Beispiel Polens Esch, der besetzten sowjetischen Gebiete Kay, S. 1–25, und des Städtebaus in Osteuropa Gutschow, S. 19–42. Zum polykratischen Kampf am Beispiel der Dienststellen Rosenbergs Bollmus und Piper, S. 509ff.

ropas ganz wesentlich betrafen, ist angesichts von Heinrich Himmlers Fixierung auf ein „Großgermanisches Reich“[208] sowie seines hoch entwickelten Machtinstinkts[209] wenig verwunderlich. Schon im Februar 1937 war es ihm gelungen, die kurz zuvor als Einrichtung der NSDAP gegründete Volksdeutsche Mittelstelle durch den hochrangigen SS-Führer Werner Lorenz[210] übernehmen und gewissermaßen „SS-mäßig gleichschalten“ zu lassen.[211]

Die somit erreichte parteiinterne Zuständigkeit für die Frage der „volksdeutschen“ Minderheiten in Mittel-, Ost- und Südosteuropa wurde am 7. Oktober 1939 konkretisiert und erheblich erweitert. An diesem Tag ernannte Adolf Hitler Heinrich Himmler zum Reichskommissar für die Festigung deutschen Volkstums, kurz RKF, und erteilte ihm einen ebenso vagen wie umfassenden Auftrag zur Ansiedlung „deutscher Menschen, die bisher in der Fremde leben mussten“, in dem „Raum“, der dem Reich infolge des Krieges nun zur Verfügung stehe. Himmler solle dort „bessere Trennungslinien“ zwischen den „Volksgruppen“ schaffen und, wo nötig, für die „Ausschaltung des schädigenden Einflusses von solchen volksfremden Bevölkerungsteilen“ sorgen, „die eine Gefahr für das Reich und die deutsche Volksgemeinschaft bedeuten“.[212] Helmut Heiber hat diesen „Führererlass“ treffend als Generalbevollmächtigung Himmlers zur „Rück-, An-, Aus- und Umsiedlung im Osten“ interpretiert.[213] Die Formulierung von der „Ausschaltung“ aller Feinde deutschen „Volkstums“ sowie die ebenfalls in dem Erlass enthaltene Suspendierung der Militärgerichtsbarkeit für die Männer, die Himmler mit der Umsetzung dieses Auftrags betraute, zeigt zudem, dass Hitler die in Polen bereits angelaufene Völkermordpraxis der SS guthieß und deckte.

Die Leitung der nun rasch aufgebauten RKF-Dienststelle übertrug Himmler Ulrich Greifelt, einem 1896 geborenen Mann, der den Ersten Weltkrieg als Oberleutnant beendet und in der Weimarer Republik eine steile Karriere in einer Berliner Aktiengesellschaft gemacht hatte, bevor er 1932 infolge der Auswirkungen der Weltwirtschaftskrise entlassen worden war. 1933 hatte sich Greifelt der NSDAP und bald darauf der SS angeschlossen, wo er als Mitarbeiter des SS-Amts, der Führungen der Oberabschnitte Elbe und Rhein, des SS-Hauptamts und schließlich des Persönlichen Stabs Himmlers rasch aufgestiegen war.[214] Greifelt seinerseits gelang es, in Abstimmung mit Himmler als Leiter der RKF-Hauptabteilung

[208] Vgl. u. a. die Rede Himmlers in Wien im ersten Halbjahr 1939, in: Smith/Peterson, S. 51, und die Rede Himmlers vor dem Führerkorps der Leibstandarte vom 7. 9. 1940, in: Der Prozess gegen die Hauptkriegsverbrecher, Bd. 29, Dok. 1918-PS, S. 104.

[209] U. a. Longerich: Himmler, S. 274 und 769.

[210] Lorenz wurde 1891 als Sohn eines nichtadeligen Gutsbesitzers in Pommern geboren. 1913 schlug er eine Offizierslaufbahn ein, in der er es bis zum Ende des Ersten Weltkriegs zum Oberleutnant brachte. 1919 kaufte er sich, nachdem er eine „gute Partie“ gemacht hatte, ein Gut bei Danzig, wo er seit Januar 1930 die örtliche SS aufbaute. 1934 wurde er als Führer des Oberabschnitts Nordwest nach Hamburg versetzt – zur Person Lumans: Werner Lorenz.

[211] Zur „VoMi“ Lumans: Himmler‘s Auxiliaries.

[212] Erlass Hitlers vom 7. 10. 1939, in: Moll, S. 101–102.

[213] Heiber: Generalplan, S. 284.

[214] Zu Greifelt Schulz, Bd. 1, S. 445–448. Zur Dienststelle RKF Koehl: RKFDV.

Planung und Boden Konrad Meyer zu verpflichten, einen Protagonisten der wissenschaftlichen Raumplanung in Deutschland. Meyer, fünf Jahre jünger als Greifelt, hatte Agrarwissenschaften studiert und nach einer kurzen praktischen Tätigkeit als Gutsverwalter eine akademische Laufbahn an der Universität Göttingen eingeschlagen. Dort war er 1932 der NSDAP und 1933 als Abschnittsschulungsleiter der Schutzstaffel beigetreten. 1934 erhielt er kurz nacheinander Rufe nach Jena und Berlin, wo er Leiter eines Instituts für Agrarwesen und Agrarpolitik wurde. Daneben war der umtriebige Jungprofessor im Dritten Reich unter anderem auch im Reichsbauernrat, im Reichsforschungsrat, als Vizepräsident der DFG, als Leiter der Reichsarbeitsgemeinschaft für Raumforschung und als Herausgeber der Zeitschrift *Raumforschung und Raumordnung* tätig.[215]

In seinem neuen Amt als Chefplaner der Schutzstaffel für die Gestaltung des „Lebensraums“ im Osten entwickelte Meyer 1939/40 zunächst Konzepte im Bezug auf das besetzte Polen. Am 24. Juni 1941, nur zwei Tage nach Beginn des „Unternehmens Barbarossa“, ordnete Himmler die Ausweitung der Planung auf sowjetische Gebiete an. An der Erstellung des entsprechenden „Generalplans Ost“, den Meyer Ende Mai 1942 in einer Kurz-, Anfang Juni in einer Langfassung vorlegte, arbeiteten neben der Dienststelle RKF, teils in einer Art Binnenkonkurrenz, auch das Reichssicherheitshauptamt und das Rasse- und Siedlungshauptamt mit. Das Ergebnis stellt eines der bekanntesten und monströsesten Dokumente der nationalsozialistischen Menschenverachtung dar. Neben den annektierten westpolnischen Gebieten sollten in einem Zeitraum von 25 Jahren drei große „Siedlungsmarken“ – das baltische Memel-Narew-Gebiet, „Ingermanland“ um Leningrad und der „Gotengau“ in der südlichen Ukraine – zu je 50%, 36 diese Gebiete verbindende „Siedlungsstützpunkte“ zu je 20 bis 30% „eingedeutscht“ werden. Rund 31 Millionen „minderwertige“ Slawen, die die SS-Planer für nicht „eindeutschungsfähig“ hielten, wollten sie nach Sibirien vertreiben, um Platz für circa 4,85 Millionen „höherwertige“ deutsche oder „germanische“ Siedler zu machen, denen der Rest der Einheimischen in einer Art Heloten-Stellung dienstbar sein würde. Als Kosten des Gesamtprogramms waren 67 Milliarden Reichsmark veranschlagt.[216]

Die Planung umfangreicher SS-Bauten, die nach dem „Endsieg“ im Rahmen des „Generalplans“, aber auch zur Festigung der Stellung der Schutzstaffel im „Altreich“ errichtet werden sollten, hatte Himmler im Sommer 1941 Hans Kammler übertragen. Dieser promovierte Bauingenieur und Architekt, wie Meyer Jahrgang 1901, hatte zu Weimarer Zeiten nicht die angestrebte Stelle als Regierungsbaumeister bekommen und sich 1931 womöglich auch deswegen der NSDAP angeschlossen. Umso steiler war seine Karriere nach der „Machtergreifung“ und seinem Beitritt zur SS verlaufen. Bis 1941 hatte es Kammler zu einem von nur vier Baudirektoren des Reichsluftfahrtministeriums bzw. der Luftwaffe gebracht.

[215] Zu Meyer Heinemann: Wissenschaft, S. 46–50; BA Berlin, SSO Konrad Meyer.

[216] Zum „Generalplan Ost“ Müller: Hitlers Ostkrieg, S. 83–113; Heinemann: Wissenschaft; Madajczyk: Aufsatz. Die Schlüsseldokumente bei Madajczyk: Edition.

Dann hatte ihn Oswald Pohl als Amtschef im SS-Hauptamt Haushalt und Bauten und damit de facto als obersten Baumeister der SS angeworben.[217] Das „Friedensbauprogramm", das Kammler im Dezember 1941 vorlegte, sah vor, in den ersten fünf Jahren nach dem deutschen Sieg 13 Milliarden Reichsmark allein für SS-Bauwerke zu verwenden. In der Konzeption für die dabei einzusetzenden SS-eigenen „Baubrigaden", in denen bis zu 175 000 Zwangsarbeiter ausgebeutet werden sollten, war das Gesamtvolumen im Februar 1942 gar auf 20 bis 30 Milliarden Reichsmark in zehn Jahren gestiegen.[218]

Drei Dinge waren für die Planungen der Schutzstaffel hinsichtlich der Zeit nach dem „Endsieg" charakteristisch. Erstens waren die Pläne der SS in der Regel radikaler als die der anderen Akteure, wie beispielsweise die umfangreiche Denkschrift belegt, die ein führender Mitarbeiter von Rosenbergs „Ostministerium" im Frühjahr 1942 zum „Generalplan Ost" verfasste. Während er sich bezeichnenderweise am Vorhaben der Judenvernichtung nicht störte, wandte er gegen die Vertreibungen ein, die SS berücksichtige zu wenig, ob die betroffenen slawischen Völker im Einzelnen „deutschfreundlich oder mehr oder minder deutschfeindlich" gesinnt seien. Auch seien die „rassischen" Auslesekriterien der Schutzstaffel hinsichtlich der Frage der „Eindeutschungsfähigkeit" zu scharf.[219]

Himmler dagegen gingen die ihm vorgelegten Konzepte längst nicht weit genug. So forderte er unter anderem mehrfach die Ausweitung der zu besiedelnden Räume. Auch müssten diese in jedem Fall zu hundert Prozent „eingedeutscht" werden, da sie sonst nie „wirklich deutsch" würden und es statt zur „Aufnordung" zu weiterer „Rassenmischung" käme.[220] Im Licht dieser Interventionen erscheint es unwahrscheinlich, dass der Reichsführer-SS, wie Peter Longerich behauptet, bloß ein „höchst flexibler und anpassungsfähiger Politiker" war, „der es verstand, seine jeweilige Politik mit ideologischen Versatzstücken zu legitimieren".[221] Vielmehr ist Joachim Fest zuzustimmen, der Himmler einen „tiefen und pedantischen Eschatologenernst" bescheinigt bzw. Johannes Tuchel, der feststellt, dass die NS-Weltanschauung für Himmler stets die entscheidende „Triebkraft seines Handelns" gewesen sei.[222]

217 Zu Kammler Fröbe.

218 Fings, S. 11–54. Die Unterlagen zum „Friedensbauprogramm" in BA Berlin, NS 19, Bd. 2065. Die von Albert Speer nach dem Krieg aufgestellte Behauptung, die SS habe bis zu 200 Milliarden Reichsmark verbauen und dazu 14,5 Millionen Zwangsarbeiter einsetzen wollen, lassen sich nicht verifizieren und dienten wohl der Dämonisierung Himmlers und der Verharmlosung von Speers eigenen Bauprogrammen – vgl. Speer, S. 406–423. Zur Kritik Hepp.

219 Geheime Denkschrift des Reichsministeriums für die besetzten Ostgebiete vom 27. 4. 1942, in: Heiber: Generalplan, S. 297–324.

220 Memorandum Himmlers über die Ost- und Siedlungspolitik vom 24. 6. 1940, in: Ackermann, S. 300–303; Schreiben Himmlers an Greifelt vom 12. 6. 1942, in Heiber: Generalplan, S. 325; Schreiben Himmlers an Meyer vom 12. 1. 1943, in: Madajczyk: Edition, S. 256–257.

221 Longerich: Himmler, S. 274.

222 Fest: Andere Utopie, S. 146; Tuchel: Himmler, S. 271. Vgl. zu einer Gesamtdeutung der Ideologie Himmlers Ackermann.

Das zweite Charakteristikum der SS-Planungen war die Tatsache, dass sie nie reine „Schimären" aus dem „Reich der Tagträume" blieben, wie zum Beispiel Helmut Heiber noch 1958 im Bezug auf den „Generalplan Ost" vermutet hat.[223] Vielmehr waren sie stets vom Versuch begleitet, zumindest die Voraussetzungen für ihre Umsetzung und wenn möglich erste Schritte einer entsprechenden Praxis zu schaffen. Noch während Meyer am „Generalplan" arbeitete, wurden knapp eine Million Menschen aus den vom Deutschen Reich annektierten westpolnischen Gebieten vertrieben, die zu den Gauen Danzig-Westpreußen, Wartheland und Oberschlesien wurden. Weitere Vertreibungen zur Einrichtung von „Siedlungsstützpunkten" fanden in Litauen, im Kreis Zamosc des Generalgouvernements, im Umfeld der ukrainischen Städte Shitomir und Winniza sowie auf der Krim statt. Circa 500 „Rasseexperten" der SS überprüften bis 1945 rund 2,7 Millionen „Volksdeutsche" hinsichtlich ihrer Eignung, im Gegenzug in diesen Gebieten angesiedelt zu werden.[224] Im Bezug auf das SS-Bauprogramm können die bereits erwähnten Bau- und Eisenbahnbaubrigaden mit rund 20 000 zur Arbeit gezwungenen KZ-Häftlingen,[225] die großen Baustoffdepots, die Kammler etwa in Dachau, Sachsenhausen und Buchenwald anlegen ließ,[226] oder die Umbauten an der Wewelsburg als Beispiel für Realisierungsansätze dienen.

Schon 1935/36 hatte Himmler seine Pläne hinsichtlich dieses 1934 von der SS übernommenen westfälischen Schlosses von einer Schulungs- und Begegnungsstätte zu einem repräsentativen „Ordenszentrum" im Stil einer „Pfalzanlage" weiterentwickelt und mit Hermann Bartels einen Architekten und Bauleiter für das Projekt in den Dienst der Schutzstaffel genommen.[227] Obwohl die Arbeiten bis 1939 kaum vorangekommen waren, ließ Himmler Bartels ab 1940 die Pläne erneut erweitern. Nun sollten auf einer Fläche von circa 100 Hektar eine neue Burg in Form eines Dreiviertelkreises mit einem Radius von 430 Metern, eine SS-Siedlung, eine SS-Kaserne, eine Villenkolonie für SS-Führer und eine eigene viaduktartige Autobahnanbindung entstehen. An der Umsetzung arbeiteten ein Baustab mit mehr als 50 festen Mitarbeitern und mehrere tausend KZ-Häftlinge, die ab 1941 im eigens eingerichteten Lager Niederhagen untergebracht waren, in dem rund 1200 Häftlinge verstarben.[228]

223 Heiber: Generalplan, S. 291–292.

224 Heinemann: Rasse, S. 9 und 15; Heinemann: Ambivalente, S. 77–78 und 82–83; Müller: Hitlers Ostkrieg, S. 106–108.

225 Vgl. Kap. VI.3.

226 Fings, S. 39.

227 Bartels war 1900 geboren worden und gelernter Bautechniker. Seit 1920 stand er im Dienst des Provinzialverbandes Westfalen, für den er mehrere Burgrenovierungen betreute. Seit 1932 gehörte er der NSDAP an, für die er unter anderem als Gaukulturwart in Münster fungierte. 1936 wurde er für das Wewelsburg-Projekt beurlaubt und 1938 im Rang eines Sturmbannführers in die SS aufgenommen. 1941 zog er von Münster nach Büren, um die Bauleitung vor Ort wahrnehmen zu können. Vgl. Hüser, S. 159; Akten des Spruchkammerverfahrens gegen Bartels, in BA Koblenz, Z 42 IV, Fall 6659.

228 Zum Wewelsburg-Umbau „Führererlass" vom 12. 7. 1940, in BA Berlin, R 4606, Bd. 160; Hüser, S. 20–24, 44–49 und 54–65; Moors. Zum KZ Niederhagen John.

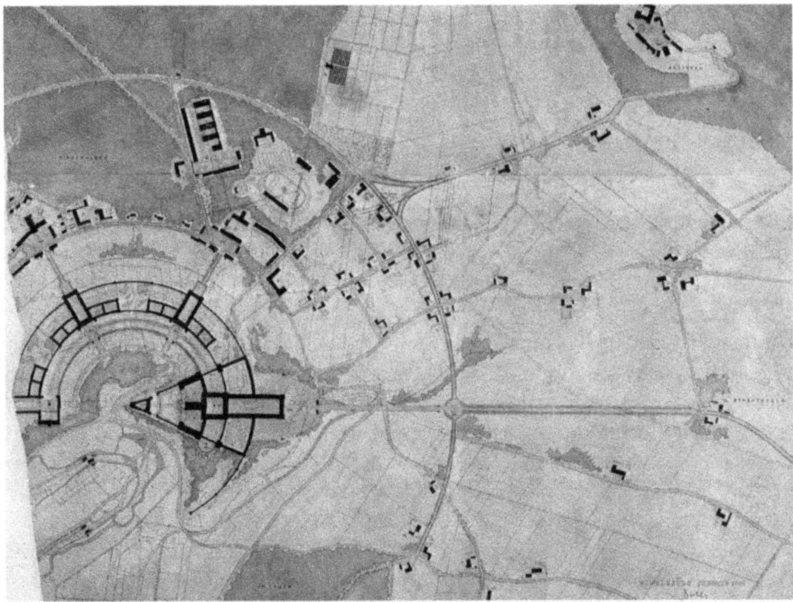

Fragment des Bebauungsplans Hermann Bartels für die SS-Burganlage und die SS-Siedlung Wewelsburg vom Februar 1944, in Archiv des Kreismuseums Wewelsburg, Inv.-Nr. 1697.

Typisch für die SS-Pläne war drittens, dass weder die „Kriegswende", die eigentlich schon im Winter 1941/42 bzw. mit den britischen Flächenbombardierungen ab dem Frühjahr 1942, spätestens aber mit dem „Untergang" der 6. Armee in Stalingrad im Januar und Februar 1943 unübersehbar war, noch die generellen Planungsstopps für „künftige Friedensaufgaben", die Hitler angesichts dieser Entwicklungen am 25. Januar 1942 bzw. am 13. Januar 1943 erließ,[229] ihnen ein Ende setzten. Noch im August 1944 verkündete Himmler in einer Rede vor den Reichs- und Gauleitern der NSDAP, es sei „ganz selbstverständlich" und „unverrückbar", dass man „viele tausend Kilometer" russischen Bodens „wiederkriegen", die „Volkstumsgrenze" um mindestens 500 Kilometer und die „Wehrgrenze" bis zum Ural verschieben werde.[230]

Angesichts dieser Gewissheit ist es wenig verwunderlich, dass die Reichsführung-SS bzw. die Führung der RKF-Dienststelle Konrad Meyer erst im September 1944 und auch dann nur widerwillig und auf Druck von Goebbels bzw. vom neuen Reichsminister für Ernährung und Landwirtschaft, Herbert Backe, von

229 „Führererlasse" vom 25.1.1942 und 13.1.1943, in: MOLL, S. 231–233 und 311ff.

230 Rede Himmlers vor den Reichs- und Gauleitern der NSDAP in Posen am 3.8.1944, in: ESCHENBURG: Rede, S. 367 und 393–394.

seinen Planungsaufgaben entband und an die Front schickte.[231] Aus dem Jahr 1944 stammt auch das letzte erhaltene Wewelsburg-Baumodell.[232] In einem Akt krasser Realitätsverweigerung hielten die Reichsführung-SS und ihre Planungsbeauftragten noch im letzten Kriegsjahr an ihren größenwahnsinnigen Ideen von 1940/41 fest. Die Tatsache, dass „das Interesse Himmlers an den Siedlungsprojekten [...] sich trotz schwindender Aussichten auf einen ‚Endsieg' sogar noch zu verstärken" schien,[233] deutet darauf hin, dass die Pläne nun tatsächlich den Charakter bloßer Fantasiewelten annahmen, in die sich Himmler und seine Getreuen vor der Wirklichkeit flüchteten.

Welche Rolle spielte die Schutzstaffel und speziell die Allgemeine SS in den Überlegungen ihrer Reichsführung im Bezug auf die Zeit nach dem „Endsieg"? Schon im August 1940 legte der Chef des Personalhauptamts, Walter Schmitt, ein Memorandum vor, wie man die sofortige Wiederaufstellung der Allgemeinen SS nach Kriegsende bewerkstelligen könne. Im Juni 1942 bezeichnete Heinrich Himmler bei seiner internen Rede vor SS- und Polizeiführern im Anschluss an die Trauerfeier für Reinhard Heydrich die Restitution dieses „Fundaments des Ordens" als eine der dringlichsten Nachkriegsaufgaben.[234]

Himmler, Schmitt und auch der Chef des SS-Hauptamts, Gottlob Berger, hofften, dabei die Qualität der Allgemeinen SS deutlich verbessern zu können. Dazu wollten sie erstens beim Führerkorps ansetzen, in das gezielt besonders kriegsbewährte Soldaten der Waffen-SS und der Wehrmacht aufgenommen bzw. aus dem „diejenigen SS-Führer, die sich im Kriege so gar nicht an uns und unsere Gedanken verpflichtet fühlten," entlassen werden sollten.[235] Zweitens wollten sie die „Ansprüche [...], die an die Reinerhaltung der Schutzstaffel gestellt werden", weiter steigern, etwa indem sie planten, die Grenze für den Nachweis der „judenfreien" Abstammung für Neueintretende auf 1750 oder gar 1650 zurückzuverlegen.[236] Drittens hoffte Himmler, die Rekrutierungsbasis der Allgemeinen SS erheblich zu vergrößern. Dazu wollte er ihr das Recht verschaffen, jeweils den gesamten HJ-

231 Schreiben Backes an Himmler vom 8.8.1944, in: Madajczyk: Edition, S. 284–285; Vermerk des Persönlichen Stabs RFSS vom 31.8.1944, in: Madajczyk: Edition, S. 286–288; Schreiben des persönlichen Referenten Himmlers, Brandt, an Greifelt vom 21.9.1944, in: Madajczyk: Edition, S. 288–289.

232 Fotografie eines „Burgmodells" des Büros Bartels von 1944, in: Hüser, S. 296.

233 Müller: Hitlers Ostkrieg, S. 110.

234 Memorandum Schmitts betr. die Vorbereitungen zum Wiederaufbau der Schutzstaffel nach Beendigung des Krieges in personeller Hinsicht vom 30.8.1940, in BA Berlin, NS 19, Bd. 414, Bl. 2ff.; Rede Himmlers vor hochrangigen Polizei- und SS-Führern vom 9.6.1942, in: Smith/Peterson, S. 152–157.

235 Memorandum Schmitts betr. die Vorbereitungen zum Wiederaufbau der Schutzstaffel nach Beendigung des Krieges in personeller Hinsicht vom 30.8.1940, in BA Berlin, NS 19, Bd. 414, Bl. 2ff.; Bericht Bergers an Himmler vom 2.7.1941, in BA Berlin, NS 19, Bd. 2696, Bl. 1–6.

236 Auszug aus dem Organisationsbuch der NSDAP von 1943, in: Der Prozess gegen die Hauptkriegsverbrecher, Bd. 35, Dok. 2640-PS, S. 43; Schreiben Himmlers an den Chef des RuSHA, Richard Hildebrandt, vom 17.12.1943, in: Heiber: Reichsführer, S. 246–247.

Jahrgang durchzumustern und die „rassisch" Besten für die Schutzstaffel zu verpflichten, notfalls auch zwangsweise.[237]

Die so ausgelesene, biologisch-rassistisch legitimierte neue Oberschicht sollte, das legte Himmler schon in seinem Grundsatzpapier für die Arbeit der RKF-Dienststelle vom 11. Oktober 1939 fest, zu einem Gutteil als „SS-Wehrbauern" im Osten angesiedelt werden. Dort würden sie größere, gutsartige Höfe erhalten als die normalen „reichs-" und „volksdeutschen" Siedler oder die „eingedeutschte" Altbevölkerung. In den „Siedlungsmarken" und „Siedlungsstützpunkten" war ihnen somit eine adelsartige Führungsrolle zugedacht. Dass Himmler auch nach der „Kriegswende" an dieser fixen Idee festhielt, bezeugen die Aufzeichnungen seines Masseurs, Felix Kersten.[238]

Allerdings stellten während des Krieges abgesehen von den sich häufenden Niederlagen auch interne Entwicklungen dieses „Neuadelsprogramm" und seine Komponenten der verschärften Selektion und der staatlich geförderten sozioökonomischen Privilegierung ernsthaft in Frage. Die rasante Expansion der Waffen-SS und die mit ihr einhergehende zunehmende Verwässerung der körperlichen und „rassischen" Aufnahmekriterien[239] konterkarierte die Idee einer erneuten rigiden SS-Selektion. Gegen Himmlers Postulat vom September 1940, dass „Kriegsteilnehmer der Waffen-SS" selbstverständlich später „ohne Beschränkung" in die Allgemeine SS „übernommen" würden, erhob sich schon Ende des Jahres Widerspruch aus dem Rasse- und Siedlungshauptamt. Im Juli 1942 legte Hitler persönlich fest, dass es eine „gleiche Wertung des Mannes in der Waffen-SS und der Partei-SS" nicht mehr geben könne. Vier Monate später stellte Gottlob Berger klar, dass man zumindest Waffen-SS-Soldaten, die Träger „erbbiologisch bedingter Krankheiten" seien, unmöglich in den „Schwarzen Orden" lassen könne.[240] Der anschließende Versuch, die in der Waffen-SS dienenden Männer in die Kategorien „ordensfähige, SS-taugliche Deutsche", „nicht ordensfähige, nicht SS-taugliche Deutsche und Germanen" und „Nichtdeutsche, Nichtgermanen" aufzuteilen und diese in streng voneinander getrennten Einheiten einzusetzen, ließ sich jedoch nicht mehr verwirklichen.[241]

Zudem stellte sich heraus, dass viel zu wenige Angehörige der Schutzstaffel ein Interesse hatten, sich nach Mittel- und Osteuropa umsiedeln zu lassen bzw. ihre

[237] Rede Himmlers vor den SS-Gruppenführern in Posen vom 4.10.1943, in: Der Prozess gegen die Hauptkriegsverbrecher, Bd. 29, Dok. 1919-PS, S. 171.

[238] Vorläufige Planungsrichtlinie Himmlers über die Struktur der Dörfer und Gaue im östlichen Siedlungsgebiet vom 11.10.1939, in: Müller: Hitlers Ostkrieg, S. 118; Kersten, S. 156–162. Vgl. zur Rolle der „Wehrbauern" und den Konflikten z. B. mit Darré darüber Müller: Hitlers Ostkrieg, S. 85–86 und 93.

[239] Vgl. Kap. VI.2.

[240] Befehl Himmlers vom 10.9.1940, in BA Berlin, NS 31, Bd. 279, Bl. 23; Schreiben des Chefs des Sippenamts im RuSHA an den Stabsführer des Oberabschnitts Rhein vom 4.12.1940, in BA Berlin, NS 2, Bd. 280; Vermerk Bormanns über ein Gespräch mit Hitler am 27.7.1942, in: Picker, S. 470–471; Befehl des Chefs des SS-HA, Berger, vom 2.11.1942, in IPN-Archiv, GK 810, Bd. 1, Bl. 104.

[241] Wegner: Politische Soldaten, S. 315.

erlernten Berufe aufzugeben und als „Wehrbauern“ in die Landwirtschaft zu wechseln. 1940/41 nahm das Rasse- und Siedlungshauptamt im Auftrag Himmlers, der 50000 geeignete Siedler zur sofortigen Verwendung forderte, erste entsprechende Musterungen „altreichsdeutscher“ Bewerber vor. Es meldeten sich gerade einmal 8500 Interessenten. Darunter waren nur 236 SS-Männer.[242]

Die SS-Führung reagierte, indem sie das Feld, aus dem sich mögliche Bewerber für die Allgemeine SS gewinnen ließen, in einer zweiten Hinsicht erweiterte. Nach der Besetzung der sogenannten germanischen Länder ließ sie dort nicht nur „Ergänzungsstellen“ der Waffen-SS[243], sondern auch nationale Dependancen des „Schwarzen Ordens“ gründen. Ab September 1940 gab es in Holland eine „Nederlandse SS“ und in Flandern „Algemeene Schutsscharen Vlaanderen“, die im Oktober 1941 in „Germaanse-SS in Vlaanderen“ umbenannt wurden. Die „Norges SS“ entstand in Norwegen im Mai 1941 und das „Schalburg Korps“ in Dänemark im Februar 1943. Zur Koordinierung und Unterstützung dieser „nordischen“ Erweiterungen der Schutzstaffel schufen Himmler und Berger im Frühjahr 1941 die „Germanische Leitstelle“, die über eine Zentrale in Berlin und Außenstellen in Den Haag, Brüssel, Oslo und Kopenhagen verfügte. Sie gab in unregelmäßigen Abständen *Germanische Leithefte* bzw. eine *Germanische Reihe* heraus und richtete in den betreffenden Ländern Nationalpolitische Erziehungsanstalten und SS-Mannschaftshäuser ein. Jedoch blieben sowohl der Umfang als auch der Erfolg der „germanischen Arbeit“ recht bescheiden, nicht zuletzt wohl deshalb, weil die Deutschen, allen voran die jeweiligen Höheren SS- und Polizeiführer, in diesen Ländern trotz aller pangermanischen Rhetorik als Besatzer auftraten. Der Gesamtetat der „Germanischen Leitstelle“ betrug 1944 lediglich 43 Millionen Reichsmark. Die „Germaanse-SS in Vlaanderen“ hatte 1945 nur 1600, die „Norges SS“ nicht mehr als 1200 Mitglieder.[244]

Ein dritter Weg, einen quantitativ und hinsichtlich der „rassischen“ Qualität zufriedenstellenden Nachwuchs der Allgemeinen SS mittel- und langfristig zu sichern, bestand für Himmler darin, weiter daran zu arbeiten, dass die SS-Angehörigen endlich eine ausreichende Anzahl eigener Kinder bekämen. Um das zu erreichen, schaffte er mit Kriegsbeginn das Verfahren der Heiratsgenehmigung faktisch ab. Heiratswillige SS-Männer mussten jetzt nur noch zwei selbst ausge-

242 Schreiben Himmlers an Greifelt vom 16.10.1941, in BA Berlin, NS 2, Bd. 57, Bl. 6–7; Bericht des RuSHA über die Auslese „altreichsdeutscher“ Handwerker für die Ansiedlung im Osten [o. D.; November 1941], in BA Berlin, NS 2, Bd. 57, Bl. 15–23 und 30.

243 Vgl. Kap. VI.2.

244 Ackermann, S. 181–190; Loock; Materne; Schreiben Himmlers an Berger vom 7.1.1941, in BA Freiburg, NL 756, Bd. 52b; Bericht Bergers an Himmler vom 2.7.1941, in BA Berlin, NS 19, Bd. 2696, Bl. 1–6; Schreiben Bergers an Himmler vom 5.11.1941, in BA Freiburg, NL 756, Bd. 52b; Befehl Himmlers vom 6.3.1942, in BA Freiburg, NL 756, Bd. 52b; Schreiben des Chefs des SS-HA, Berger, an den Chef des RuSHA, Hofmann, vom 24.7.1942, in StA Marburg, 327/2b, Bd. 115; Tischgespräch Hitlers vom 25.7.1942, in: Picker, S. 460; Auszug aus dem Organisationsbuch der NSDAP von 1943, in: Der Prozess gegen die Hauptkriegsverbrecher, Bd. 35, Dok. 2640-PS, S. 48–49; Skizze Wolfgang Vopersals zur Dienststelle SS-Gruppenführer Jungclauss [o. D.], in BA Freiburg, NL 756, Bd. 52b.

füllte Fragebogen abgeben und sollten „innerhalb weniger Stunden“ eine Genehmigung erhalten. Zwar wurde ab Januar 1940 wieder etwas strenger geprüft, das ursprüngliche langwierige Verfahren blieb jedoch außer Kraft.[245] Um sicherzustellen, dass aus den neuen Ehen auch wirklich Kinder hervorgingen, wurde SS-Männern, die in der Waffen-SS dienten, im Einzelfall Sonderfronturlaub zur Zeugung gewährt bzw. finanzierte die Schutzstaffel ihren Frauen nach einer entsprechenden gynäkologischen Bestätigung der Empfängnisbereitschaft die Anreise und Unterbringung in der Umgebung von SS-Truppenübungsplätzen.[246]

Darüber hinaus ermutigte Himmler die SS-Angehörigen nun offen, auch uneheliche Kinder in die Welt zu setzen. In seinem „Zeugungsbefehl“ vom 28. Oktober 1939 appellierte er an alle „deutschen Frauen und Mädel guten Blutes“, „in tiefstem sittlichen Ernst Mütter der Kinder ins Feld ziehender Soldaten zu werden“, und zwar „über die Grenzen vielleicht sonst notwendiger bürgerlicher Gesetze und Gewohnheiten hinaus“. Nach einem Sturm der Empörung aus den Kirchen und vor allem aus der Wehrmacht musste Himmler im Januar 1940 richtigstellen, dass er seine SS-Männer keineswegs dazu aufgerufen hatte, einfachen Soldaten Hörner aufzusetzen. In der Substanz aber hielt er an seinem Appell zur Unehelichkeit fest und ließ in den folgenden Jahren die Heime des Vereins Lebensborn ausbauen, um entsprechende diskrete Entbindungen zu ermöglichen.[247]

Obwohl keine genauen Zahlen hinsichtlich des Fortpflanzungsverhaltens der SS-Angehörigen im Krieg vorliegen, ist davon auszugehen, dass sie hierin – wie schon bis 1939 – nicht wesentlich von der deutschen Gesamtbevölkerung abwichen. In dieser gingen während des Zweiten Weltkriegs sowohl die Geburtenrate als auch die Unehelichenquote zurück. Waren 1939 noch rund 20 Kinder pro tausend Deutschen zur Welt gekommen, waren es 1942 nur noch 15. Der Anteil unehelicher Kinder fiel von 1933 circa elf auf 1940 nur noch etwas mehr als sieben Prozent.[248] Die Zahl der eingehenden Heiratsanträge sank in der Schutzstaffel nach einem kurzen Hoch 1939 mit knapp 17 000 rasch wieder auf circa 13 000 und damit auf das Niveau der mittleren 1930er Jahre ab.[249]

Himmler reagierte, indem er immer neue und kühnere Ideen zur bevölkerungspolitischen Aktivierung der Schutzstaffel ersann. Ab 1940/41 dachte er über eine Reform des Eherechts nach, die verdienten Kriegshelden sowie allen SS-An-

245 Befehle Himmlers vom 1.9.1939 und 26.1.1940, in BA Berlin, NS 2, Bd. 280; Schwarz, S. 37–39.

246 Schreiben Brandts an die Frau eines Waffen-SSlers vom 14.5.1943, in: Heiber: Reichsführer, S. 211; Schreiben Himmlers an den HSSPF in Nürnberg, Benno Martin, vom 9.7.1943, in: Heiber: Reichsführer, S. 219.

247 Befehle Himmlers vom 28.10.1939 und 30.1.1940, in BA Berlin, NS 19, Bd. 3973, Bl. 4–5; Rede Himmlers vor hochrangigen NSDAP-Funktionären in Berlin am 29.2.1940, in: Smith/Peterson, S. 118–123. Zum Ausbau des Lebensborn Koop, S. 6–7; Lilienthal, S. 70 und 229–230.

248 Lilienthal, S. 228.

249 Überblick des RuSHA-Sippenamtes über die seit Anfang 1932 bearbeiteten Heiratsverfahren [o. D.; September 1941], in BA Berlin, NS 2, Bd. 57, Bl. 118–120.

gehörigen eine Zweitehe erlauben sollte. Das hätte seiner Meinung nach nicht nur zu mehr „rassisch“ hochwertigen Kindern geführt, sondern den betreffenden Männern zudem das Leben angenehmer gemacht, da die beiden Frauen dauerhaft um ihre Gunst buhlen würden. Hier, wie auch in der Unehelichenfrage, ließ sich Himmler wohl von seinen persönlichen Erfahrungen inspirieren. Neben der 1928 geschlossenen Ehe mit Margarethe Boden, aus der seine Tochter Gudrun hervorgegangen war, hatte er während des Weltkriegs eine Affäre und zwei uneheliche Kinder mit seiner Sekretärin Hedwig Potthast. Oswald Pohl, der Chef des SS-Wirtschafts- und Verwaltungshauptamts, lebte in ganz ähnlichen Verhältnissen.[250]

Des Weiteren räsonierte Himmler gegenüber seinem Masseur, aber auch in Briefen an Wissenschaftler und Funktionäre des SS-Vereins Ahnenerbe darüber, Frauen eine gesetzliche Zeugungspflicht bis zu vier Kindern aufzuerlegen und ihnen gegebenenfalls in Absprache mit ihren Vätern „rassisch“ wertvolle „natürliche Zeugungshelfer“ zu vermitteln.[251] Mit diesen Gedanken war die Schutzstaffel, die, wie beschrieben, vor dem Hintergrund einer vielfachen Krise der Männlichkeit entstanden war, in der Vorstellung ihres eigentlichen Gründers zu einer bizarren Männerfantasie verkommen.

250 Kersten, S. 223–224; Schreiben Himmlers an Walther Wüst und Wolfram Sievers vom 17. 8. 1944, in: Heiber: Reichsführer, S. 281–283; Ackermann, S. 127–128; Schwarz, S. 89–93; Longerich: Himmler, S. 387–388.

251 Kersten, S. 230–232; Geheimes Schreiben Himmlers an Heinz Henseler, Professor für Zuchtbiologie an der TH München, vom 31. 3. 1943, in: Heiber: Reichsführer, S. 207–209; Schreiben Himmlers an Walther Wüst und Wolfram Sievers vom 17. 8. 1944, in: Heiber: Reichsführer, S. 281–283; Ackermann, S. 127–128 und 137–138; Lilienthal, S. 155–159.

Zusammenfassung und Schlussbetrachtung

Ende 1930 wusste in Deutschland noch kaum jemand, wer oder was die Schutzstaffel war. Gerade einmal 3000 bis 4000 Männer gehörten zu dieser Unterorganisation der nationalsozialistischen Sturmabteilung. In den fünfeinhalb Jahren seit ihrer Gründung hatte die Führung der SS schon dreimal gewechselt. Über die letzte Stabübergabe, Anfang 1929 von Erhard Heiden zu Heinrich Himmler, hatten selbst nationalsozialistische Blätter wie der *Völkische Beobachter* kaum ein Wort verloren. Auch von einem „Schwarzen Orden" konnte noch keine Rede sein, da die Uniformierung der SS-Männer armselig und kaum von der ebenfalls noch recht uneinheitlichen Kluft der SA zu unterscheiden war.

Dreieinhalb Jahre später war die Schutzstaffel in aller Munde. Im Zuge der rauschhaften „Machtergreifung" und des massenhaften Zustroms der „Märzgefallenen" zum Nationalsozialismus war sie zeitweilig auf bis zu 400 000 Mann angeschwollen. Eine genaue Zahl konnte nicht einmal Heinrich Himmler angeben, da die noch kleine SS-Verwaltung unter diesem Ansturm zusammengebrochen war. Immerhin rund die Hälfte der Männer blieb dauerhaft dabei, so dass die Schutzstaffel nun in ganz Deutschland vertreten war, wenn auch nicht, wie Adolf Hitler das im März 1933 im Bezug auf SA und SS gefordert hatte, „in jedem Haus der Großstädte, in jedem kleinsten Dorf unseres Vaterlandes"[1]. Im Zuge der Niederschlagung des vermeintlichen „Röhmputsches" hatte die SS einen nicht unwesentlichen Teil der Führungsspitze der weit größeren Sturmabteilung ermordet und damit die SA als Machtfaktor im Dritten Reich ausgeschaltet. Selbst die *Neue Zürcher Zeitung* (*NZZ*) informierte ihre Leser nun etwas verwundert über diese „Schwarze Garde", die man bislang übersehen habe, obwohl sie „nicht mit Unrecht [...] als innerste Lebenszelle des Nationalsozialismus bezeichnet" werden könne.[2]

Wer aber waren die Männer, die sich diesem laut der *NZZ* „in seinem Aufbau noch wenig bekannten Apparat" anschlossen? Aus welchen Gründen fügten sie sich der – so erneut der Schweizer Journalist – „beinahe ordensähnlichen" Disziplin, die Himmler von ihnen forderte. Was genau taten sie als Angehörige der Schutzstaffel? In welchem Verhältnis schließlich stand die große Mehrheit der „SS-Amateure", die regulären Berufen nachgingen und nur in ihrer Freizeit Dienst in der sogenannten Allgemeinen SS leisteten, zur kleinen, aber wachsenden Minderheit der „SS-Profis" in den ab 1934 gegründeten Sondereinheiten der Schutzstaffel wie der Verfügungstruppe, den Totenkopfverbänden oder den Mitarbeitern des immer stärker von der SS-Spitze usurpierten Polizeiapparats?

Hinsichtlich ihrer sozialstrukturellen Zusammensetzung unterschied sich die Schutzstaffel, anders als Michael Kater 1975 in einem seitdem viel zitierten, aber,

[1] OSAF-Verfügung vom 20. 3. 1933, in BA Berlin, NS 23, Bd. 544.

[2] „Himmler und die SS" in der *Neuen Zürcher Zeitung* vom 13. 7. 1934.

wie sich erwiesen hat, leider ungenau recherchierten Aufsatz behauptete,[3] nicht wesentlich von der Reichsbevölkerung. Zwar waren in der Allgemeinen SS, der bis zum Beginn des Zweiten Weltkriegs rund 90% aller SS-Mitglieder angehörten, in der Tat Akademiker Ende 1937 mit knapp zwölf Prozent überrepräsentiert. Die größte Berufsgruppe bildeten aber nicht sie, sondern die ungefähr 23 000 kaufmännischen Angestellten. Daneben fanden sich beispielsweise auch rund 12 900 an- oder ungelernte Arbeiter, 12 100 Schlosser und Mechaniker, 4300 Klempner, 3500 Tischler, 2300 Bäcker und 2200 Maurer im „Schwarzen Orden". Das durchschnittliche Einkommen eines SS-Mannes betrug nicht, wie Kater meinte, das Doppelte des Reichsdurchschnitts, sondern lag mit circa 173 Reichsmark im Monat ziemlich genau zwischen dem eines „normalen" Facharbeiters und dem eines „normalen" Angestellten. 62% der SS-Angehörigen brachten sogar weniger als ein Facharbeiter nach Hause. Nur 17% waren echte Besserverdienende.

Insgesamt fügte sich also auch die Schutzstaffel in die volksparteiliche, alle sozialen Gruppen übergreifende Struktur der nationalsozialistischen „Bewegung" ein, die etwa die Studien Jürgen Falters zur NSDAP und ihrer Wählerschaft oder Peter Longerichs zur SA herausgearbeitet haben[4]. Allerdings blieb die SS trotz der rund 11 500 Bauern und 1500 landwirtschaftlichen Hilfskräfte, die ihr Ende 1937 angehörten, ein eher städtisches Phänomen. Der in der zweiten Hälfte der 1930er Jahre unternommene Versuch, die Schutzstaffel gemäß der „Blut-und-Boden"-Ideologie gerade auf dem Land zu stärken, scheiterte an organisatorischen und verkehrstechnischen Schwierigkeiten, aber auch am Desinteresse der einerseits noch stark christlich geprägten, andererseits schon vielfach in konkurrierenden NS-Massenorganisationen eingebundenen Landbevölkerung.

In den Städten aber gab es fast nichts, was sich nicht auch in der SS wiederfand: Professoren, hohe Staatsbeamte, berühmte Dichter und Wirtschaftsführer, aber eben auch Arbeitslose, Kriminelle, Alkoholiker und – aus Sicht der NS-Weltanschauung eigentlich undenkbar – Homosexuelle sowie einige wenige „Judenstämmlinge" bzw. „jüdisch Versippte". Die SS war somit weder die Ansammlung sozial gescheiterter Existenzen, als die sie Eugen Kogon 1946 gewissermaßen aus der deutschen Gesellschaft herauszuschreiben versuchte,[5] noch das Sammelbecken der „alten Eliten", als das sie Michael Kater porträtierte. Vielmehr kam sie aus der Mitte der deutschen Gesellschaft und blieb über die rund 200 000 Mitglieder der Allgemeinen SS sowie ihre rund 350 000 fördernden Mitglieder und 5000 Ehrenführer auch im Dritten Reich fest in dieser verankert. Hinsichtlich ihrer Sozialstruktur war somit auch die Schutzstaffel eine Ansammlung „ganz normaler Männer" – so der Terminus, den Christopher Browning in die NS-Täterforschung eingeführt hat[6].

3 Kater: SA und SS.
4 Falter: Nationalsozialist; Longerich: Geschichte, hier v. a. S. 277.
5 Kogon: SS-Staat.
6 Browning: Ganz normale Männer.

Die SS-Mitglieder waren aber auch – so der Gegenbegriff Daniel Noah Goldhagens – „ganz gewöhnliche Deutsche“[7], die eine spezifische soziokulturelle Prägung besaßen. Die bestand jedoch nicht in einem eindimensionalen „eliminatorischen Antisemitismus“, sondern in einer vielschichtigen Krisenerfahrung, die ihre Männlichkeit in Frage stellte. Nach dem verlustreichen und schmählich verlorenen Ersten Weltkrieg, dem revolutionären Untergang des Kaiserreichs und einer rund fünfjährigen Periode anhaltender politischer und wirtschaftlicher Verwerfungen waren viele deutsche Männer hinsichtlich ihrer tradierten Rollen als „wehrhafte Soldaten“, „gute Christen“ und „treue Untertanen“ tief verunsichert. In den sich anschließenden, vermeintlich „Goldenen Zwanzigern“ blieb die Arbeitslosigkeit hoch, was im Verbund mit der Frauenemanzipation und den Debatten um die zuvor lange tabuisierte Homosexualität das Leitbild des heterosexuell potenten Familienvaters und Ernährers herausforderte. In den Jahren vor der „Machtergreifung“ schließlich potenzierten die Auswirkungen der Weltwirtschaftskrise all diese Effekte.

Der Nationalsozialismus, der die Schaffung einer neuen, harmonischen „Volksgemeinschaft“ in Aussicht stellte, eine klare Führungsstruktur und einen mit annähernd religiöser Intensität verehrten „Führer“ besaß und die in weiten Kreisen populären Anliegen des Antikommunismus und des Antisemitismus nicht nur verbal, sondern radikal gewalttätig vertrat, erschien vielen Deutschen in dieser Lage als vielversprechendes Angebot. Für Männer waren gerade die nationalsozialistischen Kampfbünde attraktiv, die, wie zahlreiche andere Weimarer Wehrverbände auch, als „kompensatorische Reaktion“[8] auf den Verlust der Wehrpflicht als „Schule der Männlichkeit“ entstanden waren.

Obwohl sich die Schutzstaffel in der Sache, das heißt hinsichtlich ihrer Rekrutierung, ihrer Aufgaben, ihres männerbündischen Milieus und ihrer Gewaltpraxis, bis 1934 de facto kaum von der Sturmabteilung unterschied, gelang es der SS-Führung ab circa 1930, für den „Schwarzen Orden“ ein eigenes, im Hinblick auf die Aspekte der Männlichkeitskrise besonders attraktives Image zu konstruieren. Als „Auslese“, „Garde“ oder „Elitetruppe“ – so einige der inflationär gebrauchten Selbstbeschreibungen – sollte die Schutzstaffel „etwas Besseres“ sein, als die irgendwie „plebejische“ SA. Die SS, so postulierten Himmler und andere, sei im Vergleich zur immer wieder in Teilen unzuverlässigen Sturmabteilung besonders „führertreu“, hinsichtlich der NS-Weltanschauung sattelfester sowie „rassisch“ und körperlich überlegen. Als „Sippengemeinschaft“, die aus den SS-Männern, ihren ebenfalls nach „rassischen“ Kriterien ausgelesenen Frauen und je mindestens vier „erbgesunden“, „nordischen“ Kindern bestehen sollte, war sie zudem im Unterschied zu der durch Ernst Röhm und sein Umfeld als tendenziell „schwul“ geltenden SA[9] dezidiert heterosexuell angelegt. Dass dieses Image – seit 1930/31

7 GOLDHAGEN.

8 MOMMSEN: Militär, S. 265.

9 Zur anhaltenden Wirkung solcher Stereotype vgl. die in den Jahren 2004 bis 2008 in der ZfG geführte Kontroverse zwischen WAHL, PRETZEL und REICHARDT: Homosexualität.

intern, seit 1934/35 im Rahmen der um die Zeitschrift *Das Schwarze Korps* aufgebauten SS-Publizistik zudem nach außen – insgesamt erfolgreich propagiert wurde, belegen nicht nur Aussagen von Beitrittswilligen, sondern beispielsweise auch die *Deutschlandberichte* der Exilsozialdemokraten.

Verlockend waren neben der Aussicht, einer Art „Neuadel" anzugehören, auch das symbolische Kapital sowie die materiellen Vorteile, die die Schutzstaffel ihren Mitgliedern verschaffte. Schon seit 1934 musste der persönliche SS-Rang nicht mehr mit der tatsächlichen Dienststellung korrespondieren. Den sechs Hierarchieebenen der Schutzstaffel[10] standen nicht weniger als 17 Unterführer- oder Führerränge gegenüber. Ende 1938 trugen rund 40% der Angehörigen der Allgemeinen SS einen dieser Titel. Noch mehr Männer konnten dank kleiner Ehrenämter wie zum Beispiel dem des Sportwarts, des Schulungsmanns oder des Pressemitarbeiters ihres Sturms das Gefühl genießen, an der Macht ihres „Ordens" zu partizipieren. In diesem Sinn funktionierte die Allgemeine SS wie die anderen, meist wesentlichen größeren NS-Massenorganisationen auch als Teil der großen „Inklusionsmaschine" NSDAP[11].

Durch die seit Juni 1933 gesetzlich vorgeschriebene Privilegierung von SA- und SS-Männern in Sachen Arbeitsvermittlung, die gezielte Vernetzung des SS-Fürsorgeapparats mit den Arbeitsämtern sowie SS-eigene Arbeitsbeschaffungsmaßnahmen gelang es, die Arbeitslosigkeit in den Reihen des „Schwarzen Ordens" schneller zu beseitigen als in der Gesamtbevölkerung. Schließlich bot die Schutzstaffel in ihren Sonderverbänden, in denen Mitglieder der Allgemeinen SS bevorzugt angestellt wurden, steile Karrierechancen sowie – das beweisen die Fälle Karl Wolff und Hans Loritz im eklatanten Widerspruch zu Himmlers Thesen von der SS als besonders „anständiger" Organisation[12] – die Möglichkeit zu vielfach geduldeter korrupter Selbstbereicherung.

Die Mischung dieser Faktoren war für die rund 215 000 deutschen und österreichischen Männer, die am Vorabend des Zweiten Weltkriegs zur Allgemeinen SS gehörten, so anziehend, dass sie erhebliche Zumutungen seitens der Schutzstaffel in Kauf nahmen. Im Rahmen des Auslese- und Beitritts- bzw. des sogenannten Heiratsgenehmigungsverfahrens mussten sie, auch wenn diese nie hundertprozentig konsequent implementiert wurden, damit rechnen, sich ärztlichen und „rassischen" Musterungen zu unterziehen. Sie hatten auf Verlangen Angaben zur „Erbgesundheit" ihrer Familienangehörigen zu machen, was einer Denunziation im Sinn des „Gesetzes zur Verhütung erbkranken Nachwuchses" vom 14. Juli 1933 gleichkommen und die Zwangssterilisation nach sich ziehen konnte. Gegebenenfalls mussten sie ihre „judenfreie" Abstammung mit erheblichem Aufwand urkundlich bis ins frühe 19. Jahrhundert belegen. Hinsichtlich des erwarteten

[10] Sturm, Sturmbann, Standarte, Abschnitt, Oberabschnitt und Reichsführung.

[11] Vgl. zu dieser Interpretation der NSDAP Nolzen: Inklusion, S. 62.

[12] Zu Wolff Simms und Lang. Zu Loritz Riedel. Beide, der Chef des Persönlichen Stabs Reichsführer-SS Wolff und der KZ-Kommandant Loritz, ließen sich auf Kosten bzw. mit Unterstützung der SS feudale Villen bauen – vgl. Kap. V.2. Zur SS-„Moral" Gross: Anständig, v. a. S. 69–92 und 143–170.

Kinderreichtums in der „Sippengemeinschaft" mischte sich die Schutzstaffel ins Intimleben ihrer Angehörigen ein. Mit der „Dienststraf- und Beschwerdeordnung" vom Februar 1933 bzw. der „Schied- und Ehrengerichtsordnung" vom November 1935 wurde ein umfassender Disziplinar- und Strafanspruch über die Mitglieder des „Schwarzen Ordens" erhoben, die ihren Führern „Gehorsam bis in den Tod" zu schwören hatten. Schließlich wurde von den SS-Mitgliedern erwartet, dass sie neben jederzeit möglichen, teilweise mehrtägigen „Alarmierungen" zweimal in der Woche abends und zusätzlich zweimal im Monat sonntags jeweils einige Stunden lang regulären SS-Dienst leisteten.

In diesem Rahmen erhielt die SS-Führung die Möglichkeit, ihre Männer, von denen Heinrich Himmler trotz aller Eliterhetorik durchaus wusste, dass sie „eben alle nur Menschen" waren,[13] „SS-mäßig" zu formen. Die entsprechenden Maßnahmen, so legte beispielsweise der Führer des Oberabschnitts Südost, Erich von dem Bach-Zelewski, in einem Grundsatzbefehl vom August 1936 fest, den jeder SS-Führer einmal im Monat lesen musste, sollten der „Erziehung zur Disziplin" und der „planmäßigen Entwicklung" der Persönlichkeit der SS-Männer dienen. Neben der elitären „Überzeugung, dass sein Korps das beste der Welt ist", sei dabei auf das „persönliche Treueverhältnis zwischen Führer und Mann" sowie die „Weckung der Gemeinschaftsseele" in der Gruppe der Sturmkameraden zu setzen, die dem einzelnen SS-Mann zur „zweiten Heimat" werden sollte.[14]

Konkret wurde im Rahmen des ab 1935 wöchentlich rund eineinhalb- bis zweistündigen Dienstsports, der neben wehrsportlichen Elementen auch Leichtathletik, Schwimmen und Ballspiele umfasste, daran gearbeitet, die SS-Mitglieder körperlich dem muskulösen, „harten" und „kämpferischen" Idealtypus anzunähern. In einer zeitgleich angelaufenen und auch im Umfang ähnlichen „Grundschulung", die anhand der sogenannten *Leithefte* erfolgte, wurden die Männer über die Feinde des Nationalsozialismus, allen voran die Juden, „aufgeklärt" und von ihrer eigenen Überlegenheit als „nordische Herrenmenschen" überzeugt.

Besondere SS-Feiern bezweckten, so der dafür zuständige Mitarbeiter des Rasse- und Siedlungshauptamtes, Kurt Eggers, im Mai 1937, die „seelische Vertiefung der Schulungsarbeit".[15] Die Tatsache, dass diese Sonnwendfeiern, Julfeste, Namensgebungen, Eheweihen usw. zunehmend einen ritualisierten Ablauf und liturgisch-kultische Formen annahmen, hat dazu geführt, dass selbst Wissenschaftler wie Hans Mommsen oder Hans Günther Hockerts, die einer Gesamtdeutung des Nationalsozialismus als „politischer Religion" skeptisch gegenüberstehen, dieser Interpretation im Bezug auf die Schutzstaffel und ihre Angehörigen Plausibilität zusprechen.[16]

13 HIMMLER, S. 24.

14 Grundsätzliche Richtlinien für die SS-Führer des Oberabschnitts Südost vom 3. 8. 1936, in IPN-Archiv, GK 812, Bd. 179, Bl. 73–77.

15 Kurt Eggers: „Grundsätzliches zur Feiergestaltung" im *SS-Leitheft* vom 7. 5. 1937, in IfZ-Archiv, DC 29.01.

16 MOMMSEN: Nationalsozialismus, S. 175; HOCKERTS: Nationalsozialismus, S. 60.

Im Vergleich zu den überaus ehrgeizigen Zielen, die die Reichsführung-SS im Rahmen ihres Elitepostulats festlegte, scheiterte die „SS-Erziehung“ ebenso auf ganzer Linie wie die vorherige, vermeintlich rigide Auslese des „Schwarzen Ordens“. So erwarben keinesfalls alle SS-Männer das SA- und das Reichssportabzeichen, wie Himmler 1935/36 befohlen hatte. Vielmehr lagen die entsprechenden Quoten, die bis 1939 erreicht wurden, bei circa 50 bzw. gar nur 10%.[17] Andererseits lässt sich dieses Ergebnis angesichts der nur drei bis vier Jahre, die zur Verfügung standen, durchaus auch als beachtlicher Erfolg werten. Dass die kognitiv-weltanschauliche Schulung bzw. das seelisch-emotionale Feierwesen ebenso wenig wirkungslos blieben, zeigt das Faktum, dass allein 1937/38 rund 23000 Angehörige der Allgemeinen SS aus der Kirche austraten, während im gleichen Zeitraum nur ungefähr 12000 Männer „auf eigenen Antrag“ unter Angabe gesundheitlicher oder beruflicher Hinderungsgründe der Schutzstaffel den Rücken kehrten. Diese wurden umgehend durch Jüngere ersetzt, die vor allem aus der Hitlerjugend kamen, die die SA mittlerweile als bevorzugte Partnerorganisation der SS-Rekrutierung abgelöst hatte.

Mit den rund 200000 Angehörigen der Allgemeinen SS, die dem verführerischen Eliteimage des „Schwarzen Ordens“ verpflichtet und durch den SS-Dienst an totalitäre Inanspruchnahme gewöhnt waren, stand ein relativ großes Personalbecken für den Aufbau der SS-Sonderverbände bzw. die Verschmelzung von Schutzstaffel und Polizei zu einem „Staatsschutzkorps“ zur Verfügung, das nicht nur der Sicherung der NS-Herrschaft, sondern einem neuartigen Konzept der generalpräventiven Umformung des „Volkskörpers“ nach rassistischen Kriterien dienen sollte.

Allerdings erwies sich diese Personalreserve angesichts der erzielten Wachstumsraten – allein die Verfügungstruppe benötigte zwischen Ende 1935 und dem Kriegsbeginn rund 9000, die Totenkopfverbände gar 11000 Rekruten – als ungenügend, so dass auch auf außenstehende Bewerber zurückgegriffen werden musste. Dieser Effekt verstärkte sich im Rahmen der Mobilmachung kurz vor bzw. während des Zweiten Weltkriegs. Knapp 40000 Männer der Allgemeinen SS wurden nun in die verschiedenen Teile der sich formierenden Waffen-SS, das heißt die Fronteinheiten, die Besatzungstruppen oder das KZ-Wachpersonal, eingezogen. Gut 110000 reklamierte allerdings auch die Wehrmacht erfolgreich für sich, während rund 50000 als „unabkömmlich“ in der Heimat blieben. Damit war das personelle Potenzial der Allgemeinen SS, wie Bernd Wegner konstatiert hat, schon Ende 1939 „weitgehend ausgeschöpft“[18]. Der weitere, ab der „Kriegswende“ 1941/42 stark forcierte Ausbau der Waffen-SS, in der insgesamt circa 900000 Mann dienten, musste durch die Anwerbung von deutschen, „volksdeutschen“, „germanischen“ und schließlich sogar „fremdvölkischen“ Männern bewerkstelligt

[17] Die erhebliche Differenz ist damit zu erklären, dass das Reichssportabzeichen weit anspruchsvoller war als das SA-Sportabzeichen.

[18] Wegner: Politische Soldaten, S. 27.

werden, wobei die Kriterien der Auslese und der Freiwilligkeit immer weiter in den Hintergrund traten.

Die Männer, die ursprünglich aus der Allgemeinen SS kamen, behielten jedoch, das haben unter anderem die Arbeiten von Ruth Bettina Birn zu den Höheren SS- und Polizeiführern, von Karin Orth zur Konzentrationslager-SS und von René Rohrkamp zur Waffen-SS deutlich gemacht,[19] jeweils die Funktion einer Kernmannschaft, die nicht nur die Mehrzahl der Führungspositionen besetzte, sondern auch das kameradschaftliche Klima, die weltanschauliche Ausrichtung und die gewalttätige Praxis prägte. Gerade in besonders verbrecherischen SS-Einheiten war die Konzentration von ehemaligen Angehörigen der Allgemeinen SS überdurchschnittlich hoch. Beispielsweise dienten in den Truppen des Kommandostabs Reichsführer-SS, die 1941 unmittelbar nach dem Beginn des deutschen Überfalls auf die Sowjetunion begannen, hinter der Front tausende Juden beiderlei Geschlechts und jeden Alters zu ermorden, rund 40% „alte SS-Männer".[20]

Auch wenn kein geradliniger und unausweichlicher Weg von der Ankündigung des *Schwarzen Korps* im November 1938, die Juden als „Rasse von Mördern und Verbrechern und Todfeinden des deutschen Volkes" gegebenenfalls bis zu ihrer „restlosen Vernichtung" auszurotten,[21] zu diesen Mordtaten führt, so ist doch davon auszugehen, dass die radikal antisemitische Indoktrination im Rahmen der SS-Schulung eine wichtige Rolle bei der Ermöglichung des Holocaust spielte.[22] Denn es waren insbesondere Einheiten, die von teilweise mehrere Jahre lang „geschulten" SS-Mitgliedern geprägt waren, die zuerst massenhaft Juden umbrachten, die sich keinesfalls als Partisanen oder sowjetische Kommissare definieren ließen. Von ihrem beispielhaften Handeln konnten sozialpsychologische Effekte der Autorisierung und der Routinisierung ausgehen,[23] die es den nachfolgenden „ganz normalen Männern" in den Polizeibataillonen und vereinzelt auch der Wehrmacht ermöglichten, es ihnen gleichzutun.

Das mörderische Potenzial der Schutzstaffel lässt sich, wie bereits erwähnt, sozial nicht einer Randgruppe der deutschen Gesellschaft zuschreiben, sondern entsprang ihrer Mitte und war über die Allgemeine SS anhaltend mit ihr verknüpft. Deren rund 200 000 Mitglieder wirkten durch ihre rege Beteiligung an der nationalsozialistischen Propaganda, etwa hinsichtlich der Durchführung der NS-Massenveranstaltungen, des Winterhilfswerks oder der sogenannten Volksabstimmungen, im Hinblick auf die deutsche Bevölkerung mobilisierend. Sie waren

19 BIRN: HSSPF; ORTH: Konzentrationslager-SS; ROHRKAMP.

20 CÜPPERS, S. 84 und 353.

21 „Juden, was nun?" in *Das Schwarze Korps* vom 24. 11. 1938.

22 Vgl. zu dieser These MATTHÄUS: Ausbildungsziel.

23 Bei der „Autorisierung" geht es darum, dass eine als Autorität anerkannte Person oder Gruppe ein Verhalten vormacht oder anordnet. Dieser Instanz können nachfolgende Personen oder Gruppen mental die Verantwortung für ursprünglich als problematisch bewertete Handlungseffekte zuschieben, was ihnen die Tatausführung erheblich erleichtert. „Routinisierung" liegt vor, wenn ursprünglich als außerordentlich eingestufte Handlungen durch wiederholtes Vor- bzw. Nachmachen „normal" werden. Beide Phänome wurden von KELMAN/HAMILTON, S. 15–20, als Schlüssel zur Erklärung von Massenverbrechen interpretiert.

gewissermaßen die Verkörperung des Prinzips, dem „Führer" stets „entgegenzuarbeiten", das Ian Kershaw als Zentralelement der „charismatischen Herrschaft" Hitlers identifiziert hat.[24] Die Formulierung geht bezeichnenderweise auf Werner Willikens zurück, einen SS-Gruppenführer und engen Mitarbeiter Richard Walther Darrés, dem neben Himmler wichtigsten Ideologen der Schutzstaffel. Sie entspricht dem in der SS-Schulung gelehrten Prinzip, es „nicht immer auf einen Befehl ankommen [zu] lassen", sondern „unseren Gehorsam denen entgegen[zu] tragen, die uns zu befehlen haben".[25]

Die in diesem Sinn proaktive Allgemeine SS trug aber nicht nur zur Mobilisierung der deutschen „Volksgenossen" bei, sondern auch zu ihrer Disziplinierung und – im Fall nicht fügsamen Verhaltens – zu Repression und Terror. Beide Funktionen gingen, wie die Beispiele des gewaltsamen Sammelns für das Winterhilfswerk bzw. des wörtlich genommenen „Wahlkampfs" für die „Volksabstimmung" über den „Anschluss" Österreichs gezeigt haben, unmittelbar ineinander über und sind somit nicht voneinander zu trennen. Die Beschäftigung mit der Geschichte der Allgemeinen SS ruft in dieser Hinsicht den stets zumindest latent auch repressiven Charakter des NS-Regimes in Erinnerung und schützt davor, als dialektische Reaktion auf die alte Überschätzung von Widerständigkeit und Resistenz in eine nicht minder einseitige Betonung der Konsensmomente und der in der Tat gegebenen Ansätze einer „Zustimmungs-" bzw. „Gefälligkeitsdiktatur"[26] zu verfallen.

Der Zugang zu der ihrem Selbstverständnis, ihrem Ruf und auch ihrer Herrschaftsfunktion nach elitären Allgemeinen SS wurde nicht nach Leistungs-, sondern nach rassistischen Auslesekriterien geregelt. In der „Rassenlehre" nach Hans F. K. Günther, die dabei zum Einsatz kam, galten die Deutschen nicht als in sich geschlossene, homogene Gemeinschaft, sondern als analytisch zu trennende und notwendigerweise unterschiedlich zu behandelnde „Rassenmischung". Der politisch hoch brisante Widerspruch zwischen SS-Rassismus und NS-„Volksgemeinschaftsideologie", der sich daraus ergab, war sowohl Hitler als auch Himmler bewusst. Das Regime im Allgemeinen und die Schutzstaffel im Speziellen tarnten diese Bruchstelle in der eigenen Programmatik, indem sie Exklusion, Diskriminierung und Verfolgung nur dann offen rassistisch begründeten, wenn sie sich gegen allgemein als Außenseiter anerkannte Gruppen wie Sinti, Roma und vor allem Juden richteten.

Dagegen griffen die Nationalsozialisten, wenn sie gegen eigentlich „deutschblütige Volksgenossen" vorgingen, entweder zur Geheimhaltung oder zu verbrämenden medizinischen, politischen bzw. kriminologischen Argumenten. Das galt für die Umbenennung der „Rassemusterungen" der SS zu unverfänglichen „Eig-

[24] Kershaw: Working.

[25] *SS-Leitheft* vom 5.10.1937, in IfZ-Archiv, DC 29.01.

[26] Die Begriffe bei Bajohr: Zustimmungsdiktatur und Aly: Volksstaat, S. 35–36. Bei beiden Autoren allerdings die sinnvolle Betonung, dass es sich jeweils nur um eine, nicht um die einzige Perspektive auf das Zusammenspiel von Regime, „Bewegung" und Bevölkerung im Dritten Reich handelt.

nungsprüfungen" ebenso wie für die Zwangssterilisation oder schließlich die mörderische Euthanasiepraxis. Allerdings war der NS- bzw. SS-Rassismus nicht nur – wie die groteske Auslesepraxis der Schutzstaffel zeigt – höchst willkürlich, sondern auch zutiefst gewalttätig, hochdynamisch und – das belegen die SS-Planungen aus der Kriegszeit – größenwahnsinnig. Es ist durchaus plausibel, wenn auch kontrafaktisch und daher nicht belegbar, dass nach dem „Endsieg" sukzessive auch „ganz normale Deutsche", die nicht als zumindest vorwiegend „nordisch", sondern als zu stark „ostisch", „dinarisch" oder „westisch" bewertet wurden, ins Visier des „rassenzüchterischen" Doppelspiels von „Ausmerze" und „Aufnordung" gekommen wären, dem sich die Schutzstaffel verschrieben hatte. Eine harmonische „Volksgemeinschaft" jedenfalls war trotz aller rhetorischen Camouflage mit einem qua Definition radikal rassistischen „Neuadel" wie der SS per se nicht zu machen. Diese Gesellschaftsutopie diente somit allenfalls der illusorischen (Selbst)Täuschung der Deutschen.

War nun, um abschließend die Titelfrage der vorliegenden Studie aufzugreifen, die Allgemeine SS eine Elite für das deutsche Volk und seinen „Führer"? Im Bezug auf die vielfältigen und zentralen Funktionen, die ihre Mitglieder im Dienst Hitlers bei der Eroberung, Sicherung und Ausübung der Macht zunächst in der nationalsozialistischen „Bewegung", dann in Deutschland und schließlich in weiten Teilen Europas ausübten, ist diese Frage zu bejahen. In der „Kampfzeit" stellte die Schutzstaffel die erste allein Hitler verpflichtete Schlägertruppe dar, die, wie bei der Stennes- oder der Stegmann-Revolte unter Beweis gestellt, nötigenfalls auch gegen nationalsozialistische „Kameraden" vorzugehen bereit war. Während der Phase der „Machtergreifung" und der „Gleichschaltung" waren SS-Männer in überproportionaler Weise am Terror beteiligt, der diese Prozesse begleitete und durchzusetzen half und der bislang für diesen Zeitraum vor allem der SA zugeschrieben wurde. Im Dritten Reich schließlich diente die Allgemeine SS zum einen als wichtiges Rekrutierungsbecken für den Aufbau des nationalsozialistischen „Staatsschutzkorps" bzw. der Einheiten, die die ideologisch gewollten NS-Massenverbrechen in Gang setzten. Zum anderen wirkte sie entscheidend an der Mobilisierung und Disziplinierung der deutschen Gesellschaft mit.

Hinsichtlich ihrer tatsächlichen Sozialstruktur, aber auch was die weltanschaulichen, „rassischen" und körperlichen Auslesekriterien anging, die die SS-Führung postulierte, war die Allgemeine SS dagegen eher „ganz normal" als elitär. Diese Tatsache erleichtert es zu verstehen, dass die übergroße Mehrheit der Männer des „Schwarzen Ordens" sich nach 1945 weitgehend problemlos gesellschaftlich reintegrierte und nie als gefährliche „fünfte Kolonne" agierte, wie das die alliierten Besatzer in der unmittelbaren Nachkriegszeit befürchteten. Dass diese „normalen" Männer in ihrer Gesamtheit dennoch als Hitlers mörderische Funktionselite gewirkt hatten, hängt neben den Effekten der „SS-Erziehung" damit zusammen, dass sie – solange das Dritte Reich bestand und der charismatische „Führer" als zentraler Bezugspunkt der Schutzstaffel am Leben war – wohl mehrheitlich selbst der Konstruktion des „Schwarzen Ordens" aufgesessen waren.

Nachwort

Um dem Beruf des Historikers nachgehen und gleichzeitig meinen Aufgaben als Familienvater gerecht werden zu können, war ich in den letzten Jahren auf gleich zwei Arbeitgeber angewiesen, die mich in dankenswerter Weise außerordentlich großzügig unterstützt haben. Das Bayerische Staatsministerium für Unterricht und Kultus hat mich für drei Jahre von meinen Pflichten als Gymnasiallehrer beurlaubt, in denen ich mich ganz der Forschung widmen konnte. Das Institut für Zeitgeschichte München-Berlin in Person seiner beiden Direktoren, Horst Möller und Andreas Wirsching, sowie seiner Verwaltungsleiterin, Ingrid Morgen, haben die bei der Deutschen Forschungsgemeinschaft eingeworbenen Drittmittel dazu genutzt, mich im IfZ als Wissenschaftler zu beschäftigen und mir dort – wie schon während meiner Doktorandenzeit – nahezu perfekte Arbeitsbedingungen zur Verfügung zu stellen.

Ähnliches und zudem viel menschliche und fachliche Hilfe habe ich in den zahlreichen Archiven und Bibliotheken gefunden, in denen ich nach Quellen und Literatur gesucht habe. Entsprechend zu Dank verpflichtet bin ich den Mitarbeitern der Serviceabteilungen des IfZ, des Bundesarchivs in Berlin und Koblenz, der Staatsarchive in Marburg und Ludwigsburg und dem Warschauer Archiv des Instituts für nationales Gedenken, die mich wochen- und teilweise monatelang als Nutzer unterstützt und als willkommenen Gast behandelt haben.

Besonders dankbar aber bin ich allen Historikern, die meine Forschungen zur SS mit Rat und Tat, als Anreger, Hinweisgeber, Leser und Kritiker begleitet haben. Hier sind Jan Erik Schulte, Marc Buggeln, Michael Wildt, David Reinicke, Lars Amenda, Christoph Studt, Daniel Siemens, Ulrich von Hehl, vor allem aber meine Münchner Kollegen Elisabeth Zellmer, Hermann Graml, Christian Hartmann, Giles Bennett, Johannes Hürter, Dieter Pohl, Bernhard Gotto und Axel Drecoll zu nennen. Ohne sie wäre dieses Buch nicht geworden, was es ist. Äußerst nützliche Vorarbeiten haben auch meine beiden studentischen Hilfskräfte Laura Pulz und Thomas Maier geleistet.

Dass ich mich mit meinem Manuskript 2011 an der Universität Regensburg im Fachgebiet Neueste Geschichte / Zeitgeschichte habilitieren konnte, verdanke ich fünf Professoren, die sich als Fachmentoren bzw. Gutachter zur Verfügung gestellt haben: Franz Bauer, Günther Heydemann, Joachim Scholtyseck, Michael Burleigh und – last, aber ganz und gar nicht least – Udo Wengst. Letzterer stand mir nicht nur in den beiden genannten Funktionen zur Seite. Er hat vielmehr das gesamte Forschungsvorhaben vom Projektantrag bis zur Fertigstellung begleitet, wie schon bei meiner Promotion das Manuskript mehrfach in Gänze durchgelesen und mich als wichtigster konzeptioneller Kritiker und Berater stets ermutigt. Dass ich mich als „Wengst-Schüler" bezeichnen darf, macht mich stolz und froh.

Zu größtem Dank verpflichtet fühle ich mich schließlich meiner Frau Biggi, die mir erneut den Rücken frei gehalten, meine abwesenden Grübeleien ertragen und als treue Erstleserin so manch verstiegene Formulierung und unzählige Rechtschreib- und Interpunktionsfehler zur Strecke gebracht hat. Ihre Kritik als Nicht-Historikerin war mir besonders wichtig.

Widmen aber möchte ich dieses Buch meinen beiden Söhnen, Linus und Benjamin. Ihr habt mir beigebracht, dass es bei aller Begeisterung für den eigenen Beruf Dinge gibt, die wichtiger sind und stets wichtiger bleiben sollten.

Quellenverzeichnis

Unveröffentlichte Quellen

Archiv des Instituts für nationales Gedenken, IPN, Warschau (IPN-Archiv)

GK 762	9. SS-Standarte in Stettin
GK 809	SS-Sturm 9/III/70 in Sprottau
GK 810	124. SS-Standarte in Kattowitz
GK 812	SS-Oberabschnitt Südost
GK 813	23. SS-Standarte in Beuthen
GK 817	61. SS-Standarte in Allenstein

Archiv des Instituts für Zeitgeschichte, München (IfZ-Archiv)

DB 04.04	Richtlinien des Amts Rosenberg für die Gestaltung von Lebensfeiern
DC 002.019	SS-Disziplinarstraf- und Beschwerdeordnung
DC 01.06	Statistische Jahrbücher der Schutzstaffel der NSDAP
DC 012.003	Richtlinien für die Fürsorge für die Hinterbliebenen der gefallenen SS-Kameraden
DC 02.01	Vorschrift über den inneren Dienst auf den Dienststellen und Schreibstuben der Allgemeinen SS
DC 02.05a	SS-Übungsvorschrift
DC 02.09a	Sanitätsvorschrift für die Allgemeine SS
DC 27.01	SS-Befehlsblatt
DC 29.01	SS-Leithefte
MB 23/30	Teilbestand der Nürnberger Dokumente
ZS 1147	Zeugenschrifttum Walther Stennes

Archiv des Kreismuseums Wewelsburg (Archiv Wewelsburg)

Interviews	Transkripte zur Befragung von Zeitzeugen aus dem Dorf Wewelsburg

Bundesarchiv Berlin (BA Berlin)

Handapparat	Nachschlagewerke der Abteilung R aus dem Bereich der „grauen Literatur“
NS 1	Reichsschatzmeister der NSDAP
NS 2	SS-Rasse- und Siedlungshauptamt
NS 3	SS-Wirtschafts- und Verwaltungshauptamt
NS 7	Hauptamt SS-Gericht
NS 19	Persönlicher Stab Reichsführer-SS
NS 22	Reichsorganisationsleitung der NSDAP
NS 23	Sturmabteilungen der NSDAP (SA)
NS 26	Hauptarchiv der NSDAP
NS 28	Hitler-Jugend
NS 31	SS-Hauptamt
NS 34	SS-Personalhauptamt
NSD 41/81	Die Schutz-Staffel (Zeitschrift der SS-Oberleitung von 1926)
OPG	Sammlung Oberstes Parteigericht (ehemaliges BDC)

PK	Sammlung Parteikorrespondenz (ehemaliges BDC)
R 72	Stahlhelm, Bund der Frontsoldaten
R 187	Sammlung Schumacher
R 4606	Generalbauinspektor für die Reichshauptstadt Berlin
RS	Sammlung personenbezogener Akten des RuSHA (ehemaliges BDC)
SSM / SSUF	Sammlung der Personalakten von SS-Männern und SS-Unterführern (ehemaliges BDC)
SSO	Sammlung der Personalakten von SS-Führern (ehemaliges BDC)

Bundesarchiv Koblenz (BA Koblenz)

NL 1126	Nachlass Heinrich Himmler
ZSG 117	Zeitungsausschnittssammlung des Hauptarchivs der NSDAP
Z 42	Spruchkammern der britischen Besatzungszone

Bundesarchiv-Militärarchiv Freiburg im Breisgau (BA Freiburg)

NL 756	Nachlass Wolfgang Vopersal

Landesarchiv Düsseldorf (LA Düsseldorf)

Gerichte Rep. 8	Landgericht und Staatsanwaltschaft Düsseldorf

Landeskirchliches Archiv Hannover (LkA Hannover)

L 5 g	Landessuperintendentur Stade
S 1	Kirchenkampf-Dokumentation

Staatsarchiv Ludwigsburg (StA Ludwigsburg)

PL 506	SS-Einheiten in Württemberg (v. a. SS-Oberabschnitt Südwest)

Staatsarchiv Marburg (StA Marburg)

327/2a	SS-Oberabschnitt Rhein
327/2b	SS-Oberabschnitt Fulda-Werra
274 Kassel	Staatsanwaltschaft Kassel
274 Marburg	Staatsanwaltschaft Marburg

Staatsarchiv Stade (StA Stade)

Rep. 171a, Stade	Staatsanwaltschaft Stade

Stadtarchiv Goslar (StA Goslar)

NL Darré	Nachlass Richard Walther Darré

Veröffentlichte Quellen

Zeitungen und Zeitschriften

Die Rote Fahne, Jg. 1925–1933.
Münchner Post, Jg. 1925–1933.
Frankfurter Zeitung, Jg. 1925–1939.
Germania, Jg. 1925–1939.
Der Tag, Jg. 1927–1934.
Völkischer Beobachter, Münchner und Süddeutsche Ausgabe, Jg. 1925–1939.
Nationalsozialistische Monatshefte, Jg. 1930–1939.
Volk und Rasse, Jg. 1926–1939.
Vorschläge der Reichspropagandaleitung zur Feiergestaltung, Jg. 1935–1936.
Die Neue Gemeinschaft. Das Parteiarchiv für Nationalsozialistische Feier- und Freizeitgestaltung, Jg. 1937–1945.
Der SA-Mann, Jg. 1928–1934.
Das Schwarze Korps, Jg. 1935–1943.
FM-Zeitschrift. Monatsschrift der Reichsführung SS für fördernde Mitglieder, Jg. 1934–1938.

Zeitgenössische Literatur

Alquen, Gunter d': Die SS. Geschichte, Aufgabe und Organisation der Schutzstaffeln der NSDAP, Berlin 1939.

Bauer, Heinrich: Geburt der Nation. Weihespiel, Berlin 1934.
Bauer, Heinrich: Schwert im Osten. Die Staatsschöpfung des deutschen Ritterordens in Preußen, Oldenburg 1932.
Bauer, Heinrich: Stresemann. Ein deutscher Staatsmann, Berlin 1930.
Beinhorn, Elly: Bernd Rosemeyer. Mein Mann der Rennfahrer, Berlin 1938.
Best, Werner: Die deutsche Polizei, Darmstadt 1940.
Bretz, Hans: Bernd Rosemeyer. Ein Leben für den Sport, Berlin 1938.

Darré, Richard Walther: Blut und Boden. Ein Grundgedanke des Nationalsozialismus, Berlin 1935.
Darré, Richard Walther: Neuadel aus Blut und Boden, München 1930.
Deutschvölkischer Schutz- und Trutzbund. Ortsgruppe Meißen: Eine unbewusste Blutschande. Der Untergang Deutschlands. Naturgesetze über die Rassenlehre, Meißen 1921.
Disselhorst, Rudolf: Die Beurteilungslehre des Pferdes, Berlin 1923.

Eitze, Werner: Vom Wesen und den Formen der Schulung in den Ortsgruppen der NSDAP. Ein Beitrag zur Klärung der Funktion der weltanschaulich-politischen Erziehungsarbeit, Hamburg 1941.
Erman, Wilhelm: Schwarzrotgold und Schwarzweißrot. Ein historischer Rückblick, Frankfurt a. M. 1924.

Günther, Hans F. K.: Kleine Rassenkunde des deutschen Volkes, München ^{3}1933.

Günther, Hans F. K.: Rassenkunde des Deutschen Volkes, München 1922.

Günther, Hans F. K.: Rassenkunde des jüdischen Volkes, München 1930.

Hauer, Jakob Wilhelm: Deutsche Gottschau. Grundzüge eines deutschen Glaubens, Stuttgart 1934.

Heydrich, Reinhard: Wandlungen unseres Kampfes, München u. a. 1936.

Himmler, Heinrich: Die Schutzstaffel als antibolschewistische Kampforganisation, München u. a. 1936.

Hornickel, Ernst: Wer wusste das von Rosemeyer. Ein Tatsachenbericht aus dem Werden eines Meisters, Stuttgart 1937.

Jahoda, Marie u. a.: Die Arbeitslosen von Marienthal. Ein soziographischer Versuch über die Wirkungen langandauernder Arbeitslosigkeit. Mit einem Anhang zur Geschichte der Soziographie, Frankfurt a. M. 1982. [ursprünglich 1933]

Johst, Hanns: Ruf des Reiches – Echo des Volkes! Eine Ostfahrt, München ^{7}1944.

Knickerbocker, Hubert R.: Deutschland. So oder so?, Berlin 1932.

Kronacher, Carl: Züchtungslehre. Eine Einführung für Züchter und Studierende, Berlin 1929.

Kühlwein, Fritz: Felddienst-ABC für den Schützen, Berlin 1931.

Mann, Heinrich: Der Untertan, Berlin ^{36}1994. [ursprünglich 1918]

Mann, Thomas: Betrachtungen eines Unpolitischen, Berlin ^{7}1919.

Merkenschlager, Friedrich: Götter, Helden und Günther. Eine Abwehr der Güntherschen Rassenkunde, Nürnberg 1927.

Merkenschlager, Friedrich: Rassensonderung, Rassenmischung, Rassenwandlung, Berlin 1933.

Möbius, Paul Julius: Über den physiologischen Schwachsinn des Weibes, Halle 1900.

Nelissen-Haken, Bruno: Stempelchronik. 261 Arbeitslosenschicksale, Hamburg 1932.

Ostwald, Hans: Sittengeschichte der Inflation. Ein Kulturdokument aus den Jahren des Marksturzes, Berlin 1931.

Papen, Franz von: Rede des Vizekanzlers von Papen vor dem Universitätsbund, Marburg 1934.

Paulsen, Friedrich: Die deutschen Universitäten und das Universitätsstudium, Berlin 1902.

Rahn, Otto: Luzifers Hofgesind. Eine Reise zu Europas guten Geistern, Leipzig 1937.

Rechenbach, Horst: Die Beurteilung des menschlichen Körpers, Goslar 1940.

Remarque, Erich Maria: Im Westen nichts Neues, Berlin 1929.

Saller, Karl: Der Weg der deutschen Rasse. Ein Abriß deutscher Rassenkunde, Leipzig 1934.

Schiele, Fritz: Wehrsport-Fibel, Berlin 1932.

Schlund, Erhard: Neugermanisches Heidentum im heutigen Deutschland, München ^{2}1924.

Schmitt, Carl: Der Führer schützt das Recht, in: Deutsche Juristen-Zeitung 39 (1934), Heft 15, Spalten 945–950.

Tönnies, Ferdinand: Gemeinschaft und Gesellschaft. Grundbegriffe der reinen Soziologie, Berlin 1926.

Violet, Bruno: Die Kirchenaustrittsbewegung, Berlin 1914.

Weber, Max: Wirtschaft und Gesellschaft. Grundriss der verstehenden Soziologie, Erster Halbband, Tübingen [4]1956. [ursprünglich 1921/22]

Weininger, Otto: Geschlecht und Charakter. Eine prinzipielle Untersuchung, Wien und Leipzig 1903.

Weitzel, Fritz (Hg.): An ihren Taten sollt ihr sie erkennen, Mönchengladbach o. J. [1936].

Weitzel, Fritz (Hg.): Die Gestaltung der Feste im Jahres- und Lebenslauf der SS-Familie, Wuppertal o. J. [1939].

Weitzel, Fritz (Hg.): Die Mannschaftsfeiern in der SS, Wuppertal o. J. [1939].

Zechlin, Egmont: Schwarz-Rot-Gold und Schwarz-Weiss-Rot in Geschichte und Gegenwart, Berlin 1926.

Zimmermann, Bodo: Die Soldatenfibel, Berlin 1931.

Zuckmayer, Carl: Der Hauptmann von Köpenick. Ein deutsches Märchen in 3 Akten, Berlin 1930.

Memoiren

Eschenburg, Theodor: Letzten Endes meine ich doch. Erinnerungen 1933–1999, Berlin 2000.

Haffner, Sebastian: Geschichte eines Deutschen. Die Erinnerungen 1914–1933, Stuttgart u. a. [8]2001.

Hausser, Paul: Soldaten wie andere auch. Der Weg der Waffen-SS, Osnabrück 1967.

Hausser, Paul: Waffen-SS im Einsatz, Göttingen 1953.

Hielscher, Friedrich: 50 Jahre unter Deutschen, Hamburg 1954.

Jünger, Ernst: In Stahlgewittern. Aus dem Tagebuch eines Stoßtruppführers, Berlin [3]1922.

Kersten, Felix: Totenkopf und Treue. Heinrich Himmler ohne Uniform, Hamburg 1953.

Meissner, Hans-Otto: Junge Jahre im Reichspräsidentenpalais. Erinnerungen an Ebert und Hindenburg, München 1988.

Noske, Gustav: Von Kiel bis Kapp. Zur Geschichte der deutschen Revolution, Berlin 1920.

Salomon, Ernst von: Der Fragebogen, Hamburg 1951.

Speer, Albert: Der Sklavenstaat. Meine Auseinandersetzungen mit der SS, Stuttgart 1981.

Wagener, Otto: Hitler aus nächster Nähe. Aufzeichnungen eines Veteranen 1929–1932, hg. von Henry A. Turner, Frankfurt a. M. u. a. 1978.

Weizsäcker, Ernst von: Erinnerungen, München 1950.

Zweig, Stefan: Die Welt von gestern. Erinnerungen eines Europäers, Frankfurt a. M. 1949.

Editionen

Akten der Reichskanzlei. Regierung Hitler 1933–1938, hg. von Konrad Repgen, insg. 7 Bd., Boppard am Rhein 1983–2008.

Boberach, Heinz (Hg.): Meldungen aus dem Reich 1938–1945. Die geheimen Lageberichte des Sicherheitsdienstes der SS, 18 Bd., Herrsching 1984–1985.

Der Prozess gegen die Hauptkriegsverbrecher vor dem Internationalen Militärgerichtshof, 42 Bd., Nürnberg 1947–1949.

Deutschlandberichte der Sozialdemokratischen Partei Deutschlands 1934–1940, 7 Bd., Frankfurt a. M. 1980.

Domarus, Max (Hg.): Hitler. Reden und Proklamationen 1932–1945. Kommentiert von einem Zeitgenossen, 4 Bd., Wiesbaden 1973.

Eschenburg, Theodor (Hg.): Die Rede Himmlers vor den Gauleitern am 3. August 1944, in: VfZ 1 (1953), S. 357–394.

Goebbels, Joseph: Die Tagebücher von Joseph Goebbels, hg. von Elke Fröhlich, insg. 32 Bd., München u. a. 1993–2008.

Heiber, Helmut u. a. (Bearb.): Akten der Partei-Kanzlei der NSDAP. Rekonstruktion eines verlorengegangenen Bestandes, Microfiche-Edition mit 10 Erschließungsbänden, München u. a. 1983–1992.

Heiber, Helmut (Hg.): Der Generalplan Ost, in: VfZ 6 (1958), S. 281–325.

Heiber, Helmut (Hg.): Facsimile-Querschnitt durch das Schwarze Korps, München u. a. 1968.

Heiber, Helmut (Hg.): Reichsführer! … Briefe an und von Himmler, Stuttgart 1968.

Hill, Leonidas (Hg.): Die Weizsäcker-Papiere, 2 Bd., Berlin u. a. 1974–1982.

Hinze, Sibylle u. a. (Hg.): Die Lageberichte der Geheimen Staatspolizei über die Provinz Brandenburg und die Reichshauptstadt Berlin 1933–1936, Bd. 1: Der Regierungsbezirk Potsdam, Köln u. a. 1998.

Hitler, Adolf: Reden, Schriften, Anordnungen. Februar 1925 bis Januar 1933, hg. vom Institut für Zeitgeschichte, 6 Bd. in 12 Teilbd., München u. a. 1992–2003.

Jacobsen, Hans-Adolf und Jochmann, Werner (Hg.): Ausgewählte Dokumente zur Geschichte des Nationalsozialismus 1933–1945, 3 Bd., Bielefeld 1961–1966.

Kempner, Robert (Hg.): Das Urteil im Wilhelmstrassen-Prozess. Der amtliche Wortlaut der Entscheidung im Fall Nr. 11 des Nürnberger Militärtribunals gegen von Weizsäcker und andere, mit abweichender Urteilsbegründung, Berichtigungsbeschlüssen, den grundlegenden Gesetzesbestimmungen, einem Verzeichnis der Gerichtspersonen und Zeugen und Einführungen, Schwäbisch Gmünd 1950.

Klein, Thomas (Hg.): Die Lageberichte der Geheimen Staatspolizei über die Provinz Hessen-Nassau 1933–1936, 2 Bd., Köln u. a. 1986.

Kluke, Paul: Dokumentation: Der Fall Potempa, in: VfZ 5 (1957), S. 279–297.

Madajczyk, Czeslaw (Hg.): Vom Generalplan Ost zum Generalsiedlungsplan, München u. a. 1994.

Maurer, Ilse und Wengst, Udo (Bearb.): Staat und NSDAP 1930–1932. Quellen zur Ära Brüning, Düsseldorf 1977.

Michaelis, Herbert und Schraepler, Ernst (Hg.): Ursachen und Folgen. Vom deutschen Zusammenbruch 1918 und 1945 bis zur staatlichen Neuordnung Deutschlands in der Gegenwart. Eine Urkunden- und Dokumentensammlung zur Zeitgeschichte, 26 Bd., Berlin 1958–1979.

Mlynek, Klaus (Hg.): Gestapo Hannover meldet... Polizei- und Regierungsberichte für das mittlere und südliche Niedersachsen zwischen 1933 und 1937, Hildesheim 1986.

Moll, Martin (Hg.): „Führer-Erlasse“ 1939–1945. Edition sämtlicher überlieferter, nicht im Reichsgesetzblatt abgedruckter, von Hitler während des Zweiten Weltkrieges schriftlich erteilter Direktiven aus den Bereichen Staat, Partei, Wirtschaft, Besatzungspolitik und Militärverwaltung, Stuttgart 1997.

Picker, Henry: Hitlers Tischgespräche im Führerhauptquartier. Hitler, wie er wirklich war, Stuttgart [3]1976.

Reichskommissar für Überwachung der öffentlichen Ordnung und Nachrichtensammelstelle im Reichsministerium des Innern. Lageberichte (1920–1929) und Meldungen (1929–1933). Bestand R 134 des Bundesarchivs Koblenz, veröffentlicht als Microfiche-Ausgabe, hg. von Ernst Ritter, München u. a. 1979.

Rupieper, Hermann u. a. (Hg.): Die Lageberichte der Geheimen Staatspolizei zur Provinz Sachsen 1933–1936, 3 Bd., Halle 2003–2006.

Smith, Bradley F. und Peterson, Agnes F. (Hg.): Heinrich Himmler. Geheimreden 1933 bis 1945, Frankfurt a. M. u. a. 1974.

Statistisches Handbuch von Deutschland 1928–1944, München 1949.

Treue, Wilhelm (Hg.): Deutschland in der Weltwirtschaftskrise in Augenzeugenberichten, Düsseldorf 1967.

Treue, Wilhelm (Hg.): Hitlers Denkschrift zum Vierjahresplan 1936, in: VfZ 3 (1955), S. 184–210.

Tyrell, Albrecht (Hg.): Führer befiehl ... Selbstzeugnisse aus der „Kampfzeit“ der NSDAP. Dokumente und Analyse, Düsseldorf 1969.

Ulrich, Bernd u. a. (Hg.): Frontalltag im Ersten Weltkrieg. Ein historisches Lesebuch, Essen 2008.

Online-Ressourcen

alex.onb.ac.at
www.bild.bundesarchiv.de
www.bpb.de
www.dhm.de/lemo
www.germanhistorydocs.ghi-dc.org
www.hsozkult.geschichte.hu-berlin.de
www.reichstagsprotokolle.de
www.sehepunkte.de

Literaturverzeichnis

Absolon, Rudolf: Die Wehrmacht im Dritten Reich. Band I: 30. Januar 1933 bis 2. August 1934, Boppard 1969.

Ackermann, Josef: Heinrich Himmler als Ideologe, Göttingen u. a. 1970.

Allemann, Fritz René: Bonn ist nicht Weimar. Köln u. a. 1956.

Allen, Michael: Oswald Pohl – Chef der SS-Wirtschaftsunternehmen, in: Smelser, Ronald und Syring, Enrico (Hg.): Die SS: Elite unter dem Totenkopf. 30 Lebensläufe, Paderborn u. a. 2000, S. 394–407.

Alter, Reinhard: Heinrich Manns Untertan – Prüfstein für die „Kaiserreich-Debatte"?, in: Geschichte und Gesellschaft 17 (1991), S. 370–389.

Altgeld, Wolfgang: Rassistische Ideologie und völkische Religiosität, in: Hummel, Karl-Joseph u. a. (Hg.): Die Katholiken und das Dritte Reich. Kontroversen und Debatten, Paderborn u. a. 2009, S. 63–82.

Aly, Götz (Hg.): Aktion T vier 1939–1945. Die „Euthanasie"-Zentrale in der Tiergartenstraße 4, Berlin 1987.

Aly, Götz: Hitlers Volksstaat. Raub, Rassenkrieg und nationaler Sozialismus, Frankfurt a. M. 2005.

Aly, Götz (Hg.): Volkes Stimme. Skepsis und Führervertrauen im Nationalsozialismus, Frankfurt a. M. 2006.

Angermair, Elisabeth und Haerendel, Ulrike: Inszenierter Alltag. Volksgemeinschaft im nationalsozialistischen München 1933–1945, München 1993.

Arendt, Hannah: Eichmann in Jerusalem. Ein Bericht von der Banalität des Bösen, München 1964.

Arnold, Birgit: „Deutscher Student, es ist nicht nötig, dass Du lebst, wohl aber, dass Du Deine Pflicht gegenüber Deinem Volk erfüllst". Gustav Adolf Scheel, Reichsstudentenführer und Gauleiter von Salzburg, in: Scholtyseck, Joachim und Kißener, Michael (Hg.): Die Führer der Provinz. NS-Biografien aus Baden und Württemberg, Konstanz 1997, S. 567–594.

Aronson, Shlomo: Reinhard Heydrich und die Frühgeschichte von Gestapo und SD, Stuttgart 1971.

Auerbach, Hellmuth: Die Einheit Dirlewanger, VfZ 10 (1962), S. 250–263.

Augustinovic, Werner und Moll, Martin: Gunter d'Alquen – Propagandist des SS-Staates, in: Smelser, Ronald und Syring, Enrico (Hg.): Die SS: Elite unter dem Totenkopf. 30 Lebensläufe, Paderborn u. a. 2000, S. 100–118.

Bärsch, Claus-Ekkehard: Der Nationalsozialismus als „politische Religion" und die „Volksgemeinschaft", in: Besier, Gerhard und Lübbe, Hermann (Hg.): Politische Religion und Religionspolitik. Zwischen Totalitarismus und Bürgerfreiheit, Göttingen 2005, S. 49–78.

Baganz, Carina: Reichenbach, in: Benz, Wolfgang und Distel, Barbara (Hg.): Der Ort des Terrors. Geschichte der nationalsozialistischen Konzentrationslager, Bd. 2: Frühe Lager, Dachau, Emslandlager, München 2005, S. 191–193.

Bahro, Berno: Der Sport und seine Rolle in der nationalsozialistischen Elitetruppe SS, in: Historical Social Research / Historische Sozialforschung 32 (2007), S. 78–91.

Baird, Jay W.: Julius Streicher – der Berufsantisemit, in: Smelser, Ronald u. a. (Hg.): Die braune Elite 2. 21 weitere biografische Skizzen, Darmstadt [2]1999, S. 231–242.

Bajohr, Frank: Ämter, Pfründe, Korruption. Materielle Aspekte der nationalsozialistischen Machteroberung, in: Wirsching, Andreas (Hg.): Das Jahr 1933. Die nationalsozialistische Machteroberung und die deutsche Gesellschaft, Göttingen 2009, S. 185–199.

Bajohr, Frank: Die Zustimmungsdiktatur. Grundzüge nationalsozialistischer Herrschaft in Hamburg, in: Schmid, Joseph (Hg.): Hamburg im „Dritten Reich", Göttingen 2005, S. 69–121.

Bajohr, Frank: Parvenüs und Profiteure. Korruption in der NS-Zeit, Frankfurt a. M. 2001.

Bajohr, Frank und Wildt, Michael (Hg.): Volksgemeinschaft. Neue Forschungen zur Gesellschaft des Nationalsozialismus, Frankfurt a. M. 2009.

Banach, Jens: Heydrichs Elite. Das Führerkorps der Sicherheitspolizei und des SD 1936–1945, Paderborn u. a. 1998.

Barth, Boris: Dolchstoßlegenden und politische Desintegration. Das Trauma der deutschen Niederlage im Ersten Weltkrieg 1914–1933, Düsseldorf 2003.

Barth, Boris: Freiwilligenverbände in der Novemberrevolution, in: Bergien, Rüdiger und Pröve, Ralf (Hg.): Spießer, Patrioten, Revolutionäre. Militärische Mobilisierung und gesellschaftliche Ordnung in der Neuzeit, Göttingen 2010, S. 95–115.

Bauer, Kurt: Nationalsozialismus. Ursprünge, Anfänge, Aufstieg und Fall, Wien u. a. 2008.

Bauerkämper, Arnd: Der Faschismus in Europa 1918–1945, Stuttgart 2006.

Baumann, Schaul: Die Deutsche Glaubensbewegung und ihr Gründer Jakob Wilhelm Hauer (1881–1962), Marburg 2005.

Baumeister, Martin: Auf dem Weg in die Diktatur. Faschistische Bewegungen und die Krise der europäischen Demokratien, in: Süß, Dietmar und Süß, Winfried: (Hg.): Das Dritte Reich. Eine Einführung, München 2008, S. 13–33.

Baumeister, Stefan: NS-Führungskader. Rekrutierung und Ausbildung bis zum Beginn des Zweiten Weltkriegs 1933–1939, Konstanz 1997.

Baur, Johannes: Die Revolution und Die „Weisen von Zion“. Zur Entwicklung des Russlandbildes in der frühen NSDAP, in: Koenen, Gerd und Kopelew, Lew (Hg.): Deutschland und die Russische Revolution 1917–1924, München 1998, S. 165–190.

Bechtluft, Horst Heinrich: Bernd Rosemeyer und die SS – Versuch der Annäherung an ein geschichtliches Tabu in Lingen, in: Emsländische Geschichte 15 (2008), S. 11–52.

Beck, Hermann: The fateful alliance. German Conservatives and Nazis in 1933. The Machtergreifung in a new light, New York u. a. 2008.

Beck, Ralf: Der traurige Patriot. Sebastian Haffner und die deutsche Frage, Berlin 2005.

Becker, Annette: Religion, in: Hirschfeld, Gerhard u. a. (Hg.): Enzyklopädie Erster Weltkrieg, Paderborn u. a. 2003, S. 192–197.

Behrenbeck, Sabine: Der Kult um die toten Helden. Nationalsozialistische Mythen, Riten und Symbole 1923 bis 1945, Vierow b. Greifswald 1996.

Benz, Wolfgang: Einleitung. Die NSDAP und ihre Mitglieder, in: ders. (Hg.): Wie wurde man Parteigenosse? Die NSDAP und ihre Mitglieder, Frankfurt a. M. 2009, S. 7–18.

Benz, Wolfgang und Distel, Barbara (Hg.): Der Ort des Terrors. Geschichte der nationalsozialistischen Konzentrationslager, Bd. 2: Frühe Lager, Dachau, Emslandlager, München 2005.

Benz, Wolfgang und Distel, Barbara (Hg.): Terror ohne System. Die ersten Konzentrationslager im Nationalsozialismus 1933–1935, Berlin 2001.

Benzenhöfer, Udo: „Kinderfachabteilungen“ und „NS-Kindereuthanasie“, Wetzlar 2000.

Berg, Dietrolf: Der Wehrwolf 1923–1933. Vom Wehrverband zur nationalpolitischen Bewegung, Toppenstedt 2008.

Berg, Nicolas: Der Holocaust und die westdeutschen Historiker. Erforschung und Erinnerung, Göttingen 2003.

Berggötz, Sven Olaf (Hg.): Ernst Jünger und die Geiseln. Die Denkschrift von Ernst Jünger über die Geiselerschießungen in Frankreich 1941/42, in: VfZ 51 (2003), S. 405–472.

Berghahn, Volker R.: Der Stahlhelm. Bund der Frontsoldaten 1918–1935, Düsseldorf 1966.

Berghofer, Gerd: Friedrich Merkenschlager. Ein Wissenschaftler trotzt den Rassegedanken der Nazis, Treuchtlingen 2010.

Bergien, Rüdiger: Mit „Kreiskommissaren“ zur „Volkswehr“. Die preußischen Einwohnerwehren als Organ einer republikanischen Sicherheitspolitik, 1918–1920, in: ders. und Pröve, Ralf (Hg.): Spießer, Patrioten, Revolutionäre. Militärische Mobilisierung und gesellschaftliche Ordnung in der Neuzeit, Göttingen 2010, S. 117–138.

Bernhard, Patrick: Konzertierte Gegnerbekämpfung im Achsenbündnis. Die Polizei im Dritten Reich und im faschistischen Italien 1933 bis 1943, in: VfZ 59 (2011), S. 229–262.

Bessel, Richard: Die Heimkehr der Soldaten. Das Bild der Frontsoldaten in der Öffentlichkeit der Weimarer Republik, in: Hirschfeld, Gerhard u. a. (Hg.): Keiner fühlt sich mehr als Mensch ... Erlebnis und Wirkung des Ersten Weltkriegs, Essen 1993, S. 221–239.

Bessel, Richard: Political Violence and the Rise of Nazism. The Storm Troopers in Eastern Germany 1925–1934, New Haven und London 1984.

Bessel, Richard: The Potempa Murder, in: Central European History 10 (1977), S. 241–254.

Birn, Ruth Bettina: Die Höheren SS- und Polizeiführer. Himmlers Vertreter im Reich und in den besetzten Gauen, Düsseldorf 1986.

Birn, Ruth Bettina: Die SS – Ideologie und Herrschaftsausübung. Zur Frage der Inkorporierung von „Fremdvölkischen", in: Jan Erik Schulte (Hg.): Die SS, Himmler und die Wewelsburg, Paderborn u. a. 2009, S. 60–75.

Black, Peter: Arthur Nebe – Nationalsozialist im Zwielicht, in: Smelser, Ronald und Syring, Enrico (Hg.): Die SS: Elite unter dem Totenkopf. 30 Lebensläufe, Paderborn u. a. 2000, S. 364–378.

Blasius, Dirk: Weimars Ende. Bürgerkrieg und Politik 1930–1933, Göttingen 2005.

Blasius, Rainer: Das alte Amt und die neue Zeit. Die Freiherren von Neurath und von Weizsäcker in der Außenpolitik des „Dritten Reiches", in: Haus der Geschichte Baden-Württemberg (Hg.): Adel und Nationalsozialismus im Deutschen Südwesten, Karlsruhe 2007, S. 104–131.

Blasius, Rainer: Ein konservativer Patriot im Dienste Hitlers. Ernst Freiherr von Weizsäcker, in: Filmer, Werner und Schwan, Heribert (Hg.): Richard von Weizsäcker. Profile eines Mannes, Düsseldorf u. a. ^{5}1984, S. 313–338.

Blasius, Rainer: Fall 11. Der Wilhelmstraßen-Prozeß gegen das Auswärtige Amt und andere Ministerien, in: Ueberschär, Gerd (Hg.): Der Nationalsozialismus vor Gericht. Die alliierten Prozesse gegen Kriegsverbrecher und Soldaten 1943–1952, Frankfurt a. M. 1999, S. 187–198.

Block, Nils: Die Parteigerichtsbarkeit der NSDAP, Frankfurt a. M. u. a. 2002.

Boberach, Heinz u. a. (Bearb.): Inventar archivalischer Quellen des NS-Staates. Die Überlieferung von Behörden und Einrichtungen des Reichs, der Länder und der NSDAP, 2 Bd., München u. a. 1991 und 1995.

Bock, Gisela: Zwangssterilisation im Nationalsozialismus. Studien zur Rassenpolitik und Frauenpolitik, Opladen 1986.

Boehnert, Gunnar Charles: A Sociography of the SS Officer Corps, London 1978.

Bölling, Rainer: Kleine Geschichte des Abiturs, Paderborn u. a. 2010.

Bollmus, Reinhard: Das Amt Rosenberg und seine Gegner. Studien zum Machtkampf im nationalsozialistischen Herrschaftssystem, München 2006.

Bracher, Karl Dietrich: Die Auflösung der Weimarer Republik. Eine Studie zum Problem des Machtverfalls in der Demokratie, Stuttgart u. a. 1955.

Bracher, Karl Dietrich: Die deutsche Diktatur. Entstehung, Struktur, Folgen des Nationalsozialismus, Köln u. a. 1969.

Bramwell, Anna: Blut und Boden, in: François, Etienne und Schulze, Hagen (Hg.): Deutsche Erinnerungsorte, Bd. 3, München 2003, S. 380–391.

Bräuer, Siegfried: Der „Deutsche Luthertag 1933" und sein Schicksal, in: Bartelt, Horst u. a. (Hg.): Martin Luther. Leistung und Erbe, Berlin 1986, S. 423–434.

Breitman, Richard: Friedrich Jeckeln. Spezialist für die „Endlösung" im Osten, in: Smelser, Ronald und Syring, Enrico (Hg.): Die SS: Elite unter dem Totenkopf. 30 Lebensläufe, Paderborn u. a. 2000, S. 267–275.

Breuer, Stefan: Die „Nordische Bewegung" in der Weimarer Republik, in: ZfG 57 (2009), S. 485–509.

Brinkhus, Jörn: Ziviler Luftschutz im „Dritten Reich" – Wandel seiner Spitzenorganisation, in: Süß, Dietmar (Hg.): Deutschland im Luftkrieg. Geschichte und Erinnerung, München 2007, S. 27–40.

Broszat, Martin (Hg.): Bayern in der NS-Zeit, Bd. 2–4: Herrschaft und Gesellschaft im Konflikt, München u. a. 1979–1983.

Broszat, Martin: Resistenz und Widerstand. Eine Zwischenbilanz des Forschungsprojekts, in: ders. (Hg.): Bayern in der NS-Zeit, Bd. 4, München 1981, S. 691–709.

Broszat, Martin: Zur Struktur der NS-Massenbewegung, in: VfZ 31 (1983), S. 52–76.

Browder, George C.: Hitler's Enforcers. The Gestapo and the SS Security Service in the Nazi Revolution, New York u. a. 1996.

Browder, George C.: Problems and Potentials of the Berlin Document Center, in: Central European History, 5 (1972), S. 362–380.

Brown, Timothy S.: Weimar Radicals. Nazis and Communists between Authenticity and Performance, New York u. a. 2009.

Browning, Christopher: Die „Endlösung" und das Auswärtige Amt. Das Referat D III der Abteilung Deutschland 1940–1943, Darmstadt 2010.

Browning, Christopher: Ganz normale Männer. Das Reserve-Polizeibataillon 101 und die „Endlösung" in Polen, Reinbek bei Hamburg 1993.

Bruns, Claudia: Der homosexuelle Staatsfreund. Von der Konstruktion des erotischen Männerbundes bei Hans Blüher, in: Zur Nieden, Susanne (Hg.): Homosexualität und Staatsräson. Männlichkeit, Homophobie und Politik in Deutschland 1900–1945, Frankfurt a. M. u. a. 2005, S. 100–117.

Bryant, Thomas: „Volk ohne Jugend" als „demographisches Drama". Der Bevölkerungsstatistiker Friedrich Burgdörfer im Wechselspiel zwischen wissenschaftlicher Publizistik und popularisierter Wissenschaft (1909–1933), in: Krassnitzer. Patrick u. a. (Hg.): Bevölkerungsfragen. Prozesse des Wissenstransfers in Deutschland und Frankreich (1870–1939), Köln 2007, S. 47–66.

Buchheim, Hans, Broszat Martin, Jacobsen, Hans-Adolf und Krausnick, Helmut: Anatomie des SS-Staats, München [8]2005.

Buchheim, Hans: Befehl und Gehorsam, in: ders. u. a.: Anatomie des SS-Staats, München [8]2005, S. 213–320.

Buchheim, Hans: Despotie, Ersatzreligion, Religionsersatz, in: Maier, Hans (Hg.): „Totalitarismus" und „Politische Religionen". Konzepte des Diktaturvergleichs, Bd. 1, Paderborn u. a. 1996, S. 260–263.

Buchheim, Hans: Die SS – das Herrschaftsinstrument, in: ders. u. a.: Anatomie des SS-Staats, München [8]2005, S. 15–212.

Buchheim, Hans: Die staatsrechtliche Bedeutung des Eides auf Hitler als Führer der nationalsozialistischen Bewegung nach 1933, in: Gutachten des Instituts für Zeitgeschichte, Bd. 1, München 1958, S. 328–330.

Buchheim, Hans: Fördernde Mitgliedschaft bei der SS, in: Gutachten des Instituts für Zeitgeschichte, Bd. 1, München 1958, S. 350–351.

Buchheim, Hans: Glaubenskrise im Dritten Reich. Drei Kapitel nationalsozialistischer Religionspolitik, Stuttgart 1953.

Buchheim, Hans: Kyffhäuserbund und SA, in: Gutachten des Instituts für Zeitgeschichte, Bd. 1, München 1958, S. 377–380.

Buchner, Bernd: Um nationale und republikanische Identität. Die deutsche Sozialdemokratie und der Kampf um die politischen Symbole in der Weimarer Republik, Bonn 2001, S. 45–137.

Buddrus, Michael: Totale Erziehung für den totalen Krieg. Hitlerjugend und nationalsozialistische Jugendpolitik, 2 Bd., München 2003.

Burleigh, Michael: Die Zeit des Nationalsozialismus. Eine Gesamtdarstellung, Frankfurt a. M. 2000.

Burleigh, Michael: Irdische Mächte, göttliches Heil. Die Geschichte des Kampfes zwischen Religion und Politik von der Französischen Revolution bis in die Gegenwart, München 2008.

Burleigh, Michael: The racial state revisited, in: ders.: Ethics and Extermination. Reflections on Nazi genocide, Cambridge 1997, S. 155–168.

Burleigh, Michael: Tod und Erlösung. Euthanasie in Deutschland 1900–1945, München und Zuerich 1994.

Burleigh, Michael und Wippermann, Wolfgang: The Racial State. Germany 1933–1945, Cambridge 1991.

Büttner, Ursula: Weimar. Die überforderte Republik. Leistung und Versagen in Staat, Gesellschaft, Wirtschaft und Kultur, Stuttgart 2008.

Büttner, Ursula und Jochmann, Werner: Hamburg auf dem Weg ins Dritte Reich. Entwicklungsjahre 1931–1933, Hamburg 1983.

Cadle, Caron: Kurt Daluege – Der Prototyp des loyalen Nationalsozialisten, in: Smelser, Ronald und Syring, Enrico (Hg.): Die SS: Elite unter dem Totenkopf. 30 Lebensläufe, Paderborn u. a. 2000, S. 66–78.

Cadle, Caron: My Honor is Loyality. The Biography of S.S. General Kurt Daluege, unveröffentlichte Bachelorarbeit, Princeton 1979.

Campbell, Bruce: The SA Generals and the Rise of Nazism, Lexington 1998.

Cancik, Hubert (Hg.): Antisemitismus, Paganismus, Völkische Religion, München 2004.

Clark, Christopher: Josef „Sepp" Dietrich – Landsknecht im Dienste Hitlers, in: Smelser, Ronald und Syring, Enrico (Hg.): Die SS: Elite unter dem Totenkopf. 30 Lebensläufe, Paderborn u. a. 2000, S. 119–133.

Cohen, Deborah: Kriegsopfer, in: Spilker, Rolf u. a. (Hg.): Der Tod als Maschinist. Der industrialisierte Krieg 1914–1918, Bramsche 1998, S. 217–227.

Combs, William S.: The Voice of the SS. A History of the SS Journal "Das Schwarze Korps", New York u. a. 1986.

Conze, Eckart: Adel unter dem Totenkopf. Die Idee eines Neuadels in den Gesellschaftsvorstellungen der SS, in: ders. und Wienfort, Monika (Hg.): Adel und Moderne. Deutschland im europäischen Vergleich im 19. und 20. Jahrhundert, Köln u. a. 2004, S. 151–176.

Conze, Eckart, Frei, Norbert, Hayes, Peter und Zimmermann, Moshe (Hg.): Das Amt und die Vergangenheit. Deutsche Diplomaten im Dritten Reich und in der Bundesrepublik, München 2010.

Corni, Gustavo und Gies, Horst: Blut und Boden. Rassenideologie und Agrarpolitik im Staat Hitlers, Idstein 1994.

Corni, Gustavo: Richard Walther Darré – Der „Blut und Boden"-Ideologe, in: Smelser, Ronald, Syring, Enrico und Zitelmann, Rainer (Hg.): Die braune Elite 1. 22 biographische Skizzen, Darmstadt [4]1999; S. 15–27.

Cüppers, Martin: Wegbereiter der Shoah. Die Waffen-SS, der Kommandostab Reichsführer-SS und die Judenvernichtung 1939–1945, Darmstadt 2005.

Dams, Carsten und Stolle, Michael: Die Gestapo. Herrschaft und Terror im Dritten Reich, München 2008.

Dams, Carsten: Staatsschutz in der Weimarer Republik. Die Überwachung und Bekämpfung der NSDAP durch die preußische politische Polizei von 1928 bis 1932, Marburg 2002.

Daniel, Ute: Arbeiterfrauen in der Kriegsgesellschaft. Beruf, Familie und Politik im Ersten Weltkrieg, Göttingen 1989.

Daniel, Ute: Frauen, in: Hirschfeld, Gerhard u. a. (Hg.): Enzyklopädie Erster Weltkrieg, Paderborn u. a. 2003, S. 116–134.

Dicks, Henry V.: Licensed Mass Murder. A Socio-psychological study of some SS killers, London 1972.

Diehl, James M.: Paramilitary Politics in Weimar Germany, Bloomington und London 1977.

Diehl, Paula: Die SS-Uniform als emblematisches Zeichen, in: Münkler, Herfried und Hacke, Jens (Hg.): Strategien der Visualisierung. Verbildlichung als Mittel politischer Kommunikation, Frankfurt a. M. 2009, S. 127–150.

Diehl, Paula: Macht – Mythos – Utopie. Die Körperbilder der SS-Männer, Berlin 2005.

Diercks, Herbert (Hg.): Abgeleitete Macht. Funktionshäftlinge zwischen Widerstand und Kollaboration, Bremen 1998.

Diercks, Herbert: Hamburg-Fuhlsbüttel, in: Benz, Wolfgang und Distel, Barbara (Hg.): Der Ort des Terrors. Geschichte der nationalsozialistischen Konzentrationslager, Bd. 2: Frühe Lager, Dachau, Emslandlager, München 2005, S. 112–118.

Dierker, Wolfgang: Himmlers Glaubenskrieger. Der Sicherheitsdienst der SS und seine Religionspolitik 1933–1941, Paderborn u. a. 2002.

Dillon, Christopher: "We'll meet again in Dachau". The Early Dachau SS and the Narrative of Civil War, in: Journal of Contemporary History 45 (2010), S. 535–554.

Dimitrios, Alexander: Weimar und der Kampf gegen „rechts". Eine politische Biografie, 3 Bd., Ulm 2009.

Döscher, Hans-Jürgen: Das Auswärtige Amt im Dritten Reich. Diplomatie im Schatten der „Endlösung", Berlin 1987.

Döscher, Hans-Jürgen: Der „Fall Behrens" in Stade. Eine Dokumentation zum Verhältnis Kirche-Partei-Staat im Dritten Reich, in: Stader Jahrbuch 1976, S. 103–144.

Drage, Charles: Als Hitler nach Canossa ging. Biografie des Walther Stennes, Berlin 1982.

Drobisch, Klaus und Wieland, Günther: System der NS-Konzentrationslager 1933–1939, Berlin 1993.

Dumschat, Sabine und Möhlenbeck, Ulrike: Aufarbeitung des „NS-Archivs" des Ministeriums für Staatssicherheit der DDR: Abschluss der ersten Projektphase, in: Aus der Arbeit des Bundesarchivs, 12 (2004), Heft 2, S. 40–46.

Dussel, Konrad: Deutsche Tagespresse im 19. und 20. Jahrhundert, Münster 2004.

Düsterberg, Rolf: Hanns Johst. „Der Barde der SS". Karrieren eines deutschen Dichters, Paderborn u. a. 2004.

Eckert, Astrid: Kampf um die Akten. Die Westalliierten und die Rückgabe von deutschem Archivgut nach dem Zweiten Weltkrieg, Stuttgart 2004.

Eggers, Erik: Fußball in der Weimarer Republik, Kassel 2001.

Ehrenreich, Eric: The Nazi Ancestral Proof. Genealogy, Racial Science and the Final Solution, Bloomington u. a. 2007.

Eidenbenz, Mathias: „Blut und Boden". Zu Funktion und Genese der Metaphern des Agrarismus und Biologismus in der nationalsozialistischen Bauernpropaganda R. W. Darrés, Bern u. a. 1993.

Eisenberg, Christiane: „English sports" und deutsche Bürger. Eine Gesellschaftsgeschichte 1800–1939, Paderborn u. a. 1999.

Erger, Johannes: Der Kapp-Lüttwitz-Putsch. Ein Beitrag zur deutschen Innenpolitik 1919/20, Düsseldorf 1967.

Esch, Michael G.: „Ohne Rücksicht auf historisch Gewordenes". Raumplanung und Raumordnung im besetzten Polen 1939–1944, in: Kahrs, Horst (Hg.): Modelle für ein deutsches Europa. Ökonomie und Herrschaft im Großwirtschaftsraum, Berlin 1992, S. 77–123.

Essner, Cornelia: Die „Nürnberger Gesetze" oder die Verwaltung des Rassenwahns, Paderborn u. a. 2002.

Essner, Cornelia: Im „Irrgarten der Rassenlogik" oder nordische Rassenlehre und nationale Frage (1919–1935), in: Historische Mitteilungen 7 (1994), S. 81–101.

Ettelson, Todd Richard: The Nazi "New Man". Embodying Masculinity and Regulating Sexuality in the SA and SS, 1930–39, Dissertation University of Michigan 2002.

Etzemüller, Thomas: Ein ewigwährender Untergang. Der apokalyptische Bevölkerungsdiskurs im 20. Jahrhundert, Bielefeld 2007.

Faatz, Martin: Vom Staatsschutz zum Gestapo-Terror. Politische Polizei in Bayern in der Endphase der Weimarer Republik und der Anfangsphase der nationalsozialistischen Diktatur, Würzburg 1995.

Fallois, Immo von: Kalkül und Illusion. Der Machtkampf zwischen Reichswehr und SA während der Röhm-Krise 1934, Berlin 1994.

Falter, Jürgen: Die „Märzgefallenen" von 1933. Neue Forschungsergebnisse zum sozialen Wandel innerhalb der NSDAP-Mitgliedschaft während der Machtergreifungsphase, in: Geschichte und Gesellschaft 24 (1998), S. 595–616.

Falter, Jürgen: Wer wurde Nationalsozialist? Eine Überprüfung von Theorien über die Massenbasis des Nationalsozialismus anhand neuer Datensätze zur NSDAP-Mitgliedschaft 1925–1932, in: Grabitz, Helge (Hg.): Die Normalität des Verbrechens. Bilanz und Perspektiven der Forschung zu den nationalsozialistischen Gewaltverbrechen. Festschrift für Wolfgang Scheffler zum 65. Geburtstag, Berlin 1994, S. 20–41.

Faust, Anselm: „Überwindung des jüdischen Intellektualismus und der damit verbundenen Verfallserscheinungen im deutschen Geistesleben" – Der Nationalsozialistische Deutsche Studentenbund, in: Scholtyseck, Joachim und Studt, Christoph (Hg.): Universitäten und Studenten im Dritten Reich. Bejahung, Anpassung, Widerstand, Berlin 2008, S. 107–114.

Fest, Joachim: Die andere Utopie. Eine Studie über Heinrich Himmler, in: ders.: Fremdheit und Nähe. Von der Gegenwart des Gewesenen, Stuttgart 1996, S. 138–166.

Fest, Joachim: Einführung, in: Smith, Bradley F. und Peterson, Agnes F. (Hg.): Heinrich Himmler. Geheimreden 1933 bis 1945, Frankfurt a. M. u. a. 1974, S. 13–22.

Fest, Joachim: Hitler. Eine Biographie, Frankfurt a. M. u. a. 1973.

Fietze, Beate: Historische Generationen. Über einen sozialen Mechanismus kulturellen Wandels und kollektiver Kreativität, Bielefeld 2009.

Fings, Karola: Krieg, Gesellschaft und KZ: Himmlers Baubrigaden, Paderborn u. a. 2005.

Fischer, Conan: Stormtroopers. A social, economic and ideological Analysis, London 1983.

Flick, Günter: Die Köpenicker Blutwoche. Fakten, Legenden und politische Justiz, in: Zeitschrift des Forschungsverbundes SED-Staat 21 (2007), S. 3–17.

Floud, Roderick C.: Wirtschaftliche und soziale Einflüsse auf die Körpergröße von Europäern seit 1750, in: Jahrbuch für Wirtschaftsgeschichte 1985/2, S. 93–118.

Föllmer, Moritz und Graf, Rüdiger (Hg.): Die „Krise" der Weimarer Republik. Zur Kritik eines Deutungsmusters, Frankfurt a. M. 2005.

Forner, Sean A.: War commemoration and the republic in crisis. Weimar Germany and the Neue Wache, in: Central European History 35 (2002), S. 513–549.

Förster, Stig: Militär und staatsbürgerliche Partizipation. Die allgemeine Wehrpflicht im deutschen Kaiserreich 1871–1914, in: Foerster, Roland G. (Hg.): Die Wehrpflicht. Entstehung, Erscheinungsformen und politisch-militärische Wirkung, München 1994, S. 55–70.

Frei, Norbert: Abschied von der Zeitgenossenschaft. Der Nationalsozialismus und seine Erforschung auf dem Weg in die Geschichte, in: ders.: 1945 und wir. Das Dritte Reich im Bewusstsein der Deutschen, München, erweiterte Taschenbuchausgabe, 2009, S. 56–77.

Frei, Norbert: Der Führerstaat. Nationalsozialistische Herrschaft 1933 bis 1945, München ^{8}2007.

Frei, Norbert: Goldhagen, die Deutschen und die Historiker. Über die Repräsentation des Holocaust im Zeitalter der Visualisierung, in: Sabrow, Martin u. a. (Hg.): Zeitgeschichte als Streitgeschichte. Große Kontroversen nach 1945, München 2003, S. 138–151.

Frei, Norbert: „Volksgemeinschaft". Erfahrungsgeschichte und Lebenswirklichkeit der Hitler-Zeit, in: ders.: 1945 und wir. Das Dritte Reich im Bewusstsein der Deutschen, München 2005, S. 107–128.

Freitag, Werner (Hg.): Das Dritte Reich im Fest. Führermythos, Feierlaune und Verweigerung in Westfalen 1933–1945, Bielefeld 1997.

Frevert, Ute: Die kasernierte Nation. Militärdienst und Zivilgesellschaft in Deutschland, München 2001.

Frevert, Ute: Frauen-Geschichte. Zwischen Bürgerlicher Verbesserung und Neuer Weiblichkeit, Frankfurt a. M. 1986.

Frevert, Ute: Soldaten, Staatsbürger. Überlegungen zur historischen Konstruktion von Männlichkeit, in: Kühne, Thomas (Hg.): Männergeschichte – Geschlechtergeschichte. Männlichkeit im Wandel der Moderne, Frankfurt a. M. u. a. 1996, S. 69–87.

Freytag, Nils: Sedantage in München. Gemeindefeiern, Komiteefeste und Vereinsgedenken, in: Zeitschrift für bayerische Landesgeschichte 61 (1998), S. 383–406.

Friedländer, Saul; Das Dritte Reich und die Juden, Bd. 1:Die Jahre der Verfolgung 1933–1939, München 1998.

Frilling, Christoph: Elly Beinhorn und Bernd Rosemeyer – Kleiner Grenzverkehr zwischen Resistenz und Kumpanei im Nationalsozialismus. Studien zu Habitus und Sprache prominenter Mitläufer, Frankfurt a. M. u. a. 2009.

Fröbe, Reiner: Hans Kammler – Technokrat der Vernichtung, in: Smelser, Ronald und Syring, Enrico (Hg.): Die SS: Elite unter dem Totenkopf. 30 Lebensläufe, Paderborn u. a. 2000, S. 305–319.

Führer, Karl: Der Deutsche Reichskriegerbund Kyffhäuser 1930–1934. Politik, Ideologie und Funktion eines „unpolitischen" Verbandes, in: Militärgeschichtliche Mitteilungen, 36 (1984), S. 57–76.

Führer, Karl: Die Tageszeitung als wichtigstes Massenmedium der nationalsozialistischen Gesellschaft, in: ZfG 55 (2007), S. 411–434.

Fulda, Bernhard: Press and Politics in the Weimar Republic, Oxford 2009.

Gailus, Manfred: Kirchenbücher, Ariernachweise und kirchliche Beihilfen zur Judenverfolgung. Eine Einführung, in: ders. (Hg.): Kirchliche Amtshilfe. Die Kirche und die Judenverfolgung im „Dritten Reich", Göttingen 2008, S. 7–26.

Gailus, Manfred: Protestantismus und Nationalsozialismus. Studien zur nationalsozialistischen Durchdringung des protestantischen Sozialmilieus in Berlin, Köln 2001.

Gailus, Manfred: „Sippen-Mayer". Eine biografische Skizze über den Historiker und Leiter der Reichsstelle für Sippenforschung Dr. Kurt Mayer (1903–1945), in: ders. (Hg.): Kirchliche Amtshilfe. Die Kirche und die Judenverfolgung im „Dritten Reich", Göttingen 2008, S. 195–216.

Gallus, Alexander (Hg.): Die vergessene Revolution von 1918/19, Göttingen 2010.

Ganyard, Clifton Greer: Artur Mahraun and the Young German Order. An alternative to national socialism in Weimar political culture, Lewiston, NY, 2008.

Gelderblom, Bernhard: Die Reichserntedankfeste auf dem Bückeberg 1933–1937, Hameln 2008.

Gellately, Robert: The Gestapo and German Society. Enforcing Racial Policy 1933–1945, Oxford u. a. 1990.

Gelwick, Robert Arthur: Personnel Policies and Procedures of the Waffen-SS, Ann Arbor 1971.

Gerstner, Alexandra: Neuer Adel. Aristokratische Elitekonzeptionen zwischen Jahrhundertwende und Nationalsozialismus, Darmstadt 2008.

Gerwarth, Robert: Reinhard Heydrich. Biographie, München 2011.

Geyer, Martin H.: Verkehrte Welt. Revolution, Inflation und Moderne. München 1914–1924, Göttingen 1998.

Gies, Horst: Zur Entstehung des Rasse- und Siedlungsamtes der SS, in: Rebentisch, Dieter u. a. (Hg.): Paul Kluke zum 60. Geburtstag, Frankfurt a. M. 1968, S. 127–139.

Gietinger, Klaus: Eine Leiche im Landwehrkanal. Die Ermordung Rosa Luxemburgs, Hamburg 2009.

Giles, Geoffrey J.: The Denial of Homosexuality. Same-Sex Incidents in Himmler's SS and Police, in: Herzog, Dagmar (Hg.): Sexuality and German Fascism, New York u. a. 2005, S. 256–290.

Goeschel, Christian und Wachsmann, Nikolaus: Before Auschwitz. The Formation of the Nazi Concentration Camps, 1933–9, in: Journal of Contemporary History 45 (2010), S. 515–534.

Goldhagen, Daniel Jonah: Hitlers willige Vollstrecker. Ganz gewöhnliche Deutsche und der Holocaust, Berlin 1996.

Goodrick-Clarke, Nicholas: Die okkulten Wurzeln des Nationalsozialismus, Graz u. a. 2000.

Görtemaker, Manfred: Thomas Mann und die Politik, Frankfurt a. M. 2005.

Gotto, Bernhard: Kommunale Krisenbewältigung, in: Süß, Dietmar (Hg.): Deutschland im Luftkrieg. Geschichte und Erinnerung, München 2007, S. 41–56.

Graf, Rüdiger: Die Zukunft der Weimarer Republik. Krisen und Zukunftsaneignungen in Deutschland 1918–1933, München 2008.

Grebing, Helga (Hg.): Die deutsche Revolution 1918/19, Berlin 2008.

Groschopp, Horst: Geschichte des Kirchenaustritts in Deutschland, in: http://www.horst-groschopp.de/Freidenker/PDF/GeschichteKirchenaustritt.pdf [Zugriff 9. 8. 2010].

Groß, Gerhard Paul (Hg.): Die vergessene Front. Der Osten 1914/15. Ereignis, Wirkung, Nachwirkung, Paderborn u. a. 2006.

Gross, Raphael: Anständig geblieben. Nationalsozialistische Moral, Frankfurt a. M. 2010.

Gruchmann, Lothar: Justiz im Dritten Reich 1933–1940. Anpassung und Unterwerfung in der Ära Gürtner, München [3]2001.

Grüttner, Michael: Studenten im Dritten Reich, Paderborn u. a. 1995.

Guido, Diane J.: The German League for the Prevention of Women's Emancipation. Antifeminism in Germany 1912–1920, New York u. a. 2010.

Güldenpfennig, Leonie: Gewöhnliche Bewacher. Sozialstruktur und Alltag der Konzentrationslager-SS Neuengamme, in: KZ-Gedenkstätte Neueingamme (Hg.): Entgrenzte Gewalt. Täterinnen und Täter im Nationalsozialismus. Beiträge zur Geschichte der nationalsozialistischen Verfolgung in Norddeutschland, 7/2002, S. 66–78.

Gusy, Christoph: Weimar – die wehrlose Republik? Verfassungsschutzrecht und Verfassungsschutz in der Weimarer Republik, Tübingen 1991.

Gutschow, Nils: Ordnungswahn. Architekten planen im „eingedeutschten Osten" 1939–1945, Basel u. a. 2001.

Haar, Ingo: Zur Sozialstruktur und Mitgliederentwicklung der NSDAP, in: Benz, Wolfgang (Hg.): Wie wurde man Parteigenosse? Die NSDAP und ihre Mitglieder, Frankfurt a. M. 2009, S. 60–73.

Haffner, Sebastian: Die verratene Revolution. Deutschland 1918/19, München 1969.

Hahn, Judith: Grawitz, Genzken, Gebhardt. Drei Karrieren im Sanitätsdienst der SS, Münster 2008.

Hamann, Brigitte: Hitlers Wien. Lehrjahre eines Diktators, München u. a. 1996.

Hambrecht, Reiner: Der Aufstieg der NSDAP in Mittel- und Oberfranken (1925–1933), Nürnberg 1976.

Hambrock, Matthias: Dialektik der verfolgenden Unschuld. Überlegungen zu Mentalität und Funktion der SS, in: Schulte, Jan Erik (Hg.): Die SS, Himmler und die Wewelsburg, Paderborn u. a. 2009, S. 79–101.

Hancock, Eleanor: Ernst Röhm. Hitler's SA chief of staff, New York 2008.

Hanke, Peter: Zur Geschichte der Juden in München zwischen 1933 und 1945, München 1967.

Harten, Hans-Christian u. a.: Rassenhygiene als Erziehungsideologie im Dritten Reich. Bio-bibliographisches Handbuch, Berlin 2006.

Hartmann, Christian, Hürter, Johannes und Jureit, Ulrike (Hg.): Verbrechen der Wehrmacht. Bilanz einer Debatte, München 2005.

Hartmann, Michael: Elitesoziologie. Eine Einführung, Frankfurt a. M. und New York 2004.

Hatheway, Jay: In Perfect Formation. SS Ideology and the SS-Junkerschule Tölz, Atglen, PA 1999.

Hausen, Karin: Mütter zwischen Geschäftsinteressen und kultischer Verehrung. Der „Deutsche Muttertag" in der Weimarer Republik, in: Huck, Gerhard (Hg.): Sozialgeschichte der Freizeit. Untersuchungen zum Wandel der Alltagskultur in Deutschland, Wuppertal 1980, S. 249–280.

Haushofer, Heinz: Artikel zu Richard Walther Darré, in: NDB, Bd. 3: Bülerlein – Ditmar, Berlin 1957, S. 517.

Hein, Bastian: Himmlers Orden. Das Auslese- und Beitrittsverfahren der Allgemeinen SS, in: VfZ 59 (2011), S. 263–280.

Heinemann, Isabel: Ambivalente Sozialingenieure? Die Rasseexperten der SS, in: Hirschfeld, Gerhard und Jersak, Tobias (Hg.): Karrieren im Nationalsozialismus. Funktionseliten zwischen Mitwirkung und Distanz, Frankfurt a. M. und New York 2004, S. 73–95.

Heinemann, Isabel: „Rasse, Siedlung, deutsches Blut". Das Rasse- und Siedlungshauptamt der SS und die rassenpolitische Neuordnung Europas, Göttingen 2003.

Heinemann, Isabell: Wissenschaft und Homogenisierungsplanung für Osteuropa. Konrad Meyer, der „Generalplan Ost" und die Deutsche Forschungsgemeinschaft, in: dies. und Wagner, Patrick (Hg.): Wissenschaft – Planung – Vertreibung. Neuordnungskonzepte und Umsiedlungspolitik im 20. Jahrhundert, Stuttgart 2006, S. 45–72.

Henke, Josef: Das Schicksal deutscher zeitgeschichtlicher Quellen in Kriegs- und Nachkriegszeit. Beschlagnahme – Rückführung – Verbleib, in: VfZ (1982), S. 557–620.

Hepp, Michael: Fälschung und Wahrheit: Albert Speer und „Der Sklavenstaat", in: Mitteilungen der Dokumentationsstelle zur NS-Sozialpolitik 1 (1985), Heft 3, S. 1–37.

Herbert, Ulrich: Best. Biographische Studien über Radikalismus, Weltanschauung und Vernunft 1903–1989, Bonn [3]1996.

Herbert, Ulrich: Drei politische Generationen im 20. Jahrhundert, in: Reulecke, Jürgen (Hg.): Generationalität und Lebensgeschichte im 20. Jahrhundert, München 2003, S. 95–114.

Herbert, Ulrich: Fremdarbeiter. Politik und Praxis des „Ausländer-Einsatzes" in der Kriegswirtschaft des Dritten Reiches, Bonn [3]1999.

Herbert, Ulrich: Wer waren die Nationalsozialisten? Typologien des politischen Verhaltens im NS-Staat, in: Hirschfeld, Gerhard und Jersak, Tobias (Hg.): Karrieren im Nationalsozialismus. Funktionseliten zwischen Mitwirkung und Distanz, Frankfurt a. M. und New York 2004, S. 17–42.

Herbst, Ludolf: Hitlers Charisma. Die Erfindung eines deutschen Messias, Frankfurt a. M. 2010.

Hering, Rainer: Säkularisierung, Entkirchlichung, Dechristianisierung und Formen der Rechristianisierung bzw. Resakralisierung in Deutschland, in: Schnurbein, Stefanie v. u. a. (Hg.): Völkische Religion und Krise der Moderne. Entwürfe „arteigener" Glaubenssysteme seit der Jahrhundertwende, Würzburg 2001, S. 120–164.

Herlemann, Beatrix (Hg.): Für eine starke Republik! Reichsbanner Schwarz-Rot-Gold 1924–1933. Katalog zur Ausstellung, Berlin 2004.

Hermann, Angela: Hitler und sein Stoßtrupp in der „Reichskristallnacht", in: VfZ 56 (2008), S. 603–619.

Hesemann, Michael: Hitlers Religion. Die fatale Heilslehre des Nationalsozialismus, München 2004.

Hesse, Hans: Moringen, in: Benz, Wolfgang und Distel, Barbara (Hg.): Der Ort des Terrors. Geschichte der nationalsozialistischen Konzentrationslager, Bd. 2: Frühe Lager, Dachau, Emslandlager, München 2005, S. 160–168.

Hildebrand, Klaus: Das vergangene Reich. Deutsche Außenpolitik von Bismarck bis Hitler, München 2008.

Hillmayr, Heinrich: Roter und Weißer Terror in Bayern nach 1918. Ursachen, Erscheinungsformen und Folgen der Gewalttätigkeiten im Verlauf der revolutionären Ereignisse nach dem Ende des Ersten Weltkrieges, München 1974.

Hinze, Werner: Schalmeienklänge im Fackelschein. Ein Beitrag zur Kriegskultur der Zwischenkriegszeit, Hamburg 2002.

Hockerts, Hans Günther: Mythos, Kult und Feste. München im nationalsozialistischen „Feierjahr", in: Bauer, Richard u. a. (Hg.): München – „Hauptstadt der Bewegung". Bayerns Metropole und der Nationalsozialismus, Wolfratshausen 2002, S. 331–341.

Hockerts, Hans Günter: War der Nationalsozialismus eine politische Religion? Über Chancen und Grenzen eines Erklärungsmodells, in: Hildebrand, Klaus (Hg.): Zwischen Religion und Politik. Studien zu Entstehung, Existenz und Wirkung des Totalitarismus, München 2003, S. 45–71.

Hoeres, Peter: Die Kultur von Weimar. Durchbruch der Moderne, Berlin 2008.

Höhne, Heinz: Der Orden unter dem Totenkopf. Die Geschichte der SS, Gütersloh 1967.

Höhne, Heinz: Mordsache Röhm. Hitlers Durchbruch zur Alleinherrschaft 1933–1934, Reinbek 1984.

Hollmann, Michael: Das „NS-Archiv" des Ministeriums für Staatssicherheit der DDR und seine archivarische Bewältigung durch das Bundesarchiv, in: Mitteilungen aus dem Bundesarchiv, 9 (2001), S. 53–61.

Hördler, Stefan: SS-Kaderschmiede Lichtenburg. Zur Bedeutung des KZ Lichtenburg in der Vorkriegszeit, in: ders. u. a. (Hg.): Lichtenburg. Ein deutsches Konzentrationslager, Berlin 2009, S. 75–129.

Hornung, Klaus: Der Jungdeutsche Orden, Düsseldorf 1958.

Hradil, Stefan und Imbusch, Peter: Oberschichten – Eliten – Herrschende Klassen, Opladen 2003.

Huber, Gabriele: Die Porzellan-Manufaktur Allach-München GmbH. Eine „Wirtschaftsunternehmung" der SS zum Schutz der „deutschen Seele", Marburg 1992.

Hunger, Ulrich: Die Runenkunde im Dritten Reich, Frankfurt a. M. u. a. 1984.

Hunger, Ulrich: Wissenschaft und Ideologie. Die Runenkunde im Nationalsozialismus, in: Puschner, Uwe und Großmann, Ulrich (Hg.): Völkisch und national. Zur Aktualität alter Denkmuster im 21. Jahrhundert, Darmstadt 2009, S. 312–328.

Hürten, Heinz: Die katholische Kirche im Ersten Weltkrieg, in: Michalka, Wolfgang (Hg.): Der Erste Weltkrieg. Wirkung, Wahrnehmung, Analyse, München 1994, S. 725–735.

Hürter, Johannes: Wilhelm Groener. Reichswehrminister am Ende der Weimarer Republik (1928–1932), München 1993.

Hüser, Karl: Wewelsburg 1933 bis 1945. Kult- und Terrorstätte der SS. Eine Dokumentation, Paderborn [2]1987.

Ingrao, Christian: Les chasseurs noirs. La brigade Dirlewanger, Paris 2006.

Jäckel, Eberhard: Hitlers Weltanschauung. Entwurf einer Herrschaft, Stuttgart 1981.

Jamin, Mathilde: Zwischen den Klassen. Zur Sozialstruktur der SA-Führerschaft, Wuppertal 1984.

Janßen, Karl-Heinz: Der Haudegen Walther Stennes, in: ders.: ...und morgen die ganze Welt. Deutsche Geschichte 1871–1945, Bremen 2003, S. 155–176.

Janßen, Karl-Heinz und Tobias, Fritz: Der Sturz der Generäle. Hitler und die Blomberg-Fritsch-Krise 1938, München 1994.

Jeismann, Michael: Propaganda, in: Hirschfeld, Gerhard u. a. (Hg.): Enzyklopädie Erster Weltkrieg, Paderborn u. a. 2003, S. 198–209.

Jellonnek, Burkhard: Homosexuelle unter dem Hakenkreuz. Die Verfolgung von Homosexuellen im Dritten Reich, Paderborn u. a. 1990.

John, Kirsten: Konzentrationslager Niederhagen/Wewelsburg, in: Schulte, Jan Erik (Hg.): Konzentrationslager im Rheinland und in Westfalen 1933–1945. Zentrale Steuerung und regionale Initiative, Paderborn u. a. 2005, S. 97–111.

Jones, Nigel: A brief history of the birth of the Nazis, London 2004 [ursprünglich 1987 unter dem Titel Hitler's Heralds].

Jureit, Ulrike: Generationenforschung, Göttingen 2006.

Kaienburg, Hermann: Der Militär- und Wirtschaftskomplex der SS im KZ-Standort Sachsenhausen-Oranienburg. Schnittpunkt von KZ-System, Waffen-SS und Judenmord, Berlin 2006.

Kaienburg, Hermann: Die Wirtschaft der SS, Berlin 2003.

Kaiser, Claudia: Gewerkschaften, Arbeitslosigkeit und politische Stabilität. Deutschland und Großbritannien in der Weltwirtschaftskrise seit 1929, Frankfurt a. M. u. a. 2002.

Kater, Michael H.: Das „Ahnenerbe" der SS 1935–1945. Ein Beitrag zur Kulturpolitik des Dritten Reiches, München [4]2006.

Kater, Michael H.: Sozialer Wandel in der NSDAP im Zuge der nationalsozialistischen Machtergreifung, in: Schieder, Wolfgang (Hg.): Faschismus als soziale Bewegung. Deutschland und Italien im Vergleich, Hamburg 1976, S. 25–67.

Kater, Michael H.: The Nazi party. A social profile of members and leaders 1919–1945, Oxford 1983.

Kater, Michael H.: Zum gegenseitigen Verhältnis von SA und SS in der Sozialgeschichte des Nationalsozialismus von 1925–1939, in: Vierteljahrsschrift für Sozial- und Wirtschaftsgeschichte 62 (1975), S. 339–379.

Kaupen-Haas, Heidrun: Die Bevölkerungsplaner im Sachverständigenbeirat für Bevölkerungs- und Rassenpolitik, in: dies. (Hg.): Der Griff nach der Bevölkerung. Aktualität und Kontinuität nazistischer Bevölkerungspolitik, Nördlingen 1986, S. 103–120.

Kay, Alex J.: Exploitation, resettlement, mass murder. Political and economic planning for German occupation policy in the Soviet Union 1940–1941, New York u. a. 2006.

Keim, Wolfgang: Erziehung unter der Nazi-Diktatur, Bd. 2: Kriegsvorbereitung, Krieg und Holocaust, Darmstadt 1997.

Kelman, Herbert C. and Hamilton, V. Lee: Crimes of Obedience. Towards a social psychology of authority and responsibility, New Haven und London 1989.

Kennan, George Frost: Die französisch-russische Annäherung 1875–1890, Berlin u. a. 1981.

Kershaw, Ian: Adolf Hitler und die Realisierung der nationalsozialistischen Rassenutopie, in: Hardtwig, Wolfgang (Hg.): Utopie und politische Herrschaft im Europa der Zwischenkriegszeit, München 2003, S. 133–144.

Kershaw, Ian: Der Hitler-Mythos. Führerkult und Volksmeinung, Stuttgart 1999.

Kershaw, Ian: Hitler, 2 Bd. Stuttgart 1998 und 2000.

Kershaw, Ian: „Volksgemeinschaft". Potenzial und Grenzen eines neuen Forschungskonzepts, in: VfZ 59 (2011), S. 1–17.

Kershaw, Ian: "Working towards the Führer". Reflections on the Nature of the Hitler Dictatorship, in: Contemporary European History 2 (1993), S. 103–118.

Kienitz, Sabine: Körper – Beschädigungen. Kriegsinvalidität und Männlichkeitskonstruktionen in der Weimarer Republik, in: Hagemann, Karen u. a. (Hg.): Heimat-Front. Militär und Geschlechterverhältnisse im Zeitalter der Weltkriege, Frankfurt a. M. 2002, S. 188–207.

Kiesel, Helmuth: Ernst Jünger. Die Biographie, München 2007.

Klein, Ralph: Witten („Tränenkeller"), in: Benz, Wolfgang und Distel, Barbara (Hg.): Der Ort des Terrors. Geschichte der nationalsozialistischen Konzentrationslager, Bd. 2: Frühe Lager, Dachau, Emslandlager, München 2005, S. 217–220.

Kleist, Jens W.: Und entlasse ihn als ungeeignet aus der SS. Gerüchte um den Chef des SS-Hauptamtes. 1935, in: Pretzel, Andreas und Roßbach, Gabriele (Hg.): Wegen der zu erwartenden hohen Strafe … Homosexuellenverfolgung in Berlin 1933–1945, Berlin 2000, S. 194–200.

Klotzbücher, Alois: Der politische Weg des Stahlhelm, Bund der Frontsoldaten, in der Weimarer Republik. Ein Beitrag zur Geschichte der „Nationalen Opposition" 1918–1933, Erlangen 1965.

Knigge, Volkhard: „Die organisierte Hölle". Eugen Kogons ambivalente Zeugenschaft, in: Danyel, Jürgen u. a. (Hg.): 50 Klassiker der Zeitgeschichte, Göttingen 2007, S. 24–28.

Knopp, Guido und Kuhn, Ekkehard: Das Lied der Deutschen. Schicksal einer Hymne, Berlin 1990.

Koehl, Robert Lewis: RKFDV. German Resettlement and Population Policy 1939–1945. A history of the Reich Commission for the Strengthening of Germandom, Cambridge, Massachusetts, 1957.

Koehl, Robert Lewis: The Black Corps. The Structure and Power Struggles of the Nazi SS, Madison 1983.

Koehl, Robert Lewis: The Character of the Nazi SS, in: Journal of Modern History 34 (1962), S. 275–283.

Koenen, Gerd: Der Russland-Komplex. Die Deutschen und der Osten 1900–1945, München 2005.

Koerfer, Daniel: Ernst von Weizsäcker im Dritten Reich. Ein deutscher Offizier und Diplomat zwischen Verstrickung und Selbsttäuschung, in: Backes, Uwe u. a. (Hg.): Die Schatten der Vergangenheit. Impulse zur Historisierung des Nationalsozialismus, Frankfurt a. M. u. a. 1990, S. 375–402.

Kogon, Eugen: Das Recht auf politischen Irrtum, in: Frankfurter Hefte 2 (1947), S. 641–655.

Kogon, Eugen: Der SS-Staat. Das System der deutschen Konzentrationslager, München 1946.

Köhler, Thomas: Himmlers Weltanschauungselite: Die Höheren Polizei- und SS-Führer West – eine gruppenbiografische Annäherung, in: Schulte, Wolfgang (Hg.): Die Polizei im NS-Staat, Frankfurt a. M. 2009, S. 51–79.

Kolb, Eberhard: Der Frieden von Versailles, München 2005.

Kolb, Eberhard: Die Weimarer Republik, München ^{7}2009.

Koop, Volker: „Dem Führer ein Kind schenken". Die SS-Organisation Lebensborn e.V., Köln u. a. 2007.

Krassnitzer, Patrick: Die Geburt des Nationalsozialismus im Schützengraben. Formen der Brutalisierung in den Autobiografien von nationalsozialistischen Frontsoldaten, in: Dülffer, Jost und Krumeich, Gerd (Hg.): Der verlorene Frieden. Politik und Kriegskultur nach 1918, Essen 2002, S. 119–148.

Kroener, Bernhard: Die personellen Ressourcen des Dritten Reiches im Spannungsfeld zwischen Wehrmacht, Bürokratie und Kriegswirtschaft 1939–1942, in: ders. u. a.: Das Deutsche Reich und der Zweite Weltkrieg. Band 5/1: Kriegsverwaltung, Wirtschaft und personelle Ressourcen, Stuttgart 1988, S. 693–1001.

Kroll, Frank-Lothar: Nationalsozialistische Rassenutopien in der Deutungskultur der Zwischenkriegszeit, in: Hardtwig, Wolfgang (Hg.): Utopie und politische Herrschaft im Europa der Zwischenkriegszeit, München 2003, S. 257–268.

Kroll, Frank-Lothar: Utopie als Ideologie. Geschichtsdenken und politisches Handeln im Dritten Reich, Paderborn u. a. 1998.

Krüger, Dieter: Archiv im Spannungsfeld von Politik, Wissenschaft und öffentlicher Meinung. Geschichte und Überlieferungsprofil des ehemaligen „Berlin Document Center", in: VfZ 45 (1997), S. 49–74.

Krüger, Gabriele: Die Brigade Ehrhardt, Hamburg 1971.

Kruse, Wolfgang: Schinkels Neue Wache in Berlin. Zur Geschichte des modernen politischen Totenkultes in Deutschland, ZfG 50 (2002), S. 419–435.

Kugler, Anita: Scherwitz. Der jüdische SS-Offizier, Köln 2004.

Kühne, Thomas: Kameradschaft. Die Soldaten des nationalsozialistischen Krieges und das 20. Jahrhundert, Göttingen 2006.

Kühne, Thomas (Hg.): Männergeschichte – Geschlechtergeschichte. Männlichkeit im Wandel der Moderne, Frankfurt a. M. u. a. 1996.

Kühnl, Reinhard (Hg.): Formen bürgerlicher Herrschaft, 2 Bd., Reinbek 1976.

Kurzke, Hermann: Thomas Mann. Das Leben als Kunstwerk, München 1999.

Lang, Jochen von: Der Adjutant. Karl Wolff. Der Mann zwischen Hitler und Himmler, München u.a. 1985.

Lange, Sven: Der Fahneneid. Die Geschichte der Schwurverpflichtung im deutschen Militär, Bremen 2003.

Langenfeld, Hans: Bernd Rosemeyer aus Lingen. Ein Star der „braunen Dreißiger", in: Jahrbuch des niedersächsischen Instituts für Sportgeschichte, 10 (2008), S.242–262.

Large, David Clay: The Politics of Law and Order. A History of the Bavarian Einwohnerwehr 1918–1921, Philadelphia 1980.

Lehnert, Detlef: Die Weimarer Republik, Stuttgart 2009.

Lehnert, Detlef und Megerle, Klaus: Einleitung, in: dies. (Hg.): Politische Teilkulturen zwischen Integration und Polarisierung. Zur politischen Kultur in der Weimarer Republik, Opladen 1990, S.8–18.

Lehnert, Detlef und Megerle, Klaus: Politische Identität und nationale Gedenktage, in: dies. (Hg.): Politische Identität und nationale Gedenktage. Zur politischen Kultur in der Weimarer Republik, Opladen 1989, S.9–30.

Leleu, Jean-Luc: La Waffen-SS. Soldats politiques en guerre, Paris 2007.

Lewek, Peter: Arbeitslosigkeit und Arbeitslosenversicherung in der Weimarer Republik 1918–1927, Stuttgart 1992.

Ley, Astrid: Vom Krankenmord zum Genozid. Die „Aktion 14f13" in den Konzentrationslagern, in: Dachauer Hefte 25 (2009), S.36–49.

Ley, Astrid: Zwangssterilisation und Ärzteschaft. Hintergründe und Ziele ärztlichen Handelns 1934–1945, Frankfurt a.M. 2004.

Lilienthal, Georg: Der „Lebensborn e.V.". Ein Instrument nationalsozialistischer Rassenpolitik, Frankfurt a.M. 2003.

Lilla, Joachim: Statisten in Uniform. Mitglieder des Reichstags 1933–1945, Düsseldorf 2004.

Lindemann, Gerhard: „Typisch jüdisch". Die Stellung der ev.-luth. Landeskirche Hannovers zu Antijudaismus, Judenfeindschaft und Antisemitismus 1919–1949, Berlin 1998.

Linder, Rolf: Freiherr Ernst Heinrich von Weizsäcker. Staatssekretär Ribbentrops von 1938 bis 1943, Lippstadt 1997.

Liulevicius, Vejas G.: Kriegsland im Osten. Eroberung, Kolonisierung und Militärherrschaft im Ersten Weltkrieg, Hamburg 2002.

Longerich, Peter: Geschichte der SA, München 2003. [ursprünglich 1989 unter dem Titel „Die braunen Bataillone"]

Longerich, Peter: Heinrich Himmler. Biographie, Berlin 2008.

Longerich, Peter: Politik der Vernichtung. Eine Gesamtdarstellung der nationalsozialistischen Judenverfolgung, München u.a. 1998.

Loock, Hans Dietrich: Zur „großgermanischen Politik" des Dritten Reiches, in VfZ 8 (1960), S.357–394.

Löschburg, Winfried: Ohne Glanz und Gloria. Die Geschichte des Hauptmanns von Köpenick, Berlin 1978.

Lüddecke, Andreas: Der „Fall Saller" und die Rassenhygiene. Eine Göttinger Fallstudie zu den Widersprüchen sozialbiologistischer Ideologiebildung, Marburg 1995.

Lüdtke, Alf: Die Praxis von Herrschaft. Zur Analyse von Hinnehmen und Mitmachen im deutschen Faschismus, in: Berlekamp, Brigitte und Röhr, Werner (Hg.): Terror, Herrschaft und Alltag im Nationalsozialismus. Probleme einer Sozialgeschichte des deutschen Faschismus, Münster 1995, S.226–245.

Lumans, Valdis O.: Himmler's Auxiliaries. The Volksdeutsche Mittelstelle and the German national minorities of Europe 1933–1945, Chapel Hill, North Carolina, 1993.

Lumans, Valdis O.: Werner Lorenz – Chef der „Volksdeutschen Mittelstelle", in: Smelser, Ronald und Syring, Enrico (Hg.): Die SS: Elite unter dem Totenkopf. 30 Lebensläufe, Paderborn u.a. 2000, S.332–345.

Lumsden, Robin: The Black Corps. A Collector's Guide to the History and Regalia of the SS, Shepperton 1992.

Lutzhöft, Hans-Jürgen: Der Nordische Gedanke in Deutschland 1920–1940, Stuttgart 1971.

Machtan, Lothar: Der Kaisersohn bei Hitler, Hamburg 2006.

Machtan, Lothar: Die Abdankung. Wie Deutschlands gekrönte Häupter aus der Geschichte fielen, Berlin 2008.

Mackensen, Rainer (Hg.): Bevölkerungslehre und Bevölkerungspolitik vor 1933, Opladen 2002.

Mackensen, Rainer u.a. (Hg.): Ursprünge, Arten und Folgen des Konstrukts „Bevölkerung" vor, im und nach dem „Dritten Reich". Zur Geschichte der deutschen Bevölkerungswissenschaften, Wiesbaden 2009.

MacLean, French: The cruel hunters. SS-Sonderkommando Dirlewanger. Hitler's most notorious anti-partisan unit, Atglen 1998

Madajczyk, Czeslaw: Vom „Generalplan Ost" zum „Generalsiedlungsplan", in: Rössler, Mechthild u.a. (Hg.): Der „Generalplan Ost". Hauptlinien der nationalsozialistischen Planungs- und Vernichtungspolitik, Berlin 1993, S. 12–19.

Madden, Paul und Mühlberger, Deltlef: The Nazi Party. The anatomy of a people's party 1919–1933, Oxford u.a. 2007.

Maier, Hans (Hg.): Totalitarismus und Politische Religionen, 3 Bd., Paderborn u.a. 1996–2003.

Malinowski, Stephan und Reichardt, Sven: Die Reihen fest geschlossen? Adelige im Führerkorps der SA bis 1934, in: Conze, Eckart und Wienfort, Monika (Hg.): Adel und Moderne. Deutschland im europäischen Vergleich im 19. und 20. Jahrhundert, Köln u.a. 2004, S. 119–150.

Malinowski, Stephan: Vom König zum Führer. Sozialer Niedergang und politische Radikalisierung im deutschen Adel zwischen Kaiserreich und NS-Staat, Berlin 2003.

Mallmann, Klaus-Michael und Paul, Gerhard (Hg.): Karrieren der Gewalt. Nationalsozialistische Täterbiographien, Darmstadt 2004.

Mallmann, Klaus-Michael und Paul, Gerhard: Sozialisation, Milieu und Gewalt. Fortschritte und Probleme der neueren Täterforschung, in: dies. (Hg.): Karrieren der Gewalt. Nationalsozialistische Täterbiographien, Darmstadt 2004, S. 1–32.

Martschukat, Jürgen und Stieglitz, Olaf: Geschichte der Männlichkeiten, Frankfurt a.M. u.a. 2008.

Mason, Timothy W.: Arbeiterklasse und Volksgemeinschaft. Dokumente und Materialien zur deutschen Arbeiterpolitik 1936–1939, Opladen 1975.

Materne, Barbara: Die Germanische Leitstelle der SS. Entstehung, Aufgabenbereiche und Bedeutung in der Machtstruktur des Dritten Reiches, Düsseldorf 2000. [unveröffentlichte Magisterarbeit]

Matthäus, Jürgen u.a. (Hg.): Ausbildungsziel Judenmord? „Weltanschauliche Erziehung" von SS, Polizei und Waffen-SS im Rahmen der „Endlösung", Frankfurt a.M. 2003.

Matthäus, Jürgen u.a.: Einleitung, in: dies. (Hg.): Ausbildungsziel Judenmord? „Weltanschauliche Erziehung" von SS, Polizei und Waffen-SS im Rahmen der „Endlösung", Frankfurt a.M. 2003, S. 7–20.

Matthäus, Jürgen: Die „Judenfrage" als Schulungsthema von SS und Polizei. „Inneres Erlebnis" und Handlungslegitimation, in: ders. u.a. (Hg.): Ausbildungsziel Judenmord? „Weltanschauliche Erziehung" von SS, Polizei und Waffen-SS im Rahmen der „Endlösung", Frankfurt a.M. 2003, S. 35–86.

McKale, Donald M.: The Nazi party courts. Hitler's management of conflict in his movement 1921–1945, Lawrence, Kansas 1974.

Meier, Kurt: Evangelische Kirche und Erster Weltkrieg, in: Michalka, Wolfgang (Hg.): Der Erste Weltkrieg. Wirkung, Wahrnehmung, Analyse, München 1994, S. 691–724.

Meinl, Susanne: Nationalsozialisten gegen Hitler. Die nationalrevolutionäre Opposition um Friedrich Wilhelm Heinz, Berlin 2000.

Menk, Gerhard: Waldeck im Dritten Reich. Voraussetzungen und Wirken des Nationalsozialismus im hessischen Norden, Korbach u.a. 2010.

Mergel, Thomas: Parlamentarische Kultur in der Weimarer Republik. Politische Kommunikation, symbolische Politik und Öffentlichkeit im Reichstag, Düsseldorf 2002.

Merkl, Peter H.: Political Violence under the Swastika. 581 Early Nazis, Princeton 1975.

Meskimmon, Marsha und West, Shearer (Hg.): Visions of the "Neue Frau". Women and the visual arts in Weimar Germany, Aldershot u.a. 1997.

Meyer, Beate: Erfühlte und erdachte „Volksgemeinschaft". Erfahrungen „jüdischer Mischlinge" zwischen Integration und Ausgrenzung, in: Bajohr, Frank und Wildt, Michael (Hg.): Volksgemeinschaft. Neue Forschungen zur Gesellschaft des Nationalsozialismus, Frankfurt a.M. 2009, S.144–164.

Meyer, Hans-Georg und Roth, Kerstin: Neustadt, in: Benz, Wolfgang und Distel, Barbara (Hg.): Der Ort des Terrors. Geschichte der nationalsozialistischen Konzentrationslager, Bd.2: Frühe Lager, Dachau, Emslandlager, München 2005, S.171–174.

Möller, Horst und Kittel, Manfred (Hg.): Demokratie in Deutschland und Frankreich 1918–1933/40. Beiträge zu einem historischen Vergleich, München 2002.

Möller, Horst: Die nationalsozialistische Machtergreifung. Konterrevolution oder Revolution?, in: VfZ 31 (1983), S.25–51.

Möller, Horst: Friedrich Meinecke, Gustav Stresemann und Thomas Mann. Drei Wege in die Weimarer Republik, in: Wirsching, Andreas (Hg.): Vernunftrepublikanismus in der Weimarer Republik. Politik, Literatur, Wissenschaft, Stuttgart 2008, S.257–274.

Möller, Horst: Parlamentarismus in Preußen 1919–1932, Düsseldorf 1985.

Mollo, Andrew: Uniforms of the SS. Volume 1: Allgemeine SS 1923–1945, London 1969.

Mommsen, Hans: Amoklauf der „Volksgemeinschaft"? Kritische Anmerkungen zu Michael Wildts Grundkurs zur Geschichte des Nationalsozialismus, in: NPL 53 (2008), S.15–20.

Mommsen, Hans: Die verspielte Freiheit. Der Weg der Republik von Weimar in den Untergang 1918 bis 1933, Berlin 1989.

Mommsen, Hans: Militär und zivile Militarisierung in Deutschland 1914 bis 1938, in: Frevert, Ute (Hg.): Militär und Gesellschaft im 19. und 20. Jahrhundert, Stuttgart 1997, 265–276.

Mommsen, Hans: Nationalsozialismus als politische Religion, in: Maier, Hans (Hg.): „Totalitarismus" und „Politische Religionen". Konzepte des Diktaturvergleichs, Bd.2, Paderborn u.a. 1997, S.173–181.

Mommsen, Wolfgang J.: Der Erste Weltkrieg. Anfang vom Ende des bürgerlichen Zeitalters, Bonn 2004.

Moors, Markus: Das „Reichshaus der SS-Gruppenführer". Himmlers Pläne und Absichten in Wewelsburg, in: Schulte, Jan Erik (Hg.): Die SS, Himmler und die Wewelsburg, Paderborn u.a. 2009, S.161–179.

Mosse, George L.: Das Bild des Mannes. Zur Konstruktion der modernen Männlichkeit, Frankfurt a.M. 1997.

Mosse, George L.: Gefallen für das Vaterland. Nationales Heldentum und namenloses Sterben, Stuttgart 1993.

Mües-Baron, Klaus: Heinrich Himmler – Aufstieg des Reichsführers SS (1900–1933), Göttingen 2011.

Mühlberger, Detlef: Hitler's Followers. Studies in the Sociology of the Nazi Movement, London und New York 1991.

Mühleisen, Horst: Wilhelm Bittrich – Ritterlicher Gegner und Rebell, in: Smelser, Ronald und Syring, Enrico (Hg.): Die SS: Elite unter dem Totenkopf. 30 Lebensläufe, Paderborn u.a. 2000, S.77–87.

Mühlenfeld, Daniel: Vom Kommissariat zum Ministerium. Zur Gründungsgeschichte des Reichsministeriums für Volksaufklärung und Propaganda, in: Hachtmann, Rüdiger (Hg.): Hitlers Kommissare. Sondergewalten in der nationalsozialistischen Diktatur, Göttingen 2006, S.72–92.

Mühlenfeld, Daniel: Zur Bedeutung der NS-Propaganda für die Eroberung staatlicher Macht und die Sicherung politischer Loyalität, in: Christian Braun, Michael Mayer und Sebastian Weitkampf (Hg.): Deformation der Gesellschaft? Neue Forschungen zum Nationalsozialismus, Berlin 2008, S. 93–118.

Müller, Rolf-Dieter: Der Zweite Weltkrieg 1939–1945. Gebhardt. Handbuch der deutschen Geschichte. Zehnte, völlig neu bearbeitete Auflage, Bd. 21, Stuttgart 2004.

Müller, Rolf-Dieter: Hitlers Ostkrieg und die deutsche Siedlungspolitik. Die Zusammenarbeit von Wehrmacht, Wirtschaft und SS, Frankfurt a. M. 1991.

Müller, Wolfgang: Informationen über die Sowjetunion: Zum Problem der deutschen Berichterstattung über die UdSSR 1924–1933, in: Niedhart, Gottfried (Hg.): Der Westen und die Sowjetunion. Einstellungen und Politik gegenüber der UdSSR in Europa und in den USA seit 1917, Paderborn u. a. 1983, S. 53–60.

Mund, Rudolf: Der Rasputin Himmlers. Die Wiligut-Saga, Wien 1982.

Nanko, Ulrich: Die deutsche Glaubensbewegung. Eine historische und soziologische Untersuchung, Marburg 1993.

Neitzel, Sönke: Weltkrieg und Revolution 1914–1918/19, Berlin 2008.

Neusüss-Hunkel, Ermenhild: Die SS, Hannover und Frankfurt a. M. 1956.

Niethammer, Lutz: Entnazifizierung in Bayern. Säuberung und Rehabilitierung unter amerikanischer Besatzung, Frankfurt a. M. 1972.

Nipperdey, Thomas: Deutsche Geschichte 1866–1918. Erster Band: Arbeitswelt und Bürgergeist, München 1990.

Nipperdey, Thomas: War die wilhelminische Gesellschaft eine Untertanen-Gesellschaft?, in: Hildebrand, Klaus u. a. (Hg.): Deutsche Frage und europäisches Gleichgewicht. Festschrift für Andreas Hillgruber zum 60. Geburtstag, Köln u. a. 1985, S. 67–82.

Nolzen, Armin: Der „Führer" und seine Partei, in: Süß, Dietmar und Süß, Winfried (Hg.): Das Dritte Reich. Eine Einführung, München 2008, S. 55–78.

Nolzen, Armin: Der Streifendienst der Hitler-Jugend (HJ) und die „Überwachung der Jugend" 1934–1945. Forschungsprobleme und Fragestellung, in: Gerlach, Christian (Hg.): „Durchschnittstäter". Handeln und Motivation, Berlin 2000, S. 13–51.

Nolzen, Armin: Die NSDAP, der Krieg und die deutsche Gesellschaft, in: Echternkamp, Jörg (Hg.): Das Deutsche Reich und der Zweite Weltkrieg. Band 9/1: Die Deutsche Kriegsgesellschaft 1939 bis 1945. Politisierung, Vernichtung, Überleben, München 2004, S. 99–193.

Nolzen, Armin: „... eine Art Freimaurerei in der Partei"? Die SS als Gliederung der NSDAP 1933–1945, in: Schulte, Jan Erik (Hg.): Die SS, Himmler und die Wewelsburg, Paderborn u. a. 2009, S. 23–44.

Nolzen, Armin und Reichardt, Sven (Hg.): Faschismus in Italien und Deutschland. Studien zu Transfer und Vergleich, Göttingen 2005.

Nolzen, Armin: Inklusion und Exklusion im „Dritten Reich". Das Beispiel der NSDAP, in: Bajohr, Frank und Wildt, Michael (Hg.): Volksgemeinschaft. Neue Forschungen zur Gesellschaft des Nationalsozialismus, Frankfurt a. M. 2009, S. 60–77.

Nolzen, Armin: Parteigerichtsbarkeit und Parteiausschlüsse in der NSDAP 1921–1945, in: ZfG 48 (2000), S. 965–989.

Nußer, Horst G. W.: Konservative Wehrverbände in Bayern, Preußen und Österreich 1918–1933, München 1973.

Olenhusen, Irmtraud Götz von: Vom Jungstahlhelm zur SA. Die junge Nachkriegsgeneration in den paramilitärischen Verbänden der Weimarer Republik, in: Krabbe, Wolfgang R. (Hg.): Politische Jugend in der Weimarer Republik, Dortmund 1993, S. 146–182.

Opitz-Belakhal, Claudia: Geschlechtergeschichte, Frankfurt a. M. u. a. 2010.

Orth, Karin: Bewachung, in: Benz, Wolfgang und Distel, Barbara (Hg.): Der Ort des Terrors. Geschichte der nationalsozialistischen Konzentrationslager. Bd. 1: Die Organisation des Terrors, München 2005, S. 126–140.

Orth, Karin: Das System der nationalsozialistischen Konzentrationslager. Eine politische Organisationsgeschichte, Hamburg 1999.

Orth, Karin: Die Konzentrationslager-SS. Sozialstrukturelle Analysen und biographische Studien, Göttingen 2000.

Oswald, Rudolf: Fußball-Volksgemeinschaft. Ideologie, Politik und Fanatismus im deutschen Fußball 1919–1964, Frankfurt a. M. 2008.

Ott, Hugo: Conrad Gröber (1872–1948), in: Morsey, Rudolf u. a. (Hg.): Zeitgeschichte in Lebensbildern. Aus dem deutschen Katholizismus des 19. und 20. Jahrhunderts, Bd. 6, Mainz 1984, S. 64–75.

Padfield, Peter: Himmler. Reichsführer-SS, London u. a. 1991.

Patzwall, Klaus: Der SS-Totenkopfring. Seine illustrierte Geschichte 1933–1945, Norderstedt [4]2002.

Paul, Gerhard: Von Psychopathen, Technokraten des Terrors und „ganz gewöhnlichen" Deutschen. Die Täter der Shoah im Spiegel der Forschung, in: ders. (Hg.): Die Täter der Shoah. Fanatische Nationalsozialisten oder ganz normale Deutsche, Göttingen 2002, S. 13–90.

Paxton, Robert O.: Anatomie des Faschismus, München 2006.

Perz, Bertrand: Wehrmacht und KZ-Bewachung, in: Mittelweg 36, 4 (1995), Heft 5, S. 69–82.

Petropoulos, Jonathan: Prince zu Waldeck und Pyrmont. A Career in the SS and its Murderous Consequences, in: ders. u. a. (Hg.): Lessons and Legacies. Volume IX. Memory, History and Responsibility: Reassessments of the Holocaust, Implications for the Future, Evanston 2010, S. 169–184.

Petzina, Dietmar, Abelshauser, Werner und Faust, Anselm: Sozialgeschichtliches Arbeitsbuch III. Materialien zur Statistik des Deutschen Reiches 1914–1945, München 1978.

Peukert, Detlev : Die Weimarer Republik. Krisenjahre der klassischen Moderne, Frankfurt a. M. 1987.

Peukert, Detlev: Volksgenossen und Gemeinschaftsfremde. Anpassung, Ausmerze und Aufbegehren unter dem Nationalsozialismus, Köln 1982.

Piper, Ernst: Alfred Rosenberg. Hitlers Chefideologe, München 2005.

Planert, Ute: Antifeminismus im Kaiserreich. Diskurs, soziale Formation und politische Mentalität, Göttingen 1998.

Plöckinger, Othmar: Geschichte eines Buches: Adolf Hitlers „Mein Kampf" 1922–1945, München 2006.

Pohl, Dieter: Artikel zu Oswald Pohl, in: NDB, Bd. 20: Pagenstecher – Püterich, Berlin 2001, S. 584–585.

Pöhlmann, Matthias: Kampf der Geister. Die Publizistik der „Apologetischen Centrale" (1921–1937), Stuttgart u. a. 1998.

Pöppmann, Dirk: Robert Kempner und Ernst von Weizsäcker im Wilhelmstraßenprozess. Zur Diskussion über die Beteiligung der deutschen Funktionselite an den NS-Verbrechen, in: Wojak, Irmtrud (Hg.): Im Labyrinth der Schuld. Täter – Opfer – Ankläger, Frankfurt a. M. u. a. 2003, S. 163–197.

Potthoff, Heinrich: Verfassungsväter ohne Verfassungsvolk. Zum Problem von Integration und Desintegration nach der Novemberrevolution, in: Grebing, Helga (Hg.): Die deutsche Revolution 1918/19, Berlin 2008, S. 207–228.

Pretzel, Andreas: Homophobie und Männerbund. Plädoyer für einen Perspektivwechsel, in: ZfG 53 (2005), S. 1034–1044.

Pridham, Geoffrey: Hitler's Rise to Power. The Nazi Movement in Bavaria 1923–1933, London 1973.

Raithel, Thomas: Das schwierige Spiel des Parlamentarismus. Deutscher Reichstag und französische Chambre des Députés in den Inflationskrisen der 1920er Jahre, München 2005.

Raphael, Lutz: Radikales Ordnungsdenken und die Organisation totalitärer Herrschaft. Weltanschauungseliten und Humanwissenschaftler im NS-Regime, in: Geschichte und Gesellschaft 27 (2001), S. 5–40.

Reichardt, Sven: Faschistische Kampfbünde. Gewalt und Gemeinschaft im italienischen Squadrismus und in der deutschen SA, Köln u. a. 2002.

Reichardt, Sven: Homosexualität und SA-Führer. Plädoyer für eine Diskursgeschichte, in: ZfG 52 (2004), S. 737–740.

Reichardt, Sven: Praxeologische Geschichtswissenschaft. Eine Diskussionsanregung, in: Sozial. Geschichte 22 (2007), Heft 3, S. 43–65.

Reiche, Eric G.: The development of the SA in Nuremberg 1922 to 1934, Ann Arbor 1977.

Reichel, Peter: Der schöne Schein des Dritten Reiches. Faszination und Gewalt des Faschismus, München u. a. 1991.

Reinecke, Christiane: Demographische Krisenszenarien und statistische Expertise in der Weimarer Republik, in: Föllmer, Moritz und Graf, Rüdiger (Hg.): Die „Krise" der Weimarer Republik. Zur Kritik eines Deutungsmusters, Frankfurt a. M. u. a. 2005, S. 209–240.

Reinicke, Wolfgang: Instrumentalisierung von Geschichte durch Heinrich Himmler und die SS, Neuried 2003.

Reitlinger, Gerald: Die SS. Tragödie einer deutschen Epoche, Wien u. a. 1956.

Reitlinger, Gerald: The SS. Alibi of a Nation 1922–1945, London 1956.

Rempel, Gerhard: Gottlob Berger and Waffen-SS Recruitment 1939–1945, in: Militärgeschichtliche Mitteilungen 27 (1980), S. 107–122.

Rempel, Gerhard: Gottlob Berger – „Ein Schwabengeneral der Tat", in: Smelser, Ronald und Syring, Enrico (Hg.): Die SS: Elite unter dem Totenkopf. 30 Lebensläufe, Paderborn u. a. 2000, S. 45–59.

Rempel, Gerhard: Hitler's Children. The Hitler Youth and the SS, Chapel Hill und London 1989.

Riedel, Dirk: Ordnungshüter und Massenmörder im Dienst der „Volksgemeinschaft": Der KZ-Kommandant Hans Loritz, Berlin 2010.

Ritschl, Albrecht: The pity of peace. Germany's economy at war, 1914–1918, and beyond, in: Broadberry, Stephen N.: The economics of World War I, Cambridge u. a. 2005, S. 41–76.

Rohe, Karl: Das Reichsbanner Schwarz Rot Gold. Ein Beitrag zur Geschichte und Struktur der politischen Kampfverbände zur Zeit der Weimarer Republik, Düsseldorf 1966.

Rohkrämer, Thomas: Der Militarismus der „kleinen Leute". Die Kriegervereine im Deutschen Kaiserreich 1871–1914, München 1990.

Rohrkamp, René: „Weltanschaulich gefestigte Kämpfer". Die Soldaten der Waffen-SS 1933–1945, Paderborn u. a. 2010.

Römer, Sebastian: Mitglieder verbrecherischer Organisationen nach 1945. Die Ahndung des Organisationsverbrechens in der britischen Zone durch die Spruchgerichte, Frankfurt a. M. u. a. 2005.

Rösch, Mathias: Die Münchner NSDAP 1925–1933. Eine Untersuchung zur inneren Struktur der NSDAP in der Weimarer Republik, München 2002.

Rosenhaft, Eve: Beating the Fascists? The German Communists and political violence 1929–1933, Cambridge u. a. 1983.

Ross, Corey: Media and the making of modern Germany. Mass communications, society, and politics from the Empire to the Third Reich, Oxford u. a. 2008.

Rudorff, Andrea: Hammerstein, in: Benz, Wolfgang und Distel, Barbara (Hg.): Der Ort des Terrors. Geschichte der nationalsozialistischen Konzentrationslager, Bd. 2: Frühe Lager, Dachau, Emslandlager, München 2005, S. 121–123.

Rudorff, Andrea: Stettin-Bredow, in: Benz, Wolfgang und Distel, Barbara (Hg.): Der Ort des Terrors. Geschichte der nationalsozialistischen Konzentrationslager, Bd. 2: Frühe Lager, Dachau, Emslandlager, München 2005, S. 204–206.

Salewski, Michael: Entwaffnung und Militärkontrolle in Deutschland 1919–1927, München 1966.

Sammet, Rainer: „Dolchstoß“. Deutschland und die Auseinandersetzung mit der Niederlage im Ersten Weltkrieg (1918–1933), Berlin 2003.

Sandkühler, Thomas: Von der „Gegnerabwehr“ zum Judenmord. Grenzpolizei und Zollgrenzschutz im NS-Staat, in: Gerlach, Christian (Hg.): „Durchschnittstäter“. Handeln und Motivation, Berlin 2000, S. 95–154.

Sauer, Bernhard: Schwarze Reichswehr und Fememorde. Eine Milieustudie zum Rechtsradikalismus in der Weimarer Republik, Berlin 2004.

Sauer, Wolfgang: Die Mobilmachung der Gewalt, in: ders., Bracher, Karl Dietrich und Schulz, Gerhard: Die nationalsozialistische Machtergreifung. Studien zur Errichtung des totalitären Herrschaftssystems in Deutschland 1933/34, Köln ^{2}1962, S. 685–966.

Schaser, Angelika: Frauenbewegung in Deutschland 1848–1933, Darmstadt 2006.

Schemmel, Marc: Funktionshäftlinge im KZ Neuengamme. Zwischen Kooperation und Widerstand, Saarbrücken 2007.

Schilde, Kurt: Berlin-Tempelhof („Columbia-Haus“), in: Benz, Wolfgang und Distel, Barbara (Hg.): Der Ort des Terrors. Geschichte der nationalsozialistischen Konzentrationslager, Bd. 2: Frühe Lager, Dachau, Emslandlager, München 2005, S. 57–61.

Schilde, Kurt und Tuchel, Johannes: Columbia-Haus. Berliner Konzentrationslager 1933–1936, Berlin 1990.

Schirmann, Léon: Altonaer Blutsonntag 17. Juli 1932. Dichtungen und Wahrheit, Hamburg 1994.

Schlegelmilch, Dana: Mittendrin – oder nur dabei? Wewelsburger Blicke auf die SS-Zeit im Dorf, in: Schulte, Jan Erik (Hg.): Die SS, Himmler und die Wewelsburg, Paderborn u. a. 2009, S. 395–413.

Schlosser, Horst Dieter: Einleitung: „Das Deutsche Reich ist eine Republik“. Vom inneren Zwiespalt des Weimarer Staates, in: ders. (Hg.): Das Deutsche Reich ist eine Republik. Beiträge zur Kommunikation und Sprache der Weimarer Zeit, Frankfurt a. M. u. a. 2003, S. 7–16.

Schmeling, Anke: Josias Erbprinz zu Waldeck und Pyrmont. Der politische Weg eines hohen SS-Führers, Kassel 1993.

Schmidt, Christoph: Zu den Motiven „alter Kämpfer“ in der NSDAP, in: Peukert, Detlev und Reulecke, Jürgen (Hg.): Die Reihen fest geschlossen. Beiträge zur Geschichte des Alltags unterm Nationalsozialismus, Wuppertal 1981, S. 21–43.

Schmiechen-Ackermann, Detlef (Hg.): „Volksgemeinschaft“: Mythos, wirkungsmächtige soziale Verheißung oder soziale Realität im „Dritten Reich“?, Paderborn 2011.

Schmied, Jürgen Peter: Sebastian Haffner. Eine Biografie, München 2010.

Schneider, Michael: Die „Goldhagen-Debatte“. Ein Historikerstreit in der Mediengesellschaft, in: Archiv für Sozialgeschichte 37 (1997), S. 460–481.

Schnurbein, Stefanie v. u. a. (Hg.): Völkische Religion und Krise der Moderne. Entwürfe „arteigener“ Glaubenssysteme seit der Jahrhundertwende, Würzburg 2001.

Schoenbaum, David: Die braune Revolution. Eine Sozialgeschichte des Dritten Reiches, Köln 1968.

Scholtyseck, Joachim: Der „Schwabenherzog“. Gottlob Berger, SS-Obergruppenführer, in: ders. und Kißener, Michael (Hg.): Die Führer der Provinz. NS-Biografien aus Baden und Württemberg, Konstanz 1997, S. 77–110.

Schreiber, Carsten: Elite im Verborgenen. Ideologie und regionale Herrschaftspraxis des Sicherheitsdienstes der SS und seines Netzwerks am Beispiel Sachsens, München 2008.

Schreiber, Maximilian: Walther Wüst. Dekan und Rektor der Universität München 1935–1945, München 2008.

Schulle, Diana: Das Reichssippenamt. Eine Institution nationalsozialistischer Rassenpolitik, Berlin 2001.

Schulte, Jan Erik (Hg.): Die SS, Himmler und die Wewelsburg, Paderborn u. a. 2009.

Schulte, Jan Erik: SS-Mentalität und Karrierismus. Das SS-Führerkorps als neue Funktionselite im nationalsozialistischen Staat, in: Kössler, Till und Stadtland, Helke (Hg.): Vom Funktionieren der Funktionäre. Politische Interessenvertretung und gesellschaftliche Integration in Deutschland nach 1933, Essen 2004, S. 77–108.

Schulte, Jan Erik: Zur Geschichte der SS. Erzähltraditionen und Forschungsstand, in: ders. (Hg.): Die SS, Himmler und die Wewelsburg, Paderborn u. a. 2009, S. XI–XXXV.

Schulte, Jan Erik: Zwangsarbeit und Vernichtung: Das Wirtschaftsimperium der SS. Oswald Pohl und das SS-Wirtschafts-Verwaltungshauptamt 1933–1945, Paderborn u. a. 2001.

Schulte, Wolfgang (Hg.): Die Polizei im NS-Staat, Frankfurt a. M. 2009.

Schulz, Andreas u. a.: Deutschlands Generale und Admirale. Teil V: Die Generale der Waffen-SS und der Polizei 1933–1945, bisher 5 Bd., Bissendorf 2003ff.

Schulze, Hagen: Freikorps und Republik 1918–1920, Boppard am Rhein 1969.

Schulze, Hagen: Otto Braun oder Preußens demokratische Sendung. Eine Biographie, Frankfurt a. M. u. a. 1977.

Schumann, Dirk: Gewalt als Methode der nationalsozialistischen Machteroberung, in: Wirsching, Andreas (Hg.): Das Jahr 1933. Die nationalsozialistische Machteroberung und die deutsche Gesellschaft, Göttingen 2009, S. 135–155.

Schumann, Dirk: Politische Gewalt in der Weimarer Republik 1928–1933. Kampf um die Straße und Furcht vor dem Bürgerkrieg, Essen 2001.

Schuster, Kurt G. P.: Der Rote Frontkämpferbund 1924–1929. Beiträge zur Geschichte und Organisationsstruktur eines politischen Kampfbundes, Düsseldorf 1975.

Schuster, Martin: Die SA in der nationalsozialistischen Machtergreifung in Berlin und Brandenburg 1926–1934, Diss. TU Berlin 2004, erschienen unter: http://opus.kobv.de/tuberlin/volltexte/2005/876 [Zugriff 25. 6. 2010].

Schwalbach, Bruno: Erzbischof Conrad Gröber und die nationalsozialistische Diktatur. Eine Studie zum Episkopat des Metropoliten der Oberrheinischen Kirchenprovinz während des Dritten Reiches, Karlsruhe 1985.

Schwarz, Gudrun: Eine Frau an seiner Seite. Ehefrauen in der „SS-Sippengemeinschaft“, Hamburg 1997.

Seemann, Birgit-Katharine: Das Konzept der „Elite(n)“. Theorie und Anwendbarkeit in der Geschichtsschreibung, in: Führer, Karl Christian u. a. (Hg.): Eliten im Wandel. Gesellschaftliche Führungsschichten im 19. und 20. Jahrhundert, Münster 2004, S. 24–41.

Segev, Tom: Die Soldaten des Bösen. Zur Geschichte der KZ-Kommandanten, Hamburg 1992.

Seidler, Horst und Rett, Andreas: Das Reichssippenamt entscheidet. Rassenbiologie im Nationalsozialismus, Wien u. a. 1982.

Shalka, Robert John: The "General-SS" in Central Germany, 1937–1939: A Social and Institutional Study of SS-Main Sector Fulda-Werra, Ann Arbor 1972.

Siemens, Daniel: Horst Wessel. Tod und Verklärung eines Nationalsozialisten, München 2009.

Siepe, Daniela: Die Rolle der Wewelsburg in der phantastischen Literatur, in Esoterik und Rechtsextremismus nach 1945, in: Schulte, Jan Erik (Hg.): Die SS, Himmler und die Wewelsburg, Paderborn u. a. 2009, S. 488–510.

Sigmund, Anna Maria: Des Führers bester Freund. Adolf Hitler, seine Nichte Geli Raubal und der „Ehrenarier“ Emil Maurice. Eine Dreiecksbeziehung, München 2003.

Simms, Brendan: Karl Wolff – der Schlichter, in: Smelser, Ronald und Syring, Enrico (Hg.): Die SS: Elite unter dem Totenkopf. 30 Lebensläufe, Paderborn u. a. 2000, S. 441–456.

Smelser, Ronald und Syring, Enrico (Hg.): Die SS: Elite unter dem Totenkopf. 30 Lebensläufe, Paderborn u. a. 2000.

Smith, Bradley F.: Heinrich Himmler 1900–1926. Sein Weg in den deutschen Faschismus, München 1979.

Soukup, Uwe: Ich bin nun mal Deutscher. Sebastian Haffner. Eine Biographie, Berlin 2001.

Spoerer, Mark: Zwangsarbeit unter dem Hakenkreuz. Ausländische Zivilarbeiter, Kriegsgefangene und Häftlinge im Deutschen Reich und im besetzten Europa 1939–1945, Stuttgart u. a. 2001.

Sprenger, Matthias: Landsknechte auf dem Weg ins Dritte Reich? Zu Genese und Wandel des Freikorpsmythos, Paderborn u. a. 2008.

Stachura, Peter: Das Dritte Reich und Jugenderziehung. Die Rolle der Hitlerjugend 1933–1939, in: Heinemann, Manfred (Hg.): Erziehung und Schulung im Dritten Reich. Bd. 1: Kindergarten, Schule, Jugend, Berufserziehung, Stuttgart 1980, S. 90–112.

Stang, Knut: Dr. Oskar Dirlewanger. Protagonist der Terrorkriegsführung, in: Mallmann, Klaus-Michael und Paul, Gerhard (Hg.): Karrieren der Gewalt. Nationalsozialistische Täterbiographien, Darmstadt 2004, S. 66–75.

Stein, George C.: Geschichte der Waffen-SS, Düsseldorf 1967.

Stein, Harry: Buchenwald – Stammlager, in Benz, Wolfgang und Distel, Barbara: Der Ort des Terrors. Geschichte der nationalsozialistischen Konzentrationslager, Bd. 3: Sachsenhausen, Buchenwald, München 2006, S. 301–356.

Steinbach, Peter: Der Nürnberger Prozess gegen die Hauptkriegsverbrecher, in: Ueberschär, Gerd (Hg.): Der Nationalsozialismus vor Gericht. Die alliierten Prozesse gegen Kriegsverbrecher und Soldaten 1943–1952, Frankfurt a. M. 1999, S. 32–44.

Steinbacher, Sybille: Dachau – die Stadt und das Konzentrationslager in der NS-Zeit. Die Untersuchung einer Nachbarschaft, Frankfurt a. M. u. a. 1993.

Steiner, John M.: Über das Glaubensbekenntnis der SS, in: Bracher, Karl Dietrich u. a. (Hg.): Nationalsozialistische Diktatur 1933–1945. Eine Bilanz, Bonn 1983, S. 206–223.

Stokes, Lawrence D.: Das Eutiner Schutzhaftlager 1933/34. Zur Geschichte eines „wilden" Konzentrationslagers, in: VfZ 27 (1979), S. 570–625.

Stokes, Lawrence D.: „Meine kleine Stadt steht für tausend andere …". Studien zur Geschichte von Eutin in Holstein 1918–1945, Eutin 2004.

Stöver, Bernd: Volksgemeinschaft im Dritten Reich. Die Konsensbereitschaft der Deutschen aus der Sicht sozialistischer Exilberichte, Düsseldorf 1993.

Striefler, Christian: Kampf um die Macht. Kommunisten und Nationalsozialisten am Ende der Weimarer Republik, Berlin 1993

Stümke, Hans-Georg: Homosexuelle in Deutschland. Eine politische Geschichte, München 1989.

Süß, Dietmar: Tod aus der Luft. Kriegsgesellschaft und Luftkrieg in Deutschland und England, München 2011.

Süß, Dietmar und Süß, Winfried: „Volksgemeinschaft" und Vernichtungskrieg. Gesellschaft im nationalsozialistischen Deutschland, in: dies. (Hg.): Das Dritte Reich. Eine Einführung, München 2008, S. 79–102.

Süß, Winfried: Der „Volkskörper" im Krieg. Gesundheitspolitik, Gesundheitsverhältnisse und Krankenmord im nationalsozialistischen Deutschland 1939–1945, München 2003.

Swett, Pamela E.: Neighbors and Enemies. The Culture of Radicalism in Berlin 1929–1933, Cambridge 2004.

Sydnor, Charles: Reinhard Heydrich – Der „ideale Nationalsozialist", in: Smelser, Ronald und Syring, Enrico (Hg.): Die SS: Elite unter dem Totenkopf. 30 Lebensläufe, Paderborn u. a. 2000, S. 208–219.

Sydnor, Charles: Theodor Eicke – Organisator der Konzentrationslager, in: Smelser, Ronald und Syring, Enrico (Hg.): Die SS: Elite unter dem Totenkopf. 30 Lebensläufe, Paderborn u. a. 2000, S. 147–159.

Syring, Enrico: Paul Hausser – „Türöffner" und Kommandeur „seiner" Waffen-SS, in: ders. und Smelser, Ronald (Hg.): Die SS. Elite unter dem Totenkopf, Paderborn 2000, S. 190–207.

Tautz, Joachim: Militaristische Jugendpolitik in der Weimarer Republik. Die Jugendorganisationen des Stahlhelm, Bund der Frontsoldaten: Jungstahlhelm und Scharnhorst, Bund Deutscher Jungmannen, Regensburg 1998.

Thamer, Hans-Ulrich: Der „Neue Mensch" als nationalsozialistisches Erziehungsprojekt. Anspruch und Wirklichkeit in den Eliteeinrichtungen des NS-Bildungssystems, in: Moritz, Albert (Hg.): „Fackelträger der Nation". Elitebildung in den NS-Ordensburgen, Köln u. a. 2010, S. 81–94.

Thamer, Hans-Ulrich: Faszination und Manipulation. Die Nürnberger Reichsparteitage der NSDAP, in: Schultz, Uwe (Hg.): Das Fest. Eine Kulturgeschichte von der Antike bis zur Gegenwart, München 1988, S. 352–368.

Thamer, Hans-Ulrich: Nation als Volksgemeinschaft. Völkische Vorstellungen, Nationalsozialismus und Gemeinschaftsideologie, in: Gauger, Jörg-Dieter und Weigelt, Klaus (Hg.): Soziales Denken in Deutschland zwischen Tradition und Innovation, Bonn 1990, S. 112–128.

Thamer, Hans-Ulrich: Verführung und Gewalt. Deutschland 1933–1945, Berlin 1986.

Theweleit, Klaus: Männerphantasien, 2 Bd., Frankfurt a. M. 1977 und 1978.

Thoß, Hendrik: Demokratie ohne Demokraten? Die Innenpolitik der Weimarer Republik, Berlin 2008.

Tuchel, Johannes: Heinrich Himmler. Der Reichsführer-SS, in: Smelser, Ronald und Syring, Enrico (Hg.): Die SS: Elite unter dem Totenkopf. 30 Lebensläufe, Paderborn u. a. 2000, S. 234–253.

Tuchel, Johannes: Konzentrationslager. Organisationsgeschichte und Funktion der „Inspektion der Konzentrationslager" 1934–1938, Boppard am Rhein 1991.

Ullrich, Sebastian: Mehr als Schall und Rauch. Der Streit um den Namen der ersten deutschen Demokratie 1918–1949, in: Föllmer, Moritz und Graf, Rüdiger (Hg.): Die „Krise" der Weimarer Republik. Zur Kritik eines Deutungsmusters, Frankfurt a. M. u. a. 2005, S. 187–207.

Ulrich, Bernd: „… als wenn nichts geschehen wäre". Anmerkungen zur Behandlung der Kriegsopfer während des Ersten Weltkriegs, in: Hirschfeld, Gerhard u. a. (Hg.): Keiner fühlt sich mehr als Mensch … Erlebnis und Wirkung des Ersten Weltkriegs, Essen 1993, S. 115–130.

Urban, Markus: Die Konsensfabrik. Funktion und Wahrnehmung der NS-Reichsparteitage 1933–1941, Göttingen 2007.

Verhey, Jeffrey: Der „Geist von 1914" und die Erfindung der Volksgemeinschaft, Hamburg 2000.

Vieregge, Bianca: Die Gerichtsbarkeit einer „Elite". Nationalsozialistische Rechtsprechung am Beispiel der SS- und Polizeigerichtsbarkeit, Baden-Baden 2002.

Vogelsang, Reinhard: Der Freundeskreis Himmler, Göttingen u. a. 1972.

Vogelsang, Thilo: Der Chef des Ausbildungswesens (Chef AW), in: Gutachten des Instituts für Zeitgeschichte, Bd. II, Stuttgart 1966, S. 146–156.

Voigt, Carsten: Kampfbünde der Arbeiterbewegung. Das Reichsbanner Schwarz-Rot-Gold und der Rote Frontkämpferbund in Sachsen 1924–1933, Köln u. a. 2009.

Vom Brocke, Bernhard: Bevölkerungswissenschaft Quo Vadis? Möglichkeiten und Probleme einer Geschichte der Bevölkerungswissenschaft in Deutschland, Opladen 1998.

Vondung, Klaus: Magie und Manipulation. Ideologischer Kult und politische Religion des Nationalsozialismus, Göttingen 1971.

Vorländer, Herwart: NS-Volkswohlfahrt und Winterhilfswerk des Deutschen Volkes, in: VfZ 34 (1986), S. 341–380.

Wagner, Patrick: Der Kern des völkischen Maßnahmenstaates – Rolle, Macht und Selbstverständnis der Polizei im Nationalsozialismus, in: Schulte, Wolfgang (Hg.): Die Polizei im NS-Staat, Frankfurt a. M. 2009, S. 23–48.

Wagner, Patrick: Hitlers Kriminalisten. Die deutsche Kriminalpolizei und der Nationalsozialismus zwischen 1920 und 1960, München 2002.

Wagner, Patrick: Volksgemeinschaft ohne Verbrecher. Konzeptionen und Praxis der Kriminalpolizei in der Zeit der Weimarer Republik und des Nationalsozialismus, Hamburg 1996.

Wahl, Hans Rudolf: Männerbünde, Homosexualitäten und politische Kultur im ersten Drittel des 20. Jahrhunderts. Überlegungen zur Historiografie der SA, in: ZfG 52 (2004), S. 218–237.

Wahl, Hans Rudolf: „National-Päderasten"? Zur Geschichte der (Berliner) SA-Führung 1925–1934, in: ZfG 56 (2008), S. 442–459.

Waite, Robert G. L.: Vanguard of Nazism. The Free Corps Movement in Postwar Germany 1918–1923, Cambridge, Mass. 1952.

Weale, Adrian: The SS. A new history, London 2010.

Weber, Reinhard: Das Schicksal der jüdischen Rechtsanwälte in Bayern nach 1933, München 2006.

Wegner, Bernd: Hitlers Politische Soldaten. Die Waffen-SS 1933–1945, Paderborn u. a. [7]2006.

Wegner, Bernd: The "Aristocracy of National Socialism": The Role of the SS in National Socialist Germany, in: Koch, Hannsjoachim W.: Aspects of the Third Reich, New York 1985, S. 430–450.

Wehler, Hans-Ulrich: Das Deutsche Kaiserreich 1871–1918, Göttingen [4]1980.

Wehler, Hans-Ulrich: Der Nationalsozialismus. Bewegung, Führerherrschaft, Verbrechen 1919–1945, München 2009.

Wehler, Hans-Ulrich: Deutsche Gesellschaftsgeschichte. Dritter Band: Von der „Deutschen Doppelrevolution" bis zum Beginn des Ersten Weltkriegs 1849–1914, München 1995.

Wehler, Hans-Ulrich: Deutsche Gesellschaftsgeschichte. Vierter Band: Vom Beginn des Ersten Weltkriegs bis zur Gründung der beiden deutschen Staaten 1914–1949, München 2003.

Weigel, Björn: „Märzgefallene" und Aufnahmestopp im Frühjahr 1933. Eine Studie über den Opportunismus, in: Benz, Wolfgang (Hg.): Wie wurde man Parteigenosse? Die NSDAP und ihre Mitglieder, Frankfurt a. M. 2009, S. 91–109.

Weingart, Peter, Kroll, Jürgen und Bayertz, Kurt: Rasse, Blut und Gene. Geschichte der Eugenik und Rassenhygiene in Deutschland, Frankfurt a. M. 1988.

Weingartner, James J.: Law and Justice in the Nazi SS. The Case of Konrad Morgen, in: Central European History 16 (1983), S. 276–294.

Weingartner, James J.: The SS Race and Settlement Main Office. Towards an "Orden" of Blood and Soil, in: Historian 34 (1971), Heft 1, S. 62–77.

Weinke, Annette: Die Nürnberger Prozesse, München 2006.

Weipert, Matthias: „Mehrung der Volkskraft". Die Debatte über Bevölkerung, Modernisierung und Nation 1890–1933, Paderborn u. a. 2006.

Weisbrod, Bernd: Gewalt in der Politik. Zur politischen Kultur in Deutschland zwischen den beiden Weltkriegen, in: Geschichte in Wissenschaft und Unterricht 43 (1992), S. 391–404.

Weisenburger, Elvira: Der „Rassepapst". Hans Friedrich Karl Günther, Professor für Rassenkunde, in: Scholtyseck, Joachim und Kißener, Michael (Hg.): Die Führer der Provinz. NS-Biografien aus Baden und Württemberg, Konstanz 1997, S. 161–199.

Weiß, Hermann: Artikel zu Franz von Pfeffer, in: NDB, Bd. 20: Pagenstecher – Püterich, Berlin 2001, S. 310–311.

Welzer, Harald: Täter. Wie aus ganz normalen Menschen Massenmörder werden, Frankfurt a. M. 2005.

Wember, Heiner: Umerziehung im Lager. Internierung und Bestrafung von Nationalsozialisten in der britischen Besatzungszone Deutschlands, Essen 1991.

Werner, Andreas: SA und NSDAP. SA: „Wehrverband", „Parteitruppe" oder „Revolutionsarmee"? Studien zur Geschichte der SA und der NSDAP 1920–1933, Erlangen und Nürnberg 1964.

Wette, Wolfram: Gustav Noske. Eine politische Biographie, Düsseldorf 1987.

Wetzel, Juliane: Die NSDAP zwischen Öffnung und Mitgliedersperre, in: Benz, Wolfgang (Hg.): Wie wurde man Parteigenosse? Die NSDAP und ihre Mitglieder, Frankfurt a. M. 2009, S. 74–90.

Widdig, Bernd: Culture and Inflation in Weimar Germany, Berkeley u. a. 2001.

Wildt, Michael: Die Ungleichheit des Volkes. „Volksgemeinschaft" in der politischen Kommunikation der Weimarer Republik, in: ders. und Bajohr, Frank (Hg.): Volksgemeinschaft. Neue Forschungen zur Gesellschaft des Nationalsozialismus, Frankfurt a. M. 2009, S. 24–40.

Wildt, Michael: Einleitung, in: ders. (Hg.): Nachrichtendienst, politische Elite und Mordeinheit. Der Sicherheitsdienst des Reichsführers SS, Hamburg 2003, S. 7–37.

Wildt, Michael: Generation des Unbedingten. Das Führungskorps des Reichssicherheitshauptamts, Hamburg 2002.

Wildt, Michael: Geschichte des Nationalsozialismus, Göttingen 2008.

Wildt, Michael (Hg.): Nachrichtendienst, politische Elite und Mordeinheit. Der Sicherheitsdienst des Reichsführers SS, Hamburg 2003.

Wildt, Michael: Volksgemeinschaft als Selbstermächtigung. Gewalt gegen Juden in der deutschen Provinz 1919 bis 1939, Hamburg 2007.

Wildt, Michael: „Volksgemeinschaft". Eine Antwort auf Ian Kershaw, in: Zeithistorische Forschung, 8 (2001), Heft 1, Online-Ausgabe unter: www.zeithistorische-forschungen.de/16126041-Wildt-1-2011. [Zugriff 11. 5. 2011.]

Wilhelm, Friedrich: Die Polizei im NS-Staat. Die Geschichte ihrer Organisation im Überblick, Paderborn u. a. 1997.

Willhardt, Bernd: Artikel zu Bernd Rosemeyer, in: NDB, Bd. 22: Rohmer – Schinkel, Berlin [2]2005, S. 48–49.

Wilson, Paul Joseph: Himmler's Cavalry. The Equestrian SS 1930–1945, Atglen, PA 2000.

Winghart, Stefan (Hg.): Die Reichserntedankfeste auf dem Bückeberg bei Hameln. Diskussion über eine zentrale Stätte nationalsozialistischer Selbstinszenierung, Hameln 2010.

Winkler, Heinrich August: Der Weg in die Katastrophe. Arbeiter und Arbeiterbewegung in der Weimarer Republik 1930 bis 1933, Berlin und Bonn 1987.

Winkler, Heinrich August: Vom Kaiserreich zur Republik. Der historische Ort der Revolution von 1918/19, in: Grebing, Helga (Hg.): Die deutsche Revolution 1918/19, Berlin 2008, S. 264–281.

Wippermann, Wolfgang: Der Ordensstaat als Ideologie. Das Bild des Deutschen Ordens in der deutschen Geschichtsschreibung und Publizistik, Berlin 1979.

Wirsching, Andreas (Hg.): Das Jahr 1933. Die nationalsozialistische Machteroberung und die deutsche Gesellschaft, Göttingen 2009.

Wirsching, Andreas: Die Weimarer Republik. Politik und Gesellschaft, München 2008.

Wirsching, Andreas: Kronzeuge des deutschen „Sonderwegs"? Heinrich Manns Roman „Der Untertan" (1914), in: Hürter, Johannes u. a. (Hg.): Epos Zeitgeschichte. Romane des 20. Jahrhunderts in zeithistorischer Sicht, München 2010, S. 9–25.

Wirsching, Andreas: „Man kann nur Boden germanisieren." Eine neue Quelle zu Hitlers Rede vor den Spitzen der Reichswehr am 3. Februar 1933, in: VfZ 49 (2001), S. 517–550.

Wirsching, Andreas (Hg.): Vernunftrepublikanismus in der Weimarer Republik. Politik, Literatur, Wissenschaft, Stuttgart 2008.

Wirsching, Andreas: Vom Weltkrieg zum Bürgerkrieg? Politischer Extremismus in Deutschland und Frankreich 1918–1933/39. Berlin und Paris im Vergleich, München 1999.

Wolfram Wette: Militarismus in Deutschland. Geschichte einer kriegerischen Kultur, Darmstadt 2008.

Wollenberg, Jörg: Ahrensbök-Holstendorf, in: Benz, Wolfgang und Distel, Barbara (Hg.): Der Ort des Terrors. Geschichte der nationalsozialistischen Konzentrationslager, Bd. 2: Frühe Lager, Dachau, Emslandlager, München 2005, S. 17–19.

Yelton, David K.: The SS, NSDAP and the Question of the Volkssturm Expansion, in: Steinweis, Alan und Rogers, Daniel (Hg.): The Impact of Nazism. New Perspectives on the Third Reich and its Legacy, Lincoln, Nebraska, 2003, S. 167–181.

Yenne, Bill: Hitler's Master of the Dark Arts. Himmler's Black Knights and the Occult Origins of the SS, Minneapolis 2010.

Yerger, Mark C.: Allgemeine-SS. The commands, units and leaders of the General SS, Atglen 1997.

Zámečník, Stanislav: Dachau-Stammlager, in: Benz, Wolfgang und Distel, Barbara (Hg.): Der Ort des Terrors. Geschichte der nationalsozialistischen Konzentrationslager, Bd. 2: Frühe Lager, Dachau, Emslandlager, München 2005, S. 233–274.

Zeck, Mario: Das Schwarze Korps. Geschichte und Gestalt des Organs der Reichsführung SS, Tübingen 2002.

Zehnpfennig, Barbara: Hitlers Mein Kampf. Eine Interpretation, München 2000.

Zelnhefer, Siegfried: Die Reichsparteitage der NSDAP. Geschichte, Struktur und Bedeutung der größten Propagandafeste im nationalsozialistischen Feierjahr, Nürnberg 1991.

Ziegler, Herbert F.: Nazi Germany's New Aristocracy. The SS Leadership 1925–1939, Princeton 1989.

Zimmermann, Michael: Essen (Zeche Herkules), in: Benz, Wolfgang und Distel, Barbara (Hg.): Der Ort des Terrors. Geschichte der nationalsozialistischen Konzentrationslager, Bd. 2: Frühe Lager, Dachau, Emslandlager, München 2005, S. 94–95.

Zinn, Alexander: Die soziale Konstruktion des homosexuellen Nationalsozialisten. Zu Genese und Etablierung eines Stereotyps, Frankfurt a. M. u. a. 1997.

Zur Nieden, Susanne: Aufstieg und Fall des virilen Männerhelden. Der Skandal um Ernst Röhm und seine Ermordung, in: dies. (Hg.): Homosexualität und Staatsräson. Männlichkeit, Homophobie und Politik in Deutschland 1900–1945, Frankfurt a. M. u. a. 2005, S. 147–192.

Zur Nieden, Susanne (Hg.): Homosexualität und Staatsräson. Männlichkeit, Homophobie und Politik in Deutschland 1900–1945, Frankfurt a. M. u. a. 2005.

Zur Nieden, Susanne und Reichardt, Sven: Skandale als Instrument des Machtkampfes in der NS-Führung: Zur Funktionalisierung der Homosexualität von Ernst Röhm, in: Sabrow, Martin (Hg.): Skandal und Diktatur. Formen öffentlicher Empörung im NS-Staat und in der DDR, Göttingen 2004, S. 33–58.

Abkürzungsverzeichnis

ABM	Arbeitsbeschaffungsmaßnahme
a. D.	außer Dienst
AG	Aktiengesellschaft
a/Rg.	an der Rega
AV-Schein	Aufnahme- und Verpflichtungsschein der SS
BA	Bundesarchiv
BDC	Berlin Document Center
Chef AW	Chef des Ausbildungswesens der SA
DAF	Deutsche Arbeitsfront
DBO	Dienststraf- und Beschwerdeordnung der SS
DDP	Deutsche Demokratische Partei
DFG	Deutsche Forschungsgemeinschaft
DNVP	Deutschnationale Volkspartei
DVP	Deutsche Volkspartei
FMO	Organisation der Fördernden Mitglieder der SS
FM-Zeitschrift	Monatsschrift der Reichsführung-SS für fördernde Mitglieder
Gestapa	Geheimes Staatspolizeiamt
Gestapo	Geheime Staatspolizei
GRUSA	Grundsätzliche Anweisungen der SA
Higa	Hilfsgrenzschutzangestellte
HJ	Hitlerjugend
IfZ	Institut für Zeitgeschichte
IMT	International Military Tribunal
IPN	Institut für nationales Gedenken (Warschau)
Jungdo	Jungdeutscher Orden
KPD	Kommunistische Partei Deutschlands
KZ	Konzentrationslager
MSPD	Mehrheitssozialdemokratische Partei Deutschlands
Mula	Mannschafts-Untersuchungs-Liste der SS
NSDAP	Nationalsozialistische Deutsche Arbeiterpartei
NSDStB	Nationalsozialistischer Deutscher Studentenbund
NSKK	Nationalsozialistisches Kraftfahrerkorps
NSV	Nationalsozialistische Volkswohlfahrt
OSAF	Oberster SA-Führer / Oberste SA-Führung
RAS	Rasse- und Siedlungsamt der SS
RFSS	Reichsführer-SS / Reichsführung-SS
RKF	Reichskommissar für die Festigung des deutschen Volkstums
RuSHA	Rasse- und Siedlungshauptamt der SS
SA	Sturmabteilung
SABE	SA-Befehle
SD	Sicherheitsdienst des Reichsführers-SS

SPD	Sozialdemokratische Partei Deutschlands
SS	Schutzstaffel
SS-HA	SS-Hauptamt
SSM	SS-Mann(schaften)
SSO	SS-Führer
SSUF	SS-Unterführer
StA	Staatsarchiv bzw. Stadtarchiv
Stubaf	Sturmbannführer
TV	Totenkopfverband
VT	Verfügungstruppe
z. b. V.	zur besonderen Verwendung

Personenregister[1]

1 Verzichtet wurde auf Eintragungen zu Adolf Hitler und Heinrich Himmler, die gewissermaßen durchgängig vorkommen.

www.ingramcontent.com/pod-product-compliance
Lightning Source LLC
Chambersburg PA
CBHW021133090426
42740CB00008B/772

* 9 7 8 3 1 1 0 4 8 5 1 7 2 *